臨済録の研究

柳田聖山集　第四巻

法藏館

南宋刊『古尊宿語録』
柳田聖山訓註『臨済録』

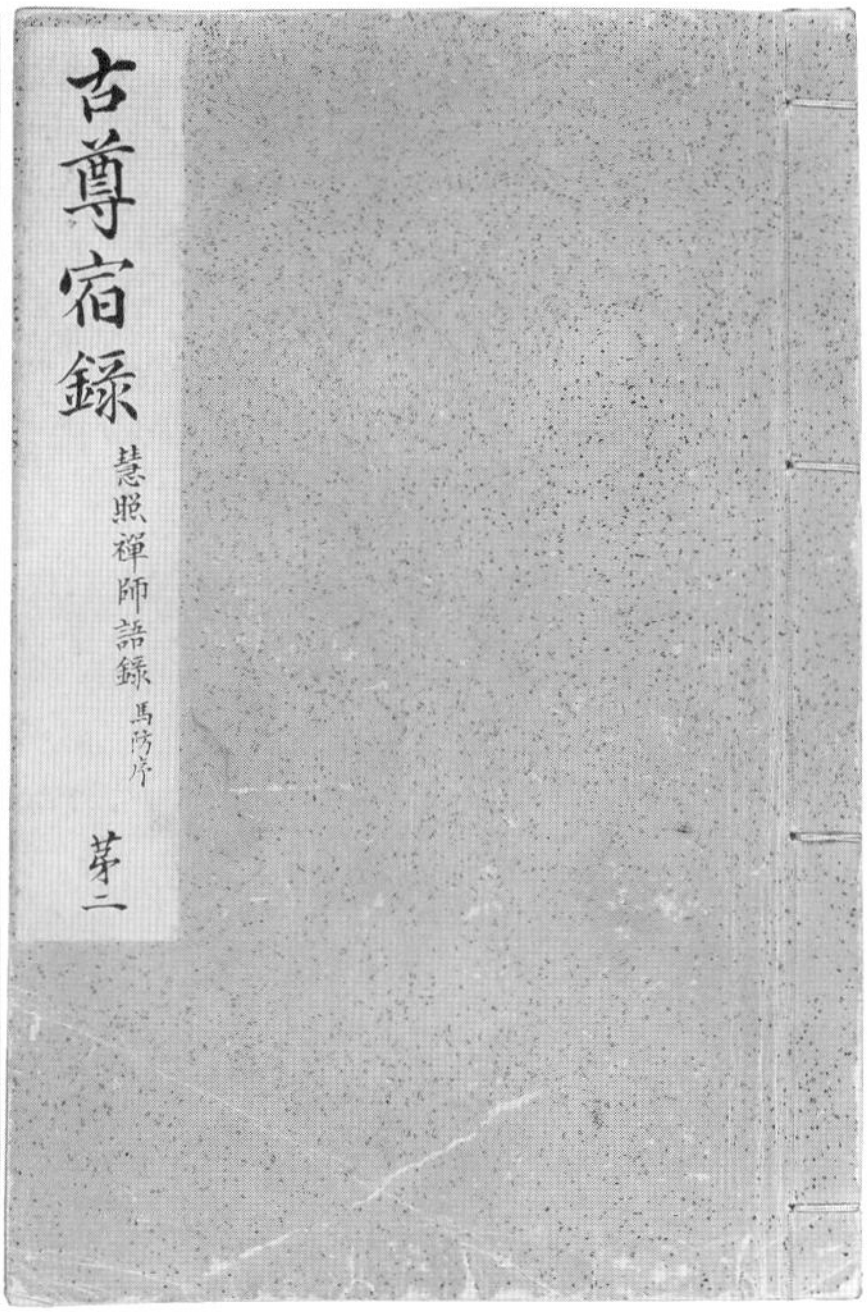
古尊宿録
慧照禪師語録　馬防序
第二

前表紙

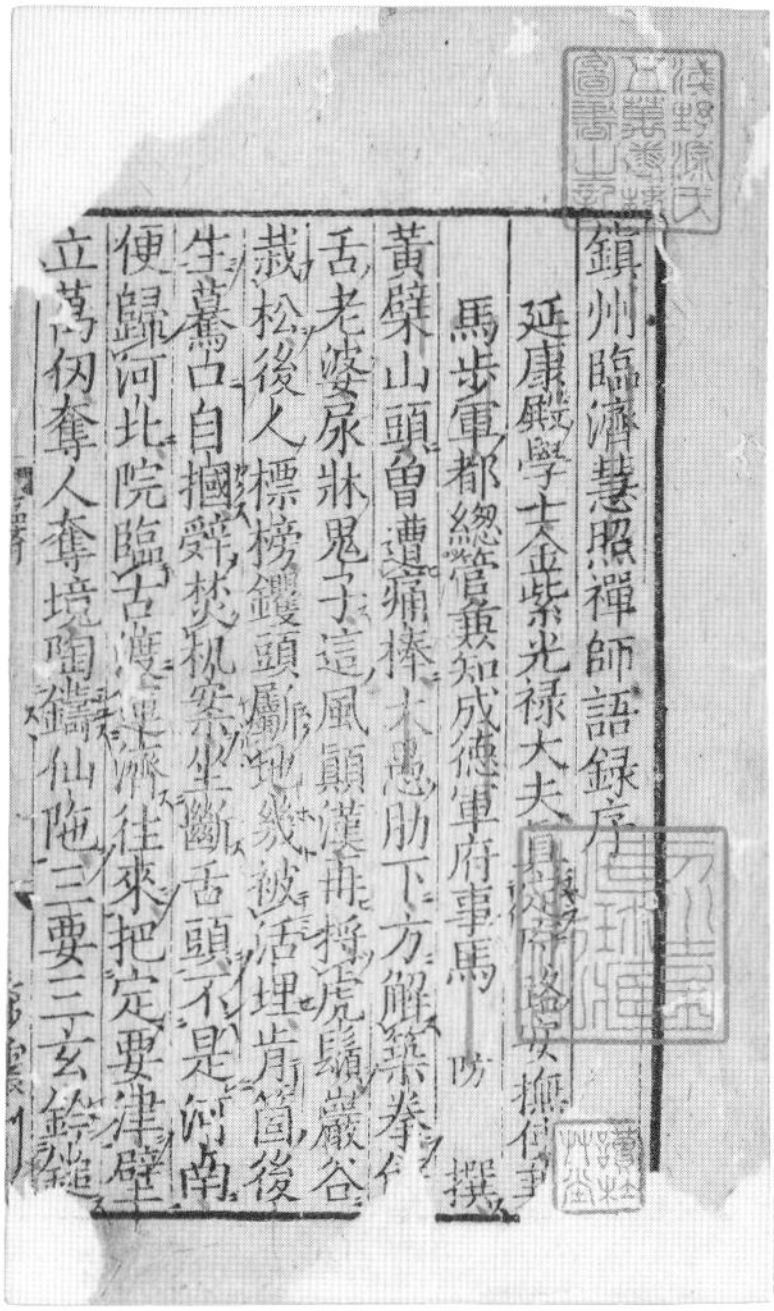
鎮州臨濟慧照禪師語録序
延康殿學士金紫光祿大夫真定府路安撫使
馬步軍都總管兼知成德軍府事馬　防　撰
黄檗山頭曾遭痛棒大愚肋下方解築拳
舌老婆尿牀鬼子這風顛漢再捋虎鬚巖谷
栽松後人標榜钁頭斸地幾被活埋肯箇後
生驀口自摑辭焚机案坐斷舌頭不是河南
便歸河北院臨古渡運濟往來把定要津壁
立萬仞奪人奪境陶鑄仙陀三要三玄鈐鎚

一丁表（序）

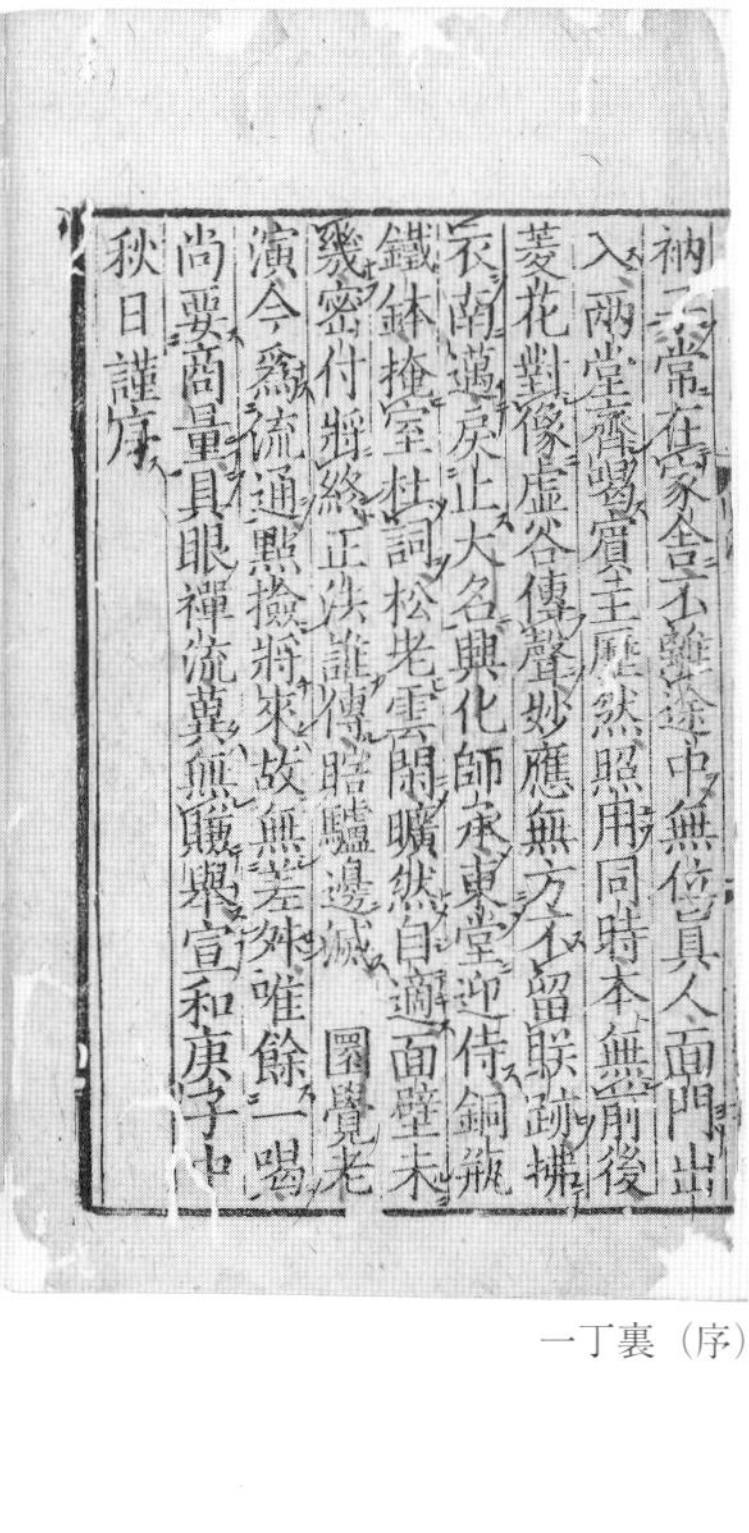
衲子常在家舍不離途中無位真人面門出
入兩堂齊喝賓主歷然照用同時本無前後
菱花對像虚谷傳聲妙應無方不留朕跡拂
衣南邁戾止大名興化師承東堂迎侍銅瓶
鐵鉢掩室杜詞松老雲閑曠然自適面壁未
幾密付將終正法誰傳瞎驢邊滅圓覺老
演今爲流通點撿將來故無差舛唯餘一喝
尚要商量具眼禪流冀無賺擧宣和庚子中
秋日謹序

一丁裏（序）

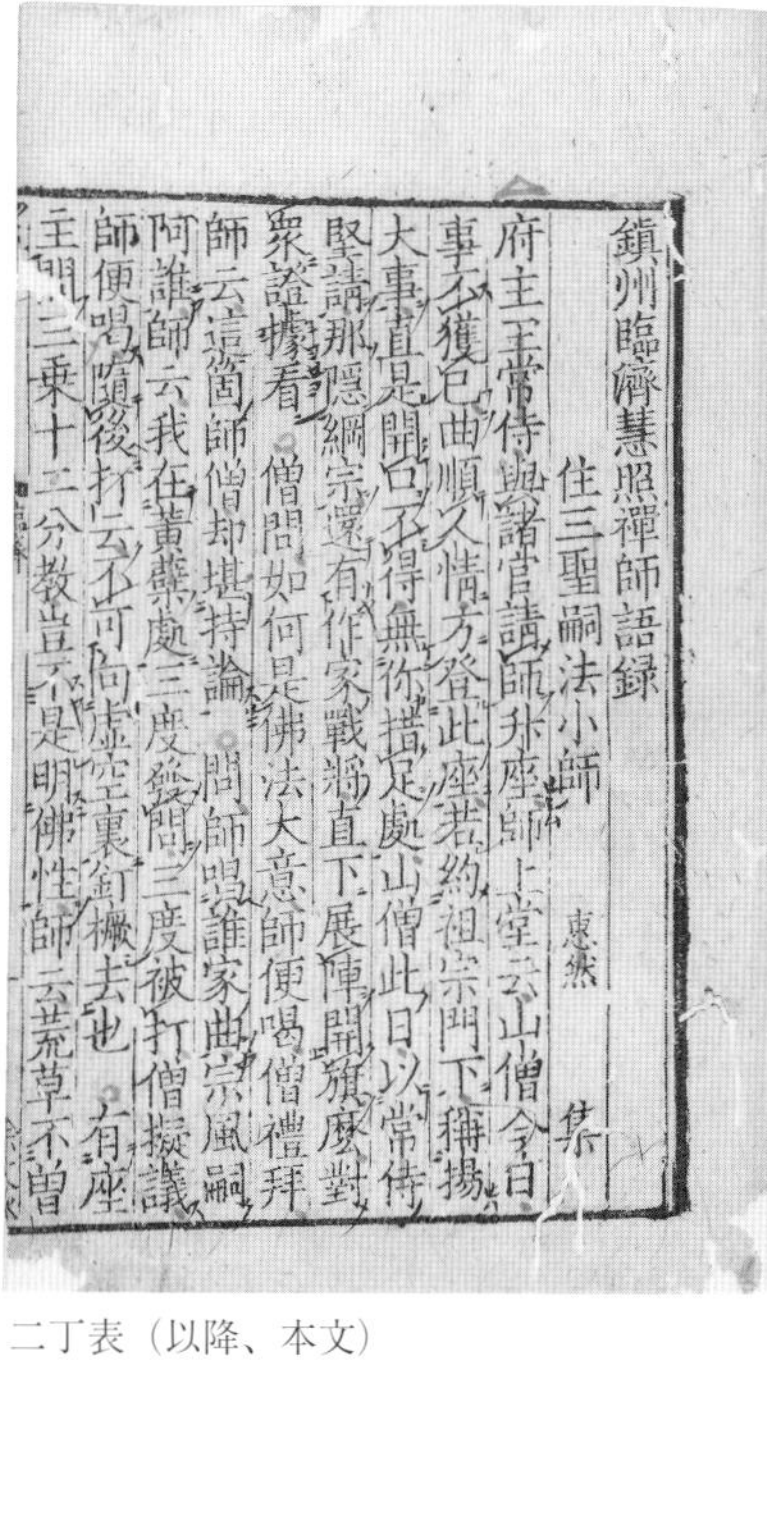
鎮州臨濟慧照禪師語録
住三聖嗣法小師　慧然　集
府主王常侍與諸官請師陞座師上堂云山僧今日
事不獲已曲順人情方登此座若約祖宗門下稱揚
大事直是開口不得無你措足處山僧此日以常侍
堅請那隱綱宗還有作家戰將直下展陣開旗麼對
衆證據看　僧問如何是佛法大意師便喝僧禮拜
師云這箇師僧却堪持論　問師唱誰家曲宗風嗣
阿誰師云我在黄檗處三度發問三度被打僧擬議
師便喝隨後打云不可向虚空裏釘橛去也　有座
主問三乘十二分教豈不是明佛性師云荒草不曾

二丁表（以降、本文）

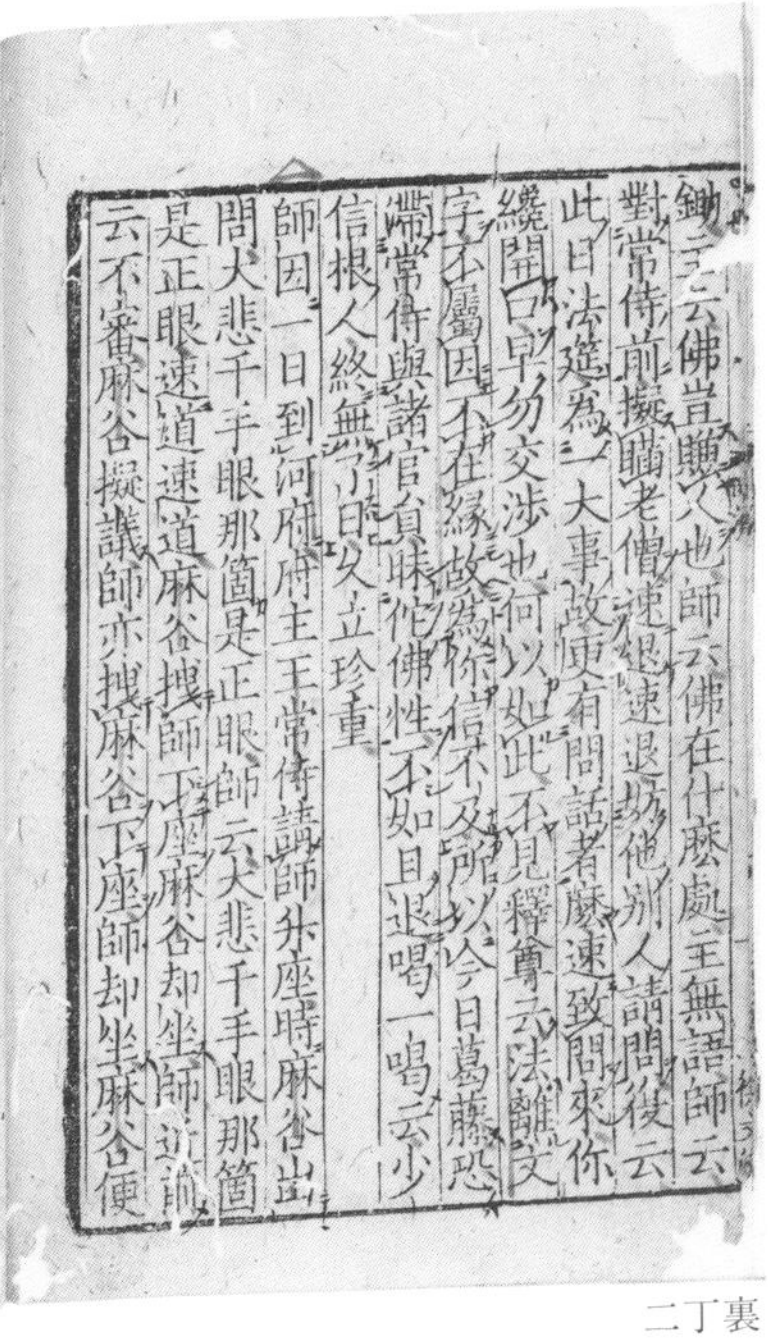
鋤云云佛豈聽人也師云佛在什麽處主無語師云
對常侍前擬瞞老僧速退速退妨他別人請問後云
此日法筵爲一大事故更有問話者麽速致問來你
纔開口早勿交渉也何以如此不見釋尊云法離文
字不屬因不在縁故爲你信不及所以今日葛藤恐
滞常侍與諸官員昧他佛性不如且退喝一喝云少
信根人終無了日久立珍重
師因一日到河府主王常侍請師升座時麻谷出
問大悲千手眼那箇是正眼師云大悲千手眼那箇
是正眼速道速道麻谷拽師下座麻谷却坐師近前
云不審麻谷擬議師亦拽麻谷下座師却坐麻谷便

二丁裏

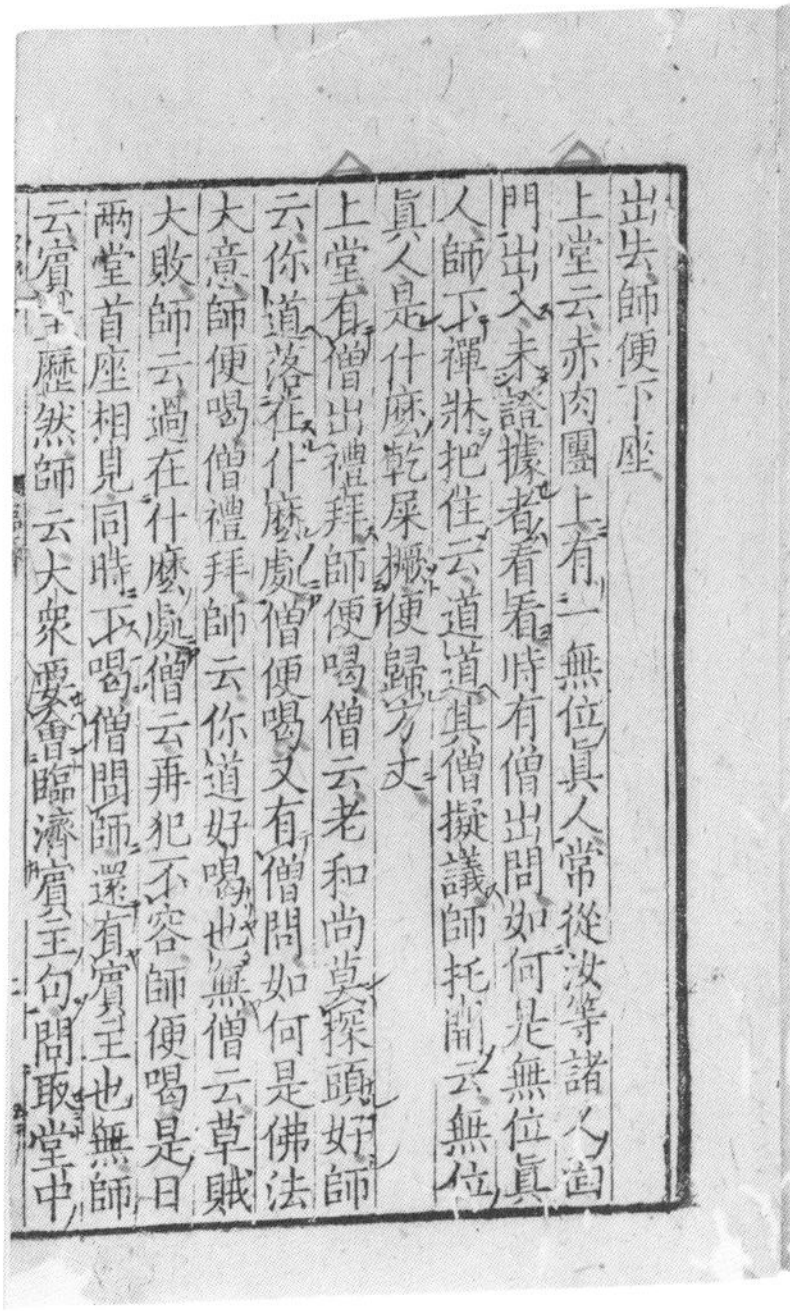
出去師便下座
上堂云赤肉團上有一無位眞人常從汝等諸人面
門出入未證據者看看時有僧出問如何是無位眞
人師下禪牀把住云道道其僧擬議師托開云無位
眞人是什麽乾屎橛便歸方丈
上堂有僧出禮拜師便喝僧云老和尚莫探頭好師
云你道落在什麽處僧便喝又有僧問如何是佛法
大意師便喝僧禮拜師云你道好喝也無僧云草賊
大敗師云過在什麽處僧云再犯不容師便喝是日
兩堂首座相見同時下喝僧問師還有賓主也無師
云賓主歷然師云大衆要會臨濟賓主句問取堂中

三丁表

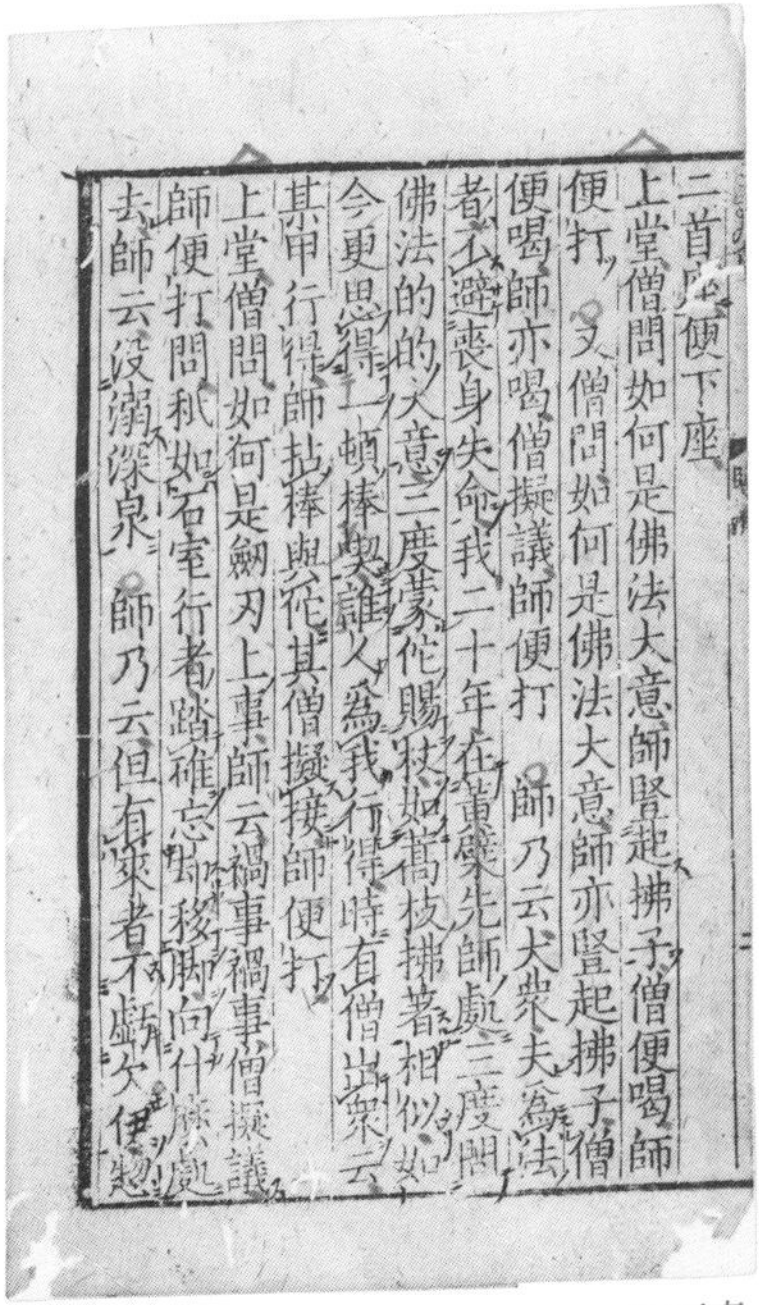
二首座便下座
上堂僧問如何是佛法大意師竪起拂子僧便喝師
便打又僧問如何是佛法大意師亦竪起拂子僧
便喝師亦喝僧擬議師便打　師乃云大衆夫爲法
者不避喪身失命我二十年在黄檗先師處三度問
佛法的的大意三度蒙他賜杖如蒿枝拂著相似如
今更思得一頓棒喫誰人爲我行得時有僧出衆云
某甲行得師拈棒與他其僧擬接師便打
上堂僧問如何是劒刃上事師云禍事禍事僧擬議
師便打問秖如石室行者踏碓忘却移脚向什麽處
去師云沒溺深泉　師乃云但有來者不虧欠伊總

三丁裏

南宋刊『古尊宿語録』巻四、第二冊（石川武美記念図書館（旧お茶の水図書館）蔵、成簣堂文庫。替え表紙、墨書題簽。蔵書印は、上、浅野梅堂（長祚）「浅野源氏五万巻楼図書之記」下、寺田望南「読杜艸堂」）

柳田聖山訓註『臨済録』（柳田聖山所蔵本、昭和三十六年、其中堂）

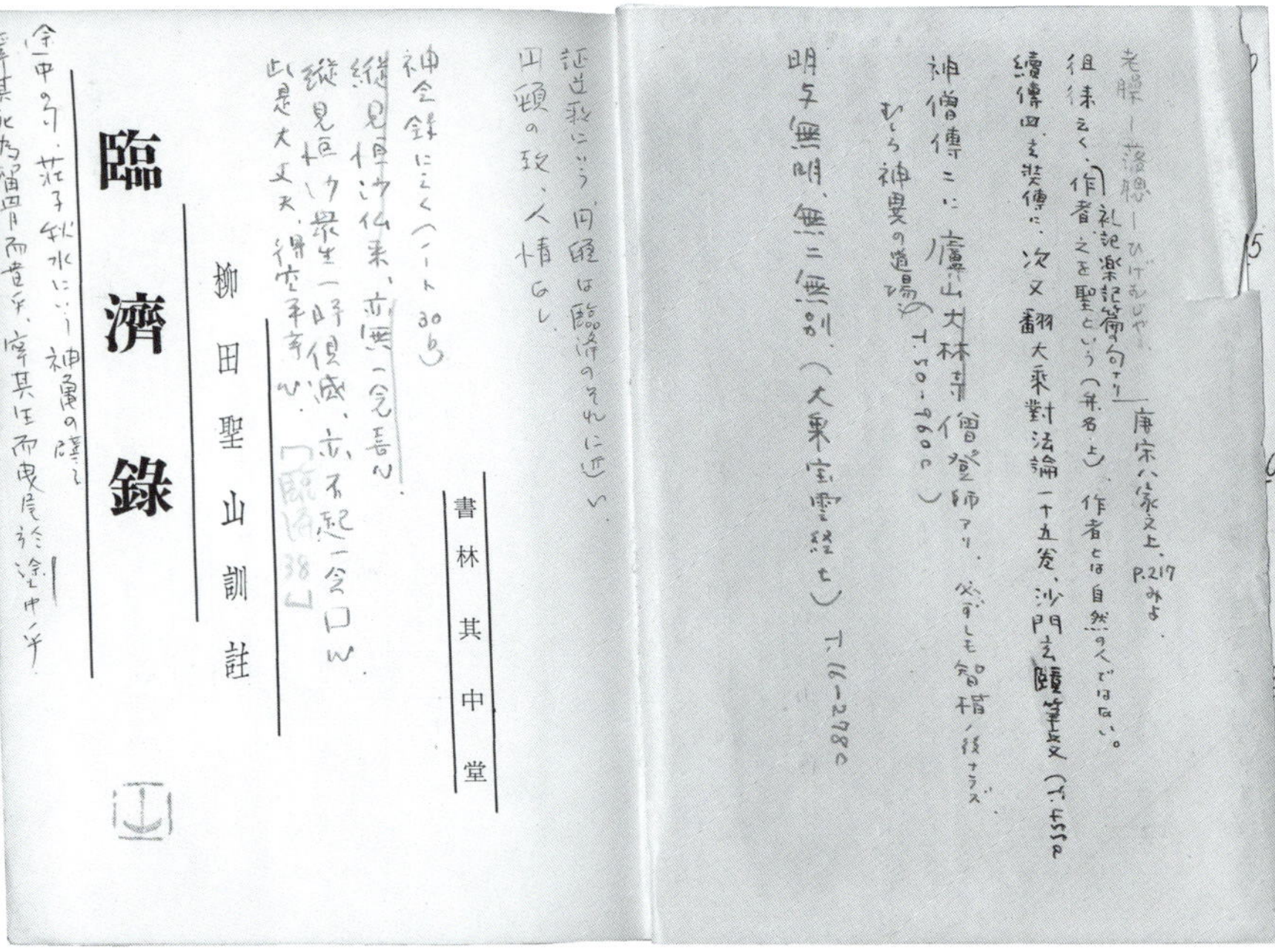

本扉

見返し

広告裏

見返し

柳田聖山集　第四巻　目次

柳田聖山集　第四巻　臨済録の研究

一　興化存奨の史伝とその語録
――中国臨済禅草創時代をめぐる文献資料の綜合整理、覚書（その1）――

一

臨済の禅は、唐末五代より宋初の間にかけて、興化存奨―南院慧顒―風穴延沼―首山省念―汾陽善昭―石霜楚円の順に相伝し、石霜の下に黄竜、楊岐の二派を出して次第に隆盛に趨き、北宋末より南宋の初めに至って、ついに禅宗五家中の重きを占め、しかもそれがたんに禅宗としてのみならず、中国近世仏教史の主流として、広く儒教道教及び一般社会の文化方面にまで大きい影響を与えることとなるのであるが、けだし、臨済の法を承けた人々が、この系統の禅を五家の一として自覚的に一派の形成をとげたのは、第四世風穴延沼（八九六―九七三）の時代にあったと考えられる[1]。すなわち、法眼文益（八八五―九五八）の『宗門十規論』によると、自宗以外の四家の宗風を叙べて「曹洞は即ち敲唱用を為し、臨済は則ち互換機を為し、韶陽は則ち函蓋截流し、潙仰は乃ち方円黙契す[2]」といっているが　これは四家の宗祖その人の家風を指して言うよりも、むしろそれらの法系に属する法眼と同時代の人々が、みなこれらの語によって自覚的に自宗の門庭のあり方を主張しつつあったのであろうと思われる。もっとも、当時、法眼以外では、雲門宗のみが、宗祖文偃（八六四—九四九）[3]の没後、その法を承けた多数のすぐれた弟子たちによって、江南の全土に広まっていたのに対して、曹洞宗では、雲居道膺—同安丕—同安志—梁山縁観と承けた梁山の時代であり、潙仰宗では郢州芭蕉慧清、林谿徹等の前後に相当し、これらはほとんどみな、臨済下の風穴をも含めて、北支の郢州や汝州、または湖南朗州の一角にわずかにその法脈を保っていたにすぎず、むしろそのもっとも不振の時であったとも考えられる。風穴が首山に「不幸にして臨済の道、吾に至り将に地に堕ちんとす」[4]と語《つ》げたと伝えられるように、臨済の禅もこの前後の時代にまさに断滅の危機に頻しつつあったというのが事実に近いかもしれない。しかし、四家の称がすでに法眼に見られる点からすると、当時隆盛の頂にあった法眼、雲門の二家に対して、臨済、曹洞、潙仰の法系に属する人々が、そうした不振の底にあって、それぞれ強く一家の立場を自覚しつつあったことも事実であろう。

　宋初、端拱元年（九八八）に完成した賛寧の『宋高僧伝』は、臨済を伝すること極めて簡であり、その門下の人々に至っては一人の伝をも見ないが、ただ、臨済伝の末尾に「その言教頗る世に行われ、今恒陽に臨済禅宗と称す」[5]といっているのはすこぶる注目すべきである。恒陽は河北省曲陽県で、今日の直隷省真定府定州の辺を指すのであるから、賛寧の当時、この地方を中心として河北の地に特色ある臨済の禅が盛んに行われていたことが知られる。しかして、ときまさしく風穴延沼の晩年ないし示寂直後の頃に当たるのである。

　風穴延沼については、『景徳伝灯録』十三、『天聖広灯録』十五、『禅林僧宝伝』三、『五灯会元』十一、『古尊宿語録』七、『宗門正灯録』三等にその伝記及び語録が存し、もと余杭の人、諸方に歴参ののち、汝州の宝応顒（すなわち南院）に嗣ぎ、汝南の古風穴の廃寺を起こして住し[6]、一時、郢州牧主の請によって山西の地に禅風を振い、のち再び汝州に帰って広慧寺を起こしたことが知られるが、それらの詳細なる史伝の考証はさらに他日を期することとし[*1]、ただここには、その「臨済禅宗」としての法系史的な立場から、この二人の出現が仰山慧寂（八〇七―八八三）[(7)]及び南塔光涌によって予言せられ、彼の活躍によって臨済の禅がその断滅の危機を脱し、一宗としての基礎を形成すべし、という使命を負わしめられていた点を指摘しておきたい。すなわち、有名な「臨済杉を栽うるの因縁」について、潙山と仰山とが商量し、

潙山挙問仰山、且道黄檗後語、但嘱臨済、為復別有意旨。仰山云、亦嘱臨済、亦記向後。潙山云、向後作麼生。仰山云、一人指南呉越令行。南塔和尚注云、独坐震威此記方出。又云、若遇大風此記亦出。潙山云、如是如是[(8)]。

といわれているのがそれであるが、さらに『景徳伝灯録』風穴章には、「自後、潙仰の懸記に応じ、出世して徒を聚む。南院の法道、是に由つて大いに諸方に振う」（三〇二b）とあって、これは仰山懸記の史実そのものはともかくとして[(9)]、当時、臨済禅再興の使命が、風穴その人、ないしその弟子たちによって自他共に強く自覚せられていたことを示すものと言わねばならぬ。このことは、『風穴禅師語録』によると、風穴と南院との契合の縁として、

師在南院作園頭、一日南院到園問云、南方一棒作麼生商量。師曰、作奇特商量。良久。師却問、和尚此間作麼生商量。南院拈棒云、棒下無生忍臨機不譲師。師於是豁然大悟。南院云、汝乗願力来荷大法、非偶然也。汝聞臨済将終時語不。曰、聞之。南院云、臨済道、誰知吾正法眼蔵、向這瞎驢辺滅却。渠平生如師子逢人即殺。及其将死、何故屈膝妥尾如此。対曰、密付将終、全主即滅。又問、三聖如何亦無語乎。対曰、親承入室之真子、不同門外之遊人。南院頷之。（『続蔵』一一八、二四一b）

とし、次いで、四料簡、三句等に関する問答が交わされて、

於是、南院以為可以支臨済、不辜負興化先師所以付託之意。（二四二a）

と言われて、いよいよ明確さを加えるのであるが、この『風穴禅師語録』の問答には、むしろ後世における臨済禅の法系史的な自覚があまりにも強すぎて、歴史的事実としては疑わしい点がないでもない[10]。しかし、いずれにしても、臨済の禅が、興化と南院を経て風穴に至って、始めて自覚的に一宗としての基礎を固め、広く後世に展開する原動力を蓄え得たことは疑を入れないであろうし、事実臨済禅宗としての文献資料も、この時代以後急激に豊富となり、その史実も明確を加えてくるのである。

しかるに、風穴延沼以後におけるそうした臨済禅宗史としての豊富な資料に比して、興化存奨、南院慧顒の二人については、その文献に乏しく、また史実的なことも従来ほとんど顧みられていない。これは、一面唐末五代の戦乱によってその資料が失われたために、後世にできた史伝が明確を欠き、種々の混乱を生じたことによるのであるが、他面には後世に発展した臨済禅宗としての法系史的立場を強調するに急にして、風穴以後にその重点を置きすぎたためであるとも考えられる。

以下、興化存奨、南院慧顒の二人についてできうる限りの史実を明らかにし、その語録について考えようとするのは、この欠を補わんがためであると共に、後世に発展した臨済禅の精神的原動力をその草創時代の原始の姿において把えてみようとするのである。

二

興化存奨については、従来、『景徳伝灯録』十二、『天聖広灯録』十二、『五灯会元』十一、『仏祖通載』十、『古尊宿語録』五所収の『興化禅師語録』、『宗門正灯録』三等にその史伝及び語録が存するが、それらの資料は先に述べたように、後世の法系史的主張が強く、また史実的にも種々の混乱があるので、今日としては、さらに『祖堂集』『宗統編年』等の記載が参考せられるべきであり、ことに史料として後者が拠っている公乗億の「魏州故禅大徳奨公塔碑」は、従来いまだ一度も注意せられたことのない貴重な根本史料である。撰者公乗億は、字を寿仙（一説に寿山）といい、咸通末（―八七三）の進士で、『朱文集』なる著があったといわれているが[*2]、当面の問題となる「魏州故禅大徳奨公塔碑」は存奨の寂後、その弟子の請によって撰したもので、その全文が現に『文苑英華』八六八（碑二五、釈碑十九）及び『全唐文』八一三[11]に収められて遺存しているのである。

以下、この「塔碑」をもととして、他の史伝を参考しつつ、存奨伝の問題点を摘記してみよう。

「塔碑」の記すところによると、存奨は字で、俗姓孔氏、家は代々鄒魯にあり、闕里の胤と伝えられるが[12]、祖父のとき一家を挙げて薊門（河北の薊県、すなわち直隷省順天府薊州）に移り住したから、存奨は太和四年（八三〇）この地に生まれた。この薊門には存奨よりややおくれて、のちに洞山の法を嗣いだ雲居道膺（八三五―九〇二）[13]が生まれている。幼より仏道を慕い、いまだ七歳に達せざるとき、すでに三乗の教を悟り、ついに薊の三河県盤山甘泉院の禅大徳暁方[*3]に従って剃髪したという。三河県は直隷省順天府通州三河県で、当時の盤山はむしろ道教の霊場として知られているが、禅の方面でも有名な盤山宝積、及びその嗣普化和尚や上方道宗（―八六六）[14][*4]等が活躍し独自の禅風を振った土地である。甘泉院暁方というのは、おそらく『景徳伝灯録』十の目録に見える婺州五洩山霊黙（七四七―八一八）の嗣甘泉寺暁方であろうが、霊黙の年代から考えると、当時相当の高齢であったと思われる。

次いで、大中五年（八五一）、存奨二十一歳のとき、盧竜軍節度使張公[*5]が奏してこの地に戒壇を置くに遇うて具足戒を受けたというが、『祖堂集』七によると雪峰義存（八二二―九〇八）もまたかつて大中四年に幽州宝刹寺において登具しているからあるいは同所であるかもしれない。節度使張公は、おそらく張允伸（七七一―八五九）であろうが、当時、この地に令名の高かった節度使張仲武（―八四七）のあとを承けて[15][*6]、この地に善政を布くこと二十三年、

「克勤克倹、比歳豊登、辺鄙無虞、軍民用乂、至今談者美之」と伝せられ、右散騎常侍、検校工部尚書、光禄大夫検校司徒、兼太傅同中書門下平章事燕国公に任ぜられた人で、会昌破仏の直後、この地の仏教復興に尽すところあったのであろう。古来この地方は、唐朝にとっては重要な河北三鎮の一として、その藩鎮の統治にもっとも意を用いた土地であったから、民心集攬のために節度使が仏教を用いることを、むしろ奨励していたのであろう。事実、さらに、大中九年（八五五）に、張公は重ねて涿郡に戒壇を起こしており、この時存奨は衆に請われて講筵を統べ、とどまること六年であったという。すなわち彼の二十六歳より三十一歳に至る間である。ところが、この頃彼は臨済義玄の道名を聞き、衆を散じてその下に投じ、ついに黄檗の真筌、白雲の秘訣を伝授せられたという。*7 白雲の秘訣は明らかでないが、あるいは臨済のために助発の師であった高安大愚を指すのであろうか。また、臨済が河北の地に来たって、滹沱河の辺に一院を構えたのが、ここにいうように咸通初年（八六〇―）であったか、あるいはさらにそれ以前であったか、この「塔碑」からは判らないが、従来あまり明らかでない臨済伝の資料として一つの手がかりを与えるであろう。

『聯灯会要』[16] 十によると、この初相見の模様を伝えて、

〔2〕初謁臨済、済令師充侍者。済問新到、甚処来。云、鑾城。済云、有事相借問得麼。云、新戒不会。済云、打破大唐国、覓箇不会人難得、参堂去。師問、適来新到、是成褫伊那。済云、我誰管你成褫不成褫。師云、和尚只会将死雀就地弾、不解将一転語蓋覆却。済云、你又作麼生。師云、請和尚作新到。済遂云、新戒不会。師云、却是老僧罪過。済云、你語蔵鋒。師擬議。済便打。至晩、済謂師云、我今日問新到、是将死雀就地弾、就窠裏打。及你出得語、又喝起、向青雲裏打。師云、草賊大敗。済又打。（『続蔵』一三六、六〇一c）

といっているが、この機縁は『祖堂集』『景徳伝灯録』『天聖広灯録』等の古い史伝のいずれにも存せず、『五灯会

元』では初相見のこととしていないから、おそらく後に創られたものではなかろうか。

　次いで、いったん臨済の許を辞して旧刹に帰り、諸方に遊歴を志し、まず西のかた京華より南下し、水国（湖南地方か）を経て衡山（?）に登り、次いで呉に至って、梁武の故地を訪ね、さらに鍾陵（江西省南昌府進賢県）に至って仰山大師に遇い、互いに激発して大いに奥旨を陳べ、仰山の称歎を受けること再三であったという。

　存奨が一たび臨済に参じたのち、南方行脚の旅をしたことは諸伝の共に認むるところであり、たとえば『景徳伝灯録』の大覚章には、[8]

〔4〕興化存奨禅師為院宰時、師（大覚）、一日問曰、我常聞汝道向南行一廻、拄杖頭未曽撥著箇会仏法底人。汝憑什麼道理有此語。興化乃喝。師便打。興化又喝。師又打。（二九五a）

とあって、臨済の禅を得たるのちの南方行脚が、実に自信満々たるものであったことを伝えているが、その間において、とくに仰山慧寂と深く相許したることが、この「塔碑」によって知られるが、『祖堂集』十八、仰山章によると、「師問俗官、至个什摩。……興化代云、和尚有事在」（三四〇a）とあり、これあるいはこのときのことであろうか。従来、『景徳伝灯録』によると、三聖慧然もまた「臨済より受訣ののち、叢林を遍歴して仰山に至った」（二九四c）といわれているが、存奨といずれが先であったかは知ることができない。[9]
　ところが、この頃、存奨は臨済が蒲相蔣公の請を受けて法席を移したことを聞き、にわかに錫を飛ばして帰省し、中途において師に参随することを得たが、白馬[10]（直隷省大名府滑県西）を渡るに際して、また太尉中〔書〕令何公が専使を発して臨済大師を魏府に迎請することになったので、存奨もまた一行に翼従し府下の観音寺江西禅院に止まることとなった。ここで師の晩年の法筵に侍し、服勤して敬情のいよいよ深きをいたし、その遷化に際しては、霊堵の儀に乖くことなく、克く荼毘の礼を尽すを得た、という。

「塔碑」は、ここにもまた他の史伝に見られぬ多くの事実を伝えているが、なかんずく、

(1)臨済が咸通二年ないし三年頃（八六一—二）、蒲相蔣公なる人の請を受けて法席を移したること。

(2)また同じ頃、別に太尉何公なる人が専使を発して、魏府に迎請したること。

(3)存奨は、大名県の白馬津の辺でこの一行に翼従するを得、師に侍して府下（魏府）の観音寺江西禅院に止まったこと。

(4)存奨が臨済の遷化に侍し、霊堵の儀、荼毘の礼を全うしたこと。

等は、臨済義玄その人の史伝を明らかにする上に、重要なる手がかりを与えるものであろう。

まず、蒲相蔣公がいかなる人かは、従来の禅宗史関係の書にはまったく知られていないが、史乗の記すところによると、この当時蒲州（山西省平陽府蒲州）守禦であった蔣氏として、咸通二年、いでて河中節度使、となった蔣伸（字は大直）がある。*11 蔣伸は蔣乂（字は徳源）の次子であり、大中初年に朝に入り、右補闕史館修撰となり、転じて中書舎人、翰林学士、次いで員外郎中、戸部侍郎、学士承旨、兵部侍郎、中書侍郎平章事等に任ぜられており、河中節度使は治所を蒲州に置いたから、蒲相蔣公と呼ばれてふさわしいようである。(17)

次に太尉中〔書〕令何公も不明であるが、この当時、魏博の鎮将であった何氏としては何重順（—八六六）がある。重順は開成五年（八四〇）父進滔の後を承けて魏博節度使となり、宣宗より弘敬の名を賜わり、検校尚書左僕射となり、次いで同中書門下平章事を加せられ、懿宗の初めに中書令となり楚国公に封ぜられているから、太尉中書令何公と呼ばれるにふさわしい人のようである。(18)

もちろん、これらのことを、さらに明確にするためには、他の有力なる資料の出現を俟たねばならず、また常に問題とせられる臨済寂年に関する記事のないことも極めて気にかかるが、存奨がこの太尉何公の保護の下に臨済の

晩年に侍したのが観音寺江西禅院とされていることも注意されるべきで、観音寺は地名であろうと思われ(19)、洪州黄檗の禅をこの地に伝えた臨済の住寺が江西禅院と呼ばれたことは極めてありそうなことである。ただそれが一般に「大名府の興化寺の東堂」といわれているものと極めて相違している点については後に考察を加えることにしよう。

三

存奨は、かくて臨済の寂後、乾符二年（八七五）に至って、幽州節度押両蕃副使検校秘書兼御史中丞賜紫金魚袋董廓、幽州臨壇律大徳沙門僧惟信、涿州石経寺監寺律大徳弘嶼[*12](20)等の三人が存奨をして盤山に北帰せしめるべく懇請したので、存奨もまたこれに従わんとし、衙庭に詣って先侍中丞韓公之叔にこの旨を告げると、彼はただちに「南北の両地何の異か有る、魏人何ぞ薄く燕人何ぞ厚からん。如来の教、豈に是の如くならんや」と言って、府下に留まることをすすめたので、ついにこれに従うこととし、常侍及び諸檀信の帰依によって、魏府の南瓢門外通衢の左に一宇を構え、大いに禅風を挙揚し、六州の士庶をしてことごとく如来の勝因を結ばしめるに至ったといい、「塔碑」は最大級の美文を以てこの寺の結構を伝えている[*13]。

ところで、存奨をして魏府に留め自らその檀信となった韓公之叔もよく判らないが、史乗によると、魏府の地は先に関説したる節度使何弘敬が咸通七年に死し、その子全皞がその後を襲いだが、この人は性はなはだよろしからず、「年少好殺戮、下有少罪、鮮縦貰、人人危懼」といわれ、咸通十一年（八七〇）に至ってついに衆のために殺されたという。しかして、衆に推されてこの後を承け、魏博留後となったのが韓君雄で、懿宗の詔によって副大使に進み、検校司空となり、僖宗のときに同中書門下平章事に進み、允中の名を賜わり、死後大尉を贈られているから[*14]、あるいはこの人の一族ではなかろうか。しかし、この人は乾符元年（八七四）十一月に六十一歳を以て没したともいわれるから、あるいはその後を承けて節度使となった子韓簡かもしれぬ。この人も検校大尉同中書門下平章事に進み魏郡王に封ぜられたが、中和元年（八八一）、黄巣*15の余波を受けて敗死したという（『説郛』三三、35b）。(21)

「塔碑」はさらに進んで、存奨の示寂のことを叙べ、文徳元年（八八八）七月十二日、享齢五十九、僧臘四十一を以て寂したが、親信の弟子に蔵暉、行簡の二人があり、遺命によって一人は喪を司り、一は伝法を司ったといい、翌竜紀元年（八八九）八月二十二日に至って本院において真身を荼毘したるところ、「火纔かに発すれば雲自ら愁い、薪を加えざるに風勢を助け、三日三夜、号礼すること斯の如し。香燼の中より舎利一千余粒を得、諸寺の大徳各各作礼し請うて分ち供養せんとす云々」といい、ついに府南の貴郷県薫風里の地に塔を建てることとなったが、これ先師の塔に附せんとの志であるといっている。ところで、ここに先師の塔というのはおそらく臨済の塔で、臨済の塔の傍に附して自らの塔を建てよ、というのが存奨その人の遺志であったというのであろうから、それが府南の貴郷県薫風里の地であったということは、また臨済の史伝に従来未伝の一事実を加えることとなる。ただし、臨済の「塔記」に、「門人師の全身を以て大名府の西北隅に塔を建つ」というのと矛盾するが、このことについては別に後述することとする。

「塔碑」は存奨の寂年を文徳元年とし、享齢五十九、僧臘四十一といっているが、僧臘を四十一とすればその出家は十九歳となって大中二年に相当する。したがって先に七歳前後で盤山の暁方に師事したというのは一種の文飾とすべきか。あるいはこれを受具の年とみて張公が幽州戒壇を奏置した年時を大中五年よりもなお数年の前にあったとすべきか。雪峰の登戒を大中四年とする『祖堂集』の記事がもし正しければ、このことを裏付ける一証とみることもできるであろう。

さらに、存奨示寂の年時について、従来、『仏祖通載』はこれをはるかに三十数年を降らしめて同光三年（九二五）の条に収め、わが英朝の『宗門正灯録』もまたこれを承けているが、これは次に述べる後唐の荘宗（八八五―九二六、ただし帝位にあったのは晩の四カ年）との機縁にもとづいたものである。しかし、この機縁そのものは極めて古くから言われていたらしく、南唐の保大十年、すなわち後周の広順二年（九五二）に成った『祖堂集』には、すでにこれを次のように述べている。

〔25〕同光帝問師、朕昨来河南取得一个宝珠、無人着価。師云、請皇帝宝珠看。帝以両手、撥開幞頭角。師云、皇帝是万代之宝珠、誰敢着価。（二十、興化和尚章、三八三b）

『景徳伝灯録』もまたこの機縁を収め、[*16]玄覚の徴語を附しているが、玄覚は法眼文益の嗣、金陵報慈道場玄覚導師行言で、『祖堂集』の成立と同時代の人である。しかるに『天聖広灯録』はその巻十八、侍郎楊億の章にとくにこの機縁を収め[22]、玄覚の語と共に楊億の語を添えているところではほとんどその本文に変化を見せていないにもかかわらず、巻十二の興化存奨の本章には、大いにこれを増広せしめて、

〔25〕同光帝駕幸河北、廻至魏府行宮。帝坐朝、僧録名員来朝後、帝遂問左右、此間莫有徳人否。近臣奏曰、適来僧録名員皆是徳人。帝曰、此是名利之徳、莫有道徳之人否。近臣奏曰、此間有興化長老、甚是徳人。帝乃召之。師来朝見。帝賜座茶湯畢。帝遂問、朕収下中原、獲得一宝、未曾有人酬価。師云、如何是陛下中原之宝。帝以手舒幞頭脚。師云、君王之宝誰敢酬価。（七〇九b）

といい、さらにこれに続いて、

〔26〕聖顔大悦、賜紫衣師号。師皆不受。宣馬一疋、与師乗騎。馬忽驚、師遂墜傷足。帝聞宣薬救療。師喚院主、院主至侍立次、師云、与我作箇木枴子、院主做了将来。師接得遶院行、問僧云、汝等還識老僧麼。僧云、和尚、争得不識。師云、癘脚法師、説得行不得。又至法堂上、令維那声鐘上堂。師如前垂示、衆皆無対。師擲下枴子、

端然而逝[23]。

となして、ここに新たにまったく別個の機縁を附加している。前半の、帝が徳人を求める一段は、「趙州行状」に見える燕王が趙州を求める話に近似しており、事実、当時唐末五代の牧主や帝王たちにはかかることがあったらしく、同一の事件より脱化し来たったものと考えられるが、後半示寂の一段は、先の「塔碑」の記事に比してはなはだしく飛躍している。

思うに、唐末五代時代のこの地方は、わずか半世紀の間に数個の王朝が相簒奪し、藩鎮牧主もまためまぐるしく交替したから、もと存奨が見えたという別の王公がいつか荘宗と誤られ、この話にもとづいて示寂の機縁が創られ、ついに示寂の年時が同光三年と定められるに至ったのでなかろうか。なお、『仏祖統紀』の著者は、これを三聖慧然のこととなしているが、これは明らかに存奨と三聖とを誤って混同したるものである[24]。いずれにしても、公乗億の「塔碑」に拠る限り、これらの機縁及び年時の説は信ずることのできぬものである。

清の紀蔭が『宗統編年』十六に、このことを考証して、

師化於文徳元年七月十二日。唐僖宗文徳元戊申、先後唐荘宗同光元年癸未、凡三十六年、則非荘宗明矣。今考其時、舒幞頭脚者、蓋晋王李克用、而誤為其子荘宗存勗也。按僖宗広明元年庚子、黄巣入長安、帝走興元。黄巣潜号、中和二年壬寅、李克用将沙陀兵趣河中、三年癸卯五月、李克用破黄巣、収復長安。詔以李克用、為河東節度使。四年甲辰五月、黄巣趣汴州、李克用追撃大破之。秋七月、時溥献黄巣首。八月、進李克用為隴西郡王。伝灯録所謂収大梁得一顆無価宝珠者也。其称朕者、以荘宗而訛也。(『続蔵』一四七、二四四b)

と言っているのは、けだし至当の説ではあるが、この機縁によって贈られたという広済大師通寂の塔という謚号のことを、「塔碑」が知らないことも不思議であるから、やはりこの話は史的事実の混同とみるよりも、のちに、附

会せられたものと見るべきであろう。なお、紀蔭は謚号のことを弁じて、この謚号があったのは「塔碑」以後のことであろう、となしているが、『祖堂集』はすでにこれを知っているから、やはり荘宗と結びつけられ機縁ができた時代と、この追謚があったこととの間に、密接な関係があったものと見なければならぬ。

またさらに一歩を進めると、事実上この追謚をなした人が荘宗その人であり、のちに追謚と寂年とが混同されるに至ったのではないか、とも考えられる。すなわち、『旧五代史』の荘宗本紀によると、荘宗がこの魏州の地をその手中に収めたのは、天祐十二年（九一五）であり、その後、しばしばこの地と晋陽の間を往来し、のち天祐二十年（九二三）に至って、ついに衆に推されてこの地で帝位につき、大いに恩赦を行い、しきりに功臣を論賞し、故人に対して謚号追贈を加え、民に免役を与え減税を行っているが、しかも、荘宗はよく神異を信じたらしく、たとえば即位の年に先立って、

天祐十八年、春正月、魏州開元寺僧伝真、獲伝国宝。献于行台験其文、即受命于天子孫宝之八字也。群僚称賀。伝真師、于広明中、遇京師喪乱、得之秘蔵、已四十年矣。篆文古体、人不之識。至是献之時、淮南楊溥、四川王衍、皆遣使致書。勧帝嗣唐帝位。(25)（『続蔵』一五〇、三四七b）

といい、また、

同光元年、春正月丙子、五台山僧献銅鼎三、言于山中石崖間、得之。（二一五a）

などとも言われているから、これらの神異な事件がかつてこの地に禅風を振った存奨と結びつけられ、しかもそれが極めて禅的に脱化せしめられて評判を博するに至ることは、極めて自然の成り行きであり、禅の歴史においては他にもしばしば見られる例である。また、『古今図書集成神異典釈教部』の記載によると、

唐荘宗皇后劉氏伝、荘宗自滅梁、志意驕怠、宦官伶人乱政。后特用事、於中自以出於賤微、踰次得立、以為仏

力。又好聚斂、分遣人為商売、至於市肆之間、薪芻果茹、皆称中宮所売。四方貢献、必分為二、一以上天子、一以入中宮、宮中貨賄山積。惟写仏書、饋賂僧尼。而荘宗由此亦佞仏。有胡僧、自于闐来、荘宗率皇后及諸子、迎拝之。僧遊五台山、遣中使供頓、所至傾動城邑。又有僧誠恵、自言能降竜。嘗過鎮州、王鎔不為之礼。誠恵怒曰、吾有毒竜五百、当遣一竜揭片石。常山之人、皆魚鼈也。会明年、滹沱大水、壊鎮州関、城人皆以為神。荘宗及后、率諸子諸妃拝之。誠恵安坐不起。由是士無貴賤、皆拝之。独郭崇韜不拝也。是時皇太后及皇后、交通藩鎮、太后称誥、令皇后称教命、両宮使者、旁午於道。許州節度使温度韜、以后佞仏因論、以私第為仏寺、為薦福。（三九九ａ）

といい、荘宗の后妃が神異の関心を仏教に寄せて、荘宗と共に僧尼を供養したることを伝えており、[*17]存奨への追諡のことも、あるいはこの間になされたのではなかろうか。[26]

四

次に、「塔碑」は存奨の嗣として、蔵暉、行簡の二人を挙げ、公乗億自身もまた蔵暉大徳下の俗弟子であると言っているが、これらの人々が従来の史伝においていまだかつて注意せられず、しかも逆に後世に臨済禅の法系がその下に展開された南院慧顒の名が「塔碑」に見られぬのは、一見はなはだ不思議のようである。もっとも、従来の史伝においても、南院が存奨に参じた機縁はいずれにも見えず、これは師資の契合を以て中心生命とし、その機縁語句を録することを使命とする灯史の書として重大なる欠点と言わねばならぬ。[27]わずかに、『建中靖国続灯録』一に、

汝州宝応南院慧顒禅師、参興化和尚、大悟玄旨、密契宗風、啐啄応機、主賓互換、当鋒訓敵、独冠諸方。（『続蔵』一一三六、四九ａ）

というのが唯一のものであるが、これとても必ずしも特別の資料に拠ったものではなくして、のちに一般に伝えるところによって記したものにすぎぬであろう。

しからば、南院と興化との機縁は、当初から知られていなかったのであろうか。しかも、『景徳伝灯録』十二によると、魏府興教存奨禅師法嗣として汝州宝応和尚を挙げ、「即南院顒也」と註し、さらに、魏府大覚和尚法嗣として、「廬州大覚和尚、廬州澄心旻徳禅師、汝州南院和尚」（二九〇a）の三人を録している点に注目せしめられる。*18 別に、『古尊宿語録』八の『首山語録』の後尾を見ると、

師……後徇衆請、入城下宝応禅院、即南院第三代。（二五五b）

としており、大覚の嗣としての汝州南院は、その第二代であったごとくであるが、次に述べるように存奨その人がもと大覚和尚と呼ばれていた一事を考え合わせてみると、この点についてさらに疑問なしとせぬのである。

すなわち、公乗億の「塔碑の始めの部分に禅の伝灯を述べて、「はじめ、摩訶迦葉より師子尊者に迄るまで続べて二十三代となす。而後、達摩多羅漢土に降り、能秀に至つて之を分つて七と為す。而後、苞抜き葉附し派別れ脈分ち、其の真宗の泯ぜず滅せざる者は、則ち大覚大師、*19 固にここに系有り。和尚、姓は孔、字は存奨云々」といっており、結尾に至るまでついに興化の名が見えぬのである。しからば、先に韓公之叔等が南輭門外通衢之左の地に、存奨のために建てたのが大覚寺で、存奨は大覚寺存奨と呼ばれていた理である。

いったい、魏府大覚は、もと『景徳伝灯録』の旧本では、巻十二に黄檗希運の嗣とせられ(28)、臨済章には、

大覚到参。師挙払子、大覚敷坐具、敷擲下払子、大覚収坐具入僧堂。衆僧曰、遮僧莫是和尚親故、不礼拝、又不喫棒。師聞令喚新到僧。大覚遂出。師曰、大衆道、汝未参長老。大覚云、不審。便自帰衆。（二九〇c）

とあって、すでに相当の力量を具した人であったごとく、また同書二七、「諸方雑挙徴拈代別語」の条に、

臨済見僧来、挙起払子。僧礼拝。師便打。別僧来。師挙払子。僧並不顧。師亦打。又一僧来参。師挙払子。僧曰、謝和尚見示。師亦打。

雲門代云、只疑老漢。大覚云、得即得、猶未見臨済機在。（四三六b）

とあるのが同人であるとすれば、やはり臨済と親故の人として、ともに黄檗の嗣であったかもしれぬ。また大覚の本章には、存奨がこの人の下にあって院宰の役をつとめたときのこととして、南方行脚の旅ののち、先に挙げた「南行一廻、拄杖頭未曽撥著箇会仏法底人云々」、の機縁につづいて、

〔5〕来日興化従法堂過。師召曰、院主。我直下疑汝昨日行底喝、与我説来。興化曰、存奨平生於三聖処学得底、尽被和尚折倒了也。願与存奨箇安楽法門。師曰、遮瞎驢、来遮裏納敗欠。卸却衲帔待痛決一頓。興化則於語下領旨。雖同嗣臨済、而常以師為助発之友。（二九五a）

といわれており、これによって、のちに『天聖広灯録』十二では、

〔6〕師後開堂拈香云、此一炷香、本分為三聖師兄、三聖於我太孤。本分為大覚師兄、大覚於我太賒。不如供養臨済先師。（七〇八a）

となしているから、存奨は言わば魏府大覚の二世とも見られていたのではあるまいか。そして、韓公之叔等が存奨のために建てた大覚の名によって、当初その名の逸し去っていた魏府大覚をも大覚と呼ぶに及んで、のちには存奨は興化と言われるに至ったのではあるまいか。これは一箇の想像による憶断で、さらに確実なる資料の出現せぬ限り、強いて断定を下すことはできないが、興化存奨の嗣に汝州宝応があり、魏府大覚の嗣に汝州南院があるとする『景徳伝灯録』の説には理解できぬものがある。ちなみに『天聖広灯録』は、この汝州南院の語を魏府大覚の下より削り去って、宝応の章に加えてしまっているが、これはもと同一人であったものを、『景徳伝灯録』が別出した

のか、あるいはもとより別人であるものを『天聖広灯録』が誤ったのか、軽々に断ずることができない。

いずれにしても、南院が存奨に参じた機縁は、古い史伝において明確を欠き、のちに『天聖広灯録』十四の本章には、

師初開堂、纔升座。有僧問、師唱誰家曲、宗風嗣阿誰。師云、掌塔戴雕冠、口中更河海。（七二四b）

とあって、嗣法関係の記載が一般化せられ、しかもこの「師唱誰家曲、宗風嗣阿誰」の問答が、『臨済録』にその源を発して、南院以後のこの系統の人々のほとんどすべての機縁として記載され、あたかも臨済下の宗風のごとくに見られている点は、むしろそれがあるべき存奨の語に見当たらぬことと共に、いかにも不思議である。

五

次に、南院以外の存奨の諸弟子について考えてみよう。『景徳伝灯録』には存奨の嗣法として、汝州宝応和尚と、魏府天鉢和尚の二人を挙げ、後者は「機縁の語句無し、録せず」と註している。しかるに、『天聖広灯録』は次のごとき開堂の語を録して、

魏府天鉢禅師、初開堂升座時、有僧問、師唱誰家曲、宗風嗣阿誰。師云、雲綻家家月。僧云、恁麼即徧天徧地。師云、一任鑽亀打瓦。（七二九b）

といい、また別に三則の問答を掲げている。

ところが、感山の『雲臥紀談』下によると、

魏府老華厳者、諱懐洞。五季時、初弘華厳之教、晩参興化存奨禅師、得教外別伝之旨。遂出世天鉢、次徙庄沙禅苑。河朔緇素尊事之、故称老華厳。禅門宗派図、有天鉢和尚、系出興化者是也。洞、嘗有示衆語、曰、仏法

在你日用処、在你行住坐臥処、喫茶喫飯処、語言相問処、所作所為処。若挙心動念、又却不是也。還会麼。你若会得、即是担枷帯鎖、重罪之人。何故如此、仏法不遠隔塵沙劫、一念中見得、在你眉毛鼻孔上。你若見不得、如接竹点月相似、無有是処。你究竟麼、切莫思惟、不可言論。時中承何恩力。你若知得、須有歓喜処。所以古人道、寂寂常歴歴、諸仏不求覓、衆生断消息。你還会麼。一切諸仏本無情、一切諸仏本無名、一切衆生本自霊。混然如太虚空、無欠無余。你若不会、直得、触途成滞。(一四八、二八a)

とあって、この老華厳なる人が存奨の嗣天鉢和尚にほかならぬことを知るのであるが、この示衆の語[*20]は、明版の『景徳伝灯録』二十の最後尾に収められて、さらに長く続いており、いかにも長い間の華厳の講学と、存奨を通じて承けた臨済義玄の禅とによって、全一的に混然として練成せられたものであると思われる。しかし、『林間録』の著者は、誤ってこれを文潞公と関係のあった天鉢重元の語となしているが、天鉢重元は雲門下五世、天衣義懐の嗣であり、ここに述べられている風格が雲門的であるよりも臨済的であることは、一読にして明瞭であるから、感山が前記の引文の後に附註して、これを存奨下の天鉢のものと断じていることはいかにももっともであろう。

『天聖広灯録』は、なお以上のほかに、淄州水陸和尚、大行山禅房院克賓禅師、守廓上座の三人を挙げているが、水陸は、『景徳伝灯録』十二に三聖慧然の嗣としているのを誤ったのであり、克賓は同じく存奨の章に出ている機縁に拠り、守廓は同じく十三、風穴章に見える機縁にもとづいてこれを別出し、他の機縁を補ったものであろう。

しかし、前者は、

〔12〕師(存奨)謂克賓維那曰、汝不久当為唱道之師。克賓曰、不入者保社。師曰、会了不入、不会不入。賓云、総不与麼。師便打。乃云、克賓維那法戦不勝、罰銭五貫、設飯一堂。至明日、師自白槌云、克賓維那法戦不勝、罰銭五貫、設飯一堂。不得喫飯、即時出院。(四六六b)

とあるもので、これのみにては存奨の嗣と断じ難いから、何かほかにもとづくところがあったのであろう。

守廓の方は、『景徳伝灯録』では、

汝州風穴延沼禅師、余杭人也。初発迹於越州鏡清順徳大師、未臻堂奥、尋詣襄州華厳院、遇守廓上坐。即汝州南院侍者也、乃密探南院宗旨。（三〇二b）

とあって、明らかに南院の侍者としているが、『天聖広灯録』は、

師（守廓）行脚、到襄州華厳和尚会下。華厳一日上堂云、今日賜郷無畏、若是臨済徳山、高亭大愚、鳥窠船子児孫、不用如何若何、直須単刀直入、華厳与汝証拠。師出礼拝起便喝。厳亦喝、師又喝、厳亦喝。師便礼拝起云、大衆、看者瞎漢、一場敗闕。便喝、拍手帰衆。厳下座帰方丈。（七二九b）

といい、ここで華厳の維那となっていた風穴と相識ったとなし、さらに次のごとき機縁を挙げて、守廓がもと存奨の侍者たりしことを主張している。

師在鹿門和尚会下、一日在僧堂後架坐。鹿門下来、見楚禅和便問、終日披披搭搭作什麼。楚云、和尚見某甲披披搭搭耶。門便喝、楚亦喝、両家便休。師云、看者両箇瞎漢一場敗闕。随後便喝。門便帰方丈、遂令侍者下来喚師。門云、適来楚禅和与老僧、賓主相見、什麼処敗闕。師云、転見病深。門云、老僧昔日見興化来。師云、和尚見興化時、某甲在彼為侍者、記得此時語。門云、你試挙看。師便挙、興化問鹿門、什麼処来。門云、五台山来。化云、還見文殊麼。門便喝。化云、我問你見文殊、又喝作什麼。門又喝。化不語。至来日、興化教某甲来喚待問、当早已去也。化上堂云、大衆、你看者箇師僧、担一条断貫索、向南方去也。已後也道、我見興化来。和尚今日公案、恰似恁麼時底。門云、興化恁麼時、為什麼不語。師云、興化知道、和尚不会。門方省悟。来日、特為師煎茶。晩後上堂、告衆云、夫参学竜象、直須子細。入室決択、不得容易。綽得箇語、便為極則、即道我

剣利。我当初見興化時、認得箇転動底、見人一喝両喝便休、以為仏法。今日、被明眼人覷著、却成一場笑具。徒什麼祇為我慢無明、不能廻転親近上流。頼得明眼道人、不惜身命、対衆出来、為鹿門老証拠。実為此恩難報。何以如此。興化云、直饒你喝得興化、在虚空裡、住撲下来、一点気也無、待我蘇息起来、向你道、未在。何故如此、興化未曽向紫羅帳裡撤真珠、与你諸人、乱喝作什麼。道流、如今明解取去。豈不是慶快平生、参学事畢。（七三〇ａ）

鹿門和尚というのは、前段の襄州華厳と同人であろうが、おそらく『景徳伝灯録』二十に見える、曹山本寂（八四〇―九〇一）の嗣、襄州鹿門山華厳院処真であろうと思われる。ここに挙げられている長い守廓の行脚物語が史実に出たものであったとすると、この人もまたかつて存奨に参じていたことが知られてはなはだ興味深いものがある。そして、守廓もまた存奨下の侍者であったのであろう。

六

以上、存奨の史伝及びその法嗣について、知られるところを述べたので、次に存奨がその晩年を過ごしたとされる興化寺について一言しておこう。

興化寺の名が、公乗億の「塔碑」に見えず、当時、大覚和尚と呼ばれていたことは、すでに先述したごとくであるが、有名な「臨済慧照禅師塔記」を始め、『祖堂集』『景徳伝灯録』等において、すでに興化存奨と呼ばれており、ことに「臨済慧照禅師塔記」は、一見するところ、臨済義玄の寂後、法嗣保寿延沼が撰し、存奨がこれを校勘し、自ら「住大名府興化嗣法小師存奨校勘」と連署したるものとして、もっとも信頼すべきもののごとくである。

しかし、この「塔記」は、従来すでに先人が指摘しているように(29)、種々の問題を含んでいるものであるから、まずこの「塔記」そのものについて考えてみよう。

いったい、この「塔記」について、第一に疑問とされなければならない点は、存奨自身が「住大名府興化云々」と署し、また本記中にも、臨済が「後払衣南邁……即来大名府興化寺、居于東堂」したとされる大名府の称が、唐代のものでなくして、五代以後のものであることである。すなわち、『読史方輿紀要』十六、大名府の条によるに、

禹貢兗州之域、夏為観扈之国、春秋晋地、戦国属魏、秦属東郡、漢属魏郡、後漢因之、三国魏分置陽平郡、晋因之、前燕分置貴郷郡、尋省、宋文帝置東陽平郡、後魏因之、後周末置魏州、隋初因之、大業初、改為武陽郡、唐武徳四年、復為魏州、竜朔初、改為冀州、咸亨中復故、天宝初曰魏郡、乾元初、復曰魏州、五代唐同光初、升為東京興唐府、三年、改東京曰鄴都、晋曰広晋府、漢曰大名府、周顕徳初、復罷鄴都為天雄軍、而府如故、宋因之、慶暦二年、建為北京、金仍為大名府路、元曰大名路、明改大名府（『国学基本叢書』一、六九五ページ）

といい、大名府の称は五代の漢に初めて用いられ後代の金と元、明のときにこれを承けているのみである。今、さらに『五代会要』によれば、十九、大名府の条に、

後唐同光元年四月、升魏州為東京、都督府曰興唐府、元城県為興唐県、貴郷県為広晋県、至三年三月、改為鄴都、興唐為次府……

晋天福二年九月、改興唐府為広晋府、興唐県為広晋県……

漢乾祐元年三月、改広晋府為大名府、広晋県為大名県、

周広順元年六月以大名府元城県為赤県、

顕徳元年正月、廃鄴都留守、依旧天雄軍、大名府為京兆府之下、其属県地望官吏品秩、並同京兆府。（万有文庫本、二四一ページ）

といい、後漢の乾祐元年（九四八）に初めて用いられたことを示している。*21
次の疑問は、「塔記」の撰者保寿延沼なる人についてであって、一説にこれを『祖堂集』二十、『景徳伝灯録』十二に見ゆる鎮州宝寿沼であるとし、また一説に、風穴延沼であろうとせられているが、共にはなはだ明瞭を欠くのである。何となれば、従来の史伝による限り、風穴延沼が鎮州保寿に住したる記録なく、ことに嗣法の小師と称することが妥当ならぬ上に、風穴の撰述を存奨が校勘することはいよいよ以て奇である。また、宝寿沼が保寿延沼と同一人であれば、『景徳伝灯録』編集の当時、この「塔記」の撰者としての保寿延沼を以て、何が故に宝寿沼とし、諱の上字を逸したのであるか。(30)さらにまた、『景徳伝灯録』の編者がこの「塔記」を知っていたならば、いかなる理由を以て、臨済義玄の寂年について敢て相違の説を取ったのであるか。もし、寂年に関するわずか一年の相違は、これを不注意による誤りとするも、臨済が示寂に際して三聖と問答する一段の因縁は、臨済の「行録」としては極めて重要であり、「塔記」もまたこのことを特筆しているにかかわらず、『景徳伝灯録』臨済章にまったくこの縁なく、別個の伝法偈を録しているにすぎざることは、『景徳伝灯録』の編者がこの「塔記」と「行録」の存在を知らなかったことを明示するものでなければならぬ。(31)しからば、鎮州宝寿沼は、『景徳伝灯録』編集の当時すでに諱の上字が知られなかったのであって、この人を以てただちに「塔記」の撰者保寿延沼と同一人と見ることはできないであろう。
また、この疑問をさらに深めしめるものに、「塔記」中に表れる黙君和の記事がある。黙君和なる人に関しては、従来ほとんど注意されておらず、(32)あるいは不明とせられているが、宋の陸游の『老学庵筆記』十によると、
保寿禅師作臨済塔銘云、師受黄檗印可、尋抵河北、鎮州城東、臨滹沱河側、小院住持名臨済。其後、墨君和太尉、於城中捨宅為寺、亦以臨済為名。（墨君和名、見唐書及五代史）其事甚詳云々。（商務印書館覆印本、七ａ）

といい、黙君和を以て墨君和となしている。しかも、この墨君和に関しては、劉氏『耳目記』に次のごとき話があって、まったく同一人なるべきことを推せしめるのである。

真定墨君和、幼名三旺、世代寒賤、以屠宰為業。母懐妊之時、曽夢胡僧、携一孺子、面色光黒。授之曰、与爾為子、他日必大得力。既生之、眉目稜岸、肌膚若鉄。年十五六、趙王鎔初即位、曽見之、悦而問曰、此中何得崑崙児也。問其姓、与形質相応、即呼為墨崑崙。因以皀衣賜之。是時、常山県邑、屢為并州中軍所侵掠。趙之将卒、疲於戦敵、告急於燕王。李匡威、率師五万来救之。并人攻陥数城、燕王聞之、躬領五万騎、径与晋師、戦於元氏、晋師敗績。趙王感燕王之徳、椎牛釃酒、大犒於槀城、輦金二十万、以謝之。燕王帰国、比及境上、為其弟匡儔所拒。趙人以其有徳於我、遂営東圃以居之。燕王自以失国、又見趙主之方幼、乃図之。遂従下矣上、伏甲俟趙王旦至、即使擒之。趙王請曰、其承先代基搆、主此山河、毎被鄰寇侵漁、困於守備。頼大王武略、累挫戎鋒、獲保宗祧、実資恩力、顧惟幼懦、夙有卑誠、望不忽々、可伸交譲。願与大王、同帰衙署、即軍府必不拒違。燕王以為然、遂与趙王、並轡而進。俄有大風并黒雲、起於城上、俄而大雨、雷電震撃。至東角門内、有勇夫、袒臂旁来、拳殴燕之介士、即挟負趙王、踰垣而走、遂得帰公府。王問其姓名、君和恐其難記、但言曰、硯中之物。王心志之。左右軍士、既見主免難、遂逐燕王。燕王退走於東圃、趙人囲而殺之。明日趙王素服、哭於庭、兼令具以礼斂。仍使告燕王。匡儔忿其兄之見殺、即挙全師、伐趙之東鄙、将釈其憤気、而致十疑之書。趙王遣記室張沢、以事実答之。其略曰、営中将士、或可追呼、天上雷霆、何人計会。詞多不載。趙主既免燕主之難、召墨生、以千金賞之、兼賜上第一区良田万畝、仍恕其十死。奏授光禄大夫、終趙王之世、四十年間、享其富貴。当時閭里有生子、或顔貌黒醜者、多云、無陋、安知他日不及墨崑崙耶。(33)

『耳目記』の記載は、のちに『太平広記』にも引かれていて、多少説話的文飾があるかもしれないが、これに関連した話は、『旧唐書』一八〇李全忠伝、『新唐書』二一二及び『旧五代史』五四、『五代史記』三九、王鎔伝等にも存するから、史的事実にもとづいたものと思われる。ところが、この墨君和に救われた王鎔（八七四―九二一）は、有名なる趙王であって、[34]禅録においては趙州従諗（七七八―八九七）との関係が知られており、この人の祖父の弟に当たる王紹懿（―八六六）なる人が、[35]*22『臨済録』に見ゆる府主王常侍ではなかろうかと考えられるから、王鎔その人は臨済よりも後の人である。すなわち、史乗の記すところに拠ると、王鎔が生まれたのは乾符元年（八七四）であり、父景崇の後を承けて趙王となったのは、中和三年（八八三）、十歳の時であったと言われるから、『耳目記』がいうように、趙王が即位の初め、その肌膚鉄の若きを見て悦んだのが、墨君和十五、六歳のときであったとすると、墨君和の生誕は咸通十年（八六九）頃となり、臨済が示寂したとせられる咸通七年（八六六）以後に属することとなるのである。

したがって、「塔記」中に表れる黙君和が、右のごとき経歴をもつ墨君和その人であるとすれば、この「塔記」の作者を以て、墨君和と同時、あるいはむしろ前代の人である鎮州宝寿沼と断ずることはできないであろう。さればといって、墨君和のほかに、わずか三十年前後をへだてて同じ真定の地に別の黙君和なる人があったとすることもまたはなはだ穏当を欠くようである。ことに、この人の姓の極めて珍しきにおいてをや。

右に挙げたような疑点ついて、「塔記」に含まれる課題を完全に解決するためには、さらに確実なる他の資料の出現を俟つべきであるが、今、範囲を興化にしぼり、しいて一箇の結論を下せば、

一、大名府興化寺の称は、臨済義玄が示寂したる唐末の咸通頃のものではないこと。ことに、大名府は五代後漢の乾祐元年以後のものであること。

二、撰者及び校勘者とせられる人々が、史伝の記載と合わぬこと。

三、『景徳伝灯録』の編者は、「行録」及び「塔記」の存在を知らなかったこと。

四、「塔記」の中には、史実的な年次と合わぬ記事があって、同時代の臨済の直弟子たちの筆とは信じ難いこと。

等となり、したがって当初この「塔記」に何ら関係のなかった筈の存奨が、「塔記」の校勘者とせられるに至ったのは、寂後はるか後代（早くも五代、遅くみれば宋初『景徳伝灯録』成立以後）のことであろうと思われること。しかして、これに先立って、存奨はすでに興化存奨と呼ばれており、五代王の何人かによって、――それはおそらく後唐の荘宗であろうと思われるが――広済大師通寂塔の追謚がなされ、さらに荘宗との機縁が附加せられ、示寂年次が引き下げられるに至ったこと等が知られ、『祖堂集』及び『景徳伝灯録』の二書が、そうしたもはや伝説となった興化存奨伝にもとづいて伝を立ててから、公乗億の「塔碑」はついに顧みられなくなってしまったもののごとくである。

かくて、興化の称は大名府の称と共に、五代のものと見られるが、その前後関係は明らかでなく、またかつて存奨が師の晩年に侍した観音寺江西禅院、及び韓公常侍等が存奨のために創った南甎門外通衢の左の地なる大覚寺のその後の沿革も明らかでないから、興化の称がこの両寺のうちのいずれにもとづいたものであるかも、現在のところ知ることができない。後代にできた、『一統志』『畿輔通志』等の地志によるも、魏府、あるいは大名府の興化寺に関する記載はまったく見られない(36)。

七

興化の語を集めたものとして、先に挙げたように、『古尊宿語録』五に『興化禅師語録』一巻があり、およそ十七則の機縁語句を録し、巻尾に、「臨済慧照禅師塔記」を附している。しかし、この書が『古尊宿語録』に編入せられたのは、おそらく咸淳三年（一二六七）の重刊に際してであろうし、当時、興化語録として別にまとめられた一書があったのを取ったとも考えられない。紹興初年の『古尊宿語要』の初編四集には、南泉以下二十二家の語要が集められ[37]、次いで嘉熙二年（一二三八）、鼓山晦室師明が、『続刊古尊宿語要』[38]六巻を集めたときにも、興化語録は収められていないから、現存のものは、前者の重刊に際して、南岳大慧禅師以下の諸家の語録が一括編入せられたときに、諸種の灯史や『拈頌集』などをもととして新たに一書にまとめられ、臨済語録の附録の意味で、『古尊宿語録』五の後半に編入せられたものであろう。すなわち興化の嗣、南院慧顒及び第四世首山念和尚等の語要は、旧刊『古尊宿語要』二に収められ、師臨済の語録は『続刊古尊宿語要』天集[39]に収められていたにもかかわらず、当時盛んであった臨済系の祖師たちのうちで、その源流となる南岳より黄檗に至る四家及び興化と風穴の語録が入っていなかったから、それらの中ですでに一書として別に存したものはそれをとり、存しないものはその時に新しく集められたのであろうと思われる。したがって、『古尊宿語録』中の『興化語録』は、それがもとづいたと思われる諸種の灯史の書や他の人々の語録及び『拈頌集』等に溯って本文批判的に研究せられねばならないが、今、かりに『祖堂集』『景徳伝灯録』『天聖広灯録』『拈頌集』をもととし、さらに後代にわが国で作られた『宗門正灯録』をも対照せしめて、その機縁の異同出入を調べてみると次のごとき結果が得られる。

	1	2
祖堂集 (952)	1 興化和尚嗣臨済	
景徳伝灯録 (1004)		
天聖広灯録 (1036)		
聯灯会要 (1183)		1 初謁臨済
禅門拈頌集 (1226)		
五灯会元 (1252)		13
古尊宿語録 (1267)		1
宗門正灯録 (1501)		1

3	4	5	6	7	8	9	10	11	12	13	14	15	16
					2 問僧、甚麼処来	3 時喚僧、僧応喏	4 国師喚侍者意（怡山拈）						
	興化存奨禅師為院宰（大覚章）	来日興化従法堂過（大覚章）	興化領旨（大覚章）		1	5	4	2 謂衆曰我只聞	3 謂克賓維那曰				廬州澄心院旻徳章
1 行脚往南方	2 後大覚聞挙	3 来日従法堂下	4 後開堂拈香曰	5 僧問多子塔前		6		13	18	7 問四方八面来時	8 三聖問僧	9 我聞三聖道	10 今日不用如何若何
2	3	4	5			12		7	（克賓章）	13（開善謙云）	（三聖章）		6（琅瑘覚、教忠光云）
				8				2	3	4			7
1	2	3	4	5	8	6		9	12	7			（旻徳章）
			2	8						7	9	10	3
2	3	4	5	6	12	11	9	8	15	10		16	7

17	18	19	20	21	22	23	23′	24	25	26	27
							師（仰山）問俗官		5同光帝問		（勅諡号）
									6（玄覚徴）		（勅諡号）
11見首座坐禅	12巡堂次垂語	14到雲居問	15雲居一日上堂	16有同参来礼拝	17見僧来云	19王程有限			20	21贈馬与師	
8		（雲居章）	（同右）	9＋10					11（雪竇、黄竜心云）	－14	
				5＋6					1		
		10	11	14＋15				16宝剣蔵久	17	18	（勅諡号）
4	11	12	13	5＋6	14	15			16	17	（臨済塔記）
		13	14（続宗門統要八）	18＋19				17	20	21	（勅諡号）

ところで、右の表によって知られるように、興化の語をもっとも多く集めたものは、『天聖広灯録』であるが、それは主として僧との問答機縁であり、『祖堂集』及び『景徳伝灯録』が拠ったものと、その資料の系統を異にしているごとくである。すなわち、『祖堂集』二十は「未覩行録莫決終始」（興化和尚章、三八三a）といって、興化の行録なるものを見ておらず、主として当時の叢林の間に諸方の拈弄によって周知せられていた機縁のみを収めたの

であり、『景徳伝灯録』もまた同じ態度をとっているが、『天聖広灯録』は、南岳下ないし臨済禅宗系統の人々についてでは、つとめてその広録をとっており、たとえば、百丈と臨済のごときは当時一般に行われていたと思われる広録のすべてを別巻として収めており、(40)臨済以後においても、その主なる人々について、行録を集めるにつとめているようである。これは『天聖広灯録』の編者である李遵勗が、谷隠下の居士として臨済禅の系統に属していたからのことではあろうが、一面、またそれだけ当時臨済系統の禅が盛んであり、この系統の歴代の諸師の語録がつとめて集められ、一般に知られていたことを物語るものであろう。

ところで、興化の機縁のうちで注目すべきものに、雲居道膺との関係をしめす〔19〕及び〔20〕がある。

〔19〕師到雲居。問、権借一問、以為影草時如何。雲居道不得。師三度挙話頭、雲居無語。師云、情知和尚道不得、且礼三拝。（七〇九a）

〔20〕雲居一日上堂云、我二十年前、興化問。我当時機思遅鈍、道不得、為他致得問頭奇特。不敢辜他、如今秖消一箇何必。後有僧挙似師。師云、二十年秖道得箇何必。興化即不然、不消一箇不必。後三聖拈云、二十年道得底、是雲居如今商量、猶較興化半月程。（七〇九a）

雲居は先に関説したように興化と同郷で、宇井博士の言うごとく太和九年（八三五）の出生とすると、六歳の後輩であり、咸通初年、年二十五にして幽州の延寿寺で受戒している。ここに録されている機縁もおそらく史実であろうが、二つの機縁の間には二十年の歳月が経っており、前者は雲居がいまだ洞山に参ぜぬ以前の結庵時代で、あたかも、興化が南方遊方当時のものであろう。後の「何必」というのは雲居の他の機縁に、

問、純石之山草従何生。師云、不理則不乱。僧云、忽然片雲来時如何。師云、莫視。僧云、与摩則空然也。師云、何必。（『祖堂集』八、一五四a）

とあって雲居の語に相違ないであろう。*23

また次の〔21〕に、

〔21〕有同参来礼拝師。師纔見上法堂来便喝。同参亦喝、却行三両歩。師又喝。同参亦喝、相次近前。師拈棒。同参又喝。師云、你看者瞎漢、猶作主在。同参擬議。師便打。（七〇九a）

とある一段は、『聯灯会要』では、別に、

時有僧問、這僧有甚触忤和尚処。師云、是伊適来、也有権也有実、也有照也有用、及乎我将手向伊面前横両遭、便去不得。似這般瞎漢不打、更待何時。（六〇三a）

という後半の一段が附加せられて、これが有名な臨済の三句や、四照用の上堂示衆につながるものとして、後代の拈頌ではむしろこの後半に重点が置かれているが、この一段はむしろそれらの臨済の禅を特色づける施設が、のちにこの派の人々によってしきりに拈弄せられつつある間に、興化に帰せられるに至ったものであろう。すでに先に指摘したごとく、われわれは南院と風穴とによって三句と四料簡の語が問答せられ、それが「興化先師付託の意」であるとせられるのを見たのであるが、そうした一派の施設によって宗風を競う傾向は、むしろ風穴以後のことに属するであろう。この点から、『人天眼目』（三〇四c）に四喝、四唾、四瞎を以て興化の語としているものもまたいっそう肯い難いように思われる。何となれば、興化存奨の時代にはいまだそうした建化の門によらず、「如何若何を用いず、直に須く単刀直入なるべき」ことを第一としたからであり、『興化語録』にはかくのごとき単刀直入、簡明直截の精神が横溢しており、むしろこの点にこそ真に臨済の精神を継ぐものがあったように思われる。

最後に、以上に関説しなかった興化の機縁のすべてを出しておこう。今日集め得る興化語録として、もっとも完全なものとなるであろう。

〔1〕興化和尚、嗣林済。師在魏府。師諱存奨。未覩行録、莫决終始。勅謚広済大師、通寂之塔。（『祖堂集』二十、三八三a）

〔7〕有僧問、多子塔前共談何事。師云、一人伝虚、万人伝実。（『空谷集』九四則『続蔵』一一七、六三二a、『天聖広灯録』十二、同前七〇八a）

〔8〕師問僧、甚摩処来。対云、崔禅師処来。師云、還将得喝来也無。対云、不将来。師云、与摩則不従崔禅師処来。僧便喝、師便棒打。（『祖堂集』二十、三八三b）

〔9〕師、又時喚僧、応喏。師云、点則不到。又喚別僧。僧云、作摩。師云、到則不点。（『祖堂集』二十、同前）

〔10〕問、国師喚侍者意作摩生。師云、一盲引衆盲。怡山拈問衆、什摩処是国師盲処。自代云、他家欠少甚摩。（同前）

〔11〕師謂衆曰、我只聞、長廊也喝、後架也喝。諸子、汝莫盲喝乱喝。直饒喝得興化、向半天裏住、却撲下来気欲絶。待興化蘇息起来、向汝道未在。何以故。我未曽向紫羅帳裏撒真珠与汝諸人。虚空裏乱喝、作什麼。（『景徳伝灯録』十二、『大正蔵』五一、二九五b）

〔13〕問、四方八面来時如何。師云、打。僧礼拝。師云、大衆、興化昨日赴箇村斎、廻到半路、遇卒風暴雨、去神廟裏避得。（『天聖広灯録』十二、前掲書、七〇八b）

〔14〕師挙、三聖僧問、如何是祖師西来意。三聖云、臭肉来蠅。師云、興化即不然、破脊驢上足蒼蠅。（同前）

〔15〕師上堂云、我聞三聖道、我逢人即出、出即不為人。興化即不然、我逢人即不出、出即為人。便下座。（同前）

〔16〕廬州澄心院旻徳和尚、在興化時、遇興化和尚示衆云、若是作家戦将、便請単刀直入、更莫如何若何。師出礼三拝、起而喝。興化亦喝。師再喝。化亦喝。師乃作礼帰衆。化云。旻徳今夜較却興化二十棒、然雖如是、是他旻

徳会。旻徳、且不是喝。（『景徳伝灯録』十二、二九九ａ）

〔17〕師入僧堂、見首座坐禅。師云、我見你了也。首座便喝。師打露柱一下、便出去。首座随後上去云、莫怪適来触悞和尚。師又打地一下。（『天聖広灯録』十二、七〇八ｂ）

〔18〕師巡堂次、垂語云。我有一隻聖箭、遇作家即分付。至下間、有一道者云、便請。師云、你喚什麼作聖箭。道者把衲衣便払。師接住云、秖者箇、別更有在。道者擬議。師便打。（同前、七〇九ａ）

〔22〕師見僧来云、你未恁麼来、山僧早行了也。僧便喝。師云、拠全而行。僧又喝。師云、作家。僧又喝。（同前、七〇九ｂ）

〔23〕問、王程有限時如何。師云、日馳五百。（同前）

〔23′〕師（仰山）問俗官、至个什摩、対云、衙推、師拈起拄杖云、還推得這个不、無対、師代云、若是這个、待別時来、興化代云、和尚有事在。（『祖堂集』十八、三四〇ａ、仰山章）

〔24〕問、宝剣知師蔵已久、今日当陽、略借看。師曰、不借。曰、為甚麼不借。師曰、不是張華眼徒、窺射斗光。曰、用者如何。師曰、横身当宇宙、誰是出頭人。僧便作引頸勢。師曰、嗄。僧曰、喏。便帰衆。（『五灯会元』十一、『続蔵』一三八、三九三ｂ）㉔

註

（1）開宝六年癸酉（九七三）の示寂は、諸伝共に一致しているが、『景徳伝灯録』は寿八十七、臘五十九となし、『禅林僧宝伝』『古尊宿語録』は、寿七十八、臘五十九となす。具戒を二十歳とする通説にしたがって後者をとった。おそらく前者は後者の誤りであろう。

（2）「対答不観時節兼無宗眼第四」の条、『続蔵』一一〇、八七九ａ。

（3）諸伝ともに、示寂を乾祐二年（九四九）とすることは一致しているが、常盤大定氏の『支那仏教史蹟記念号』図版五三、詳解一一〇ページに載せる雷岳の「大漢韶州雲門山光泰禅院故匡真大師実性碑」は、法齢七紀二、僧臘六旬六となし、同書図版五四、詳解一一五ページに収める陳守中の「大漢詔州雲門山大覚禅寺大慈雲匡聖宏明大師碑銘」は寿齢八十六、僧臘六十六となし、『祖堂集』十一は、己卯登戒というからこの己卯をかりに大中十三年（八五九）とすると、その一生は百歳を超え、一回後の己卯（九一九）とすると、師雪峰の寂後となるので、この説は信じ難い。今、陳碑に従うこととする。

（4）古林清茂撰『汾州和尚語録』重刊の疏、『大正蔵』四七、五九四b。

（5）巻十二、習禅篇第三之五、『大正蔵』五十、七七九b。

（6）古風穴寺の称は、『禅林僧宝伝』『古尊宿語録』等に、「後唐長興二年、雲遊至汝水、見草屋数椽依山、如逃亡人家。問田父、此何所。田父云、古風穴寺、世以律居、僧物故、又歳饑、衆棄之而去、余仏像破鐘耳」とあって汝州に存した古寺のこととなしているが、『夢渓筆談』二四によると、「解州塩沢之南、秋夏間多大風、謂之塩南風。其勢発屋抜木、幾欲動地。然東与南皆不過中条、西不過席張鋪、北不過鳴条、縦広止於数十里之間。解塩不得此風不冰、蓋大滷之気相感、莫知其然也。又汝南亦多大風、雖不及塩南之厲、然亦甚於他処、不知縁何如此。或云自城北風穴山中出。今所謂風穴者、已夷矣。而汝南自若、了知非有穴也。方諺云、汝州風、許州葱。其来素矣」（胡道静校注本、七四七ページ）とあるから、仰山の讖に言う大風は、あるいはこれに因めるものか。

（7）仰山の示寂年時について、古来数説があり、あるいは中和三年（八八三）、あるいは大順元年（八九〇）、あるいは貞明元年（九一五）などとするも、今、陸希声の「仰山通智大師塔銘」（『全唐文』八一三）に従って第一説をとる。

（8）『景徳伝灯録』十二、臨済章、『大正蔵』五一、二九〇c。

（9）仰山懸記の解釈については、古来種々の説がなされたらしい。たとえば、『聯灯会要』九の巻尾に、「叢林皆以風穴沼禅師、当是記。或考曰、考其年代、風穴在襄州華厳、作維那時、与廓侍者同夏、即朋輩也。廓尚及見徳山、沼雖不見臨済、已致身叢林久矣。安得年代深遠乎。又云、呉越令行、遇大風而止、皆無所謂。此記蓋預讖妙喜也。妙喜為臨済十二世孫、可謂年代深遠。先住呉之径山、後住越之阿育王、可謂呉越令行也」となして、大慧としており、また宋末には偃渓広聞なりとする説が出現しており、さらに東陽は三災最後の一風の義とし、「吾済北之道、到弥勒下生、終不可泯絶」の意なりとなしていること、道忠の『臨済録疏瀹』五に詳説がある。なお、この識記を歴史的事実としたるものに恵洪の『智証伝』があり、「昔黄檗嘗遺臨済、馳書至潙山。既去、潙山問仰山曰、寂子、此道人、他日如何。対曰、黄檗法道、頼此人、他日大行呉越之間、然遇大風則止。潙山曰、莫有続之者否。対曰、有、但是年代深遠、不復挙似。潙曰、子何惜為我一挙似耶。於是仰山黙然曰、将此身心奉塵刹、是則名為報仏恩。風穴暮年、常憂仰山之讖、己躬当之。乃有念公、知為仰山再来也」といっており、このことは、彼の『石門文字禅』二九に収める「資福逢禅師碑銘」、及び「岳麓海禅師塔銘」にも見えているから、当時かかる説があったことを知らしめられるが、おそらくは『臨済録』中に見える潙山仰山の評語と他の縁因とを混同したるもののごとくである。

（10） この点については、他日、風穴延沼その人の史伝を論ずるときにゆずる。本書第四章。

（11） 『文苑英華』は北宋の太平興国七年（九八二）より雍熙四年（九八七）の間に、いわゆる三館の事業として宋白らが編輯した隋唐文学作品の総集で、この種のものとしてはもっとも古いものである。ただし、現存のものは明の隆慶刊本で、時に誤脱があるが、別に、静嘉堂及び内閣文庫に明版以前の鈔本が襲蔵せられていて、校合が可能である。小稿の資料としては、京都大学人文科学研究所、哲学文学研究室所蔵の明刊本及び前記鈔本の影片を利用させていただいた。本稿の最後に付録として掲げたものは、これをさらに『全唐文』と対校したるものである。

（12） 『宗統編年』の著者は、この闕里の胤という点に注目し、東方聖人の子孫が、西方聖人（釈迦）の正宗を承ける菩提達摩ないし臨済義玄の嗣となったことを指摘し、この両教の根本が一であることを強調している。清代の仏教史学の一傾向を示すものであろう。巻十六、『続蔵』一四七、二四六b。

（13） 雲居道膺の生年は明らかでないが、今、宇井氏の『第三禅宗史研究』（三二七ページ）の考証による。

（14） 上方道宗は、従来まったく注意せられていないが、『景徳伝灯録』十の目録に、鎮州上方和尚といい、『全唐文』九二〇に、沙門知宗撰の「盤山上方道宗大師遺行碑」があってその為人を知らしめる。

（15） ともに『旧唐書』一八〇、『新唐書』二一二、盧龍藩鎮の条に見ゆ。張仲武については、別に『唐文粋』五九に、李徳裕の「幽州紀聖功碑」が参考せられる。

（16） 引文の頭部に付した数字は、第七節において述べる『興化語録』の整理番号である。

（17） 『旧唐書』一四九、『新唐書』一三二。

(18)　『旧唐書』一八一、『新唐書』二一〇、藩鎮魏博。なお、「塔碑」は臨済が蒲相に迎えられてすでに蒲州に赴いた帰途なのか、あるいはいまだ蒲州に至らざる途中で、にわかに魏の何公の招請に応ずることとしたのか明らかでないが、伝えられるように臨済が「衣を払つて南邁し」たことは事実であろうし、『臨済録』中にも蒲州の麻谷(第二世と伝う)との問答が存するから、あるいは蒲州府に至ったことがあったかもしれぬ。『天聖広灯録』十では、「師因到河陽府、府主王常侍請師昇座。時麻谷出問、云々」といい、河陽は河南の懐慶府孟県であり、まさに河中節度使の治下にあった所である。もっとも、この場合は府主王常侍というのが合わないし、王常侍は鎮州の府主王紹懿であろうこと、のちに考証するごとくであるとすれば、いよいよ妥当ならぬものがあり、明らかには知られぬと言わざるを得ぬ。

(19)　魏府の西南門を観音門と称したことが、『読史方輿紀要』十六に見え、「東西二門、正東曰冠氏、東南曰朝城。西面二門、正西曰魏県、西南曰観音」といい、五代史を引いて「魏州羅城西門曰観音門、晋天福初、改曰金明、即此門也」と註しているから、この辺に観音寺があったのであろう。

(20)　この三人の人物については、他の資料と照合することができぬ。識者の示教を乞いたい。

(21)　『旧唐書』一八〇、『新唐書』二一〇、藩鎮魏博の条。この叔の意が解し難く、文字通りに韓氏の叔父に当たる人か、または何氏の名であるか、判らない。また、この当時魏府の実権を掌していた韓君雄といかなる関係の人か知り難いが、とにかく韓氏の一族には相違なかろう。

(22)　『続蔵』一三五、七七八a。

(23)　同書七一〇a。なお、五代君主の幞巾については、『雲麓漫鈔』三に詳説がある。

(24)　『仏祖統紀』四二、『大正蔵』四九、三九一b、なお他に五一、四五一b、五三、四六七a等にも見え、『古今図書集成神異典』、釈教部彙考にこれを承けている。

(25)　『影印二十五史』本、二二一b。なお、五代の帝王が追諡を行ったことは、『古今図書集成神異典』二、氏部彙考によると、他にもその例がある。

(26)　僧誠恵に関しては、『全唐文』一〇四に、「賜誠恵法号広法大師詔」その他がある。

(27)　わが英朝の『宗門正灯録』三に、この点について贅語を加え、「愚窃見、興化章不載接南院之作略、南院録亦無参興化之機縁。両鏡相照、中無影像。具眼禅流向無影像処弁取」といっている。

(28)　『大正蔵』に収められる『景徳伝灯録』は、元版と明版との蔵経本を対校したものであるが、商務印書館の四部叢刊三編に収めるものは宋刻本で、『元版蔵経』のものと多少相違している。また、『宋蔵遺珍』に収められる『伝灯玉英集』は、残簡ながらこの『宋本伝灯録』の面影を伝えるものである。なお、大覚を黄檗の嗣とするの説は、曇橘州の『大光明蔵』にも承けつがれている。

(29) 無著道忠、『臨済録疏瀹』五。

(30) 道忠の上掲書に、この点について詳論がある。

(31) 『大正蔵』は、明版を別出しており、明版にはこの示寂の機縁が付加せられている。これは別行本『臨済録』や『従容録』等の影響であろう。なお前記、『四部叢刊』所収の宋本と、『大正蔵』所収の元版とを比較すると、この二本の間にも多少の相違がある。

(32) 元代に王博文が撰した「真定十方臨済慧照玄公大宗師道行碑銘」(『臨済録摘葉』八の巻末、及び享保丁未刊の道忠訓点本『臨済録』の巻尾等に収む)にも墨君和となしている。

(33) 劉氏『耳目記』は、『説郛』三四に収められているが、今は、道忠の『臨済録疏瀹』五に引くところに拠る。

(34) この趙王については、『祖庭事苑』七に記事がある。また、趙州真際禅師行状(『古尊宿語録』十三)に、その機縁があり、語録の巻尾に、「趙王与師作真讃」、及び「哭趙州和尚二首」を載せている。後者は『全唐詩』十一函一〇四にも収め、別に『全唐文』八四三にはその詔を収める。

(35) 『旧唐書』一四二、『新唐書』二一一、藩鎮鎮冀の条。従来、王常侍を以て潙山霊祐下の居士である王敬初と見ているが、王敬初は襄州にいたとせられるから、おそらく別人であろう。したがって、臨済と同時代の鎮州の府主であった王氏を、強いて史乗の記載に求めるとすると、王紹懿がこれに当たるようである。この人は大中十一年(八五七)に死んだ王元逵の後を承けて、病亡した兄紹鼎に代わって成徳軍節度観察留後となり、次いで節度使、検校工部尚書となり、また、検校右僕射、兼御史大夫、太原県開国伯に進み、さらに検校司空、右散騎常侍を加えられている。極めて徳政の人であったという。

(36) 魏州以外にも、数カ所に興化寺がある。たとえば、『山右石刻叢編』十三に興化寺牒が収められ、宋の嘉祐三年(一〇五八)に律を革めて禅となしたことを記しているが、解州所在のものであり、今の興化とは関係がなさそうである。

(37) 『続蔵』一一九、一九一aに、道忠の『福州鼓山寺古尊宿語要全部目録』があり、二十家の名を挙げている。

(38) 『続刊古尊宿語要』は六の尾に、嘉熙戊戌に撰した宗源の刊記があり、「敬覧晦室老人所集、前輩諸大尊宿語要、深為叢林之助。宗源募金鋟木、分為六策。併賾蔵主元集四策、合成一部、以広其伝」といっており、明らかに賾蔵主の四策本『古尊宿語要』を継承して、全十策の語録総集を作ることを計ったものである。したがって内容的にも、本書に収める八十一家と元集の二十家とはまったく異なっており、両者に共通して存するものは楊岐会禅師一人のみで、『続集』はこれに註して「前録集不尽者」と言っている。

（39）「臨済慧照禅師塔記」が、『興化語録』の巻尾に添えられたのは、存奨を本記の校勘者と認めてのことであろうが、『続刊古尊宿語要』天集に収める『臨済録』には「住大名府興化嗣法小師存奨校勘」の一行がない。おそらくこれが原型ではあるまいか。ちなみに、『臨済録』の流布本は、この『続刊古尊宿語要』本を以て現存最古のものとするべく、宣和二年の円覚宗演重刊の原版が見られない今日、宣和本の原型をもっとも忠実に保存しているものとすべきである。岩波文庫本『臨済録』の朝比奈宗源氏の解説に、紹興初年に開版された『古尊宿語録』中に『臨済録』が存したかのごとく見ておられるが、これは重刊の際の物初大観の序を読み誤ったものである。

（40）『天聖広灯録』は第八巻に、南岳懐譲、馬祖道一、百丈大智、黄檗断際の四師の縁録を収め、第九巻にあらためて「百丈広語」のすべてを出しており、順序としては黄檗と前後しているが、これは巻九の「百丈広語」が前巻の師の章に収められた機縁とその編集の性質を異にするものであることを示している。この態度は、おそらく第十、第十一の両巻にわたって『臨済録』のすべてを収めている点についても同様であろうと思われ、第十一巻のものが言わば別系統の広語であることを示すものであろう。

付記

*1　風穴については『空谷集』三八則、五九則、九十則、参照。後章「臨済栽松の話と風穴延沼の出生」（『禅学研究』第五十一号）

*2　公乗億については『唐才子伝』九（一五一ページ）に「公乗億、字寿山、咸通十二年進士、善作賦、擅名場屋間、時取進者法之、命中、有賦集十二巻、詩集一巻、今伝」。『倭漢朗詠集』にその賦が六句とられる。当時の文人として一流であ

った人らしい。

＊3　門人法順あり（―八七〇）咸通十一年三月三日、七十七歳を以て寂す。『全唐文』八〇五、郎粛に、「甘泉普済禅寺霊塔記」あり。

＊4　『景徳伝灯録』十五の目録に、投子大同の資として幽州盤山第二世を挙ぐ。

＊5　『鎮州大悲寺自覚伝』（『宋高僧伝』二六、『大正蔵』五十、八七三c）をみよ。

＊6　『現代仏学』一九五八の三、二一ページ、晩唐所刻石経に大中七年より咸通四年に至る四十五碑を挙ぐ。

＊7　石霜の嗣涌泉景忻、「受業於白雲山」という。『祖堂集』九、一七九a。

＊8　臨済の嗣、宝寿もまた南方に行脚したることありしか。『祖堂集』六（一一四b）に彼と洞山との因縁を挙げていることに注意。

＊9　『祖堂集』十七（三二四b）に三聖が長沙景岑を訪いしことあり。「勝林際七歩」（三二六a）といえり。また、『景徳伝灯録』十（二七六a）にも、景岑の臨済無位真人の頌あり。

＊10　李白に、白馬津なる楽府の作あり、『古今図書集成』職方一四五（四三一a）。

＊11　蔣伸の文章は、『全唐文』七八八に収められている。またとくに「授幽州留後張允伸充節度使制」あるに注目すべし。

＊12　弘聚か。塚本一四一ページに「盤山奨公塔碑」を引く。

＊13　「雲居寺主律大徳碑」咸通八年十一月（『平津読碑続記』十八下）、「神道碑銘」『全唐文』七五七、何籌撰。

＊14　「贈太尉魏博節度使韓允忠碑」『平津読碑記』（八）十八上、「贈太尉韓允忠神道碑」（乾符二年二月）『山左金石志』（十三）三四上『全唐文』八一三。

＊15　黄巣出家のこと、『説郛』一三に出ず。

＊16　この則、『従容録』九七則に挙す。『大正蔵』四八、二九〇a。

＊17　趙州と霊樹知聖とが鎮州大王の斎に赴く。『祖堂集』十九、三六七b。

＊18　『伝法正宗記』には古い『景徳伝灯録』の説を挙げているから、汝州南院を魏府大覚の嗣となす。

＊19　この大覚大師は釈尊を指すか。大覚寺については「斉鄴東大覺寺釈僧範伝」『続高僧伝』八、『大正蔵』五十、四八三b。

「斉鄴下大覚寺釈慧光伝」同書二一、六〇七b。魏府については「周魏府観音院智佺伝」『宋高僧伝』七、同書、七五〇b。「宋魏府卯斎院法円伝」同書、八五三a。

＊20　この示衆は、朝鮮の智訥の『真心直説』(『大正蔵』四八、一〇〇二a)にも収められている。

＊21　『旧唐書』一四一、(九b)に、大名府の名が古くより存したことをいう。『新唐書』二十、一〇a(二三八三)に田悦が魏府を大名府と称したることみゆ。『常山貞石志』十、(二八a)に、「魏州為大名、両唐書田悦伝、悦与朱滔等議如七国故事、悦国号魏、僭称魏王、以魏州為大名府、魏州称大名始此。」常山については「魏常山衡唐精舎釈道泰伝」『続高僧伝』二五、『大正蔵』五〇、六四五b。

＊22　『旧唐書』一四二、(二六b)によると大中十一年(八五七)王紹鼎の没後、宣宗は昭王汭を以て、鎮州大都督成徳軍節度副使、都知兵馬使検校右散騎常侍鎮府左司馬知府事兼御史中丞となしたといい、『旧唐書』一七五、(一〇b)によると、宣宗には十一子があり、懿宗以外みな王に封じており、昭王汭はその第八子で、大中八年に昭王となり、乾府三年に死んでいる。また、同じく紹懿は、成徳軍節度観察留後であったが、やがて賜紫金魚袋とされ、次いで正しく節度使検校工部尚書を授けられ、累りに検校右僕射兼御史大夫太原県開国伯食邑七百戸を加えられまた、検校司空を加えられて死んだという。父の王元逵は「素懐忠順、頓革父風、及鎖藩垣、頗輸誠款、歳時貢奉結轍於途、文宗嘉之。開成二年詔以寿安公主出降加駙馬……」(『旧唐書』一四二)という。

＊23　『祖堂集』十、玄沙の章に、玄沙の機縁を興化が拈弄したるものを載す(一九〇a)。また、「興化代云、但知作仏、莫愁衆生」『景徳伝灯録』十六、三三一a、『拈頌集』二三、四三ページ『五灯会元』六、『続蔵』一三八、二〇一a。澧州洛浦元安と夾山との相見の因縁についてのコメントあり。この興化はおそらくは存奨なること確実か。『聯灯会要』二十三、「興化奨云、但知作仏、愁甚麼衆生」『続蔵』一三六、八一〇a。

＊24　『空谷集』三一則に雲居の語として、不同興化とあり、いかなることか。また、『空谷集』八三則に興化軍旗の則あり、不明。

魏州故禅大徳奨公塔碑

公乗億

蓋聞妙諦惟玄、不可以一理測、真筌至粤、不可以諸相求。随万化而泯色空、而不生不滅、超三界而越塵垢、故無去無来。此乃不思議者、其惟西方釈迦牟尼仏之謂乎。伏自教伝西域、化被中原、漢明推入夢之祥、梁武顕施身之願。語其大也、外不見須弥之広、言其小也、内不知芥子之微。斯乃梵璽褒然、代代相付、肇自摩訶迦葉、迄于師子尊者、統為二十三代。而後達摩多羅、降於漢土、至能秀分之為七。而後苞披葉附、派別脈分、其真宗不泯不滅者、則我大覚大師、固有系焉。和尚、姓孔、字存奨、家本鄒魯、即闕里之裔孫也。乃祖乃父、因官隷於薊門、歴祀既深、籍同編入。和尚以無量刼中修菩薩行、及茲降世、豈同凡倫。当衣綵之妙齢、蓄披緇之大志、未踰七歳、即悟三乗。啓白所親、懇求剃落。遂於薊三河県盤山甘泉院、依止禅大徳暁方。而乃親承杖屨、就侍瓶盂。豈顕全身、惟思半偈。大中五年、伏遇盧龍軍節度使張公、奏置壇場、和尚是時戒相方具。而後大中九年、再遇侍中張公重起戒壇於涿郡、衆請和尚、以六踰星紀、三統講筵、宣金口之微言、示玉毫之真相。三千大千之世界、靡不瞻依、十一十二之因縁、竟無凝滞。禅大徳玄公者、即臨済之大師也。和尚一申礼謁、得奉指帰、伝黄蘗之真筌、授白雲之秘訣。所為醍醐味爽、乍灌頂以皆醒、薝蔔花香、纔経手而分馥。一旦旋辞旧刹、願歴諸方、西自京華、南経水国、至於攀蘿冒険、踏石眠雲。経呉会興廃之都、尽梁武荘厳之地、無不追窮聖迹、探討禅宗。後過鍾陵、伏遇仰山

塔＝墖（全）
玄＝元（全）
筌＝詮（全）
粤＝奥（刊）（全）
化＝物（全）
西＝而（鈔）
入＝人（刊）（全）
芥＝界（鈔）
璽＝璽（全）
褒＝裒（全）＝褎（別）
代代＝伐伐（鈔）
于＝於（全）
能＝乃（鈔）
其＝疊（鈔）
既＝即（全）
刼＝刧（全）
綵＝采（全）
踰＝逾（鈔）
甘＝有（全）
而＝（刊）（鈔）（全）トモニナシ
屨＝履（全）
豈＝啓（刊）（全）
全＝金（鈔）
置＝致（刊）（鈔）
壇＝場（鈔）
涿＝琢（鈔）
口＝石（刊）（全）
玄＝元（全）
蘗＝蘗（全）
纔＝纔（刊）（鈔）
冒＝冒（全）
踏＝蹈（全）

大師、方開法宇、大啓禅局。赴地主之邀迎、会天人之供施。面陳奥義、衆莫能分。和尚立以剖之、如刀解物。仰山目眙撃指、称歎再三。遽聞臨済大師、已受蒲相蔣公之請。纔凝省侍、飛錫而遂及中条、尋獲参随、置杯而将渡白馬。当道先太尉中令何公、専発使人、迎請臨済大師。和尚翼従一行、不信宿而至於府下。而乃止於観音寺江西禅院、而得簪裾継踵。道俗連肩、曽未期年、是至遷化。斯蓋和尚服勤道至、展敬情深、無乖霊堵之儀、克尽荼毗之礼去。乾符二年、有幽州節度押両蕃副使検校秘書兼御史中丞賜紫金魚袋董廓、及幽州臨壇律大徳沙門僧惟信、并涿州石経寺監寺律大徳弘嶼等、咸欲指陳盤嶺、祈請北帰。和尚欲徇羣情、将之薊部、晨詣衙庭、啓述行邁。先侍中丞韓公之叔曰賛中、遽聞告去、撫掌大警、廼曰、南北両地、有何異也。魏人何薄、燕人何厚。如来之教、豈如是耶。和尚辞不獲已、許立精舎。韓公之叔常侍、及諸檀信、鳩集財貨、卜得勝概、在於南甎門外通衢之左、成是院也。有如化城、松柟将杞梓倶来、文石与碔砆洊至。重廊復道、竹翠松青、四戸八牕、風軽月朗。和尚楽茲幽致、用化群迷、開解脱門、演無量法、能使天花散地、水月澄空。常与四衆天人、皆臻法要、六州士庶、尽結勝因。豈謂一念倶尸、奄従物化。斯乃文徳元年七月十二日也。享齢五十九、僧臘四十一。有親信弟子蔵暉、行簡。一以主喪、一以伝法。大徳奉先師之遺命、於龍紀元年八月二十二日、於本院焚我真身、用観法相。闔城禅律、継踵争来、四遠簪裾、連肩悉至。於是、幡花蔽日、螺唄喧天、火纔発而雲自愁、薪不加而風助勢。三日三夜、号礼如斯。於香燼之中、得舎利一千余粒。諸寺大徳、各各作礼、請分供養焉。於戯雪氈如故、其儀宛然。捧一履以徒悲、仰双林而莫見。遂建塔于府南貴郷県薫風里、附

尽＝盡(刊)(鈔)
禅＝朝(全)
迎＋(即違言疑相公)夾註(別)
面＝而(刊)(鈔)
莫＝与(刊)(鈔)
解＝鮮(刊)(鈔)
目＝日(鈔)
眙＝眙(鈔)
撃＝摩(鈔)
称＝稱(鈔)
遽＝遂(鈔)
臨(鈔)ナシ
蒲＝満(鈔)(全)
置杯＝致林(刊)＝致杯(別)
渡＝波(鈔)
大＝火(鈔)
簪＝簮(全)
未＝末(全)＝木(鈔)
期＝暮(鈔)
至＝生(鈔)
荼＝茶(刊)(鈔)
去＝云(刊)(鈔)
弘＝宏(全)
帰＝師(鈔)
晨＝畏(鈔)
侍＝時(刊)(全)
丞＝丕(鈔)
賛＝贊(全)
去＝云(全)
警＝敬(全)
教＝敬(全)
如＝而(鈔)
甎＝執(鈔)
城＝成(刊)(全)

於先師之塔志也。億到職之初、曽獲瞻礼、法主大徳蔵暉、不以億才業庸浅、具聞於我公、
相請撰斯文。億秉筆惕然得、尽蕪鄙。銘曰、
伝如来教、厥惟大雄、百千刼外、方丈室中、慈悲是念、色相皆空、端然不動、豈染塵蒙。其一
矯跡三界、安心四禅、身雖是仮、道本無辺、璞内有玉、火中生蓮、伝法何処、随其有縁。其二
越絶支遁、匡廬遠公、高情遠致、跡異心同、既離邪縛、肯処凡籠、松軒竹径、空悲夜風。其三
我性不動、我心就燃、果得舎利、粒粒珠円、幡花艶閃、螺唄交連、唱偈作礼、声徹梵天。其四
宝刹新建、招提旧蹤、蓮芳不見、葱嶺誰逢、響亮朝磬、清冷夜鐘、歴千万祀、伝我禅宗。其五

(刊)ハ明刊本
(鈔)ハ鈔本
(別)ハ右鈔本中ニ夾註シテ出セル別ノ一本
(全)ハ全唐文

枏＝柟(鈔)
杞＝祀(刊)(鈔)
梓＝俱(刊)(鈔)
洊＝荐(鈔)
復＝複(全)
青＝奇(鈔)
牕＝窗(全)
群＝羣(全)
解＝鮮(刊)(鈔)
弟＝第(全)
暉＝暐(別)
先＝光(鈔)
遠＝達(刊)(全)
簪＝智(鈔)
唄＝嗅(鈔)
火＝大(鈔)
纔＝絻(刊)(鈔)
愁＝然(鈔)
爐＝爐(全)
請＝詐(鈔)
焉＝鳥(鈔)マタ(全)ハ焉ノ
下ニ於アリ
棒＝俸(刊)(鈔)
莫＝魚(鈔)
塔＝墖(全)
于＝於(全)
塔オナジ
億＝憶(刊)＝則(鈔)
獲＝履(鈔)
刼＝刧(全)
其一(全)ナシ以下オナジ
生蓮＝主運(鈔)
遁＝道(刊)(鈔)
遠＝違(鈔)
燃＝然(全)

艶＝豔㊟全
唄＝嗅㊟刊㊟鈔
千＝于㊟全

二　唐末五代の河北地方における臨済録成立の歴史的社会的事情
――中国臨済禅草創時代をめぐる文献資料の綜合整理、覚書（その2）――

一

私が、かりに右のような題目のもとに考えてみようと思いますのは、手っとり早く申しますと、唐末五代の河北地方に出ました臨済義玄（―八六六）や趙州従諗（七七八―八九七または―九二八）等の特色ある禅思想を生み出すに至った歴史的社会的な背景を探ってみたいということであります。つまり、今日現存しております『臨済録』や『趙州録』――それは臨済義玄や趙州従諗の説法や、問答や日常の生活行動を記録したものでありますが――それらの説法や問答が、いったいどういう人々を相手になされたものか、換言すれば『臨済録』や『趙州録』の対告衆を調べてみようとするわけであります。

ところで、ここで唐末と申しますのは、中国文学史の方で、晩唐と呼んでいる時期を指すのでありまして、第十四代文宗の開成（八三六―）以後、第二十代哀帝の天祐四年（九〇七）に唐朝が滅亡いたしますまでをいうのであります。これは仏教史の上から見ましても、この開成の次が武宗の会昌という時代で、有名な破仏事件を境といたしまして仏教界の事情が大きく変化するのであります。実はこれはたんに仏教史の上の問題にとどまらず、中国社会全体がこの時期を境として大きな転換を示しているのでありまして、むしろ仏教もまたこの大きい中国社会そのものの転換の一環として変わっていったと考えるべきでありましょう。申すまでもなく、会昌の破仏は中国仏教史を通じて三武一宗の法難といわれる第三回目の事件でありまして、従来いわれてきておりますように、この破仏によりまして、隋から唐初にかけて成立いたしましたもっとも華やかな特色ある中国的仏教の諸宗派が、ほとんど壊滅させられてしまったのであります。事実、晩唐時代というのは中国の歴史全体を通じまして、もっとも振わない時代、言わば暗黒時代であったと言わなければならないのであります。しかし、ここで問題といたしておりますように、この時代には達摩の系統から出ました祖師禅がにわかに盛んになり、これが五代から宋にかけて極めて大きい発展を見せておるのでありまして、そういう宋以後の全仏教史を復興せしめたとも考えられる祖師禅が、この会昌の破仏を契機として興起してきたということは極めて注目すべきことだと私は考えるのであります。もっとも、中国の禅、狭くみましても達摩禅ということになりますと、それはすでに古い歴史をもっておりますし、近くは唐初の六祖慧能（六三八―七一三）を中心として、その系統の禅が江南地方に根強い流行を示しているのでありますが、従来主として江南に盛えていた南宗禅が、会昌以後、にわかに遠く河北の地方に移動し、しかも従来には見られなかったような独自の性格をもった臨済禅（かりに趙州禅をもその中に含めて）として発展するに至ったということには、何か特別な歴史的社会的な事情があったのではないかと思うのであります。宋初に出ました賛寧（九一九―一〇〇二）の『宋高僧伝』によりますと、その臨済義玄の章の末尾に、

言教頗る世に行われ今恒陽に臨済禅宗と号す。（『大正蔵』五十、七七九b）

といい、趙州従諗の章には、

凡そ挙揚する所、天下之を伝えて趙州法道と号す。語録大いに行われ、世に貴ばる。（七七五c）

とあって、当時すでにこれら河北の禅が天下に喧伝せられていた様子を伝えているのでありますが、これがのちに禅の五家を代表し達摩の直系を自負する臨済正宗の伝統を作るに至ること周知のごとくであります。

だいたい、中国における破仏事件というものは、よく考えてみますと、みなその破仏ののちにむしろ破仏以前に見られなかったような特色ある仏教の力強い興起をうながしているのでありまして、有名な北周武帝のごときは、堕落せる出家教団を破滅することによって、現実に僧俗一如の菩薩仏教国家を建設するという目的をもっていたともいわれるのでありますが、唐の武宗の場合には、むしろそうした破邪顕正の動機というものは認められないようであります。武宗の破仏の原因は、むしろ主として国家財政の上からの、経済的理由がもっとも大きく働いていたようでありまして、当時政府は吐蕃や回紇などの北方異民族との間に相当長期にわたる交戦をつづけてきておりますし、また国内的には沢潞の乱を大づめとする河北藩鎮の鎮圧という、長い大がかりな軍事行動をつづけてきており、さらに各地の反唐的な地方官吏や武人の露骨な財政上の横暴に手を焼いていたわけでありまして、こうした長年月にわたる軍事上、経済上の難問題を一挙に解決しようとする急進的武断政治家たる李徳裕（七八七—八四九）の献策によって、この破仏が断行されたとみるのが実情に近いのではないかと思うのであります。申すまでもなく、破仏事件の陰には常に道家の側からする国粋主義的な華夷思想が働いているのでありますが、これはむしろ上記のような経済的理由を思想的に権威づけるためであったと思われるのであります。

二

次に、それではこの当時の唐朝の軍事経済上の実情がどうであったかという問題になるのでありますが、これを明らかにするためには、中国の社会経済史に関する専門的な細かい詮索を必要とするのでありまして、私のごとき素人には一寸手におえない難問であります。しかし、まず大まかに考えまして、私は当時そういう軍事上経済上の実力を握っていたのは、唐朝の中央政府ではなくして、むしろ地方の藩鎮たちであったということは、動かすことのできない事実でないかと思うのであります(1)。唐朝政府の内部でも、門閥出身の理想主義派と科挙出身の実力的現実主義派との抗争があり、さらに唐朝の長い内政上のガンであった宦官の横暴等の事実もあるのでありますが、それらはむしろ地方藩鎮たちの経済上軍事上の反唐的勢力の擡頭という事実の前には、まったく問題にならなかったと思われます。そして、武宗の会昌年間という時期に、そういう実力のもっとも大きかったものこそ、私がここに問題にしようとする河北の藩鎮――従来河北三鎮と呼ばれてきた人々にほかならぬのであります。

この地方のボスは、古くから唐朝の中央政府が任命いたしました地方長官の中で、もっとも重要な意味をもっていたのでありますが、それは主として軍事経済上北方の外敵にそなえるためと、さらにもう一つ重要なことは安史の乱以後、この地方が唐室にとりましてまさしく鬼門に当たっていたからであります。安禄山、史思明、朱泚、高尚、それから唐末の王仙芝、黄巣などという人々――『唐書』の著者がすべて逆賊伝中に入れているような人々――が、みな揃ってこの地方の出身であったということであります。唐室にとりまして、まったく厄介至極で扱い難いものこそ、この河北地方だったのであります。それで、唐室は安史の乱以後、この地方には極めて神経を使いまして、ついに自らその御し難きことを悟り、それらのもっとも扱い難いこの地方の実力者の専横を、黙認せざるを得ないこととなりまして、それらの人々を中央政府が正式に任命する地方長官のボスに祭り上げたのであります。したがって、地方長官に任命すると申しましても、任命はまったく形式だけでありまして、事実上はこの地方のもっとも実力ある武人に位を与えて、名義上の唐室の節度使にしただけでありますから、それらはほとんど彼らの世襲にまかせ、あるいは部下の中から腕力のあるものが出てきて、その位を奪うにまかせるほかはなかったのでありまして、軍事的、経済的な実力は完全に彼らの手中にあったわけであります。

ところが、ここに当時の河北地方の藩鎮たちについて、極めて興味深い記事が、この地を親しく巡歴していたわが円仁の『入唐求法巡礼行記』の中に見られるのであります。すなわち、その会昌五年（八四五）、十一月三日の条に、

見説、七月已来、土蕃大下して唐境を侵し、また廻鶻国の兵も唐界に入りて国地を侵奪す。勅して諸道の兵馬を抽す、と。三四年已来、天下の州県、勅に准じて僧尼を条流し、還俗せしむること已に尽く。また天下に仏堂蘭若寺舎を毀拆すること已に尽き、また天下に経像僧服を焚焼すること罄く尽す。また天下に仏身上の金を剝すこと已に畢り、天下に銅鉄仏を打砕して、斤両を称して収検し訖る。天下州県、寺家の銭物荘園を収納し、家人奴婢を収むること已に訖る。

とありまして、天下州県にわたる破仏の実情を記しているのでありますが、これに続いて、

唯だ黄河已北の鎮幽魏路等の四節度は、元来仏法を敬重して〔寺〕舎を〔毀〕拆せず、僧尼を条流せず。仏法の事、一切之を動かさず。頻りに勅使して勘罰すること有れども、云へらく、天子自ら来つて毀拆焚焼せば即ち然るべし。臣等此の事を作す能はざるなり、と。（国訳一切経本、堀一郎氏訳による）

とありますが、これは私は極めて注意すべき記事であると思うのであります。円仁はこの事を当時、楚州で伝聞し

ているのでありますが、この記事によりますならば、まさしく武宗の破仏が黄河以北の鎮幽魏路の地方に及ばなかったわけでありましょう。すくなくとも、その前に列記されているような破仏の被害がこの地方には軽微であったのであります。私はこの円仁の記事によりまして、会昌の破仏の直後に、この地方を中心として臨済義玄や趙州従諗の禅がにわかに盛んになることができた理由が判ると思うのであります。言わば、彼らがその青年時代を江南で過ごしながら、何故に会昌直後に遠く北地に来て禅を広めるに至ったかという理由が判ると思うのであります。もっとも彼らがもともとこの地方の出身でありましたがゆえに、晩年にその故郷に還ったのだと言えばそれまでありますが、さらに何か彼らをこの地方に引き戻すだけの歴史的な事情が、この地方にあったに違いないのであります。『宋高僧伝』の臨済の章には、

乃ち北のかた郷土に帰り、趙人の請に俯徇して城南の臨済に住す。経論を唱うることを罷むるの徒、皆な堂室に親しむ。（七七九b）

とありますが、ここに「趙人の請に俯徇して」とありますのは、まさに円仁がいう黄河以北の四節度の一人の鎮将及びその他の人々であったに相違ないのであります。

三

それではいったいこの黄河以北鎮幽魏路の四節度と言われる人々、狭くみるならば趙人とはいかなる人であったか、ということが次の問題であります。円仁はこれらの人々がみな深く仏法を信じていたために、武宗の破仏の命令に従わなかったと申しているのでありますが、果たして彼らがそれ程までに深く仏法を信じていたかどうか。

古来、この地方はすでに四世紀の初めに石勒の保護を受けた仏図澄や道安という大仏教者が活躍した土地であり

ますし、禅の方では二祖慧可が布教伝導したところでありますから、仏法にも禅にも有縁の地であることは確かであります。また六朝末以来北方には涿州石経山、南部では響堂山などいう石窟事業が行われ、またさらに北部の盛んな雲岡や五台山の仏教圏にも属するわけで、ことに五台山仏教は唐代中期よりまさにその全盛時代にあったのでありますから、この地方の権力者たちが何らかの形でその影響を受けていたと考えることは可能でありましょう。最近、中国で石経山の刻経遺跡の調査が進められておりますが、(2) その報告によりますと、この地の刻経事情は唐朝を通じて継続されており、なかんずく、大中七年（八五三）より咸通四年（八六三）にわたる前後十一年間に、みな短経ではありますが都合四十三種の経典を刻造している節度使張允伸（七七二―八五九）という人があります。この人のことは幽州の鎮将として『唐書』にも立伝されておりますが、別の資料によりますと、臨済義玄の弟子興化存奨が大中五年（八五一）に涿州で受戒いたしましたとき、その戒壇を奏致した人であり、次いで当の存奨その人を戒壇の戒師に招聘した、この地方の実力者であったことが知られております。したがって、この張允伸という人は、仏教について相当深い信仰なり知識を有し、武宗の会昌の破仏の直後、この地方に大いに仏教を興した人と見られるのであります。また幽州では、これより先に同じく節度使劉総という人が、どういう理由があったのか詳しく判りませんが、落髪して僧となり、自分の私宅を寺となした（『旧唐書』十六、穆宗紀）といわれておりますから、この地の権力者たちが大なり小なり仏教に関心を寄せていたことは間違いないのであります。もっとも、彼らがどういう動機から仏教の信仰をもつに至ったかについては、さらに細かい研究を要すると思いますが、だいたい、この地方の権力者たちはみな胡族系の出身、もしくは武力によってにわかに権力をにぎるに至った下級武士で、中国古来の伝統的な儒教倫理についての教養に乏しく、むしろもともとそうした儒教の伝統に対しては強い反感を抱いていた人々であったわけでありますから、一朝実力によって支配者の地位を得た彼らといたしましては、儒教的な伝統以外の何か別個の新しい教養なり文化なりを身につける必要にせまられますと、唐朝が弾圧を加えた仏教の側に、親近感を持つに至ったのではないかと思うのであります。いわゆる、古来の胡族仏教勃興の場合と同じような事情にあったことが想像されるのでありまして、先に引きました円仁の記事に見られる、あの力強い反唐的仏教政策の出で来たった理由が了解できると思うのであります。

しからば次に、臨済義玄その人を鎮州の地に招いた趙人とはいったい誰であったか、という問題でありますが、私はこのことについて先に私見を発表したことがありますように(3)、それを『臨済録』中に見える王常侍という人に擬しているのであります。そして当時鎮州の鎮将であった王氏一族の中に、強いてその人を求めるならば、年代の上から大中十一年（八五七）より咸通七年（八六六）まで、成徳節度使であった王紹懿がそれでないかと考えているのであります。もちろん、この人を『臨済録』中に見える王常侍とするべき他の積極資料はないのでありますが、これより先、鎮州すなわち成徳府では、太和八年（八三四）より、大中九年（八五五）まで王元逵が節度使の地位にありまして(4)、この人は幽州や魏府の節度使と共に、契丹の浸寇や沢潞の内乱に際して唐朝に協力し、宣宗はこれを賞して寿安公主という娘を降嫁させておりますし、また李徳裕がこの人の戦功をたたえた文章なども残っております。言わば当時の成徳府は従来の反唐的な態度から協力的に変わってきているのであります。ところが、大中九年に王元逵が死にまして、その子王紹鼎が留後となりますが、この人は翌年に病没し、その後を襲いで節度使となったのが次子王紹懿であります。この人は極めて善政を以て聞こえていたようで、三軍之を徳としたと言われておりますが、当時殺伐な内乱ばかりが続いた河北の地といたしまして、この大中より咸通にかけての宣宗治世は、比較的小康を得た一時期でありまして、この時期に臨済義玄がこの地に帰り、独自の禅風を以て北人を教化したということは、確かに理由があったと思われます。また、『旧唐書』によりますと、宣宗は先にこの地の王紹鼎が没しますと、その第八王子に当たる昭王汭（―八七六）を以て、鎮州大都督成徳軍節度副使都知兵馬使撿校右散騎常侍鎮府左司馬知府事兼御史中丞としておりますから、まさしく王紹懿の節度使在任の時期と重なり、臨済義玄の鎮州教化時代に当たるわけであります。そして、場合によりますと、王紹鼎、王紹懿は共に先に王元逵に嫁した寿安公主の子であったかとも想像せられますから、当時の鎮州は唐朝と極めて親しい間柄になっていたわけであります。従来、その軍事上経済上の実力をたのんで、反唐政策を続けてきつつあったこの地の節度使たちも、いったん自らの支配的な地位が安定して確固たる自信ができますと、そこには唐朝中央政府の懐柔策も働いたことは確かでありますが、にわかに唐朝に親近策をとって温和となり、自らの文化なり教養なりの向上に意を用いんとするに至ったことは十分に想像できることであり、武宗や李徳裕の没後、積極的に仏教復興策を打ち出してきた宣宗の文教政策が、親近感を以てこの地の節度使たちに迎えられたことも想うべきでありましょう。

とにかく事実上の河北藩鎮たちの実力が唐朝によって確認されたわけでありまして、以上のような時期に右のような人々に迎えられて鎮州に入った臨済義玄の禅には、当時の武人社会のあり方が実によく反影しております。それは一口に言うと新興権力者の社会であり、一方において古い伝統と権威を強く否定すると共に、他方では急激に新しい実力的な統治者として、たくましい自己の権威と文化的教養を形成すべき必要にせまられていた武人社会であったわけであります。そこには破壊と建設とのめまぐるしい交替があり、この急激な変動にたじろがぬ主体性の深い自覚が要求せられますが、その強い自覚は軍事経済その他の社会生活すべてにわたる具体的な実力によって裏付けられたものでなければならなかったわけであります。

四

以上、不十分ながら臨済義玄の禅が成立した河北の武人社会の構造を一瞥し得たことといたしまして、次にかかる背景から『臨済録』に表れております禅思想の性格というべきものを眺めてみたいのであります。

まず臨済禅を貫く基本的性格として、あらゆる既成の古い権威を否定して、外的なる何ものにもかかわらぬ自由なる人間的な力の強調があります。たとえば、

道流、你如法の見解を得んと欲せば、但だ人惑を受くること莫れ。裏に向い外に向つて、逢著せば便ち殺せ。仏に逢うては仏を殺し、祖に逢うては祖を殺し、羅漢に逢うては羅漢を殺し、父母に逢うては父母を殺し、親眷に逢うては親眷を殺して、始めて解脱を得ん。物と拘わらず、透脱自在なり。（五〇〇b）

というこの有名な説法は、当時の河北の武人たちにもっともはげしい共感を呼んだことと思われます。また上堂の始めの、

赤肉団上に一無位の真人有り、常に汝等諸人の面門より出入す。未だ証拠さざるものは看よ看よ。（四九六c）

という語なども、当時の人々の卑近な共通の教養であった道家の理想的人格としての真人が、一切の権威や位階を脱して人々の五尺の生身の体に具っているというのでありますから、これくらい簡明直截で単刀直入的で手っとり早い直接説法はないわけであります。また、

〔山僧〕分明に与麽に道う、天下人の貶剝に一任す。（四九七a）

という力強い自信は、あらゆる既成の伝統が力を失って、いまだよるべき新しい所を見出すに至っていなかった当時の人々にとって、晴天の霹靂のごとくにひびいたことと思われます。

従来の仏教徒がなしたような造寺造像の功徳を要求せず、経典訓詁の学問や算香看心の修行を条件とせぬ臨済の禅が、新しい歴史の担い手として、社会の表面に擡頭しつつあった新興支配者たちを中心とする、新勢力に満腔の共鳴を呼んだことは想像に難くないのであります。「你が信不及なるがために」と叫ぶ臨済の禅には、人々本具の真人の信得が、——すなわち従来の仏でも祖でも、聖人でも君子でもない、自分自身の屋裡の主人公の力強い認得が、唯一の前提であったのでありまして、同じ達摩の禅の流れを汲みながらも、従来の六祖の見性禅や、宗密の知の哲学の背後にひそんでいた古典的な知識階級的限界をつき破って、禅を広い意味での庶民の世界に開放せんとする、たくましい意欲が躍動しているごとくであります。それは古い修諸功徳的仏教と訣別して、漸修的な教行証を条件とせぬ、明快なる万人平等な信の仏教の創唱であり、彼土的他力的な阿片的陶酔的諦観を払拭した現実主義的な人間の宗教にほかならぬのであります。

この点につきまして、非常に興味深いことは、あの苛酷を極めた会昌の破仏に際して、六朝末の仏教徒が感じたような悲痛な末法到来という考え方が、この唐末の禅僧たちに見られないことであります。よく言われますようにかつての末法意識こそは、隋唐の輝かしい仏教を興す具体的な動機であったことは確かだと思われますが、ただ今問題にいたしております会昌や、次の後周の世宗の破仏に際しては、そうした歴史的現実のうけとり方が余程変わってきているようであります。そして、私はかつての悲痛なる末法到来の自覚に代わって、ここに極めて注意すべき考え方が生まれてきていることを指摘しておきたいのであります。

五

それはどういうことかと申しますと、禅録でよく「還債」といっている思想——これを思想と申してよいかどうか知りませんが、とにかくそういう考え方が目につくのであります。そして私は、この「還債」という言葉に示されている考え方こそ、末法思想を超えた新しい現実主義的な仏教を生み出す力であったのではないかと思うのであります。

「還債」というのは、債をかえすということでありまして、今までつもりにつもった宿業の借りを、きれいさっぱり還すという意味であります。言わば社会的に言えば歴史の垢を払いのける革命であり、個人的には宿世の罪を還し、新しい自己に生まれかわることであります。この語は今日でも一般に禅僧の死を指して呼ぶのでありますが、私はこの言葉なり考え方というものが、だいたい晩唐時代を境として生まれたものと考えております。その証拠といたしまして、ただ今、『宝林伝』の慧可伝と、『祖堂集』の慧可伝を比較してみたいのでありますが、ご承知のように、『宝林伝』は貞元十七年（八〇一）頃のもので、『祖堂集』は南唐保大十年（九五二）の成立でありますから、一方は中唐、一方は五代のものであって、この間に晩唐という時期がはさまっているわけであります。そして「還債」という言葉は、今日一般には二祖慧可が害に遇うて死んだことを言うのを例としておりますが、[*1] それを『宝林伝』ではただたんに、

非理に損害されて終る。

と記しておりますにかかわらず、『祖堂集』は、それを慧可自身が三祖僧璨に別れを告げる言葉として、

吾れ、鄴都に往きて還債せん。（四〇a）

と言わしめているのであります。禅宗ではこれを二十四祖師子尊者が、ミラクツ王の白刃の下に命終したことと共に「還債」の二大事件としておりますが、かかる事例は『祖堂集』では随処に見られるのでありまして、たとえば岩頭全豁（巻七）や、黄檗の嗣観和尚（巻十九）が黄巣の乱に遇うて、賊槍に斃れた場合などがそれであります。[*2] そ

れはとにかくといたしまして、会昌の破仏を境とする、めまぐるしい晩唐の歴史的現実に処して、禅僧たちはこれを一面、己が旧業としてすなおに受けとめると共に、そこにさらに積極的にこの身動きならぬ伝統の桎梏から脱して、新しい歴史の創造に参加せんとする、たくましいエネルギーを見出すことにつとめたのでありまして、彼らはそのエネルギーを日々の労働と生活にあえぎつつあった、下層庶民の社会的歴史的現実の中に求めたのでないかと思うのであります。かつての正像末思想に見られますように、正しい世界を過去に求めようとする考え方の背景には、なおいまだ伝統的古典的な貴族性が働いていたと思われるのでありますが、時代が唐末まで降りますと、かかる古典主義的意識はもはや通用しなくなっていたのであろうと思われます。かかる古典的伝統を超えて、庶民階級の生活現実の中に進出しようと試みたと考えられる禅僧の意欲については、従来いまだほとんど問題とされておらず、私もまた今ここでこれを結論づけることに多少の躊躇を感ずるものでありますが、すくなくとも臨済義玄の後を承けて、同じく鎮州の地に教化した趙州従諗の禅には、よりいっそう庶民的な親近性が表れているということが言えると思うのであります。申すまでもなく『臨済録』にも、「還債」に通ずる考え方は随処にあるのでありまして、たとえば、

但だ能く縁に随って旧業を消し、任運に衣裳を著け、行かんと要すれば即ち行き、坐せんと要すれば即ち坐す。一念心の仏果を希求する無し。(四九七c)

というものなどがそれでありますが、ここに臨済は古い価値を希求することを超えた自在さを強調しているのでありまして、この語は従来解され来ったようなたんなる老荘的な自然主義の意ではないと思うのであります。しかし、臨済には古い権威の徹底的な否定を強調するあまりに、ややもするとそれがたんなる伝統の破壊の面にのみ解されて、歴史的社会的現実から離れたかのごとき傾向がないではないようであります。ところが、趙州従諗になる

と事情ははなはだ変わってくるのでありまして、たとえば、

問う、外方に忽ち人あつて、趙州什麽の法をか説くと問わば、如何が祇対せん。

師云く、塩は貴く米は賤し。（『続蔵』一一八、三一九b）

という問答などは、自ら生産する米価は極めて低く、日常生活に欠くべからざる官売の塩価は、農民の手のとどかぬ程に高いという、矛盾に満ちた暗い歴史的現実の課題が、ただちに趙州の仏法にほかならぬことを教えたものでありまして、「塩は貴く米は賤し」と答える彼の胸中には、悲痛なる大慈大悲の誓願がこめられているように思われます。さらにまた、政府の極端な塩の統制に因んで、当時の社会問題となったものに私塩商人の横行がありますが[5]、これは今日の闇商人に当たるわけでありまして、これを圧えるために政府は極刑を以てしたようであります。しかし、いかに法網を密にし、刑罰を厳にしましても、民衆の日常生活に不可欠の塩のことでありますから、これを抑えられた民衆の苦悩と怒りとはいつか爆発せずにはおかないわけでありまして、それがのちの王仙芝や黄巣の大乱となったことは、すでに歴史に明らかなことであります。そして趙州の次の問答などには、そうした庶民の苦悩の濃厚なる反影が見られるのであります。

師、新到に問う、什麽の処よりか来る。僧云く、南より来る。師云く、還つて趙州の関有ることを知るや否や。

僧云く、須らく関を渉らざる者あることを知るべし。師云く、遮の販私塩の漢。（三二七a）

ここでは、神会の知の一字も馬祖の即心即仏も、かかる販私塩の漢の横行する矛盾と苦悩に満ちた眼前の事実に直面して、その古典的限界を自覚せざるを得なかったのではないかと思うのであります。趙州には、有名な「仏法尽く南方にあり」という語がありますが、これなども苛酷なる歴史的現実の真ただ中に日々頭出尾没しつつあった趙州にとって、いわゆる仏法の事はあまりに閑暇に過ぎて、彼はこれを南方の禅匠たちに一任することにしたので

あろうと思われます。

六

以上、会昌の破仏を境として、河北の地方に起こった臨済及び趙州の禅思想の歴史的社会的背景を探り、逆にそうした歴史的背景から彼らの禅思想の根本的性格を知ろうとつとめたのでありますが、要するに河北禅の底流をなすものは広い意味での庶民性、とくにその古典的伝統を破って進まんとする創造性にあったことを主張したいのであります。そして江南地方に盛えた禅が、河北に比して比較的に平穏無事で、唐代盛世のごとくにはいかぬまでも多少とも帝都貴族文化の面影を温存し得たという風土的社会的な条件から、古典主義的性格を多分に有し、さらに溯って南朝貴族社会に流行したる清談的伝統を伝えている点と、極めて対称的であることを結論づけておきたいのであります。南方禅の特色をもっともよく発揮した雲門文偃や法眼文益などの人々、ことに彼らの下に出でた天台徳韶や永明延寿、雪竇従顕等には中唐の宗密以来の教禅一致、ひいては三教融会の思想が濃厚であり、あるいはまた禅旨を偈頌によって、表現しようとする傾向が生じまして、これらの系統の人々によって再び古典主義的な禅仏教の再興をみたのでありますが、宋代以後の禅の主流が大むねかかる方向に傾いていったために、河北禅の庶民的な創造性が忘れ去られて、単なる文化主義的傾向に堕し去ったのではないか。そして河北禅の質実なる庶民的性格はついに中国でも日本でもいまだ一度も反省されるに至っていないのではないか、そしてかかる仏教革新の機運はむしろ宋代の全真教や白雲宗白蓮教等の新宗教運動として展開されたとみることができはしないか、というような点をさらに詳しく追求してみたいと思うのでありますが、ここでひとまず擱筆することといたします。

註

（1）玉井是博氏「唐時代の社会史的考察」（『支那社会経済史研究』）及び日野開三郎氏「唐代藩鎮の跋扈と鎮将」（『東洋学報』二十六の4、二十七の1、2、3）等、参照。

（2）林元白氏「唐代房山石経刻造概況」（『現代仏学』一九五八年の三）

（3）前章「興化存奨の史伝とその語録」

（4）呉廷燮編「唐方鎮年表并考証」（『二十五史　補編』第六冊）

（5）吉田寅氏「五代中原王朝の私塩対策」（『東洋史学論集』第四）

本稿ははじめ、「中国臨済禅草創時代に関する文献資料の綜合整理、その一」と副題として、私が前に『禅学研究』四十八号に発表した「興化存奨の史伝とその語録」（前章）という論考の続篇たらしめんとの意図の下に、主として『臨済録』『趙州録』の二書を中心として、広く『太平広記』『説郛』『全唐文』『全唐詩』及び各種金石文などの野史資料を探らんとしたもので、すでに学会での発表に臨んで相当数の資料を用意したのであるが、当時時間的にもまた紙幅の上でもそれを全部使用することの無理なるを怖れ、またさらに自ら再考の余地ある点も多々あることを感ずるに至ったので、取り敢えずその要点のみをとりまとめることとしたものである。したがって、本稿が内容的に予め学会に提出した概要書とくい違いを生じ、また当日出席の諸先生より種々の点にわたって論考の不備や過失を御指摘頂いたので、御教示を感謝しつつ、さらに将来不備の点を再考してより充実したものにしたいと考えている。

（昭和三十四年四月三十日稿）

付記

＊1　『伝灯録』三の慧可伝の末尾に、「識真者謂之償債。皓月供奉問長沙岑和尚、古徳云、了即業障本来空、未了応須償宿債、……長沙便示一偈……涅槃償債義、一性更無殊」（『大正蔵』五一、二二一a）。

＊2　『梁伝』五の道安伝に、道安示寂のとき王嘉に共に行くことを勧めると、「僕有小債未了、不得倶去」と言ったという（『大正蔵』五十、三五三c）。

三　南院慧顒
――中国臨済禅草創時代をめぐる文献資料の綜合整理、覚書（その3）――

一

南院慧顒（―九三〇?）は、臨済下の禅の系統としては、臨済義玄（―八六六）―興化存奨（八三〇―八八八）―南院慧顒と承けた人で、その第三世に当たるが、この人に関する従来の資料は極めて史実的信憑性に乏しい。ただ、彼の下に出た風穴延沼（八九六―九七三）及び首山省念（九二六―九九三）の時に臨済禅としての伝統的基礎が固められたから、『禅林僧宝伝』三の風穴延沼章によると、風穴が初めて南院に参じたとき、彼は、

汝乗願力来荷大法、非偶然也。（四五二a）

といったと伝え、また首山省念章では、

風穴毎念、大仰有識、臨済一宗、至風而止。（四五三b）

と叙べて、臨済の禅が彼の時代にようやく一宗として自覚され始めていたことを示している。したがって、南院に

ついて従来の資料が叙べるところも、すべてこのような後世の臨済禅の伝統としての立場からにとどまっているが、これは一面に彼の出生時代があたかも五代乱離の際に当たって、確実な基礎資料が失い去られた結果によるものでもあろう。

南院についての資料の現存最古のものは、いうまでもなく、『景徳伝灯録』十三の汝州宝応禅師章で、これに次ぐものが『天聖広灯録』十四の汝州宝応禅院顒禅師章であり、共に宋初のものであるが、すべて彼の示衆や問答の語を収めるのみで、史実的なことはまったく不明である。しかも後述するように、禅門として極めて重んぜらるべき彼と興化との嗣法の関係すら、これを伝える確実な資料がなかったらしく、右の二書共にこの点については何も伝えていない。このことは、さらに南宋に入って編集されたと思われる『南院禅師語要』においても同様であって、この書は前記二書の記載をもととして再編されたものにすぎない。かくて、南院慧顒の史実は今日のところ、まったく不明と言わざるを得ず、また彼の禅に関する資料もすべて後世の伝統の立場から編集されたものとなるが、そこにまた臨済禅の伝統として、この人が古来いかに見られてきたかということが明らかにされてくるとも考えられるから、以下、それらの資料を整理しつつ、その問題となるべき点を指摘してみよう。

二

まず、この人の名を『景徳伝灯録』は、

汝州宝応和尚亦曰南院第一世住顒禅師

と標記しており、当時宝応和尚と呼ばれたらしい。これは彼自身が一僧に向かって、

恰遇宝応老不在。（二九八c）

と答えていることによっても知られるが、宝応の称は彼が住した寺名によったものである。『五家正宗賛』や『五灯会元』の著者は、これを彼の諱、もしくは字とみたらしいが、『天聖広灯録』では明白に、

汝州宝応禅院顒禅師。（五九七b）

と記し、『建中靖国続灯録』一では、「汝州宝応南院慧顒禅師」と標記しているし、この宝応禅院にはのちに首山省念が住して宝応第三世と呼ばれることが『景徳伝灯録』十三の首山章に見えているから、当然この古伝に従うべきであろう。また、彼の諱は顒で、古伝では顒とだけしか知られなかったらしく、後世一般に慧顒と呼ぶのは、おそらく右の『建中靖国続灯録』と、『古尊宿語録』所収の『汝州南院禅師語要』に、

師諱慧顒、河北人也。（『続蔵』一一八、二三六a）

とあるのにもとづくのであろうが、これらの二書は共に宋代の編集にすぎないから、この説がさらに何にもとづいて書かれたか明らかでない。もっとも、後代では、宝応や顒の名よりもむしろ一般に南院と呼ばれるが、この南院の称は、前記の『景徳伝灯録』の夾註と、『天聖広灯録』の標題とを総合して考えると、おそらく彼が古い宝応禅院の中に子院の南院を開創して住していたからであろう。しかるに、この南院の称は実は多少の問題を含むもので、『景徳伝灯録』十二に、魏府大覚和尚の嗣四人を挙げて三人を立伝しているが、その中に、汝州南院和尚なるものがあって、五則の問答を伝えており、後の『天聖広灯録』ではこの汝州南院が削り去られて、その問答の三則が、興化存奨の嗣たる汝州宝応、すなわち南院顒の章中に収められているのである。これは、『景徳伝灯録』に遅れてできた『天聖広灯録』が、この両者を誤って同一人と見たか、あるいはもともと同一人の話を『景徳伝灯録』が誤って別個の二人と考えて立伝したのか、そのいずれかでなければならないが、私は結論的に見てこれを『景徳伝灯録』の誤であろうと考えたい。この点については、さらに魏府大覚和尚と、興化存奨との史実的関係にまで遡らな

ければならないが、すでに前章「興化存奨の史伝とその語録」において考証したように、興化存奨がもと大覚和尚と呼ばれていた事実を考え合わすとき、これが『景徳伝灯録』の一人でも多くの祖師を列伝しようとする故意の誤りに出ずるものであることは、容易に想像できるであろう。

次に、南院の生地について、『南院禅師語要』が河北の人となす以外、何らの記載がないが、これは将来何らかの新資料の出現を俟つほかはないであろうから、次に、彼の生没年について考えてみよう。

『景徳伝灯録』十三、風穴章によると、風穴は襄州で守廓侍者と邂逅して、汝州に臨済の禅を伝える南院あることを知り、守廓のすすめによって南院に参じ、その最初の相見で南院の法を嗣ぐのであるが、そのとき南院は、

三十年住持、今日被黄面浙子、上門羅織。（三〇二b）

と答えており、当時汝州南院に住持以来、すでに相当の年月を経ていたようである。ここに言う三十年は、いうまでもなく実数ではなくして一生涯の意であろうから、南院は興化の没後間もなく魏府からこの地に移っていたこととなる。しかも、恵洪の『禅林僧宝伝』の風穴伝によると、風穴は最初の相見で南院の意に契うて以来、彼に随侍すること六年、後唐の長興二年（九三一）に至って、汝州風穴の廃寺に入ったといい、『風穴語録』では、さらに明白に「師依止六年而南院歿」、となしているから、この説を信ずる限り南院の示寂は長興元年であったこととなる。なお、清の紀蔭の『宗統編年』十八に、風穴が南院に至ったのを竜徳二年（九二二）とし、南院の示寂を長興元年（九三〇）となしているのは、右の所伝に従ったもので、比較的信を措くに価する説というべきであろうが、元の『仏祖通載』やわが『宗門正灯録』が、これを後周の広順二年（九五二）とするのは、興化の示寂を同光三年（九二五）においた上に南院の住持三十年を加算したる臆説と言うべきである。興化の一生が前章に考証したように八三〇―八八八年に引き上げられた以上は、南院の示寂を九三〇年とすることは、今後さらに積極資料の出ぬ限り、極

めて妥当の説であろう。なお、風穴を南院に参ぜしめた守廓は、『天聖広灯録』十四によると、もと興化に参じて侍者となっていた人であり、守廓が南院を推したのは、南院がかつて彼と共に興化に参じその宗教的人格において興化の嗣として真にすぐれた人物と認めていたからであり、あるいは年長であったからであろうと思われる。興化の嗣は公乗億の「塔碑」では、蔵暉、行簡の二人のみを挙げているが、これはおそらく晩年まで魏府に随侍したる人であろうから、南院も守廓も、あるいは興化の生前のある時期に参じた後、諸方に遊歴していた人であったのかもしれぬ。いずれにしても興化の没した八八八年に三十歳には達していたのであろうから、大中末、もしくは咸通初の出生で、八六〇—九三〇年頃の一生と見ておいてよいであろう。

三

ところで、南院はいかなる事情で汝州の地に至ったのか。また、当時の汝州の地が社会的にいかなる状態にあったかという点が、南院の禅を知る上に重要な手がかりを与えると思われるが、この問題についても今日のところいまだ積極資料は得られていない。史乗によると、当時の汝州は東都洛陽に近接していた関係から、唐室の末期的な疲弊に乗じて政権を窺わんとするものが頻出し、先に蔡州城に拠った呉元済（—八一七）や、次いで黄巣（—八八五）、秦宗権（—八八九）等の徒が相次いでこの地を剽掠したから、連年兵乱の絶える暇もない状態であったようであり、その後、一時は黄巣の部将となっていた李罕之（八四二—八九九）、張全義（八五二—九二六）等がこの地を掌握するに及んで、比較的安定を回復したようである。ことに張全義のごときは、文徳元年（八八八）に河南の節度使となってから、五代の梁より唐に及ぶ四十年に近い期間にわたって、この地を領し、史書にも、

住尹正河洛、凡四十年、位極人臣、善保終吉者、蓋一人而已。全義樸厚大度、敦本務実、起戦士而忘功名、尊

儒業而楽善道、家非士族而奨愛衣冠、開幕府辟士必求望実、属邑補奏不任吏人、位極公王不衣羅綺、心奉釈老而不溺左道（『旧五代史』六三）

といい、また、『洛陽搢紳旧聞記』には、民のために竜門広化寺の無畏師の塔に雨を祈ったともいうから、当時としては極めて善政の人であったごとくである。南院の汝州住院はあたかもこの期間に相当し、張全義が釈老を奉じたというのと符節を合する点があり、また彼はのちに後唐の荘宗となった李存勗（八八五―九二六）とも通じていたといわれるから、荘宗が興化存奨に帰依したとする一般の説が史実に合しないことが明らかとなった以上、あるいは南院その人が李存勗と関係するところがあったのかもしれない。また後述するように、南院と風穴の両者に問答した防禦使が、当時東都畿汝防禦観察使であった張全義その人でなかったかとも考えられるし、さらにのちにこの地を領した宋彦筠[*1]（―九五七）が風穴延沼のために広慧寺を開創した有力な檀越であったらしいことを考え合わすならば、おそらく当時の地方権力者たちが何らかの点で禅僧に関心を寄せていたことは十分に想像できることであり、彼らの中の何人かが積極的に禅宗外護の政策に出たものがあったのであろう。いずれにしても、南院の汝州住院以来、風穴、首山に至る三代を連ねる前後およそ百年に近い間にわたって、当時草創期にあった臨済禅の中心の拠点が長くこの地にとどめられていたことは、何らかの歴史的社会的理由があったに相違ないと思われる。しかも当時の江南や福州を中心として盛んであった南方禅と、鎮州の臨済や趙州に源を発する北地の禅とが、性格的に鮮やかな相違を示していることは、極めて注目すべきであって、それらが多分にこれを支える南北社会の構造に起因するところが大きいと思われるが、この点についての考証はさらに他日にゆずることとする。

四

ところで次に南院の禅の内容、もしくは特質というごとき点について考えてみよう。いったい、禅宗の伝統としては師資相契の機縁がもっとも重要であることというまでもないが、南院と興化との相契を示す語は今日まったく知られない。ただ、のちの風穴と南院との場合から考えて、南院自身に臨済の禅を伝えんとする自覚がすでに相当に強く出ていたことは想像できるし、またそこに臨済下第三世としての意義が認められるであろう。すでに前章に考証したように興化存奨の語と伝えられているものの中には、臨済の禅、もしくは今日『臨済録』として伝えられているものの直接影響は何ら認められないが、南院の場合にはその兆しがすでに表れ、風穴、首山に至って、積極的に臨済の禅を伝え、『臨済録』中の機縁や語句を宣揚しようとする意図が明白に窺われるのである。

まず、『景徳伝灯録』の南院章に伝えられる左の上堂に注意しよう。

上堂示衆曰、赤肉団上壁立千仭。時有僧問、赤肉団上壁立千仭、豈不是和尚語。師曰是。其僧乃掀禅床。師曰、遮瞎驢。便棒。(二九八b)

南院の語は、明らかに臨済の無位真人の話を承けたものであるが、元来、臨済の赤肉団上の話は彼の当時からすでに諸方で評判されたらしい。のちに『碧巌録』三二則に伝えられる定上座と欽山、岩頭、雪峰の機縁は、史実的には問題があるとしても、『祖堂集』十九によると、雪峰が、

林際太似好手。(三六三a)

と評しているし、『景徳伝灯録』十によると、南泉下の長沙景岑がこの話について、

万法一如不用揀、一如誰揀誰不揀、即今生死本菩提、三世如来同箇眼。(二七六a)

と頌しているから、臨済下の系統の人々の間にも種々に評唱する人があったであろう。しかし文献に表れた限りでは、南院が最初であって、これはとくに注目すべきものであると思われる。

かくて、南院自身が臨済の禅を嗣ぎ、その宗風を積極的に挙揚せんとした人であったことは疑い得ないのであるが、後代になるとこの傾向がさらに伝統としての立場から、いっそう強く彼に要請せられてきたようで、たとえば『南院禅師語要』に収められる左の問答について見よう。

問、如何是仏法大意。師便喝。僧云、老和尚莫探頭好。師又喝。僧便礼拝。師云、放過即不可。便打。問、如何是仏法大意。師便喝。僧便礼拝。師云、今夜両箇倶是作家禅客、与宝応老称提臨済正法眼蔵。若要一喝下弁賓主、問取二禅客。(二三九a)

この問答は、後述するように、『景徳伝灯録』にも『天聖広灯録』にも見られないものであるが、明らかに『臨済録』中の上堂の部に収められる賓主の喝の一段を予想するものである。しかも、この一段は『臨済録』自体にあっても、後代には種々に異なって伝えられたらしく、明版『古尊宿語録』五所収の「行録」の部に次のごときものがある。

師会下有同学二人相問、離却中下二機、請兄道一句子。一人云、擬問即失。一人云、恁麼則礼拝老兄去也。前人云、賊。師聞得陞堂云、要会臨済賓主句、問取堂中二禅客。便下座。(二一七a)

師応機多用喝。会下参徒亦学師喝。師曰、汝等総学我喝。我今問汝、有一人従東堂出、一人従西堂出、両人斉喝一声、這裏分得賓主麼。汝且作麼生分。若分不得、已後不得学老僧喝。(二一八a)

これらの異なった伝承の事実は、喝によって臨済の宗風を特色あるものと見ようとする宗派的な伝統の立場からこの公案が問題とされたことを示すものであり、ことに、もともと『臨済録』の上堂の部に見えるものすら、『天

聖広灯録』十では、

上堂、有僧出礼拝。師便喝。僧云、老和尚莫探頭好。師云、你道落在什麼処。僧便喝。又僧問、如何是仏法大意。師便喝。僧礼拝。師云、你道、好喝也無。僧云、草賊大敗。師云、過在什麼処。僧云、再犯不容。師云、大衆、要会臨済賓主句、問取堂中二禅客。便下座。(二二八a)

となっていて、流布本に見られるごとき「是日両堂首座云々」の句が存せず、この方がむしろこの問答の原型を示すものではないかと思われる。したがって、先の『南院禅師語要』に見られる機縁も、果たして南院自身のものか疑わしく、あるいは宋代に至って臨済の禅を賓主の喝という公案によって宗風づけんとする意図の下に加えられたものではないかとも考えられよう。周知のように、石霜楚円(九八六―一〇三九)に「古人云く、一喝に賓主を分ち、照用一時に行ず」という語があり、これが一般に臨済を指すものとされるのであるが、『臨済録』中にこれに相当する句はないので、今の箇所がこれと関係するものでなければならないが、やかましい照用の公案そのものも、早くとも風穴、正確には首山のときに初めてとり上げられた機縁であるらしいことを考え合わすならば、賓主の喝の問題も、これを南院のものとすることは、大いに疑ありとしなければならないであろう。また、ことに、南院が「与宝応老称提臨済正法眼蔵」といっていることは、すでに臨済末後の三聖との問答を前提し、ひいては『臨済録』の成立を暗示するものであるが、南院の当時すでにかかる形での臨済禅の伝統の自覚があったかどうか、やはり問題であろう。

もっとも、「正法眼蔵」の語はすでに『宝林伝』に用いられて、南宗祖師禅の根本精神を示すものとされているのであるが、これを臨済の正法眼蔵となして臨済禅の独自な基本精神を表そうとする主張は、臨済自身に存しなかったことはもちろん、興化、南院の当時にもまたいまだ表れていなかったであろうと思われる。臨済の喝や賓主の句を臨済の正法眼蔵と見て、これを強く挙揚し、伝統せんとする主張は、臨済の系統の人々によって、彼の語録が編集され伝持されて、その末段に三聖との問答がとり入れられたのと密接な関係をもつものでなければならない。

五

ところで、南院をして臨済禅の伝統の宣揚者たらしめんとする考えは、彼に三句の説法があったという主張にも表れる。すなわち石霜楚円の『道吾録』に、

先宝応和尚道、第一句薦得、堪与祖仏為師。第二句薦得、堪与人天為師。第三句薦得、自救不了。若是道吾即不然、第一句薦得、和泥合水。第二句薦得、無縄自縛。第三句薦得、四稜著地。所以道、起也海晏河清、行人避路。住也乾坤黯黒、日月無光。汝等諸人、何処出気。如今還有出気者麼。有即出来対衆出気看。若無、道吾今日与你出気去也。乃嘘一声、卓拄杖下座。（『続蔵』一二〇、一六七ａ）

とあるもので、先宝応が南院を指すことというまでもないが彼が三句を挙したことは現存の資料のいずれにも見られないから右の慈明の語によって初めて知られるのである。いったい、臨済の三句は『臨済録』の示衆十一則に、

問、如何是真仏、真法、真道。乞垂開示。師云、仏者心清浄是。法者心光明是。道者処処無礙浄光是。三即一。皆是空名而無実有。如真正道人、念念心不間断。自達磨大使従西土来、祇是覓箇不受人惑底人。後遇二祖、一言便了、始知従前虚用功夫。山僧今日見処、与祖仏不別。若第一句中得、与祖仏為師。若第二句中得、与人天為師。若第三句中得。自救不了。（五〇一ｃ）

とあり、もと真仏真法真道の垂示に続いて挙揚せられたものであるが、この三句がいかなる意味かこれだけでは明らかでない。後世ではこれをさらに上堂の部の「三要印開朱点側」以下の三句の問答と結合せしめて、あるいは理

知用に配し、あるいは法報化の三身に当てるなど種々の解釈がなされているが、結局は臆説たるを出ないから、ここでは臨済の垂示にあるように、一切の人惑を受けぬ、祖仏の師となるに価する底の上根の機の用処を第一句とし、第二、第三句を中下の根とみるべきであろう。しかも南院の三句が臨済の三句を承けていること、すくなくとも然か見られていたことは、第一句を臨済と同句とし、第二、第三句に自家の見解を示している点に明らかであるが、楚円が独自の立場からこれにまったく別個の解釈を与えていることは注目すべきで、彼はこれによって臨済禅の伝統的宗風を主張しようとするのであろう。これはいわゆる一句語に三玄門を具し、一玄門に三要を具す云々という考えを、三句に関係せしめるもので、発展的解釈たることはいうまでもないが、そこに何らか『臨済録』中の所説を体系的なものと見ようとする意図が示されているようである。しかるに、先宝応すなわち南院の挙揚は、あくまで臨済の三句と同一の場に立って、臨済の原意に即しつつこれを進展せしめようとしていることが知られ、歴史的にも南院のものとして相応しいように思われる。

ところで、右の慈明の所説は、臨済の禅を承けた人々によって、臨済の宗風なるものが意識され、次第に体系的な綱要として主張され、伝持されるようになった過程を考える上に、極めて重要な手がかりを与え、それが歴史的には大よそ南院の時代を起点とすることを示すものであるようである。この場合、すでに『臨済録』の初めに、一僧が「師唱誰家曲。宗風嗣阿誰」と問い、臨済が「我在黄檗処、三度発問、三度被打」と答えていることが想起されるであろうが、ここに、誰家曲といい、宗風という語が後世いわれるごとき意味での臨済の宗風、もしくは五家の一としての家風を指すものでないことはいうまでもない。当時いまだ五家は存しなかったし、臨済自身が新しく臨済宗を樹立しようとしたものでもなかったであろうから、ここに宗風というのはむしろ臨済の禅そのものの意であった筈である。しかるに、南院の時代になると、この間の意味は一変する。すなわち、『天聖広灯録』十四の南

院章に、

有僧問、師唱誰家曲、宗風嗣阿誰。師云、掌塔戴雕冠、口中更河海。(七二四b)

とあるが、これは明らかに上記の『臨済録』の問答を前提し、その前提なしには発せられぬ問である。いったい、宗風を問う傾向は、後代になると一般化され定型化されてくるが、それは臨済下の禅を伝える人々の間でまず始められたのではないかと思われる。

『天聖広灯録』十三によると、臨済下の斉聳、雲山、智異等の人々にすでにみなこの宗風問答が録せられているが、これらは『景徳伝灯録』十二ではすべて機縁の語句なしとして目録にのみその名を列記するにとどめられた人々であり、それを『天聖広灯録』がとくに新たにとり上げたものであることは注意を要する。興化存奨の語録にかかる宗風問答が見られないことについては、すでに前章で指摘したのであるが、ここで『天聖広灯録』という書自体が、臨済系の人々の機縁を一人でも多く記録しようと努力したものであることを考慮に入れる必要があるかもしれない。そして、『天聖広灯録』の編者が臨済系の人々の機縁の中で、とくにかかる宗風問答を集めようとしたことを考慮に入れるとしても、このような『臨済録』を前提とする臨済の宗風が自覚され始めた上限を、やはり南院の時代に求めることはあながちに無理ではなかろうと思われる。いったい、臨済宗第二世としての興化存奨に、臨済的なものが見られないことは一見極めて奇であり、史実的には彼が臨済の晩年に侍した有力な弟子の一人であったにもかかわらず、後世彼を臨済滅後の嗣法とする説さえ生じていることを思えば、彼との嗣法が史実的には明確でない南院に、臨済の禅を承け、とくに『臨済録』の伝承を前提とするごとき傾向の見られることは、よりいっそう奇でなければならない。このことは、畢竟興化と南院との史実的な嗣法関係を疑わしめる一因であると共に、後世のいわゆる臨済禅の伝統の基礎が、二世興化によってではなくして、三世南院によって築かれたものであることを示すものではあるまいか。そして、『大光明蔵』の著者がこの間の事情を、「君子抱孫不抱子」と評していることははなはだ興味深いものというべきであろう。

六

以上、南院の禅の基盤が興化からの史実的な嗣法によってというよりも、むしろ彼自身における臨済の禅の形成的自覚によって始まると共に、何らかの形ですでに『臨済録』の原型の成立を予想せしめることを考証し来たったのであるが、このことは後代になって彼がその嗣風穴延沼を嘱して臨済禅の再興者としての使命を負わしめたとする主張とまったく別のことである。

『古尊宿語録』七所収の『風穴禅師語録』によると、それは左のごとくに言われている。

師在南院作園頭。一日南院到園問云、南方一棒作麼生商量。師曰、作奇特商量。良久、師却問、和尚此間作麼生商量。南院拈棒云、棒下無生忍、臨機不譲師。師於是豁然大悟。南院云、汝乗願力来荷大法、非偶然也。汝聞臨済将終時語不。曰、聞之。南院云、臨済道、誰知吾正法眼蔵、向這瞎驢辺滅却。渠平生如師子逢人即殺。及其将死、何故屈膝妥尾如此。対曰、密付将終、全主即滅。又問、三聖如何亦無語乎。対曰、親承入室之真子、不同門外之遊人。南院頷之。又問、汝道、四種料簡語、料簡何法。対曰、凡語不滞凡情、即堕聖解、学者大病。先聖哀之、為施方便、如楔出楔。云、如何是奪人不奪境。曰、新出紅爐金弾子、簉破闍黎鉄面門。又問、如何是奪境不奪人。曰、蒭草乍分頭脳裂、乱雲初綻影猶存。又問、如何是人境倶奪。曰、躡足進前須急急、促鞭当鞅莫遅遅。又問、如何是人境倶不奪。曰、常憶江南三月裏、鷓鴣啼処百花香。又問、臨済有三句、当日有問、如何是第一句。臨済云、三要印開朱点窄、未容擬議主賓分。師随声便喝。又問、如何是第二句。臨済云、妙解豈容無著問、漚和争赴截流機。師曰、未問已前錯。又問、如何是第三句。臨済云、但看棚頭弄傀儡、抽牽全藉裏頭人。師曰、明破即不堪。於是南院以為可以支臨済、不辜負興化先師所以付託之意。（二四一ａ）

右の中、最初の南方一棒の部は次節に図示する『天聖広灯録』37、『南院禅師語要』86と同一であるが、南院の「汝乗願力来」以下はまったく新しい資料であり、これによると一般に臨済禅の綱要と目される正法眼蔵、四料簡、三句等がすべて興化先師付託の意とされて、それらが余すところなく南院より風穴に伝えられたこととなるのであるが、あれだけ臨済下の禅の伝統の事実を集録せんと努めた『天聖広灯録』の編者がこのことにまったく触れていない点を考え合わすと、右の『風穴語録』の記載には大いに疑点ありとしなければならない。いったい、この風穴と南院の問答は、『禅林僧宝伝』の風穴伝に初めて表れるもので、古伝では大いに相違しており、この間に臨済禅の伝統的な立場がすでに確立されている事実を示すものというべきである。もっとも、上来見来ったように南院自身に臨済の禅を挙揚せんとする自覚が存した以上、それを興化の意にもとづくものとすることも、伝統的な立場としてはむしろ当然であり、しかも、風穴は南院に参ずる前にすでに守廓と相知り、守廓を通して興化の禅を得ていたことは、『天聖広灯録』の主張するごとくであるから、そこに、

の伝統をわれわれは事実として認めるべきであろうし、この点にこそいわゆる「遇大風即止」という潙仰の「懸記」なるものの意味が存することを理解しうるであろうと思う。しかしこの点については、これ以上立ち入ることをとどめ、あらためて風穴の禅を論ずるときにゆずろう。

七

最後に、南院の語録について少しく考察を加えておこう。前述したようにこの書は、明版の『古尊宿語録』七の中に現存するが、この書がいつ何人によって編集されたかは明らかでない。南宋の紹興（一一三一―）の始めに、鼓山の賾蔵主が刊行した四巻本の『古尊宿語要』二十二家の中に含まれていたことは、道忠の『福州鼓山寺本古尊宿語要全部目録』によって知られるし、この書が『池州南泉普願禅師語要』（明版『古尊宿語録』十二）や、『舒州法華山挙和尚語要』（同じく二六）等と共に語要の名を保持していることによっていっそう確かめられるであろう。したがって、現存の『古尊宿語録』中の他のものに較べて、この書が古い時代にまとめられたものであることは疑い得ないのであるが、果たして南院その人の時代、もしくは直接の弟子たちの頃にまとめられたものであるかどうかについては疑いなきを得ない。この問題を解く手がかりはいうまでもなく『天聖広灯録』の所載と比較することによって得られるが、今それを他の文献と共に図示すると次のごとくである。

景徳伝灯録(1004)	天聖広灯録(1036)	南院禅師語要(1131)	聯灯会要(1183)	禅門拈頌集(1226)	五灯会元(1252)	宗門正灯録(1501)
		師諱慧顒云々				師河北人也云々
1　赤肉団上	16	1	1	1	1	1
2　近離長水	86	87	9		2	54
3　師挙払子	79	84			3	52
4　近離襄州	83	83	3		4	

5 思明和尚					5	49
6 啐啄同時	36	2	2	6	6	2
	1 （初開堂）宗風嗣誰	29				
	2 仏法大意	28	11		8	33
	3 如何是仏	63				38
	4 薄地無竜	46				14
	5 廻旋空中	9				7
	6 竜獣相交	10				
	7 丹霄独歩	11				
	8 金牓題名	12				
	9 凡聖同居	48			11	28
	10 日出扶桑	47				
	11 栴檀鬱密	49				
	12 大震虹電	13				
	13 黄巣過時	14				
	14 宝剣出匣	15				22
	15 十方通暢	4				
	16					
	17 楊朱泣路	16				
	18 人逢碧眼	17			16	61

19	竜躍江湖	5			17	5
20	問解脱漿	43				25
21	問乾坤主	41				24
22	大擬争権	40				
23	近不得時					15
24	万仭竜門					
25	独遊滄海	53				
26	運足不知	54				
27	中間不会	55				
28	投機不遇	56				
29	大用不逢	3				4
30	金鎖断時	57				
31	然灯前後	58				29
32	万里無雲	61			18	
33	従上古人	6				6
34	従上諸聖	7	4	2	29	3
35	問第一句	8				8
36						
37	南方一棒	86		9		
38	独歩青霄	18		8		

	39	寂寂無声	19				
	40	鳳飛不到	20				
	41	帰宗事理	21				
	42	日輪正午	22				
	43	独歩山頂	23				
	44	久在貧中	25				
	45	自在師子	24				
	46	奔流度刃	26				32
	47	截鉄鏌鎁	62				
汝州南院章	48	匹馬単槍	27		4	9	9
	49	是汝諸人	35				11
	50	無相涅槃	30			10	34
	51	万里無雲	31				35
	52	古殿重興	32	12	7	7	36
	53	二王相見	33			19	37
	54	無相道場	34				12
	55	問薝蔔林	36			20	23
	56	問不動尊	37				13
	57	擬驀要津	38				
	58	凌閣図形	42				44

	59	金剛不壊	44			21	26
	60	南宗北祖	45		11		27
	61	不施寸刃	59				
	62	悉宗乗護	64				
汝州南院章	63	上上根器	66			22	40
	64	如何是道	52				16
	65	過去祖徳	65				39
	66	祖意教意	76	14		23	46
	67	問宝応剣	75				31
	68	祖師西来	74			24	17
	69	擬伸一問	73			25	18
	70	解問話底	68				42
	71	万代留名	77				
	72	和尚家風	69				20
	73	学人有問	79				10
	74	宝応正主	70			26	
	75	問宝応水	71				21
	76	牛頭四祖	72				
	77	本色衲僧	81				50
	78	把住僧問	90				

																汝州南院章			汝州南院章
79	80 瓠子開華	81 僧云普参	82 防禦使問	83	84 近離竜興	85 近離五台	86	87 是什麼物	88 師見僧来	89 講何経論									
	85	96	82		88	91		93	92	94	39 百了千当	60 問無縫塔	67 我不曽知	78 仏法大意	80 如何是仏	89 (待有即道)把住一僧	95 夏在什麼		
	6	8										13		7		10			5 僧参敗也
																		3 日月迭遷	5
	14	15			27			28				12			13				
	53	59	51		55	57		58	56			30	41	48	43			47	45

右の対照によって、『南院禅師語要』がまったく『天聖広灯録』の語を承けたもので、『天聖広灯録』に存しないものは、宋代に入って臨済禅の体系的な綱要が決定されると共に次第に増加されたものであることが知られるが、このことは上来すでに述べ来たったごとくであるから、今その他の二、三の問答について注意すべきものを見よう。まず『景徳伝灯録』5にみられる大行思明和尚との機縁が注目せられる。

大行思明和尚、未住西院時、到参礼拝後、白曰、別無好物人事、従許州買得一口江西剃刀、来献和尚。師云、汝従許州来、什麼処得江西剃刀。明把師手掐一下。師云、侍者収取。明払袖而去。師云、阿剌剌。（二九八c）

思明は臨済の嗣たる宝寿沼の法嗣で、のちに汝州西院に住したといわれるから、それがおそらくは宝応院の西院で、南院と共にこの地に臨済の禅を挙揚したのであろう。許州で江西の剃刀を得たという事実が何を指すかは知られないが、のちに『碧巌録』九八則の評唱で、円悟がこの則をとり上げていることは周知のごとくである。また同じく、『碧巌録』十六則の評唱で有名なものに啐啄同時（『景徳伝灯録』6）の上堂がある。

師上堂云、諸方只具啐啄同時眼、不具啐啄同時用。時有僧便問、如何是啐啄同時用。師云、作家相見不啐啄、啐啄同時失。僧云、此猶未是某甲問処。師云、汝問処又作麼生。僧云、失。師乃打之。其僧不肯。其僧後於雲門会下、聞二僧挙前因縁。一僧云、当時南院棒折那。当聞此語、忽然大悟、方見南院答話処。其僧却来汝州省覲、値師已遷化、乃訪風穴。風穴認得便問、上座是当時問南院、啐啄同時底話麼。僧云、是。穴云、会也末。僧云、会也。穴云、爾当時作麼生会。僧云、某甲当時如在灯影裏行相似。穴云、汝会也。（二九八c）

啐啄同時の語は、もと雪峰の嗣たる鏡清道怤（八六四または八―九三七）の示衆の語として知られており、風穴もまたかつて鏡清に参じたので、風穴の伝えるところによって南院がとくにこの話をとり上げ、南方の禅を批判しようとしたものであったかもしれない。僧が「某甲当時如在灯影裏行相似」というのは、たとえ啐啄同時の眼を具してもその機用を発し得ないところに気づいたからであろう。ちなみに、『宗門正灯録』の著者はこの則を諸方に号令するの旨ありと評している。

なお、『天聖広灯録』に見えないで、『南院禅師語要』のみに存するものの中で注意すべきものは78の仏法大意で、これはすでに述べたように臨済賓主の喝と関係するものであり、宋代に至って加えられたものであること明白であるが、逆に『天聖広灯録』82の防禦使問の一段のごとく、『南院禅師語要』に至って簡略化されている例も存する。

防禦使問、大善知識、還具見聞覚知否。師便掌。使不肯。来到風穴処、再問云、大善知識、還具見聞覚知否。穴云、荆棘荒榛、棄来久矣。進云、妙用又如何。穴云、王子帯刀全意気、貧人擒倒語声嘶。使深肯之。遂却挙先問南院答底語。穴云、南院深是相為。使方似委悉。（七二八ｂ）

『南院禅師語要』が削去したのは、「使不肯」以下の風穴との機縁の部分であるが、これはむしろ風穴との一段を含めて完全となるものであり、史実的にはおそらく当時東都畿汝防禦観察使であった張全義との問答であろうと思われるから、極めて重要な資料となるものである。

さらに『天聖広灯録』47に、

問、截鉄鏌鎁猶是鈍、当鋒鬔鏃事如何。師云、截即死。僧便喝。師以手拍膝一下。僧便喝。師拈棒。学云、和尚莫盲瞎棒。却奪棒打著。和尚莫言不道。師云、今日被者黄面浙子、鈍致宝応老一場。僧云、和尚莫縛猱好。（七二七ａ）

とあるのは、一僧の名が記されてはいないが、今日被者黄面浙子云々という語勢より、これが風穴を指すこと明らかであって、先に引いたごとく『景徳伝灯録』十三の風穴章に見える風穴と南院とが出遇ったときの話と符節を合するものがあり、『天聖広灯録』では風穴の章に再び録していることも注意せられる。

付記

＊1　周　宋彦筠の事蹟『冊府元亀』九二七佞仏の條（一〇九四二a）にあり。

＊2　『碧巌録』三八則、本則評唱に「只如臨済有四賓主話、夫参学之人、大須子細」（張本）、これにつづいて「不見僧問慈明、一喝分賓主、照用一時行時如何云々」とあり、一夜本、福本、蜀本には四賓主の話が見えぬにもかかわらず、この語のみは掲げていることに注目すべし。

四　臨済栽松の話と風穴延沼の出生

——中国臨済禅草創時代をめぐる文献資料の綜合整理、覚書（その4）——

一

臨済栽松の話というのは、臨済がかつて黄檗の許にあったとき、山中に松を栽えていたことに因んで、黄檗がその将来を嘱し、「吾が宗汝に至って大いに世に興らん」と言った話を指すが、従来この話をとくに臨済栽松話と称して重視するのは、この話について潙山と仰山が問答し、黄檗のこの語が実は臨済禅、もしくは臨済宗の将来を予言したものであるとされるためである。今、その全文を引くと、『臨済録』の「行録」の条に、

師栽松次、黄檗問、深山裏栽許多作什麽。師云、一与山門作境致、二与後人作標榜。道了将钁頭打地三下。黄檗云、雖然如是、子已喫吾三十棒了也。師又以钁頭打地三下、作嘘嘘声。黄檗云、吾宗到汝大興於世。後潙山挙此語問仰山、黄檗当時祇嘱臨済一人、更有人在。仰山云、有、祇是年代深遠、不欲挙似和尚。潙山云、雖然如是、吾亦要知、汝但挙看。仰山云、一人指南、呉越令行、遇大風即止。識風穴和尚也。（五〇五a）

といい、仰山の「一人指南、呉越令行云々」の句が臨済宗の将来の発展、とくに風穴延沼の出生と活躍を予想したものと解釈されるところに問題があるのである。

仰山が讖偈の解に通じていたことは、『祖堂集』十八に、彼が西天二十七祖般若多羅や、六祖慧能の遷化のときの讖偈について潙山と問答する次のような事例があり、おそらく歴史的事実であろうと思われる。

仰山問潙山云、西天二十七祖般若多羅、玄記禅宗向後三千年事、時至分寸不移。只如和尚今時還得不。潙山云、此是行通辺事、我今未得。我是理通学、亦是通自宗、所以未具六通。仰山諮潙山云、只如六祖和尚、臨遷化時付嘱諸子、取一鍉鋌可重二斤、安吾頸中、然後漆之。諸子問曰、安鉄頸中、復有何意。六祖云、将紙筆来、吾玄記之。五六年中、頭上養親、口裏須飡、遇満之難、楊柳為官。潙山云、汝還会祖師玄記意不。仰山云、会、其事過也。潙山云、其事雖則過、汝試説看。仰山云、五六年中者三十年也。頭上養親者遇一孝子、口裏須飡者数数設斎也。遇満之難者是汝州張浄満也。被新羅僧金大悲将銭雇、六祖截頭兼偸衣鉢。楊柳為官者、楊是韶州刺史、柳是曲江県令、驚覚後於石角台捉得。和尚今時有此見不。潙山云、此是行通、我亦未得、此亦是六通数。仰山云、諮和尚、和尚今時若記人見解即得、若記人行解即属人情、不是仏法。潙山喜云、百丈先師記、十数人会仏法会禅、向後千百人囲遶、及其自住数不。仰山云、慮恐如此、然則聖意難測、或逆或順、亦非慧寂所知。潙山云、汝向後還記人不。仰山云、若記只記見解、不記行解。見解属口密、行解属意密、未斉曹渓、不敢記人。潙山云、子何故不記。仰山云、燃灯身前事、這辺属衆生行解無憑。潙山云、燃灯後汝還記得渠不。仰山云、若燃灯後、他自有人記、亦不到慧寂記。（三四七a）

この記載は判読し難い点が多いが、玄記、または記と言われているものは明らかに懸記の意で、潙仰の間で曹渓の懸記がしきりに論ぜられていることが推し得られるであろう。仰山はまた一般に小釈迦と呼ばれ、後述する臨済の「塔記」の中にもこの称が見えるが、それは主として『仰山語録』その他に見える一梵僧との機縁によるものとされているようである。ところが、右の『祖堂集』の記載によると、彼の懸記の解は曹渓のそれにならったものらしいから、あるいは六祖慧能が生前に慧能釈迦と自称していた事実（『曹渓大師別伝』）と考え合わせて、彼自ら小釈迦と称していたのでないかとも推せられる。彼が曹渓慧能に私淑したのは、その出生と開法の地が曹渓に近く、『曹渓大師別伝』等に見える梁の智薬三蔵や陳の真諦三蔵、さらに『宝林伝』所収の般若多羅懸記等に関心を寄せるところがあったためであろう。いずれにしても『臨済録』の「勘弁」や「行録」には、彼が潙山と共に臨済の機縁について論じたものが十則に及んでおり、ことに臨済栽松話と関係の深いものは、いわゆる臨済破夏の縁に関するそれで、

後潙山問仰山、臨済莫辜負他黄檗也無。仰山云、不然。潙山云、子又作麼生。仰山云、知恩方解報恩。潙山云、従上古人還有相似底也無。仰山云、有、祇是年代深遠、不欲挙似和尚。潙山云、雖然如是、吾亦要知、子但挙看。仰山云、祇如楞厳会上、阿難讃仏云、将此深心奉塵刹、是則名為報仏恩。豈不是報恩之事。潙山云、如是如是、見与師斉減師半徳、見過於師、方堪伝授。（五〇五c）

といい、栽松話が臨済禅の将来を予言したものであるのに対して、この話は、臨済禅の宗源を明かしたものとして注意すべきであろう。潙仰の問答がこのように臨済禅の起こりとその発展消長に対して深い意義をもっているのは、潙仰二人が黄檗や臨済に対し、共に百丈の禅を承ける法叔の関係にあるからであり、むしろ、歴史的には『臨済録』の「勘弁」や「行録」に見られる黄檗や臨済の機縁そのものが潙仰の問答評論によって伝えられたためであろう。

かくて、臨済栽松話と言われる一則は、本来の機縁そのものとしてよりは、むしろ潙仰の評論によってより重要な意義を与えられたと考えられるが、これを『景徳伝灯録』十三、臨済の章に見えるものと比較すると、そこに種々の問題があることが知られる。すなわち、『景徳伝灯録』では、

師与黄檗栽杉。黄檗曰、深山裏栽許多樹作麼。師曰、与後人作古記。乃将鍬拍地両下、黄檗拈起拄杖曰、汝喫我棒了也。師作嘘嘘声。黄檗曰、吾宗到汝此記方出。潙山問仰山、且道黄檗後語但嘱臨済、為復別有意旨。仰山云、亦嘱臨済、亦記向後。潙山云。向後作麼生。仰山云、一人指南呉越令行。南塔注云、独坐震威、此記方出。又云、若遇大風、此記亦出。潙山云、如是如是。（三〇〇a）

とあって、本文自体に多少の文字の相違あることは別として、黄檗の後語の解釈について、「一人指南呉越令行」と「遇大風此記亦出」とが二句に切られている点に注意しなければならぬ。しかも、後句の「遇大風此記亦出」は、「独坐震威此記方出」の句と共に、仰山の前句の註として、南塔和尚が附加したものである。もっとも、南塔の註は、「独坐震威」の句のみで、「又云若遇大風云々」は仰山の語であり、これに対して潙山が「如是如是」と言ったものとも見られそうであるが、「独坐震威此記方出」と「遇大風此記亦出」は二句で対になっており、「此記」というのは黄檗の語を指すよりもむしろ仰山の「一人指南」の語を指しているようであるから、やはり南塔がこの二句によって仰山の懸記を解したものと見られるであろう。南塔は、いうまでもなく仰山の法を嗣いだ南塔光涌で、『禅林僧宝伝』八によると、八五〇―九三八年の人であり、臨済よりは一世代もしくは二世代後に当たり、あたかも南院慧顒（―九三〇？）と同時代である。したがって、一般に「一人指南云々」の句が風穴を指すものと解されるために重要な鍵となる「大風」の語は、実は当初から潙山仰山によって提出されたものでなくして、南塔によって附加された註にほかならぬことが明らかになる。すくなくとも、この句が風穴延沼（八九六―九七三）を予想するものだとする解釈には、潙山霊祐（七七一―八五三）は関係をもたず、場合によると仰山慧寂（八〇七―八八三）その人も関係をもたなかったかもしれない。年代的にみれば極めて明白な以上の事実が、ややもすれば神秘的な讖記や未来記の語解の故に、後代になればなるほどあたかも潙山や仰山が他心通によって風穴の出生を予言し、あるいは自ら風穴の嗣首山となって再生したなどいうことを主張するもの（後述の覚範恵洪）さえ出ずるに至ったことは、懸記の精神を大いに誤ったものと言うべきである。ここでは、むしろもと南塔のものであった大風の句を潙仰の未来記と見なして、これを風穴と結びつけんとする解釈が、実際は風穴の時代に生み出されたものであり、逆に言えば風穴延沼の活躍が溯って潙仰の讖記を変化せしめるに至った点を明らかにすればよいのである。もっとも、このことは風穴自身が潙仰の讖記を恣意的に創作したとか、彼の弟子たちがそれを主張したというのでなくして、かかる解釈が生み出されるに至るべき素材は、すでに潙山仰山あるいは南塔等の人々に存したのであり、風穴及び彼の系統の人々は南塔等の言うところを積極的に臨済禅の発展消長の意に解釈したまでであろう。もっとも、南塔の評そのものをも後代に風穴一派の人々が作ったと見られるかもしれぬが、大風は必ずしも風穴の意に限らず、また一人指南の句も必ずしも風穴に関係せしめることなしに解釈可能であるから、もともといかなる意味でこの句が言い出されたかを今日一義的に推定することはできぬ。たとえば、当時の臨済下の弟子の中で、南方呉越の地に遊歴した人は、現存資料で知られるものだけでも、興化存奨（八三〇—八八八）を始めとして、三聖慧然、宝寿沼、定上座、さらに興化の侍者であった守廓上座等数人があり、当時の禅徒の一般傾向として南北交流の史実を跡づけることは極めて容易である。したがって、仰山の一人指南の句がもし歴史的に確実に彼のものであるならば、そうした当時の禅徒の活動を一般的に予言したものと解することもできるであろう。また、大風の句がもし風穴を指したものでなければならぬとするならば、南院慧顒と同時代の南塔光涌が、南院の法を嗣いだ風穴の活動を予言したとしても、必ずしも年代的に疑問はないわけである。むしろ、もと黄檗の「吾宗到汝大興於世」の語の解釈をめぐって、世代の異なる二人の予言を同一の事実として一貫的に理解しようとし、しかもこれを風穴延沼の活動を指すものとして主張しようとするところに、本来の史実と異なった別な問題が生じてきたという点に注目すべきであろう。

実際、この潙仰の讖記は、後代になるにしたがって、臨済禅の歴史的発展の事実と、「年代深遠」という句の含みと相俟ち、種々なる解釈を生むに至っているので、今その主なものを挙げると大よそ次のごとくである。

まず、北宋末の覚範恵洪（一〇七一—一一二八）は、その『智証伝』一に、

昔黄檗嘗遣臨済馳書至潙山、既去、潙山問仰山曰、寂子、此道人他日如何。対曰、黄檗法道頼此人、他日大行呉越之間、然遇大風則止。潙山曰、莫有続之者否。対曰、有、但年代深遠、不復挙似。潙曰、子何惜為我一挙似耶。於是、仰山黙然曰、将此深心奉塵刹、是則名為報仏恩。風穴暮年常憂仰山之讖已躬当之。乃有念公、知為仰山再来也。（『続蔵』一一一、一七九ａ）

といって、仰山の讖語を風穴と解しつつ、もとの機縁そのものを破夏の話、及び馳書潙山の話と結びつけて、首山を以て仰山の再来とする新奇の説を出している。この説は、別に彼の『石門文字禅』二九、「蘄州資福院逢禅師碑銘并序」の作にも見えるから、彼はこの説を信じていたのであろうが、批判的に見れば荒唐たるを免れず、のちに『叢林公論』の著者の鋭い反論を受けたること周知のごとくである。

次に降って、『聯灯会要』の著者晦翁悟明は、その第九巻の巻外に新たに大慧宗杲（一〇八九—一一六三）説を主張して次のように言う。

叢林皆以風穴沼禅師当是記。或者曰、考其年代、風穴在襄州華厳作維那時、与廓侍者同夏、即朋輩也。廓尚及見徳山、沼雖不見臨済、已致身叢林久矣。安得年代深遠乎。又云、呉越令行遇大風而止。皆無所謂。此記蓋預讖妙喜也。妙喜為臨済十二世孫、可謂年代深遠。先住呉之径山、後住越之阿育王、可謂呉越令行也。然賢聖讖記、故不可得而知。宗門既無利害。聞諸群議、謾筆巻末。智者審其疑以焉。（『続蔵』一三六、五九二ｂ）

また、『大光明蔵』の著者宝曇橘洲は、その臨済の論に、

皆吾臨済宗旨、非従黄檗得来也。至力詆禅病、直指本根、琅琅数千万言、如迦陵仙音遍十方界。所謂雖聖臨済

不居也。正法眼蔵十有二伝、而至于今不泯。吾知其待阿逸多出世更千万伝、皆吾済北之道也。復何慮哉。（『続蔵』一三七、八七一ａ）

といって、暗に十有二伝の大慧を意識しつつ、これを連芳無窮の意に解しており、この説は、希叟紹曇の『正宗賛』にも、石室祖琇の『遍年通論』二七の評論にも承けつがれ、さらにまたわが東陽英朝（一四二八—一五〇四）にも及んで、彼の『宗門正灯録』二の論に、

仰山大風之讖、旧是記風穴也。悟明聯灯録却言妙喜符之。其批判似則似、奈何江湖輿論太別。如彼二曇一琇、分明開大口而道、吾済北之道、到弥勒下生終不可泯絶矣。繇是観之、小釈迦記亦恐指大三災最後一風哉。応菴祖師蔣山語録、普請栽松上堂、挙這因縁、拈云、仰山見解未出常流、豈止遇大風即止。当時何不道、直待虚空界尽、此話方大行。豈不是頭正尾正。

といって、応菴曇華（一一〇三—一一六三）にこの説があったことを記しているが、無著道忠（一六五三—一七四五）は『臨済録疏瀹』五にさらにこれらの諸説を批評して、

仰山之讖、後之論者以為風穴、而風穴太近、不可為年代深遠。遂以大慧充之、抑雖合呉越令行、然大風而止未獲白矣。雖得十二伝、恐未足為年代深遠。或議為壊劫之風災、然呉越令行又成不解焉。余窃謂皆海底摸針之論耳。噫、江湖輿論本出于胸臆、復不可以為楷定。况二曇一琇非明言当到弥勒下生乎。若夫如真正大道、何但到弥勒下生、到大三災最後一風而已乎。強引風災、欲合大風止、此亦枉費力矣。誠教後世信順之難矣。由余観之、仰山道年代深遠、他後歴千万世必有呉越令行遇大風止者、而時未至、乱欲依己見将事来強牽合、実為無益焉。抑始皇忌亡秦者胡也之語、撃胡築長城、而至二世胡亥秦亡。宋忌寒在五更頭之讖、為滅暁二点、而歴五庚申宋亡。是故讖言応時、毎出乎人之意外。故呉越令行大風而止、年代深遠之後、必有出乎意外之応也。（一三七七ａ）

と論じて、臆見の解をきびしくいましめている。

二

ところで、これらの諸説によって知られるように、仰山の讖語は、のちには年代深遠の語に左右されて、大風を風穴とする説に疑問がもたれ、『臨済録』自体に見えるこの句の夾註、「讖風穴和尚也」の一句を疑い、この註を以て、円悟（一〇六三―一一三五）の碧巌の提唱の影響によるものであろうとなす説まで生まれるに至ったが、実はむしろ『碧巌録』三八則に見えるこの語は、今問題の『臨済録』の夾註を承けたものでなければならない。何となれば、景祐三年（一〇三六）成立の『天聖広灯録』はその十及び十一の両巻にわたって、現行『臨済録』の本文のほとんどすべてを収録しているが、その第十巻にすでにこの夾註を存しているからで、すくなくとも当時すでにこの夾註を有する『臨済録』の原本が存して、『天聖広灯録』の著者である李遵勗は、それに拠ったのでなければならない。さらにまた、『天聖広灯録』の資料となった『臨済録』の存否と原型いかんの問題は今しばらくこれを論ぜずとも、『景徳伝灯録』十三、風穴延沼の章に見える次の記載は極めて注目すべきである。すなわち、風穴が襄州華厳院で守廓侍者と遇い、彼の指示で南院を訪ねて遂に嗣法する一段に続いて、

自後応潙仰之懸記、出世聚徒。南院法道由是大振諸方矣。（三〇二b）

とあることで、この記載は風穴自身がすでに潙仰の懸記に応じて南院を訪ね、その法道を宣揚すべき使命あるの自覚を有したこと、ひいては当時の人々がそのように認めていたことを示すものでなければならぬ。したがって、当時もし『臨済録』が存していたとするなら、風穴の晩年、もしくは彼の寂後間もなく、今問題の夾註が臨済栽松の話の末尾に加えられていたとみなければならない。しかも、この夾註が加えられたとき、臨済栽松話の一人指南の

句は、『景徳伝灯録』の臨済章が伝えるごとき、仰山、南塔の語としてでなく、現存『臨済録』が示すごとき潙仰の讖語として、南塔の名を削り去っていたのであろう。したがって、潙仰問答がかくのごとき臨済禅の将来の展開の予言という形で問題になってきたことは、逆に言えば風穴延沼の活動によって臨済の禅が大いに世に知られるに至り、遠く江南の地にまでも行われ、天下の臨済禅となる機会を得たことの反映でなければならぬが、以上のような由来をもつ臨済栽松話が臨済の「行録」中の一段としてとり入れられたという事実は、逆に『臨済録』そのものの史的成立や、その性質を考える上に極めて重要な手がかりを与えると思われる。

それは、臨済の「行録」の最後に位するいわゆる「塔記」の段との関係においてであって、臨済が遊方のはじめ、黄檗、大愚に謁したことを言うところに、

其機縁語句載于行録

と記されていて、これは「塔記」がすでに臨済の「行録」の存在を前提している書きぶりである。臨済と黄檗・大愚との機縁というのは、いうまでもなく三打六十棒の大悟の縁を指すのであるが、「行録」全体から言えば、今問題の栽松話も、破夏の話もその中に含まれている筈である。

古来、この「塔記」なるものは、その末尾に、

住鎮州保寿嗣法小師　延沼謹書

とあるために、臨済の直接の弟子保寿延沼が、師の寂後ただちに書いて立石したものであるかのごとく考えられてきているが、上来考証し来ったごとき栽松話を含む「行録」の存在を前提している以上、保寿延沼を臨済の直接の弟子と見ることは不可能となってくるであろうし、いわんやまたこの「塔記」はすでに前章「興化存奨の史伝とその語録」（『禅学研究』第四十八号）において指摘しておいたように、さらに幾多の疑点をもっているにおいてをや

である。今その疑点の重要なものを挙げると、(1)大名府の公称は唐末の臨済寂後のものでなくて、五代の漢の乾祐元年（九四八）以後のものであること。(2)臨済に帰依したという太尉黙君和なる人が、『太平広記』一九二に見える墨君和と同一人であるとすると、臨済の時代と三、四十年のずれがあること。(3)「塔記」の文章の風格が師の生涯の大略を記す直接の弟子のものと認め難いこと。(4)書者保寿延沼は、臨済の嗣である宝寿沼とは認め難いこと。(5)遷化の年時が『祖堂集』『宋高僧伝』『景徳伝灯録』等の説と異なること等で、そのいずれにもまして、「其機縁語句載于行録」の一語は、この一段の文章が風穴以後のものである証拠でなければならぬ。

かくて、この「塔記」なるものは、臨済の直接の弟子の作でないとすると、必然的に後人の偽作したものとなるが、その前に、いったい、この一段がいわゆる墓塔の記としての独立の「塔記」であるかどうかについて考えてみる必要がある。「師諱義玄曹州南華人也」に始まり、「合掌稽首記大略」と結ばれるこの文章は、一見いかにも「塔碑」のごとくであるが、よく考えてみると、一般通例の塔銘や墓碑に見られる銘文がなく、黄檗・大愚との機縁語句を「行録」にゆずり、さらにまた遷化の際の三聖との問答をもその内容について記していないこの一文を、果たして独立の墓塔の記と認め得るであろうか。むしろ、この一段は臨済の「行録」の終章として、上来の「行録」に漏れた伝記の大略を記したものと見ることができはしないか。いったい、この一段を、「臨済慧照禅師塔記」と題して「行録」から独立させ、これに「住鎮州保寿嗣法小師延沼謹書」の一行と、「住大名府興化嗣法小師存奨校勘」の一行を併せて別出せしめたものは、明版『古尊宿語録』に始まるもので、宋版の『続刊古尊宿語要』の天集では、一般流布の『臨済録』と同じく、この一段を「行録」の終章として、何らの題記を添えていないから、すくなくとも宣和二年（一一二〇）宗演の重開のときには、右の様式のものであった筈である。ただし、『続刊古尊宿語要』では「存奨校勘」の一行を存しないから、それが宗演本に存したかどうか明らかでないが、後述するようにこの一行はむしろもと流布本と同様に尾題の外に存して、『臨済録』一書が成立した当初から存奨の校勘と認められていたのでないかと考える。

三

ところで、次に流布本のすべてが『臨済録』の一書全体の編者と認めている「住三聖嗣法小師慧然集」の一行について考えてみなければならない。何となれば、以上見来たったごとく、『臨済録』の「行録」(「塔記」を含めて)が風穴以後の成立であることが明らかとなった以上、臨済の直接の弟子である三聖慧然がこの書全体を編したということが疑われることはいうまでもあるまい。したがって、文献批判的にみると、近時新しく主張されている大慧下の雪峰慧然再編説などが生まれる理由がないではないが、しかしまた、従来の三聖慧然編集説はそれほどまでに根拠のないものであるかどうか。すくなくともそれはいつ頃から言われ始めたものであるのか、というような点を吟味してみる必要がありはしないか。

私見によれば、三聖慧然編集説の起こりは、『臨済録』の「行録」の末尾に見える有名な正法眼蔵の問答と密接なつながりをもつものであると思われる。いったい、この正法眼蔵の問答もまた臨済禅の一宗としての形成と、将来への展望を予想するもので、歴史的には私が本稿で問題にし来たったごとき臨済栽松話と同じ性質のものであると思われるが、かかる重要な意義をもつ一段が、景徳元年(一〇〇四)に成立した『景徳伝灯録』十二の臨済の章に見えぬことは注意を要する。今日『大正新修大蔵経』五一に収められる『伝灯録』は、元版大蔵本と明版大蔵本を校合した『縮刷蔵経』によったもので、臨済章の本文は、両本の字句の異同がはなはだしいために、両本を別出していること周知のごとくであるが、中華民国二十四年(一九三五)に上海商務印書館が出版した『四部叢刊』三編に収められるものは古い系統の宋版三種を補合したもので、これを『大正新修大蔵経』所収の元版と比較すると細部になお数カ所の異同がある。また、同じく中華民国二十四年に上海で出版された『影印宋磧砂蔵経』五一一以下に収められるものは、『大正新修大蔵経』の元版と明版の中間に位するものであり、同年北京で出版された『宋蔵遺珍』に収められる『金蔵本伝灯玉英集』六の臨済章は、まったく右の宋版『伝灯録』にもとづいたものである。しかして、これらの『伝灯録』の諸本に今問題の正法眼蔵話の一段を探ると、四部叢刊本、玉英集本、及び元版等の古い系統のものにはこの話が存せず、磧砂版及び明版にのみ存することが知られ、この二本は共に『臨済録』によってこの一段を加えたものであることが判る。ただし、景祐三年成立の『天聖広灯録』十の末尾にはこの正法眼蔵話が存するのであるから、磧砂版及び明本は『天聖広灯録』を承けたものとも考えられるが、『天聖広灯録』の十・十一の両巻に収められるなお幾多の機縁をとらないで、ただ正法眼蔵話のみを増加せしめている点は、この一段が臨済の伝記と、後世の臨済禅の発展消長の上に極めて重要な意味をもつものと認めたからであり、逆に宋版がこの話を収めなかったのは、おそらく当時この話について知るところがなかったためであろう。してみると、三聖が対手とされるこの正法眼蔵の問答は、『景徳伝灯録』の成立（一〇〇四）以後、『天聖広灯録』の成立した頃（一〇三六）までの間に世に知られるに至ったものでなければならない。

私見によれば、右の正法眼蔵話と『臨済録』の三聖編集説とはおそらく時を同じくして主張されたものと思うが、先に問題にし来たった「塔記」の中に、この正法眼蔵話について記している事実は、問題の「塔記」が作られた時期——したがって「行録」が成立した時期を示すものであり、さらに上堂・示衆・勘弁・行録という現存流布本と同じ組織をもった『臨済録』の一書ができあがった時期と、それらがすべて「住三聖嗣法小師慧然集」と主張された理由を説明するものであると思う。

ここに至って、再び「塔記」の一段を子細に検討するとき、われわれはあらためて「住鎮州保寿嗣法小師延沼謹書」という自署の一行に注目せしめられるであろう。一般に「塔記」や「塔銘」の題下、もしくは末尾には、この一文を撰した作者の名が自署されるのが通例であるにかかわらず、この「塔記」には撰者の名なく、書者の延沼の名のみが自署されているのはいかなる理由によるのであろうか。今、この問題について敢えて大胆な推論を下すならば、のちの何人かがこの「塔記」の撰者を以てほかならぬ三聖慧然その人とし、延沼がこれを謹書したと主張せんとするものでなかったか。すなわち、『臨済録』の一書は巻首より大尾に至るまでいわゆる「塔記」を含めて、終始一貫、三聖慧然の編集とせんとするものでなかったか。いうまでもなく、右の推定は、現存のごとき『臨済録』のすべてを三聖が編集し、興化が校勘し、そのすべてもしくは「行録」の終章に当たる「塔記」の一段を保寿延沼が謹書したということを以て、ただちに歴史的事実であったというのではない。むしろ、この推定は現形の『臨済録』の成立を円覚宗演の重刊のときの変形とみたり、慧然を大慧下の雪峰慧然に擬せんとする推定よりも、よりいっそう『臨済録』なる一書の史的成立とその成立の意義を考える上に、重要な視点を提供するものでないかと思う。

かくて、現形のごとき『臨済録』の一書は、『景徳伝灯録』の成立より『天聖広灯録』の完成に至る前後約三十数年の間に、当初より巻首に「住三聖嗣法小師慧然集」という編号をもち、巻末に「住鎮州保寿嗣法小師延沼謹書」の自署をもつ「塔記」に至る本文と、巻尾に「住大名府興化嗣法小師存奨校勘」の校記を附して、この全体をおよそこのようなものと主張する意図の下に世に出たのでなかろうか。もっとも、右の時期以前にすでに、『臨済録』の原本が存し、臨済下の法孫たちの間に伝授されていたであろうことは、それら法孫たちの問答や語録の中に、臨済の語の影響と認められるものが存することによって推せられるが、その原本自体が三聖によって集められたものであったかどうかについては、これを確かめる資料を欠いている。むしろ、われわれは三聖編集説を疑わねばならぬ積極資料のない限り、従来の伝承に従って、臨済の生前、もしくは寂後間もなく三聖慧然が師の示衆や問答を記録した原型があり、その大部分は現存『臨済録』に近いものであったであろうことを認めるべきでなかろうか。

さらにまた、『大正新修大蔵経』所収の元版『景徳伝灯録』九の末尾をみると、河東裴休集の自署ある黄檗の『伝心法要』が収載せられているが、この一段は、慶暦戊子歳（一〇四八）南宗の字天真なるものが加えたものといっているから、景徳元年にいったん『景徳伝灯録』が完成してから約半世紀後のことであり、しかも天真はこの『伝心法要』を収めるに当たって、『四家録』並びに『別録』に拠ってこれを校訂したことを附記している。ここに『四家録』というのはその内容を明らかにし得ないが、後世一般に『四家録』と呼んでいるものは、馬祖・百丈・黄檗・臨済の四家を指していうから、この時すでに臨済の語録が存したと見られ、先に推定したところと相応するものがある。

四

ところで、『景徳伝灯録』の成立より『天聖広灯録』の成立に至る前後の時代を、臨済下の法孫たちの史伝に照合すると、あたかも首山省念（九二六—九九三）、汾陽善昭（九四七—一〇二四）、石霜楚円（九八六—一〇三九）等の活躍時代に相当し、石霜の下に出た黄竜慧南（一〇〇二—一〇六九）と楊岐方会（九九二—一〇四九）の二人によって臨済禅が大きく展開されてゆく準備時代でもあったが、『汾陽録』に見える次の記事は、この間の消息を伝えて興味深いものがある。すなわち、「叙六祖後伝法正宗血脈頌」と題して、

能師密印付観音、百丈親伝馬祖心、黄檗大張臨際喝、三聖大覚解参尋、興化流津通汝海、宝応曽窮風穴深、首山一脈西河注、六七宗師四海欽云々（『大正蔵』四七、六二五b）

といい、汾陽自身が六祖より自己に至るまでの伝灯の次第を頌しているのであるが、ここに臨済の嗣として、三聖、

大覚、興化の三人の名が見えることに注意しなければならない。これは後世言われるごとき、臨済―興化―南院―風穴の伝灯説がいまだ確立されず、むしろ興化は三聖と大覚の助発によって臨済の法を嗣いだとされる当時の伝承を示すもので、反面に三聖と大覚が臨済下のもっとも有力な弟子であったことを伝えるものでなければならない。三聖や大覚の法を承けた人々がなおいまだ活躍しつつあった当時、臨済禅の伝灯を大覚一人、もしくは三聖一人にしぼることは不可能で、後世言われるようにこれを興化一人にしぼって主張する説は、むしろ興化の系統に出た風穴延沼―首山省念―汾陽善昭等の偉大な活躍によって初めてなしとげられたのである。

しかも、私が前章「興化存奨の史伝とその語録」、及び「南院慧顒」なる論文で指摘しておいたように、古伝では南院は大覚の嗣と言われ、大覚は黄檗の嗣とも言われていたらしいから、臨済と直接の嗣法関係をもたないごとくに見られることを考慮し、あらためて大覚を臨済の嗣とし、当時すでに資料の散逸と機縁の混同のために嗣法関係の明らかでなかった興化存奨を、大覚、三聖の両者との関係にもとづいてあらためて臨済の法嗣と定め、さらに南院を興化の嗣とすることによって、新たに臨済以降の宗統を楷定し、法系に一大整理を加えると共に、宗祖臨済の語録を決定して宗由のよる所を明示し、よって一大臨済禅の宣揚をはかろうとする気運が活潑に動き始めていたのでないか。そして、かかる一大宗教運動の口火を切ったものこそ風穴延沼その人であって、彼は自ずから臨済禅の宗派的な確立者として、すでに古く黄檗によってその出現を嘱望され、潙仰によって問答された懸記中の人として自ら任じ、またのちの人々にこのように見られるに至ったその記念碑が、とりも直さず臨済栽松話であって、彼はこのようにして自ら宗祖の語録の中にその名をとどめる栄光を負うに至ったのでなかろうか。したがって、以上のごとき意義を以て冊定された定本『臨済録』は、自ずから三聖慧然が編集し、興化存奨が校勘したものと見られなければならなかった筈である。

五　臨済録ノート

――中国臨済禅草創時代をめぐる文献資料の綜合整理、覚書（その５）――

数年前から、請われて佐々木ルース夫人の『臨済録』英訳出版の仕事をお手伝いすることとなった。この仕事は、すでに三十年近くも前に、曹渓庵指月老師がニューヨーク市に創設された米国第一禅堂で、米人参禅者のために『臨済録』を提唱されるかたわら、そのテキストとして英訳を始められたもので、一九四四年（昭和十九年）にひとまず完了したが、その後、ルース夫人や外国人学者の手で、数回にわたって改稿を重ねられたものが基礎となっている。戦後、遺稿となった訳稿をたずさえて日本にこられたルース夫人は、これを出版する目的で、当時東方文化京都研究所教授であり、現名古屋大学文学部教授である入矢義高先生をはじめ、東洋学関係の内外専門研究者の協力によって、さらに厳密な再検討を加え、昨一九六〇年、ようやく最終訳稿を完成されるに至った。ところが、これを出版するとなると、本文の英訳と共に、さらに本文の註解や、解題、解説のごときものを必要とするので、それらの仕事の一部をわたくしがお手伝いすることとなったのである。わたくしも、かねて『臨済録』の文献的研究にはひそかに関心を寄せていたので、不充分ではあるが、この機会にひとまず成果をまとめておきたいと考え、本文全体にわたる註解と、『臨済録』の書誌的解題についての草稿を作ると共に、当時、ルース夫人の請によってこの仕事に参加されたコロンビア大学のバーテン・ワトソン博士に託して、完全な英訳を作って頂き、英文草稿をもととしてあらためて全スタッフの検討を受けることとした。その後、この仕事も順調に進み、近く最終原稿が完成する手筈である。

『臨済録』の英訳（もしくは他の欧語をも含めて）は、従来、諸方で計画されたらしいが、いまだ完全なものはいずれも発表されていない。目下、パリではドゥミェヴィル博士が仏訳の完成に専念されているとも仄聞する。おそらく、『臨済録』の欧訳出版は、目下世界の関心を呼びつつある禅思想の本質理解のために画期的なステップとなるであろう。そして、われわれ日本人もまた、われわれの祖先が遺してくれたこの最高の古典を、あらためて世界史的な視野においてふりかえってみるべき時期が来ているのでないかと思う。それで、わたくしはわたくしなりに、この機会に、ここ数年来の仕事をまとめておきたいと考え、佐々木夫人の許しを得て、邦文原稿を発表することとし、まず、本文の註解を別に出版（其中堂、本書九章）したが、『臨済録』の解題に当たる部分をまとめてみたのが本稿である。文中、すでに発表ずみの拙稿との重複や、専門家にとっては冗長に失するごとき自明の記述がなくはないが、英文解題の仕事の一部として、諸先生の叱正を仰ぎたいと思う。

（一九六一年十一月）

一

『臨済録』は、中国唐末の禅僧臨済義玄（―八六六）の説法と言行を集録したものである。後代になると、彼の禅の流れを汲む人々の中に、中国と日本の両国を通じて、多くのすぐれた名僧が出て、臨済禅、もしくは臨済宗の一派を形成するに至ったために、本書はあたかも臨済禅の根本聖典として尊重され、今日一般に「群録の王」（東嶺）と目されている。

しかし、この書は単に臨済禅の聖典としてだけではなしに、広く中国の仏教、ないしは東洋思想の歴史を通じて、極めてユニークな存在であり、ここに主張されている絶対自由の思想は、一般現代人の深き共感を呼ばずにおかぬ強い真実性をもっていると思われる。事実、この書を一読するものが誰でもただちに気付くように、難解で大部なものの多い仏教の書物の中で、この書くらい大胆率直に、すがすがしい人間性の真実を語った言葉も少ないであろう。

以下、臨済義玄の人となりと、本書の成り立ちについて語るに先だち、彼が生きた中国唐末という時代について述べてみよう。

二

後漢の初め頃、中央アジアを経て中国に伝わったインドの仏教は、風土や生活環境の著しく異なったこの地域に拡がってゆくに当たって、その形式内容共に、従来のものとはなはだしく変わったものとなってゆくほかはなかった。それはおそらく、まずいわゆる絹の路を往還する商人たちと共に、見なれぬ異民族の珍しい宗教として、一般庶民の生活に密着した民間信仰の形で根を下ろしていったと思われるが、すでに先王の古典を有し、長い高度の文化的伝統をもち、中華の意識の極めて強い士大夫階級の間に受け容れられていくために、さらに種々の困難に遭遇したことは必然であろう。元来、一民族の固有宗教や思想運動が異民族の間に広まっていくに際して、それらの多くの困難を克服する早道は、対手国の政治権力と結びつき、政治力を利用するにあるが、中国仏教の場合、それは後漢の末から三国六朝時代という中原地方のめまぐるしい政変動乱に乗じて、常に新興政権の顧問役として、インドや中央アジアの新しい文化や芸術の紹介者となることであったと思われる。それは当時の中原の新しい権力者となった五胡の王者たちの、西方への政治的軍事的関心を利用しつつ、巧みに新しい宗教としてのインドの仏教を吹き込むことであり、胡王たちを文化的に向上させることでもあった。しかし、この場合に、すでに高度の儒教的教養を身につけている官僚や士大夫たちに対しては、仏教自身もまた高度に洗練せられた芸術文化や、哲学思想体系の樹立の必要にせまられざるを得ない。このような要求が、一方では雲岡や龍門その他の無数のすぐれた仏教芸術を生み出さしめると共に、先王古聖の教えを録した中国の古典である五経にならって、インド仏教の文学全集に相当する大蔵経の漢訳紹介となる。かくて、一方には前後一千年を超える長年月にわたって、多くの仏教徒たちの辛苦の結晶として完成された漢訳大蔵経を母胎として、その学問的研究や講説が中国仏教史の重要な課題となるが、これに伴って、中国仏教徒の生活もまた必然的にこのような課題を達成するにふさわしい形態をとることとなって、インド仏教本来の苦行乞食の頭陀生活よりも、国王や貴族富商の保護にたよる官僧、もしくは家僧的性格を強めることとなり、ついには鎮護国家の祈禱行事を専門とする官僚の一部と化してしまったのである。

もちろん、このような傾向に強く反対し、徹底的な出家生活を守った人々もないわけではなかったが、それら少数の例外を除いて、中国仏教の大勢は、王権に奉仕する国家仏教たるに存した。かくて、王公貴族や富商たちの保護の下に、六朝から隋唐の初めにかけて成立した中国仏教の諸派は、すべてその哲学思想や造寺造像の芸術的方面では、極めて深遠高大、かつ絢爛たる文化水準に達したけれども、一たびこれを支えてきた国家権力の政治的経済的な基礎が弱まると、必然的に衰微の一途をたどるほかはなかったのである。

盛唐の末、玄宗朝の天宝十四年（七五五）に勃発した安禄山の叛乱を境として、従来、さしもの盛大を誇った中国仏教哲学の精華と言われる天台、華厳、律、法相、それに浄土や北宗禅の一派をも含める諸宗派が、急激に衰えを見せはじめ、以後、ついに中国では昔日の盛大をとりもどし得なかったのは、これらの諸派がすべて長安・洛陽の二京を中心とする門閥貴族階級の支持によって成り立っていた帝都仏教であり、国家仏教であったからである。

以心伝心、不立文字（『血脈論』）を旗印とする中国祖師禅が起こったのは、以上のような中国仏教の貴族性、ないし古典主義的傾向の行きづまりを打破し、すべての人間の平等な悟りと、解脱の真実をめざすシャカ仏の仏教の真精神に立ちかえって、これを広い民衆の宗教たらしめようとする運動であったと見てよい。古典はあくまで尊重されなくてはならないが、単なる文字の訓詁註釈に終始することは誤りであり、わずかに五字の文を解くに二、三万言を以てする伝統の学問は、畢竟、帝都貴族たちの衒学的教養の装飾ではあり得ても、百万大衆の実生活の向上にはまったく無縁である。シャカ仏の精神は、むしろ現実社会の四姓の差別を超え、人間の根源的矛盾と苦悩を脱して、永遠にして絶対平等なる涅槃の世界に、すべての人々を導かんとするものであり、三蔵の経文はすべてかかる解脱への道しるべにすぎなかった筈である。かくて、経典の文字を超えて、インド仏教本来の精神に返ろうとする祖師禅の仏教革新運動は、中唐以後の急激な時代の変動に応じて、次第に広く社会の各層に浸透すると共に、従来まったく帝都中心であった仏教を、中国全土の各地に解放し、経典の学術的研究に代えるに、平明な日常の口語や俗話による問答商量を以てし、その生活もまた仏教本来の遊方乞食を主としつつ、あるいは開墾作務の集団労働によって、「治生産業皆是仏教」という経典の教えを地で行くだけの力強い意欲を示した。しかも、このような禅の仏教革新運動が、実は抽象的思弁や形而上的絶対者への祈りを退け、どこまでも人間相互の善意を信じて、社会を革新することによってのみ、人間の幸福と真実の平安とをかちとり得るとする中国民族本来の無神論的現実主義倫理の精神と揆を一にし、広く中国民族自身の社会革新運動と相応ずるものであったことを見逃してはならない。われわれは、六朝末より唐初にかけて、仏教思想界に浸透した正像末思想の影響が、唐末の禅録にほとんど見られないのに注意したい。いたずらに時の末世を歎ずるよりも、新しい時代の価値と秩序の創造にふみ出すべきである。過去や上代に理想世界を認める古典主義的仏教と袂を分かち、現実的な生活実践に進んだものが唐末の禅であったと言えるであろう。

従来、唐末五代の社会は、一般に暗黒混迷で、無秩序な下剋上の時代のように見られているが、それは一面に古い門閥貴族による中央集権的な支配勢力の疲弊弛緩に乗ずる進士出身の新官僚や、地方豪族の実力的な擡頭の時代でもあって、そうした新興の地方的な勢力による新文化創造の一環として、新しい禅が勃興している事実は、以上の視点をよく立証するであろう。たとえば、五代に入って各地でそれぞれ独立し、自ら国号を称した十国のごとき、江南の南唐、浙杭の呉越、福建の閩越、四川の蜀等にすべて新しい禅の動きが見られるが、河北の鎮州を中心とする臨済禅の興起もまたその一つにほかならない。

鎮州の地は、隣接の幽州、及び魏州と共に、中唐以来のいわゆる河北三鎮の一で、唐室の北方行政上もっとも重要な一廓であったが、この地の長官は、形式上は中央政府から任命された節度使でありながら、実質的には世襲、もしくは武力によって簒奪交替した独裁者であった。それは、始めこの地方が地理的に北方胡族の南下侵攻に備える軍事的要衝であったために、この地の長官に強大な軍政、経済上の独裁権力を与えたからで、この傾向は時代が降ると共にさらに強化されて、ついに中央政府の支配の遠く及ばぬ実力ぶりを発揮するに至っていたようである。たとえば、会昌五年（八四五）武宗は天下に勅して廃仏毀釈を断行し、国家の全力を挙げてチベットとの交戦に備えんとしたのであるが、当時あたかも河北を経て五台山と長安への求法巡礼の旅を続けていた日本留学僧円仁（七九四―八六四）は、彼の旅行記である『入唐求法巡礼行記』の会昌五年十一月三日の条に、その実情を次のように記している。

三四年已来、天下の州県、勅に准じて僧尼を条流し、還俗せしむること已に尽く。また天下に仏堂蘭若寺舎を毀拆すること已に尽き、また天下に経像僧服を焚焼すること罄く尽す。また天下に仏身上の金を剝すること已に畢り、天下に銅鉄の仏を打砕し、斤両を称して収検し訖る。天下州県、寺家の銭物荘園を収納し、家人奴婢を収むること已に訖る。

また、さらに続いて、

唯だ黄河已北の鎮幽魏路等の四節度のみは、元来、仏法を敬重して寺舎を毀拆せず、僧尼を条流せず。仏法の事は一切これを動かさず、頻りに勅使して勘罰すること有れども、「天子自ら来つて毀拆焚焼せば即ち然るべし、臣等は此の事を作す能わず」、と云う。

と記しており、さしも苛烈を極めた武宗の破仏令も、この河北の地にはほとんど実行されなかったらしい様子を伝えている。これは、この地方が唐室にとってまったくの治外法権的な鬼門の一角であったことを意味するのである。ともあれ、臨済義玄は、このような時代に、このような土地に生きて、彼の新しい仏法を起こした人である。

三

次に、彼の生涯のあらましについて見よう。彼の伝記は、『祖堂集』十九、『宋高僧伝』十二、『景徳伝灯録』十二、『天聖広灯録』十、『伝法正宗記』七、『五灯会元』十一、『宗統編年』十二、などに見えるが、これらの書物は『宋高僧伝』を除いて、すべて禅宗の伝法系譜を述べるのが主であって、正確な意味での歴史の書ではない。しかも、『宋高僧伝』の臨済の伝は、その記載が極めて簡単であって、今の場合は他のものと大差なきものである。なお、臨済の伝記資料としては、これらの書以外に、『臨済録』そのものが重要であり、ことにその「行録」や末尾のいわゆる「塔記」の一段に注意すべきである。この一段は、『古尊宿語録』五に、「臨済慧照禅師塔記」と呼ばれており、禅師の死後、直弟子たちが造った墓塔の碑文であると考えられているものである。しかし、この文中に記載されている内容をよく検討すると、他の史書に記されている史実と合わぬ点があって、この一段が果たして伝えられるごとくに直弟子たちの筆であるかどうか疑わしい。これらの点について、わたくしはすでに、前章で詳しく論じているから、ここに繰りかえす必要を認めないが、とにかく、この「塔記」の内容のみを無条件に信ずることは危険である。むしろ、『臨済録』自体の中では、いわゆる上堂や示衆の部分に、臨済が自らの若い時代を追憶して語っている言葉があって、彼の伝記資料としては、もっとも確かなものである。今は、それら彼自身の言葉を主としつつ、上記の史伝書の記載内容を相互に吟味することによって、彼の生涯の史実を追ってゆくこととする。

まず、彼は曹州南華の生まれで、俗姓を邢といい、始め出家して博く伝統仏教学を学んだらしい。これは諸書の一致して伝えるところである。曹州南華は、今日の山東省兗州府で、黄河下流の南岸に近いところであり、当時は河南道の治下である。彼と同時の著名な禅僧である趙州従諗もまたこの地に近い曹州郝郷の出身である。臨済が生まれた年時は明らかでないが、後述の諸種の事実を総合すると、大よそ九世紀の初め頃で、元和年間（八〇六―八二〇）のことと思われる。彼の出家、及び最初の師匠についても明らかでない、後年の説法には、達摩、慧可、僧璨、慧能、神会などの禅系統の人々の言葉以外に、博く法華、華厳、維摩、楞伽、楞厳等の経文が引かれ、また『華厳合論』や『大乗成業論』『法苑義林章』等の華厳及び唯識教学についての深い教養が認められるから、おそらく青年時代にこれらの伝統的な仏教の学問に触れる機会があったのであろう。彼の出家具戒を、通例のように二十歳とすれば、大よそ太和年間（八二七―八三五）に相当し、あたかも北地では清涼澄観（七三七―八三八）や、圭峰宗密（七八〇―八四一）の華厳学の全盛期である。『祖堂集』によると、かつて大愚を訪ねたとき、彼は終夜、師の面前で瑜伽・唯識を論じたと言っているから、とくに若い頃の彼は、唯識系の学問について強い自信を有していたようである。このことは、彼自身の後年の示衆に、

祇だ山僧が如きんば、往日曽て毘尼の中に向つて心を留め、亦た曽て経論に於て尋討す。（『大正蔵』四七、五〇〇b）

といい、初め経律論の伝統教学に深い関心をよせたことを語っているが、示衆はさらに続いて、

後、方に是れ済世の薬、表顕の説なることを知つて、遂に乃ち一時に抛却し、即ち道を訪ね禅に参ず。後に大善知識に遇うて、方に乃ち道眼分明にして云々。

とあって、彼はその後、これら三蔵の古典も、畢竟プロパガンダにすぎぬことを知って、ついに意を決して禅の道を訪ねるに至ったというのである。ここに言う道眼、すなわち看経の眼なるものは、学ばれる古典の中にあるのではなくして、むしろこれを学ぶ主体の在り方に関わるものであるから、ここに若き日の彼の最初の宗教的転換があったわけである。彼は当時の自分を、

山僧、往日未だ見処有らざりし時、黒漫漫地なりき。光陰空しく過ごすべからず。腹熱く心忙わしく、奔波して道を訪いぬ。（五〇二c）

といっているが、いわゆる「塔記」は、

俄かにして歎じて曰く、此れは済世の医方なり、教外別伝の旨に非ず、と。即ち衣を更えて遊方す。首め黄檗に参じ、次で大愚に謁す。（五〇六c）

といい、教より禅への転向を強調する。このような傾向は、当時の偉大な禅者がすべて経験したところで、若き徳山宣鑑（七八二―八六五）が金剛経の疏鈔を焼き、香厳智閑が苦心して集めた経典研究のノートブックを一挙に放棄した話にも窺われる。

河南に生まれた義玄が、はるか江南の地に黄檗を訪ねるに至った詳しいいきさつは知られない。あたかも、黄檗希運が、洪州の勅使裴休（七九七―八七〇）の帰依と保護によって、洪州高安県に黄檗禅苑を開創し、天下の禅徒を集めたのは、会昌（八四一―八四六）より大中（八四七―八五九）初年にかけての頃であるという（『伝心法要』序）。

義玄が希運を訪ねたのがいつ頃か、諸書ともに明らかな記載はないが、すでに前述したように一般の通例に従って二十歳で具戒し、数年間諸教学の研究に専念したものとすると、彼の希運訪問は、おそらく会昌以前のことで、希運の黄檗山入寺以前のことでなかったかと思われる。希運の伝記もまた諸伝共に明確な年時の記載を欠いているが、彼ははじめ洪州の大安寺にいたらしいし、裴休が彼に贈った詩には、

掛錫十年、蜀水に棲み、盃を浮べて今日章浜を渡る。（『祖堂集』十六、三一〇a）

といっていて蜀水も章浜も、ともに高安県の附近の地であるから、裴休に請せられて黄檗山に入るよりも、すでに十年前に高安の地に来てこのあたりに留まっていたものと思われる。したがって、この十年間のいつ頃かに義玄は希運の許に来たのであろう。

黄檗の許に来た義玄は、はじめ余り人目にもつかぬ存在であったらしい。彼の有名な大悟の日に至るまで、ひたすらなる求道の数年を過ごしたことは事実であろう。彼の大悟の事件について、『祖堂集』の記載だけは著しく異なっているが、他の資料はほとんど一致する。ただし、『臨済録』の「行録」はこの行業純一なる準備期間を三年と明記し、また、後代の資料、たとえば『聯灯会要』『五家正宗賛』『五灯会元』等の書は、彼にすすめて希運に仏法の大意を問わしめた首座の名を睦州道蹤とするが、古い史伝では共にこの明記がない。

睦州道蹤は、一に道明ともいわれる。俗姓陳氏で、はじめ黄檗希運に参じた後、世を避けて母と共に睦州の龍興寺に隠遁し、平生、草鞋を製して軒下につるし、路行く人々に供養したから、人々は彼の俗姓によって陳蒲鞋と呼んだというが、黄檗の下で首座となっていた事実は知られていない。むしろ、彼はのちに遊方時代の雲門文偃（八六四―九四九）を接化した人として知られているから、おそらく、宋代になって以後、雲門宗と臨済宗とがならび行われ、五家を代表するようになってから、故意に臨済とも結びつけられたのでなかろうか。覚範恵洪（一〇七一

一一二八）の『石門文字禅』二三に「陳尊宿影堂序」があり、すでにこの説を認めている。おそらく当時一般に行われていたのであろう。また、睦州の生卒年は明らかでない。『睦州語録』は彼の寿齢を九十八歳とするが、没年の記載を欠く。『釈氏稽古略』三には、乾符中（八七四―八七九）の遷化としているが、後代の説であり、雲門が彼によって悟入した年齢が十五歳以下となるのも不合理である。

ところで、臨済の大悟の事件については、諸伝みなほとんど一致しているが、『祖堂集』の所伝のみは極めて異なっている。いわく、

黄檗和尚、衆に告げて曰く、余が昔時同《とも》に大寂に参ぜし道友を名づけて大愚と曰う。此の人、諸方に行脚し、法眼明徹す。今、高安に在り、願って群居を好まず、独り山舎に栖す。余と相い別れし時、叮嘱して云く、他後、或は霊利の者に逢わば、一人を指し来って相い訪わしめよ、と。時に、師、衆に在って聞き已り、便ち往いて造り謁す。既にして其の所に到り、具さに上説を陳ぶ。夜間に至って、大愚の前に於て、瑜伽論を説き唯識を譚じ、復た問難を申ぶ。大愚、畢夕峭然として対えず、旦に至り来るに及んで、師に謂いて曰く、老僧独り山舎に居り、子が遠く来たるを念うて且らく一宿を延く。何が故ぞ、夜間、吾が前に於て羞慚無く不浄を放つや。言い訖って之を杖うつこと数下し、推し出して門を関却す。師、黄檗に廻り、復た上説を陳ぶ。黄檗聞き畢り、稽首して曰く、作者は猛火の燃ゆるが如し。喜ぶらくは子が人に遇えることを。何ぞ乃ち虚しく往けるや。師又た去って、復た大愚に見ゆ。大愚曰く、前時に慚愧無く、今日何が故ぞ又来るや。言い訖って便ち棒し、門より推し出だす。師復た黄檗に返り、和尚に啓聞す、此の廻《たび》、再び返ることは是れ空しく帰らず。黄檗曰く、何が故ぞ此の如くなる。師曰く、一棒下に於て仏境界に入らしむ。仮使、百劫に粉骨砕身し、頂擎して須弥山を遶って、無量匝を経るとも、此の深恩に報いんことは、酬い得べき莫し。黄檗聞き已って、之を喜

ぶこと異常なり、曰く、子、且らく歇することを解せば、更に自ら出身せよ。師、旬日を過し、又黄檗を辞して大愚の所に至る。大愚纔かに見て、便ち棒を師に擬す。師、棒子を接得し、則便ち大愚を抱倒して、乃ち其の背に就て之を殴つこと数拳す。大愚遂に連りに点頭して曰く、吾れ独り山舎に居して、将に謂えり空しく一生を過ごさん、と。期らず、今日却つて一子を得たり。……師、此に因つて大愚に侍奉して十余年を経たり。大愚、遷化に臨む時、師に嘱して云く、子、自ら平生に負かざれ。又た乃ち吾が一世を終つて已後、出世して心を伝えよ。第一、黄檗を忘るる莫れ、と。自後、師、鎮府に於て化を匡すに、黄檗を承くと雖も、常に大愚を讃ず。化門に至っては、多く喝棒を行ず。（三六三ａ）

臨済の大悟に関する『祖堂集』の記載は、以上のごとくである。黄檗がかつて大愚と共に馬祖に参じたかどうか、史実はもとより明らかでない。一説によると、黄檗は京師で一老婆から馬祖に参ずることをすすめられて、ただちに洪州の石門山に至ったところ、馬祖はすでに寂した後であったために、馬祖の塔を守っていた百丈懐海に参ずることとなったという。大愚もまた『景徳伝灯録』の目録では馬祖の弟子に当たる帰宗智常の弟子とされていて、共に馬祖下三世である。ところが、黄檗も大愚も共に年寿が明らかでないから、『祖堂集』の記載を信ずるならば、あるいは若かりし頃、しばらく馬祖の許にいたのかもしれない。いずれにしても、他の史伝書や『臨済録』の「行録」が伝えるように、若き義玄をして黄檗に仏法の大意を問わしめた首座の役割を、『祖堂集』では黄檗自身が受け持っている点は注意すべきであり、最初大愚に打たれて黄檗の許に帰ったとき、黄檗の一言で義玄がすでに深い何ものかを体験していることは、よりいっそう注意すべきであろう。

『祖堂集』と、他の史伝の所伝とについて、そのいずれが史実を伝えているかは容易に決し難いけれども、とにかく、ここでまったく新しい義玄が誕生し、のちに河北の新しい社会の空気にふれて、怒濤のごとく力強い禅風を

拓くに至るべき基礎が、この時確立されたことだけは動かぬ事実であろう。後年彼はこの時のことを回想して、

後に大善知識に遇うて、方に乃ち道眼分明にして、始めて天下の老和尚を識得し、其の邪正を知る。是れ娘生下にして便ち会するにあらず、還つて是れ体究錬磨して一朝に自ら省す。（五〇〇b）

といっているが、彼が自ら大善知識と呼ぶ黄檗及び大愚と出遇ったことは、彼の生涯の決定的な大事件であったのである。彼はまた別な上堂で、

我れ二十年、黄檗先師の処に在つて、三度仏法的的の大意を問うて、三度他の杖を賜うことを蒙むる、蒿枝の払著するが如くに相い似たり。如今、更に一頓の棒を得て喫せんことを思う。（四九六c）

ともいっている。「蒿枝の払著するが如く云々」の一句は、宋版の『景徳伝灯録』は、「等閑の如くに相い似たり」、となっていて、何の気にもかからぬ当たり前のこと、の意であるらしい。また、『臨済録』の「行録」によると、彼は大悟のとき、

元来、黄檗の仏法、多子無し。（五〇四c）

と叫んだといい、この語は彼の大悟の内容を表したものとして、古来極めて喧しいものであるが、この語くらい簡明直截に、禅の悟境の自明さと、そして人間存在の絶対的な真実さを道破したものはないであろう。臨済の禅が万人の胸に訴える真理は、実にこの単純で絶対平等な、根源的ヒューマニズムの自覚の確かさであろう。

大悟の後、黄檗の許における義玄の様子は、『臨済録』の「行録」に見える普請問答、钁地問答、坐睡問答、栽松の話、その他に窺われ、『景徳伝灯録』もこれを知っている。栽松話に附せられている潙仰問答の由来については、すでに前章で考証を加えたが、仰山は一時、洪州観音院にいたことがあるから、当時義玄の大悟の事件についてただちに聞知するところがあったのであろう。『祖堂集』は義玄が大悟の後、さらに十余年間を大愚の許で過ご

し、大愚の遷化に際して将来のことを嘱せられたというから、あるいは大愚の寂後に黄檗の許に帰ったのかもしれぬが、実際は黄檗や大愚の間を往来し、また、時には「行録」に伝えられるように、遠く澧州徳山や、潭州潙山、あるいは杭州径山等に出かける機会もあったのであろう。

ところが、あたかもこの頃、前述したごとき会昌の破仏が断行されているから、義玄もまた当然この法難に出遇っている筈であるが、この時代の彼の行動を伝える資料はまったく存しない。このことは、一面は彼が会昌の破仏以前の時期にすでに江南を去って遠く河北に帰っていたためかとも考えられるが、それを証拠立てる資料はない。あるいはまた、山居を好んだ大愚と共に過ごした十年の間、二人がまったく社会との交渉を断っていたために、結果的に法難の厄を逃れることとなったのかもしれぬ。

会昌の破仏は、『旧唐書』十八の上、武宗本紀に伝えるように、

拆せられた寺四千六百余所、招提蘭若四万余所、還俗僧尼二十六万五百人、没収したる上田数千万頃、収めて両税戸とされた奴婢十五万人。

といい、天下州県の全域に及ぶ、古今未曽有の大規模なものであったらしい、それはまた、

天下廃寺の銅像、鐘磬は塩鉄使に委して鋳て銭となし、其の鉄像は本州に委して鋳して農器となし、金銀・鍮石等の像は銷して度支に付し、衣冠士庶の家に有する所の金銅銀鉄の像は、勅の出ずる後一月を限つて官に納れしむ。如し違するものは塩鉄使に委し、禁銅の法に依つて処分せしむ。其の土木石等の像は、合して寺内に留むること旧に依らしむ。

といわれていて、廃仏の軍事経済的側面を物語っているが、いずれにしても仏教教団が蒙った打撃はまったく言語に絶するものがあり、先に引いた円仁の『入唐求法巡礼行記』四巻は、この時期の実情を、身を以て書いた外国僧

の悲惨極まりなき見聞記である。

ところで、さしもの廃仏事件も、会昌六年（八四六）三月、武宗が三十三歳で急死し、道士趙帰真や李徳裕（七八七—八四九）一派の政府要人が追放されると、新帝宣宗の「復廃寺敕」（『全唐文』八一）によって、仏教復興の第一歩を踏み出し、翌年大中と改元されると共に、この傾向は次第に強められていった。

宣宗は、もと憲宗の末子で、長兄穆宗や、その子敬宗、文宗、武宗等が王位にあったあいだ民間に追われ、一時、廬山や浙江の塩官斉安（七五二？—八四二）の下で僧となり、沙弥有光と呼ばれた人（『宋高僧伝』十一、塩官斉安伝）で、黄檗希運や香厳智閑とも交わりがあった。

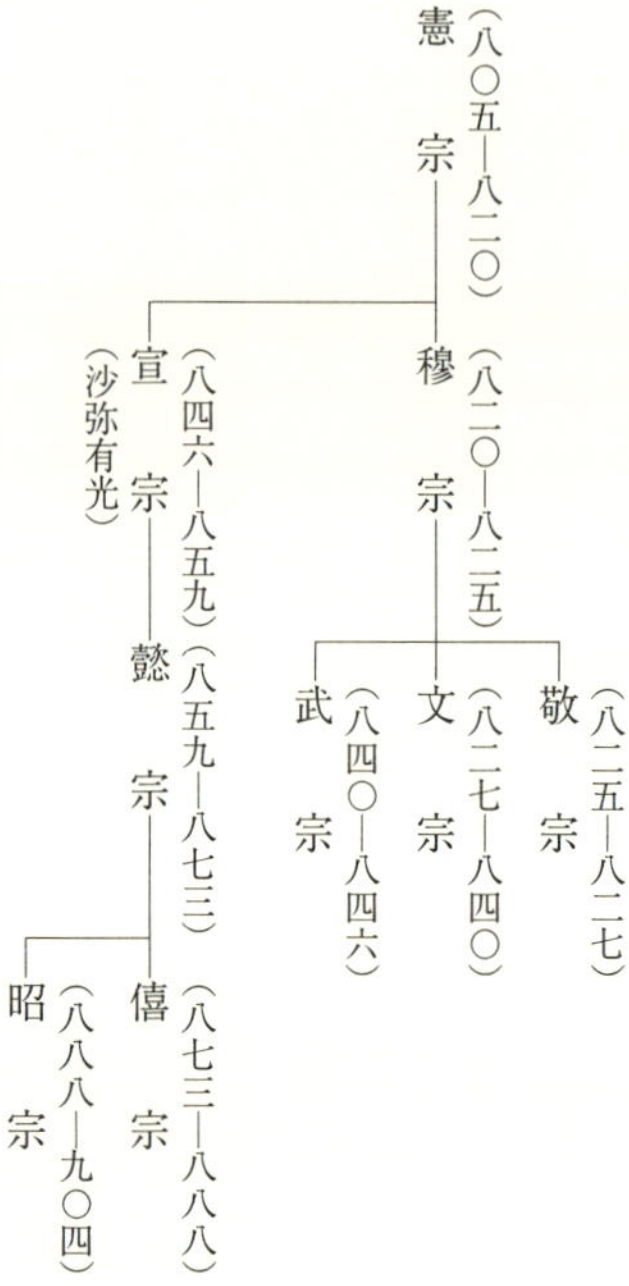

大中初年（八四七—）における維新を遂行した人々は、すべて旧来の門閥官僚に代わって進出した新官僚であるが、なかんずく、裴休（七九七—八七〇）、李景譲（七八六—八五七）、崔慎由（—八六一？）等は、新仏教としての祖

師禅に対する帰依の念の深かった人々である。たとえば、『景徳伝灯録』十二、千頃楚南（黄檗の嗣）の章に、
　尋いで唐の武宗の廃教に値い、師遂に深く林谷に竄がる。大中の初めに曁んで、相国裴公休、出でて宛陵を撫し、黄檗和尚を請じて山を出でしむるや、師も随って出づ。（二九二b）
といい、また鄭愚（年寿未詳なれど、咸通の初、監察御史となる。仰山にも参じた人）が撰した「勅賜大円禅師碑記」（『全唐文』八二〇、『支那仏教史蹟』五、七三ページ）には、
　武宗、寺を毀ち僧を逐うや、遂に其の所を空うす。師遽かに首を裹んで民と為り、惟だ蚩々の輩より出づることを恐る。有識の者、益々之を貴重す。後、湖南観察使故の相国裴公休、酷しく仏事を好み、宣宗が武宗の禁を釈くに値うや、固く請じ迎えて之を出だし、之を乗するに己が輿を以てし、親しく其の徒列と為る。
といっている。潙山における仏教復興の様子は、さらに『宋高僧伝』十一にも、
　時に襄陽の連率李景譲、湘潭を統摂するや、良縁に預るを願つて、乃ち奏請して山門を同慶寺と号す。後に相国裴公もまた相い親しんで道合す。祐、会昌の澄汰に為遭するも、又、相国崔公慎由に遇うて崇重加礼せらる。
と見えて、宣宗朝の政府の要職に入った裴休、李景譲、崔慎由等の帰依によって、まず江西の禅が再興されていったことが知られるのである。唐末禅宗を代表する五家のうちでは、潙仰宗の成立がもっとも早いが、その興隆には大中期におけるこれらの人々の活動を考慮に入れておく必要があるであろう。
　一方、河北においても、幽州や涿州における節度使張允伸（七七二—八五九）等の戒壇奏置や、房山石経寺の刻経の再開等のめざましい復仏事業の遂行が見られる。とくに、前述の円仁の『入唐求法巡礼行記』が伝えるように、河北三鎮の権力者たちは、すべて深く仏教を支持し、武宗の廃仏令をよせつけなかったというのであるから、すでにこの地方には新仏教の興起すべき歴史的基盤がととのえられていたのである。

四

あたかも、この前後の頃、義玄は江西の黄檗山を出て、鎮州の地に来ているのであるが、その年時については明らかな記録が存しない。のちに元代に建立された「真定十方臨済慧昭玄公大宗師道行碑銘」は、これを大中八年（八五四）とし、同じく清代に編纂された『宗統編年』には大中三年（八四九）の条にこれを記しているが、共にいかなる資料にもとづいたのか明らかでない。義玄が黄檗の許を辞したときの様子は、「行録」、及び『景徳伝灯録』が共に伝えるいわゆる破夏の則としてやかましいが、『祖堂集』の伝えるように、それは大愚の寂後、大愚の遺嘱にもとづくものであったかもしれない。また、「行録」のみが伝える潙山駆書の話中には、仰山が臨済の北帰と、普化佐賛のことを予言しているが、もしもこの話をすべて史実とするならば、彼の北帰は潙山の生存中のことで、すくなくとも大中七年（八五三）正月以前のことでなければならないであろう。したがって、諸種の点を総合するとき、彼の北帰は大中初年、西紀八五〇年頃で、年齢四十歳前後に当たる、正しく不惑の壮年期であったと思われる。

ところで、彼の北帰の事実について、『祖堂集』は、

黄檗の鋒機に契うてより、乃ち化を河北に闡わす。（三六二b）

というのみで、その記載もっとも簡単であるが、『宋高僧伝』は、

乃ち北のかた郷土に帰り、趙人の請に俯徇して、子城の南、臨済に住す。（七七九a）

といい、『景徳伝灯録』『天聖広灯録』共にこれに従っており、さらに何らかもとづくものがあったごとくである。ところで、いったい、ここに義玄を鎮州に迎えた趙人とはいかなる人か。

先に述べたように、当時の鎮州は、いわゆる河北三鎮の一として、中唐以来、王氏一族が独裁的実権を握り、あたかも小独立政権のごとくに中央政府に対抗しつつあったが、『宋高僧伝』十一、趙州従諗の伝によると、

真定の帥王氏、兵を阻んで封疆多梗なるを以て、朝廷之を患う。王氏抗拒すること制に過ぐるも、而も偏えに心を諗に帰す。（七七五c）

といっており、真定、すなわち鎮州の王氏が兵をたのんで中央に抗立した様子を伝える。ここに見える趙州従諗に帰依した王氏は、いうまでもなく王鎔（八七四—九二一）で、『趙州録』や『祖堂集』、及び『景徳伝灯録』の中には、鎮州大王、または趙王と呼ばれている人であり、臨済義玄よりは一世代後の人であるが、わたくしは、義玄を鎮州に請じた趙人は、おそらくこの王氏の一族で、『臨済録』中に王常侍の名を以て登場する人がすなわちそれであろうと思う。『臨済録』に見える王常侍について、古来の註釈書はすべてこれを潙山霊祐（七七一—八五三）に嗣いだ居士王敬初と見ており、後代に作られた史伝の書は、あるいは王敬初の章中に、臨済関係の機縁を入れているが、古い時代の書で王敬初と王常侍を同一視したものは見当たらず、この人は『祖堂集』十九及び『景徳伝灯録』十一ともに、襄州王敬初常侍と呼んで、鎮州臨済との関係を記さない。

ところで、当時の鎮州では、太和八年（八三四）十一月、王庭湊の後を承けて王元逵が成徳府節度使となっているが、彼は、

父の為せる所を改め、朝廷に事えて礼を甚だ謹しむ（『通鑑』二四五）。

といわれ、宣宗は彼の忠誠を賞してその女寿安公主を嫁せしめている。次いで、大中九年（八五五）、元逵死して、その長子紹鼎が留後となったが、この人はやがて大中十一年に病没したから、その後を末子紹懿が襲ぎ、彼は咸通七年（八六六）に卒するまで府主の地位にあり、よく善政を以て聞こえ、三軍これを徳としたといい、この一時期

がしばらく鎮州の安定を得たときであったようである。したがって、義玄を鎮州に請じた趙人を、強いて右の中に求めるならば、王元逵の末子紹懿がもっともこれに相応しいようであり、事実、彼は死後に常侍を贈られているから、王常侍と呼ばれてしかるべきである。

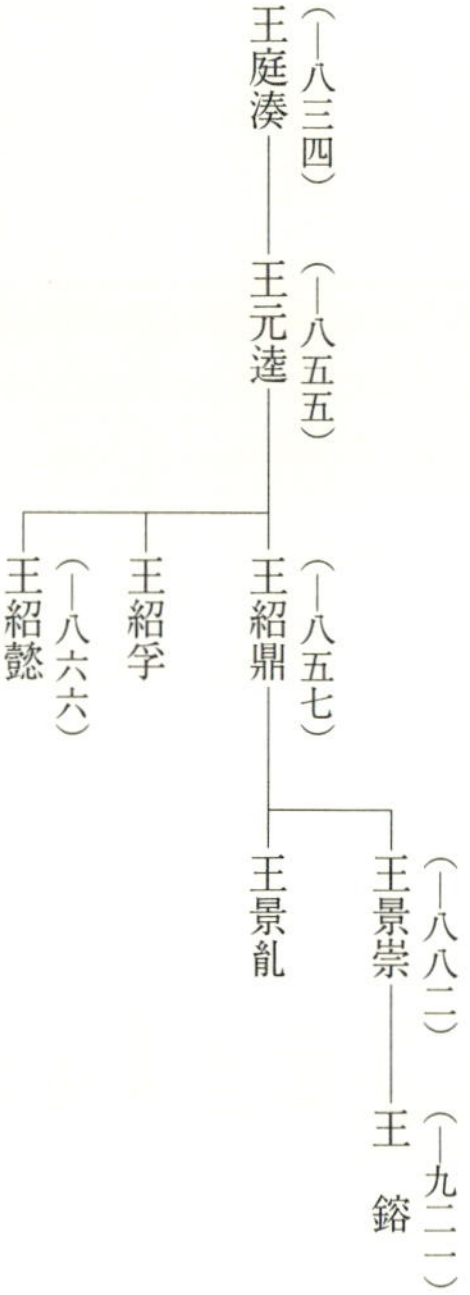

『臨済録』上堂の第二段では、一日、臨済が河府に赴いたとき、王常侍が請じて升座せしめたといい、いわゆる「塔記」では、

　後に衣を払って南邁し、河府に至る。府主王常侍、延くに師礼を以てす。（五〇六c）

とあって、義玄が鎮州の臨済院を出て南邁したときに王常侍と出会ったごとくに見られるが、もし右のごとくに見るならば、有名な上堂劈頭の一段のごときもまたこのときのものとなるであろうし、この河府がいったいいずれの地を指すかも問題であろう。古来の註釈者はすべて河府を河南府と解するが、『四家録』は河北府とし、『天聖広灯録』は河陽府といっていて、共に古伝では河北とみていた証拠である。いわんや、いわゆる「塔記」の信憑性については、すでに前章に考証したごとく幾多の疑点を残しているのであるから、「塔記」にもとづく後代の説のみに

従うことはできぬであろう。臨済の南邁の事実については、後段あらためて考証したいが、いずれにしても、鎮州における義玄にとって、もっとも重要な人物はこの王常侍であって、義玄をして鎮州に新しい仏教を建立せしめた支持者であり、『臨済録』の主部をなす上堂示衆の機縁を与えた大壇越であったことは確かである。義玄がのちに「将に謂えり汝は是れ箇の俗漢」と評しているのも至当であろう。

次に、鎮州における義玄の新仏教建立を助けた人として、他の重要な人物は狂僧普化である。彼の活動についての仰山の予言が史実かどうかは別として、普化はすでに義玄に先立って、河北の鎮州の地に特異な禅風を布いていた人であり、義玄に先立って遷化したことはおそらく事実であろう。彼は馬祖の法を嗣いだ盤山宝積の弟子とされるだけで、出生も住寺も判らない。盤山は幽州の北にあり、のちに興化存奨が出家したところであるが、古来道教の霊場として知られるから、普化にもまた盤山の道者風の性格がないではないが、彼の行動は、そんな思想的背景などで律し切れぬものをもっているようである。むしろ極端なまでに非人間化された彼の街頭揺鈴や、遷化脱去の話は、既成仏教の権威のいずれからも自由な裸の求道者として、新しい仏教の理想的典型とも言うべきものであったようである。言わば、臨済が上堂示衆に主張するところを地で行く絶対自由人の象徴であったと言うべきでなかろうか。普化について、『祖堂集』『宋高僧伝』『景徳伝灯録』等の記載するところが、ほとんど『臨済録』の「勘弁」に見えるものに限られ、臨済との交渉をもつものばかりであることも、この視点を強く証拠立てるし、仰山識記の意味するところもまたここに存したと言うことができるであろう。

ところで、『五灯会元』十一の臨済の章によると、

師、後に鎮州の臨済に住するに、学侶雲集す。一日、普化、克符の二上座に謂いて曰く、我れ此に黄檗の宗旨を建立せんと欲す。汝ら且らく我れを成褫せよ。二人珍重して下り去る。三日の後、普化却つて上来して問う、

和尚三日前、甚麼をか説きし。師、便ち打す、三日の後、克符上来して問う、和尚前日、普化を打して甚麼をか作せし。師亦た打す。（『続蔵』一三六、三八九ａ）

とあって、普化と共に克符が臨済の開宗を助けたことを記し、さらに右に続いて四料簡の問答を録している。克符は涿州にいた人で、紙衣道者とも呼ばれたらしい。彼が臨済から四料簡の垂示を受けたことは、すでに『景徳伝灯録』に見えているが、『臨済録』自体の中にはその名を見せぬ人である。『天聖広灯録』によると、彼は臨済の四料簡に一々別頌を加え、また、初祖以下、臨済、趙州、雲居に至る祖師の機縁の頌三十八首をも作ったとされ、別に『曹山録』では、彼は曹山（八四六―九〇一）に参じて問答し、曹山の面前に立脱したという。恐らく克符は義玄の弟子の中では最年長者であり、普化と同じように、義玄の北帰以前から河北に化を布いていたのであろう。

鎮州で臨済に参じた人々としては、当時、同じく涿州の雲居寺の律師であった存奨（八三〇―八八八）を始め、灌渓志閑（―八九五）、三聖慧然、宝寿沼等、後に臨済の法を嗣いだもの二十一人、若しくは二十四人の殆んど大半に及ぶ人々があり、又、後に夾山善会（八〇五―八八一）の法を嗣いだ楽普元安（八三四―八九八）や洞山良价（八〇七―八六九）の法を嗣いだ龍牙居遁（八三五―九二三）の如き人々も、此の時期に鎮州を訪ねたらしい。

処で、いわゆる「塔記」によると、その後しばらくして、滹沱河畔の臨済院が兵火にかかったために、義玄は太尉黙君和の宅に迎えられて城内に移り、此処が亦た臨済院と呼ばれたと言うが、此の話は他の資料に全く見えぬものである。而も、太尉黙君和は、すでに第一章で考証した様に、恐らくは『太平広記』一九二に『劉氏耳目記』によって立伝している墨君和のことであろうと思われる。従って、此処に兵革というのも、鎮州が河東及び幽州の攻撃を受けたことを指すらしいが、この事件は、『資治通鑑』二五九によると、後年後唐の太祖とされた独眼龍の李克用（八五六―九〇八）が、当時河東に拠って天下を窺い、景福二年（八九三）にわかに鎮州を攻撃した時、幽州の李匡威（―八九三）が鎮州の王鎔（八七三―九二一）を助けて克用の軍を破ったが、李匡威はこの間に自分の弟李匡儔のために幽州を奪われ、やむなく鎮州の王鎔の下にとどまることとし、而も王鎔の若年なるをみてにわかに鎮州を奪わんとしたとき、若い君主鎔を助けたのが墨君和であった、という。従って、この事件は臨済義玄の寂後約三十年のことで、「塔記」の記事には史実の混乱があるが、王鎔はすでに前述したように趙州従諗に帰依した人であるから、或は趙州の話との混同か、若しくは後に臨済の禅の流れを汲む人々が、唐末に於ける鎮州の偉人として喧しい墨君和の話を故意に臨済と結びつけたのであるまいか。何れにしても、滹沱河畔の小臨済院以外に、城中の臨済院建立のことは史実としては確かでない。尤も次で「塔記」が「後、衣を払って南邁して河府に至る云々」と言っているのは、すでに述べた様に、極めて問題の一段で、この河府は恐らく河北の府治である鎮州を指すのであろうから、禅師が一時或いは城中に移ったことがあったのかも知れないが、それは衣を払って南邁すという程のことではないし、この時、始めて王常侍と出合ったかの如き「塔記」の記述は甚しく不可解である。この点については、『天聖広灯録』によると、上堂の順序が現在の『臨済録』のそれと逆になって居て、問題の「師一日河府に到る云々」の一段を最初に掲げ、続いて上堂の段すべてを挙げているが、或いはこれが古形を示すのではなかろうか。少くとも『天聖広灯録』の著者は、この上堂を以て禅師の北帰最初のものとみているもののようである。

　寧ろ、臨済の払衣南邁の事実については、彼の弟子存奨の塔銘である公乗億撰「魏州故禅大徳奨公塔碑」（『文苑英華』八六八、『全唐文』八一三、『盤山志』二等）に咸通五、六年頃、義玄が蒲相蔣公なる人の請によって、鎮州を出でて南遷したことを記している。蒲相蔣公は明らかでないが、若しこの人を、その頃出でて河中節度使となった蔣伸のことだとすると、或は一時、河中府に遊化し、ひょっとすると、当時甚しく親唐的であった王紹懿等の奏によって義玄が長安に行ったのかも知れない。勿論そうした積極資料は存しない。又、「奨公塔碑」の記述にも更に不可解の点が残されている。それは咸通初年（八六〇―）一たび義玄の弟子となった存奨が、後に江南に遊方し諸方を遍歴して、その頃洪州にいた仰山の許に至ったとき、にわかに臨済南遷のニュースを聞いて急ぎ北帰し、中條で参随して魏府の南部に当る白馬の辺に来た時、魏府の大尉中令何公なる人が専使を発して臨済大師を迎請したので、存奨も師に随従して府下に至り、観音寺江西禅院に入った、と記している点であるが、この記述では一体臨済はすでに実際に蔣氏の請に赴いたのか如何か、甚だ明確を欠いている。中條は地名辞典によると、河北にも山西にもある様で、何れにも解し得られるからである。*然し、何れにしても咸通六年頃以前に、臨済が鎮州を去って、魏府、即ち後の大名府の地に移り、ここで存奨が師の晩年に参侍し、最後の接化を受けたことだけは確かであろう。魏府の何公は、恐らく、当時、鎮州の王氏と列んでこの地の独裁権力を握っていた何弘敬（―八六六）であろうが、魏府に於ける義玄の説法は、今日何も残されていないし、『臨済録』もまた何氏のことを言わない。『臨済録』の成立については後に更めて述べるであろうが、この書は行録の最後部を除いて、上堂示衆等はすべて鎮州に於ける記録であり、魏府に於ける生活については、馬防の序が言うように、文字通り「銅缾鉄鉢、室を掩い詞を杜づ、松老雲閑、曠然として自適す、面壁未だ幾ばくならざるに、密付将に終えなんとす」と言った状況であったようである。老松閑雲に比せられる晩年の臨済も、年齢から言えば恐らく未だ五十歳を少し越えたばかりであったらしいから、文字通りの隠退生活は余りにも早きに失する如くであるが、存奨の「塔碑」によると、臨済と存奨が府下に至ってから「簪裾踵を継ぎ、道俗肩を連ぬ、曽て未だ期年ならずして是に遷化に至る」といっており、魏府在住は最晩年の一年に満たぬ短期であったらしいから、たとえ簪裾道俗のために説法が行われたとしても、その記録等はほとんど存しなかったのであろう。

存奨は、のちに興化存奨と呼ばれるが、彼の「塔碑」には興化寺のことを言わないし、また、魏府が正式に大名府と改められたのは後漢の乾祐元年（九四八）以後のことで、大名府興化寺の称は、いうまでもなく五代以後のことである。いわゆる「臨済塔記」が大名府興化東堂というのははなはだしく奇であるが、この地方は唐末より五代にかけて戦乱が続いたから、寺基や記録などもおそらくすべて失い去られたのであろう。そして、この地が後唐（九二三―九三五）の荘宗のときに一時帝都となったとき、臨済禅の盛大を計ろうとする一派の人々によって、荘宗と存奨の問答が創作され、のちにさらに彼の住寺が大名府興化寺と呼ばれ、したがって臨済もまた興化寺に松老雲閑の晩年を過ごしたということになってしまったようである。すくなくとも、存奨の「塔碑」に従う限り、義玄は魏府の観音寺江西禅院に最晩年の約一年を送り、存奨の参侍を受けたのであって、「臨済塔記」の後半の記事は著しく混乱しているようである。

最後に、臨済の遷化について、周知のように「塔記」は、

師、疾無くして一日衣を摂めて拠坐し、三聖と問答し畢つて寂然として逝く。時に唐の咸通八年丁亥孟陬の月十日なり。

といっている。この三聖の問答もまた後代に発展する臨済禅の伝統の上からは、極めて重視されるものであるが、『宋高僧伝』はいうまでもなく、『祖堂集』『景徳伝灯録』（宋元版）等の古伝に見えぬことは問題であり、さらに重要なことは、臨済遷化の年時について、「塔記」の記載するところのみが他の古い史伝の書の記す咸通七年丙戌四月十日の年時と相違している点である。禅の伝灯嗣法の事実を重んずる筈の『祖堂集』や『景徳伝灯録』の書が、右のごとき重要な意義を有する遷化問答を録せず、遷化年時について異なった記載をしていることは、むしろこれらの史伝の編者たちが、「塔記」の存在を知らなかったことを証し、おそらく「塔記」がこれらの書よりも遅れて現れたか、あるいはまったく系統を異にする人々の私かに伝えるところであったことを示すのでなかろうか。しか

も、『景徳伝灯録』によると、臨済は遷化に際して次のごとき伝法偈を示したというが、『臨済録』はこの偈についても記していない。いわく、

流れに沿うて止まず、如何と問う。真照無辺に佗に説似せよ。相を離れ名を離れて人禀けず。吹毛用い了て急に須らく磨すべし。(二九一a)

すくなくとも『景徳伝灯録』の編者はこの偈を以て、臨済禅の伝灯の機縁としたのであって、三聖問答については関知するところなかったごとくで、『隆興仏教編年通論』のごときは、この伝法偈を以て存奨に与えたものとみていることすこぶる注意すべきであろう。

いずれにしても、臨済の示寂は、古伝に従う限り、咸通七年(八六六)四月十日であって、寿齢についての記載を欠いているが、かつて黄檗に参じた年を二十五、六歳とすると、大よそ八一五―八六六年の一生という比較的短い生涯であったようである。

「塔記」は師の滅後の事情について、

門人、師の全身を以て塔を大名府の西北隅に建つ。敕して慧照禅師と諡し、塔を澄霊と号す。

といっている。これによると、臨済は火葬でなくして土葬建塔されたらしいが、すでに陳詡が撰した百丈懐海の「塔銘」にも、

全身を奉じて西峰に窆す。婆沙論の文に拠り、浄行婆羅門の葬法を用うることは、遺旨に遵うなり。(『全唐文』四四六、『勅修百丈清規』八)

と見えて、インド以来、すでに土葬の先例もあったようであるから、臨済の場合もそれが遺旨であったのかもしれない。もっとも、存奨の「塔碑」には、彼が臨済の遷化に侍して、「霊堵の儀に乖く無く、克く荼毘の礼を尽す」

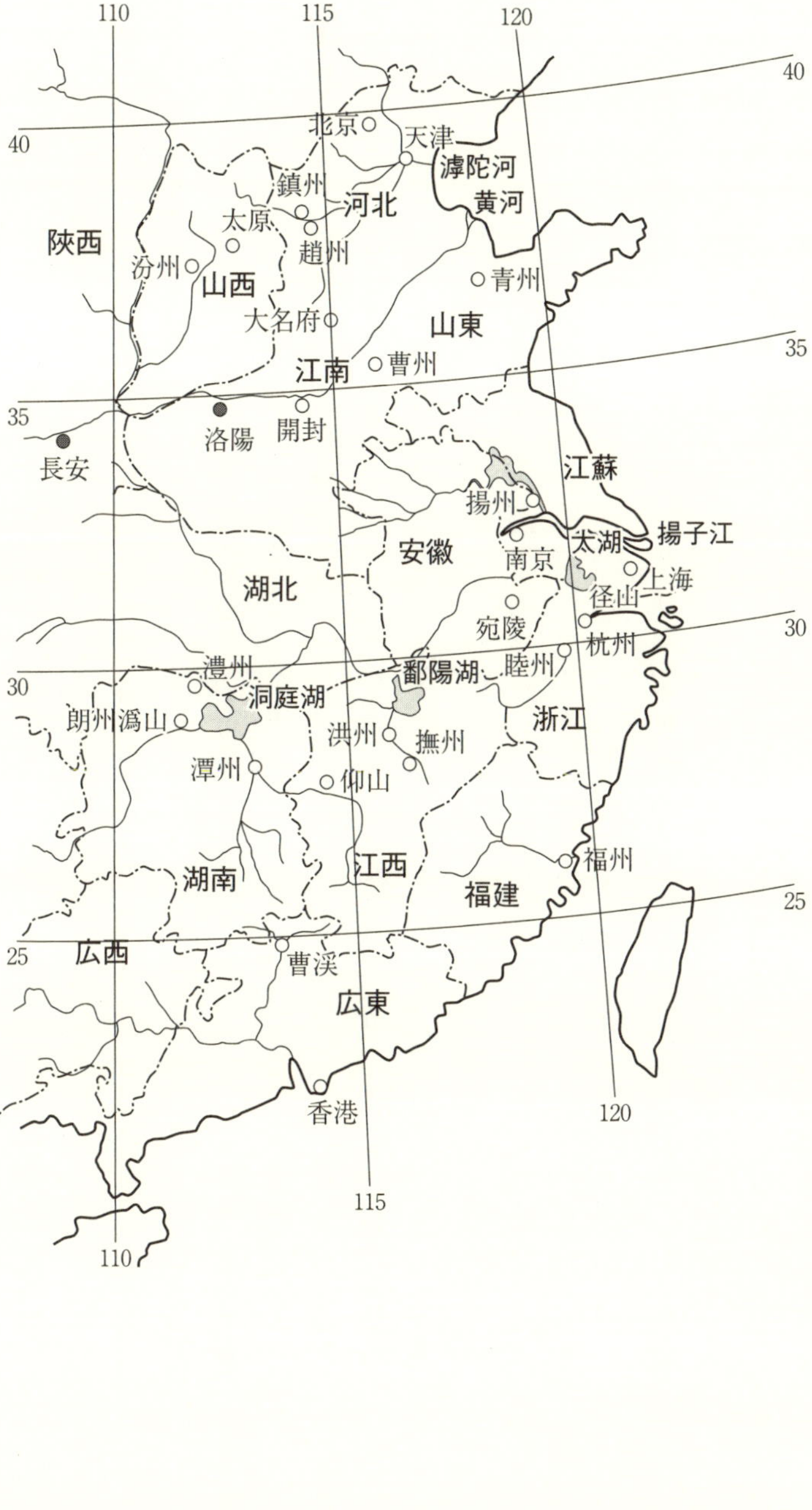

110
115
120
40
40
北京
天津
滹陀河
黄河
鎮州
河北
太原
趙州
陝西
汾州
山西
青州
大名府
山東
35
江南
曹州
35
開封
洛陽
長安
江蘇
揚州
揚子江
安徽
太湖
南京
上海
湖北
径山
宛陵
30
杭州
澧州
睦州
鄱陽湖
30
洞庭湖
朗州潙山
洪州
浙江
撫州
潭州
仰山
福州
江西
湖南
福建
25
25
広西
曹渓
広東
香港
120
115
110

と言っているから、いずれに従うべきか一概に決せられないが、ただここで注意すべきことは、臨済の塔が大名府、すなわち魏府に建てられたことである。この点は存奨の「塔碑」にも明確で、存奨の塔が府南の貴郷県薫風里に建てられたのは先師の塔に附するの志であったと言っている。ちなみに存奨の葬法は火葬であったようで、香燼の中より舎利一千余粒を得たと言い、これも遺旨によって観法の相を用いたるものであると言っている。ところで、元代重建の「臨済道行碑」は、「荼毘して得る所の舎利は、其の徒分つて二と為し、一は魏府に塔し、一は鎮陽に塔す」と言って、火葬して舎利を二分し、鎮魏両州に建塔したと主張している。われわれは、いわゆる「臨済塔記」の信憑性を反省するとき、まったくその土葬説を信ずることも難しいが、さりとて「道行碑」の両所建塔説もまたにわかに賛成し得ない。むしろ、ここにはただ問題の所在を示すにとどめ、さらに「塔記」のいう塔号の澄霊が、古い史伝書の伝える澄虚の塔号と相違している点をも問題の一つとして加えておこう。また、慧照禅師の諡号は、『仏祖統紀』五四には、懿宗の敕諡したものというが、おそらく魏府、もしくは鎮州の奏にもとづくことというまでもなかろう。

＊『景徳伝灯録』四に「河中府中條山智封禅師」あり。

五

以上、臨済義玄の生涯のあらましと、各種資料の問題点などについて述べたから、次に彼の思想、もしくは禅風といったものについて一言する必要があるかもしれない。しかし、その詳細をここに扱うことは不可能であるから、以上の史伝と関連しつつ、彼の説法教化の外面的な一端について見るにとどめねばならぬ。

まず、臨済の禅は一般に将軍禅と言われ、五逆雷を聞く（法演）と称されるが、確かに彼の説法は、古くよりそ

の大胆率直さを以て聞こえていたようである。たとえば、すでに、『祖堂集』は、

提綱峻速、示教幽深、其の枢秘に於ては、示誨を陳べ難し。（三六二b）

といい、また、

化門に至つては多く喝棒を行ず。（三六四a）

ともいっている。臨済義玄の説法行化の対象であった河北社会は、すでに述べたように動きのはげしい新興武人の社会であって、旧い伝統的な権威や教養が、何の価値をも認められぬ裸の大地であった。彼の禅がこうした対手に応じて特殊な出方をしなければならなかったことはいうまでもないであろう。しかも、論理を尽す説法よりも、単刀直入に相手の胸襟に迫る行動性を尊重するの風は、すでに祖師禅の伝統である。すでに『楞伽師資記』が伝えるように達摩に指事問義の法があったというが、このような日常の行動に即する接化法は、やはり洪州馬祖系統の特色であったと思われる。宗密は馬祖の禅を説いて、

若し其の応用に就かば、即ち挙動運為、一切皆な是なり。更に別法の能証所証と為すもの無し。彼の意は、楞伽経に准ずるに、云く、如来蔵は是れ善と不善の因にして、能く遍く一切趣生を興造し、苦楽を受けて因と倶なり、と。又、仏語心と。経に云く、或は仏刹あり揚眉動睛、笑欠謦欬、或は動揺等、皆な是れ仏事なり。既に悟解の理は一切天真自然なるが故に、修行する所、理として宜しく此に順ずべし云々。（『円覚経大疏鈔』三下、『師資承襲図』『続蔵』一一〇、八七〇b）

といい、さらにこれを批評して、

且らく仏教を統論するに遣と顕の二門有り、其の実義を推すに真空と妙有と有り。其の本心を空じて体を具し用を具す。今、洪州と牛頭は払跡を以て至極と為し、但だ遣教の意、真空の義を得て、其の体を成すと雖も、

顕教の意、妙有の義を失うて、其の用を闕けり。問う、洪州は能く語言動作する等を以て心性を顕わす、即ち当に顕教即ち是れ其の用なるべし。何の闕く所ぞ。答う、真心は本よりその体に二種の用有り、一は自性の本用、二は随縁の応用なり。猶お銅鏡の如きんば、銅の質は是れ自性の体にして、銅の明は是れ自性の用なり。明の現ずる所の影は是れ随縁の用なり。影は即ち縁に対して方に現ず、現ずること千差有るも、明は即ち自性の常明なり。明の唯だ一味なるは、以て心の常に寂なる是れ自性の体、心の常に知る是れ自性の用、此の能く語言し能く分別動作する等、是れ随縁の応用に喩うるなり。今、洪州が能く語言する等を指示するは、但だ是れ随縁の用にして、自性の用を闕けり。又た顕教に比量顕と現量顕と有り。洪州の心体は指示すべからず、但だ能く語言する等を以て之を験し、仏性有るを知ると云うは、是れ比量顕なり。荷沢の直に心体能知、知即ち是れ心なりと云い、知に約して以て心を顕わすは、是れ現量顕なり。洪州は此を闕く。（同、八七四a）

といっているが、荷沢の流れに立つ宗密が、自性の本知を説くに急にして、随縁の応用に対する正しい理解を欠いたことは、すなわち彼の禅がいまだ祖師禅に徹し得ぬ教内のそれであったことを示すと同時に、それはまた過去の古典的伝統仏教の限界でもあった。そして宗密の批判にもかかわらず、馬祖、百丈、黄檗、臨済と次第するこの一派の禅は、明確なる自性本知の自覚に立ちつつ、なおかつ随縁応用の無限な作略を、教外の世界に展開させていったものと言うことができるであろう。臨済は、「是れ娘生下にして即ち会するに非ず、体究練磨して一朝に自ら省す」と言うが、そうした一朝自省底の始覚的な方法確立こそ、実は真の意味での中国祖師禅の坐りであったのである。臨済が聴衆に向かって、「你、即今目前聴法底の人」と呼びかけ、「山僧が見処に約せば釈迦と別ならず」と直示するのは、いわゆる自性の本用と区別された随縁の応用のことではない。相手の人間全体をその場で立ちどころに転換させる大機大用であったと思われる。

後年、円悟（一〇六三―一一三五）は、隆知蔵に示す法語に、祖師禅の源流を述べ、

> 迦葉より二十八世、少しく機関を示し、多く理致を顕わすと雖も、付授の際に至っては直面提持せずということ靡し。……歴渉既に久しうして正眼を具する大解脱の宗匠、格を変じ塗を通じ、臣の名相に滞るものをして、理性言説に堕せざらしめ、活卓卓地、脱灑自由の妙機を放出して、遂に棒を行じ喝を行じ、言を以て言を遣り、機を以て機を奪い、毒を以て毒を攻め、用を以て用を破ることを見る。（『円悟心要』上、七〇四b）

といい、杲書記に示す法語に、

> 臨済の正宗、馬師黄檗より大機を闡き、大用を発し、籠羅を脱し窠臼を出づ。虎驟り龍馳せ、星飛び電激し、巻舒擒縦皆な本分に拠る。（同上、七〇七a）

といっているが、臨済の禅の特質がこのような始覚的方法の案出に存したことは動かぬところであろう。

なお、『宋高僧伝』の臨済の伝によると、

> その人に示す心要、頗る徳山と相い類す。（七七九b）

といっているが、この記事はすこぶる注意すべきもので、のちに大慧の『正法眼蔵』や、悟明の『聯灯会要』十九等に収められる長文の徳山示衆の語は、臨済のそれと極めてよく似ており、文字までほとんど同一で、文献批判的に言えば、後代になっていずれか一方が他方に影響したものとしか考えられないけれども、当初から徳山と臨済の示衆や、弟子に対する接化の仕方に、実際よく似たところがあったことも事実であろう。古くより、「徳山の棒、臨済の喝」と並び称されるこの二人の禅の化門の相似については、さらにその思想内容、及び社会的背景に溯って考証すれば、必ずや様々の興味ある課題があろうが、今はただその外形的な一面を指摘するにとどめておく。

いずれにしても、後代、棒喝は臨済の化門の代表的なものとされて、彼の流れを受けた人々によって、いよいよ発展させられると共に、四喝、四賓主等の体系がとくに強調されるに至ったが、ときには胡喝乱喝の行き過ぎを生じたことも事実で、周知のように道元のごときは「臨済徳山のやから」の棒喝の弊を口を極めて痛罵している。しかし、歴史的社会的に言っても、また禅の本質からみても、臨済の化門が棒や喝の積極的な建立に存したことを看過してはならぬであろう。

六

次に、臨済義玄と交渉のあったその他の禅僧たちについて見ると、まず趙州従諗（七七八―八九七）との機縁がある。本録の「勘弁」によると、

趙州行脚の時、師に参ず。師の洗脚するに遇う次で、州便ち問う、如何なるか是れ祖師西来意。師云く、恰も老僧が洗脚するに値う。州近前して聴く勢いを作す。師云く、更に第二杓の悪水の潑することを要する在り。州便ち下り去る。（五〇四a）

と見える。この話は、『趙州録』によると、主客が逆となって、

師（趙州）因みに臨済に到り、方に始めて洗脚するに、臨済便ち問う、如何なるか是れ祖師西来意。師云く、正に洗脚するに値う。臨済乃ち近前側聆す。師云く、若し会せば便ち会せよ。若し会せずんば更に啗啄することと莫れ〔作麼〕。臨済払袖して去る。師云く、三十年行脚し、今日、人に錯つて注脚を下さる。（『続蔵』一一八、三三二〇b）

とあるが、おそらくは同一の話が、二人の弟子たちに伝えられていく間に、次第に変化を受けたものであろう。

『趙州録』の中には、臨済との交渉を示す他の数話が収められており、趙州と鎮州という至近の地に、あたかも時を同じうして表れ、新鮮で特異な禅風を布いたこの二人の交渉は、おそらくこのほかにもさらに多く存したに相違ない。

なお、臨済と一老宿との問答を、のちに南泉が評して「官馬相踏む」と言った話が「勘弁」に見えており、この南泉が趙州の師に当たる南泉普願（七四八—八三四）であるかどうかについて、註釈者の間で種々の問題を提起されているが、時代的に普願とみることの困難はいうまでもあるまい。したがって、臨済の時代の南泉は、南泉第二世であろうが、いかなる人かはもとより明らかでない。当時南泉の弟子としては、趙州のほかに、子湖利蹤、長沙景岑等がすぐれていたようであり、みな臨済下の僧との交渉があったらしい。

『祖堂集』十七、岑和尚章によると、景岑は臨済下の三聖と次のような二つの機縁があったという。

三聖和尚問う、承る師言えること有り、百尺竿頭に須らく歩を進むべし、と。百尺竿頭は則ち問わず、百尺竿頭に如何が歩を進めん。師（景岑）云く、朗州の山、澧州の水。進んで曰く、更に請う、和尚道え。師云く、四海五湖王化の裏。

三聖和尚、秀上座をして師（景岑）に問わしむ、南泉遷化して什摩の処に向ってか去りし、と。師云く、石頭沙弥たりし時、六祖に参見す。上座云く、石頭沙弥たりしとき六祖に参見することを問わず、南泉遷化して什摩の処に向ってか去りし。師云く、伊をして尋思し去らしむ。上座云く、千尺の松有りと雖も、且つ条を抽ずる石笋無し。師黙然。上座礼拝し起って云く、師の荅話を謝す。師又た黙然。上座却帰して三聖に挙似す。三聖云く、若し実に此の如くんば、林際に勝ること七歩ならん。然も此の如くなりと雖も、待に我れ更に験し看ん。明日に至って三聖問訊して曰く、昨日、那个の師僧に荅えし一転の因縁、只だ是れ光前絶後、古今罕に聞くところと為す。師又た不語。師、事に因って頌して曰く、自ら覚めて仏堂を開く、慧は放つ五道の光。人の

仏ならざる仏無し、悟らざれば意中に蔵す。（三二五b）

最後の頌は、この機縁に直接に関係するものかどうか明らかでないが、秀上座はおそらく臨済の弟子に当たる涿州の秀であろうし、ここに喧しい南泉遷化の話が、三聖によって提起されていることは注意されてよく、また三聖が、景岑の答話を評して、「林際に勝ること七歩」と言っている点も重要であろう。景岑はまた、『景徳伝灯録』によると、臨済の赤肉団上の機縁について偈を作っているし、後述するように三聖を通じて石室、杏山とも交渉しているから、南地の人としては臨済との交渉が極めて深かった人である。また彼とならぶ子湖利蹤（八〇〇—八八〇）は、子湖一隻狗の話で知られるが、『景徳伝灯録』によると、臨済下の二僧が参問しているから、彼もまた臨済の弟子たちと交渉をもった人である。

さらに、臨済と交渉のあった人として、潙仰の二人を別として、大慈、麻谷、金牛、杏山、翠峯、三峯、龍光、象田、明化、華厳、鳳林等があるが、大半は伝歴のよく判らぬ人々である。大慈は、百丈の法を嗣いだ大慈寰中（七八〇—八六二）で、この人のみがよく知られる。臨済との交渉はおそらく彼の黄檗参侍時代、もしくは行脚時代のことであろう。杏山については後に考えるが、麻谷と金牛は共に馬祖の弟子で、南泉と同じように、歴史的には一世代早い人々であり、臨済自身もまた彼の示衆の中で、麻谷を先輩格の人として讃歎しているし、『景徳伝灯録』は、臨済と交渉のある麻谷をとくに第二世と註している。しかも、『臨済録』の「上堂」と「勘弁」との二カ所に見える問答は、おそらく同一のものが異なって記録されたのであろうし、問答のテーマとされている十二面観音について、『祖堂集』二十、米和尚の章に、臨済との問答を次のように伝えている。

臨済、師（米和尚）に問う、十二面観音、豈に是れ聖ならずや。師云く、是なり。作摩生か是れ本来の面。臨済一摑す。師云く、長老且らく寛寛たれ。済側掌す。（三三八a）

米和尚は王敬初の弟子で、京兆にいた人。これが事実とすれば、おそらく彼が行脚の途次、もしくは晩年に出京したとき、この問答が行われたのであろう。ところが、一方、麻谷については、『景徳伝灯録』七、蒲州麻谷山宝徹禅師の章に、

　耽源問う、十二面観音は是れ凡か是れ聖か。師云く、是れ聖なり。耽源乃ち師を打すること一摑す。師云く、知んぬ。汝が遮箇の境界に到らざることを。（二五四a）

とあり、別に巻十三の耽源の章に、

　麻谷問う、十二面観音、豈に是れ聖ならずや。師曰く、是なり。麻谷、師に一摑を与う。師曰く、想うに汝未だ此の境に到らず。（三〇五b）

と見えていて、ここでも主客が逆転されているのは、明らかに記録者の立場を示すものであろう。したがって、臨済の場合についても、ここまでくれば、その相手が麻谷山宝徹であったか、あるいは麻谷第二世であったか、あるいは京兆米和尚であったか、それらの史実的な詮索はもはや意味を失うであろう。語録や灯史の書の記載には、往々にしてかかる問題が含まれているのである。

　臨済と直接の交渉があった人としては、大よそ以上のごとくであるが、彼の後年の上堂や示衆の中に登場する先輩としては、石室、無著、馬祖、帰宗、石鞏、丹霞等があり、古人としては、維摩詰、傅大士、初祖達摩、二祖慧可があり、さらに宝誌、僧璨、神会、明瓚等の言葉が、名を記さずに引かれている。右の中、石室は石頭—長髭—石室と次第する潭州石室善道で、彼は会昌の破仏に遇っているから、臨済と同時の人であるが、直接の交渉はなかったらしい。ところが『景徳伝灯録』十四、彼の章によると、景岑、三聖、杏山との交渉が知られる。すなわち、

　師（善道）、尋で沙汰に値い、乃ち行者と作つて石室に居す。毎に僧を見て便ち杖子を豎起して云く、三世の

諸仏尽く遮箇に由る。対うる者、冥契を得るもの少し。長沙、之を聞いて乃ち云く、我れ若し見ば即ち杖子を放下せしめて、別に箇の消息を通ぜん。三聖、此の語を将つて石室に到つて祇対するに、師に是れ長沙の語なることを認破せらる。杏山、三聖の機を失えるを聞いて、又親しく石室に到る。師、杏山に僧衆の相い随うを見て、潜かに往いて米を碓く。杏山曰く、行者不易、貧道消し難し。師曰く、無心の椀子に盛り将ち来り、無縫合盤に合取し去る。什麼の消し難きを説かん。杏山便ち休す。(三二六a)

と見える。杏山は、雲巌曇晟の弟子で、のちに涿州杏山に住した鑒洪であり、臨済と露地白牛の問答を交えた人。ところが、『景徳伝灯録』十五の彼の章に、この人の露地白牛の問答を録しながら、別に、巻十二の臨済の章では、対手を木口としている。『祖堂集』五、石室の章もまた右に引いた問答を木口とのものとするから、杏山と木口は本来同じ人であるらしいが、いずれが正しいかは判らない。ともあれ、善道は復仏以後も行者のまま潭州の石室に隠れていたにもかかわらず、多くの人々が彼を訪ねてすぐれた感化を受けたので、臨済もまた彼について聞知するところがあったのであろう。「深泉に没溺す」という評語は、いかにも石室の為人にふさわしいものと思われる。無著については、陸川堆雲老居士の『臨済及び臨済録の研究』に詳しく論ぜられており、わたくしも別に私見を後章の「訓註臨済録の補訂」(本書九章)に述べているから、ここにくりかえさない。

最後に、臨済の諸弟子について見るに、『祖堂集』は、宝寿、灌渓、興化の三人を挙げ、『景徳伝灯録』は右を含んで二十一名の名を挙げて、内十五人のみ機縁を録し、『天聖広灯録』はさらに三名を加えてすべて二十四人の機縁を録している。『天聖広灯録』は、後述するように臨済の諸弟子を挙げるにつとめた嫌いがあるが、『景徳伝灯録』の伝える馬祖下百三十八人、雪峰下六十六人、雲門下六十一人、法眼下三十人の弟子の数に比して、決して多いとは言い得ない。後世に光大なる臨済の禅も歴史的にみるならば、彼の直後の時代にはあまり振わず、その弟子たちの行化した地域も、灌渓を除いて、ほとんど河北に限られていたようである。これは一面に彼が短命の人であったのと、多くの弟子の養成のために、河北の武人社会があまりにも不毛であり、戦乱の断え間もない唐末の時代的性質に制約され、記録等も失い去られたためであろう。しかし、文化的な伝統とは程遠い裸の大地に植えられた彼の新しい禅の芽が、後代に及ぶと、はじめ環境的好条件にめぐまれていた雲門宗や法眼宗を凌駕する偉大な発展を遂げたのは、やはり臨済の禅そのものに本質的な何ものかが存したためと言わねばならぬ。

ところで、臨済の直接の諸弟子としては、三聖、興化、大覚の三人が重要で、彼から六代に当たる汾陽善昭（九四七―一〇二四）は「叙六祖後伝法正宗血脈頌」を作って、六祖慧能以後の師資の系譜を頌し、

能師密印を観音に付し、百丈親しく馬祖の心を伝う。黄檗大いに臨済の喝を張り、三聖、大覚、参尋することを解す。興化の流津汝海に通じ、宝応曽て風穴の深きを窮む云々。（『大正蔵』四七、六二五b）

といっているが、臨済の弟子として上記の三人をとくに列挙しているのは、当時、なおこれら三者の流れが、いずれも臨済の正系と認められていたからであろう。大覚は、実際の名が知られぬが、宋版『景徳伝灯録』によると、もと黄檗の法嗣と認められていた人であり、興化と三聖については、ここにあらためて述べるまでもない。が以上三人以外では、宝寿沼がすぐれ、他の弟子たちがみな臨済の訣を受けた後、江南に遊歴した事実があるのに対して、彼のみはついに河北の地を出なかったらしく、のちに、

玄沙嶺を過ぎず、宝寿河を渡らず。

といわれている（たとえば『円悟録』九）。玄沙が雪峰の法を嗣いでついに他遊しなかったことは有名で、玄沙に比せられる宝寿も、やはり深く臨済の禅に飽参した人なのであろう。また、後代になると、臨済に仏法の大意を問うて擒住托開され、礼拝するに当たって忽然大悟した定上座が、のちに欽山、岩頭、雪峰の来訪に遇うて、無位真人

の話を挙した話は、『碧巌録』一三一則等でやかましいが、この話の史実はともかくとして、欽山等三人が臨済を訪ねるために河北に向かい、途中で彼の遷化を聞いたことは、『景徳伝灯録』十六、巌頭の章に明記する。臨済の特異な禅風が、すでに当時南方に知聞せられていたのであり、臨済と王常侍との問答なども、雪峰と鏡清がとり上げているし、雲門が太原孚上座と臨済三句について商量したこともあったようである。南方から臨済に参じたと言われる人に、さらに南塔光涌（八五〇—九三八）があるが、年代的には不可能であり、おそらくは、すでにわたくしの前章に考証したように、臨済栽松の話に附せられた彼の評語から発展させられたものでなかろうか。

いずれにしても、臨済の流れを汲む人々の活動によって、次第に臨済門風の自覚が高まり、やがて五家中の随一と認められるに至ったのは、おそらく五代末より宋初にかけてのことで、周知のように、法眼文益（八八五—九五八）の『宗門十規論』は、

曹洞は則ち敲唱を用と為し、臨済は則ち互換を機と為す、韶陽は則ち函蓋截流、潙仰は則ち方円黙契云々。

と述べて、四家の化門の特徴を指摘し、賛寧（九一九—一〇〇二）の『宋高僧伝』十二は、その臨済伝の末尾に、

其の言教、頗る世に行われ、今恒陽は臨済禅宗と号す。（七七九b）

といっているから、当時、すでに鎮州を中心とし、後代に光大する特色ある臨済禅宗の基礎が据えられていたのである。

＊『祖堂集』六、洞山章に、宝寿が洞山の三路接人を評したるをいう。彼も亦た江南の洞山にゆきしことあり。

七

次に、『臨済録』の成立について述べたいが、まず中国仏教史における語録一般の成立の由来について概観しよ

う。何となれば、語録は禅宗独特のもので、多くの中国仏教資料の中でも、極めて特異な存在であり、なかんずく、『臨済録』はそれらのもっとも代表的なものと見られているからである。

いったい、以心伝心、不立文字を主張し、インド伝来の経律論の古典の、訓詁註釈を退けた初期禅宗の人々は、頭陀行と坐禅を主としつつ、師弟の間に交わされる日常の簡単な問答や対機説法を重んじたから、いきおいそれらの問答が記録され、修行者の指針として弟子たちの間に伝持されることとなるが、一方、禅院では種々の機会に、升座、上堂が行われ、師は高座の上から鴈立側聆する大衆に向かって、平明な日常の口語で、禅旨の大要を挙揚することともなるので、自然それらの比較的まとまった説法が記録されることとなるであろう。これはおそらく四祖道信（五八〇—六五一）、五祖弘忍（六〇一—六七四）の頃以来のことでないかと思われる。それは、この時代に、禅僧たちの生活様式が、従来の慧可や僧璨等のごとき一所不住の頭陀生活から、初めて一定の叢林における共同生活へと変わっていったからで、頭陀乞食の生活が禅僧たちの本領として、後世まで長く行われたことはいうまでもないが、四祖、五祖の時代に至って、禅教団の人員はにわかに増大し、旧来の伝統的な仏教宗派のように、貴族富商や国家の援助を望み得ない彼らが、五百人、六百人の共同生活を維持していくためには、従来の頭陀生活以外に、共同の普請作務等の生産労働にたよらねばならなくなり、自然、これに伴って特定の日には、大衆のための上堂説法が行われる習慣を生むであろうからである。したがって、これらの上堂のときには、従来のような一人一人を対手とする対機説法のほかに、比較的長い説法なども行われて、それが弟子たちの手で記録され、まとめられて、一種の説法集を形作るに至ることは、自然の成り行きであろう。事実、『楞伽師資記』などに比較的多く保存されている道信や弘忍の説法は、以上の推定をよく証拠立てるし、神秀（—七〇六）の説法を記録したものと思われる『大乗無生方便門』などは、和尚が木片を打って弟子たちの注意を喚起しつつ、経典の大意を達意的に説く様子を、まざまざと想像せしめる。

ところで、右のようにして次第に発達し来たった上堂説法の記録の中で、現存最古のもっとものったものは、六祖慧能（六三八―七一三）の『六祖壇経』、及び荷沢神会（六七〇―七六二）の『壇語』であろうが、前者の敦煌写本の原名は、

南宗頓教最上大乗摩訶般若波羅蜜経、六祖慧能大師於韶州大梵寺施法壇経一巻、兼受無相戒弘法弟子法海集記

といい、右に述べた語録成立の由来を、もっとも端的に示しているが、とくにこの説法集が語録と言わずに、壇経と呼ばれていることは極めて注意すべきである。インド伝来の経律論の訓詁註釈の仕事を捨て去った禅僧たちが、自分たちの師の説法集を、とくに壇経と称している事実は、これを自分たちの新しい仏教運動の基本綱領とし、言わば新しい経典の創作にふみ切ったわけで、そこには大胆にしてたくましい彼らの意欲が示されているわけである。しかも、古典を尊重し、古典を誇って、「述べて作らぬ」ことを信条とし来たった中国民族の伝統から言っても、これはまさに画期的なことであったと言わねばならぬ。もっとも、後代に続々と祖師たちの語録が編輯されるに至った頃から逆観すると、それが語録と言われずに経と呼ばれているのは、いまだ経典の権威を完全に無視し得なかった当時の、過渡的情況を示すものでもあろう。壇の意味は明らかでないが、契嵩（一〇〇七―一〇七二）の「壇経賛」の註によると、

壇は、土を封ずるを壇と曰い、地を除するを墠と曰う。始め其の衆人、宗門の第六祖大鑒禅師を請じて、東山の法門を韶陽の大梵寺に開演せしめんと欲し、大鑒の道を尊敬して、乃ち土を封じて壇を為り、以て其の説法を資くるなり。其の後、其の弟子たる者、大鑒の所説を集めて、因て目して壇経と為すなり。（『夾註輔教編』六）

といい、また、『歴代法宝記』によると、

東京荷沢寺の神会和尚、毎月壇場を作つて人の為めに法を説く。（一八五b）

と見えて、神会が毎月定例的に壇場を作って説法したことを伝えているし、彼の説法集が、はじめ、

南陽和上頓教解脱禅門直了性壇語

と呼ばれたのも、おそらく師の壇経に準じたものであったと思われる。また、神会の語録としては、右の壇語以外に、

南陽和尚問答雑徴義

と名づけられる一篇があるが、これは主として弟子たちとの問答の記録を、のちに彼の俗弟子で唐山主簿の肩書をもつ劉澄が編纂したものである。この書は、また『荷沢和尚禅要』とも呼ばれたらしいが、これは禅の説法集が語録という様式に定着するまで、種々の名称の変化を辿ったことをも示すものであろう。（参照、胡適博士「神会和尚語録的第三個敦煌写本『南陽和尚問答雑徴義、劉澄集』」、《歴史語言研究所集刊外編第四種、慶祝董作賓先生六十五歳論文集》一九六一年）

ところで、『六祖壇経』はその敦煌写本の原題が示しているように、韶州大梵寺の説法を門人法海が記録したものであるが、その集録の仕事は、韶州の刺史韋據（『広東通志』によれば、先天二年韶州刺史となった人）の請によったものであった。すなわち、開巻まず第一に、

其の時、座下の僧尼道俗一万余人。韶州刺史韋據、及び諸官寮三十余人、儒士余人、同じく大師を請じて摩訶般若波羅密の法を説かしめ、刺史遂に門人の僧法海をして集記し、後代に流行せしむ。（三三七a）

といっているが、思うにこれは昔釈迦仏が、王舎城その他の王城や大庭園で、国王大臣、及び四衆の請によって説法され、その記録であると信ぜられ来たった仏教経典の様式を踏襲したもので、壇経と自称する限り、このような設定は必然であったと思われるが、この様式が後代にまで及んで、語録の定型化となるのである。黄檗の『伝心法

要』における裴休は、彼自ら集録したのであるから論外とするも、当面の問題である『臨済録』においても、開巻第一にまず鎮州の軍政経済上の実権を握っていた王常侍、及び諸官員が升座を請うの一段を置いていることは、決して偶然ではない。上堂、説法が常侍王氏の招請によることはもちろん、その集録もまたおそらくは彼の命によるものであろう。この推定の一証として、後代の語録の定式となる入寺上堂や開堂の記録が、国王大臣や壇越の請によるものであることはいうまでもないが、ここには『祖堂集』十二に、後踈山和尚の入山を請した撫州李太傅の請疏が録せられていることと、『景徳伝灯録』二一に、福州臥龍山安国院慧球の入寺に際して、閩師王氏が陞坐を請うていること等を、その実例として指摘しておきたい。

いずれにしても、従来の伝統的な諸宗派が、国家権力や貴族富商の経済的政治的な保護にたよったのと同じ事が、いったん彼らとの関係を断った筈の禅仏教において、徐々に復活し始めていることは注意すべきであり、宋代に入って再び貴族仏教の王座に位する禅宗発展の素因が、皮肉にもすでにこのときにあったということもできるであろう。

宋代以後、仏教資料中の一大ジャンルをなす語録の成立過程において、語録という呼び名自体の成立は、あまり古くはないようである。たとえば、『宋高僧伝』十一、趙州従諗伝に、「凡そ挙揚する所、天下之を趙州法道と号す、語録大いに行われ世に貴ばる」と見え、また同二十、黄檗希運の伝に、「語録、世に行わる」とあるのなどがもっとも古いようで、唐代に語録の名は存しなかったらしい。黄檗の語録が、始め何と呼ばれていたかは問題で、有名な『伝心法要』や、『宛陵録』も果たして当初の名かどうか確かでない。また、溯って、唐代中期に日本より入唐して多数の禅籍を将来した天台僧の目録にも、先に挙げた『南陽和尚問答雑徴義』や『南陽忠和尚言教』『百丈要訣』等の目があるのみで、語録の名を見出し得ない。思うに、当時における禅録の通称としては、一般に語本、または広語と呼ばれていたのでなかろうか。たとえば、前に引いた百丈の「塔銘」(『全唐文』四四六)には、「門人神行梵雲、微言を結集して語本を纂成す」といい、『祖堂集』十五、東寺和尚の章に、「大寂禅師、世を去つてより、常に、世の好事者の其の語本を録し、筌を遺つて意を領すること能わざるを病む」とあり、『宗鏡録』十五には、『百丈広語』を引いているが、これは今日の『百丈広録』に当たるようで、『景徳伝灯録』二八に、「諸方広語」と題して、代表的なものを集めているのもそれである。なお、『祖堂集』は、しばしばその出拠を、「他は広く別録に彰す」と註して、別録の存在を認め、ほかに、実録、行状、行録の語も用いている。さらに、語録という通称の成立と関連して、宋以後の儒家でそれぞれ一家の語録を有するに至った事実を見逃すことはできぬ。儒家では、語録の発生を禅家のそれとは別なものと主張し、『唐書』芸文志に見える孔思尚の『宋斉語録』を最初とする(『三余偶筆』)らしいが、むしろ禅録からの影響たることは動かぬであろう。

八

すでに述べたように、『臨済録』の最初の集録は、王常侍の命によるものと思われるが、これを筆録した人は、臨済の弟子三聖慧然であったと言われ、現存の『臨済録』では、巻首の標題の下に、

三聖に住する嗣法の小師慧然集す

という編号がある。この編号が果たして最初から存したかどうかは問題であり、すくなくとも現形のごとき『臨済録』のすべてを三聖の編集とすることはできまいが、鎮州における臨済の上堂と示衆が初めて筆録されたとき、おそらく彼がこれに関係していたであろうことは推定され得ることであり、また古くよりこのように考えられていたようでもある。もっとも、当初の『臨済録』の原型、及び書名がどうであったかを、今日知ることは困難で、よく

言われるように、まず母体として鎮州説法にもとづく上堂示衆の部分ができた上で、のちに「勘弁」や「行録」が加えられ、さらに全体にわたる整理が行われたことは明らかである。事実、古い『祖堂集』や、『宗鏡録』『景徳伝灯録』等に引かれている示衆と、『天聖広灯録』や現行の『臨済録』との相当部分とを比載すると、両者の間に文章や思想の上で明らかな相違があるが、これは現在の『臨済録』がかなり後代の整理を受けたものであることを示す。現在のものは、すくなくとも宋代以後のものであって、唐末当時の臨済の説法そのままではないであろう。たとえば、次の比較によって、われわれは容易にその変化を見ることができるであろう。

	『宗鏡録』九八	『景徳伝灯録』二八	『天聖広灯録』十及び流布本『臨済録』
(1)	如今諸人与古聖何別。爾且欠少什麼。六道神光未曽間歇。若能如是、秖是箇一生無事人。	如今諸人与古聖何別。汝且欠少什麼。六道神光未曽間歇。若能如此見、是一生無事人。	道流、約山僧見処、与釈迦不別。今日多般用処、欠少什麼。六道神光、未曽間歇。若能如是見得、秖是一生無事人。大徳、三界無安、猶如火宅。此不是你久停住処。無常殺鬼、一刹那間、不揀貴賤老少。
(2)	欲得与祖仏不別、但莫向外馳求。爾一念清浄光是爾屋裏法身仏、爾一念無分別光是爾屋裏報身仏、爾一念差	一念浄光是汝屋裏法身仏。一念無分別光是汝報身仏。一念無差別光是汝化身仏。此三身即是今日目前聴法底	你要与祖仏不別、但莫外求。你一念心上清浄光、是你屋裏法身仏、爾一念心上無分別光、是你屋裏報身仏。你一念心上無差別光、是你屋裏化身仏。此三

	別光是爾屋裏化身仏。此三種身即是今日目前聴法底人。此三種是名言。明知、是光影。	人。為不向外求、有此三種功用。拠教三種名為極則。約山僧道、三種是名言。故云、身依義而立、土拠体而論。法性身法性土、明知、是光影。	種身是你即今目前聴法底人。秖為不向外馳求、有此功用。拠経論家、取三種身為極則。約山僧見処不然。此三種身是名言、亦是三種依。古人云、身依義立、土拠体論。法性身法性土、明知、是光影。
(3)	大徳、且要識取弄光影底人、是諸仏本源、是一切道流帰舎処。	大徳、且要識取弄光影人、是諸仏本源、是一切道流帰舎処。	大徳、你且識取弄光影底人、是諸仏之本源、一切処是道流帰舎処。
(4)	爾四大六根及虚空、不解聴法説法。是箇什麼物。歴歴地孤明、勿箇形段、是這箇解説法聴法。	大徳四大身不解説法聴法、虚空不解説法聴法。是汝目前歴歴孤明、勿形段者、解説法聴法。	是你四大色身不解説法聴法、脾胃肝胆不解説法聴法、虚空不解説法聴法。是什麼解説法聴法、是你目前歴歴底、勿一箇形段孤明、是這箇解説法聴法。
(5)	所以向爾道、向五陰身田内有無位真人、堂堂顕露、無糸髪許間隔。何不識取。	所以山僧向汝道、五蘊身田内有無位真人、堂堂顕露、無糸髪許間隔。何不識取。	若如是見得、便与祖仏不別。但一切時中、更莫間断、触目皆是。秖為情生智隔、想変体殊、所以輪回三界、受種種苦。若約山僧見処、無不甚深、無不解脱。

(6) 大徳、心法無形、通貫十方、在眼曰見、在耳曰聞、本是一精明、分成六和合。心若不生、随処解脱。（T四八、九四三c）		
心法無形、通貫十方、在眼曰見、在耳曰聞、在手執捉、在足運奔。心若不在、随処解脱。	(7) 山僧見処、坐断報化仏頭、十地満心、猶如客作児、等妙二覚、如担枷帯鎖、羅漢辟支、猶如糞土、菩提涅槃、繫驢馬橛。	(8) 何以如斯。蓋為不達三祇劫空、有此障隔。若是真道流、尽不如此。
道流、心法無形、通貫十方。在眼曰見、在耳曰聞、在鼻嗅香、在口談論、在手執捉、在足運奔。本是一精明、分為六和合。一心既無、随処解脱。山僧与麼説、意在什麼処。秖為道流一切馳求心不能歇、上他古人閑機境。	道流、取山僧見処、坐断報化仏頭、十地満心、猶如客作児、等妙二覚、担枷鎖漢、羅漢辟支猶如厠穢、菩提涅槃、如繫驢橛。	何以如此。秖為道流不達三祇劫空、所以有此障礙。若是真正道人、終不如是。但能随縁消旧業、任運著衣裳、要行即行、要坐即坐、無一念心希求仏果。縁何如此。古人云、若欲作業求仏、仏是生死大兆。

	(9) 如今略為諸人、大約話破。自看遠近。時光可惜。各自努力。珍重。 （T五一、四四六c）	大徳、時光可惜。秖擬傍家波波地、学禅学道、認名認句、求仏求祖、求善知識意度……。（T四七、四九七b）

右の中、第(5)項についてみるに、『宗鏡録』と『景徳伝灯録』の二本は、『天聖広灯録』及び現行の『臨済録』と大いに相違しており、前者のこれに当たる部分を、後者は「上堂」の部に別出しているが、ここでも、現行の『臨済録』のそれは、『祖堂集』や『景徳伝灯録』（宋版）十二のものと、いちじるしく異なっている。今この三者を対比すると、

『祖堂集』十九	**『景徳伝灯録』十二（宋版）**	**『臨済録』（『天聖広灯録』十）**
師有時謂衆云、山僧分明向你道、五陰身田内、有無位真人。堂堂露現、無毫髪許間隔。何不識取。 時有僧問、如何是無位真人。 師便打之云、無位真人是什摩	一日上堂曰、汝等諸人、肉団心上、有一無位真人。常向諸人面門出入。汝若不識、但問老僧。 時有僧問、如何是無位真人。 師便打云、無位真人是什麼	上堂云、赤肉団上有一無位真人。未証拠者看看。 時有僧出問、如何是無位真人。師下禅牀、把住云、道道。其僧擬議。師托開

不浄之物。 雪峰聞挙云、林際太似好手。 （三六二b）	乾屎橛。 後雪峰聞乃曰、臨済大似 白拈賊。	云、無位真人是什麼乾屎橛。便帰方丈。

また、(5)(6)以下が、『祖堂集』では次のごとくなっていて、現在の『臨済録』に近く、『宗鏡録』『景徳伝灯録』二八のそれと相異することは注目すべきで、当時いまだ定本ができていなかったことを示す。

有時謂衆云、但一切時中、更莫間断、觸目皆是。因何不会。只為情生智隔、想変体殊、所以三界輪廻、受種種苦。大徳、心法無形、通貫十方、在眼曰見、在耳曰聞、在手執捉、在脚雲奔《ママ》、本是一精明、分成六和合。心若不生、随処解脱。大徳、欲得山僧見処、坐断報化仏頭、十地満心、猶如客作児。何以如此。蓋為不達三祇劫空、所以有此障。若是真正道流、尽不如此。大徳、山僧略為諸人、大約話破綱宗。切須自看。可惜時光。各自努力。

（『祖堂集』十九、三六四a）

かくて、われわれは、臨済の鎮州説法の記録が、世代の異なる門下の弟子たちに伝えられていく間に、次第にその文章を整理され、あるいは増加変化されてゆく過程を推し得るが、『祖堂集』は、右の引文に続いて、

自余の応機対答は、広く別録に彰かなり。

といっており、すでにまとまった別録の存在を前提している。『景徳伝灯録』は、前述したようにその巻二八に、臨済の示衆を他の人々のものと共に「諸方広語」と呼んでいるし、しかもそれが『宗鏡録』に引かれているものと、ほとんど一致する事実は、『祖堂集』の編せられた南唐の保大十年（九五二）頃より、『宗鏡録』の成立を経て、『景徳伝灯録』が作られた景徳元年（一〇〇四）に至る間に、何らか最初の『臨済録』の定本というべきものができあ

がっていたことを示すのである。われわれは、この最初のテキストについて、これ以上立ち入って知る資料を欠くが、これを『臨済録』の古本と呼んでよいであろう。

九

ところで、景徳元年（一〇〇四）に楊億（九七三―一〇二〇）によって『景徳伝灯録』三十巻が上進されてから、約三十余年後の景祐三年（一〇三六）に至って、先の『景徳伝灯録』の後に続き、むしろこれを増補した第二の禅宗史としての『天聖広灯録』三十巻が作られ、仁宗皇帝の御製序を冠して入蔵刊行されているが、この書の巻十及び巻十一の両巻は、すべて臨済の章に当てられていて、われわれはここに前述した古本とはまったく異なり、しかも現在の『臨済録』とほとんど同一のテキストを見出すのである。この事実は、景徳以後、景祐に至る三十数年の間に、何人かによって古本『臨済録』の改訂が行われ、新しい定本が作られていたことを推せしめるであろう。

『天聖広灯録』の編者である李遵勗（―一〇三八）は、臨済下六世の谷隠蘊聡（九六五―一〇三二）に参じた居士で、本書の編集は、とくに南岳系統の馬祖道一（七〇九―七八八）、百丈懐海（七二〇―八一四）、黄檗希運（―八五〇?）、臨済義玄（―八六六）、及び臨済下の人々の伝灯の事実と機縁語句を集録することを主なる目的とするものであったようで、これらの人々の語を録すること極めて詳細であり、なかんずく、二巻に及ぶ臨済の章は、当時知られる限りの彼の語のすべてを編上したもののごとく、かかる編集様式は、灯史の書としてはまったく異例のことである。

しからば、『天聖広灯録』の編者李遵勗は、本書の臨済章を編するに当たって、いったい、いかなる資料によったのであろうか。

『天聖広灯録』臨済章と現行『臨済録』との本文の一致は、他面から見ると、後代になって『臨済録』を再編集したとき、『天聖広灯録』を基礎資料とし、これにもとづいて改編删定したためではないかとも見られるが、しからばさらに『天聖広灯録』の本文はいったい、何にもとづいて作られたか。これをすべて編者李遵勗の創作とすることは到底考えられぬことであるから、当時、すでに何らか前記古本と異なった『臨済録』の新しいテキストが存していた筈である。『天聖広灯録』がもとづいた筈の、この新しいテキストの成立事情について、われわれは詳しい資料を欠いているが、当時、すでに、馬祖、百丈、黄檗、臨済の四人の語を集めた『四家語録』なるものが存したことは確実である。それは、今日、元版『景徳伝灯録』の九巻の末尾に、黄檗の『伝心法要』の初めの部分が附録されているが、これは南宗天真という人が、慶暦八年（一〇四八）に、『四家語録』にもとづいて校訂したものだと言っている。『四家語録』なるものが、いつ頃、何人によって編せられたかは判らず、今日、またその内容を明らかにすることもできないが、『景徳伝灯録』の成立以後、『天聖広灯録』が作られる頃までに、馬祖、百丈、黄檗、臨済という、この系統に属する禅の一派の異例な発展によって、その派の宗源を明らかにし、宗風の特色を明示する必要があったことは容易に推定されるし、『天聖広灯録』の上進そのものもまた、この要望に応えたものであったに相違ない。しかも、当時における急激な印刷技術の向上と盛行とは、『四家語録』の出版をいっそう容易ならしめたものと想像される。

臨済義玄（―八六六）―興化存奨（八三〇―八八八）―南院慧顒（―九三〇?）―風穴延沼（八九六―九七三）―首山省念（九二六―九九三）
├汾陽善昭（九四七―一〇二四）―石霜楚円（九八六―一〇三九）
│├楊岐方会
│└黄竜慧南
├広慧元璉（九五一―一〇三六）―楊　億（九七三―一〇二〇）〔『景徳伝灯録』〕
└谷隠蘊聡（九六五―一〇三二）―李　遵勗（―一〇三八）〔『天聖広灯録』〕

今日、一般に用いられている『臨済録』は、北宋末の宣和二年（一一二〇）に、福州鼓山の円覚宗演によって重開されたもので、それは明らかに重開と言われるから、宣和以前のいつ頃かに、すでに『臨済録』の刊本が存した筈であるが、それが前記の『四家語録』本を指すのか、あるいはさらに別の単行本があったのか、いずれとも決定できぬとしても、とにかく宋初より宣和の頃までに、すでに古本と違った新しい定本が出版されていたには相違ないであろう。

ただ、ここで問題とすべきことは、宣和重開本の最後に存するいわゆる「塔記」の一段についてであって、この一段が古来とくに「塔記」と呼ばれて、宗祖臨済義玄伝の根本資料と見なされているにもかかわらず、はなはだしい疑問のあることはすでに述べた。しかも、それらの様々の疑問の中で、臨済遷化の年時を、この「塔記」のみが咸通八年孟陬月十日と記し、『祖堂集』『宋高僧伝』『景徳伝灯録』、及び『天聖広灯録』等の史伝の記載と相違していることは、この「塔記」が、右のごとき古来の史伝の書に遅れて作られたか、あるいはよりいっそう古く作られたとしても、これを伝えた人々の系統が違っていたか、によるのでなければならぬであろう。すくなくとも、これら史伝の書の編者たちが、問題の「塔記」の存在を知っていたならば、直弟子の筆になると言われる「塔記」の説を退けて、何故に別な示寂年時を主張したのか、まったく理解できぬことである。さらにまた『天聖広灯録』よりも約七十年遅れて、北宋末に近い大観二年（一一〇八）に作られた睦庵善卿の『祖庭事苑』二に、林際（臨済）を註して彼の小伝を記すのに、すべて古い史伝の説に従って「塔記」の存在を知っていない事実は、いよいよこの「塔記」の史実性を疑わしめるものである。

『祖庭事苑』は、禅録に見える難解な語句の解説に力をそそぐと共に、正確な伝記資料の選択にもすこぶる注意した労作で、たとえば仰山や天衣の小伝などは、共に「塔碑」にもとづいて通説を補っており、史料としても極めてすぐれたものである。本書の著者が、「臨済塔記」について触れぬことは一つの問題としてよいであろう。

かくて、いわゆる「臨済塔記」の一段は、おそらく宣和二年の重開に際して附加されたもので、『四家語録』、もしくは北宋の刊本にはもともと存しなかったと考えられるが、この「塔記」は、『祖堂集』以下の史伝の書が、すべて南地の成立であり、南地の所伝にもとづいたものであるのに対して、主として北方恒陽を中心として拡がりつつあった北宋初期の臨済下の人々が、すでに唐末五代の戦火によって失い去られた臨済の祖塔を再興するために、私かに主張していたものでなかろうか。五代以後の公称である大名府興化寺の名を用い、臨済滅後三十年頃の真定の偉人墨君和の事蹟を混じ、臨済の直弟子である宝寿沼と、第四世に当たる風穴延沼とのいずれとも擬せられる保寿延沼を以て書者（撰者ではない）とするこの「塔記」は、臨済の流れを汲む北方の人々にとっては、宗祖義玄の祖塔の碑として尊敬貴重されたに相違ないが、翰林学士工部侍郎の公職にあった楊億や、検校太保駙馬都尉という肩書をもつ李遵勗にとっては、もしかりにこの「塔記」の存在を知っていても、到底採用し得ぬ私説にすぎなかったために、ついに宣和二年の宗演の重開に至るまで、正式な祖塔の碑記として公認される機会を得なかったのでなかろうか。「塔記」末行の、「住鎮州保寿嗣法小師延沼謹書」という一行と、すでに先述した巻初の題号下に見える「住三聖嗣法小師慧然集」の編号とは、巻尾の「住大名府興化嗣法小師存奨校勘」という自署と共に、『臨済録』の一書が、宗祖義玄の説法と伝記を正しく録したものという、臨済下の人々の宗教的信仰であって、客観的な史実でないことはいうまでもないが、右のような信仰と伝承にもとづく主張が、およそ北宋初期頃より次第に発展し、ついに古くより南方に伝えられていた史伝の書の主張を乗り越え、臨済下の通説として公認されたもの、それが宣和重開『臨済録』のもつ歴史的意義にほかならぬ。

ところで、かかる北地における臨済下の弟子たちの伝承は、大よそ第四世風穴延沼、第五世首山省念、第六世汾陽善昭等の時代までにできあがっていたと思われるが、汾陽善昭の下に石霜楚円が出るに及んで、臨済の禅は初めて南方に伝えられてにわかに盛大となり、臨済禅、もしくは臨済宗としての宗派的な自覚を生み、さらに彼の下に黄竜、楊岐の二宗を分かって、この傾向はいよいよ強められたから、いわゆる臨済下の大事としての四喝、四賓主、四料簡等の特色ある化門の法が彼らの間でしきりに挙揚されると共に、宗祖義玄の語録定本の決定が強く要望されてきたと思われる。

以上、縷説し来ったごとく、臨済下の弟子たちの盛んな活動によって、臨済門風の異常なる発展を呼び起こした結果、宗祖義玄の語録は幾度かの改訂を受けた後、ついに宣和二年に至って、福州で重開されたのであるが、この当時の宋朝は、たえず北方の金の侵攻に脅かされ、建炎元年（一一二七）五月、ついに南に逃れて帝都を杭州に移したので、自ずから宋の伝統文化や学問と宗教の中心も南に移り、臨済禅もまた円悟克勤（一〇六三―一一三五）や、大慧宗杲（一〇八九―一一六三）の活動と共に、杭州の径山興聖万寿禅寺や隣接の明州阿育王山鄮峰広利禅寺等、いわゆる五山十刹を中心とする南宋期臨済禅の黄金爛熟時代へ入るのであって、宗演の重開『臨済録』は、まさにこの時代の臨済禅のバイブルとなり、一般士大夫の教養書となっていったのであろう。

当時における禅録の出版は極めて盛んで、福州では『臨済録』のみならず、唐代以来の語録が次々と開版されており、同じく宗演による『雲門録』の出版などもそれであり、後述の鼓山守賾の『古尊宿語要』四巻などの叢書も出されているし、『石門文字禅』や『貞和集』一によると、宣和五年（一一二三）には『五宗語要』が出版されているから、おそらく五家の語録がまとまって出された最初のものであろう。

なお、臨済の墓塔は、すでに考証したように、はじめ魏州南郊の貴郷県薫風里に建てられ、のちに存奨もここに附葬されたので、存奨の「塔碑」が現に存する以上、はじめすでに臨済の「塔碑」が存したであろうことは想像し得られることである。われわれは、以上、問題にし来たったいわゆる「塔記」とは別な、この最初の臨済「塔碑」について何の資料ももたないが、寛永七年（一六三〇）、八尾助左衛門尉開版、著者不明の『鎮州臨済慧照禅師語録鈔』六の末尾に、次のごとき記載があることに注意したい。この記事は文章に判読不能の所がある上に、出拠資料についても照合困難な点があって、果たして中国所伝の資料かどうか、明らかでなく、あるいは日本における注釈家の伝承、もしくは臆説にすぎぬかもしれぬが、文中、多少の注目すべき点を含んでいるし、従来、この記事について考証されたものを見ぬから一応の参考として原文のまま次に移録しておく。

○臨済禅師塔院記。大唐魏州大都督府。諸善友。諸方弟子。参学門人存奨等。於咸通七年歳次丙戌九月癸卯朔。共建此塔。葬禅師。和尚諱義玄記　古今欲銘誌先徳。以詔于后者。必先当世偉人。為豊碑巨碣。務建不朽之伝。其故記。不重也。然彼蔵跡旋踵。而蔑聞十常八九。若臨済禅師没。記其后事才如此。而閲年累百矣。有目是記者。頂仰誠慕。猶禅師在焉。
右出宗門緒余第三十九巻。

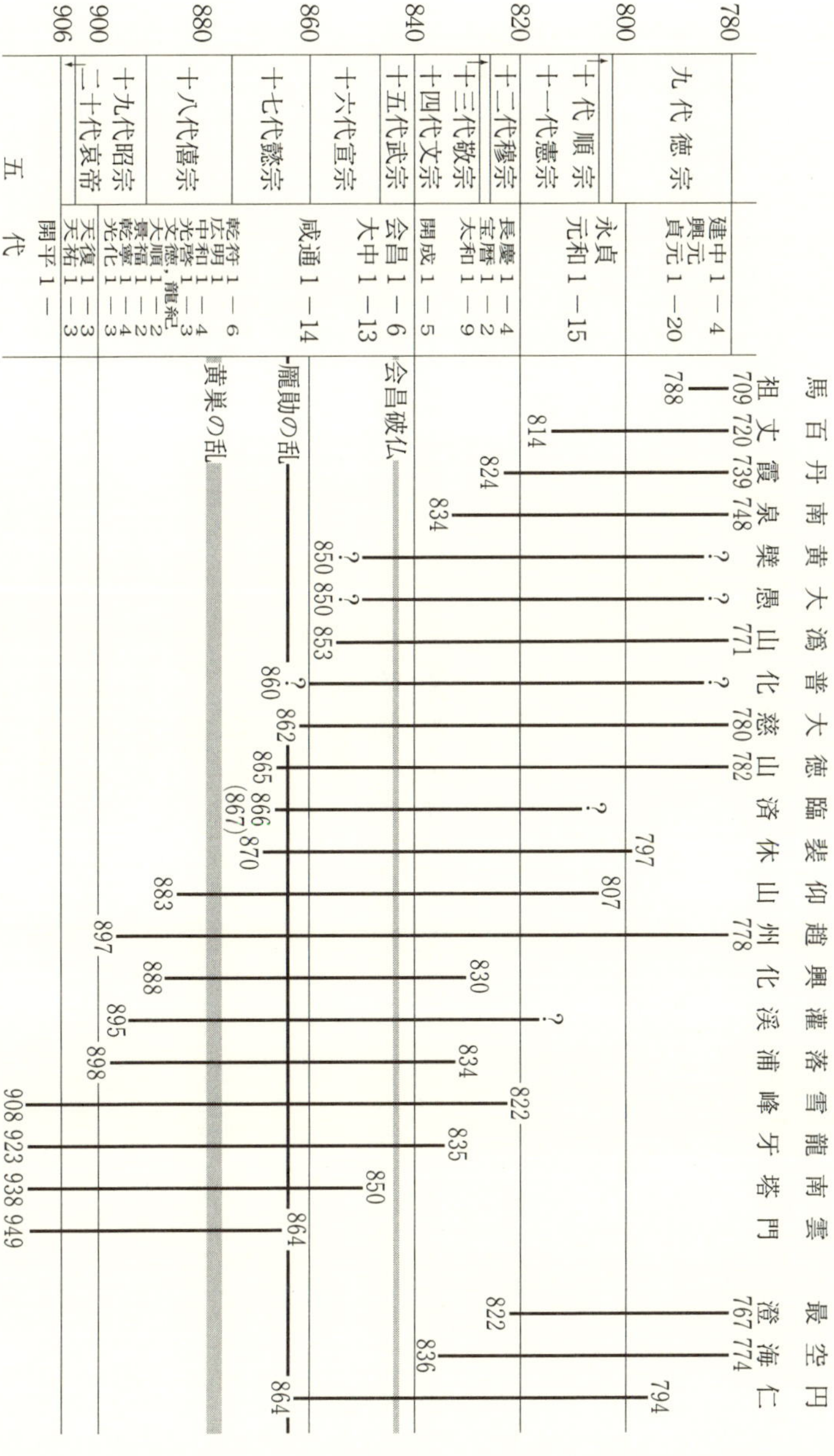

780
800
820
840
860
880
900
906
九代徳宗
十代順宗
十一代憲宗
十二代穆宗
十三代敬宗
十四代文宗
十五代武宗
十六代宣宗
十七代懿宗
十八代僖宗
十九代昭宗
二十代哀帝
五　代
建中1－4
興元
貞元1－20
永貞
元和1－15
長慶1－4
宝暦1－2
太和1－9
開成1－5
会昌1－6
大中1－13
咸通1－14
乾符1－6
広明1
中和1－4
光啓1－3
文徳、龍紀
大順1－2
景福1－2
乾寧1－4
光化1－3
天復1－3
天祐1－3
開平1－
会昌破仏
龐勛の乱
黄巣の乱
馬祖 709 788
百丈 720 814
丹霞 739 824
南泉 748 834
黄檗 ? 850?
大愚 ? 850?
潙山 771 853
普化 ? 860?
大慈 780 862
徳山 782 865
臨済 ? 866 (867)
裴休 797 870
仰山 807 883
趙州 778 897
興化 830 888
灌渓 ? 895
落浦 834 898
雪峰 822 908
龍牙 835 923
南塔 850 938
雲門 864 949
最澄 767 822
空海 774 836
円仁 794 864

六　臨済録ノート（続）

――中国臨済禅草創時代をめぐる文献資料の綜合整理、覚書（その6）――

本稿の前半を『禅学研究』第五十二号（前章）に掲げてから、すでに六年を経過した。本来ならば、ここに発表する後半は、その後の研究によるかなりの補訂を加えたいのであるが、そのためには前半を大きく改める必要があり、目下の身辺の事情はそれを許さぬ。今は最少限度の訂正にとどめて、とにもかくにも、私の『臨済録』の書誌に関する覚え書きを、ここで一応完結することにする。

（昭和四十二年二月二十日）

一〇

円覚宗演の重開『臨済録』は、現行本の最古の祖本で、この書には、周知のように、巻首に馬防の序文が添えられている。

この序は、様式・内容ともに非常に立派なもので、四句対句の偈文によって、本録中の主な話と説法を要約して記しており、中国及び日本における後代の『臨済録』は、必ずこの序を具するのが一般となっている。

延康殿学士金紫光禄大夫真定府路安撫使兼馬歩軍都総管兼知成徳軍府事という、すばらしく長い官名をもつ馬防について、この人の伝記が知られぬのは残念であるが、円覚宗演は、『補続高僧伝』の伝えるところによると、当時における第一流の名僧で、徽宗の勅によってしきりに入内説法しているから、右のごとき肩書をもつ馬防とは、おそらく両人が汴京の徽宗の下で出会った時にこの序が書かれ、晩年宗演が福州の鼓山に帰老した後に、本書の開版を見たのであろう。

宗演は雲門宗に属したから、この書と前後して『雲門広録』三巻をも校勘出版しており、同書の巻尾には、

住福州皷山円覚宗演校勘、板在福州皷山王溢刊

と記されている。

当時の福州は、仏教書の出版事業が極めて盛んで、熙寧（一〇六八—一〇七七）末から崇寧（一一〇二—一一〇六）に至る約四十年の間に、東禅寺版『大蔵経』の完成を見、次いで、大観（一一〇七—一一一〇）末年より、再び開元寺版『大蔵経』の彫造が始められており、この間に、別に、『六祖壇経』『禅源諸詮集都序』『雪峰語録』『玄沙語録』『皷山語録』等を始め、『伝灯玉英集』や『祖庭事苑』等が続々出版されているから、『臨済録』がこの地で重開されたのも決して偶然ではない。

宗演の重開『臨済録』は、周知のように、始めに馬防の序につづいて、「上堂」「示衆」を含む本書の主部があり、次いで、「勘弁」「行録」の三つの部分から成り立っているが、このような編集構成の様式は、彼の『雲門広録』に類似しているからおそらく宗演の編集によるのであろう。

彼は自らの政治的な地位に拠って、臨済・雲門の語録を同一様式により編集出版することによって、当時、次第に盛大に趣きつつあった臨済派の人々の活躍に、古典的な根拠を提供しようとしたのであろう。事実、宗演の重開

本は、彼の時代、及びそれに続く臨済派の人々の華々しい活躍と共に、一世に喧伝されたようで、仏照徳光（一一二一―一二〇三）の『入内奏対録』に、馬防の序が引かれたり、臨済大悟の機縁が提唱されたり、大慧宗杲（一〇八九―一一六三）が侍郎張九成と臨済四料簡の問答を交わしたりしているのは、いずれも宗演の重開『臨済録』の出版が機縁になっているのであろうと思われる。

また、これに先立って、建炎三年（一一二九）に、円悟克勤（一〇六三―一一三五）が、弟子大慧のために、『臨済正宗記』を与えて、臨済禅の綱要を叙べ、後事を嘱しているのも、おそらく本書の出版が機縁となって、政府に出入する高位の顕紳や士大夫の間に、臨済禅への関心が異常に高まり、いわゆる、禅宗五家の雄として、天下に公認されるに至っていたためであろう。

ところで、福州の鼓山では、右のような異常な禅ブームと禅録の盛行に応ずるかのように、紹興初年（一一三一―）、僧挺守賾なる人が、最初の禅録選集とも言うべき『古尊宿語要』四巻を編集出版し、南泉、投子、睦州、趙州以下すべて二十家（二十二家ともいう）の語録を収めているが、この最初の禅宗叢書に、臨済、雲門の二家が入録されなかったのは、前に出版された宗演の本が、当時すでに一般に流布していて、あらためてこれを収録する必要がなかったためであろう。

ところが、降って、南宋の嘉熙二年（一二三八）になると、同じく鼓山の晦室師明が、先の守賾の四巻本の『古尊宿語要』に収められたもの以外の禅録八十家を選んで、『続刊古尊宿語要』六巻を編集出版したが、この時、その第一巻天集に宗演の重開『臨済録』を収めたのが、語録総集に本書が収録された最初であり、しかもこの時の印本は、わが東京の大東急記念文庫に保存されており、この本は、われわれが現在手にし得る最古の『臨済録』である（川瀬一馬編『大東急記念文庫貴重書解題』仏書の部、一九七ページ）。

しかるに、先の『古尊宿語要』四巻は、その後さらに咸淳三年（一二六七）に至って、物初大観によって改編増補重刊されて四十八巻となり、このときに『続刊古尊宿語要』その他からおよそ三十五家の語録がとり入れられ、『臨済録』と『雲門広録』もあらためて入録されたが、このときの『臨済録』は、どうしたわけか、前の『続刊古尊宿語要』一のもの、つまり宗演の重開本とは違ったテキストに拠ったので、ここに、『続刊古尊宿語要』一と再編『古尊宿語録』四、五の両叢書に、それぞれ異なったテキストの『臨済録』が見られることとなるのである。

右の再編『古尊宿語録』所収の『臨済録』が、どんな経過をとって伝えられたテキストであるか、今日明らかにし得ないが、最初の馬防の序がないことはもちろん、前に叙べたように宗演本で「行録」の最後に位する略伝の一段が、「臨済慧照禅師塔記」の題下に、本文と切り離されて、『興化存奨禅師語録』の巻尾に移され、

住大名府興化嗣法小師存奨校勘

という宗演本にはなかった一行が附加されている。

また、この古宿本と宗演本とを比較すると、「行録」の後半に、四照用や両僧一喝のごとき相当大きい増広や重複がみられる。

『続蔵経』一一九の目録に附せられている編集者の註記によると、古尊宿語録本『臨済録』は、四家録本『臨済録』と同一であると言っており、この註記を一見すると、あたかも、先に叙べた『天聖広灯録』の底本となった四家録本にもとづくかのごとくであるが、古い『四家語録』は、一たび宋代に失われ、現存のものは明末の再編本であるから、『続蔵経』編集者の註記を、文字通りに信ずるわけにはいかない。

先に述べたように、宗演の重開本に加えられた馬防の序は、本録中の機縁を簡潔に羅列したもので、あたかも『臨済録』の内容目次の観があるが、有名な四照用の一段のみは馬防の序にあって本録にこれを欠いている。馬防

の序に見える以上、当時のテキストには存した筈だという推論も一応は成り立つけれども、宗演の本の忠実な覆印である『続開古尊宿語要』に、やはり四照用の一段がないことから言えば、もともと宗演の本にはこの一段がなかったのであり、むしろ馬防はこれを他の資料によって加えたものと考えなければならぬ。しからば、馬防が拠った他の資料とは何か。

元来、四照用の一段は、『天聖広灯録』が拠った古い『臨済録』には存しなかったようで、『天聖広灯録』には、臨済の章以外の諸弟子の章にも、これに関する説を見出すことができない。むしろ、四照用に関する説法の初見は、前記の『古尊宿語要』(二集)に収められる『汝州首山念和尚語録』に、「師、四種照用の語を出す」として、

問、如何是先照後用。師云、南岳嶺頭雲、太行山下賊。問、如何是先用後照。師云、太行山下賊、南岳嶺頭雲。問、如何是照用同時。師云、収下南岳嶺頭雲、捉得太行山下賊。問、如何是照用不同時。師云、昨日有雨今日晴。(『禅学叢書』、『古尊宿語要』七一b)

といっているが、「南岳嶺頭雲云々」の句は、『天聖広灯録』の南院慧顒の章に、

問、如何是南宗北祖。師云、大庾嶺頭雲、太行山下賊。学云、如何明会。師云、幽燕平劫殺、呉越笑呵呵。学云、畢竟又如何。師云、莫言無法用、最苦是新羅。(七二七bテキストは読めないが、しばらくもとのままに掲げる)

とあるによることは明らかであり、『天聖広灯録』より以後、『古尊宿語要』の出現までの間に、これが首山の問答とされたのである。また、四照用の問答そのものは、石霜楚円(九八六—一〇三九)の『潭州道吾山語録』に、

上堂、……座主問、承教有言、因縁自然。自然即不問。如何是因縁。師云、記来多少時。進云、如何是自然。師云、速退速退、妨他別人問。座主擬議。師便打。師乃云、有時先照後用、有時先用後照、有時照用同時、有時照用不同時。所以道、有明有暗、有起有倒。喝一喝云、且道是照是用。還有人緇素得麼。若有、試請出来呈

醜拙看。若無、道吾今日失利。下座。（『続蔵』一二〇、一六八a）

と見え、すくなくとも石霜楚円のときには、四照用の説が存したことは確実である。しかし、四照用を以て明らかに臨済の説とするのは、おそらく『人天眼目』が最初であり、右の石霜の垂示をも併せ掲げている。したがって、馬防はこのような宋代における臨済禅の伝承にもとづいて、彼の序を加えたのであり、四照用を含んだ『臨済録』が存したとは考えられない。

また、四照用と並んで、同じく臨済の説に帰せられる四賓主についても、その始めはおそらく風穴延沼からであり、しかもその内容は、賓中賓、賓中主、主中賓、主中主についての問答であり、『臨済録』に見える主客相見の四種の分類とは異なっている。主中主や賓中主の問答は、むしろ歴史的には洞山良价のものであり、『祖堂集』の隠山の章などに見えるのがもっとも確実である。もっとも、四賓主の問答を、風穴や首山以下の、この系統の人々が好んで挙揚したことは確かであり、同じく、首山に嗣いだ石門慈照（九六五―一〇三二）の『鳳巌集』などに、四照用の頌を掲げたのち、

一喝分賓主、照用一時行。会得箇中意、日午打三更。

と総頌しており、四賓主と四照用を互いに関係あるものとしており、後になると、右の「一喝分賓主云々」の句が臨済その人のものとされる例もあるようである。元来、臨済の家風を以て、主賓に関係せしめたのは、法眼文益（八八五―九五八）の『宗門十規論』で、

且如曹洞家風、則有偏有正、有明有暗。臨済有主有賓有体有用。（『続蔵』一一〇、八七九b）

といっており、曹洞の偏正に対するものと見られていたようである。『人天眼目』に臨済の三玄三要の説を挙げて、

師云、大凡演唱宗乗、一語須具三玄門、一玄門須具三要。有権有実、有照有用。汝等諸人作麼生会。（三〇二a）

といって、『臨済録』には見られぬ有照有用の一句を加えているのも、明らかにこれと関係がある。
いったい、臨済の賓主の句というのは、本録の上堂の段に、
上堂、有僧出礼拝。師便喝。僧云、老和尚莫探頭好。師云、你道落在什麼処。僧便喝。又有僧問、如何是仏法大意。師便喝。僧礼拝。師云、你道好喝也無。僧云、草賊大敗。師云、過在什麼処。僧云、再犯不容。師便喝。是日、両堂首座相見、同時下喝。僧問師、還有賓主也無。師云、賓主歴然。師云、大衆、要会臨済賓主句、問取堂中二首座。便下座。（四九六ｃ）
とあるのを指すが、『天聖広灯録』の臨済の章では、後半の「是日両堂首座」以下の一段がなく、「再犯不容」の句につづいて、
師云、大衆、要会臨済賓主句、問取堂中二禅客。便下座。（四九六ｃ）
とあり、前後の関係が簡明である。また、この一段は、『汝州南院顒和尚語要』によると、
問、如何是仏法大意。師便喝。僧云、老和尚、莫探頭好。師又喝。僧便礼拝。師云、放過即不可。便打。問、如何是仏法大意。師便喝。僧便礼拝。師云、今夜両箇、倶是作家禅客。与宝応老称提臨済正法眼蔵。若要一喝下弁賓主、問取二禅客。（『続蔵』一一八、二三九ａ）
とあり、さらに『汝州首山念和尚語録』には、
今時兄弟、只管横喝竪喝、乃至窮著、並無言説。看他臨済会下、有僧出来礼拝。臨済便喝。僧云、老漢莫探頭好。済云、汝道落在什麼処。僧便喝。又有僧問、如何是仏法大意。済便喝。僧礼拝。済乃召衆云、你道適来這一喝、好喝也無。僧云、草賊大敗。済云、過在什麼処。僧云、再犯不容。済云、要識臨済賓主話、問取堂中二禅客。師云、諸兄弟、学般若菩薩、直須諦当去始得。雖然如是、暁者還稀。珍重。（同、二五一ａ）

とあって、臨済の賓主の句なるものが、必ずしも『人天眼目』に言うごとき、四種の主客相見の説と関係するものでなかったことを知るのであり、まして四照用の説と関係せしめられるのは、右に挙げた石門慈照の頃以後なるを推することができる。

いずれにしても、四照用、四賓主などの説が、臨済の喝に関するものとされ、彼の「正法眼蔵」の重要なる本質と見られるのは、宋初以来のことであり、臨済義玄その人の説法から言えば、すべて後代の発展にほかならず、宋代に盛えた五家の随一としての臨済禅の立場から、ことさらに主張されたものであり、『臨済録』そのものもまた宋代の臨済禅の立場からするかなりの影響を受けていることは争えない。とくに、『人天眼目』に収められる五家の宗風のごときは、すべてそうした宋代の説の集録であり、右に挙げた喝と賓主の一段が、のちに重刻『古尊宿語録』に収める『臨済録』や『五灯会元』に至って、さらに異なって伝えられているのは、『人天眼目』以後における新しい発展にほかならぬ。

さらに一言するならば、溯って『天聖広灯録』の臨済の章に初めて現れる三聖慧然への「正法眼蔵」の付嘱に関する一段のごとき、宋版の『景徳伝灯録』では、伝法偈の付嘱のみであり、付嘱の相手が必ずしも明確でないのは、かえってそれが史実に近いものである証拠であろう。三聖との問答の新加は、宋初に至って臨済禅の伝統が形成されたとき『臨済録』の編者としての三聖の権威を主張するための作意であり、このときなお興化存奨の地位が確立していないのも、右の推定を助けるであろう。すでに述べたように、興化付嘱の権威は、宗演重開のいわゆる「塔記」によって初めて現れるのである。元来、入寂時における伝法偈の伝授は、中唐に出現した『宝林伝』以来のことであり、臨済の示衆に『宝林伝』の影響がかなり強いことから言えば、彼が入寂に際して伝法偈を誦したことは自然であり、同じく『宝林伝』に見える「正法眼蔵」の相伝を、喝の挙揚によって主張しようとするのと同一次元の談ではない。

『臨済録』の流伝は、宋代以後における臨済禅の異常な発展と切り離して考えることはできない。後代に発展した宗旨の立場から、種々の改訂や増補が加えられているからである。現在の『臨済録』(宗演重開のもの)を以て、ただちに唐末の臨済その人の言行録と見ることはできぬのであり、ましてのちに現れる重刻『古尊宿語録』によって、これを改めることは、歴史的には無意味である。この点、いったん宋代にその流伝を断ったのち、明代に再編された『洞山録』や『龐居士語録』の方が、新しい編集であるが故に、その資料を古い『伝灯録』その他に承けているために、その由来を考証できる限りにおいて、大いに信用できるのと極めて対蹠的である。

二

次に、元代に帝都北京で再刊された本録について述べねばならぬ。宋代の禅宗は主として江南に盛え、北地一帯は地理的、政治的に南地と切り離されて、遼や金の統治下に入ったから、この地の禅、もしくは仏教に関する資料の今日に伝えられるものは極めて少ない。したがって、河北臨済院のその後の変遷や、この地方に残った臨済系統の人々の歴史的事情などについて知られるものはまったくないと言ってよいが、元代になると、元朝の包容的な仏教政策と共に、この地に伝わった系統の臨済派禅宗の人々の中に、にわかにすぐれたものが輩出し、臨済院の復興、河北臨済禅の法系の宣揚、『臨済録』の覆刊等の事業が相次いで行われることとなった。

この運動の先がけとなった人は、海雲印簡(一二〇二―一二五七)である。この人は、楊岐下十世で、蒙古の第二主太宗窩闊台、第三主定宗貴由(一二四二―一二五〇在位)、第四主憲宗蒙哥(一二五一―一二五九在位)のとき、列朝の帰依をうけて入内し、当時いまだ幼少であった世祖忽必烈のために心要を説いたという。そして、帝室の保護の下に、彼が河北臨済院に住し、大いに殿宇を興して、十方禅院としたのは、すでに定宗の元年（一二四六）頃であったらしいが、以後、彼は臨済禅の再興につとめて、門下に多くのすぐれた人物を打出した。なかんずく、可庵朗の門に出た劉秉忠（一二一六―一二七四）と、頤庵儇の下に出た西雲安大師がもっとも著われ、前者は世祖（一二六〇―一二九四）朝の宰相として活躍し、後者は晩年元貞元年（一二九五）、成宗（一二九五―一三〇七）の帰依によって、天都の官寺である大慶寿寺に住して、栄禄大夫大司空の位と、臨済正宗の玉印を賜って、臨済一宗の事を領せしめられたが、降って至大二年（一三〇九）、武宗が内翰趙孟頫（一二五四―一三二二）をして、「臨済正宗之碑」を撰せしめ、臨済禅の歴史的淵源とその精神を内外に宣揚したことは、元朝の仏教史を画する大事件であった。

一方、またこれに先立って、同じく臨済の流れを承け、汾陽善昭下十三世に当たる雪堂普仁があり、世祖、成宗の帰依によって、江淮福建等釈教総統に任ぜられ、至元二十四年（一二八七）、聖上の御香を齎して五台山と大同に詣り、次いで杭浙の名刹を巡礼し、梵修祝釐したが、当時の江南地方における臨済下の児孫たち――愚極至慧、玉山徳珍、虎巌浄伏等とはかって、僧統満公（可庵朗の弟子、華庵満、天都大慶寿寺に住す）と共に、正議大夫御史中丞行御史台事、王博文をして、「真定十方臨済慧照玄公大宗師道行碑」を撰せしめて、臨済院に立石し、宗祖臨済義玄の遺徳を顕彰すると共に、さらに、当時成宗の信任厚かった曹洞下の林泉従倫等と、『臨済録』の重刊を計画したのである。

ところで、蒙古の第五帝世祖が、至元八年（一二七一）国号を元と改め、天下の釈氏を京師に集めたとき、曹洞下少林雪庭福裕（一二〇三―一二七五）の門下が、その三分の一を占めた。また、至元十二年、世祖が広寒殿に御し、禅教の要義を問うたが、帝師及び諸耆徳みな禅源詮を以て対えたので、上は意悦し板行を命じ、二十有九年にして、成宗の大徳七年（一三〇三）、ついに出版をみた。あたかもこれに前後する雪堂の重刊『臨済録』は、『臨済慧照玄

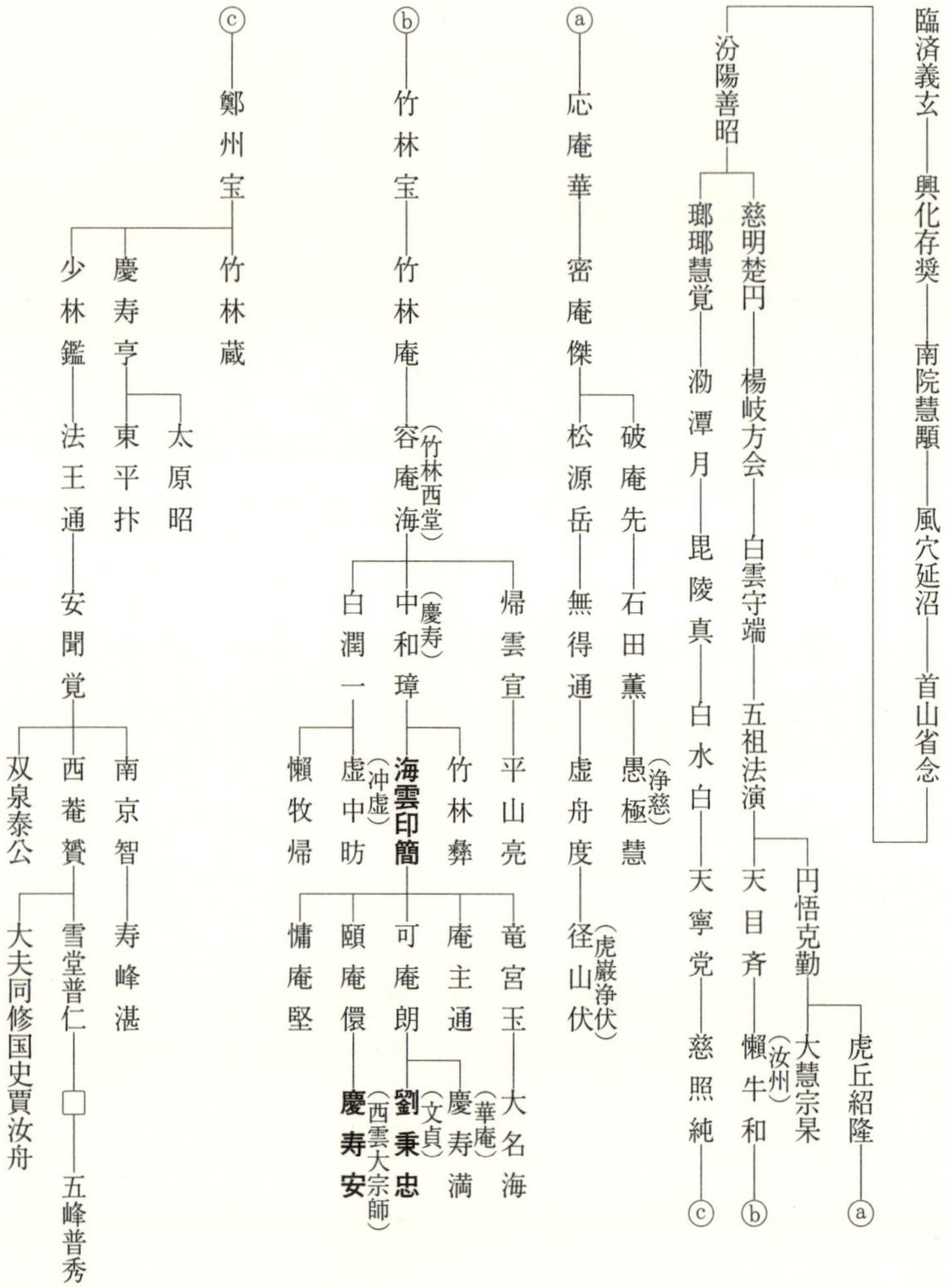
臨済義玄―興化存奨―南院慧顒―風穴延沼―首山省念―汾陽善昭
汾陽善昭―慈明楚円―楊岐方会―白雲守端―五祖法演
五祖法演―天目斉―懶牛和（汝州）―ⓑ
五祖法演―円悟克勤―虎丘紹隆―ⓐ
円悟克勤―大慧宗杲
汾陽善昭―瑯琊慧覚―泐潭月―毘陵真―白水白―天寧党―慈照純―ⓒ
ⓐ―応庵華―密庵傑
密庵傑―破庵先―石田薫―愚極慧（浄慈）
密庵傑―松源岳―無得通―虚舟度―径山伏（虎巌浄伏）
ⓑ―竹林宝―竹林庵―容庵海（竹林西堂）
容庵海―帰雲宣―平山亮
容庵海―中和璋（慶寿）
中和璋―竹林彝
中和璋―海雲印簡
海雲印簡―竜宮玉―大名海
海雲印簡―庵主通
海雲印簡―可庵朗―劉秉忠（文貞）
可庵朗―慶寿満（華庵）
海雲印簡―頤庵儇―慶寿安（西雲大宗師）
海雲印簡―慵庵堅
容庵海―白潤一
白潤一―虚中昉（沖虚）
白潤一―懶牧帰
ⓒ―鄭州宝
鄭州宝―竹林蔵
鄭州宝―慶寿亨
慶寿亨―太原昭
慶寿亨―東平抃
鄭州宝―少林鑑―法王通―安聞覚
安聞覚―南京智―寿峰湛
安聞覚―西菴贇―雪堂普仁―□―五峰普秀
西菴贇―大夫同修国史賈汝舟
安聞覚―双泉泰公

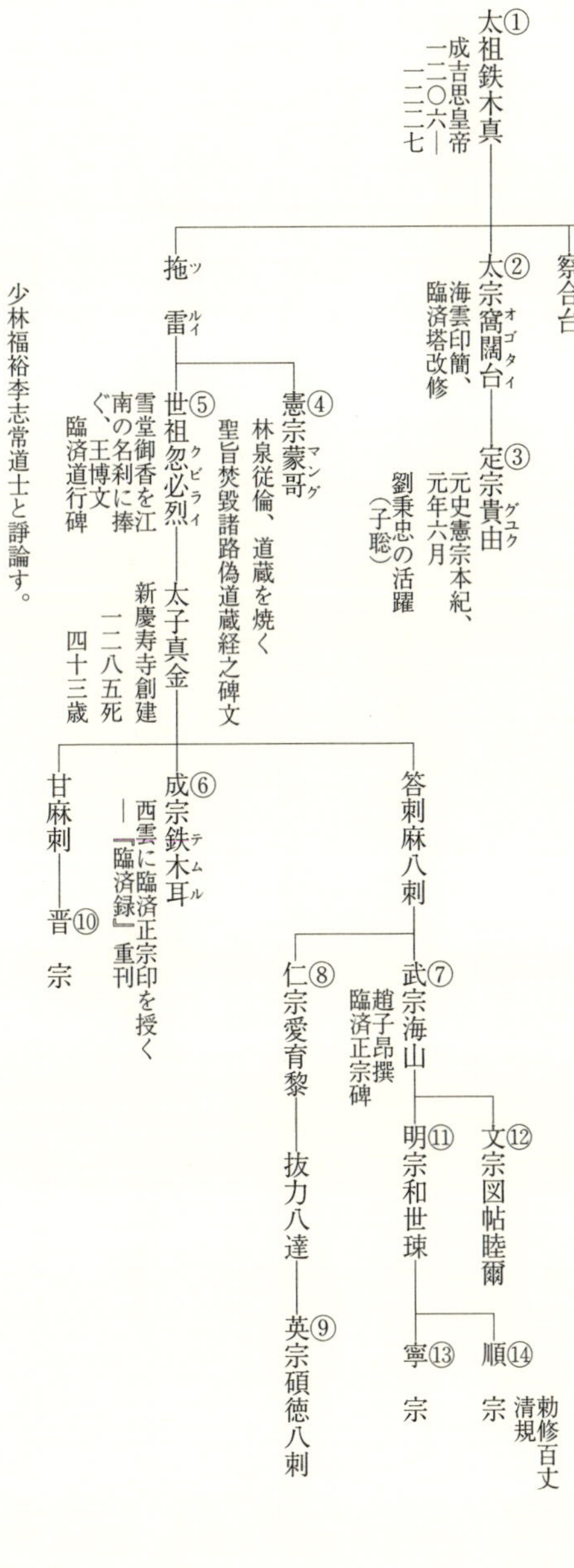

公大宗師語録』と呼ばれ、三序がある。

まず、元貞二年（一二九六）林泉従倫が序し、次いで、大徳二年（一二九八）郭天錫（―一三四三）が序し、さらに五峰普秀が序を加えているが、この序は年時が明らかでない。普秀は自ら序中に「雪堂禅師乃吾三世祖、嘱予為序、率爾書之」といっているから、雪堂普仁の孫弟子に当たる人で、実際の出版がなされたのは大徳年中（一二九七―

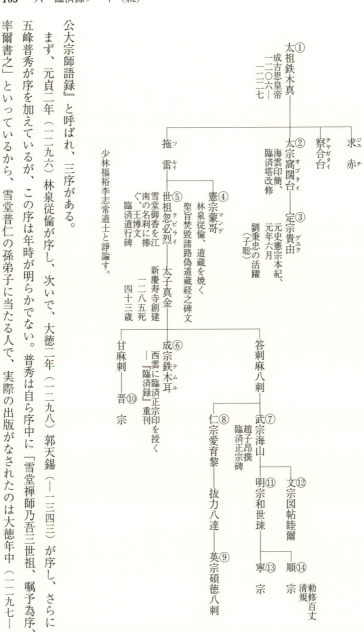

一三〇七）のことであろう。

この本は、従倫の序に、

河北江南遍尋是録、偶至余杭得獲是本、如貧得宝、似暗得灯、踊躍歓呼、不勝感激、遂捨長財、繡梓流通、俵施諸刹。

とあるが、宗演重開のものと比較すると、馬防の序がないほかは、本文にほとんど異同なく、「上堂」「示衆」「勘弁」「行録」の編集様式も同一で、おそらく、宗演本を重刊したのであろう。ただし、当時、すでに天下に尋ねて、『臨済録』の刊本を得難かったらしいことは注目すべきである。

なお、雪堂普仁は、今日伝記の明らかでない人であるがこの当時、『禅源諸詮集都序』や『碧巌集』も刊行していたようで、前者の重刻の序に、

昔至元十二年春正月、世祖皇帝万機之暇、御瓊華島、延請帝師、太保文貞劉公亦在焉、乃召在京耆宿、問諸禅教乖互之義、先師西庵贇公等八人、因以圭峯禅源詮文為対、允愜宸衷、当時先師嘱其弟双泉泰公為之記、仍命雪堂鏤板流行。（『大正蔵』四八、三九八ａ）

といい、後者は、延祐四年（一三一七）に、虚谷希陵が附した後序に、

嵎中張明遠偶獲写本後冊、又獲雪堂刊本、乃蜀本。（同、二二四ｃ）

という。

また、『金石萃編補正』巻四所収の「滎陽洞林寺聖旨碑」及び、「重陽洞林寺蔵経記」などに、資料がある。なお、報恩行秀下五世、嵩山の小室山に住した文才淳拙（一二七三―一三五二）の碑銘（『菩提達磨嵩山史蹟大観』所収）によると、この人は梁の武帝の達磨碑銘を再建し、『香厳語録』『潙山警策』『般若心経』等と共に『四家語録』を再刊

したというからこの『四家録』に『臨済録』が含まれていたことはいうまでもないが、伝本の今日に存するものもなく、この本についての他の資料も存せず、詳しいことを知り得ぬのは残念である。

元代以後の大陸における『臨済録』の流伝については、ほとんど見るべきものはない。しかし元以後といえども、臨済宗の盛大な発展と相俟って、本録の重版が幾度か行われたことはいうまでもない。たとえば、明末の万暦十七年（一五八九）、東安の解君寧、静山居士が『四家語録』を編して、馬祖、百丈、黄檗、臨済の語録を一括出版し、さらに、崇禎初年（一六二八―）には、郭凝之（海寧の人、字は正中。天啓の挙人で官は兗東兵備副使。著に『孝友伝』あり。『国朝耆献類徴』四六五、参照）と、語風円信（一五七一―一六四七）との共編になる『五家語録』が出版されている。

これらの『四家語録』や『五家語録』の出版は、実は明末における臨済・曹洞両派の確立、及び臨済派内部における宗統抗争によって、それぞれの異なる意図を以てなされたものであり、各派における臨済祖塔の復興事業や、各派の宗統を主張する『景徳伝灯録』の編纂ともからんでいて、それらの史実の客観的な究明なくして、正当な評価を与えることはできない。なかんずく、大陸における臨済正宗の伝統を日本に伸張しようとする隠元隆琦（一五九二―一六七三）の活動が、徳川時代の初期におけるわが国の禅宗諸派に大きい刺激を与え、新しい宗統の自覚を生んだ事実を無視することはできないが、今それらの問題について深く立ち入ることは差しひかえよう。ただ、そうした明末清初の宗統の抗争を究明したものに、陳垣氏の『清初僧諍記』があり、吉川幸次郎氏の「居士としての銭牧斎」（『福井博士頌寿記念東洋思想論集』）も、またこれに関説あることを附記しておく。

中峰明本―千巌元長―遠浄祖応―万峰時蔚―宝蔵普持―虚白恵昂―海舟普慈―宝峰明瑄―天奇本端―無聞自聡―月心徳宝―幻有正伝

幻有正伝―┬雲嶠円信（語風）（『五家語録』）
　　　　　└密雲円悟（一五六六―一六四二）

密雲円悟―┬費隠通容―隠元隆琦（一五九二―一六七三）
　　　　　└漢月法蔵

漢月法蔵―┬具徳弘礼
　　　　　└霊巌弘儲（祖塔源流序臨済院重建碑（宗統編年））

一二

『臨済録』の日本初伝について、今日明確な説はないが、義堂周信（一三二五―一三八八）の日記である『空華日工集』の始めに次のような話が載せられている。

元弘二年壬申（一三三二）、時に義堂八才、

一日、於家蔵襍書中、探得臨済録一冊、喜而読之、宛如宿習、父母怪之、以為天授、……師之祖父某、学儒釈之教、専修禅那、嘗謁由良国師、参禅問道、且白曰、願得禅録一巻、以為理性学本、国師乃与臨済録、是其本

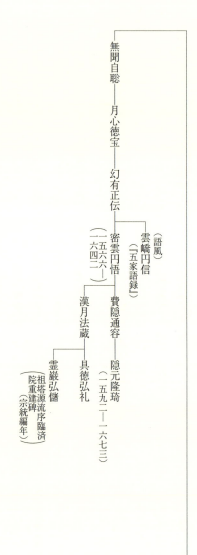

也。

ここにみえる由良国師は、法灯円明国師心地覚心（一二〇七―一二九八）で、彼が帰朝したのは、『円明国師行実年譜』によると、建長六年（一二五四）であり、おそらくこのとき、『臨済録』を将来したのであろう。また、抜隊和尚（一三二七―一三八七）の行状に、禅師が雲州の雲樹寺で、孤峯和尚（一二七一―一三六一）に参じたとき、孤峯が衆に『臨済語録』を看ることをすすめているのを聴いたと言う。孤峯は覚心の法嗣であるから、これによって、彼の系統で本録が重視されていたことを知るのであり、後年の示衆にも、よく『臨済録』を用いている点が注意される。また、抜隊の『和泥合水集』という名は、臨済に帰せられる四照用の説に見られる句にもとづくものである。

思うに、建長六年は、鼓山の晦室師明が、『続刊古尊宿語要』六巻を開版してから十七年目に当たり、元の雪堂本はいまだ出版されていないから、のちに義堂が読んだものは、馬防の序のある『続刊古尊宿語要』本、つまり、宗演本であった筈である。

もっとも、臨済に関する話は、これに先立って道元（一二〇〇―一二五三）の『永平知事清規』や『正法眼蔵』その他に引かれているし、また、蘭渓道隆（一二一三―一二七八）が、建長寺で『臨済録』を提唱したとも伝えられるから（白石、『禅宗編年史』八〇二ページ）、あるいは、法灯国師の帰朝以前に、すでに日本に伝来されていたかもしれぬが、明確なことはもとより判らない。

ところで、降って元応二年（一三二〇）に、比丘妙秀なる人が、本録を開版し、京都建仁寺の祥雲庵に版木を施入しているが、これは本邦における『臨済録』の初刊であり、しかもこの本は、今日、東京の静嘉堂文庫に現存する。この本は巻首に馬防の序一紙を有し、全巻三十五紙で、巻尾に次の識語がある。

仏祖正宗、貴久流伝、因茲此録鏤板、捨入祥雲庵、時元応庚申重陽日、小比丘妙秀。

建仁寺祥雲庵は、一山一寧（一二四七―一三一七）に嗣いだ無著良縁が創した寺で、妙秀はおそらく一寧、もしくは良縁の徒であろう。

この当時の日本は、新しい武士社会の基礎態勢がようやく固まり、日本の国力の伸展と共に、南宋、もしくは元朝文化の移植全盛期に当たり、武士階級の帰依と保護によって、鎌倉及び京都を中心として、南宋以来の祖師禅が急激に盛行し、彼此両国の禅僧の往来もはげしく、中国唐宋の禅録が続々将来され、これに伴って、日本禅林における覆刻開版が相次ぎ、やがて五山版全盛の時代を迎えることとなる。

たとえば、『伝心法要』（一二三八）、『人天眼目』（一三〇三）、『禅源諸詮集都序』（一三〇五）、『虚堂録』（一三一三）、『無門関』（一三一五）、『冥枢会要』（一三二六）、『円悟心要』（一三二八）、『碧巌録』（一三三五）、『景徳伝灯録』（一三四八）、『宗鏡録』（一三七一）等、相当大部なものまで、続々出版されると共に、『元亨釈書』（一三六四）、『貞和集』、『大応録』（一三七二）、『塩山和泥合水鈔』（一三八六）等の日本人の著作も出されており、この間に伍して、『臨済録』もまた相次いで数回の重開をみることとなったようで、今日知られているものだけでも、嘉暦四年（一三二九）比丘尼道証が出版したもの（東京国会図書館蔵）、弘和元年（一三八一）開版のもの、至徳元年（一三八四）可重が重刊したもの、永享九年（一四三七）法性寺東経所出版のもの、延徳三年（一四九一）季恭居士が濃州（岐阜）正法栖雲庵に捨入したもの、文亀元年（一五〇一）開版のものなどがあり、永享九年本が元代重開の雪堂本を承けて三序を有する以外は、すべて馬防序のある宗演本の系統のものである点は注意すべきである。

降って徳川時代に入ると、一般商工業文化の急激な発展上昇によって、町版《まちはん》が興り、従来のものがほとんどすべて寺院の出版であるのに対して、市井の書店出版のものが相次いで現れた。たとえば、元和九年（一六二三）、寛永四年（一六二七）、同十年（一六三三）、同十四年（一六三七）、慶安元年（一六四八）、承応元年（一六五二）、万治二年

（一六五九）、貞享二年（一六八五）、元禄四年（一六九一）、同九年（一六九六）、同十二年（一六九九）、享保十二年（一七二七）等、枚挙に暇なき状態である。なかんずく、享保本は、妙心寺龍華院の無著道忠（一六五三―一七四五）が、古本の誤謬を訂し、国点を改めて出版したもので、徳川時代を通じて、『臨済録』の定本としてもっともすぐれたものである。

この本は、巻尾に、趙孟頫の「臨済正宗碑」、王博文の「真定十方臨済慧照玄公大宗師道行碑銘」を并せ刻し、さらに、訂校者自身の次のような跋を附している。

此箇一縛、我家青氈。旧刻迭出、鏊踶馬焉。祖庭闕典、窃以為悁。精楷新写、黜訛完騫。校讐反復、誠肆入鐫。升平快事、曷用加旃。遂託副墨、謹白参玄。合掌一覧、行脚十年。孤明歴々、透霄徹泉。行業純一、汔可犯辺。過此已往、火中開蓮。具過師眼、掉打爺拳。

葆雨堂主道忠拝識

但州瑠璃山満願禅寺小比丘宗寿拝書

享保丁未初秋

無著校訂の『臨済録』は、大正七年（一九一八）円覚寺の釈宗演（一八五九―一九一九）によって活版に移され、東京森江書店より出版されており、昭和四十一年（一九六六）、臨済の一千百年遠忌を記念して、古川大航氏が覆製したのも、右の活版本に鈴木大拙氏が書き込みを加えた一本であり、同じく一千百年忌を記念して、禅文化研究所でも右の無著による校訂本の新訂が出版された。

なお、江戸時代に作られた本録の註釈書は、すべて本文を含んでいるが、これらのテキストについては後に説くごとくである。

さらにまた、明治以降になると、活版印刷の発展と共に各種の本が作られ、叢書、大蔵経、国訳訓註本等の本文に含まれるものも極めて多い。今その主なもののみを概観すれば、

明治十七年（一八八四）　東京　弘教書院
『縮刷大蔵経』縢帙四冊　古尊宿語録の内
明治二十一年（一八八八）　京都　妙心寺花園教黌
附、釈迦如来成道記
明治二十一年（一八八八）　京都　出雲寺文次郎
五部合刻
明治四十二年（一九〇九）　京都　蔵経書院
『続蔵経』一一八、『古尊宿語録』四、五
明治四十三年（一九一〇）　京都　貝葉書院
『禅学宝典』
明治四十三年（一九一〇）　東京　柳枝軒
岡田乾児、『袖珍臨済録仮名付』
明治四十四年（一九一一）　東京　一喝社
『禅学大系祖録部一』
明治四十四年（一九一一）　京都　貝葉書院
町元呑空改訂評唱

大正九年（一九二〇）　東京　大阪屋号書店
　中原鄧州、『提唱臨済録』
大正十年（一九二一）　東京　同書刊行会
　『国訳禅宗叢書』第十一巻
大正十二年（一九二三）　東京　森江書店
　京都　貝葉書院
大正十四年（一九二五）　東京　真風会
　岡田乾児、『臨済録贅辯』
昭和三年（一九二八）　東京　同書刊行会
　『大正新修大蔵経』四七
昭和六年（一九三一）　東京　森江書店
　間宮英宗、『臨済録夜話』
昭和十年（一九三五）　新興出版社
　間宮英宗、『聖典講話臨済録』
昭和十年（一九三五）　東京　岩波書店
　朝比奈宗源校訂、岩波文庫

右の中、『大正新修大蔵経』四七所収の『臨済録』は、永享九年版を底本として、増上寺報恩蔵明版『古尊宿語録』、宮内省図書寮本、慶安二年本、延徳三年本の四種を校合したもので、今日用いうるテキストとして最良の本である。朝比奈宗源校訂の岩波文庫本は、流布本に見られぬ数節を『古尊宿語録』によって補った本文を、訳註したもので、ポケット本として便利であるが、訓註には多少問題がある（この本は、昭和四十一年〈一九六六〉、新たに口語訳を加えて再版が出された）。

さらに、戦後における『臨済録』の研究は、実に長足の進歩をとげ、とくに語学的研究において見るべきものがある。なかんずく、佐々木ルース夫人の献身による英訳の進行を通してテキストそのものの校訂に新しい成果が見られるが、この仕事には筆者も参加しているので、ここでその評価に立ち入ることはしない。

一三

最後に、日本における『臨済録』研究の沿革について、その歴史的変遷を概観し、併せて古来の註釈書の主なものについて述べておこう。

日本の臨済宗では、古来、いつ頃からか明らかでないが、『臨済録』『碧巌録』『大慧書』『虚堂録』『五家正宗賛』『江湖風月集』『禅儀外文』の七部を、宗門七部書（『禅林執弊集』二三一aに見ゆ）として尊重し、その参究講読につとめてきている。七部の中、時代によってその研究方法に変遷消長が見られるが、『臨済録』は、江戸時代初期より中期に他のものよりもとくに尊重され、東嶺円慈（一七二一—一七九二）のごときは、その『五家参詳要路門』に、

古来以本録称録中之王。

といっており、この態度は、今日の臨済宗でも変わらないようである。

けだし、江戸時代以前においては、主として『碧巌録』を以て「宗門第一之書」と称して、その参究につとめたが、これは日本中世の禅林で、『碧巌録』の偈頌の美しさを喜んだためで、四六駢儷の綺を競う五山文字の全盛に

厭せられて、『臨済録』は『碧巌録』ほどには読まれなかったようである。

しかし江戸時代に入ると、この傾向は、にわかに逆転し、『臨済録』への関心が勃興し、多数の註釈書等が作られることとなった。

これは、主としてこの時代に、中国から隠元隆琦（一五九二―一六七三）が来朝して中国風の禅を伝え、新しく黄檗山万福寺を開創し、日本禅林に大きい刺激を与えたことによるのであろう。

隠元隆琦の来朝は、承応三年（一六五四）で、次いで、明暦三年には妙心寺の竜渓性潜（一六〇二―一六七〇）に迎えられて摂州普門寺に入り、先師費隠通容が撰した『五灯厳統』を出版し、自家の禅が達摩より、六祖、黄檗、臨済以来の中国祖師禅の正系たるを主張し、寛文二年（一六六二）には、洛南の宇治の地に、黄檗山万福寺を創建して、開山第一世となり、新しく大陸の臨済正宗を提唱したので、従来、永く五山の文字禅に酔っていた日本禅林も、にわかに覚醒せられて、自ずから宗祖臨済義玄とその語録『臨済録』への関心を強めるに至ったのである。

もっとも、これに先立って、すでに五山禅林において、種々の人々が『臨済録』の研究、講読をしていた事実はある。今日知られているもののみについても、古く夢窓疎石（一二七五―一三五一）の孫弟子に当たる空谷明応（一三二八―一四〇七）に、『臨済録直記』（三巻）の著があり、その転写本一部を故陸川堆雲氏が蔵せられているし、『蔭涼軒日録』によると、寛正五年（一四六四）四月二十二日以後、数カ月にわたって、龍崗真圭が足利義政のために『臨済録』を講じており、『実隆公記』によると、義政は、文明七年（一四七五）九月十一日、再び大成義庵の『臨済録』の提唱を聴いている。いうまでもなく、当時は五山の学問のもっとも盛大な時代で、たとえば、有名な雲章一慶（一三八六―一四六三）や、桃源瑞仙（一四三〇―一四八九）等が、『勅修百丈清規』を始め、史記や易の研究に、高い学問的成果を示しているから、五山禅僧たちの『臨済録』研究も相当にすぐれた学問的水準に達していたと思われる。

また、記録によると、当時、長享三年（一四八九）、天文十二年（一五四三）、永禄十二年（一五六九）、慶長八年（一六〇三）、慶長十二年（一六〇七）に、それぞれ何人かが本録を講じており、それらの講義ノートが、次の時代の本格的な『臨済録』註釈の素材となったことが容易に想像される。

次いで、江戸時代初期（一六〇三―）における『臨済録』研究のもっともすぐれた業績は、沢庵宗彭（一五七三―一六四五）の『臨済録秘抄』と、万安英種（一五九一―一六五四）の『臨済録抄』（カナ抄）であって、前者は主として大徳寺の開山大灯国師（一二八二―一三三七）以来の大徳寺系の参究記録を集大成したものであり、ついに秘抄とされて刊行を見なかったけれども、後者は、一般に親しみやすい片カナによる註釈で、寛永九年（一六三二）、村上平楽寺より刊行され、通名「万安抄」の名によって盛んに流行するに至った。万安英種は、曹洞宗に属するが、『大慧書』を読み、趙州狗子の公案によって大悟した人である。臨済系の人々と交わって、臨済禅への関心のとくに強かった人であるが、先述したように、当時は中国大陸においても、あたかも、『四家語録』や『五家語録』の改編出版が成り、臨済下三十一世密雲円悟（一五六六―一六四二）、及びその嗣費隠通容（一五九三―一六六一）や、曹洞下の永覚元賢（一五七八―一六五七）、為霖道霈（一六一五―一七〇二）等の活躍によって、臨済再興の気運がしきりに擡頭していた時期で、そうした大陸禅宗の気運が日本禅林に強く影響したことも見逃してはならない。たとえば、為霖道霈が編した『禅海十珍』に臨済の法語が収められているが、これは、『景徳伝灯録』一二八、「諸方広語」によったものである。

江戸初期の『臨済録』註釈書としては、以上のほかに、すでに寛永七年（一六三〇）八尾助左衛門尉開板の『臨済録抄』（六巻）、及び、承応三年（一六五四）秋田屋平左衛門板行の『臨済録夾山鈔』（十巻）があるが、共に編者を明らかにし得ない。

ところで、以上の諸鈔は、すべて室町以来の中世禅林における本録研究の成果を集大成したものであるが、次いで、黄檗隠元の渡来を境として、本録の註釈的研究はさらににわかに盛大となり、すぐれた註釈書が続々と出現するに至った。

まず、妙心寺派より隠元下に転じ、黄檗山の開創につくした龍渓性潜は、寛文四年（一六六四）以来、後水尾上皇の命によって本録を講じ、このときの上皇の御筆記は、今日、東山御文庫に保存されているが、性潜は、本書以外に、いわゆる禅門七部書の註解を手がけており、刊行された『五家正宗賛抄』や『虚堂録抄』は、今日も、禅録註解書の権威とされる。

次いで、寛文十一年（一六七一）、東福下、丹州瑞巌寺の見叟智徹（？―一六八七）が『臨済録瑞巌鈔』八巻を出版し、貞享五年（一六八八）には、仏日鉄崖道空の『臨済録撮要鈔』五巻が出版され、元禄九年（一六九六）には、散木耕雲の『臨済録摘葉』八巻が出版され、同十二年（一六九九）には、大智実統の『増補鼇頭臨済録』が出版され、降って享保十一年（一七二六）、妙心寺の無著道忠が『臨済録疏瀹』五巻を編する等、本録の註釈書が続々と出現したが、右のうち鉄崖と大智は隠元下に属し、耕雲はおそらく曹洞系かと思われる。

この間、宇治の黄檗山では、鉄眼（一六三〇―一六八二）等の努力による黄檗版『大蔵経』六千七百七十一巻の開版が完成し、黄檗山による中国禅僧の来往に伴い、大陸の訓詁学の学風が日本禅林に与えた影響は極めて大きく、前述したように、臨済の正系を主張する黄檗僧等の刺激によって、日本禅僧の間に臨済禅の偉大なる宗祖義玄とその語録への関心が強く喚起されたことは否定できぬであろう。

道忠の『臨済録疏瀹』五巻は、右のような時代思潮の下にあって、厳密正確な訓詁註釈による本文の理解と、日本古来の先哲が試みた参究味読の先蹤を襲ぎ、臨済精神の闡明につとめたもので、実に古今を通して、本録講読の最高の指針たることは、何人といえども異論がないであろう。ちなみに、疏瀹とは、『荘子』の「知北遊」に、「その心を疏瀹し、その精神を澡雪す」とあるによる語で、「ひらき洗う」の意味である。

道忠に次いで、五百年間出と自称する白隠慧鶴あり、享保十七年（一七三二）五十三歳にして、原町の松蔭寺に在って本録を提唱し、その嗣東嶺もまた本録を尊重したから、爾来、白隠系の参禅に本録の用いらるること緊密を加えるに至ったが、東嶺以後の人々の関心は、再び『碧巌録』『無門関』に移ったごとくで、本録研究にあまり見るべきものが存しない。しかして、右のごとき江戸中期以来の傾向を改めて、とくに『臨済録』を重視したものは、円覚寺の釈宗演（一八五九—一九一九）で、宗演の嗣宗活は『臨済録講話』（一九二四）を著し、宗源が岩波文庫『臨済録』（一九三五）を作ったことはわれわれの耳目に新しいところであり、また、洪川下の鈴木大拙、宗活下の陸川堆雲両氏の本録研究は、現代のもっともすぐれた成果で、後者の『臨済及び臨済録の研究』（一九五一）、『臨済録詳解』（一九六三）の二書は、道忠の『疏瀹』と共に、今後長く本録の文献研究の指針となるであろう。

また、さらに、以上に取りあげたもの以外の、臨済及び『臨済録』に関する講義、研究、関係論文の主なものとしては次のごときものがある。

（講義）

勝峯大徹　『臨済録講義』

中原鄧州　『臨済録提唱』

足利紫山　『臨済録提唱』

足利紫山・高橋新吉　『臨済録』（聖典講話）宝文館

立田英山　『臨済録新講』

（研究書・解説入門）

前田利鎌　『臨済・荘子、宗教的人間』

伊藤古鑑　『臨済』（禅叢書）

鈴木大拙　『臨済録の思想』（『大乗禅』）

『臨済の基本思想』（『哲学』季刊）中央公論社

古田紹欽　『臨済録の思想』

伊藤古鑑　『禅の講座』第四巻「禅の書　臨済録」（春陽堂）

井上禅定　『臨済録』（『現代禅講座』第三巻）

（論文）

柴山全慶　「臨済禅の性格―臨済正宗について―」『禅学研究』第四十三号

篠原寿雄　「臨済録の旧訓批判（一・二）」『禅学研究』第四十二、三号

今津洪嶽　「臨済禅の教学的基盤（一―四）」

柴野恭堂　「臨済伝及び臨済録考異」『禅学研究』第四十七号

最後に、『臨済録』の外国語訳は、鈴木大拙氏がその著述の中に引用して訳されたものがかなりあり、また、Lu k'uan Yü〔Charles Luk〕氏の CH'AN AND ZEN TEACHING（三集）にもかなりの部分が訳されているが、なお、全訳ではない。佐々木ルース夫人の成果は、指月老師の初稿から数えるとすでに二十三年を超えており、その完全な出版も近い将来に約束されているが、この仕事の完成は、おそらく国際的な臨済の禅の歴史の上に一期を劃

するものと思われる。筆者の上来の覚え書きのごときも、この仕事への参加を縁として生まれたものであり、擱筆に当たって、あらためて深謝を新たにするものがある。

附記

馬祖百丈黄檗臨済四家録序

朝散郎尚書主客員外郎軽車都尉
賜紫金魚袋　楊　傑　撰

金鶏銜粟、出一馬駒。牛懶鞭車、磨甎成鑑。野鴨飛去、引鼻牽回。掛払遭呵、耳聾三日。不隠家醜、重説偈言。累及児孫、従令吐舌。三回賜棒、猶自未知。再捋虎鬚、老婆心切。古人雖往、公案尚存。積翠老南、従頭点検。字字審的、句句不差。諸方叢林、伝為宗要。只有一処、未免誵訛。具眼底人、為他拈出。元豊八年十一月一日序。

わが慶安戊子（一六四八）仲秋に、中野五郎左衛門が梓刊した『四家録』の巻首に、旧本によって右のような序を附している。テキストは明らかに中国で万暦丁未（一六〇七）に出版されたものに拠っているが、この序のみはおそらく宋代にわが国に伝えられたものを用いたのであり、いうところの『四家録』なるものの最初の編纂（出版）に、積翠の老南、すなわち黄竜慧南（一〇〇二―一〇六九）が関係していたことが知られて極めて興味深い。また右の序を一見すれば、のちに馬防が円覚宗演の『臨済録』に附した序のスタイルが、実はこの序を襲ったものであることも明らかで、北宋における『四家録』、もしくは『臨済録』の流伝と、士大夫の臨済禅に対する関心の一端をうかがう資料ともなる。

まえがきに断ったように、本稿は佐々木ルース夫人の英訳『臨済録』の解説として草したもので、すでに六年前の旧稿であるが、はからずも昨昭和四十二年十月二十四日、夫人はその仕事の完成を見ることなくにわかに逝去された。英訳の仕事は、目下も引きつづき入矢義高先生の手で補訂されつつあり、ほとんど完全に近いものができあがっているが、出版の仕事は当初の計画をかなり変更されざるを得ない。発表の遅れた本稿が、意外な記念となったことを淋しく思う次第である。

（昭和四十三年一月二十五日　附記）

七　臨済のことば
――『臨済録』口語訳の試み――

はじめに

臨済の研究は、『臨済録』を読むことに終始する。『臨済録』は、かれのすべてである。臨済を知るには、かれ自身のことばをよく理解しなければならぬ。

もちろん、かれのことばを知ることは、かれのことばにとらわれることではない。自分のことばにとらわれるものを、かれくらい嫌った人はない。『臨済録』をはなれて、かれを語ることはできない。そうした明快なかれのことばが、今日はずいぶん誤解されている。『臨済録』のことばへの執着をはなれたと思っている人は、たいていそうした自分の考えにとらわれている。ややもすると、『臨済録』を忘れた勝手な議論が、かれの名において横行している。われわれは、いちど正しい臨済のことばの、直接理解にかえらねばならない。それは、趙州についても同じであり、ダルマについても、六祖についてもいえる。はなはだしきは、われわれにもっとも近い白隠について、とくにその感を深くする。いっぱんに、禅の宗旨を云々する人々は、文献の理解についてははなはだ無責任なところが多い。同じ本を読んで、宗旨と文献という二つの立場が、さいごまで残るはずはない。ことばは禅録のいのちである。要はその本文が本当に読めたかどうかの問題である。自己の理解の不徹底を、方法の区別にすりかえるべきではなかろう。宗旨のみを生きたものとし、文献を死んだものとするなら、当初より文献を認めぬにしかぬ。読みもせぬ文献を宗旨と区別するのは、宗祖の冒瀆もまたはなはだしい。宗祖はつねにことばと共に生きている。ことばに生命なしとするのは、すでに宗祖を死者とする独断である。

本稿は、わたくしの理解した『臨済録』のすべてである。わたくしの理解といっても、特別な解釈を加えたのではない。原文のことばのリズムを、今日の口語に移そうとつとめたにすぎない。その本文の意味するところを、一字一句、われわれのことばでうけとめようとしたのである。もとより、勉強不足は承知している。とりわけ、千年も昔の話しことばの特殊な感覚を、今日のことばにかえることはむつかしい。俗語の研究は、今日の学界でもっとも不毛な分野の一つである。

これまで、『臨済録』の学習は訓読と提唱によってなされた。それは、われわれの祖先の学習方法として、おおいに尊重されなければならない。しかし、原文のもつ口語の気分を、訓読はいちじるしく硬直化せしめる。提唱のそれは、なおいっそうはなはだしい。話しことばは、生のままで理解しなければならぬ。戦後、俗語の新しい研究はおおいに進んだけれど、口語による古典の理解は、その方法の新しさのゆえに、とかく訓読の誤りを批判するのに傾いた。今日は、理解そのものを問うところにきていると思われる。

臨済の研究には、もちろんさまざまの方法がある。いずれの方法によるにしても、『臨済録』をわれわれのことばに移すことなしに、それはおそらく不充分であろう。口語訳は、文語を口語に移しかえるだけにとどまらぬ。それは、訓読では味わえないさまざまの意味と感覚を分析する。場合によっては、まったく逆の意味すら引きだす。訓読は原文の含蓄をそこなわぬすぐれた方法であるが、含蓄の深さは、さまざまの意味をとりだして、それを一方に固定せぬ工夫によって加わる。はじめから分析を断念する方に固定するのは、じつは含蓄でも何でもない。

『禅文化研究所紀要』の創刊号で、わたくしが「臨済義玄の人間観」（本書七章）を発表したのも、そうしたさまざまの契機を引きだそうという試みの一つであった。本来ならば、今号はその続編をまとめるべきであった。しかし、そのつもりで準備をすすめるうちに、わたくしの本文の理解が、たえず流動していることに気づいた。前号の拙論を含めて、流動するわたくしの理解を統一することは難しい。今はまず、本文すべての口語訳をまとめてみるほかはないと考え直して、あえて論文以前の素材のままで、ここに大方の叱正を仰ぐこととする。

前稿のまえがきに告白したように、かつて『訓註臨済録』（本書九章）を刊行してから十一年、この古典へのわたくしの関心は一日もやむときはなかった。今回の発表は、前稿以後の新しい所見と、補正に主力をおくことにした。とくに、今回の口語訳のテキストは、現存最古の形をとどめる『四家語録』のそれを用いる。『四家語録』は明代の再編であるが、その本文は宋初の『天聖広灯録』十と十一の両巻にあるものと一致する。それは、『臨済録』の祖本とみられる北宋の宣和二年に福州鼓山の円覚宗演が重開したものよりもはるかに古い。むしろ、円覚宗演が自ら重開と称しているのは、この宋初のテキストに対するものと思われる。『天聖広灯録』の本文と宗演の重開本とを比較すると、配列の順序はかなり違っている。『天聖広灯録』十は、臨済の諱と出自にはじまり、有名な黄檗下の大悟の事件を第一段としていて、宗演本の「行録」の部分に発展する。さらに山裏栽松の話や、帰北説法、ならびに普化との関係などがこれにつぎ、三聖との問答と遺偈を含む入寂の一段に及んでいて、おおよそかれの伝記の順序になっている。ところが、巻十一は今時学仏法者にはじまる示衆より、宗演の重開とまったく同じ順序につづき、さいごに龍光、三峰、大慈、襄州華厳、翠峰、象田、明化、鳳林、金牛などを訪ねた行脚時代の問答を収めて終わる。これもまたほぼ宗演本の「行録」に該当するとみてよい。要するに、『天聖広灯録』の本文は、宗演本の素材であり、後者があくまで鎮州での説法開演を第一とし、示衆をその母体とするのに対して、『天聖広灯録』は、臨済の大悟を第一としてその伝記の大略を先に出し、これにつづいて示衆と行脚時代の記録を集めている。とくに、『天聖広灯録』になくて宗演の重開で新たに加わる八段のうち、さいごの略伝を別にすれば、その大半が『景徳伝灯録』からとられたことは明らかであり、四喝や、定上座開悟の一段のように、『禅林僧宝伝』や『碧巌録』の影響のうかがわれるものは、宋代臨済禅の動向を示す。『天聖広灯録』に収められる示衆は、『臨済録』の本文が、すでに北宋初期に決定されていたことを語るのであり、そのことは、黄檗の『伝心法要』の場合を考えると、いっそう確かになると思われる。北宋初期における『伝心法要』の成立問題については、かつて入矢義高先生の『伝心法要・宛陵録』（筑摩書房『禅の語録』8）に附したわたくしの解説で述べた通りであるが、『四家語録』の原型は、この頃すでに確定していたのである。『天聖広灯録』の本文は、すべてその面影を伝えるもので、明代に再編される『四家語録』はこれを承けているとみられる。周知のように、宗演の重開本は、その本文のはじめに「住三聖嗣法小師慧然集」という一行があり、末尾の略伝の終わりに、「住鎮州保寿嗣法小師延沼謹書」とあり、さらに「住大名府興化嗣法小師存奨校勘」という奥書がある。それらの真偽については、すでに陸川堆雲氏の発言があり、筆者もたびたび小見を発表している。今はあらためて、『天聖広灯録』の本文を『臨済録』の祖本と考えることによって、宗演本に新たに加わるそれらの編者や校勘者の問題に、再検討の手がかりが得られると思われる。今は、そうした論及をさしひかえるが、以上の確認によって、ここに発表する口語訳は、内容的に臨済その人の肉声に一歩近づき得たと信ずる。

さいわいに、『天聖広灯録』はその宋版が完全な形で現存する。今回はとくに知恩院当局の御好意で撮影を許された福州開元寺版大蔵経の本文を底本とし、各段毎に明本『四家語録』及び宗演本との校異を註記する。もとより、底本の誤字も見うけられるが、今は底本の長所を存しつつ、その誤りは宗演本によって訂したから、全体としては現存最良のテキストといえよう。なお、本来ならば、この発表は、口語訳にあわせて語註をつけるべきであるが、既刊の小著『訓註臨済録』（後章に収録）のそれと重複するうえに、紙幅も増大のおそれがあるので、すべてを割愛して他の機会をまつ。

校註の方法は、すべて『大正新修大蔵経』のそれにならい、校本の略号を次のようによぶ。
宋版『天聖広灯録』十・十一＝底本（『禅学叢書』五、附録）
『四家語録』＝甲（駒沢大学図書館蔵明本、『禅学叢書』三）
宗演重開『臨済録』＝乙（テキストは小著『訓註臨済録』により、その分段の番号を用いる）
ただし、者＝這、摠＝総のごとく、たんに書体の異なるものは、原則として校註しない。
なお、末尾に各テキストの全体について段落対照を表示した。

臨済のことば

一

鎮州臨済院の義玄先生、おくりなして慧照禅師と申し上げるのは、曹州の南華の出身である。家の姓は邢だ。幼少よりずばぬけてあたまがよく、髪をおろして出家の戒律をおさめおわる頃、禅の道を求められた。先生は、黄檗の門下にとどまられた三年のあいだ、修行の仕方がすこぶる一本気であった。先達の僧は感心して思った、「若輩ではあるが、多くの修行者たちにくらべて見どころがある」。先達の僧はたずねた、「貴僧はここにとどまってどれくらいになるか」。先生はいう、「三年です」。先達の僧がいう、「今まで師匠に質問したことがあるか」。先生がいう、「いちども質問いたしません、いったい、何をたずねるのですか」。先達の僧はいう、「君はどうして長老のところにいってたずねぬのか、『どういうのがブッダのおしえの確かな究極の目的ですか』と」。先生はすぐに出かけて質問した。質問の声がまだきれぬうちに、黄檗はすぐになぐりつけた。先生は引きさがってきた。先達の僧はいう、「質問はどうだった」。先生はいう、「こちらの質問の声がまだきれぬうちに、和尚はすぐになぐりつけました。わたしはわけが判りませぬ」。先達の僧がいう、「かならず、もういちど行って質問しなさい」。先生はふたたび出かけて質問する、黄檗はまたなぐりつける。こうして、先生は三べん質問し、黄檗は三べんなぐりつけた。先生は先達の僧に、心情をうちあけていう、「おかげで、お情をたまわりまして、わたくしを師匠にうかがわせていただきましたが、三べん質問して、三べん棒をくらいました。残念ながら悪く生まれたせいで、師匠の深い心が呑みこめません。こうなっては、もうおいとましたいと思います」。先達の僧はいう、「君は出かけるとき、かならず師匠にいとまごいをしてゆかねばいかんよ」。先生はおじぎをして引きさがった。

先達の僧は、さきに師匠のところに出かけていった、「質問申した若僧は、ずいぶんちゃんとしたものです。師匠にいとまごいに参りましたら、手だてを考えてかれを導いてくださいさい。これから鍛練すれば、一本の偉大な樹として、世間の人々に、すずしい樹蔭をあたえるに違いありません」。先生はすぐに参上していとまを乞う。黄檗はいう、「ほかのところに行ってはいけない、お前は高安の川のほとりの大愚のもとにゆくがよい。かれはきっとお前のために教えてくれるはずだ」。先生は大愚にやってくる。大愚はたずねる、「どこからきたのだ」。先生はいう、

「黄檗から参りました」。愚はいう、「黄檗はどういうふうに教えたかな」。先生はいう「わたくしは三べん『ブッダのおしえの確かな究極の目的』をたずねまして、三べん棒をくらいました。いったい、わたくしに間違いがあったのでしょうか」。大愚はいう、「黄檗はよくもそんなに老婆親切に君につくして、へとへとになっているのに、そのうえ君はここに来て、間違っていたかどうかなどとたずねるとは」。先生は、その一言で完全に悟りきっていった、「なんだ、黄檗のおしえはそんなに造作がなかったのか」。大愚は相手をひっぱたいていう、「この寝小便小僧め、今しがたは間違いがあるのかどうかと言って、こんどは逆に、『黄檗の仏法は造作がない』などとぬかす。君はいったいどんなわけが判ったのだ。さあ言え、さあ言え」。先生は大愚のわきばらを、げんこつで三べんつきあげる。大愚はつきはなしていう、「君は黄檗にしたがえ、わたしの関係したことじゃない」。

先生は大愚にいとまごいして、黄檗に引きかえす。黄檗はやってくるのを見ると、すぐにたずねた、「この男はふらふらうろつきまわって、いつになったらやめるのだ」。先生は、「ひとえに先生の老婆親切のおかげです」というと、すぐに入門の手続きを終わって、師匠のそばにひかえる。黄檗がたずねる、「どこに行ったのだ」。先生はいう、「先日はお師匠さまのお情を頂戴いたしまして、大愚にうかがわせていただきました」。黄檗はいう、「大愚はどういうことを教えたのだ」。先生は告げた、「大愚はわたくしにたずねました、『黄檗はどんなおしえ方をしているのか』、わたくしはそこで例の一件を話して、かれに、『間違いがあるのかどうか』とたずねました。大愚は申しました。『黄檗はよくもそんなに老婆親切に、君のためにへとへとになっているのに、そのうえに間違いがあるかどうかなどとぬかす』と。わたくしは、そのことばで完全に悟りました」。檗はいう、「何とかしてあの男をつかまえて、（きっと）こっぴどく一なぐりしてやりたいものだ」。先生はいう、「何のきっとなど言ってるのです。たったいま、すぐにくらうがよろしい」。いうのにつづいて、先生はすぐさま平手で打つ。檗はいう、「このフーテンめ、ここにきて虎のあごひげを引っぱりおるわい」。先生はたちまち大声でどなりつける。檗はいう、「側近よ、このフーテンをひったてて、禅堂につれてゆけ」。

　潙山が以上の話をとりあげて弟子の仰山にたずねた、「臨済はそのとき、大愚のお世話になったのだろうか、黄檗のお世話になったのだろうか」。仰山はいう、「虎のあごひげをなでただけでなく、さらに虎のあたまを尻にしいたというものです」。

①鎮州臨済院義玄慧照禅師、曹州南華人也。俗姓邢②。幼而穎異③、及落髪受具、④志慕禅宗。⑤師在黄檗会中三年、行業純一。首座⑥歎曰、⑦然是後生、与衆有異。⑧首座問、上座在此多少時⑨也。師云、三年也※。首座云、曽参問也無。師云、不曽参問。不知問箇什麼⑩。首座云、汝何不去問堂頭⑪、如何是仏法的的大意。師便去問。⑫問声未絶、黄檗便打。師下来。首座云、問話作麼生。師云、某甲問声未絶、和尚便打。某甲不会。首座云、但更去問。師又去問。黄檗又打。如是三⑬致問、三⑭打之⑮。師来白首座云、幸蒙慈悲、令某甲問訊和尚。三度発問、三度⑯喫棒。自恨障縁不領深旨。今且辞去。首座云、汝若去⑰、須⑱是辞和尚了⑲去。師礼拝退。首座先到和尚処云、問話底後生、甚是如法。若来辞⑳和尚時、方便接伊㉑。㉒已後穿鑿㉓、一株大樹、与天下人作陰涼去在。師㉔便上去辞。黄檗云、不得往別処去。汝向高安灘頭大愚処去、必為汝説。師到大愚。大愚問、㉕従什麼処来。師云、黄檗処来。愚㉖云、黄檗有何言句。師云、某甲三度問仏法的的大意、三度㉗喫棒。不知某甲有過無過。※愚云、黄檗㉘恁麼老婆、為汝得徹困。更来者裏、問有過無過。師於言下大悟云、元来黄檗仏法無多子。大愚㉙搊住云、者㉚尿牀子、適来言㉛道有過無過、如今却道、黄檗仏法無多子。你㉜見什麼道理。速道速道。師於大愚脅下築三築㉝。大愚拓㉞開云、㉟你師黄檗、非干吾㊱事。師辞大愚、却迴黄檗。黄檗見来便問、者漢来来去去、有什麼了期。師云、秖為老婆心切。便人事了侍立。檗㊲問、什麼㊳処来。師云、昨㊴日奉㊵和尚慈悲㊶、令参大愚去来。※檗云、大愚有何言句。㊷師挙、㊸大愚問某甲、黄檗有何

言句。某甲遂挙前話、問他有過無過。大愚道、黄檗恁麼老婆、為汝得徹困。更道有過無過。某甲於言大悟。檗※云、作麼生得者漢来、㊹痛与一頓。師云、説什麼待来、即今便喫。随後便掌。檗※云、者風顚漢、㊺来者裏捋虎鬚。師便喝。檗※云、侍者引者風顚漢参堂去。㊻潙山㊼挙前因縁問仰山、臨済当時、得大愚力、㊽黄檗力。仰山云、非但㊾捋虎鬚、亦解㊿騎虎頭。

① 鎮州以下一一字＝師諱義玄（甲・乙〔一五四〕）
② 邢＋氏（甲・乙）
③ 異＋長以孝聞（乙）
④ 志慕禅宗以下、乙〔一五四〕は居於講肆精究毗尼云々として、まったく別文。
⑤ 師在以下八字＝師在黄檗三年（甲）、師初在黄檗会下（乙〔一一〇〕）
⑥ 座＋乃（甲・乙）
⑦ 然＝雖（甲・乙）
⑧ 首座＝遂（甲・乙）
⑨ 也―（甲・乙）
⑩ 麼＝磨（底）
⑪ 頭＋和尚（甲・乙）
⑫ 問―（甲・乙）
⑬ 致＝度発（甲・乙）
⑭ 三＋度被（甲・乙）
⑮ 之―（甲・乙）
⑯ 喫棒＝被打（甲・乙）
⑰ 去＋時（甲・乙）
⑱ 是―（甲・乙）
⑲ 了―（甲・乙）
⑳ 和尚―（甲・乙〔一一一〕）
㉑ 伊＝他（甲・乙）
㉒ 巳＝向（甲・乙）
㉓ 鑿＋成（甲・乙）
㉔ 便上―（甲・乙）
㉕ 従―（甲・乙）
㉖ 〔大〕＋愚（甲・乙）
㉗ 喫棒＝被打（甲・乙）
㉘ 恁＝与（甲・乙）
㉙ 搊＝搊（甲・乙）
㉚ 牀＋鬼（甲・乙）
㉛ 言―（甲・乙）
㉜ 見＋箇（甲・乙）

㉝ 築＝拳（甲・乙）
㉞ 拓＝托（甲・乙）
㉟ 你＝汝（甲・乙）
㊱ 吾＝我（甲・乙）
㊲ 〔黄〕＋檗（甲・乙〔一一二二〕）
㊳ 処＋去（甲・乙）
㊴ 日―（甲・乙）
㊵ 和尚―（甲・乙）
㊶ 悲＝旨（甲・乙）
㊷ 師＋遂（乙）
㊸ 大愚以下四九字＝前話（甲・乙）
㊹ 〔待〕＋痛（甲・乙）
㊺ 〔却〕＋来（甲・乙）
㊻ 〔後〕＋潙（甲・乙〔一一三二〕）
㊼ 前因縁＝此話（甲・乙）
㊽ 〔得〕＋黄（甲・乙）
㊾ 捋虎鬚＝騎虎頭（甲・乙）
㊿ 騎虎頭＝把虎尾（甲・乙）

二

先生が、また松の苗を植えておられた折に、黄檗がたずねた、「奥山に沢山の松を植えて、どうするのだ」。先生、「一つには山門のために風致をよくし、二つには将来の人々のために目じるしにするのです」。こういわれると、先生は鍬で地面を一、二度掘りおこした。黄檗、「なるほどそうだが、そなたはもう俺の棒を三十くらってるぞ」。先生はさらに鍬で地面を二、三度掘り、よいしょ、よいしょとやる。檗、「わしの宗旨は、君の時代になって、世の中に盛んになるであろう」。

潙山が以上の話をとりあげて、仰山にたずねた、「黄檗はそのとき、臨済だけをたのみにしたのか、それともほかに人がいたのだろうか」。仰、「おりました。しかし、非常に遠い先のことですので、和尚さまに申したくありません」。潙、「それはそうだが、わしはまあそれを知りたいのだ。君とにかくひとつ話してみい」。仰山、「ある男が南の方を指し示すと、呉越の地方にその命令がひろまるが、大風に遇ってそれまでだ」。風穴のことを予言したもの。

師又①因栽松次。檗問②、深山裏栽許多松③、作什麼。師云、一与山門作景致④、二与後人作標牓⑤。道了将钁頭打地一⑥両下。※檗云、雖然如是、子已喫吾三十棒了也。師又以钁頭打地両⑦下⑧、嘘嘘⑨。※檗云、吾宗到汝、大興於世。潙⑩山挙⑪前因縁問仰山、黄檗当時、秖嘱臨済一人、更有人在。仰⑫云、有。秖是年代深遠、不欲挙似和尚。潙⑬云、雖然如是、吾且⑭要知。汝但⑮挙看。仰山云、一人指南、呉越令行、遇大風即止。讖風穴⑯。

① 又因―（甲・乙〔一二四〕）
② 〔黄〕＋檗（甲・乙）
③ 松―（甲・乙）
④ 景＝境（甲・乙）
⑤ 牓＝榜（甲・乙）
⑥ 一両＝三（甲・乙）
⑦ 両＝三（甲・乙）
⑧ 下＋作（甲・乙）
⑨ 嘘＋声（甲・乙）
⑩ 〔後〕＋潙（甲・乙）
⑪ 前因縁＝此語（甲・乙〔一二五〕）
⑫ 仰＋山（甲・乙）
⑬ 潙＋山（甲・乙）
⑭ 且＝亦（甲・乙）
⑮ 但―（甲）
⑯ 穴＋和尚也（甲・乙）

三

先生は、共同で畑を耕しておられた折、黄檗がやってきたので、仕事の手をとめた。檗はいう、「こいつめ、くたびれたんだな」。先生、「鍬もまだふりあげぬのに、何にくたびれるものかい」。檗はすぐになぐりつける。先生は黄檗の棒をうけとめて、ひとおしにおしたおす。檗は総務がかりの僧をよんだ、「総務、俺をおこしてくれ」。総務はすすみでていう、「和尚さま、フーテンの男の無礼を見逃してよろしいものですか」。檗はおきあがると、総務をなぐりつけた。先生は鍬で地面を掘っていう、「よそはどこでも火葬だが、俺のところはすぐに生き埋めだ」。

潙山が仰山にたずねた、「黄檗が総務を打ったのは、どういうつもりだったのだろうか」。仰山、「本物の泥棒は逃げて、追っかけてた人の方が棒をくらったというわけです」。

師因①普請②次。見黄檗来、拄钁而立。檗③云、者漢困也④那。師云、钁也未挙、困箇什麼。檗※便打。師接⑤棒、一送送倒。檗※喚維那、維那扶我⑥起。維那近前⑦云、和尚争容得者風顛漢無礼。檗※起⑧便打維那。師钁地云、諸方火葬、我者裏一時活埋。潙⑨山問仰山、黄檗打維那、意作麼生。仰山云、正賊走却、羅⑩蹤人喫棒。

① 因―（甲・乙〔一二七〕）
② 請＋鋤地（甲・乙）
③ 〔黄〕＋檗（甲・乙）
④ 也那＝那（甲）、耶（乙）
⑤ 接＋住（甲・乙）
⑥ 我起＝起我（甲・乙）
⑦ 前＋扶（甲・乙）
⑧ 〔纔〕＋起（甲・乙）
⑨ 〔後〕＋潙（甲・乙〔一二八〕）
⑩ 羅＝邏（乙）

四

先生はある日、僧堂の前で坐っていた。黄檗がやってくるのに気づくと、目をとじた。黄檗はそれを見ると怖そうな様子をして、すぐに居室に引きあげた。先生はすぐあとから黄檗の居室にゆき、わびた。先達の僧が、檗のそばにひかえて立っていた。檗、「この修行者は若ものながら、ちゃんと、あの事の所在を心得ているぞ」。先達の僧、「老和尚の方が、若ものを明証なさる」。檗は、自分で口のあたりを平手で打つ。先達の僧がいう、「お判りならよろしい、お判りならよろしい」。

師一日在僧堂前坐。見黄檗来、閉①却目。檗②見③、乃作怖勢、便帰方丈。師随④後上方丈礼謝。首座在檗※処侍立。檗※云、此僧雖是後生、却知有此事。首座云、老和尚⑤却証拠箇後生。檗※自於口上⑥摑。首座云、知即得、知⑦即得。

① 〔便〕＋閉（甲・乙〔一二九〕）
② 〔黄〕＋檗（甲・乙）

③ 見―（甲・乙）
④ 後上＝至（甲・乙）
⑤ 尚＋脚跟不点地（甲・乙）
⑥ 上＋打一（甲・乙）
⑦ 知即得―（甲・乙）

五

先生は、僧堂の中で眠っておられた。檗は、居室からおりてきてそれを見て、杖で座席をひと打ちする。先生は顔をあげたが、黄檗だと判ると、また眠った。檗はもういちど席をひと打ちして、僧堂の上の区画にゆくと、先達の僧が坐禅していた。檗、「下の区画の若ものの方が坐禅しているのに、そちはここで妄想していてどうする気だ」。先達の僧、「あのフーテン、何をするつもりですか」。檗は座席をひと打ちすると、出てゆく。

潙山は仰山にたずねた、「黄檗はどういうつもりだろう」。仰山がいう、「二つの勝目が一度の勝負に出たところです」。

師在堂内①睡。檗②下来見、以拄杖打板頭一下。師挙頭、見是黄檗却睡。※檗又打牀③一下。往④上間、見首座坐禅。檗⑤云、下間後生却坐禅⑥。汝者裏妄想作什麼。首座云、者⑦風顛漢作什麼。※檗打板頭一下、便出去。潙⑧山問仰山云⑨、黄⑩檗意作麼生。仰⑪云、両彩一賽。

① 内＝中（甲・乙〔一三〇〕）
② 〔黄〕＋檗（甲・乙）
③ 牀＝板頭（甲・乙）
④ 〔却〕＋往（甲・乙）
⑤ 檗云＝乃至（甲）、乃云（乙）
⑥ 禅＋云（甲）
⑦ 風顛＝老（甲・乙）
⑧ 〔後〕＋潙（甲・乙〔一三一〕）
⑨ 云―（甲・乙）
⑩ 檗＋入僧堂（甲・乙）
⑪ 仰＋山（甲・乙）

六

先生はある日、黄檗といっしょに共同作業に出かけた。先生はうしろの方で作業をやっていた。檗はふりかえって、先生が手ぶらなのを見た。檗、「鍬はどこにある」。先生はいう、「誰かがもっていってしまいました」。檗はいう、「こちらにこい、君と相談することがある」。先生はすぐに進みよる。檗は鍬をつっ立てていう、「これだけは、世界の誰ひとりもちあげることがならんぞ」。先生はいきなり（その手で、）ひったくり、つっ立てていう、「どうしてわたしの手のうちにあるのですか」。檗はいう、「きょうは、ちゃんとある男が大仕事をしてくれたぞ」。そういうと僧院にひきかえした。

後になって、潙山がこの話をとりあげて仰山にたずねた、「鍬は黄檗の手のうちにあったのに、どうして臨済にとられてしまったのだろうな」。仰山、「小人の泥棒が、智恵は上手です」。

①師一日②与黄檗、同赴普請③。師在後行。④檗回頭見師空手。⑤檗問、⑥钁在什麼処。師云、⑦巳⑧有人将⑨去也。※檗云、近前来、共汝商量箇事。師便近前。※檗竪起钁頭云、秖者箇天下人拈掇不起。師就手掣得竪起云、為什⑩麼在某甲手裏。※檗云、今日⑪自有人普請。便帰院。後潙山⑫挙此話問仰山⑬、※钁在黄檗手裏、為什麼却被臨済奪却。仰山云、賊是小人、智過君子。

① 師—（甲・乙〔一三二〕）
② 与黄檗同赴—（甲・乙）
③ 請＋次（甲・乙）
④ 〔黄〕＋檗（甲・乙）
⑤ 檗＝乃（甲・乙）
⑥ 钁＋頭（甲・乙）
⑦ 巳—（甲・乙）
⑧ 有＋一（甲・乙）
⑨ 去＋了（甲・乙）
⑩ 麼＋却（甲・乙）
⑪ 自＝大（甲・乙）
⑫ 挙此話—（甲・乙〔一三三〕）

⑬ 山十云（甲）

七

黄檗は、あるとき台所に入ると、飯たきの僧を見つけてたずねた、「なにをしているのだ」。飯たき、「修行者たちの米をよりわけています」。檗、「一日にどれくらい食べるのか」。飯たき、「二石五斗です」。檗がいう、「多すぎはせんか」。飯たきがいう、「まだ少ないと思うくらいですよ」。黄檗はすぐに（飯たきを）なぐった。飯たきは、ことを先生（臨済）につげた。先生、「わたしが君のためにあの親爺を裁いてやろう」。黄檗のそばにやってきてひかえるなり、檗はすぐさま先の話をもちだした。先生、「飯たきは判らぬのです、どうか和尚様、かれにかわって、一こと別に言ってください」。先生はそこでたずねた、「多すぎはしませんか」。檗がいう、「どうしてこう言わぬ、『あすもまた一食くいます』とな」。先生はいう、「あすのことじゃありません。たった今すぐにくらうがよろしい」というと、先生は平手打ちをくらわす。檗、「このフーテンめ、またここに来て虎の鬚を引っぱりおったぞ」。先生はすぐにどなりつけて出てゆく。

あとで、潙山がこのことをとりあげて、仰山にたずねた、「このお二人の長老は、どんなつもりだったのだろうな」。仰山、「和尚さまのつもりはどうですか」。先生がいう、「子をもってはじめて親の情が判るというものだ」。仰、「いや、そうではありますまい」。潙、「お前はそれじゃどうなんだ」。仰がいう、「造反をつれこんでごっそりやられたのにそっくりです」。

黄檗因入厨①、見②飯頭問、作什麼。飯頭云、揀衆僧米。檗云③、日④喫多少。頭云⑤、両⑥石五。檗云※、莫太多⑦。頭云※、猶恐少在。檗便打※。飯頭却挙似師。師云、我与汝勘⑧者老漢去⑨。纔到檗⑩処侍立次、檗便挙※⑪前因縁⑫。師云、飯頭不会、請和尚代一転語。師便問、莫太多※。檗云※、何不道、来日更喫一頓。師云、説什麼来日、即今便喫。道了便掌。檗※云、者風顚漢、又来者裏捋虎鬚。師便喝出去。後潙山挙⑬問仰山、此二尊宿、意作麼生。仰⑭云、和尚意⑮作麼生。潙⑯云、養子方知父慈。仰※云、不然。潙※云、子又作麼生。仰※云、大似勾賊破家

①　厨＋次（甲・乙〔九一〕）
②　見飯頭問＝問飯頭（甲・乙）
③　〔黄〕＋檗（甲・乙）
④　〔一〕＋日（甲・乙）
⑤　〔飯〕＋頭（甲・乙）
⑥　両＝二（甲・乙）
⑦　多＋麼（甲・乙）
⑧　与＝為（甲・乙）
⑨　去―（甲・乙）
⑩　檗処―（甲・乙）
⑪　便―（甲・乙）
⑫　因縁＝話（甲・乙）
⑬　挙―（甲・乙〔九二〕）
⑭　仰＋山（甲・乙）
⑮　意―（甲・乙）
⑯　潙＋山（甲・乙）

八

先生は、黄檗のために手紙をとどけに潙山に出かけた。接待役であった仰山が、手紙をうけとると、すぐにたずねた、「これは黄檗のものだ。どれが貴僧のですか」。すると先生が平手をくらわす。仰山はふせぎとめていう。「先輩が同じ事だと心得ているなら、それでよろしい」。一緒に潙山におめどおりすると、潙はたずねた、「黄檗先輩のところは、どれほどの学生がいるのか」。先生、「七百人です」。潙、「どういう人が先達となっている」。先生がいう、「さきほど、手紙をわたしてあります」。先生が、今度は潙山にたずねる、「長老さまのこちらには、どれほどの学生がいるのですか」。潙山がいう、「千五百人です」。先生がいう、「それは大へんなものですね」。潙山がいう、「黄檗先輩だってすくなくはない」。

先生は潙山にいとまごいをした。仰山は見送っていう、「君は北方に行きなさい、住居が用意されているから」。

先生はいう、「どうしてそんなことがあるものか」。仰山はいう、「まあゆくのだ、ある男が君を援助する。この男は頭があって尾はなく、始めはあるが終わりがない」。先生が鎮州にやってくると、普化がいた。先生が説法をはじめると、普化は先生をたすけた。先生がちょうど教えを盛んにすると、普化はすっぽりぬけだしもぬけのからとなって姿を消した。

師為黄蘗馳書去潙山。①仰山作知客、接得書便問、者箇是黄蘗底。那箇是②上座底。師便掌。仰山約住云、老兄知是③一般事便休。同去④参潙山、⑤潙便問、黄蘗師兄多少衆。師云、七百衆。※潙云、什麼人為導首。師云、適来已達書了⑥。師却問潙山、和尚此間多少衆。※潙云、一千五百衆。師云、太多生。※潙云、黄蘗師兄亦不少。師辞潙山。仰山⑦相送云、汝⑧向北去、有箇住処。師云、豈有⑨恁麼事。仰山云、但去⑩。有一人佐輔汝⑪。此⑫人有頭無尾、有始無終。⑬師到鎮州。普⑭化在⑮彼。師⑯住後⑰賛佐於師。師⑱正化旺、普化全身脱去。

① 〔時〕+仰（甲・乙〔一三四〕）
② 上座＝専使（甲・乙）
③ 一—（甲・乙）
④ 参＝見（甲・乙）
⑤ 潙+山（甲・乙）
⑥ 了+也（甲・乙）
⑦ 相送＝送出（甲・乙〔一三五〕）
⑧ 向+後（甲・乙）
⑨ 恁＝与（甲・乙）
⑩ 去+已後（甲・乙）
⑪ 汝＝老兄在（甲・乙）
⑫ 人+秖是（甲・乙）
⑬ 師+後（甲・乙）
⑭ 化+已（甲・乙）
⑮ 彼+中（甲・乙）
⑯ 住後＝出世（甲・乙）
⑰ 賛佐＝普化佐賛（甲・乙）
⑱ 正化旺＝住未久（甲・乙）

九

先生は黄檗にいとまごいした。檗、「どこにゆくのか」。先生はいう、「河南でなければ、河北でございます」。黄檗はすぐになぐりつける。先生はそれをとりおさえて、師匠に平手打ちをくらわす。檗は大笑いして、そばつきの僧をよんでいう、「百丈先師から伝わってる禅版と机案をもってきてくれ」。先生はいう、「小僧、火をもってくるんだ」。黄檗はいう、「それはそうだが、君はまあもってゆけ、今後、きっとこれが、世間の人の口さきをおさえつけるぜ」。

後になって、潙山がこの話をもちだして弟子の仰山にたずねた、「臨済は黄檗を裏切ったのではあるまいか」。仰山はいう、「そうではありません」。潙山はいう、「君ならどうだ」。仰山はいう、「御恩のほどが判って、はじめて恩をかえすこともできるのです」。潙山はいう、「これまでの人で、それに当たるものがあるだろうか」。仰山がいう、「ございます。しかし遥かに遠い時のことですから、師匠に申しあげようと思いません」。潙山はいう、「そうかもしれないが、わたしはやはり不審なのだ。君ひとつ話してごらん」。仰山はいう、「たとえば『楞厳経』の説法で、アーナンダがブッダをたたえていっています、『このまごころを、塵の数ほど多くのくにぐにににささげまつる、これこそブッダの恩徳にむくゆるものとよぶ』と。これが恩にむくゆる事例じゃないでしょうか」。潙山はいう、「いかにも、いかにも。見識が師匠と同じだと、先生の徳を半分もへらす。見識が先生よりもすぐれた弟子にして、はじめて真理を伝授する資格があるというものだ」。

①師辞黄檗。檗②問、什麼処去。師云、不是河南、而是③河北。※檗便打。師約住、与師④一掌。※檗⑤大笑、喚侍者、将百丈先師禅⑥板几案来。師云、侍者将火来。黄檗云、雖然如是、汝但将去。已後坐却天下人舌頭去在。後潙山挙⑦此話問仰山、臨済莫辜負他黄檗也無。仰山云、不然。潙山云、子又作麼生。仰山云、知恩方解報恩。潙山云、従

上古人、還有相似底也無。仰山云、有。秖是年代深遠、不欲挙似和尚。潙山云、雖然如是、吾且[8]不知。子但挙看。仰山云、秖如楞厳会上、阿難讃仏云、将此深心奉塵刹、是則名為報仏恩。豈不是報恩之事。潙山云、如是如是。見与師斉、減師半徳。見過於師、方堪伝授。

① 師＋一日（乙〔一三七〕）
② 〔黄〕＋檗（甲）
③ 是＝帰（乙）
④ 師—（甲・乙）
⑤ 笑＋乃（甲・乙）
⑥ 几＝机（甲・乙）
⑦ 挙此話—（甲・乙〔一三八〕）
⑧ 且不＝亦要（乙）

一〇

定例の説法でいわれた、「素裸のからだに、一人の脱体制の自由人がいて、いつでも君たち各自の口から出入りしているぞ。まだ実証していないものはやってみるんだな」。一人の修行僧が前に出てたずねた、「どういうのが脱体制の自由人ですか」。先生は坐禅の椅子をおり、相手をひっつかんでいう、「言ってみよ」と。僧は、何か答えようとする。先生は相手をつきはなして、「（君という）脱体制の自由人は、何たる糞かきベラだ」。そういうと、自室にひきあげられた。

上堂云、赤肉団上、有一無位真人。常従汝等諸人面門出入。未証拠者、看看。時有僧出問、如何是無位真人。師下禅牀把住云、道道。[1]僧擬議。師[2]拓開云、無位真人是什麼乾屎橛。便帰方丈。

① 〔其〕＋僧（甲・乙〔一三〕）
② 拓＝托（甲・乙）

一一

先生はある修行僧にたずねた、「どこから来たか」。僧はすぐにどなった。先生はすぐに会釈して席につかせる。

僧は何か答えようとする。先生はたちまち相手をなぐりつけた。

先生は、修行僧がくるのを見ると、すぐに払子をつったてた。僧はおじぎする。先生はたちまちなぐりつけた。

さらに、僧がくるのを見て、（先生は）こんども払子をたてた。僧は目もくれぬ、先生はやっぱりなぐりつけた。

師問僧、什麼処来。僧便喝。師便揖坐。僧擬議。師便打。師見僧来、便豎①起払子。僧礼拝。師便打。又見僧来、亦豎※起払子。僧不顧。師亦打。

① 豎＝竪（甲・乙〔九二〕）

一二

定例の説法のとき、一人の修行僧が出てきて、おじぎした。先生はただちにどなりつけた。僧がいう、「おやじさん、きょろつかぬがよろしかろう」。先生がいう、「君は、いったいどこにおちついてるのだ。（言うてみろ）」。僧はただちにどなった。

また、一人の修行僧がたずねた、「どういうのがブッダのおしえの極意でしょうか」。先生はただちにどなりつける。僧は、おじぎした。先生がいう、「きみはどなられてよかったとでもふんだのか」。僧がいう、「造反軍は完全につぶれました」。先生がいう、「まちがいは、どこにあったのだ」。僧がいう、「二度目の造反はもう容赦しませぬ」。

先生はいわれる、「皆のものよ、わたしがお客と主人といっている言葉の意味を知りたいなら、禅堂にいる二人の客人にたずねることだ」。そういうと、さっさと席をたたれた。

上堂、有僧出礼拝。師便喝。僧云、老和尚莫探頭好。師云、你道落在什麼処。僧便喝。又①僧問、如何是仏法大意。師便喝。僧礼拝。師云、你道好喝也無。僧云、草賊大敗。師云、過在什麼処。僧云、再犯不容②。師云、大衆要会臨済賓主句、問取堂中二禅客[3]。便下座。

① 又＋有（甲・乙〔一四〕）

② 容＋師便喝是日両堂首座相見同時下喝僧問師還有賓主也無師云賓主歴然（乙〔一五〕）　③ 禅客＝首座（乙）

一三

先生はある日、普化といっしょに、信者の家の食事の施しをうけに出かけたとき、先生は普化にたずねた、「『髪の毛が大海を吸いこみ、芥子つぶがスメールの山をとりこむ』、というのは、いったい奇蹟的な神わざなのか、それとも、もとよりあたりまえのことなのか、君はどう思うかい」。普化は、食膳を蹴とばす。先生がいう、「すごく手荒だな」。普化がいう、「ここがどういう場所だというので、手荒いとか丁重だとかいうのです」。

先生は翌日も、やはり普化といっしょに食事の施しをうけに出かけた。先生がたずねる、「今日のごちそうは、昨日にくらべてどうだな」。普化は相かわらず食膳を蹴とばす。先生がいう、「よいことはよいが、すごく手荒だな」。普化がいう、「ドジめが、ブッダのおしえに、どんな手荒さと丁重さとを区別しているというのか」。先生は、とうとうあごを出した。

師一日、同普化赴施主家斎次。師問普化[1]、毛呑巨海、芥納須弥。為是神通妙用、本体如然。普化踏倒飯牀。師云、太麤生。普化云、者裏是什麼所在、説麤説細。師来日、又同普化赴斎。師云[2]、今日供養、何似昨日。普化依前踏倒飯牀。師云、得即得、太麤生。普化云、瞎漢、仏法説什麼麤細。師乃吐舌。

① 普化―（甲・乙〔九四〕）　② 師云＝問（甲・乙〔九五〕）

一四

先生はある日、河陽と木塔という二人の先輩といっしょに、僧堂の土間に設けた暖炉のうちに坐っていた。たまたま話がすすんで、「普化は毎日町のなかでフーテンさわぎをやっているが、いったい凡人なのか、聖者なのか判らぬ」という。その声がまだとぎれぬのに、普化が入ってきた。先生はすぐにたずねた、「貴様は凡人か聖者か」。普化がいう、「お前ひとつ答えてみろ、自分が凡人か、それとも聖者か」。先生はすぐにどなった。普化は手で相手を指していう、「河陽の花よめ、木塔のおしゃべり婆さん、臨済の子わっぱは、なかなか一見識そなえているぞ」。先生がいう、「この造反め」。普化はいう、「造反だ、造反だ」。かれはさっさと出てゆく。

師一日、与河陽木塔長老、同在僧堂地炉内①坐。因説普化毎日在街市、掣風掣顛。知他是凡是聖。言猶未了、普化入来。師便問、汝是凡是聖。普化云、汝且道、我是凡是聖。師便喝。普化以手指云、河陽新婦子、木塔老婆禅、臨済子廝児、却具一隻眼。師云、者賊。普化云、賊賊。便出去。

① 内＝辺（甲）、乙〔九六〕は異同なし。

一五

ある日、普化は道場の前で、生の野菜をたべていた。先生が見つけていう、「まるきり一人前のロバだ」。普化はすかさずロバの鳴き声をする。先生がいう、「この造反め」。普化はいう、「造反だ、造反だ」。

一日、普化在僧堂前、喫生菜。師見云、大似一頭驢。普化便作驢鳴。師云、者賊。普化云、賊賊①。

① 賊＋便出去（甲・乙〔九七〕）

一六

その頃、普化はいつも町のなかで鈴をふって歌っていた、「明るい方からくれば明るい方で打ってやり、暗い方からくれば暗い方で打ってやり、四方八方からくれば、つむじ風式に打ってやり、大空からくれば、からざおで打ってやる」と。先生はそばつきの僧に行かせて、普化がそのように歌うのを見つけ次第、すぐにひっとらえて言わせた、「まったくどんなふうにも来ないときは、どうするのだ」と。そばつきの僧は、いわれたとおりにした。普化は相手をつきはなしていった、「あしたは、大悲院でお祭りがあるんだ」。そばつきの僧はかえってきて先生に報告した。先生はいう、「俺は前からこいつくさいとにらんでいたのだ」。

因普化常於街市揺鈴云、明頭来明頭打、暗頭来暗頭打。四方八面来旋風打、虚空来連架打。師令侍者去、纔見如是道、便把住云、摠不与麼来時如何。侍者如教。[①]普化拓開云、[②]来日大悲院裏有斎。侍者迴挙似師。師云、我従来疑著者漢。

① 侍者如教——（甲・乙〔九八〕）　② 拓＝托（甲・乙）

一七

普化はある日、町のなかで人々に一枚つづきの僧服をねだっていた。人々は揃ってそれをくれたが、普化はどれも気に入らなかった。先生は、寺の事務長に棺おけを一揃い購入させた。普化がかえってくると、先生はいった、「わたしはお前に一枚つづきの僧服をつくってあげておいたよ」。普化はすぐにそれをかついで出てゆき、町々をふれまわっていった、「臨済が俺に一枚つづきの僧服をつくってくれたんだ。俺は東の門に行っておさらばするぞ」と。町の人々は先をあらそって後をつけて見物した。普化はいう、「わたしは、きょうはまだやらん。あした、南の門にいっておさらばしよう」。こうして三日たつと、人々はもう信用しない。四日めになると、誰もついていってみるものはない。普化はひとり町の外に出ると、自分で棺の中に入り、通行の人にたのんで釘をうってもらった。たちまち話が広がる。町の人々は先をあらそって出かけた。棺をあけると、そこに身ぐるみ脱けでていることが判った。

普化一日、於街市中、就人乞直裰。人皆与之。普化倶不要。師令院主買棺一具。普化帰来。師云、我与汝做得箇直裰了也。普化便[①]檐出[②]、繞街市叫云、臨済与我做直裰了也。我往東門遷化去。市人競随看之。普化云、我今日未、来日往南門遷化去。如是三日、人巳[③]不信。至第四日、無人随看[④]。独出城外、自入棺内、倩路行人釘之。即時伝布。市人競往、開棺乃見全身脱去也[⑤]。

① 便＋自（甲・乙〔一一九〕）
② 出＝去（甲・乙）
③ 巳＝皆（乙）
④ 看＝著（甲）
⑤ 也＝秖聞空中鈴響隠隠而去（甲・乙）

一八

ある長老の僧が先生におめどおりした。決まったあいさつもしないで、かれはすぐにたずねた、「おじぎをするのがよろしいか、おじぎをせぬのがよろしいか」。先生はたちまちどなりつける。長老の僧はすぐにおじぎした。先生はいう、「立派な造反だ」。長老の僧はいう、「造反だ、造反だ」。かれはさっさと出てゆく、先生は（おいうちかけて）いう、「何事もなくてよいなどと思うなよ」。

先達の僧がそばにひかえていたので、先生はいう、「いったい過失があっただろうか」。先達の僧はいう、「ございます」。先生がいう、「お客に過失があったのか、亭主に過失があったのか」。先達の僧がいう、「双方に過失がありました」。先生はいう、「過失はどこにあったのだ」。先達の僧はさっさと出てゆく、先生は（おいうちをかけて）いう、「何事もなくてよいなどと思うなよ」。あとになって、ある僧が南泉に報告した。南泉はいう、「国有の馬の喧嘩だな」。

有一老宿参師。未曽人事、便問、礼[①]即是、不礼即是[※]。師便喝。老宿便礼拝。師云、好箇草賊。老宿云、賊賊。便出去。師云、莫道無事好。首座侍立次、師云、還有過也無。首座云、有。師云、賓家有過、主家有過。首座云、二俱有過。師云、過在什麼処。首座便出去。師云、莫道無事好。後有僧挙似南泉。南泉云、官馬相踏。

① 礼＋拝（甲・乙〔九九〕）

一九

夜の説法のとき、人々におしえて言われた、「ある場合は、自己を否定して対象を否定しない。ある場合は、対象を否定して自己を否定しない。ある場合は、自己も対象もともに否定する。ある場合は、自己も対象もともに否定しない」。そのとき、ある僧がたずねた、「どういうのが自己を否定して対象を否定しない場合ですか」。先生が言われる、「春の太陽がもえいでて、大地いっぱいに錦をくりひろげ、ちのみごの垂らし髪が白糸のようにゆれているところだ」。僧がいう、「どういうのが対象を否定して、自己を否定しない場合ですか」。先生が言われる、「国王の適切な政令が実施されて、天がしたにゆきわたり、将軍は国境の外に敵を追払って戦火もたえたところだ」。僧がいう、「どういうのが自己も対象もともに否定する場合ですか」。先生がいわれる、「并州と汾州との朝貢がとぎれて、ある地方に孤立したところだ」。僧がいう、「どういうのが自己も対象もともに否定しない場合ですか」。先生がいわれる、「国王は宮殿にのぼり、百姓は野にうたうところだ」。

晩[①]参示衆云、有時奪人不奪境。有時奪境不奪人。有時人境俱奪。有時人境俱不奪。時有僧問、如何是奪人不奪境。師云、煦日発生鋪地錦、瓔孩垂髪白如絲。云[※]、如何是奪境不奪人。師云、王令已行天下徧、将軍塞外絶煙塵。云[※]、如何是人境両俱奪。師云、并汾絶[③]信、独処一方。云、如何是人境俱不奪。師云、王登宝殿、野老謳歌。

① 〔師〕＋晩（乙〔一二五〕）　② 〔僧〕＋云（乙）　③ 絶、底本は紀に誤る。甲、乙によって訂す。

二〇

先生は、あるとき鎮軍の兵舎にゆき、食事の施しをうけた。門口で幕僚を見かけると、先生は丸木の柱をゆびさしてたずねた、「凡人なのか、聖者なのか」。幕僚は無言である。先生は丸木の柱をたたいていう、「何と答えたところで、やっぱり一本の棒にすぎん」。そういって、さっさと兵舎に入って行く。

師因入軍営赴斎。門首見員僚。師指露柱問、是凡是聖。員僚無語。師打露柱云、直饒道得、也秖是箇木橛。便入去。

甲、乙〔一〇一〕ともに異同なし。

二一

先生は寺の事務長にたずねた、「どこに居たのだ」。長がいう、「町にもち米を売り出しに出向いておりました」。先生がいう、「売り払えたか」。長がいう、「売り払えました」。先生は杖で目の前に何かの形を書いていう、「こいつを売りつくせるかな」。長はすぐにどなる。先生はたちまちなぐりつけた。

給食がかりがやってきた。先生はさきのことをはなす。給食がかりがいう、「事務長は、先生の意図が判らなかったのです」。先生はいう、「お前はどうだ」。給食がかりはすぐにおじぎをする。先生は、やっぱりなぐりつけた。

師問院主、什麼処来。主云、州中糶黄米去来。師云、糶得尽麼。主云、糶得尽。師以拄[①]杖面前画一画云、還糶得者箇麼。主便喝。師便打。典座至。師挙前話。典座云、院主不会和尚意。師云、你作麼生。典座便礼拝。師亦打。

①　拄―（甲・乙〔一〇二〕）

二二二

仏教学者が来ておめどおりした。先生はたずねた、「仏教学者はどういう経論を研究しているのか」。学者はいう、「わたくしはふつつかながら、いちおう唯識学の『百法論』を研究しております」。先生がいう、「ある男は三乗に及ぶ十二種の経典を解明することができ、ある男は三乗に及ぶ十二種の経典を解明することができぬとすると、この二人はいったい同じであるか違っているか」。仏教学者がいう、「解明できるところは同じですが、解明できぬところが違っています」。

そのとき、楽普はそばつきの役をしていた。先生の後にひかえていていった、「仏教学者よ、ここがどんなところだというので、同じだとか違っているとか説明するのだ」。先生は、ふりかえってそばつきの役にたずねた、「それじゃお前はどうなのだ」。そばつきの僧はすぐにどなりつけた。先生は、仏教学者を見送ってかえってくると、そこでそばつきの僧にたずねた、「さきほど、お前はこの老僧をどなったのか」。そばつきの僧がいう、「そうです」。先生はすぐになぐりつけた。

有座主来相看[1]。師問、座主講何経論。主云、某甲荒虚、粗習百法論。師云、有一人於三乗十二分教明得。有一人於三乗十二分教明不得。此二人[2]是同是別。主云、明得即同、明不得即別。楽普為侍者、在師後立云、座主、者裏是什麼所在、説同説別。師迴首問侍者、汝又作麼生。侍者便喝。師送座主迴来、遂問侍者、適来是汝喝老僧。侍者云、是。師便打。

① 看＋次（甲・乙〔一〇四〕）　② 此二人―（甲・乙）

二二三

先生はこういうことを耳にした、第二世の徳山が説法して、「答えられても三十棒くらわし、答えられんでも三十棒くらわす」といっていると。先生は、楽普にいいふくめ、出かけて行ってたずねさせた、「『答えられるのに、またどうして三十棒くらわすのです』と。もし、相手が棒でお前を打ってきたら、棒をうけとめて、一おしにおしかえし、相手がどうでるか見とどけるのだ」と。楽普はあちらにつくと、教えられたとおりにたずねる。徳山はすぐに棒で打つ。普はうけとめて一おしにおしかえす。徳山はさっさと居室に引きあげた。普は、かえってきて先生に報告した。先生はいう、「俺は前から、こいつくさいとにらんでいたのだ。それはそれとして、お前はいったい徳山が判ったか」。普は何かを答えようとする。先生はすかさずなぐりつけた。

師聞、第二代徳山垂示云、道得也三十棒、道不得也三十棒。師令楽普去問、道得為什麼也三十棒。待伊打汝、接住棒送一送、看他作麼生。楽普到彼、如教而問、徳山便打。普接住送一送。徳山便帰方丈。普迴挙似師。師云、我従来疑著者漢。雖然如是、汝還見徳山麼。普擬議。師便打。

甲・乙〔一〇六〕ともに異同なし。

二四

先生はあるとき、河陽府の役所にやってこられた。領主の王侍従は、先生にたのんで説法の席に上らせた。そのとき麻谷が出てきてたずねた、「偉大な慈悲の権化で、千の手と千の顔をもつ観音さまは、どれが本ものの顔でござるか」。先生はいわれる、「偉大な慈悲の権化で、千の手と千の顔をもつ観音さまは、どれが本ものの顔でござるか、さあ言え、さあ言え」。麻谷は、先生をひっぱって席からおろし、自分の方がそこに坐る。先生は、すすみ寄っていう、「こんにちは」。麻谷は、何か答えようとした。こんどは、先生が麻谷を引っぱって席からおろし、先生の方がそこに坐る。麻谷は、さっさと部屋を出てゆく。先生はすぐに席をたった。

師①因到②河陽府。府主王常侍、請師昇座。時③麻浴出問、大悲千手眼、那箇是正眼。師云、大悲千手眼、④那箇是正眼。速道速道。麻浴※拽師下座、麻浴※却坐。師近前云、不審。麻浴※擬議。師亦拽麻浴※下座、師却坐。麻浴※便出去。師便下座。

① 因＋一日（甲・乙〔一二〕）　③ 浴＝谷（乙）
② 陽＝北（甲）、—（乙）　④ 那箇＝作麼生（甲）

二五

侍従はある日、先生を訪問した。先生といっしょに僧堂に入って、そこでたずねた、「この僧堂中の修行者は、お経を読みますか」。先生がいう、「経を読むことはない」。従がいう、「禅を修行しますか」。先生がいう、「禅を修行することはない」。従がいう、「お経も読まなければ、禅も修行しなければ、いったい、何をしているのですか」。「すべてかれらをブッダとならせ、祖師とならせてしまう」。従がいう、「『黄金のかけらは貴重だけれども、眼に入ると眼病になる』といいますが、これをどうお考えですか」。先生がいう、「今の今まで、君は俗人だとばかり思っていたのに」。

常①侍一日訪師。同師於僧堂内②、乃問、者一堂僧、還看経麼。師云、不看経。侍云、還学禅麼。師云、不学禅。侍云、経又不看、禅又不学。畢竟作箇什麼。師云、摠教伊成仏作祖去。侍云、金屑雖貴、落眼成翳。又作麼生。師云、将為③你是箇俗漢。

① 〔王〕＋常（乙〔一〇七〕）　③ 為＝謂（甲）
② 内＝前看（甲・乙）

二六

王侍従はさらに役人たちと共に、先生にたのんで説法の席につかせた。先生は、説法の席についていわれる、

「山法師は今、よんどころない事情で、心ならずも世間のしきたりにそい、はじめてこの席につく次第だ。祖先以来の仏弟子として、根本的真実を宣揚するなら、わたしはぜんぜんものをいえぬし、諸君はそこに立っているすべもなくなる。山法師はこのたび、侍従の強い要請なので、どうして奥義を出ししぶったりするものか。いったい、腕におぼえのある大将で、即座に陣をはり、旗さしものをくりひろげるほどのものがいるのか。みなの衆にそれを実証してみるがよいぞ」。

そのとき、ひとりの僧がたずねる、「どういうのがブッダのおしえの究極の目的ですか」。先生は、すぐに大声でどなりつける。僧はおじぎする。先生がいう、「この御坊、なかなか見どころがあるぞ」。

つぎの質問、「先生は、どういう系統の音曲をうたい、学風は誰につがれたのですか」。先生がいう、「わたしは、黄檗のもとにいたとき、三べん質問して、三べんなぐられたぞ」。僧は何か答えようとする。先生はすぐにどなりつけ、間もおかずに相手をなぐりつけていう、「大空に杭をうちこむことはできぬわい」。

ある仏教学者がたずねる、「三乗と十二種の経典は、すべてブッダの本質（仏性）を説いたものではありませんか」。先生がいう、「生え放しの雑草は、ただのいちども鋤が入ってないぞ」。学者はいう、「ブッダがどうして人をだましたりされるでしょう」。先生はいう、「そのブッダはどこにおられる」。学者は無言。先生はいう、「侍従の御前で、老僧をあなどる気か。さっさとさがれ、さっさとさがれ、ほかの質問のじゃまになるぞ」。

さらに、言葉をついでいわれる、「このたびの仏法のつどいは、お互いの根本問題のためだ。ほかにたずねたいものはないのか。さっさと質問するがよい。君たちが口に出そうとするやいなや、もうそれとは関係ないぞ。どうしてそうなるのかといえば、知ってのとおり、釈尊もおっしゃっている、『真理は言語表現以上である、一定の原因に含まれず、一定の条件に左右されぬからである』と。君たちのまごころが足らぬために、それできょうはごたついた。おそれおおくも、侍従と役職各位にめいわくをかけて、各自のブッダの本質をかくしはせぬかと心配だ。わしもこれくらいで引きさがったがよかろう。まごころの足りないものは、けっきょくきりのつく時はないぞ」。大声で一声どなって、すぐに席をたたれた。

①常侍②又与諸官請師昇座。師昇座③云、山僧今日、事不獲巳、曲順人情、方登此座。若約祖宗門下称揚大事、直是開口不得、無你措足処。山僧此日、以常侍堅請、那隠綱宗。還有作家戦将、直下展陣開旗④。対衆証拠看。時有⑤僧問、如何是仏法大意。師便喝。僧礼拝。師云、者箇師僧、却堪持論。

問、師唱誰家曲、宗風嗣阿誰。師云、我在黄蘗処、三度発問、三度被打。僧擬議。師便喝、随後打云、不可向虚空裏釘橛去也。

有座主問、三乗十二分教、豈不是明仏性⑥。師云、荒草不曽鋤。主云、仏豈賺人⑦。師云、仏在什麼処。主無語。師云、対常侍前、擬謾⑧老僧。速退速退。妨他別人請問。復云、此日法筵、為一大事故。更有問話者麼。速致問来。你纔開口、早勿交渉也。何以如此。不見釈尊云、法離文字、不属因、不在縁故。為你信不及、所以今日葛藤。恐滞常侍与諸官員、昧他仏性。不如且退⑨。少信根人、終無了日。⑩喝一喝便下座。

① 〔府主王〕+常（乙〔七〕）
② 又—（甲・乙）
③ 昇座=上堂（乙）
④ 旗+麼（乙）
⑤ 時有—（乙〔八〕）
⑥ 性+也（甲）
⑦ 人+也（甲・乙）
⑧ 謾=瞞（乙）
⑨ 退+喝一喝云（甲・乙〔一二〕）
⑩ 喝一喝便下座=久立珍重（甲・乙）
この一段、宗演本以来、つねに『臨済録』の巻首におかれる。

二七

先生は初祖ダルマの墓にやってきた。墓もりの僧がいった。「先生は、はじめにブッダをおがまれるのか、それとも、はじめに祖師をおがまれるのか」。先生はいう、「ブッダも祖師もみなおがまぬ」。墓もりの僧がいう、「ブッダと祖師とは、長老にとってどういうすじあいの仇敵ですか」。先生は、すぐに袖をふりはらって出られた。

師到初祖[①]塔頭。塔主云、長老先礼仏、先礼祖。師云、仏祖倶不礼。塔主云、仏祖与長老是什麽寃家。師便払袖而出。

① 初祖＝達磨（乙〔一三九〕）

二八

定例の説法のとき、ある僧がたずねた、「どういうのが、ブッダのおしえの究極の目的でしょうか」。先生は、払子をつったてる。僧は、すぐさまどなる。先生はすぐさまぶったたく。

また、ある僧がたずねた、「どういうのがブッダのおしえの究極の目的でしょうか」。先生は、やはり払子をつったてる。僧はただちにどなる。先生もやはりどなる。僧は、何か答えようとする。先生はすぐさまぶったたく。

上堂。僧問、如何是仏法大意。師竪起払子。僧便喝。師便打。

又僧問、如何是仏法大意。師亦竪起払子。僧便喝。師亦喝。僧擬議。師便打。

甲・乙〔一六〕ともに異同なし。

二九

定例の説法でいわれた、「わたしは、二十年も黄檗師匠のもとにいて、三べんくりかえして、『ブッダのおしえの確かな究極の目的』についてたずね、三べんくりかえして、その痛棒をちょうだいした。ちょうど親によもぎの枝で頭をなでてもらうような気持だった。いまなおもうひとくらいくらいたいと思う。だれか、わしにやれるか」。そのとき、ある僧がみなの中からすすみでていった、「わたしがやれます」。先生は、棒をとって僧にわたす。その僧は棒をうけとろうとした。先生は、すぐにぶったたいた。

ある質問、「どういうのが真剣勝負のやり方ですか」。先生がいう、「くわばら、くわばら」。僧は、何か答えようとする。先生は、すぐにぶったたく。

ある質問、「たとえば石室行者が米つき臼の上で、脚を動かすことを忘れたとき、かれはどこに行くでしょう」。先生がいう、「深い泉の中に沈みこむさ」。

上堂云①、我二十年、在黄檗先師処、三度問仏法的的大意、三度蒙他賜杖。如蒿枝払著相似。如今更思得一頓②。誰人為我行得。時有僧出衆云、某甲行得。師拈棒与僧③。其僧擬接。師便打。

問④、如何是劔刃上事。師云、禍事禍事。僧擬議。師便打。

問⑤、秖如石室行者、踏碓忘却移脚、向什麼処去。師云、没溺深泉。

① 上堂云＝師乃云大衆夫為法者不避喪身失命（乙〔一七〕） この段、『景徳伝灯録』十二、臨済章には、「師上堂云、大衆夫為法者、不避喪身失命、我於黄檗和尚処云々」とし、二十年の句なし。

② 頓＋棒喫（乙）

③ 僧＝他（甲・乙）

④ 〔上堂僧〕＋問（乙〔一八〕）

⑤ 乙〔一九〕

三〇

先生は杏山にやってきた。たずねていう、「どういうのが屋外の白い牛ですか」。山はいう、「モウ、モウ」。先生はいう、「君は唖か」。山はいう、「先輩はどうなんです」。先生がいう、「コンチキショウ」。

師到《①》杏山。問《②》、如何是露地白牛。山云、吽吽。師云、啞那。山云、長老作麽生。師云、者畜生。

①　到＝問（甲・乙〔一〇八〕）　②　問―（甲・乙）

三二

趙州は、修行時代に先生におめどおりした。たまたま先生が脚を洗っておられたおり、州はすぐにたずねた、「どういうのが、ダルマが西のくにからやってきた意図ですか」。先生はいう、「ちょうど老僧が脚を洗っていると ころに来られた」。州は近よって、ものを聞く姿勢をする。先生はいう、「もうひとつ、二はい目のよごれ水をまきちらしたいのだよ」。州はさっさと出てゆく。

趙州行脚時参師。遇師洗脚次、州便問、如何是祖師西来意。師云、恰値老僧洗脚。州近前作聴勢。師云、更要第二杓悪水潑在。州便下去。

甲・乙〔一一二〕ともに異同なし。

ただし、『趙州録』〔四九〇〕は次のとおりである。

師因到臨済、方始洗脚。臨済便問、如何是祖師西来意。師云、正値洗脚。臨済乃近前側聆。師云、若会便会。不会更嚕啄。作麼。臨済払袖去。師云、三十年行脚、今日為人錯下注脚。

三三

竜牙がたずねた、「どういうのが、西から（ダルマが）やってきた意図ですか」。先生はいう、「わしに禅版をよこしなさい」。牙はすぐに禅版をとって先生にわたす。先生はうけとると、すぐに相手をぶったたく。牙はいう、「ぶつことはかまいません。しかし、そこにダルマの意図はありませんよ」。竜牙はそののち、翠微にやってきてたずねた、「どういうのが、西から（ダルマが）やってきた意図ですか」。微はいう、「わたしに、坐蒲団をよこしなさい」。牙は坐蒲団をとって翠微にわたす。翠微はうけとると、すぐに相手をぶったたく。牙はいう、「ぶつことはかまいません。しかし、そこにダルマの意図はありませんよ」。やがて、牙が一院をかまえたとき、ある僧がかれの室に入り、個人指導をねがっていった、「先生が修行時代に、二人の老師におめどおりされた話は、いったい相手を認められたのですか」。牙はいう、「認めたという点では、徹底して認めたのだが、しかし、そこにダルマの意図はありませんよ」。

竜牙問、如何是①西来意。師云、与我過禅版来。牙便過禅版与師。師接得便打。牙云、打即任打、要且無祖師意。②竜牙後到翠微問、如何是※西来意。微云、与我過蒲団来。牙便過蒲団与翠微。翠微接得便打。牙云、打即任打、要且無祖師意。牙住院後、有僧入室請益云、和尚行脚時、参二尊宿因縁、還肯他③無。牙云、肯即深肯、要且無祖師意。

① 是＋祖師（乙〔一一七〕）　③ 他＋也（甲・乙）
② 竜—（甲・乙）

三三

径山に五百の修行者がいたが、だれも参禅しなかった。黄檗は、先生を径山にゆかせた。檗は先生に告げていった。「お前は向こうについてどうする気だ」。先生はいう、「わたくしは、ちゃんと打つ手がございます」。先生は径山にやってくると、肩を張って気どって説法の堂にのぼり、径山に会った。径山がちょうど顔をあげるやいなや、先生はすぐにどなりつけた。径山は何かいおうとした。先生は袖をふりはらってさっさと立ち去った。あとになって、ある僧が径山にたずねた、「あの僧はさきほど、先生のどんな言葉に対して、いきなり先生をどなりつけたのですか」。径山がいう、「あの修行者は、黄檗のところから来たのだ。お前は知りたければ、自分でいって相手にききただすことだ」。径山にいた五百の人々は、その半数以上が逃げだした。

径山有五百衆、少人参請。黄檗令師去①径山。檗②謂師曰、汝到彼③作麼生。師云、某甲④自有方便。師到径山、装腰上法堂、見径山。径山方挙頭。師便喝。径山擬開口。師払袖便行。尋有僧問径山、者僧適来、有什麼言句、便喝和尚。径山云、者僧従黄檗会裏来。你要知⑤、自去⑥問取他。径山五百衆、太半奔⑦趂。

① 去＝到（甲・乙〔一一八〕）
② 檗＝乃（乙）
③ 彼―（甲）
④ 甲＋到彼（甲・乙）
⑤ 知＋麼（甲・乙）
⑥ 去―（甲・乙）
⑦ 奔趂＝分散（甲・乙）

三四

定例の説法でいわれた、「およそわたしのところにやってくるものは、一人もやりすごさないで、すべて相手の来かたを見ぬくぞ。そのままにやってきても、何かを見失っているのと同じだし、そのままやってこなければ、縄もないのに自分で自分をくくっているのだ。どんなときでも、むやみに手加減をしてはならぬ。判っても判らぬでも、てんから、みなまちがいだ。はっきりとこう言いきって、全世界の人の非難を期待する。お疲れさん、ごきげんよう」。

上①堂云、但有来者、不虧欠伊、摠識伊来処。与②麼来、恰③似失却。不与麼来、無縄自縛。一切時中、莫乱斟酌。会与不会、都来是錯。分明与麼道、一任天下人貶剝。久立珍重。

① 上堂＝師乃（乙〔一二〇〕）
② 〔若〕＋与（乙）
③ 恰＝怕（甲）

三五

定例の説法でいわれた、「ある男は、ならびなき高山のいただきにいて、それより上に身を出しようがないし、ある男は、十字の形に交わる繁華街のまっただ中にいて、前も後もないいそがしさだ。どちらが優れ、どちらが劣っているであろうか。維摩居士のことと思うなよ、傅大士のことと思うなよ。お疲れさん、ごきげんよう」。

上堂云、一人在孤峯頂上、無出身之路。一人在十字街頭、亦無向背。那箇在前、那箇在後。不作維摩詰、不作傅大士。久立[①]珍重。

① 久立―（乙〔二一〕）

三六

定例の説法でいわれた、「ある男は、永遠に過程にいながら、落ちつく家をへだてないし、ある男は、落ちつく家をへだてると共に、過程にもいない。どちらが人と神の施しを受けるに価するであろうか」。こういって、さっさと席をおりられた。

上堂云、有一人論劫在途中、不離家舍。有一人離家舍、不在途中。那箇合受人天供養。便下座。

甲・乙〔二二〕ともに異同なし。

三七

先生は、僧がやってくるのを見て、両手をさしだした。僧は何もいわない。先生はいう、「判るか」。いわく、「判りません」。先生がいう、「渾崙の山は、あけようにもあかぬ。二文銭くれてやるから、お前ひとつ出直してくることだ」。

師見僧来、展開両手。僧無語。師云、会麼。云、不会。師云、渾崙擘不開。与你両文銭。

甲・乙〔一一〇〕ともに異同なし。

三八

先生は入滅のときになって、説法の座に上っていわれた、「わしの死んだあと、わたしの正法眼蔵（正しいおしえの眼目となる言葉）をぶっつぶしてはならぬぞ」。三聖が出てきていう、「何でまた先生の正法眼蔵をぶっつぶしたりするものですか」。先生はいう、「これから、誰かがお前にそれをたずねたら、その人にどう答えるつもりだ」。三聖はすぐに大声でどなった。先生はいう、「今まで誰が予想したことだろう、わたしの正法眼蔵はこのドジロバのところでぶっつぶれてしまうなどということを」。そこで、次のような詩をとなえられた。

その人は流れのままに移ってとまらぬ。それがどうだとたずねるなら、
真の光は限定がないと、相手に告げよう。
すがたを超え名称を超えて、その人は何にも左右されない。
吹きかける毛を切るほどの名剣は、使ったあとにきっとまた磨くものだ。

そういいおわると、説法の席の上で姿勢をただして入滅された。ちょうど、咸通七年（八六六）、ひのえいぬのとし四月の十日である。勅命によって、慧照禅師とおくりながあり、その墓塔を澄霊と名づけられた。

師臨遷化時、①上堂云、吾滅後、不得滅却吾正法眼蔵。三聖出云、争敢滅却和尚正法眼蔵。師云、已後有人問你、向他道什麼。三聖便喝。師云、誰知吾正法眼蔵、向者瞎驢辺滅却。②乃有頌曰、
沿流不止問如何、真照無偏説③似也。離相離名人不禀、吹毛用了急還磨。言訖④於法座上、端然示寂。⑤時咸通七年丙戌四月⑥初十⑦日、勅謚慧照⑧禅師、⑨塔号澄霊。

①　上堂＝拠坐（乙〔一五二〕）　②　乃有頌曰以下三二字—（甲・乙）

③ 似、原本は自。『景徳伝灯録』によって訂す。
④ 於法座上―（乙）
⑤ 時＝唐（甲）、乙は以下なし。
⑥ 初―（甲）
⑦ 日＋也（甲）
⑧ 禅＝大（甲）
⑨ 号＝曰（甲）
『天聖広灯録』は以上で巻十を終わる。

三九

先生は、人々におしえていわれた、「こんにち、ブッダのおしえを学ぶものは、まずまともな考え方をするようにしなければならぬ。真正直な考え方を身につけるなら、生死の定めもわれわれを変えないし、行くもとどまるも思いのままである。ありがたいものをねがわなくても、ありがたいものはちゃんとやってくるのである。道の仲間よ、たとえば、古来の先哲は、すべて人間を引きだすような手段を心得ておられる。山法師のわしが皆に訴えようというのは、ほかのことではなくて、諸君が世間のごまかしにひっかからないでほしいということだ。やりたければすぐにやるのだ、決してぐずぐずしてはならぬ。今頃の修行者がなってないのは、その病根がどこにあるのかといえば、病根はすべて自ら信じないことからきている。君たちは、自ら信ずることができないと、たちまちにしてせかせかと、あらゆる対象についてこだわり、さまざまの対象にひきまわされて、自ら思うにまかせぬのである。君たちは、そうした断えまのない欲求不満を切断できさえすれば、たちまち祖師としてのブッダと違いはしないのである。君たちは、祖師におめにかかりたいと思うか。ほかでもない、君たちというわたしの目の前でわたしの説法をきいているのがそれだ。きみたち修行者は、信ずることができないで、すぐに外に探し求める。よしんばそれを手に入れたとしても、すべてことばや形式にすぎず、けっきょくはあの生きた祖師の心を把えることはできない。まちがえてはならぬ、禅の修行者たちよ、ただ今生きた祖師にお目にかからねば、劫を万べんくりかえし、千度生まれかわるほどの永いあいだ、欲望と物と心という三つの迷いの世界を経めぐり、好ましい対象に向かってへばりつき、牛や馬の腹にやどることになるだけだ。道の仲間よ、山法師の考えから言えば、われわれは、シャキャムニブッダと区別はない。日々のわれわれのさまざまの活動のうえに、いったい何が足らぬというのだ。眼と耳と鼻と口と身と心という六すじの不思議な感覚のかがやきは、いちどだって止まったことはないではないか。もしこう気づくことができるなら、諸君はひたすら死ぬまで平穏な人生を約束されるわけだ。

修行者よ、欲望と物と心という三つの世界は不安定で、あたかも火のついた屋敷のように危い。ここは決して、君たちが長く腰をすえるような場所ではない。無常という生命とりの鬼神は、一瞬のあいだに（やってきて）相手の貴賤老少など差別はしない。君たちは、祖師としてのブッダと違わないでいたければ、決して外に求めてはならぬ。一瞬の純粋な心の輝きこそ、君たちの内なる法身仏であり、君たちの一瞬の分別を超えた心の輝きこそ、君たちの内なる報身仏であり、君たちの一瞬の差別を超えた心の輝きこそ、君たちの内なる化身仏である。この三種類の身柄は、君たちという、現にわたしの眼の前で説法をきいている人のことだ。外に探し求めぬというただそれだけの理由で、こういう果報をもっているのだ。

経論の研究者たちに従えば、三種類のブッダをとりあげて、絶対とみているが、山法師の考え方から言うと、そんなものではない。この三種類のブッダは名目にすぎず、さらに三つの衣裳である。古人はいっている、『ブッダの身は名儀によって設けられ、そのくにぐには、実体にもとづいて説かれる』と。法身と法身の国土は、これによっても、光の影にほかならぬことが判る。

修行者よ、君たちは、まずそうした光の影をあやつっているところの人こそが、あらゆるブッダの根本であり、いたるところが、君たち道の仲間の帰りつくべきところであると知らねばならぬ。ほかならぬ君たちという四つの要素（地水火風）でできた肉体は、法を説いたり法を聞いたりすることはできない。脾と胃と肝と胆という内臓は、法を説いたり法を聞いたりすることはできない。君たちの外に広がる天空は、法を説いたり法を聞いたりすることはできない。いったい、何が法を説いたり法を聞いたりすることができるのか。ほかでもない諸君という、わたしの目の前にありありとしてあるもので、ひとかたまりのまぎれようもなくはっきりしているもの、これこそが、正しく法を説いたり法を聞いたりすることができるのである。

もし、こう考えることができるなら、われわれはただちに祖師としてのブッダと違いはしない。あくまでも、どんなときも、決してとぎれさせてはならぬ。目に見えるものはすべてそれなのである。ほかでもない、意識が起きると本来の智恵がかくされ、想念が動くと本体がへだてられるために、それでわれわれは、欲望と物と心という三つの迷いの世界を経めぐって、さまざまの苦しみを避けることができないのである。山法師の考えからすれば、すべてが深い道理ならぬはなく、底ぬけの解放ならぬはない。

道の仲間よ、心という存在は、きまった姿がなくて、十方にゆきとどいている。眼では見るといい、耳では聞くといい、鼻では、匂いをかぎ、口ではものを言い、手ではものをつかみ、足では動きまわるが、もともと一かたまりの精神の明るさが、ひろがって六つの結晶をしたのである。根本の心が存在しない以上、どこにでも解放がある。山法師のわしがこう申す、その目的はどこにあるかといえば、ほかでもない、君たち道の仲間のあらゆる欲求不満の心が停止できないで、あの古人の馬鹿げたからくりにとりつくためにほかならぬ。道の仲間よ、山法師のわしの考えを認めるなら、報身や化身といったブッダのあたまの上にどっかりと坐りこんで微動もさせぬことだ。十地の修行を終わったボサツも、ちょうど奴隷のようなものだし、仏位直前の二つの段階にいたったボサツも、自分で首板をかつぎ、手かせを背おっている罪人だし、煩悩を滅しつくしたアルハットや自分で悟ったプラティエーカは、あたかも便所の糞のようなものであり、悟りもニルヴァーナも、ロバをつなぐ杭にひとしい。どうしてこういうことになるのかといえば、ほかでもない君たち道の仲間が、三祇とよばれる途方もなく長い修行の過程の空しさに気づかぬというそれだけの理由で、こういうさしさわりが起こるのである。もし真正直な修行者なら、決してこういうことはない筈だ。ひたすら因縁にまかせて前世の業を使い、なりゆきのままに衣服をかえることができさえすれば、歩きたいときはすぐに歩き、坐りたいときはすぐに坐って、一瞬もブッダの悟りを求める心はないのである。どうしてこういうことになるのであろうか。古人はいっている、『もし修行をかさねてブッダを探そうとするなら、ブッダこそは生死の迷いのでっかい前ぶれだ』と。

修行者よ、時のすぎるのを惜しめ。君たちはひたすらわきみちに、あたふたして禅をおさめ道を求め、名目をあてにし説明をあてにして、ブッダを探し祖師を探し、よき仲間を探して、見込みどりをやらかそうとしている。まちがってはならぬ。道の仲間よ、君たちはちゃんとした父母があるのに、いったい何を探しているのだ。君たちは、自分で自分をふりかえってみるがよい。古人もいっている、『ヤージュニャダッタは自分の顔を見失ったが、欲求の心がやんだとき、そのまま何事もなかった』と。修行者よ、とにかくあたりまえでなくてはならぬ、型にはめこんではいけない。もののよしあしの区別もつかぬある種類の禿あたまどもは、すぐに神がかった出たらめを言い、もったいぶって空さわぎし、晴天をいのり降雨をねがっている。こんな連中は、すべて借金をつぐなって、エンマ大王の前で、まっかに焼けた鉄の玉をくらわねばならぬ日がきっとくるにちがいないぞ。れっきとした家がらの若ものたちは、こんなたぐいの狐つきどもにとりつかれて、たちまちにいかれている。ドジたちよ、きっと一生の飯代をとられる日が来ることまちがいなしだ」。

師示衆云[①]、今時[②]学仏法者、且要求真正見解。若得真正見解、生死不染、去住自由。不要求殊勝、殊勝自至。道流、秖如自古先徳、皆有出人底路。如山僧指示人処、秖是③要你不受人惑。要用便用、更莫遅疑。如今学者不得、病在甚処。病在不自信処。你若自信不及、即便忙忙地徇一切境縛④、被他万境迴換、不得自由。你若能歇得念念馳求心、便与祖⑤仏不別。你欲得識⑥祖麼。秖你面前聴法底是。学人信不及、便向外馳求。設求得者、皆是文字⑦名相、終不得他活祖意。莫錯、⑧禅徳、此時不遇、万劫千生、※輪迴三界、徇好境掇去、驢牛肚裏生。道流、約山僧見処、与釈迦不別。⑨毎日多般用処、欠少什麼。⑩六道神光、未曾間歇。若能如是見得、秖是一生無事人。大徳、三界無安、猶如火宅。此不是你久停住処。無常殺鬼、一刹那間、不揀貴賤老少。⑪你要与⑫祖仏不別、但莫外求。⑬一念心上清浄光、是你屋裏法身仏。你一念心上無分別光、是你屋裏報身仏、你一念心上無差別光、是你屋裏化身仏。此三種身是⑭你今目前聴法底人。秖為不向外馳求、有此功用。拠経論家、取三種身為極則、約山僧見処不然。此三種身是名言、亦是三種衣⑮。古人云、身依義立、土拠体論。法性身法性土、明知是光影⑯。大徳、你且識取⑰弄影底人、是諸仏之本源、一切処是道流帰舎処。是你四大色身、不解説法聴法。脾胃肝胆、不解説法聴法。虚空不解説法聴法。是什麼解説法聴法。是你目前歴歴底⑱物⑲一段孤明、是者箇解説法聴法。若如是見得、便与祖仏不別。但一切時中、更莫間断、触目皆是。秖為情生智隔、想変体殊、所以輪迴三界、受種種苦。⑳約山僧見処、無不甚深、無不解脱。道流、心法無形、通貫十方。在眼曰見、在耳曰聞、在鼻齅香、在口談論、在手執捉、在㉑足雲奔。本是一精明、分為六和合。一心既無、随処解脱。山僧㉒恁麼説、意在什麼処。秖為道流一切馳求心不能歇、上他古人閑機境。道流、取山僧見処、坐断報化仏頭。十地満心、猶如客作児、等妙二覚、㉓檐枷負鎖漢、羅漢辟支、猶如厠穢、菩提涅槃、如繫驢橛。何以如此。秖為道流不達三祇劫空、所以有此障礙。若是真正道人、終不如是。但能随縁消旧業、任運著衣裳、要行即行、要坐即坐、無一念心希求仏果。縁何如此。古人云、若欲作業求仏、仏是生死大兆。大徳、時光可惜。秖擬傍家波波地、学禅学道、認名認㉔句、求仏求祖、求善知識意度。

莫錯、道流、你秖有一箇父母、更求何物。你自返照看。古人云、演若達多失却頭、求心歇処即無事。大徳、且要平常、莫作模様。有一般不識好悪禿㉕奴、便即見神見鬼、指東劃西、好晴好雨。如是之流、尽須抵債、向閻老前呑熱鉄丸有日。好人家男女、被者一般野狐精魅所著、便即捏怪。瞎屢生、索飯銭有日在。

① 示衆＝乃（乙〔二七〕）
② 時＝日（甲）
③ 是―（甲・乙）
④ 縛＝転（甲・乙）
⑤ 仏＝師（甲）
⑥ 〔仏〕＋祖（甲）、祖＋仏（乙〔二八〕）
⑦ 名＝勝（乙）
⑧ 〔諸〕＋禅（甲・乙）
⑨ 毎＝今（甲・乙）
⑩ 六＝一（甲）
⑪ 你＝若（甲）
⑫ 祖仏＝仏祖（甲）
⑬ 〔你〕＋一（甲・乙〔二九〕）
⑭ 你＋即（甲・乙）
⑮ 衣＝依（甲・乙）
⑯ 影＝景（甲）
⑰ 弄＋光（乙〔三〇〕）
⑱ 物＝勿（乙）
⑲ 一＋箇形（甲・乙）
⑳ 〔若〕＋約（甲・乙）
㉑ 雲＝運（甲・乙〔三一〕）
㉒ 恁＝与（甲・乙）
㉓ 負―（甲・乙）
㉔ 句＝道（甲）
㉕ 奴＝兵（底本）、乙〔三二〕によって訂す。

四〇

先生は、さらにいわれた、「道の仲間よ、ひとえに真正直な考え方を身につけて、世界中どこででもほしいままにふるまって、ある種のばけものにかきみだされることを避けるのが大切だ。何事もないのは高貴の人だ。決してはからいを加えてはならぬ。ひたすらにあたりまえでいることだ。君たちは外側でわきみちに探しまわって、手がかりを把もうとするが、とんでもない心得ちがいだ。もし、ブッダを探そうとするなら、ブッダは名目であり説明にすぎない。君たちは、いったい探求しているものに気づいているのか。過去、現在、未来の三世にわたり、十方世界のブッダや祖師が出現なされたのも、やはり真理を求めんがためにほかならぬ。今日、修行をめざす道の仲間も、やはり真理を求めんがためにほかならぬ。真理を手に入れてはじめてけりがつくのであり、真理を手に入れないうちは、相かわらず五つの迷いの世界を経めぐるばかりである。どういうのが真理であろうか。真理というのは、心の真理のことである。心の真理は、決まったものがなくて、十方世界にゆきわたり、目の前にいつもあらわれているのである。人々は信ずることができないで、すぐに名目をあてにし、説明をあてにし、文書のうちにブッダのおしえを見込みどりしようと思っている。それは、天と地ほどもかけはなれているのだ。

道の仲間よ、山法師が説法するのは、どういう真理を明らかにしようとするのかといえば、心の原野についての真理を明らかにするのである。つまり、われわれの心は自ら凡人の仲間に入り、聖者の仲間に入り、純粋な場所に入り、汚れた場所に入り、出世間（真）に入り、世俗に入ることができるのだ。しかし、君たちという出世間なり世俗なり、凡人なり聖者なりが、あらゆる真実なり、世俗なり凡人なり聖者なりに、それぞれの名前をつけることができるわけではないし、また、出世間なり世俗なり、凡人なり聖者なりが、その人に名前をつけることもできぬのである。道の仲間よ、つかんですぐに活用し、決して名前をつけぬことこそ、それを根源の道理とよぶ。山法師の説法は、世間の人々の場合と違うのだ。たとえば例のマンジューシュリやサマンタバードラがやってきて、わたしの目の前にそれぞれに固有の姿をあらわしておしえを乞うとき、『和尚におたずねする』とひとことというやいなや、わたしはもう決着をつけてしまう。老僧はしずかに坐っていて、そこへ道の仲間が会いにくるとき、わたしはのこらず決着をつけてしまうのだ。どうしてそうなのかといえば、ほかでもないわたしの考え方が違っていて、他に対して凡人と聖者の区別を問題にしないし、内に向かって原理的な立場にとどまらないで、本来の真理を見抜いて、すこしも疑念を残さぬからである」。

師又①云、道流切要求取真正見解、向天下横行、免被者一般精魅惑乱。無事是貴人。更②莫造作、秖是平常。你擬向外傍家求過覓脚手、錯了也。秖擬求仏、仏是名句。你還識馳求底麼。三世十方仏祖出来、也秖為求法。如今参学道流、也秖為求法。是法始了。未得依前輪迴五道。云何是法。法者是心法。心法無形、通貫十方、目前現用。人信不及、便乃認名認句、向文字中求意度仏法。天地懸殊。道流、山僧説法、説什麼法。説心地法。便能入凡入聖、入浄入穢、入真入俗。要且不是你真俗凡聖、能与一切真俗凡聖安著名字。真俗凡聖、与此人安著名字不得。道流、把得便用、更不著名字、号之為玄旨。山僧説法、与天下人別。秖如有箇文殊普賢出来、目前各現一身問法、纔道咨和尚、我早弁了也。老僧穏坐、更有道流来相見時、我尽弁了也。何以如此。秖為我見処別、外不取凡聖、内不住根本、見徹本法③、更不疑謬。

①　又＝示衆（乙〔三三二〕）　③　本法―（甲・乙〔三三五〕）
②　更＝但（甲・乙）

四一

先生はさらにいわれた、「ブッダのおしえは、手間のかけようがないものだ。ひたすらあたりまえで、何事もなく、糞をひったり小便をたれたり、衣裳をつけたり飯をくったりして、疲れたらそのまま横になるだけのことだ。愚かな奴はわたしのことをさげすむが、智恵のある人はちゃんと判ってくれる。古人はいっている、『外面に手間をつくろうのは、どいつもみなぼんくら野郎だ』と。君たちは、とにかく自主性を貫くことだ。そうすれば足のふむところすべて本ものだ。どんな相手がやってきても、君をひっくりかえすことはできぬ。たとえ、前世以来の悪い習慣性や、ナラクに落ちるほかはないという五種の重罪も、自然に解放の海と変わるのである。今頃の修行者は、だいたいがものを心得ぬ。あたかも鼻すり羊のように、ものにぶつかるとなんでも口に放りこむ。奴隷と主人の区別も知らず、客と亭主のけじめもつかぬ。こんな連中は、心得ちがいで道の生活に加わったために、さわがしいところにはすぐに頭をつっこむものだ。本ものの出家者とよぶことができないどころか、どだい本ものの俗物である。

いったい出家とよばれる人は、かならずあたりまえの真正直な考え方を身につけて、ブッダを見わけ、悪魔を見わけ、真実を見わけ、虚偽を見わけ、凡人を見わけ、聖者を見わけなければならぬ。こういうふうに見わけることができて、はじめて本ものの出家とよぶのである。もし悪魔とブッダとを見わけられないなら、まさしくかれは一方の家を出て一方の家に入っただけで、業つくりの人というほかはない。とても本ものの出家とよぶことはできない。たとえば、ここに一人のブッダという悪魔がいて、実体はまったく同じで区別がなく、水と乳とが混ぜ合わさったようであるとせよ。すぐれた鵝鳥はちゃんと乳だけ選んでのむのである。眼のあいた道の仲間なら、悪魔とブッダをどちらもやっつけるであろう。君たちが、もし聖者を慕って凡人を嫌うなら、生死の海に浮き沈みするほかはない」。

師又云[①②]、仏法無用功処、秖是平常無事、屙屎送尿、著衣喫飯、困来即臥。愚人笑我、智乃知焉。古人云、向外作功夫、揔是癡頑漢。你且随処作主、立処皆真。境来迴換不得。縦有従来習気、五無間業、自為解脱大海。今時学者、揔不識法。猶如触鼻羊、逢著物安在口裏。奴郎不弁、賓主不分。如是之流、邪心入道、鬧処即入。不得名為真出家人、正是真俗家人。夫出家者、須弁得平常真正見解、弁仏弁魔、弁真弁偽、弁凡弁聖。若如是弁得、名真出家。若魔仏不弁、正是出一家入一家。喚作造業衆生、未得名為真出家。秖如今有一箇仏魔、同体不分、如水乳合。鵝王喫乳。如明眼道流、魔仏倶打。你若愛聖憎凡、生死海裏浮沈。

① 又＝示衆（乙〔三六〕）　② 云＋道流（甲・乙）

四二

質問、「どういうのがブッダという悪魔ですか」。先生がいわれる、「君たちの一瞬の心のとまどい、それがブッダという悪魔である。君たちがもし、あらゆる存在は自ら生まれたものでなく、心は奇術の変化のようなものであることを了解するとき、まったく一つのけがれも、一つの存在もなくて、どこもみな純粋そのものであるのがブッダの境地である。してみると、ブッダと悪魔は、汚れているか純粋かという心境上の二つの区別である。山法師の考え方から言えば、ブッダもなければ人間もなく、昔（本来）もなければ今（現在）もないのである。把むならばすぐに把んで、時間の経過を要しない。修行もなければ、悟りもなく、把むこともなければ、失うこともないのだ。どんなときも決して特別の真理があるわけではない。よしんば、これ以上にすぐれた何かの真理があるとしても、そんなものは夢かばけものにすぎないと、わたしはいいきる。山法師が主張しているのも、すべてそうである。

道の仲間よ、たった今、わたしの目の前でまぎれなく、はっきりとわたしの説法をきいているものは、この人こそどこにも足ぶみしないで、十方世界にゆきわたり、欲望と物と心という三つの迷いの場所にも自由であり、あらゆる対象のさけめに入っても、そのでこぼこが君たちをひっくりかえすことはできないのだ。一瞬のうちに、君たちは真理の世界を透りぬけ、ブッダにであえばブッダを折伏し、祖師にであえば祖師を折伏し、悟りきった聖者にであえば悟りきった聖者を折伏し、亡者にであえば亡者を折伏するというふうに、あらゆる場所に、さまざまの国々を経めぐって、人々をおしえ導きながら、しかもいちども、一瞬の心の動きを出でず、どこも純粋で、十方世界にかがやきわたって、あらゆる存在の一体性を完うするのである。

道の仲間よ、一人前の男は、今こそまさしくだれでもみなもとから何事もないことに気づいたはずだ。ほかでもない君たちが自ら信ずることができぬために、片ときも休まずにさがしまわり、自分の首を見すてて他の首を求め、自分でとどまることができないのである。完全で根元的な〔円頓〕ボサツでさえ、真理の世界の中に身をあらわすと、浄土の中にいながら、凡人を嫌って聖者を慕うという。まして、このような連中は、よりごのみの心が払いきれないで、汚れと純粋という分別がまだ残っているのだ。禅宗の考え方というものは、しかしそうでない。まったく現在のことであって、何らの時間の経過を要せぬのだ。山法師が言うのもすべてそうである。かりそめの薬と病気が互いに相対してあるだけで、およそ決まったおしえがあるのではない。もしこのように判るならば、本ものの出家である。毎日万両の金貨を使うに価しよう。

道の仲間よ、おいそれとあちこちの老師たちに、顔のどまんなかに焼印おされて、わたしは禅が判り道が判るなどというではないぞ。弁舌を滝のようにたてつづけにぶっても、すべて地獄ゆきの理由をこしらえているだけだ。もし真正直な修行者であれば、他の人々の過失などを気にしないで、さしせまって真正直な考え方をすることが肝要である。真正直な考え方がとことんすっきりしていてこそ、はじめてほんとうにけりがつくのである」。

問、如何是仏魔。師云、你一念心疑処、是仏魔。你若達得万法無生、心如幻化、更無一塵一法、処処清浄是仏。然仏与魔是染浄二境。約山僧見処、無仏無衆生、無古無今。得者便得、不歴時節。無修無証、無得無失。一切時中、更無別法。説有一法過此者、我説如夢如化。山僧所説皆是。道流、即今目前孤明歴歴地聴者、此人処処不滞。通貫十方、三界自在。入一切境差別、不能迴換。一刹那間、透入法界、逢仏説仏、逢祖説祖、逢羅漢説羅漢、逢餓鬼説餓鬼、向一切処、遊履国土、教化衆生、未曽離一念、随処清浄、光透十方、万法一如。道流、大丈夫児、今日方知本来無事。秖為你信不及、念念馳求、捨頭覓頭、自不能歇。如円頓菩薩、入法界現身、向浄土中厭凡忻聖。如此之流、取捨未忘、染浄心在。如禅宗見解、又且不然。直是見今、更無時節。山僧説処皆是。一期薬病相治、摠無実法。若如是見得、是真出家。日銷万両黄金。道流、莫取次被諸方老師印破面門、道我解禅解道。弁似懸河、皆是造地獄業。若是真正学道人、不求世間過、切急要求真正見解。若達真正見解円明、方始了畢。

① 前＝眼（甲）　他は、甲・乙〔三八―四一〕ともに異同なし。

四三

質問、「どういうのが真正直な考え方ですか」。先生がいわれる、「君たちが、もしおよそ凡人の仲間に入り、聖者の仲間に入り、汚れたところに入り、きれいなところに入り、さまざまのブッダの国に入り、マイトレーヤの宮殿に入り、パイローシャナの真理の世界に入るなら、いたるところにみなそれらの国々が完成し、一定の形をとどめ、やがてこわれて空に帰するのを見るであろう。ブッダはこの世にあらわれて、偉大な真理の輪を転じたが、そのままニルヴァーナの世界に入ってしまって、その行ったり来たりするすがたを見ることはできない。かれの生活を探しても、けっきょく把むことはできぬのである。そこで、ものが生まれることのない真理の世界にゆき、あちらこちらと国々を経めぐって、蓮華蔵世界に入ると、誰もみな気づくであろう、あらゆる存在は空しいものであり、およそ実体的な存在は何もなく、ただわたしの説法をきいている、何のよりどころももたぬ修行者がいるだけで、かれこそはさまざまのブッダを生みだす母であることに。したがって、ブッダは何のよりどころもないものから生まれたのであり、何のよりどころもないことを悟るなら、ブッダもまた把まれることはないのである。もし、こういうふうに判るなら、それが真正直な考え方である。

学生たちは気づかないで名目や説明にとらわれ、凡人と聖者という名目にさまたげられているから、それがために、真理を見る眼をくらまし、はっきりさせることができぬのである。たとえば、ブッダが語った十二種類の様式の経典は、すべて表むきの説明にほかならないのに、学生たちは知らないで、すぐに表むきの名目や説明について分別を起こすのである。それらは、すべて条件にすぎず、因と果という相対関係におちつく。欲望と物と心という三つの迷いの世界に生まれたり死んだりすることを、避けられはしない。君たちは、もしこの世に生まれるのと死ぬのと、つまりこの世を出ていくことと住まることを、あたかも衣服を脱いだり着たりするように思いのままでありたいと思うならば、たった今、わたしの説法をきいているところの人を見つけることだ。この人は、身体もなければ姿もなく、根底もなければ本拠もなく、何のとどまることもなく、ぴちぴちと活動しているのだ。すべてどんな種類の設備も、はたらきそのものはおよそ決まった場所をもたない。探せば探すほど遠ざかり、それを手に入れようとするほど当てがはずれるのであって、言わばそれが隠された真実にほかならぬ。

道の仲間よ、君たちは、夢や幻想のような相棒（肉体）を当てにしてはならない。遅かれ早かれ、さいごは無常（死）と決まっている。君たちは、この世で、どんなものを見つけて解放だとするのか。口を満たすだけの食いものを見つけだし、衣服を補修して時間を送るより、まあまあ善き指導者をたずねなければならない。ぐずぐずと安逸をむさぼっていてはならぬ。日月を大切にせねばならぬ。一瞬一瞬が無常である。いつでも、大にしては地水火風の四つの要素にしてやられ、小にしては生住異滅という現象の四つの変化におしまくられているのだ。道の仲間よ、今はまず、現象の四つの変化のない境地を会得して、それらの対象におしつぶされぬようにすることが肝要である」。

問、如何是真正見解。師云、你但一切入凡入聖、入染入浄、入諸仏国土、入弥勒楼閣、入毘盧遮那法界、処処皆見国土成住壊空。仏出于世転大法輪、[1]即入涅槃、不見有[2]去来相貌。求其生死、了不可得。便入無生法界、処処遊履国土、入華蔵世界、尽見諸法空相、皆無実法。唯有聴法無依道人、是諸仏之母。所以仏従無依生。若悟無依、仏亦無得。若如是見得者、是真正見解。[3]学人不了、為執名句、被他凡聖名礙。所以障其道眼、不得分明。秖如④十二分教、皆是表顕之説。学者⑤不会、便向表顕名句上生解。皆是依倚、落在因果。未免三界生死。你若欲得生死去住、脱著自由、即今識取聴法底人、無形無相、無根無本、無住処、活撥⑥撥地。応是万種施設、用処秖是無処所⑦。覓著転遠、求之転乖。号之為秘密。道流、你莫認著箇夢幻伴子。遅晩中間、便帰無常。你向此世界中、覓箇什麼物、作解脱。覓取一口飯喫、補毳過時、且要訪尋知識。莫因循逐楽⑧過時。光陰可惜。念念無情。麁則被地水火風、細則被生住異滅四相所逼。道流、今時且要識取四種無相境、免被境擺撲。

① 即＝却（甲・乙〔四二〕）
② 去＝未（底本）、甲・乙によって訂す。
③ 学＋道（甲）
④ 如＝為（甲）
⑤ 者＝人（乙〔四三〕）
⑥ 撥撥＝潑潑（甲）
⑦ 所＋以（甲・乙）
⑧ 過時―（乙〔四四〕）

四四

質問、「どういうのが現象の四つの変化のない境地ですか」。先生がいわれる、「君たちの一瞬の疑いの心が、土という要素に自分を固定されはじめるのであり、君たちの一瞬の渇愛の心が、水という要素に自分を耽溺されはじめるのであり、君たちの一瞬の怒りの心が、火という要素に自分を燃焼されはじめるのであり、君たちの一瞬の歓びの心が、風という要素に吹きあげられはじめるのである。もし、このように心得ることができるなら、諸君は対象に引きまわされないで、どこででも対象を使って、東におどりでて西に隠れ、南におどりでて北に隠れ、中央におどりでて周辺に隠れ、周辺におどりでて中央に隠れ、水上を歩くこと地上と同じく、地上を歩くこと水上と同じであろう。どうしてこうなるのかというと、右にいう四つの要素が夢か幻想のように実体のないものであることを見通しているからである。

道の仲間よ、君たちという、たった今わたしの説法をきいているものは、君たちの四つの要素ではなくて、君たちの四つの要素を使うことのできるものである。もしこう考えることができるなら、この世を去ることもとどまることも、まったく思いのままである。山法師の考え方からいうと、疑わしい存在は何もないのである。君たちがもし聖者を好んで凡人を嫌うとすれば、その聖と凡という対象にしばられたのである。ある種の修行者たちが、五台山中に文殊を探そうとするのは、すでにとんだ考え違いである。五台山に文殊はいない。君たちは、文殊に会いたいと思うか。ほかでもない、君たちという、わたしの目の前に動いているものが、いつも変わらず、どこにもとまどわぬこと、これこそ生きた文殊ボサツである。君たちの一瞬の差別を超えた心の輝きは、どこもすべて本ものの普賢ボサツである。君たちの一瞬の心が自分で拘束をときほぐし得て、いたるところで解放されているのは、これこそ観世音ボサツの瞑想のおしえである。この三人のボサツは、互いに主となりワキ役となって、すがたをあらわすときはいつも同時にすがたをあらわして、一人がそのまま三人であり、三人がそのまま一人である。こういうふうに理解できてこそ、まさしく経典を読むにふさわしい」。

問、如何是四種無相境。師云、你一念心疑、被地来礙。你一念心愛、被水来溺。你一念心瞋、被火来焼。你一念心喜、被風来飄。若能如是弁①得、不被境転、処処用境、東涌西没、南涌北没、中涌辺没、辺涌中没、履水如地、履②地如水。縁何如此。為達四大如夢如幻故。道流、你秖今聴法者、不是③你四大、能用你四大。若能如是見得、便④乃去⑤住自由。約山僧見処、勿嫌底法。你若愛聖憎⑥凡、被聖凡境縛。有一般学人、向五台山裏求文殊、早錯了也。五台⑦山無文殊。你欲識文殊麼。秖你目前用処、始終不異、処処不疑、此箇是活文殊。你一念心無差別光、処処摠是真普賢。你一念心自能解縛、随処解脱、此是観音三昧法。互為主伴、出則一時出、一即三、三即一。如是解得、始好看教。

① 弁＝辯（甲）
② 履＝入（甲）
③ 是＝見（甲）
④ 乃＝能（甲）
⑤ 住＝処（甲）
⑥ 憎凡被聖凡境縛＝聖者聖之名（甲・乙〔四六〕）
⑦ 山―（甲）

四五

先生は、さらにいわれた、「いまごろ修行をこころざすものは、とにかく自ら信ずることが肝要であって、外に求めてはならない。大ていはみな、つまらぬ古くさい対象にのっかって、てんでよしあしの見分けもつかぬ。たとえば、祖師が問題となり、ブッダが問題になるのも、すべて教義上のことにすぎない。誰かが一くだりの言葉をとりだしてきて、ひょっと隠れた意味と表現のところを見せると、たちまちにとまどいがおこってきて、天を探し地を探して、わきみちにたずねまわって、もうやたらにさわぎたてる。一人前の男が、ただもう国王のこと、賊軍のこと、よいこと、いけないこと、セックスのこと、物欲のことなどを議論するばかりで、無駄ばなしに日を送ってはならない。山法師は、ここで僧であろうと俗であろうとかまわぬ。すべてやってくるものは、一人残らず相手を鑑別してしまう。たとえ、相手がどんな仕方であらわれても、かれのあらゆる音声、名称、説明は、みな夢や幻想にすぎない。

これに反し、対象につけこむほどの人こそ、もろもろのブッダの深い奥義であると判る。ブッダの境地なるものは、自分でわたしはブッダの境地であるなどとは言えない。むしろ、ほかならぬこのよりどころをもたぬ修行者が、対象につけこんであらわれるのである。たとえば、ある人があらわれて、わたしにブッダを求めるとき、わたしはすぐに清らかな境地にふさわしい仕方で出てゆく。ある人がわたしにボサツを求めるとき、わたしはすぐに慈悲の境地にふさわしい仕方で出てゆく。ある人がわたしに菩提を求めるとき、わたしはすぐに清らかで、おくゆかしい境地にふさわしい仕方で出てゆく。ある人がわたしに涅槃を求めるとき、わたしはすぐにおちついた境地にふさわしい仕方で出てゆく。それらの境地は、さまざまに区別されるが、その主体である人は違っていない。それで『相手に応じて姿をあらわすこと、たとえば水中の月かげのようである』というのだ。

　道の仲間よ、君たちがありのままでありたいと思うなら、どうしても一人前の男でなくてはならぬ。ふにゃふにゃならば、駄目である。いったい、ひびのはいったような容器は、上等のバターをしまっておくわけにいかぬ。大人物ともあろう男なら、かならず世の人々のごまかしに左右されぬことが肝要だ。どこでも自主性を貫くことだ。そうすれば足のふむところ、すべて本ものである。どんなものがやってきても、すべて左右されてはならぬ。君たちが一瞬でもとまどうとき、もう悪魔は君の心にくいこむ。たとえボサツすら、とまどうときは、生死の悪魔がそのすきにつけこむ。どこまでも君の心の動きを休止することだ、決して他に求めてはならぬ。何かが来たらすぐに見つけだすのだ。君たちは、あくまで現在活動しているものが、ひとつの物もないことを確認するのだ。君たちの一瞬の心の動きが、欲望と物と心という三つの迷いの世界を生みだし、その条件によって対象に左右され、分裂して六つの存在（色声香味触法）となるのである。君たちは、たった今、相手に応じて働いているのに、いったい何が足らぬというのだ。一瞬のあいだに、君たちはただちに清浄な世界に入ったかと思うと、汚れたところに入り、ミロクの宮殿に入り、さらに三種の明るい眼のくにに入り、どこをめぐりあるいても、それらがすべて空しい名称にすぎぬことを知るのである」。

　師[1]又云、如今学道人、且要自信、莫向外覓。摠上他閑塵境、都不弁邪正。秖如有祖有仏、皆是教迹中事。有人拈起一句子語、或隠顕中出、便即疑生、照天照地、傍家尋問、也[2]大忙然。大丈夫児、莫[3]秖麼論王論賊、論是論非、論色論財④、閑話過日。山僧此間不論僧俗、但有来者、尽識得伊。任伊向甚処出来、但有声名文句、皆是夢幻。却見乗境底人、是諸仏之玄旨⑤。仏境不能自称我是仏境、還是者箇無依道人乗境出来。若有人出来、問我求仏、我即応清浄境出。有人問我菩薩、我即応慈悲境出。有人問我菩提、我即応浄妙境出。有人問我涅槃、我即応寂静境出。境即万般差別、人即不別。所以応物現形、如水中月。道流、你若欲得如法、直須是大丈夫児始得。⑥若萎萎随随地、則不得也。夫如甊音西嗄所嫁切之器、不堪貯醍醐。如大器者、直要不受人惑。随処作主、立処皆真。但有来者、皆不得受。你一念疑、即魔入心。如菩薩疑時、生死魔得便。但能息念、更莫外求。物来即照。你但信現今用底、一箇事也無⑦。你一念心生三界、随縁被境、分為六塵。你如今応用処、欠少什麼。一刹那間、便入浄入穢、入弥勒楼閣、又入三眼国土、処処遊履、唯見空名。

① 又＝示衆（乙〔四七〕）
② 大＝太（甲・乙）
③ 王＝主（甲・乙）
④ 財＋論説（甲・乙）
⑤ 旨＝真（底本）、甲・乙〔四八〕によって訂す。
⑥ 若＝這（甲）
⑦ 又—（乙〔四九〕）

四六

質問、「どういうのが三種の明るい眼のくにですか」。先生はいわれる、「わたしは君たちといっしょに清らかでおくゆかしいくにのうちに入ると、清らかな装いで法身のブッダを説得し、さらにものの差別のないくにのうちに入ると、差別のない装いで、報身のブッダを説得し、さらに解放のくにのうちに入ると、光輝く装いで、化身のブッダを説得する。これらの三つの明るい眼のくにぐにはすべてよそおいの変化にすぎぬのである。経論の研究者によると、ブッダの法身を重視して根本と考え、報身と化身をその作用と考えている。しかし、山法師の考えでは、法身は説法することができない。それで、古人も、『ブッダの身体は名義によって設けられ、そのくにぐには実体にもとづいて説かれる』と言っている。これによって、法身と法身の国土は、設定された存在であり、論理的に要求された国土にすぎぬことは明らかである。からっぽのにぎりこぶしや、黄色い木の葉で子供をだましてあやすようなものだ。はまびしや乾からびた骨のうちに、どんな水分を期待するのか。心のほかに真理はないのであり、心のうちだって、やはり把むことはできない。いったい、なにが見つかるというのだ。

君たちは各方面で主張して、『修行して悟りを得るのだ』といっている。心得ちがいをしてはならぬ。よしんば修行ができたとしても、すべて生死のわざにすぎない。君たちは『六種の大乗の修行をはじめ、その他さまざまの細かい修行をことごとくおさめた』というものがあるが、俺の見るところでは、すべて業つくりにすぎない。ブッダを慕い、真理をめざすのも、まったく地獄のさただ。ボサツを慕うのもやはり業つくりであり、お経を研究し、学問をするのもやはり業つくりである。ブッダと祖師は、何もしない人である。してみると、煩悩や為にする行為はもちろん、その反対の悟りや、純粋な行為も、清浄さという業にすぎない。ある種の無学の坊主どもが、食いたいだけ食うと、すぐに坐禅瞑想に入って、煩悩の心をつかまえて飛び出さぬようにし、やかましさを避けて静けさをねがうのは、すべて異教徒の生き方だ。祖師はいわれる、『君たちが意識をとどめて内なる静けさを見つめ、意識をあげて外にものを映し、意識をおさめて内に純化し、意識を集中しておちつきを求めるならば、こういう連中は、すべてものつくりにすぎない』と。ほかならぬ君たちという、たったいまこうしてわたしの説法をきいている人は、どんな具合に自分をつくろい、自分を確認し、自分を飾りたてようというのだ。その人はだいたいつくろうようなしろものでないし、飾りたててできるようなしろものでもない。逆にもし、その人に君たちを飾りつけて貰うなら、どんなものもそのまま飾りつけできるというものだ、君たち、とにかく、心得ちがいをしてはならぬ。

道の仲間よ、君たちは、例のある種の老師たちがだべった言葉を有難がり、『これは真実のおしえだ、この師匠はすばらしい』と考え、『俺のような凡人の意識で、どうしてあの老宿の心をおしはかることができようか』などという。ぼんくらめ、君たちは死ぬまでそんなけちな了見をおこして、そこにある立派な二つの眼玉を裏切ってしまうのだ。ぶるぶると、あたかも凍てついた土手の上のロバのように身をふるわせて、『わたしはとても師匠を批判することなどようせぬ、口のたたりが怖しい』などというのである。

道の仲間よ、だいたい、偉大な指導者こそ、ことさらにブッダを批判し祖師を批判し、世の中の是非を見分け、古くさい三蔵のおしえをたたきつぶし、小僧たちをどなりちらし、賛否渦まくただ中で、本ものの人間を見つけだすものだ。そういうわけで、『わたしは十二年のあいだ、一つのたたりを探しても、芥子つぶほども見つからなかった』と言われるのである。もし、花よめごりょうのような気の小さい禅僧では、すぐに寺をたたきだされて、飯をくわせてもらえず、生きた思いもないのを心配するだけのことだ。古来の先学たちは、どこでだって人が信用せず、つぎつぎに追いだされてこそ、その人の貴さが判ったものだ。もしどこでも人がすべて認めるなら、なにをする資格があろうか。それでいうのだ、『ライオンが一声うなると、野狐どもは卒倒する』と。

道の仲間よ、各地で人々はいっている、『道をおさめなければならぬ、真理をさとらねばならぬ』と。君たちは、いったいどんな真理をさとり、どんな真理をおさめるというのだ。君たちのたった今の動き方は、いったい何が足らず、どこを修繕するのだ。若い小坊主どもは呑みこめないで、すぐにそうした狐つきにほれこんで、かれらがもっともらしいことをいいたてて、相手を動きのとれぬようにして、『理論と行動が一致し、身体と言葉と心という三つの行為をつつしんで、はじめてブッダとなることができるのである』などと教えるままにしている。こういうふうに説きたてる連中は、春の小雨のようにしっとりと人の心を濡らす。古人は言っている、『路上で道の達人に出会ったときは、ぜったいに道の話をしてはならぬ』と。そういうわけでまたこういうのである、『人が道をおさめるとき、道はかえって行われず、さまざまの間違った状況がつぎからつぎへと起きてくる。そのとき智恵の利剣があらわれて、何ものも残さず切り払うと、明るいきざしがまださしそめぬうちに、闇のきざしが全体に輝く』と。それで古人も言っている、『あたりまえの心が道である』と。

修行者よ、どんなものを探しているのだ。たった今、わたしの目の前で、わたしの説法にききいっている、よりかかるもののない修行者は、ありありとはっきりしていて、もともと何の足りぬところもないのだ、君たちは、祖師やブッダと違わないでありたいと願うなら、ひたすらに以上のように考えて、疑をさしはさまぬことである。君たちの意識が一瞬一瞬に変わらぬのを、生きた祖師とよぶのである。もし君たちの心が変わるとき、そこには本質と現象が分かれるのである。心が乱れないから、そのまま本質と現象は分かれぬのである」。

問、如何是三眼国土。師云、我共汝[1]入浄妙国土中、著清浄衣、説法身仏。又入無差別国土中、著無差別衣、説報身仏。又入解脱国土中、著光明衣、説化身仏。此三眼国土、皆是依変。約経論家、取法身為根本、報化二身為用。山僧見処、法身即不解説法。所以古人云、身依義立、土拠体論。法性身法性土、明知是建立之法、依通国土。空拳黄葉、用誑小児。蒺藜菱刺、枯骨上覓什麼汁。心外無法、内亦不可得。求什麼物。你諸方言道、有修有証。莫錯、設有修得者、皆是生死業。你言六度万行斉修、我見皆是造業。求仏求法、即是造地獄業。求菩薩亦是造業、看経看教、亦是造業。仏与祖師、是無事人。所以有漏有為、無漏無為、為清浄業。有一般瞎禿子、飽喫飯了、便坐禅観行、把捉念漏、不令放起。厭喧求静、是外道法。祖師云、你若住[2]心看静、挙心外照、摂[3]心内澄、凝心入定、如是之流、皆是造作。是你如今与麼聴法底人、作麼生擬修他証他、荘厳他。渠且不是修底物。不是荘厳得底物。若教他荘厳你[4]、一切物即荘厳得。你且莫錯。道流、你取者一般老師口裏語、為是真道、是善知識不思議、我是凡夫心、不敢測度他老宿。瞎屢生。你一生秖作者箇見解、辜負者一雙眼。冷噤噤地、如凍凌上驢駒相似。我不敢毀善知識、怕生口業。道流、夫大善知識、始敢毀仏毀祖、是非天下、排斥三蔵教、罵辱諸小児、向逆順中覓人。所以我於十二年中、求一箇業性、如芥子許、不可得。若似新婦子禅師、便即怕趁出院、不与飯喫、不安不楽。自古先輩、到処人不信、被逓出、始知是貴。若到処人尽肯、堪作什麼。所以師子一吼、野干脳裂。道流、諸方説、有道可修、有法可証。⑤你説証何法修何⑥道。你今用処、欠少什麼物、修補何処。後生小阿師不会、便即信者般野狐精魅、許他説事繋縛他人、言道理行相応、護惜三業、始得成仏。如此説者、如春細雨。古人云、路逢達道人、第一莫向道。所以言、若人修道道不行、万般邪境競頭生。智劔出来無一物、明頭未顕暗頭明。所以古人云、平常心是道。大徳、覓什麼物。現今目前聴法無依道人、歴歴地分明、未曾欠少。你若欲得与祖仏不別、但如是見、不用疑誤。你心心不異、名之活祖。心若有異、則性相別。心不異故、即性与相不別。

①　汝＝你（甲・乙〔五〇〕）
②　住＝著（甲）
③　摂＝徹（甲）
④　你—（乙〔五一〕）
⑤　你＋且（甲）
⑥　道＝法（乙〔五三〕）

四七

質問、「どうあるのが一瞬一瞬に意識の乱れぬ状態でしょうか」。先生はいわれる、「君がわたしにたずねようとしたとき、すでに心は乱れてしまって、本質と現象とはそれぞれ別になっている。道の仲間よ、心得ちがいをしてはならない。世間も出世間も、すべての存在は、どこにもそれ自身の実体もなければ、また生まれたものもないのである。すべて空しい名称にすぎず、その名称もまた空しい。君たちは、ひたすらにそのしがない名称に気をとられて実在だと考えているが、とんでもない心得ちがいだ。よしんば存在するとしても、すべて条件によって変わってゆく対象にすぎぬ。そこには、ボダイという条件、ニルヴァーナという条件、解放という条件、ブッダの三種の身という条件、さとりの境地という条件、ボサツという条件、ブッダという条件がある。君たちは、そうした条件によって変わってゆく世界の中で、どんなものを探そうとするのか。さらに進んで、ブッダの説いた三乗のおしえや十二種の経典にしても、すべて糞をぬぐうちり紙にすぎぬ。ブッダは幻想の偉人であり、祖師はおいぼれ坊主である。君たちは、いったい母の腹から生まれたのかどうか。君たちがブッダを探すとき、すぐにブッダという魔性につかまってしまうのであり、君たちが祖師を探すとき、もう祖師にしばられているのである。君たちはもし何かを探すなら、すべては苦しみである。どだい何をする事もなく休んでいるのに及ばぬ。

ある種のはげ坊主どもは、学生たちにおしえる、『ブッダは絶対者である、三大アサンギカという気の遠くなるほど長い時間をかけて、修行の成果をあらわし、ようやく道を完成されたのである』と。道の仲間よ、君たちが、『ブッダは絶対者である』というなら、どうしたわけで八十年するとクシナガラの町の二本のシャラの木蔭で、横になってへたってしまったのか。そのブッダは今どこにいらっしゃるのだ。これによって確認できるのは、かれもわれわれの生き死にと違っていないということだ。君たちはいう、『三十二種のふしぎなおすがた、八十種に及ぶめずらしい特徴こそ、ブッダである』と。それでは、同じ特徴をもつチャクラバーチィ王も、如来でなくてはならないのか。確認できるのは、かれが幻想にすぎぬということだ。古人も言っている、『如来の全身のおすがたは、世俗のねがいにあわせるためのものである。人々が虚無的な考えをおこすのを案じて、かりにしばらく調子のよいことを言い立てたのだ。三十二というのもかりそめなら、八十というのも無意味なことばだ。肉身のあるものはさとりの主体ではない。すがたなくして、はじめて真実の身である』と。

君たちはいう、『ブッダは六つの神秘な智恵をそなえていられて、まったく凡人の思いも及ばぬ』と。それでは、あらゆる神や仙人、アシュラ、大力をもった霊鬼などが、やはりふしぎな神秘の力をそなえているのも、ブッダでなくてはならぬのだろうか。道の仲間よ、心得ちがいをしてはならぬ。たとえば、アシュラが帝釈天と戦ったとき、戦いにやぶれたアシュラは八万四千の仲間を引きつれて、蓮糸の穴の中にかくれたというが、かれは聖者だということにならないか。山法師の考える限りでは、それらはすべて前世の業のはたらきであり、条件の変化にすぎない。もともと、ブッダの六つの神秘な力というのは、そんなものではない。物質の世界に入って物質に左右されず、声の世界に入って声に左右されず、匂いの世界に入って匂いに左右されず、味の世界に入って味に左右されず、肌の感じを受けつつ、肌に左右されず、理法の世界に入って理法に左右されないのである。こういうわけで、かれは物質と声と匂いと味と肌と理法という六つの存在が、すべて空しい対象であると知っているために、何ものもこのよりかかるもののない修行者を拘束できぬのである。かれは五つの要素でできた汚れのかたまりでありながら、そのまま地上に奇蹟を行ずる人である。

道の仲間よ、本当のブッダは肉身がなく、本当の理法は体系をもたない。君たちは、ひたすら幻想のまわりに恰好をつくろうが、たとえ何かの霊現を得たとしても、すべて狐ののりうつりにすぎぬ。それは断じて本当のブッダではなくて、異教徒の考え方にほかならぬ。もともと、本ものの修行者は、およそブッダを問題にしないし、ボサツや羅漢を問題にしないし、三つの迷いの世界の中での有難さを問題にすることなく、はるかに抜け出て、何ものにもこだわらない。天地がひっくりかえっても、わたしはぜんぜん気にしないし、十方世界のもろもろのブッダが現れいでても、一瞬も嬉しいとは思わないし、三途の地獄がにわかにあらわれても、一瞬も怖しいとは思わない。どうしてそうであるのか。わたしの見るところ、あらゆる存在はすべて空しい対象であって、変化としては存在するが、変化しないときは存在しないからである。三つの迷いの世界は心（の変化）にすぎず、あらゆる存在は単なる意識（のあらわれ）にほかならない。してみると、『夢と幻覚と空に見えるあだ花を、どうしてつかまえようとあせるのか』。ほかでもない、道の仲間という、わたしの目の前でたった今わたしの説法をきいている人（君たち）こそ、火にとびこんで燃えず、水にとびこんでおぼれず、三途の地獄におちこんでも、遊園地でぶらついているように自由であり、餓鬼や畜生の世界にとびこんでも、そうした苦悩に左右されぬのである。どうしてそうであるのかといえば、かれは何も疑うものがないからである。これに反して、もしも君たちが聖者を慕い凡人を嫌うなら、生き死にの迷いの海に浮き沈みするほかはない。苦悩は自分の心が生みだしたものであり、心がなければ苦もどうして君たちを拘束しようか。ことさらにものを区別し、形を問題にすることをせねば、自ずからに道をつかんで時間もかからぬ。君たちは、わきみちにあたふたと道を手に入れようと思って、三祇という途方もない長い時間のすえに、けっきょく生き死にのくりかえしに終わるのだ。それよりは、何もしないで、禅院の中で、椅子の上に脚をくんで坐っているのがましだろう。

道の仲間よ、たとえば各地から学生がやってきて、主客たがいに顔を合わせると、ただちにあいさつの一言があって、学生は相手の先生を見分けるのである。先生は、学生がしかけ言葉のわなをとりだして自分の口さきになげつけ、『どうだ貴公わかるか』と問いかけられる。君たち（先生）は、それが手段だとにらめば、ひったくってすぐに穴の中になげすてるであろう。学生は、ただちに普通の状態にかえって、あらためて先生の返答を要求する。先生は前と同じようにそれをとり上げてしまう。学生がいう、『最高に偉いものだ、立派な先生である』と。先生もすぐにいう、『貴様、てんでよしあしも判っておらぬ』と。ところが、こんどは、先生の方がある手段のからくりをとりだして、学生の前にひけらかすと、その男は心得て、一つ一つに主人となって、手段のまどわしに左右されぬ。先生は、たちまち半身をあらわす。学生は、すぐにどなりつける。先生はさらに細いあらゆるふるい分けの問いの中に引きこんで、相手をゆさぶる。学生は言う、『よしあしも心得ぬおいぼれ坊主よ』と。先生はほめていう、『君は真正直な修行者だ』と。

ところがあちこちの先生ときたら、真偽のほども心得ず、学生がやってきて、ボダイやネハン、ブッダの三種の身、悟りの世界などについてたずねると、ボケおやじはすぐに相手に説明してやって、逆に学生にあしざまに批判され、こんどはすぐに棒をもってなぐって、『貴様は礼節のほどを知らぬ』という。もともと、君たち先生の方がボケ込んでいるから、相手の無礼を怒ることはできぬはずである。

さらに、ある種のよしあしも心得ぬ坊主どもとなると、たちまち口からでまかせをいいたて、やれよいお天気だ、よいおしめりだ、よい灯籠だ、柱だという。君たち、自分の眉毛が何本残っているか、判っとるのか（知るまい）。それには、条件が揃ってるのだ。ところが、学生は何も知らず、たちまち狂気してのぼせる。こんな連中は、まったく野山の狐か、ばけものだ。例のちゃんとした学生たちに、くっくっと苦笑して、『おいぼれ坊主があの世界中の人間をまよわせている』と言われるに違いない。

道の仲間よ、家を捨てた修行者は、とにかく修行をしなくてはならぬ。たとえばこの山法師にしても、昔は戒律の学問に熱中して数十年すごしたことがあり、さらに経論を研究したこともある。あとでは、それらが世界の苦悩を救うための応急薬の処方箋で、表むきのことにすぎないと気づいたので、そこですっぱりと投げすてて、ただちに修行をはじめて禅の道に入ったのである。ついに、偉大な指導者にめぐりあって、やっと真理の眼をはっきりとひらいたのであり、はじめて、世界中の老師たちを見分け、かれらの真偽に気づいたのである。決して、母の腹から生まれたままですぐに判るわけではなくて、むしろ全身をあげて修練をかさねたすえに、一度に内なるものにめざめたのである。

道の仲間よ、君たちは道理にふさわしい考え方を身につけようと思うなら、決して世間のごまかしに左右されてはならぬ。内面的にも外面的にも、ぶつかったらすぐに切りすてよ。ブッダにぶつかったらブッダを切りすて、祖師にぶつかったら祖師を切りすて、ラカンにぶつかったらラカンを切りすて、父母にぶつかったら父母を切りすて、親戚にぶつかったら親戚を切りすててこそ、はじめて解放が手に入るのである。何ものにも引きずられることなく、一切の束縛をつきぬけて自由である。しかし、各地の道の仲間といったら、相手を予想せずにやってくるような人はない。山法師はここで始めから相手をたたく。腕をたよりにやってくれば、腕でたたきつけ、言葉をたよりにやってくれば、言葉でたたきつけ、眼をたよりにやってくれば、眼でたたきつけてやる。かつて今まで独りだちでやってくる奴は一人も見かけなかった。たいてい例の先輩の陳腐なからくりを後世大事にかついでいるばかりだ。

山法師は諸君にさしあげるようなおしえはただの一つももたない。ただ諸君の病気をなおし、束縛をときはなってあげるだけのことだ。君たち各地の道の仲間は、ひとつものにたよらないでやってくるがよい、わたしは君たちと直接にかけ合ってみたいのだ。今まで十年あるいは五年のあいだ、まったくそんなものは一人もなかった。たいていは草の蔭や木の葉にひそむすだまか、竹や木の妖怪や、山野の狐つきが、ありとあらゆる糞の山に、むらがりついているばかりであった。ぐずろべえたちは、むなしく各地の信者の施しを受けて、『俺は家をすてた修行者だ』などといって、こんな考え方をしているにすぎぬ。わたしが、君たちに申したいのは、ブッダもなければおしえもなく、修行もなければ証明もないということだ。君たちは、ひたすらそんなにわきみちに、どんなものを探しだそうとしているのか。ぐずろべえめが、首の上にさらに首をすえようとして、いったい、君たちにはなにが足りぬのだ。

道の仲間よ、ほかならぬ君たちという、わたしの目の前で活動しているものは、祖師やブッダと違ってはいないのである。てんでそのことを反省しないで、君たちは外部に探すばかりである。心得ちがいをしてはならぬ。外部に真理はないのであり、内面といってもやはり把むことはできない。君たちは、山法師がしゃべる言葉を問題にするより自らの業をやめて何事もないのがましだ。過去に起こった業をもちつづけてはいかん、まだ起こっていないものを起こさせることもない。そうすれば、君たちが、十年も各地に遊行するよりも効果があろう。山法師の考え方からすると、ごたごたしたことは何もないのである。どこまでもあたりまえのことである。衣裳を身につけ飯をくって、何事もなしに時間をおくるだけである。君たち各地からやってくるものは、すべて目的をもっていて、ブッダを探し、おしえを探し、解放を探し、三つの迷いの世界を抜け出ようとしている。愚かものよ、君たちは、どこを出て行こうとするのだ。三つの迷いの世界とか、ブッダや祖師というのは、おだてたり縛ったりするための名前である。君たちは三つの迷いの世界について知りたいか。（知りたいならいってきかせるが、）それは、君たちという、たった今わたしの説法をきいている心の場をへだてはしないのである。君たちの一瞬のむさぼりの心が欲界であり、君たちの一瞬のいかりの心が色界であり、君たちの一瞬の心の愚かさが無色界であり、すべて君たちのうちなる道具にほかならない。三つの迷いの世界は、自ら俺は三つの迷いの世界であると名のることはない。むしろ、ほかならぬ道の仲間（君たち）という、わたしの目の前でいかにも不可思議に、あらゆる事態を映しだし、世の中をとりさばいている人が、三つの迷いの世界に名前をつけているのである。

修行者よ、四つの要素でできている肉身ははかないものだ。さらにいえば、われわれの脾と胃と肝と胆などの内臓や、髪の毛、ゆびの爪、口中の歯といったものは、あらゆる存在がすべて空しいことをあらわしている。君たちの一瞬の心の迷いが停止できたとき、君たちの身を菩提の樹とよび、君たちの一瞬の心の迷いが停止できぬとき、君たちの身を無明の樹とよぶのである。無明はもともと一定の場所をもたないし、無明ははじめもおわりもない。君たちが、一瞬一瞬の心の迷いを停止できぬとき、君たちはただちにその無明の樹をよじのぼり、ただちに六つの迷いの世界に入り、四つの生きものの仲間となって、全身に毛をまとい、頭上に角をつけるのである。これに反して、君たちが心の迷いを停止できるとき、君たちの身はただちに浄らかな感覚そのものである。君たちが一瞬も心を起こさなければ、ただちに菩提の樹をよじのぼり、三つの迷いの世界の中に神秘な奇蹟を現じ、思いのままに自分の身をかえて、真理のよろこびと瞑想のよろこびを食物として、全身の輝きが思いのままにものを映し、衣裳がほしければ自然に美しいうすものが千着もかさなり、食べものがほしければ、百種の美味が一度にみちたりて、決して不意の病気にかかることもない。悟りはもともと固定のしようがないから、したがって、それを把むということもないわけだ。

道の仲間よ、一人前の男は、いったい何を疑うことがあろう。わたしの目の前の動きは、そもそも何者なのか。把んだらすぐに活用し、名前などつけぬことだ。これこそ深い奥義とよばれる。こう考えるなら、嫌うべきものは何もないのだ、昔の人はいっている、『人の心はさまざまの対象についてころがるが、そのころがり方は、まったく根元的な暗さを失わない。動くものについて、ものの本質を確かめるとき、得たよろこびもなければ、失った憂いもない』と。

道の仲間よ、禅宗の考え方というものは、死にも生にも循環的である。道に入ろうとするものは、どこまでも注意しなければならない。いっぱんに、主と客が顔をあわせると、ただちに論議のやりとりがある。たとえば、あるときは相手について自分のすがたをみせ、あるときはこちらから身ぐるみ動き、あるときはさそいをかけて喜んだり怒ったりし、あるときはこちらのすがたを半分だけみせ、あるときはライオンの背にのって文殊ボサツの境地を現じ、あるときは象の背にのって普賢ボサツの境地を示すといった具合である。もし真正直な学生だと、ただちに大声をあげてどなり、さきに膠の容器を一つとりだす。先生はそれが相手のさそいであることを見抜けないで、すぐに相手のさそいにのって、型どおりにふるまう。学生はたちまち大声でどなりつける。前者は手をはなそうとも思わぬ。こういうのは、病が膏盲のあいだに入って、治療の手がないのであり、客が主を試みた場合と言ってよい。

次は、先生の方は何ものもとりださないで、学生が質問するしりからすべてとりあげてしまうと、学生は質問をとりあげられて、必死にはなすまいとする。こういうのは、主が客を試みた場合である。

さらに、ある学生が、一つの清らかそうな様子で、先生の前にあらわれると、先生はそれが様子だとみぬいて、ひったくって穴の中に投げこむ。学生はいう、『すばらしい先生だ』と。（先生は）すぐにいう、『馬鹿ものめ、何もわからぬくせに』と。学生はすぐに素直におじぎする。これは、主が主を試みた場合と言ってよい。

次は、ある学生が自ら首かせをはめ、くさりをひきずって、先生のまえに出てくる。先生は、さらにもう一つの首かせとくさりをつけてやる。学生はよろこんで有頂天になり、わけがわからぬ。これは客が客を試みた場合と言ってよい。修行者よ、山法師がこのように言ったのは、すべて魔物を見抜き、異類をよりすてて、その真偽を分かつためである。

道の仲間よ、本当に真理を味わうことは、極めて困難であり、ブッダのおしえは深く暗い。われわれに判るのはある程度までである。山法師は、一日中君たちに言ってきかせるが、学生はてんで心にかけない。千べんも万べんも、脚の下にふみつけてしまって、火の消えたようにまっくらである。真理は一つの決まった身体もなく、はっきりとしてそれ自身で光っているのだが、学生は反省が足りないで、すぐに名称や説明について臆見をおこし、半世紀という年齢に近づいても、ひたすらわきみちに死骸を背負って出かけ、担い棒を肩に世界中をかけまわるばかりである。エンマ様にわらじ銭を要求される日が来ることまちがいなしだ。

修行者よ、山法師がわれわれの外部に真理はないとおしえると、学生はそれが判らないで、すぐに内面にあると考え、たちまち壁によりそって坐り、舌を上のあごにくっつけて、ひっそりとして動かず、それを自分の派の仏法であると考える。やはりとんでもない間違いだ。ほかならぬ君たちが、静かに動かぬ清らかな境地をもちあげて、それが道であると考えるなら、君たちは、つまりあの無明を主人と考えたわけである。昔の人はいっている、『ひっそりとしたまっ暗い穴の中は、とてもおそるべきだ』と。それはつまりこのことだ。しかし、君たちがもし、動くものが道だと考えるなら、すべての草木はいずれも動くことができるが、それらが道でなくてはならぬだろうか。したがって、動くのは風の要素であり、しずかに動かぬのは地の要素にほかならぬ。動いても動かなくても、いずれもそれらの実体はないのである。君たちがもし動きの中に相手をつかまえるならば、相手は動かぬところにいるだろうし、君たちがもし動かぬところで相手をつかまえるならば、相手は動きの中にいるであろう。あたかも、井戸の底にかくれていた魚が、波をうって自らおどり出すようなものである。

修行者よ、動くのも動かぬのも、二つの境地にほかならない。もともと、君たちという何ものにもよりかかわらぬ修行者が、動くものを働かせ、動かぬものを働かせているのだ。

たとえば、各地から学生がやってくるとき、山法師はここでは、その素質を三種類に分けて処置することにしている。

もし、中級以下の素質のものがくるときは、わたしはただちに相手の境地をこちらにとりあげるが、相手の理法を残してやる。もし中以上の素質のものがくるときは、わたしはただちに相手の境地も理法もとりあげてしまう。もし上の上といった素質のものがくるときは、わたしはただちに相手の境地も理法も人間もすべてとりあげてしまう。ところが、もしけたはずれの考えをもつものがくるときは、山法師はここで、ただちに身ぐるみ作用して相手の素質にわたらぬ。

諸君よ、こうなって、学生が力を出しきったところでは、緊張して風も通さないし、石を打つ火花や雷のひらめきのように、瞬間に通りぬけてしまうのである。学生が、眼の玉をちらりとでも動かすなら、もうただちに関係はきれる。何か考えようとすればたちまち行きちがい、心を動かせばただちにはなれる。それが判る人は、わたしの目の前をへだてはしない。

諸君よ、君たちは飯ぶくろや糞桶をかつぐ天びん棒を肩にしてわきみちにかけまわって、ブッダを探しおしえを探しているが、たった今、そんなに追っかけまわしているそのものは、君たち、いったいその人に気づいているのか。かれはぴちぴちとはねまわって、まったくもって根もとなどないのである。かきよせようにもかきよせられないし、はきちらしようにもはきちらせないのだ。後を追いかけるほどいよいよ遠ざかるが、追わねば、ちゃんとわたしの目の前にいて、不可思議な声は耳についてくる。誰でもこれが納得いかねば、一生百年も無駄な努力をするだけだ。

道の仲間よ、われわれは一瞬のうちにただちに蓮華蔵世界にゆき、バイローシャナのくににゆき、解放のくににゆき、奇蹟のくににゆき、清らかなくににゆき、真理の世界にゆき、汚れたところにゆき、清らかなところにゆき、凡人のところにゆき、聖者のところにゆき、餓鬼や畜生の世界にゆき、いたるところにたずね求めてみても、どこにも、生まれるものがあり死滅するものがあるのを認めることはなくて、わずかにそれらの空しい名前があるにすぎぬことを知る。それらは、幻術の変化か、病気の眼にうつる空中の花のようなものであり、ことさらそれらをつかまえるまでもない。手に入れたとか、無くなったとか、よいとかわるいとかいう分別は、いずれもいっぺんになげ捨てるのである。

道の仲間よ、山法師が主張するブッダのおしえのはっきりした伝来をいえば、麻谷和尚をはじめ、丹霞和尚、道一和尚、廬山和尚と、そして石鞏和尚がひとすじに実行されて、世界にひろまったのである。ところが、そのことを誰も納得できないで、口をそろえて悪口をたたく。たとえば、道一和尚のやり方ときたら、純粋でまざりけがないために、学生たちは三百人が五百人まで、誰もかれの意図に気づかぬ。また、廬山和尚ときたら、思いのままで真正直で、その順手と逆手のやり方について、学生たちはその限界が判らないで、ぜんぶがぜんぶあっけにとられる。丹霞和尚ときたら、手のひらに珠をのせて、隠したり出したりすると、やってくる学生は、ぜんぶがぜんぶ、どなりつけられる。麻谷のやり方ときたら、黄わだの皮を口に入れたようににがくて、誰も傍に寄れない。石鞏のやり方ときたら、弓矢をとって相手を待ちかまえているので、くるものは誰もふるえ上がる。

山法師の現在のやり方にしても、真正直になしとげたり、とりこわしたりして、不思議な変化を思うがままにくりひろげて、あらゆる対象の中に入っていくと、いたるところ何事もなくて、どんな対象もわたしに向きをかえさせることはできない。およそ、探しあててくるものに対して、わたしはすぐに出て行って相手を試みるが、相手はわたしに気づかぬ。わたしがすぐに若干の衣裳をつけると、学生は臆見をおこして、ひたすらに自分の言葉に引きこまれる。可哀そうに、馬鹿坊主ども、眼なしの男よ、わたしが着ている衣裳をとらえて、わたしを青いとか黄いろいとか赤いとか白いとか断定する。わたしが衣裳をぬぎすてて、清らかな境地に入ると、学生は一目みただけですぐに愛慕の思いをおこす。わたしがさらにそれをぬぎすてると、学生は気を失って、当てもなしに走りまわり、わたしが衣裳を着てないと思いこむ。わたしはすぐに相手におしえて、『君はわたしという衣裳をつけている当の人間を知っているか』というと、たちまちあたまの回転よろしく、わたしというものを固定してしまう。

諸君よ、君たちは衣裳を固定してはならぬ。衣裳は、自ら動くことはできない。人が自ら衣裳を着るのである。あるいは清浄という衣裳があり、あるいは無生という衣裳、菩提という衣裳、涅槃という衣裳があり、祖師という衣裳、ブッダという衣裳がある。諸君よ、すべて、名称や説明は、いずれも衣裳が変わっただけのことだ。臍のまわりにある空気の海が振動することによって、歯がかみあって音をたてると、まとまった意味ができあがるのである。それが幻術の変化にすぎぬのは知れたことだ。諸君よ、音声の働きが外にあらわれ、内に心という存在の動きを示すのである。心の動きによって意識を固定するのは、すべて衣裳にほかならない。君たちは、ひたすらに相手が身につけている衣裳を固定して、実在するもののように考えてばかりいるが、たとえ墨の点で大地をぬりつぶすほどの途方も知れぬ長い時間をかけても、それは衣裳の知識にすぎない。三つの迷いの世界を堂々めぐりして、永遠に生死をくりかえすだけだ。何ごともないのにこしたことはない、『互いに顔をあわせて相手を覚えてもいないし、いっしょに話して相手の名に気づかぬ』というように。

この頃の学生が駄目なのは、もともと名称を固定してものを考えるからだ。かれらは大型のノートブックに、屁のような老師たちの言葉を書きこみ、三重にも五重にも袋の中にしまい込んで、誰にものぞかせないで、深い奥義であると思って大切にしている。とんでもない間違いだ。ぐずろべえめ、君たちは乾からびた骨からどんな水分を期待しているのだ。ある種のもののよしあしも心得ぬ連中は、経典の言葉にすきかっての判断を加えて、まとまった意味をでっちあげる。あたかもウンコのかたまりをつかんで口にくわえ、はきだして他の人にわたすようなものである。ちょうど、世間の人たちが、同じ文句の早口競争をやっているようにして、生涯を無駄にしてしまうのだ。『俺は家をすてた修行者だ』と言ったところで、相手にブッダのおしえのことを問いただされると、たちまち口をむすんで言葉もなく、眼は煙突のように穴があいているだけであり、口は天びん棒のようにへの字にまがって開かぬ。こんな連中は、たとえ五十六億七千万年のさきに、ミロクがこの世に出てくるのにあっても、別のくにに移しかえられて、地獄のせめ苦をうけつづけるだけである。

諸君よ、君たちはあたふたと各地に出かけて、何を探しだすというので、自分の脚の裏をふみひろげているのだ。探さなければならないブッダもなければ、完成しなければならない道もなく、把まねばならない真理もないはずだ。外面に形のあるブッダを探すのは、君たちに似つかぬ話である。君たちの本来の心を見つけようというのなら、それは君たちとあらためて一体になることもなく、はなれることもないのである。道の仲間よ、本もののブッダは身体をもたず、本ものの道は実体をもたず、本ものの真理は体系をもたない。これらの三つは、互いにとけあって一つにむすびついているのである。そういうことを心得ることができぬ以上、あてもなく宿命づけられた意識をもつ生きものとよぶほかはない」。

問、如何是心心不異処。師云、你擬問、早異了也、性相各分。道流、莫錯。世出世諸法、皆無自性、亦無生性、但有空名、名字亦空。你秖麼認他閑名為実。大錯了也。設有、皆是依変之境。有箇菩提依、涅槃依、解脱依、三身依、境智依、菩薩依、仏依。你向依変国土中、覓什麼物。乃至三乗十二分教、皆是拭不浄故紙。仏是幻化身、祖是老比丘。你還是娘生否①。你若求仏、即被仏魔摂。你若求祖、即被祖縛②。你若有求皆苦。不如無事休歇③去。有一般禿比丘、向学人道、仏是究竟、於④三大阿僧祇劫、修行果満、方始成道。道流、你若道仏是究竟、縁什麼八十年後、向拘尸羅城、雙林樹間、側臥⑤死去。仏今何在。明知与我生死不別。你言、三十二相八十種好是仏。転輪聖王応是如来。明知是幻化。古人云、如来挙身相、為順世間情。恐人生断見、権且立虚名⑥。仮言三十二、八十也空声。有身非覚体、無相乃真形。你道仏有六通是不可思議。一切諸天神仙、阿脩羅大力鬼、亦有神通、応是仏否。道流、莫錯。秖如阿脩羅与天帝釈戦、戦敗領八万四千眷属、入藕絲孔中蔵。莫是聖否。如山僧所挙、皆是業通依通。夫如仏六通者不然。入色界不被色惑、入声界不被声惑、入香界不被香惑、入味界不被味惑、入触界不被触惑、入法界不被法惑。所以達六種色声香味触法、皆是空相、不能繫縛此無依道人。雖是五蘊漏質、便是地行神通。道流、真仏無形、真法無相。你秖麼幻化上頭、作模作様。設求得者、皆是野狐精魅、並不是真仏、是外道見解。夫如真学道人、並不取仏、不取菩薩羅漢、不取三界殊勝。逈然独脱、不与物拘。乾坤倒覆、我更不疑。十方諸仏現前、無一念心喜。三塗地獄頓現、無一念心怖。縁何如此。我見諸法空相、変即有、不変即無。三界唯心、万法唯識。所以夢幻空花、何労把捉。唯有道流、目前現今聴法底人、入火不焼、入水不溺、入三塗地獄、如遊園観、入餓鬼畜生、而不受報。縁何如此。無嫌底法。你若愛聖憎凡、生死海裏沈⑦浮。煩悩由心故有、無心煩悩何拘。不労分別取相、自然得道須臾。你擬傍家波波地学得、於三祇劫中、終帰生死。不如無事、向叢林中、牀角頭交脚坐。道流、如諸方有学人来、主⑧客相見了、便有一句子語、弁前頭善知識。被学人拈出箇機権語路、向善知識口角頭攛過、看你識不識。你若識得是境、把得便抛向坑子裏。学人便⑨即尋常、然後便索善知識語。依前奪之。学人云、上智哉、是大善知識。即云、你大不識好悪。如善知識、把出箇境塊子、向学人面前弄、前人弁得、⑩下下作主、不受境惑。善知識便即現半身。学人便喝。善知識又入一切差別語路中擺撲。学人云、不識好悪老禿⑪奴。善知識歎曰、真正道流。如諸方善知識、不弁邪正。学人来問菩提涅槃、三身境智。瞎老師便与⑫他解説、被他学人罵著、便把棒打他言無礼度。自是你善知識無眼、不得瞋他。有一般不識好悪禿奴、即指東劃西、好晴好雨、好灯籠露柱。你看眉毛有幾茎。者箇具機縁。学人不会、※便即心狂。如是之流、揔是野狐精魅⑬魍魎。被他好学人、嗌嗌微笑、言瞎老禿※奴惑乱他天下人。道流、出家児且要学道。秖如山僧、往日曽向毘尼中留心数⑭十年、亦曽於経論尋討。後方知是済世薬方⑮、表顕之説、遂乃一時抛却、即訪道参禅。後遇大善知識、方乃道眼分明、始⑯識天下老和尚、知其邪正。不是娘生下便会、還是体究錬磨、一朝自省。道流、你欲得如法見解、但莫受人惑。向裏向外、逢著便殺。逢仏殺仏、逢祖殺祖、逢羅漢殺羅漢、逢父母殺父母、逢親眷殺親眷、始得解脱。不与物拘、透脱自在。如諸方学道流、未有不依物出来底。山僧向此間従頭打。手上出来手上打。口裏出来口裏打。眼裏出来眼裏打。未⑰見有一箇独脱出来底。皆是上他古人閑機境。山僧無一法与人。秖是治病解縛。你諸方道流、試不⑱依物出来。我要共你商量。十年五載、並無一人。皆是依草附葉、竹木精霊、野狐精魅、向一切糞塊上乱咬。瞎漢、枉銷他十方信施、道我是出家児、作如是見解。向你道、無仏無法、無修無証。秖与麼傍家、擬求什麼物。瞎漢、頭上安頭、是你欠少⑲箇什麼。道流、是你目前用底⑳、与祖仏不別。秖麼不信、㉑更向外求。莫錯、向外無法、内亦不可得。你取山僧口裏語、不如㉒歇業無事去。已起者莫続、未起者不要放起。便勝你十年行脚。約山僧見処、無如許多般。秖是平常、著衣喫飯、無事過時。你諸方来者、皆是有心、求仏求法求解脱、求出離三界。癡人你要㉓出什麼処去。㉔三界仏祖是賞繫底名句。你欲識三界麼。不離你今聴法底心地。你一念心貪是欲界。你一念心嗔是色界。你一念心癡是無色界。是你屋裏家具子。三界不自道我是三界、還是道流目前霊霊地、照燭万般、酌度世界底人、与三界安名。大徳、四大色身是無常。乃至脾胃肝胆、髪毛爪歯、唯見諸法空相。你一念心歇得処、喚作菩提樹。你一念心不能歇得処、喚作無明樹。無明無住処、無明無始終。你若念念心歇不得、便上他無明樹、便入六道四生、披毛戴角。你若歇得、便是清浄身界。你一念不生、便㉕是上菩提樹、三界神通変化。意生化身、法喜禅悦、身光自照。思衣羅綺千重、思食百味具足、更無横病。菩提無住処、是故無得者。道流、大丈夫漢、更疑箇什麼。目前用処、更是阿誰。把得便用、莫著名字、号為玄旨。与麼見得、勿嫌底法。古人云、心随万境転、転処実能幽。随流認得性、無喜亦無憂。道流、如禅宗見解、死活循然。参学之人、大須子細。如主客相見、便有言論往来。或応㉖現形、或全体作用、或把機権喜怒、或現半身、或乗師子、或乗象王。如有真正学人、便喝先拈出一箇膠盆子。善知識不弁是境、便上他境上、作模作様。学人便喝。前人不肯放。此是膏肓之病、不堪医。喚作客看主。或是善知識、不拈出物、随学人問処即奪。学人被奪、抵死不放。此是主看客。或有学人、応一箇清浄境、出善知識前。善知識弁得是境、把得抛向坑裏。学人言、大好善知識。即云、咄哉不識好悪。学人便礼拝。此喚作主看主。或有学人、披枷帯鏁、出善知識前。善知識更与安一重枷鏁。学人歓喜、彼此不弁㉗。呼為客看客。大徳、山僧如是所挙、皆是弁魔揀異、知其邪正。道流、実情大難、仏法幽玄、解得可可地。山僧竟日、与他説破、学者摠不在意。千偏万偏、脚底踏過、黒没窣地㉘。無一箇形段、歴歴孤明。学人信不及、便向名句上生解、年登半百、秖管傍家負死屍行、檐却檐子、天下走。索草鞋銭、有日在。大徳、山僧㉙説向外無法、学人不会※、便即向裏作解。便即倚壁坐、舌拄上齶、湛然不動。取此為是祖門仏法。也大錯。是你若取不動清浄境為是、你即認他無明為郎主。古人云、湛湛黒暗深坑、実可怖畏。此之是也。你若認他動者是、一切草木、皆解動。応可是道㉚。所以動者是風大、不動者是地大、動与不動、倶無自性。你若向動処捉他、他向不動処立。你若向不動処捉他、他向動処立。譬如潜泉魚、鼓波而自躍。大徳、動与不動、是二種境。還是無依道人、用動用不動。如諸方学人来、山僧此間、作三種根器断。如中下根器来、我便奪其境而不除其法。或中上根器来、我便境法倶奪。如上上根器来、我便境法不倶奪㉛。如有出格見解人来、山僧此間便全体作用、不歴根器。大徳、到者裏、学人著力処不通風、石火電光、即過了也。学人若眼定動、即没交渉。擬心即差、動念即乖。有人解者、不離目前。大徳、你檐鉢嚢屎檐子、傍家走、求仏求法。即今与麼馳求底、你還識渠麼。活撥㉜撥地、秖是勿根株。擁不聚、撥不散。求著即転遠、不求還在目前。霊音㉝属耳。若人不信、徒労百年。道流、一刹那間、便入華蔵世界、入毘盧遮那国土、入解脱国土、入神通国土、入清浄国土、入法界、入穢入浄、入凡入聖、入餓鬼畜生、処処討覓尋、皆不見有生有死、唯有空名。幻化空花、不労把捉。得失是非、一時放却。道流、山僧仏法、的的相承。従麻浴和尚、丹霞和尚㉞、道一和尚、廬山㉟与石鞏㊱、一路行偏天下。無人信得、尽皆起謗。如道一和尚用処、純一無雑。学人三百五百、尽皆不見和尚㊲意。如廬山和尚、㊳自在真正、順逆用処、学人不測涯際、悉皆忙然。如丹霞和尚、翫珠隠顕、学人来者、皆悉被罵。如麻浴用処、苦如黄糵、近皆不得。如石鞏用処、向箭頭上覓人、来者皆懼。如山僧今日用処、真正成壊、翫弄神変。入一切境、随処無事、境不能換。但有来求者、我即便出看渠。渠不識我。我便著数般衣、学人生解、一向入我言句。苦哉、瞎禿子、無眼人、把我著底衣、認青黄赤白。我脱却入清浄境中、学人一見、便生忻欲。我又脱却、学人失心、忙然狂走、言我無衣。我即向渠道、你識我著衣底人否、忽爾迴頭認我了也。大徳、你莫認衣。衣不能動、人能著衣。有箇清浄衣、有箇無生衣、菩提衣、涅槃衣。有祖衣、有仏衣。大徳、但有声名文句、皆悉是衣変。従臍輪気海中鼓激、牙歯敲磕、成其句義。明知是幻化。大徳、外発声語業、内表心所法。以思有念。皆悉是衣。你秖麼認他著底衣為実解。縦経塵劫、秖是衣通。三界循環、輪迴生死。不如無事、相逢不相識、共語不知名。今時学人不得、蓋為認名字為解。大策子上抄死老漢語、三重五重複子裹、不教人見。道是玄旨、以為保重。大錯、瞎屢生、你向枯骨上覓什麼汁。有一般不識好悪、向教中取意度商量、成於句義。如把屎塊子、向口裏含了、吐過与別人。猶如俗人、打伝口令相似、一生虚過。也道我出家、被他問著仏法、便即杜口無詞。眼似漆突、口如㊴楄檐。如此之類、逢弥勒出世、移置他方世界、寄地獄受苦。大徳、你波波地往諸方、覓什麼物、踏你脚版闊。無仏可求、無道可成、無法可得。外求有相仏、与㊵汝不相似。欲識汝本心、非合亦非離。道流、真仏無形、真道無体、真法無相。三法混融、和合一処。弁既不得、喚作忙忙業識衆生。

① 生＋巳（甲・乙〔五五〕）
② 祖＋魔（乙）
③ 休歇去—（甲・乙）
④ 三—（甲）
⑤ 臥＋而（甲・乙〔五六〕）
⑥ 名＝言（乙）

⑦ 沈浮＝浮沈（甲）
⑧ 客＝家（甲）
⑨ 便即＝即便（甲）
⑩ 下下＝下（底）＝了不（甲）。今、乙〔六〇〕による。
⑪ 奴＝兵（底・甲）、今、乙による。
⑫ 他―（甲）
⑬ 魅―（甲）
⑭ 数十年―（乙〔六二〕）
⑮ 方―（甲・乙）
⑯ 識＋得（甲・乙）
⑰ 見―（甲・乙〔六三〕）
⑱ 依＋一（甲）
⑲ 箇―（甲・乙〔六四〕）
⑳ 底＝処（甲）
㉑ 更＝便（甲・乙〔六五〕）
㉒ 歇業＝休歇（乙）
㉓ 出＋三界（乙）
㉔ 三界―（乙）
㉕ 是―乙〔六六〕
㉖ 応＋物（乙〔六八〕）
㉗ 弁＝便（甲）
㉘ 窣＝焌（乙〔七〇〕）、ただし、底本は窣。
㉙ 説＝処（甲）
㉚ 道＋否（甲）、也（乙〔七一〕）
㉛ 倶＋不（乙〔七二〕）
㉜ 撥撥＝潑潑（甲）
㉝ 嘱＝属（乙）
㉞ 〔東土〕＋道（底・甲）、今、乙〔七四〕による。
㉟ 与＝踏（底）、謁（甲）今、乙による。
㊱ 輩＝頭（底）、今、甲・乙による。ただし、乙は輩＋和尚。
㊲ 和尚＝他（乙）
㊳ 自在＝一旦（底）、今、甲・乙による。
㊴ 如＝似（甲）
㊵ 汝＝你（甲）

四八

質問、「どういうのが本もののブッダであり、本もののおしえであり、本ものの道でしょうか。どうかお教えをねがいます」。先生がいわれる、「ブッダとは、われわれの心の浄らかさであり、おしえとはわれわれの心の輝きであり、道とは、どこにもさまたげがなくて、浄らかに輝くことにほかならない。これらの三つは、そのまま一つであり、いずれも空虚な名前にすぎず、固定的なものは存在しない。真正直な修行者となると、一瞬一瞬に心の動きはとぎれぬのである。ダルマ大師が西のくによりやってこられてから、ひとえにそうした世間のごまかしに左右されない人を探されたのであり、やがて二祖にめぐりあわれたとき、二祖はダルマのおしえた一声でただちにさとって、たった今まで無駄に努力をつづけてきたことに気づいたのである。山法師の現在の考え方も、祖師としてのブッダのそれと違っていない。君たちが、もし、わたしの第一のことばのうちにそれをつかめば、祖師としてのブッダを導く教師となるであろうし、もし第二のことばのうちにそれをつかめば、人間と天上の神たちを導く教師となるであろうが、もし第三のことばのうちにそれをつかめば、自分の救いすらなしとげられぬであろう」。

問、如何是真仏真法真道。乞師①開示。師云、仏者心清浄是、法者心光明是、道者処処無礙浄光是。三即一、皆是空名、而無実有。如真正②作道人、念念心不間断。自達磨大師従西土来、秖是覓箇不受人惑底人。後遇二祖、一言便了、始知従前虚用功夫。山僧今日見処、与祖仏不別。若第一句中得、与祖仏為師。若第二句中得、与人天為師。若第三句中得、自救不了。

①　師＝垂（甲・乙〔七九〕）　②　真正＝志公（底）。今、甲・乙〔七九〕による。

四九

質問、「どういうのが、西のくにからやってきたダルマ大師の意図でしょうか」。先生がいわれる、「何か意図があるとなると、かれは自分の救いすらなしとげられないだろう」。

いわく、「意図がないという以上、どうして二祖はダルマ大師のおしえをつかんだのです」。先生がいわれる、「つかむというのは、何もつかまぬことだ」。

いわく、「もし何もつかまぬという以上、どういうのが何もつかまぬという意図ですか」。先生がいわれる、「君たちがあらゆる場合に、ものを探しまわる気持をやめられないからだ。それで祖師はいわれるのである、『愚かなことよ、一人前の男が、自分の顔で自分の顔を探しているぞ』と。君たちが、その一声で自ら自分の光をかえして逆にうつし、もはや外に探さないで、わが身が祖師としてのブッダと違わず、そのままで何事もないことが判るとき、まさしく祖師のおしえをつかんだというものである。

諸君よ、山法師は現在のところ、よんどころなく、ぎょうさんな言葉でものごとをしゃべりたて、説きたてているのだ。君たちは、とにかく考えちがいをしてはならない。わたしの考えからいうと、まったくそんなぎょうさんな問題などないのである。使いたければただちに使うがよい、使わなければ、それでおしまいである。たとえば、各地の人々は、大乗の六種の完成や、千万の修行を説きたてて、それがブッダのおしえだと考えている。わたしに言わせると、それらはデモンストレーションであり、お祭りであって、ブッダのおしえなんかではない。さらに、身を潔斎し、戒律をまもって、油を盛った皿を頭上にささげて少しも波だてぬような修行（精神集中）にしたところで、それによって真理の眼はちっとも開けぬから、誰もかならず借りたものはかえさねばならず、エンマ王に飯代を請求される日の来ることは間違いないのである。どうしてこういうことになるのか。『道の生活に入って真理にいたらないために、生まれかわって信者の施しをつぐなうのである。信者の長者が八十一になるとき、かれの庭の樹に、きのこは生えぬであろう』。

さらに、さびしい山の中にひとり眠ったり、毎朝一度という食事の戒をまもったり、いつも坐禅しつづけて横にならなかったり、一日に六度の礼拝の行をかかさぬにしたところで、すべて来世の苦しい業をつくりだすだけの労働者にすぎぬ。さらにまた、自分の頭と目と脳髄と、領地と町と妻と子と、象と馬と七種の宝石を、すべて残さず他にあたえたにしても、こういう考え方は、いずれもわが身を苦しめるだけだから、やはり来世の苦しい報いを引きよせるのである。何事もなくて、純粋で余計なもののないのにこしたことはない。さらに、十地の修行を完成したボサツすら、いくらこういう道の仲間の足あとを探しても、さいごまでつかむことはできないであろう。そういうわけで、天上の神々は君たちをみてよろこび、大地の神々は君たちの足をささげて祝福するし、十方世界の多くのブッダも君たちをほめそやさぬものはないのである。どういうわけでそうかというと、ただ今わたしの説法をきいている君たち修行者が、その行動に何の足あとも残さぬためである」。

問、如何是西来意。師云、若有意、自救不了。云、既無意、云何二祖得法。師云、得者是不得。云、既若不得、云何是不得底意。師云、為你向一切処馳求心不能歇。所以祖師言、咄哉丈夫、将頭覓①頭。你言下便自迴光返照、更不別求、知身心与祖仏不別、当下無事、方名得法。大徳、山僧今時、事不獲已、話度説出許多不才浄。你且莫錯。拠我見処、実無許多般道理。要用便用、不用便休。秖如諸方説六度万行、以為仏法、我道是荘厳門、仏事門、非是仏法。乃至持斎持戒、擎油不灩②、道眼不明、尽須抵債、索飯銭有日在。何故如此。入道不通理、復身還信施。長者八十一、其樹不生耳。乃至孤峯独宿、一食卯斎、長坐不臥、六時行道、皆是造業底人。乃至頭目髓脳、国城妻子、象馬七珍、尽皆捨施。如是等見、皆是苦身心故、還招悪③果。不如無事、純一無雑。乃至十地満心菩薩、皆求此道流蹤④跡、了不可得。所以諸天歓喜、地神捧足、十方諸仏、無不称歎。縁何如此。為今聴法道人、用処無蹤※跡。

① 覓＝見（甲）
② 灩＝滟（甲）、潤（乙〔八一〕）
③ 悪＝苦（甲・乙〔八二〕）
④※蹤＝踪（甲）

五〇

質問、「むかし、『大通智勝といわれるブッダは、十劫という長いあいだ道場で瞑想しつづけたが、ブッダの真理は現実とならず、ブッダの道を完成することはできなかった』と申しますが、いったいこれはどういうわけでしょうか。どうか先生の御教示をねがいます」。先生がいわれる、「大通というのは自己のことである。われわれが、どこででも、さまざまの存在が、形而上的な本質もなければ、個別的なすがたもないことに通達したところを、大通と名づけるのである。智勝というのは、どんなところにも疑わしいことがなく、一つの理法すらつかまぬのを、智勝と名づけるのである。ブッダというのは、われわれの心が清浄なことで、その輝きが存在の世界のすみずみに透ったところを、ブッダとよぶことができるのである。十劫のあいだ道場に瞑想しつづけたというのは、十種の大乗の修行の完成のことである。ブッダの真理が現実とならなかったというのは、ブッダはもともと生まれたものではないし、真理はもともと消えさるものではないのに、どうしてことさら現実となるなどということがあろうか。ブッダの道を完成することができなかったというのは、ブッダはあらためてブッダにならねばならぬ筈がないのである。昔の人はいっている、『ブッダはいつでも世の中にいらっしゃる、かれは世俗のしきたりに汚れはしない』と。

道の仲間よ、君たちはブッダになりたいと思うなら、対象にしたがって分別してはならない。それで、『心が起こると、いろいろの存在が姿をあらわし、心が消え去ると、いろいろの存在が姿を消し去る』といい、『一つの意識さえ起こらなければ、さまざまの存在には何の罪もない』といわれる。世間的にも出世間的にも、ブッダもなければ理法もなく、またそれらが現実となるのでもなければ、いちどだって失われもせぬのである。よしんば、それらがあるとしても、すべて名前や説明であり、子供をあやす手びきであり、一時的に設定された薬と病気のようなものであり、表むきの名目であるにすぎない。しかも、名目はそれ自ら名目であるのではない。むしろ、ほかならぬ君たちという、わたしの目の前でありありとして霊妙で、ものを見分けたり、記憶したり、聞き知り、映しだしているその人が、あらゆる名目をつけているだけのことだ。諸君よ、ナラクの底におちるほどの五つの罪業をつくりだして、はじめて解放が得られるのである」。

問、大通智勝仏、十劫坐道場、仏法不現前、不得成仏道。未審此意如何。乞師指示。師云、大通者是自己。於処処達其万法無性無相、名為大通。智勝者、於一切処不疑、不得一法、名為智勝。仏者心清浄、光明透徹法界、得名為仏。十劫坐道場者、十波羅蜜是。仏法不現前者、仏本不生、法本不滅。云何更有現前。不得成仏道者、仏不応更作仏。古人云、仏常在世間、而不染世間法。道流、你欲得作仏、莫随境縁分別。①所以、心生種種法生、心滅種種法滅。一心不生、万法無咎。世与出世、無仏無法、亦不現前、亦不曽失。設有者、皆是名言章句、接引小児、施設薬病、表顕名句。且名句②不自名句。還是你目前昭昭霊霊、鑒覚聞知照燭底、安一切名句。大徳、造五無間業、方③得解脱。

① 境縁分別所以＝万物（甲・乙〔八四〕）　③ 方＝不（底）。今、甲・乙による。
② 且名句―（甲）

五一

質問、「どういうのがナラクの底におちる五つの罪業ですか」。先生がいわれる、「父を殺害し、母を殺害し、ブッダの生身に危害を加え、教団の統一を破壊し、経典や仏像を焼きはらうなど、これらがナラクの底におちる五つの罪業である」。

いわく、「どういうものが父ですか」。先生がいわれる、「無明は父である。君たちの一瞬の心は、それが生じたり滅したりするのを探すことはできない。あたかも反響だけが空にきこえるように、どんなところにも何事もないのを、父を殺害したところとよぶ」。

いわく、「どういうものが母ですか」。先生がいわれる、「貪欲が母である。君たちの一瞬の心が、欲望の世界に入っていって、君たちの貪欲の実体を探してみても、あらゆる存在がすべて空虚なすがたであり、どこにも執着するものがないことを見出すだけで、これが母を殺害したところとよばれる」。

いわく、「どういうのが、ブッダの身に危害を加えることですか」。先生がいわれる、「君たちが清らかな理法の世界の中にいて、一瞬も分別の心を起こさないで、そのままどこでも分別しないのが、ブッダの身に危害を加えたところである」。

いわく、「どういうのが教団の統一を破壊することですか」。先生がいわれる、「君たちが一瞬の心のうちで、苦悩やその動きが大空のように、何のよりどころもないまでにいたるのが、教団の統一を破壊することだ」。

いわく、「どういうのが、経典や仏像を焼きすてることですか」。先生がいわれる、「因縁によってあるものは空虚であり、われわれの心も空虚であり、理法もまた空虚であると知って、ひとおもいにきっぱりして、さっぱりと何事もないのが、つまり経典や仏像を焼きすてたことにほかならない。

諸君よ、このように徹することができるとき、君たちはあの凡人とか聖者とかいう名称にわずらわされないですむのである。君たちが、何もないにぎり拳や指に対して、そこに何かが実在すると考えるから、感覚器官と対象と意識のあいだで、いたずらにたわごとをいうのである。そして、自分で軽率にも尻ごみし、『俺は凡人であり相手は聖者である』などというのだ。馬鹿坊主よ、何をむきになって、立派なライオンの皮をかぶっていながら、野狐のなき声をだすのか。一人前の男が、一人前の呼吸もせず、自分の内にあるものを信じようともせず、ひたすら外に探しまわって、昔の人の役にも立たぬ名目にのせられ、陰におびえ陽をうかがうばかりで、ちゃんと通り抜けることもできない。何かの場所を見つけるとたちまちとりつき、外の対象にであうとすぐにひっかかって、いたるところで混乱がはじまって、自分で規準というものをもたぬのである。

道の仲間よ、山法師の言うのを丸のみしてはならない。どうしてかといえば、言葉にはよるべがないからである。しばらくのうち、空中に絵をかいて見せるだけのことで、画家がいろいろの絵すがたを書くという譬えと同じである。

道の仲間よ、ブッダを絶対と考えてはならぬ。わたしは、あたかも便所の穴ぐらいに考えている。ボサツもラカンも、すべて首かせや手かせであり、人をしばりあげるためのものである。そういうわけで、文殊は利剣をたずさえてゴータマを殺そうとしたのであり、アングリマーラは刀をとって釈尊を害しようとしたのである。

道の仲間よ、つかむことのできるブッダはいない。さらに、かれの説いた三乗のおしえや、人々の五種の素質の分類より、完全で根底的という大乗の教義にいたるまで、すべて暫定的な薬と病気の相対関係にすぎず、まったく絶対的な真理があるわけではない。よしんば、それがあるにしても、すべてイミテーションにほかならず、表むきの看板であり、適宜な文字のあしらいで、まあそのように言ったまでだ。道の仲間よ、ある種の坊主どもときたら、すぐにそんなものの中で熱をあげて、出世間の真理を手に入れようとしている。完全な間違いだ。誰でもブッダを手に入れようとするなら、その人はブッダを見失ってしまうし、誰でも道を手に入れようとするなら、その人は道を見失ってしまうし、誰でも祖師を手に入れようとするなら、その人は祖師を見失ってしまうのだ。

諸君よ、考えちがいをしてはならぬ。わたしはまあ、君たちに経論が判るということを求めないし、わたしはまた君たちに国王や大臣であることを求めないし、わたしはまた君たちに滝のように流れる巧みな弁説を求めないし、わたしはまた君たちにすばしこい耳や確かな目といった賢さを求めはしない。ただ期待するのは君たちの真正直な考え方だけである。道の仲間よ、よしんば百巻の経論が判るとしても、ただもう何事もないような坊主には勝てぬ。君たちはものが判ると、他の人々を軽視する。他人をやっつけようというアシュラの心や、他人にまさろうという根本的な愚かさが、地獄の業を増長せしめるのである。たとえば、善星ビクは十二種の経典に通じていたにもかかわらず、生き身のままで地獄におちこみ、この地上に居場所がなかったという。何事もなく休息するにこしたことはないのだ。腹がへったら飯をくらい、眠くなったら、眼をとじるだけだ。愚かな奴はわたしをあざけるが、道理を知った人はちゃんと判ってくれる。道の仲間よ、書物のうちに探してはならぬ。経をよむと心臓が動いてくたびれる。つめたい空気をすいこんでも役にはたたない。一瞬間の条件も生まないで、三乗や方便のボサツを追いこすにこしたことはない。

諸君よ、ぐずぐずと日を送ってはならぬ。山法師も、かつてなお考えの定まらなかった頃、あたりは一面のまっくらやみであった。時間を無駄に送ることもならず、腹の中はにえたぎり、心臓はせわしくふるえ、あたふたと道をたずねてまわったものだ。そののちお蔭さまで、やっと現在に及んで、君たち道の仲間といっしょに、こうして話し合っているわけだ。くれぐれも、もろもろの道の仲間に注意したいのは、着るもの食べるものに気をとられてはならぬことだ。知ってのごとく、世の中はどんどん変わってゆくし、すぐれた先達は、めったに会えぬ。ウヅンパラの花が何億年にいちど開くにすぎぬようなものである。君たちは各地で、この臨済老爺のことをききつけると、やってきてすぐに問いつめて、しゃべることができぬようにしようとする。山法師が身ぐるみ行動するのにあうと、学生はきょとんと眼をあけていても、口はてんで動かすこともできない。ぽかんとして、どうしてわたしに応じてよいのか判らぬのである。わたしはかれにいう、『大象が四股をふむとき、とてもロバの相手じゃない』と。君たちは、あちこちでひたすら自分の胸をみせ腹をたたいて、『俺は禅が判り道を知っている』というが、三人二人とここにやってくると、どうすることもできぬでないか。愚かなことよ、君たちはそのていたらくで、どこにいっても口をパクつかせて、市井の民衆をだましているが、地獄で鉄棒をくらう時がくることは間違いないのだ。家をすてた修行者なんてものじゃない、どいつもこいつもアシュラの仲間として扱われるだけだ。

いったい、究極の道理なるものは、議論をたたかわせてその宣揚を期待したり、鳴りものいりで異端をたたきつけるといったものではない。ましてブッダや祖師たちが代々うけついできたものは、決して特別の意図があるのではない。よしんば、そこに言葉というものがあるにしても、単なるおしえの形式たる三乗や五つの根性の区別、もしくは地上と天上に生まれる条件の差におちついてしまう。完全で根底的なおしえなるものは、しかし、そうしたものではない。善財童子もそんなものを探しまわったのでない。諸君よ、心得ちがいをしてはならぬ。たとえば大海にしても、死骸をそのまま放ってはおかない。君たちは、ひたすらにそれを肩に担いで、世界中あるきまわろうとばかりしている。自分で自分の目をそこなって、心をさまたげているのである。太陽に雲がかからぬとき、美しい空ははてもなくかがやきわたるし、自分の眼にかげりがなければ、天空に幻視の花は存在しない。道の仲間よ、君たちは、あるべきようにあろうと思うなら、決してとまどいを起こさぬことだ。手をひろげるとき、真理はあまねく存在の世界にゆきわたり、しまいこむとき、髪の毛ひとすじも存在しないのである。はっきりとしてひとりあきらかで、今まで何の不足したこともないのである。眼もみることがなく、耳も聞くことのない、そのものを、いったい何とよんだらよいのか。昔の人はいっている、『何かを説きだすとたんに、もうすかたんだ』と。君たちは、とにかく自分で見ぬくのだ、ほかに何があろう。説きたてるなら、きりがないことだ。めいめいに努力されよ。大儀でござった」。

問、如何是五無間業。師云、殺父害母、出仏身血、破和合僧、焚焼経像等、此是五無間業。云、如何是父。師云、無明是父。你一念心、求起滅処不得。如響応空、随処無事、名為殺父。云、①如何是母。師云、貪愛為母。你一念心、入欲界中求其貪愛、唯見諸法空相、処処無著、名為害母。云、※如何是出仏身血。師云、你向清浄法界中、無一念心生解、便処処②不分別、是出仏身血。云、※如何是破和合僧。師云、你一念心、正達煩悩結使如空無所依、是破和合僧。云、如何是焚焼経像。師云、見因縁空心空法空、③一念決定、逈然無事、便是焚焼経像。大徳、若如是達得、免被他凡聖名礙。④為⑤你秖向空拳指上生実解、根境法中虚捏怪、自軽而退屈、言我是凡夫、他是聖人。禿屢生、有甚死急、披他師子皮、却作野干鳴。大丈夫漢、不作丈夫気息、自家屋裏物、不肯信。秖麼向外覓、上他古人⑥閑名句。倚陰博陽、不能特達。逢境便縁、逢塵便執。触処惑起、自無準定。道流、莫取山僧説処。何故、説無憑拠。一期間、⑦塗画虚空、如彩画像等喩。道流、莫将仏為究竟。我見猶如厠孔。菩薩羅漢、尽⑧是枷鏁、縛人底物。所以文殊仗剣殺於瞿曇、鴦掘持刀害於釈氏。道流、無仏可得。乃至三乗五性、円頓教迹、皆是一期薬病相治、⑨並無実法。設有、皆是相似、表顕路布、文字差排、且如是説。道流、有一般禿子、便向裏許著功、擬求出世之法。錯了也。若人求仏、是人失仏。若人求道、是人失道。若人求祖、是人失祖。大徳、莫錯。我且不取你解経論。我亦不取你国王大臣。我亦不取你弁似懸河。我亦不取你聡明智慧。唯要你真正見解。道流、設解得百本経論、不如一箇無事底阿師。你解得、即軽⑩篾他人。勝負脩羅、人我無明、長地獄業。如善星比丘、解十二分教、生身陥地獄、大地不容。不如無事、休歇去。飢来喫飯、睡来合眼。愚人笑我、智乃知焉。道流、莫向文字中求。心動疲労、吸冷気無益。不如一念縁起無生、超出三乗権学菩薩。大徳、莫因循過日。山僧往日、未有見処時、黒漫漫地。光陰不可空過、腹熱心忙、奔波訪道。後還得力、始到今日、共道流如是話度。勧諸道流、莫為衣食。看世界易過、善知識難遇。如優曇華時一現耳。你諸方聞道、有箇臨済老漢、出来便擬問難、教語不得。被山僧全体作用、学人空開得眼、口揔動不得。懵然不知、以何答我。我向伊道、竜象蹴踏、非驢所堪。你諸処秖指胸点肋、道[11]我解禅解道。三箇両箇、到者裏不奈何。咄哉、你将者箇身心、到処簸両片皮、誑謼閭閻。喫鉄棒有日在。非出家児、尽向阿脩羅界摂。夫如至理之道、非諍論而求激揚、鏗鏘以摧外道。至於仏祖相承、更無別意。設有言教、落在化儀、三乗五性、人天因果。如円頓之教、又且不然。童子善財、皆不求過。大徳、莫錯用心。如大海不停死屍。秖麼檐却、擬天下走、自起見障、以礙於[12]心。日上無雲、麗天普照。眼中無翳、空裏無花。道流、你欲得如法、但莫生疑。展則弥綸法界、収則絲髪不立。歴歴孤明、未曾欠少。眼不見、耳不聞、喚作什麼物。古人云、説似一物則不中。你但自家看、更有什麼。説亦無尽、各自著力。珍重。

① 如—（甲）
② 不分別＝黒暗（甲・乙〔八五〕）
③ 定＋断（甲・乙）
④ 為—（甲・乙〔八六〕）
⑤ 你＋一念心（甲・乙）
⑥ 閑＝閒（乙）
⑦ 塗＝図（乙）
⑧ 是—（甲）
⑨ 並＝并（乙〔八七〕）
⑩ 篾＝懱（乙）
⑪ 道—（甲）
⑫ 於＝于（甲）

五二

先生は、修行時代に、竜光のところにやってこられた。光は、定例の説法をした。先生はすすみでてたずねた、「ほこさきをくりださないで、どのようにして勝をしめまするか」。光はだまって居ずまいを正す。先生はいう、「偉大な指導者ともあろうものが、どうして手だてもないのです」。光は目を見はっていう、「ほう」。先生は手で相手をゆびさしていう、「この爺さん、今日はだめですぞ」。

師行脚時、到竜光。光上堂。師出問、不展鋒鋩、如何得勝。光拠坐。師云、大善知識豈無方便。光瞪目云、嗄。

師以手指云、者老漢今日敗闕也。

甲・乙〔一四〇〕ともに異同なし。

五三

三峯のところにやってきた。平和尚がたずねた、「どこから来られたのか」。先生はいう、「黄檗より参った」。平がいう、「黄檗はどういうことを教えていたのか」。先生はいう、「金の牛がゆうべは熔鉱炉の中におちこんで、今の今まで跡かたも見えぬというところ」。平はいう、「秋風にのせて玉の笛を吹き送っているのだが、はて誰がその音色をききわけてくれるかしらん」。先生はいう、「まっすぐに幾重もの厳しい関門をつきぬけて、蒼空のどこにもとどまらぬ人が見えるか」。平はいう、「お前のその質問は調子が高すぎるぞ」。先生はいう、「大竜がすばらしい金の鳳をうんだので、碧い川の流れをつきやぶってしまいました」。平はいう、「まあ休んで、お茶を飲みなさい」。
また、平はたずねた、「ちかごろどこに立ち寄ったのか」。先生はいう、「竜光です」。平はいう、「竜光の様子はこの頃どうだった」。先生はさっさと出てゆく。

到三峯。平和尚問、什麼処来。師云、黄檗来。平云、黄檗有何言句。師云、金牛昨夜遭塗炭、直至如今不見蹤。平云、金風吹玉管、那箇是知音。師云、直透万重関、不住青①霄内。平云、子者一問太高生。師云、竜生金鳳子、衝破碧②波流。平云、且坐喫茶。又問、近離甚処。師云、竜光。平云、竜光近日如何。師便出去。

①　青＝清（甲・乙〔一四一〕）　②　波流＝瑠璃（乙）

五四

大慈のところにやってきた。慈は居室の中で坐っていた。先生はたずねる、「自分の部屋に居ずまいを正して坐っておられる心境は、どんなものですか」。慈はいう、「冬の寒さにも変わらぬ松のみどりは、千年を経ていよいよ他の木々にすぐれ、百姓たちは花を手にして万万年の春を楽しむ」。先生はいう、「今と昔の時間の変化を永遠にとびこえて、大円鏡智の本体はしずまりかえり、三つの神山はすべてをとざしつくして、万重の関門となっている」。慈はたちまち大声をあげてどなりつける。先生もおなじようにどなりつける。慈がいう、「どうしたのだ」。先生は袖をふりはらって出てゆく。

到大慈。慈在方丈内坐。師問、端居丈室時如何。慈云、寒松一色千年別、野老拈花万万①春。師云、今古永超円智体、三山鎖断万重関。慈便喝。師亦喝。慈云、作什②麼。師払袖便出。

① 万万＝方万（甲）、万国（乙〔一四三〕）　② 什―（甲・乙）

五五

襄州の華厳のところにやってきた。厳は杖によりかかって眠っている恰好であった。先生はいう、「老和尚よ、ねぼけたりしてどうするのです」。厳はいう、「腕こきの禅の修行者は、さすがに違ったものだな」。先生はいう、「おそばつきの僧よ、お茶をいれてきて、お前の先生に飲ませろ」。厳はそこで総務の僧をよんで叫んだ、「この先輩を僧堂の第三番目の席に案内申しあげてくれ」。

到襄州華厳①。厳倚拄杖作睡勢。師云、老和尚、瞌睡作麼。厳云、作家禅客、宛爾不同。師云、侍者点茶来、与和尚喫。厳乃喚維那、第三位安排者上座。

① 〔華〕＋厳（甲）。乙〔一四四〕は、異同なし。

五六

先生は、ある尼僧にたずねた、「よう来られたのか、わるく来られたのか」。尼はたちまちどなる。先生は棒をとっていう、「さあ言え、さあ言え」。尼はもういちどどなる。先生はすぐに打った。

師問一尼、善来悪来。尼便喝。師拈棒云、更道更道。尼又喝。師便打。

甲・乙〔一一六〕ともに異同なし。ただし、甲は、この一段を末尾に移している。

五七

翠峯のところにやってきた。峯がたずねる、「どこから来られた」。先生はいう、「黄檗から参りました」。峯はいう、「黄檗はどういうことを教えて、弟子たちを指導しているのか」。先生はいう、「黄檗は教えることがありません」。峯はいう、「どうしてないのか」。先生はいう、「よしんばあるとしても、それを言いあらわしようもありません」。峯はいう、「とにかく言ってみろ」。先生はいう、「一本の矢がもう西の空はるかにとびすぎました」。

到翠峯。峯問、甚処来。師云、黄檗来。峯云、黄檗有何言句、指示於人。師云、黄檗無言句。峯云、為什麼無。師云、設有無①挙処。峯云、但挙看。師云、一箭過西天。

①〔亦〕+無（乙〔一四五〕）

五八

象田のところにやってきた。先生はたずねた、「凡人でもなければ聖者でもないところを、どうか先生、すぐにお答えください」。田はいう、「老僧はただこうしているだけだ」。先生はたちまちどなりつけていう、「大ぜいの坊主どもは、ここに集まってどんな飯椀にありつこうというのだ」。

到象田。師問、不凡不聖、請師速道。田云、老僧秖与麼。師便喝云、許多禿子、在者裏覓什麼椀。

甲・乙〔一四六〕ともに異同なし。

五九

明化のところにやってきた。化がたずねた、「あちこちうろつきまわって、何をしているのだ」。先生はいう、

「ひたすら無駄に草鞋をはきへらすばかりです」。化はいう、「つまるところ、どうなんだ」。先生はいう、「爺さん、物の言い方さえごぞんじないわい」。

到明化。化問、来来去去、作什麼。師云、秖徒踏破草鞋。化云、畢竟作麼生。師云、老漢話頭也不識。

甲・乙〔一四七〕ともに異同なし。

六〇

鳳林のところに向かった。途中で一人の老婆に出会う。老婆がたずねる、「どこにゆかれる」。先生はいう、「鳳林のところに参る」。婆さんはいう、「ちょうど鳳林和尚が留守のところにこられた」。先生はいう、「どこに行かれたのです」。老婆はすぐに歩きだす。先生はそこで声をあげて老婆をよぶ。老婆はふりかえる。先生は、すぐに歩きだした。

到①鳳林。路逢一婆。婆問、甚処去。師云、鳳林去。婆云、恰値鳳林不在。師云、甚処去。婆便行。②師乃喚婆。婆迴頭。師便行。※

① 到＝往（乙〔一四八〕）　② 行＝打（乙）

六一

鳳林のところにやってきた。林がたずねた、「ひとつ、お伺いしたいのですがよろしいか」。先生はいう、「肉をえぐって瘡をつけるなんて、馬鹿げたことをしてどうするのです」。林はいう、「海に映る月かげは澄みきって一点のかげりもないのに、水中をゆく魚は自らひとりさまよう」。先生はいう、「海に映る月かげに、一点のかげりもない以上、水をゆく魚はどうしてさまよったりできるものか」。鳳林はいう、「風の動きをみていると、どんな浪がおこるかと思ったが、水上に興ずる野船の帆が、ひらひらするだけのことだ」。先生はいう、「まるい月の輪がひとつ輝くだけで、水も山も静まりかえり、思わず口をついてでる自分の笑い声に、天も地も動かんばかりである」。林はいう、「舌のさきを天地いっぱいに光らせるのは勝手だ、眼前の動きに即して一言ためしにいってみよ」。先生はいう、「路上で剣の達人に出会ったときは、かならず剣をさし出しもしようが、すぐれた詩の名人でない限り、詩を贈ったりはしない」。林は、もうこれまでと切りあげる。先生は、そこで頌をつくっていう、「絶対の道は、大同ということすら超えているゆえに、西にゆこうと東にむかおうと思いのままだ。その早いことは、石をうつ火花すら及びもつかず、稲妻の輝きすらも、とても通じはしない」。

　潙山は弟子の仰山にたずねた、「『その早いことは、石を打つ火花すら及びもつかず、稲妻の輝きすらも、とても通じはしない』というならば、古来の聖者たちは、どういう方法で人を教えたのであろうな」。仰山はいう、「先生のお考えはいかがですか」。潙山はいう、「すべての言葉は、だいたい具体的な内容のないものだ」。仰山はいう、「そうは思いません」。潙山はいう、「それでは、お前の考えはどうだ」。仰山はいう、「公式には針一本も通さないでおいて、私的には車も馬も、どんなものでもみな通す、というところです」。

到鳳林。林問、有事相借問、得麼。師云、何得剜肉作瘡。林云、海月澄無影、遊魚独自迷。師云、海月既無影、遊魚何得迷。林①云、観風看②浪起、翫水野帆飄。師云、孤輪独照江山静、自③笑一声天地驚④。林云、任将三寸輝天地、一句臨機試道看。師云、路逢劒客須呈劒、不是詩人莫献詩。林※便休。師乃有頌、大道絶同、任向西東。石火莫及、電光杠⑤通。潙山問仰山、石火莫及、電光杠※通。従上諸聖、将什麼為人。仰山云、和尚意作麼生。潙山云、但有言説、都無実義。仰山云、不然。潙山云、子又作麼生。仰山云、官不容針、私通車馬。

①　〔鳳〕＋林（乙〔一四九〕）　③　自笑＝長嘯（甲）

②　看＝知（乙）　④　驚＝秋（甲）

⑤ 枉＝罔（甲・乙）

六二

金牛のところにやってきた。牛は先生のくるのを見かけると、杖を横たえて、門の正面にどっかと坐り込んだ。先生は手で相手の杖を三度たたくと、引きかえして禅堂の第一の上席に座をしめた。牛はおりてきてこれを見るとたずねた、「そもそも、来客が主人におめにかかるときは、双方ともに所定の礼儀をつくすものだ、貴公はどこからやってきたというので、これほど無礼すぎるのか」。先生はいう、「老先生のおっしゃるのはどういうことですか」。牛は何か口を動かそうとする。先生はすかさず棒で打つ。牛は倒れそうな恰好となる。先生はもうひとつ打つ。牛はいう、「今日はついていないわい」。

潙山は弟子の仰山にたずねる、「この二人の長老は、いったい勝負があったのだろうか」。仰山はいう、「勝つということになれば、徹底的に勝ち、負けるということになれば、徹底的に負けるというものです」。

到金牛、牛見師来、横按拄杖、当門踞坐。師以手敲拄杖三下、却帰堂中第一位坐。牛下来見、乃問、夫賓主相見①、各具威儀。上座従何而来太②無礼生。師云、老和尚道什麼。牛擬開口。師便打。牛作倒勢。師又打。牛云、今日不著便。潙山問仰山、此二尊宿、還有勝負也無。仰山云、勝即摠勝、負即摠負。

① 見＝看（甲）　② 太＝大（甲）。乙〔一五一〕は、異同なし。

あとがき

以上で、『四家語録』の臨済の巻は終わる。これが、現存最古の『臨済録』である。時代的に、臨済その人にもっとも近く、内容もまたすぐれる。

北宋の宣和二年に、福州鼓山の円覚宗演が重開したものに比して、この本は一見はなはだ未整理である。とくに、今回の底本に用いた開元寺版に固有な誤刻もある。明本にいたって、誤字はさらに加わる。

しかし、このテキストが宗演の祖本であることは、以上の校合によって確かとなった。二つのテキストの存欠は、次に附する対照表によって知られたい。流布本の代表として、無著の校訂本を加えておく。今回の口語訳は、その段落を用いたからである。

まず重要なのは、示衆の部分である。多少の字句の異同を除いて、二つのテキストは、配列、内容ともに完全に一致する。宗演の整理のあとは明確に読みとれる。これらの臨済の示衆が、どういう経路で伝えられたのかは、今のところなお確かでない。わずかに、『宗鏡録』九八と『景徳伝灯録』二七に収める断片があるにとどまる。しかし、ここでもまたそれら二つの断片が、示衆の最初の一段に当たることを考えると、すべてのソースは一つであったらしい。

いうならば、示衆は『臨済録』の母体である。われわれは、宋初の『臨済録』そのものを見ることはできぬにしても、示衆がその主部を占めていたことと、それがここに訳したもののすべてであることは確言できる。『四家語録』は、『景徳伝灯録』の成った景徳元年（一〇〇四）より、『天聖広灯録』が上進された景祐三年（一〇三六）のあいだに出現している。その編集に、黄龍慧南（一〇〇二—一〇六九）が関係していることは、元豊八年（一〇八五）に楊傑が加えた序文に見える。宋初における黄龍派の運動は、臨済の再興をめざすものであった。それはやがて、黄檗、百丈、馬祖に溯る伝統の意識をたかめた。人々は、これらの祖師たちの伝記とことばの集大成を要求した。『四家語録』と『天聖広灯録』は、こうして出現した。それらの中核となったのは、つねにまとまった示衆のことばであった。四家は、まとまった長い示衆のあるのが特色である。

ところで、宗演の重開は、そうした四家の語録の一部としてよりも、五家の雄としての臨済のことばの完全な再編をめざすものであった。重開本は、右の示衆以外の部分に、その特色を発揮している。すでに言ったように、『四家語録』はまず、臨済の諱と出自より入滅にいたる一代の事蹟をまとめて巻首においた。中間に示衆があって、さいごに再び行脚時代の問答が集められた。しかるに、宗演はこの様式を存しつつ、大はばの改編を加えた。すなわち、はじめの一代の事蹟を整理しなおして、鎮州臨済院における上堂と、黄檗門下にあった頃の問答とに大別し、さらに後者の問答を巻尾に移して、行脚時代の記録と合わせて再編したのである。とくに、この部分に新しく見られる「勘弁」と「行録」という二つの分類は、おなじ宗演の重開になる『雲門広録』のそれと同じである。「行録」は、すでに『祖堂集』や『景徳伝灯録』にその名がある。しかし、臨済の行録は、あくまで宗演の再編であり、そのさいごに位する略伝もまたかれが新たにまとめたものである。この一段の新加は、宗演の本のもっとも大きい特色である。末尾に見える保寿延沼の自署は、決してそのまま本来のものではない。それらの詳しい吟味については、すでにたびたび別に私見を発表した通りである。

また、「勘弁」の集録は南院や首山、雪竇等の語録にその例があり、『睦州語録』はその全体が一種の勘弁である。宗演はそれらの先例にならって、臨済の「勘弁」と「行録」の部分を整えたのである。

いずれにしても、宗演の重開は、すでにまとまっていた示衆以外に、これらの「上堂」と「勘弁」、「行録」という三つの新しい区分をつけ、それぞれの統一をあたえる反面、それぞれの内容をなす問答にかなりの修正を加えたことは確かだ。詳細は、ここに発表した校註によって知られるが、さらにかれの重開本の特色は、すでにまえがきに注意したように、『四家語録』にみられぬ八段の問答を新加した点にある。

わたくしの『訓註臨済録』によって、それらの位置と内容、及び宗演が拠ったと思われる原資料を示すならば、おおよそ次のようである。
〔一三一―四〕三句と三玄三要の段、『景徳伝灯録』十二、臨済の章による。
〔一〇九〕従上来一人行棒の段、出所は右に同じ。
〔一一一〕大覚到参の段、出所は右に同じ。
〔一一三〕定上座到参の段、『雪竇頌古』三二則による。『林間録』下。
〔一一四〕麻谷到参の段、『景徳伝灯録』十二、臨済の章による。
〔一一五〕四喝の段、『禅林僧宝伝』三、首山の章による。
〔一二六〕侍立徳山の段、『雪竇挙古』による。
〔一三六〕破夏の因縁、『景徳伝灯録』十二、臨済の章による。

これによって明らかなように、新加の八段はほとんど『景徳伝灯録』によっている。もともと、『四家語録』や『天聖広灯録』は、『景徳伝灯録』にない問答を集めることを意図した。今は、それらのすべてを含めて、完全な『臨済録』の定本をつくる必要があった。『四家語録』より宗演の重開『臨済録』への変化は、宋代臨済禅の発展を反影している。

さいごに、わたくしがこれまでに目睹し得た『臨済録』の諸本をあげておく。

本来ならば、これら諸本のすべてにわたる校勘もしくは対照表をつくるべきであるが、今はその余裕がないので、とりあえず宗演の重開以後における本録の変化について、簡単な見通しをつけるにとどめる。

一、『四家語録』元豊八年（一〇八五）以前刊。
二、宗演の重開本　宣和二年（一一二〇）刊。

三、『続刊古尊宿語要』天集　嘉熙二年（一二三八）刊。
四、明版南蔵『古尊宿語録』巻四―五　永楽十二（一四一四）―十八年（一四二〇）頃の刊。
五、『五家語録』巻一　崇禎三年（一六三〇）編。

右のうち、第一と第二は、その原刊本を見るを得ない。ただ、宗演重開本については、さきごろ、お茶の水図書館の成簣堂文庫に含まれる南宋刊の『古尊宿語録』二十二冊を見せて貰ったところ、その第二冊をなす『臨済録』が、まさしく宣和の重開本のおもかげを伝えることを知った。この本は、人も知る徳富蘇峰の旧蔵にかかる善本で、その先は浅野長祚の五万巻楼図書に属して、その由来もきわめて正しい。ただし、『古尊宿語要』もしくは『古尊宿語録』とよばれる語録集成の由来は、かなり複雑な問題を含むので、一概には言えないが、この本は南宋の咸淳三年（一二六七）に、覚心居士が重刻した福州鼓山の『古尊宿語要』の附録の一つで、かつて同じ鼓山で重開された臨済と雲門の二録を、あらためて重開したものであり、これをそのまま宣和の本と見てよい。とくに興味ぶかいのは、わが元応二年（一三二〇）に比丘妙秀が開版して、建仁寺の祥雲庵に捨入した『臨済録』は、右の覚心の本をそのまま覆刻していることである。この本もまたわが国における『臨済録』の初刊として、静嘉堂文庫の所蔵に帰する天下の孤本である。お茶の水図書館本と比べると、丈数、版廓、字画の末に至るまで、すべて完全に一致する。巻首におかれる馬防の序の筆蹟も同じであり、わが元応版もまた覚心の本を通して、鼓山原刊のおもかげを伝えるといってよい。これがこれまですべての祖本とみられたのも当然である。

次に第三の『続刊古尊宿語要』は、現に宮内庁書陵部と大東急記念文庫にそれぞれ原刊本を存する。残念ながら、大東急本は巻首に五葉の補写があり、馬防の序文まで補っているが、じつはこの序はないのが正しい。すなわち、首尾完全な書陵部の本によると、「続開古尊宿語要・第一集・天」という第一行の標題につづいて、「臨済慧照禅師語・嗣黄檗」の一行があって、第三行よりただちに本文に入っている。「住鎮州三聖嗣法小師慧然集」の一行はない。続開本は、この叢書の体例にしたがって、他の語録と同じように、それらをすべて省き去ったのである。わたくしが、かつて『訓註臨済録』を出したときは、京都大学図書館所蔵の『続刊古尊宿語要』六冊を見せて貰って底本に用いた。この本は、弘教書院の続蔵経編集部が使った原稿用の転写本であり、そのもとづくところを明らかにし得ない。今日としては、首尾完全な原刊本たる書陵部の本によって、多くの修正すべきところがあるのを遺憾とする。もともと、『続刊古尊宿語要』六冊は、そのすべてを原型のままに『続蔵経』に収めるべきであった。編集者は、明版『古尊宿語録』四―五にあるものとの重複を嫌って、『続刊古尊宿語要』天集の一冊を省いたのである。しかし、二種の『臨済録』は重複ではなかったのである。

結論を先にいうと、第四の明版南蔵の『古尊宿語録』四十八巻は、あくまで南蔵出版の時点における再編である。『臨済録』もまた同様である。この本は右の続開本と全同ではない。もとより宗演の重開本とも異なる。この本で新しく加わる四照用や喝の事例は、宗演本の場合とおなじように、『臨済録』に対するこの時代の関心を反影するものである。じつは、この事は最近にいたって明らかにし得たところである。詳しくは、わたくしの「古尊宿語録考」(『花園大学研究紀要』第二号、昭和四十五年、『禅学叢書』一、附記)を見られたい。

さいごに、『五家語録』の第一冊に『臨済録』がある。径山沙門語風円信と無地地主人郭凝之の編集である。駒沢大学図書館の本は、康熙四年(一六六五)に径山で続蔵の一部として出版されたものである。『臨済録』の部分のみに径山沙門語風円信の名がなく、「住三聖嗣法門人慧然集、無地地主人郭凝之重訂」となっている。宗演の重開本を重訂した形をとっているが、本文の配列はいちじるしく改められ、他のいずれの本とも異なっている。まったく新しい一本と考えるべきである。すなわち、その大体をいうならば、まず「鎮州臨済義玄禅師」と題して、諱と出自以下、黄檗下における大悟と栽松の因縁その他を掲げたのち、見出しをあらためて「機縁」とし、到達磨塔頭以下の行脚時代、および鎮州での機縁問答の大体を集め、さらに「上堂」「示衆」と題して、宗演の本の首部より「示衆」にいたるすべてを収録し、さいごに示滅入寂の一段をおいている。これもまた他の五家の祖師たちのそれと体例を揃えようとしたものであるが、先行のテキストに比べると、多少の字句の異同があるほかに、「機縁」の章には「師到京行化云々」といった、まったく新しい一段がある。この話は、すでに『虚堂録』に見えるが、『五家語録』はそうした後代の伝承をとりこんでいる点に特色をもつ。

いずれにしても、この書の諸本が、時代と共に変化していることは注意すべきである。以上のほかにも、『臨済録』のテキストとしては、『聯灯会要』九、『五灯会元』十一、『指月録』十四などについて、本文を校合するならば、さらに多くの問題もあろうが、今はひとまず現存最古のテキストとして、『四家語録』の資料価値を確認し、その本文すべての口語訳を発表することによって、それらの仕事の見通しを得たように思う。

擱筆にあたり、この仕事をまとめるについて、貴重な資料の閲覧と写真撮影をお許しいただいた各当局の御好意と、とくに各当局に斡旋の労をねがった駒沢大学の篠原寿雄氏、宮内庁書陵部の林恵一氏、大東急電鉄の熊倉萱草氏、筑摩書房編集部の蟹沢千澄氏、お茶の水図書館の石原知津氏、藤田季世氏に対して、深甚の謝意を表する。

付記（表紙裏の書き入れ）

＊ 馬防の序は、『四家録』のテキストによるものであろう。すくなくとも、古いテキストに対するものである宗演以前の本で読んでいる知識を並べた。一つ一つの事件の順序は大たい『四家録』に合する。

＊ 宗演本にない四照用は、『人天眼目』か。『四家録』に欠く段を、馬防は用いないが、無位真人の話は後にあり。

＊ 照用同時以下は、本録のことばには依らず、菱花対像と同じ。

訓註臨済録，四家語録（天聖広灯録巻10—11），無著校訂定本臨済禅師語録 段落対照表

訓註臨済録	四家語録	無著校訂本
1	0	0
2	0	0
3	0	0
4	0	0
5	0	0
6	0	0
7	26	1
8	26	1
9	26	1
10	26	1
11	26	1
12	24	2
13	10	3
14	12	4
15	〔12〕	4
16	28	5
17	29	5
18	29	6
19	29	6
20	34	6
21	35	7
22	36	8
23	0	9
24	0	9
25	19	10
26	19	10

訓註臨済録	四家語録	無著校訂本
27	39	11
28	39	11
29	39	11
30	39	11
31	39	11
32	39	11
33	40	12
34	40	12
35	40	12
36	41	13
37	41	13
38	42	14
39	42	14
40	42	14
41	42	14
42	43	15
43	43	15
44	43	15
45	44	16
46	44	16
47	45	17
48	45	17
49	45	17
50	46	18
51	46	18
52	46	18
53	46	18
54	46	18

訓註臨済録	四家語録	無著校訂本
55	47	19
56	47	19
57	47	19
58	47	19
59	47	19
60	47	19
61	47	19
62	47	19
63	47	19
64	47	19
65	47	19
66	47	19
67	47	19
68	47	19
69	47	19
70	47	19
71	47	19
72	47	19
73	47	19
74	47	19
75	47	19
76	47	19
77	47	19
78	47	19
79	48	20
80	49	21
81	49	21
82	49	21

訓註臨済録	四家語録	無著校訂本
83	50	22
84	50	22
85	51	23
86	51	23
87	51	23
88	51	23
89	51	23
90	51	23
91（勘弁）	7	24
92	7	24
93	11	25
94	13	26
95	13	26
96	14	27
97	15	28
98	16	29
99	18	30
100	18	30
101	20	30
102	21	32
103	21	32
104	22	33
105	22	33
106	23	34
107	25	35
108	30	36
109	0	37
110	37	38

訓註臨済録	四家語録	無著校訂本
111	0	39
112	31	40
113	0	41
114	0	42
115	0	43
116	56(明本は別62)	44
117	32	45
118	33	46
119	17	47
120（行録）	1	48
121	1	48
122	1	48
123	1	48
124	2	49
125	2	49
126	0	50
127	3	51
128	3	51
129	4	52
130	5	53
131	5	53
132	6	54
133	6	54
134	8	55
135	8	55
136	0	56
137	9	56
138	9	56

訓註臨済録	四家語録	無著校訂本
139	27	57
140	52	58
141	53	59
142	53	59
143	54	60
144	55	61
145	57(明本56)	62
146	58(明本57)	63
147	59(明本58)	64
148	60(明本59)	65
149	61(明本60)	66
150	61	66
151	62(明本61)	67
152	62	67
153	〔38〕	68
154	〔1〕	69
155	0	0
156	0	0

八　訓註臨済録の補訂

解説

一

『臨済録』は、中国唐末の禅僧臨済義玄（―八六六）の言行録である。中国と日本の両国を通じて、のちに彼の禅の流れは、臨済禅、もしくは臨済宗と呼ばれ、本書はこの派の禅の重要な聖典として、あるいは僧堂で提唱され、あるいは公案として参究されている。しかし、この書はたんに臨済禅の聖典としてだけでなしに、広く中国の仏教、ないしは思想の歴史を通じて、極めてユニークな存在で、ここに主張されている絶対自由の思想は、一般現代人の強い共感を呼ばずにおかぬ、深い真実性をもっていると思われる。事実、この書を一読すれば、誰でもただちに気付くように、難解で大部なものの多い仏教書の中で、この書くらい簡明直截に、すがすがしい人間性の真実と価値を、大胆に語ったものは少ないであろう。今日、世界の関心を集めている禅の魅力の大半が、本書にもとづいているると言っても過言でないであろう。

以下、臨済義玄の人となりと、この書の成り立ちについて語るに先立ち、彼が生きた中国の唐末という時代背景について述べよう。

二

いわゆる絹の路を通って、一世紀のはじめ頃から、商人たちと共に中国に入ってきたインドの仏教は、まず一般庶民の間に、老荘や神仙の思想に似た珍しい異国の宗教として、次第に根を下ろしていったが、すでに先王の古典をもち、中華意識の高いこの国の上層社会に受け容れられてゆくために、仏教はさまざまの点で自己変貌を余儀なくされた。そのもっとも大きいものは、儒教の古典主義及び国家主義との対決であったと思われる。「国主に依らざれば法事立たず」とは、当時の真面目な仏教徒の告白であった。五千四十余巻という厖大な漢訳大蔵経は、以後五百年にわたる歴代王朝の保護と、内外仏教徒たちの辛苦の結晶であった。中国仏教史は、一口に言えば右のようにしてできた漢訳大蔵経を、学問的に研究消化し、これを一般社会、とくに仏教の保護者や帰依者の要求に応ずるように、体系づけて評価解説することであった。

したがって、仏教徒の生活もまたこのような課題を達成するにふさわしい形態をとることになって、いつの間にか、出家者としてのインド古来の、乞食・坐禅等の戒行を捨てて、国王や貴族富商の保護にたよる官僧的性格を強め、ついには王権に奉仕する鎮護国家の祈禱師と化してしまった。もちろん、かかる傾向に強く反対し、徹底的な出家生活を守った人々もないではないが、それはむしろ少数派の例外にすぎない。

かくて、六朝から隋を経て唐の中期頃までにかけて成立した中国仏教の諸派は、その哲学思想や造寺造像の芸術的方面では、極めて深遠、かつ絢爛たる文化水準に達したけれども、一たびこれを支えてきた国家権力と、その経済基盤が弱まると、必然的に衰微の一途をたどるほかはなかった。盛唐の玄宗朝の末に勃発した安禄山の叛乱を契機として、従来の貴族社会の態勢が崩れはじめると、さしも中国仏教哲学の精華を誇った天台・華厳・律・唯識・真言・それに北宗派の禅等がにわかに衰えはじめ、以後ついに昔日の盛大をとり戻し得なかったことは、中国仏教そもそもの歴史的な成り立ちに根ざしているのである。

教外別伝、不立文字、直指人心、見性成仏の四句を旗印とする祖師禅が起こったのは、右のような中国仏教の古典主義、ないしは国家主義的傾向の行きづまりを打破し、もともとすべての人間の平等にして永遠な解脱と悟りの真実をめざしたシャカ仏の精神に立ちかえり、これを広く一般大衆に解放しようとする運動であったとみてよい。禅はもちろんインド固有の禅定思想にもとづくが、梁のボダイダルマを祖とする中国禅は、むしろインド禅の寂静主義を超えて、現実生活の当下に、万人が生まれながらに平等に有する人間性の自由と尊厳を自覚せんとするもので、この主張ははじめは極めて少数ではあったが、次第に人々の共鳴を呼び起こし、中唐以後の急激な時代的変動に応じて、広く社会の各層に浸透すると共に、従来ほとんど帝都中心であった仏教を、辺土の各地に解放したのである。彼らは経典の学術的研究に代えるに、平明な日常の口語による問答商量を以てし、その生活もまたインド以来の遊方乞食を主としつつ、あるいは開墾作務の集団労働によって、治生産業皆是仏法という経典の語を地でゆくだけの力強さを示した。

しかも、このような祖師禅の革新運動も、実は抽象的思弁や、形而上的絶対者への陶酔的祈りを退け、どこまでも人間の善意による社会の向上と発展を信頼する中国民族固有の無神論的現実主義倫理の精神と、相応ずるものであったことを見逃してはならぬ。従来、唐末五代の社会は、一般に暗黒混迷で無秩序な時代のように見られているが、それは一面に古い因襲的な門閥貴族にとって代わらんとする革新勢力の擡頭時代でもあって、そうした革新勢力による新秩序創造運動と歩調を合わせて、新しい仏教としての祖師禅の動きが見られることは、以上の視点をよく証拠立てるであろう。

たとえば、五代に入って各地でそれぞれ独立し、自ら国号を立てた十国のごとき、江南地方の南唐、浙杭地方の呉越、福建の閩越、四川の蜀等に、すべて盛んな祖師禅の動きが見られるが、河北の鎮州を中心とする臨済禅の興起もまたその一つにほかならない。

鎮州の地は、隣接の幽州及び、魏州と共に、いわゆる河北三鎮の一で、この地の長官は古くより唐室の北狄支配政策から、大きい軍事経済上の独裁権力を与えられていたために、その特殊な実力をたのんで次第に土着化し、時代が降ると共に、もはや中央政府の力のまったく及ばぬ反唐的な地域となっていたようである。あたかもこの頃、この地方を経て、五台山及び長安に求道の旅を続けていた日本留学僧円仁（慈覚大師）は、その見聞を親しく彼の日記にとどめている。いわく、「この地方の長官たちはすべて仏教に深い関心を寄せ、当時全土にわたってくりひろげられていた、きびしいあの会昌の破仏令を、まったくこの地によせつけなかった」と。これはまったく注目すべき記録である。

三

ともあれ、臨済義玄はこのような時代にこのような土地に生きて、彼の新しい仏教を起こしたのだが、彼自身の伝記は、『祖堂集』や『景徳伝灯録』、『宋高僧伝』などの書物に見えるほかに、本書の「行録」にも詳しく述べられているから、ここにくりかえす必要はあるまい。ただ、彼が青年時代に、はるか江南の黄檗山希運禅師の膝下で経験したあの大悟の話について、『祖堂集』の記載は他のものと極めて異なっているから、次にそれを引いておこう。

ある日、黄檗和尚が説法のときに言った。「昔、余が大寂（馬祖）禅師に参じていた頃、仲間に大愚という男があった。彼はずいぶん諸方に行脚し、識見高明だったが、衆と共に居るのを嫌い、今独り高安県の山中に庵居している。かつて、余と別れるとき、彼はこう言ったものだ『他日若しこれぞと思うすぐれた修行者が見つかったら、一人俺のところによこして欲しい』。と」。衆僧の後方で聞いていた臨済は、一人ですたこら、大愚のところに出かけた。黄檗から聞いた話を告げて入門を乞うと、彼はその夜、大愚の前で、瑜伽唯識に関する学識を傾けて大いに論じた。大愚は一晩中、黙りこくって聞いていたが、翌朝、臨済に申し渡した「老僧はこの通りの山家住い、はるばる訪ねて来てくれた君のことを思って、とにかく一夜の宿をかしたまでだ。それだのに君は一晩中、わしの前で全く礼儀知らずにも、ごたごたと雑言を吐きちらしたりして何事だ。」言い終わるや、大愚は数棒を与えて戸外に突き出し、ぴしゃりと門をとじてしまった。

師匠黄檗の許に帰って、臨済がこのことを話すと、黄檗は深くうなずいて言う「さすがに彼奴はやり手だわい、燃えさかる火の様で、一寸手出しもなるまいな。だが、お前もよい師匠に出会って、この機会を無駄にするなよ。」そこで、臨済が再び出かけて行くと、大愚は、恥知らず奴が何しに来たかと、また棒をとって突き出す。臨済はまた黄檗のところに戻るが、然し今度はもう彼も無駄に引きかえしたのではなかった。「どうだった」と聞く黄檗に応えて、彼は言うのだ、「一棒の下に悟らせて頂きましたこの喜びは、百劫のあいだ身を粉にし、あの須弥山のまわりを無限にかけめぐるとも、更に尽くせぬ思いでございます。全く、この深恩に報じようはありません。」これを聞くと黄檗も又うれしさの余り言うのである、「兎に角しばらく休め、その上で自分の好きなようにするがよいさ。」と。それから十日程すぎて、臨済はまた大愚のところに出かけた。大愚は彼を見るや、また棒を把って打って来たが、もう臨済もさるもの、すかさず棒をうけとめるや否や、大愚を引き倒し、その背中めがけて数拳をくらわした。すると、大愚はしきりにうなずいて言うのだ、「わしはもうこの山中の

独り暮しで、全く一生を棒にふることかと思ったが、今日はやっと後嗣ぎが一人できたわい。」(363a)

かくて、古い既成の仏教教学をすてた裸の求道者として、みずみずしいエネルギーを把んだ若き義玄は、さらにその後の十数年を江南の地で過ごしたのち、会昌の破仏事件直後の頃――丁度わが円仁が叡山に帰って伝灯大法師位に登り天台座主となった頃――義玄は河北の支配者王氏に招かれて、彼の郷里に程近い鎮州の地に来たり、コダ河畔の臨済院に住したのであるが、『臨済録』の主部をなす上堂と示衆説法のすべては、この新しい仏教の帰依者である王氏の発願によったものである。若き日の彼の大悟の経験が、この新しい土地と時代の空気にふれて、怒濤のように口をついて迸りでてくるのも決して偶然ではない。なお、鎮州における臨済にとって、さらに重要な人物は狂僧普化である。彼の行動は極端なまでに非人間化されているが、それはむしろ既成の古い価値と権威を脱却し去った絶対自由人の象徴とも言うべく、臨済の分身にほかならぬのである。

四

次に、『臨済録』という書物の成り立ちについて語らねばならぬが、この書は、臨済義玄の寂後、彼の法をついだ弟子から弟子へと伝えられていくうちに、次第に増飾され整備されて、ついに今日見られるごときものになったと思われる。それらの変遷のあとについて、詳しく述べることはできないが、先に引いた古拙な『祖堂集』の話を、整理された本書の「行録」の文章と比べてみるがよい。

いずれにしても、今日見られる『臨済録』の最初のものは、北宋の宣和二年(一一二〇)に、福州鼓山の円覚宗演が重刊したもので、それ以前のものは現存しない。宣和本は、幸いにもそれを覆刻したと思われる『続開古尊宿語要』所収のものが、東京の大東急記念文庫その他に存し、日本で覆刻されたものや、明版の『古尊宿語録』の本と比較すると、種々の点ですぐれている。

『臨済録』が日本に伝えられたのは鎌倉時代の末で、以後盛んに開版されているから、相当に読まれたらしいが、はじめは何と言っても宗門第一の書と言われる『碧巌録』の流行に圧されていたようである。ところが、江戸時代に入ると、この状勢は逆転し、まさに「群録の王者」（東嶺）となり、各種の註釈書等も続々と現われるに至った。比較的早いものとしては沢庵の『秘鈔』をはじめ、曹洞宗の万安英種の『カナ抄』や『夾山鈔』があり、次いで『撮要鈔』、『摘葉』等が出たが、それらの中で一等群を抜いているのは、妙心寺の無著道忠（一六五三—一七四四）の『臨済慧照禅師語録疏瀹』五巻である。この書は上記の先人の業蹟をふまえた上に、当時新しく紹介された大陸考証学の学風をとり入れて、『臨済録』の文献研究に科学的基礎を置いたもので、将来を通じて『臨済録』研究の最高の指南たるを失わぬであろう。この度のささやかな訓註の仕事のごときも、もし一点の長所ありとせば、そのほとんどすべてを右の『疏瀹』に負うものであることを銘記しておかねばならぬ。

なお、『臨済録』は前述したように、古来、伝統的な方法によって、あるいは提唱されあるいは参究されてきたために、一般の関心は極めて高いにもかかわらず、とかく素人の寄りつき得ぬ難解の書として敬遠され、広い東洋思想の視野において研究されたことはかつてなかったと言ってよい。これは一面にこの書の表現がすべて特殊な唐宋の俗語によっているためでもあろう。唐宋以後の中国俗語の研究は、実は最近に開拓された新しい研究分野の一つで、中国はもとより、日本及び欧米を通じて、戦後における研究成果は実にめざましいものがあるにもかかわらず、不幸にもわが国の禅録研究は、この新しい学問の進んだ成果と、今までのところまったく没交渉であった。私のこの訓註はまだ貧弱なものであるが、頼いにも今日わが国の中国近世文学研究の第一人者たる入矢義高先生の御指導を得たことを特記して、今後この本を利用される読者と共に感謝したいと思う。

五

最後に、この訓註本の構成について記しておこう。

一、底本は『続開古尊宿語要』（京都大学図書館所蔵）により、兼ねて大正新修大蔵経（以下、『大正蔵』とする）第四十七巻所収の和刻諸本を参考した。

一、全文を百五十六段に分段し、各段の本文の頭部の右側に番号を附した。註解の互照、及び索引の便宜のためである。

一、訓み方は、つとめて旧訓を尊重したが、語法的に承服できないものは注記して改めた。また、旧訓の音読箇所もなるべく新しい読み方を採用した。

一、註解は、宗意にわたる説明をすべて他の書にゆずり、もっぱら字義の客観的解明を第一とし、専門研究者の利用にそなえて、使用文献の出所の明記につとめた。文献は、『正法眼蔵』（道元）を岩波文庫。『祖堂集』を『禅学叢書』四。『宝林伝』、『拈頌集』を花園大学覆印本。『絶観論』を禅文研本。『大乗五方便』を宇井伯寿氏の『禅宗史研究』。『寒山詩』を入矢義高氏の『寒山』。『楞伽師資記』を篠原寿雄氏の校注（『内野台嶺先生追悼論文集』）。『南宗定是非論』を胡適氏の「新校定的敦煌写本神会和尚遺著両種」（『歴史語言研究所集』刊第二十九本）。『息耕録開筵普説』を『白隠全集』。宋版の『伝灯録』、及び『唐文粋』を四部叢刊。『二十五史』を台湾芸文版。『太平広記』、及び『敦煌変文集』を北京人民文学社版。『読史方輿紀要』を『国学基本叢書』。『通俗篇』を一九五八年北京商務印書館版。『封氏聞見記』を一九五七年趙貞信氏の校注本、『大正蔵』、『卍版続蔵経』はCBETA、『縮蔵』の順に所収テキストを利用した。

〔一〕

鎭州臨濟慧照禪師語錄序
延康殿學士、金紫光祿大夫、眞定府路安撫使、兼馬步軍都總管、兼知成德軍府事、馬防、撰

鎮州《ちんしゅう》臨済《りんざい》慧照《えしょう》禅師《ぜんじ》語録《ごろく》の序
延康殿《えんこうでん》の学士、金紫光禄大夫《きんしこうろくたいふ》、真定府路《しんていふろ》の安撫使《あんぶし》、兼馬歩軍《けんばほぐん》の都総管《とそうかん》、兼知成徳軍《けんちせいとくぐん》の府事《ふじ》、馬防《ばぼう》、撰《せん》す。

鎮州　現在の河北省石家荘市の北東に近い正定の地で、古くは常山、または恒山（恒州）と言われたところ。唐の元和十五年（八二〇）に鎮州、五代の後唐のとき、真定府と改称され、宋以後これに従った。ただし、唐中期以後、北地の行政は著しく乱れ、この地では成徳府節度使が独裁的な実権を握り、宋に入っても主として契丹や金との接渉を任とするために、独裁的な威を振った（『読史方輿紀要』十四）。

臨済　もと義玄禅師が住した小院の名で、滹沱河の渡し場に臨む意。臨済と呼ばれる地は、北地ではほかにも数カ所あるが、この臨済院はそれらと関係ないようである。〔一二〕、及び〔一五四〕を参照。『史記』五四、曹相国世家に、「撃章邯群、陷陳追至濮陽攻定陶、取臨濟」。円仁の「巡礼行記」に、濟河渡口（臨済県新鳳庄附近）のことを記す。小野勝年『入唐求法巡礼行記の研究』p.176。

慧照禅師　唐の第十七代懿宗より贈られた称号。

語録　禅僧の法話や問答を、弟子たちが記録した一種の言行録で、禅仏教独自の文献。宋代になると儒家もその影響を受けて一家の語録を編するに至った。北盟交渉の記録を語録ということ、『賓退』（六、17b）。『宋高僧伝』十三、天台山徳韶伝に「語録大行」（T50-789b）。

序　本録には宋元時代に前後四序が書かれたが、この序がもっとも古く、四字四句宛の簡潔な形式で、録中の主な事蹟と説法を挙げた代表的なもので、一般にもっとも尊重される。『古宿録』本には省かれたが、『続古宿』本の巻首に見え、日本流布本のほとんどすべてがこの序のみを付している。

延康殿学士　官名。翰林院学士の下にあって四方の書奏を

進読するを職とする。五代の後唐のときに設置し、始め端明殿学士と呼んだが、宋に入って数度称を改め、政和四年（一一一四）に至って延康殿学士と称した。

金紫光禄大夫　金印紫綬を帯びた宮中顧問。主として司膳官。

真定府路　鎮州をいう。路は宋代の地方行政の最高区画で、全土を二十四路に分かった。

安撫使　もと中央政府より派遣された地方巡察官。兵民の両事を統括し、時に地方長官を兼ねることもあったが、河北に置かれたものは、北方の遼にそなえるためにとくに重要な任務を有した。『宋史』八六（6a）によると、慶暦八年（一〇四八）に初めて、真定府路安撫使が置かれ真定府及び磁相邢趙洺の六州を統した。戸部侍郎周公神道碑（司78）あり。『宋代文集索引』。

馬歩軍都総管　禁衛最高武官。本来は方鎮所属の軍校で、馬軍と歩軍を統掌する総官の意。

成徳軍府事　鎮州に駐在する文武兼任の地方長官。『容斉随筆』四、府名軍額の条に「成徳軍府事は真定府路安撫使を兼ねて結銜す」、と見える。

馬防　未詳。六朝時代、馬防あり。その名を借りたるか。古注では馬堃とする説があるが、堃は坤で、おそらくは別人であろう。呉廷燮の『北宋経撫年表』二によると、当時この地の長官であった人として、趙⾼、周邦彦、盛章等を挙げ、馬防の名を載せない。この人の前記のごとき重要な官職から考えて、伝記が史書に見えぬのは、あるいは当時険悪を極めていた金との交渉に当たって、宋の政治的立場としては名を留め難い人であったのかもしれない。『羽田頌寿記念東洋史論叢』に収める、外山軍治氏の「靖康の変に於ける新旧両法黨の勢力関係」をみよ。馬防については次章「『臨済録』と『歎異抄』」（p.519）参照。

〔二〕

黄檗山頭、曾遭痛棒。大愚肋下、方解築拳。饒舌老婆、尿牀鬼子。這風顚漢、再捋虎鬚。巖谷栽松、後人標榜。钁頭斸地、幾被活埋。肯箇後生、驀口自摑。辭焚机案、坐斷舌頭。不是河南、便歸河北。

黄檗山頭《おうばくさんとう》に曽て痛棒《つうぼう》に遭い、大愚《だいぐ》の肋下《ろつか》に方《まさ》に築拳《ちくけん》を解《げ》す。饒舌《にようぜつ》の老婆《ろうば》、尿牀《にようしよう》の鬼子《きす》。這《こ》の風顛漢《ふうてんかん》、再び虎鬚《こしゆ》を捋《な》ず。巌谷に松を栽《う》う、後人の標榜《ひようぼう》。钁頭《かくとう》、地を斸《ほ》る、幾《ほと》んど活埋《かつまい》せらる。箇《こ》の後生《こうせい》を肯《うけが》って、驀口《まつく》に自摑《じかく》す。辞して机案《きあん》を焚《や》いて、舌頭《ぜつとう》を坐断《ざだん》す。是れ河南にあらずんば、便ち河北に帰せん。

○この一段は、禅師の修行時代の主な事件を述べたもので、文字もほとんど本書の「行録」中に見えるものに同じい。重複するものはすべて本文の該当箇所の注にゆずる。

黄檗山頭……　臨済大悟の話を指す。〔一二〇〕をみよ。大愚の肋下に方に築拳を解すとは、大愚のわき腹を突いたことをいい、解はできたという意、理解の意ではない。

饒舌老婆……　饒舌はおしゃべりの意。本文に見えぬ語であるが、ここでは大愚を指して言ったもの。『五家正宗賛』等に見える。

這風顛漢……　臨済が二度黄檗を打ったことをいい、前記大悟の話、及び〔九一〕に詳しい。

巌谷栽松……　〔一二四〕。巌谷は、本文の深山の意を転じていう。

钁頭斸地……　〔一二七〕。

肯箇後生……　〔一二九〕。驀口は口の真正面。驀面の意に同じ。

辞焚机案……　〔一三七〕参照。坐断舌頭は、〔三一〕の注に詳しい。ここでは黄檗の舌頭、つまり印可の語をふみつぶす気慨とも見られる。

〔三〕

院臨古渡、運濟往來。把定要津、壁立萬仞。奪人奪境、陶鑄仙陀。三要三玄、鈐鎚衲子。常在家舍、不離途中。無位眞人、面門出入。兩堂齊喝、賓主歷然。照用同時、本無前後。菱花對像、虛谷傳聲。妙應無方、不留朕迹。

院、古渡に臨んで、往来を運済《うんさい》し、要津《ようしん》を把定《はじよう》して、壁立万仞《へきりゆうばんじん》。奪人奪境《だつにんだつきよう》、仙陀《せんだ》を陶鋳《とうちゆう》し、三要三玄《さんようさんげん》、衲子《のつす》を鈐鎚《けんつい》す。常に家舎《かしゃ》に在って、途中《とちゅう》を離れず。無位《むい》の真人《しんにん》、面門《めんもん》より出入す。両堂《りょうどう》斉《ひと》しく喝《かつ》す、賓主歴然《ひんじゅれきねん》。照用同時《しょうゆうどうじ》、本《もと》、前後無し。菱花《りょうか》、像《ぞう》に対し、虚谷《きょこく》、声を伝う。妙応無方《みょうおうむほう》にして、朕迹《ちんせき》を留めず。

○以下、河北の臨済院に住持して以後、多数の弟子たちを指導して、独自の家風を挙げたことを述べる。

院臨古渡…… 臨済の名の起こりについて述べ、兼ねてその宗風の極めてはげしいことをいう。臨済の名については〔一五四〕を参照。壁立万仞は、直立した絶壁のように容易に登り難き様子。把定要津は、妥協を許さず、常に第一義を以て人を導くこと。

奪人奪境…… 奪人奪境は〔一五〕、〔一六〕、三要三玄は〔一四〕をみよ。仙陀は、先陀婆 Saindhava の略で、すぐれた弟子に譬えていう。本来は、インダス河のほとりに産するものの意で、これに塩・器・水・馬の四義があり、王が臣を呼んで仙陀婆を求めると、よく王の意中を察してその一を選んで進めたという賢明な臣下の故事より出でた語。『涅槃経』九（421b, 662b）に見える。陶鋳は陶工や鍛冶が器物を作り出すに譬え、人物を育てるを言う。鈐鎚は鍛錬の義。衲子は禅僧が衲衣（破布をつづり合わせた衣、転じて僧衣）を着するよりいう語。

陶鋳仙陀 『続高僧伝』三、慧賾傳「般若燈論序」（T50-441b)。

常在家舎…… 常在家舎、無位真人、は共に〔一二〕、及び〔一三〕に見える語。

両堂斉喝…… 〔一五〕。

賓主歴然 『碧巌録』三八則の評唱に、「僧向慈明、一喝分賓主、照用一時行。時如何、慈明便喝」（T177a)。洪覚範の『智証伝』に、「臨済宗有四賓主句、謂賓中賓、賓中主、主中賓、主中主」(106c)。但、引くものすべて洞山の偈のみなり。

照用同時…… この語は本録中に見えぬが、一般に臨済の四照用と呼ばれるもので、『古宿録』本『臨済録』に次のごとくいう。

我れ有る時は先照後用、有る時は先用後照、有る時は照用同時、有る時は照用不同時。先照後用のときは人の在る有り。先用後照のときは法の在る有り。照用同時のときは耕夫の牛を駆り、飢人の食を奪い、骨を敲き髄を取り、痛く鍼錐を下す。照用不同時のときは、問有り答有り、賓を立し主を立し、合水和泥、応機接物す。若し是れ過量の人ならば、未だ挙せざる已前に向かって撩起して行かん、猶お些子に較れり（218a）。

と。ここで照用というのは、弟子を導くのに言語によって理論的に教えるのと、棒喝等で行動的に出るの意で、両者の関係を四種に分けて説いたもの（『三輪玄義』には「照謂顕也」（14a）とある）。「耕夫の牛を駆り、飢人の食を奪う」は、奪い難いものを奪う意で、絶対否定的な理の立場を、「合水和泥」は、和光同塵に同じく、無碍自在な事の立場を譬えたもの。「過量の人」はこれらの分類にかかわらぬすぐれた人のこと、「撩起」は衣をかかげて立ち上がること、ここでは機敏な働きをいい、「猶お些子に較れり」とは少しましだということで、許していう語。「人」、「法」は〔七二〕をみよ。

菱花対像……　菱花は正しくは蔆花で、鏡の異名。古代の鏡がひしの花の形をしたるよりいう語。虚谷伝声は谷間のこだま。無心にして相手のあらゆる動きに自在に応ずる意。『千字文』に、「空谷傳声、虚堂習聴」とある。不留朕迹の、朕迹はしるし、あるいはあとの意。鏡やこだまの動きの自在で、あとをとどめぬこと。『広灯録』八、馬祖章に、「所作無礙、事理双通、如天起雲、忽有還無、不留蹤跡」（Z327c）。

〔四〕

拂衣南邁、戻止大名。興化師承、東堂迎侍。銅瓶鐵鉢、掩室杜詞。松老雲閒、曠然自適。面壁未幾、密付將終。正法誰傳、瞎驢邊滅。

衣を払って南邁《なんまい》し、大名《だいめい》に戻止《れいし》す。興化師承《こうけしじょう》して、東堂《とうどう》に迎え侍す。銅瓶鉄鉢《どうびょうてつぱつ》、室を掩《おお》い詞を杜《と》ず。松老い雲間《しず》かにして、曠然《こうねん》として自適《じてき》す。面壁《めんぺき》未だ幾ばくならざるに、密付《みっぷ》将に終えなんとす。正法誰か伝う、瞎驢辺《かつろへん》に滅す。

○以下、〔三〕、老後の様子を述べる。

払衣南邁……　臨済の弟子興化存奨（八三〇—八八八）の塔碑によると、臨済は咸通二年（八六一）頃、蒲相蔣公なる人に迎えられて鎮州を出で、南方に行化し、さらにまた魏府の太尉何公の請によって魏府の観音寺江西禅院に入ったという。詳しくは〔一五五〕を見よ。払衣は衣のすそをかかげることで、旅立ちの意。『高僧伝』七、道生章にみえる。南邁は南に行くこと。戻止は来たりとどまる意。

戻止大名　謝靈運の「慧遠誄」に、「既磨既琢、大宗戻止」（T52-267b）。

興化師承……　興化は臨済の高弟。この人の伝記については従来種々の説があって、あるいは臨済滅後の弟子であるともされるが、『文苑英華』八六八に収める公乗億の「魏州故禅大徳奨公塔碑」の記事がもっとも信頼すべきものであり、臨済の晩年に魏府で師侍したことが明確に記されている。詳しくは、本書一章「興化存奨の史伝とその語録」を見られたい。東堂は隠居所の意で、今日の禅院では前代住持を指して呼ぶことがある（『禅林象器箋』p.172）。

銅瓶鉄鉢……　銅製の水瓶と鉄製の椀。僧侶の生活道具。掩室杜詞は、門戸をとざして人と交わらぬこと。もと、『肇論』に、「釈迦、室を摩竭に掩い、浄名、口を毘耶に杜ず」（157c）とあるにもとづくもので、さらに前者は『諸仏要集経』（756b-c）、後者は『維摩経』入不二法門品（551c）の話より出たもの。松老雲閒はひっそりした隠居生活の様子。曠然自適はのびやかに心に任せること。

面壁未幾……　ダルマが少林寺に九年間壁に面して坐して、ついに二祖慧可を教化した故事に寄せて、臨済が末後に三聖に法を伝えた事実を述べたもの。密付将終は生涯の重大事がようやく終わりに近づいたこと。もと風穴延沼（八九六―九七三）が臨済と三聖の問答に付した評語で『禅林僧宝伝』三（452a）に見えるもの。また、『聯灯会要』一、世尊章（441d）にあり。「正法誰伝瞎驢辺滅」は、〔一五三〕をみよ。古来、正法誰にか伝う云々と読んでいるが、誰か伝うと読むのが正しい。

〔五〕

圓覺老演、今爲流通。點檢將來、故無差舛。唯餘一喝、尚要商量。具眼禪流、冀無賺擧。宣和庚子、中秋日謹序。

円覚《えんがく》の老演《ろうえん》、今為めに流通《るずう》す。点検《てんけん》し将《も》ち来たる、故に差舛《しゃせん》無し。唯だ一喝を余して、尚《な》お商量せんことを要す。

具眼《ぐげん》の禅流《ぜんる》、冀《こいねが》わくは賺《あやま》って挙《こ》すること無《な》かれ。宣和庚子《せんなこうし》、中秋の日、謹んで序す。

○以下、本書の開版の事由を述べて序を結ぶ。

円覚老演……　円覚老演は福州鼓山の円覚宗演禅師で、雲門宗第八世。雲門文偃―香林澄遠―智門光祚―雪竇重顕―天衣義懐―天鉢重元―元豊清満―円覚宗演と承けた人（元豊清満（慈雲大師）のことは、『林間録』（615a）にみゆ）。『雲門録』の重刊者でもある。『普灯録』九、及び『五灯会元』十六（645a）等の章では、詳しいことは判らないが、別に『補続高僧伝』二四によると、河北恩州の人で、姓は崔氏、宣和中に徽宗の勅によって入内説法し、前後十三院に勅住し、弟子一千二百余人という。当時第一の名僧であったらしい。この人が本書を重刊したのは、その出身が河北で臨済の禅に親しむところがあったためであろう。また当時、福州では、東禅寺で私版の『大蔵経』出版が行われており、次いで紹興のはじめには『古宿録』の刊行もなされ、さらに南宋の中期には開元寺版『大蔵経』が完成されるなど、出版事業は極めて盛んであった。本書の巻末の刊記には、「住福州鼓山円覚苾蒭宗演重開」とあって、この時が二度目の出版であったことを示しているが、最初の出版が、いつ、どこで何人によってなされたかについては、今日のところ何らの手がかりがない。また、この序を書いている馬防は、おそらく前記の『補続高僧伝』の記事によると、宗演の入内説法のときに面接の機会があったのであろう。

点検将来……　宗演の校訂が綿密で誤りなく、この本が臨済の真精神を伝えるものとして信頼できる、ということ。故はもとよりの意に通ずる。

唯余一喝……　本書の校訂がいかに万全であっても、臨済の喝だけは文字によって伝えられぬ、ということ。商量は、もと商人が売買のために物を量ること。転じて問答をいう。賺は錯ること、あるいは、だますこと。挙は本来はとりあげること、転じて用いること。読むこと。

宣和庚子……　北宋徽宗のとき、宣和二年（一一二〇）に当たる年。中秋日にこの序を書いているのは、当時の禅院では中秋の名月に因んで上堂が行われる例があったからであろう。

〔六〕

鎮州臨濟慧照禪師語錄
　住三聖嗣法小師慧然集

鎮州《ちんじゅう》臨済《りんざい》慧照《えしょう》禅師《ぜんじ》語録《ごろく》
三聖《さんしょう》に住する嗣法《しほう》の小師、慧然《えねん》集す。

○『続古宿』本、及び『大正蔵』が校合に使用した宮内省本は、たんに臨済慧照禅師語と題し、住三聖以下の編号を存しない。

三聖　鎮州にあり、臨済門下の上足慧然が住した寺の名。

嗣法　師の法を嗣ぐこと。印可を受けること。

慧然集　慧然は、臨済の死に際して「正法眼蔵」の付嘱を受けた高弟。この書の〔一五三〕、及び『伝灯録』十二(294c)、『祖堂集』十七（岑和尚の章）等にこの人の話が出ているが、詳しい伝記は明らかでない。古来、禅宗の語録はすべて門下のすぐれた弟子や居士等が高官の人の請をうけて編集したもので、『六祖壇経』の法海、『伝心法要』の裴休等皆しかりであり、この書もその様式を承けたものであろう。現代の研究者の中には、三聖慧然の編集を疑う説もあるが、現存のような『臨済録』が慧然によって集められたとすることはともかくとして、臨済の死後、何らかの形で語録は作られていたと思われるし、その編者を「正法眼蔵」の問答で有名であった高足三聖慧然と伝えることはすなおに肯定してよいと思う。

〔七〕

府主王常侍、與諸官請師升座。師、上堂云、山僧、今日事不獲已、曲順人情、方登此座。若約祖宗門下、稱揚大事、直是開口不得。無你措足處。山僧、此日以常侍堅請、那隱綱宗。還有作家戰將、直下展陣開旗麼。對衆證據看。

府《ふ》主《しゅ》王《おう》常《じょう》侍《じ》、諸官と師を請《しょう》じて升《しん》座《ぞ》せしむ。師、上堂《じょうどう》、云く、「山僧今日《さんぞうこんにち》、事已《じゃ》むことを獲《え》ず、曲《まげ》て人情に順って方《まさ》に此の座に登る。若し祖宗《そしゅう》門下に約《やく》して大事《だいじ》を称揚《しょうよう》せば、直《じき》に是れ開口不得《かいくふとく》。你《なんじ》が足を措《お》くところ無《な》けん。山僧《さんぞう》、此の日、常侍の堅く請ずるを以て、那《な》んぞ綱宗《こうじゅう》を隠さん。還《かえ》って作家《さっけ》の戦将の、直下《じきげ》に陣を展《の》べ旗を開くもの有りや。衆《しゅ》に対して証拠《しょうこ》して看《み》よ。」

府主　地方長官。ここでは成徳府の長官。使君とも。部下が自分たちのボスを呼んでいう俗称（諸橋『大漢和』）。敦煌に「府君恵遠伝」（T85-1320）。

王常侍　常侍は官名。散騎常侍の略で、もと、常に王者の左右に侍して諸事を奏するを職とした。古来、この王氏を、潙山霊祐（七七一―八五三）門下の居士、王敬初と見ているが、この人は古伝では襄州（湖北省）に住していた人で、臨済とは関係がなく、また正史にその名を発見することができない。むしろ、当時成徳府の府主であった王氏の中にこれを求めるならば、大中十二年（八五八）より咸通七年（八六六）までその任にあった王紹懿という人がこれに近いと思われる（呉廷燮『唐方鎮年表』）。詳しくは、拙稿「唐末五代の河北地方に於ける臨済録成立の歴史的社会的諸事情」本書五章を参照。

升座　有力な信者が高徳の僧に請うて説法せしめること。禅宗の古式では説法者が定められた座に登ると、聴衆は立ち列んで聞くのが常であった。これは一言の下にただちに得悟し、坐する要がないという意味を示したものという。

上堂　禅院の住持が特定の日に法堂に上って説法し、あるいは弟子たちと問答すること。今の場合は升座と同じで、法堂におけるものではなかったらしい。『従容録』一則の評に「講肆謂之陞座、禅林號曰上堂」（T228a）。

山僧　当時の禅僧の自称。老僧ともいう。『証道歌』（396c）や『潙山警策』（T48-1042c）に見える。『高僧伝』習禅篇十一の玄高伝に初出（397a）。天台智顗にもあり（佐藤哲英 p.60）。李白詩集「別山僧」（巻十三）。『歴代宝法

記』に、「此山僧無住禅師有何道業」（188b）。また「時人号李山僧」（190c）、『神会録』七（石井本 p.10）、「有一山僧礼拝嵩山安禅師……」。また『伝灯録』五、司空山本淨章。「大徳只見山僧相、不見山僧無相」（T242c）。

事不獲已　『摩訶止観』七下に、「仏に本願あり、衆をしてみな我が如くならしめんに、豈に大乗を惜まんや。事已むことを獲ず、逗機対治し助道して門を開く」（94c）とある。『続高僧伝』二五、釈明琛章（T50-656a）。長沙の上堂をふまえる！　テキストの修正なり。『伝灯録』十、長沙章、「我若一向挙揚宗教、法堂裏須草深一丈、我事不獲已、所以汝諸人道」。cf.「許多の不才浄を説出す」〔八一〕。

曲順人情　施主の懇請に従ってかりに第二義門に降ること。禅の第一義から言えば、真理は人々本具で、とくに説くべき何もないからである。「曲」は直に対し、直指ではないのをいう。孫綽『喩道論』に「聖人知、人情固」（T16c）『高僧伝』五、道安伝に、「迄冉閔之乱、人情蕭素」（T352a）『大無量寿経』下に、「不識人情、強欲抑制」（岩波文庫 196）『伝灯録』四、無住章に「彼等但徇人情」（234c）又、同十、鄂州茱萸山章（278c）。

祖宗門下　我が祖師禅の立場。『伝灯録』十一、仰山章、「若是祖宗門下、上根上智、一聞千悟得大總持」（283c）。『広灯録』九、百丈章に「従上祖宗、皆有密語」（Z337a）。

約　立てまえから言えば、立場として言えば。

大事　仏法の根本事実。一大事因縁ともいう。『法華経』方便品（7a）に見える言葉。〔一三五〕の出世の註を参照。「諸仏出世唯以一大事因縁」、出世開堂、昇座に比す。

直是開口不得　てんで口を開くことさえできぬ。直是は俗語。

無伱措足処　居場所がない。伱を、現在の活字本で儞と書いているのは正しくない。儞はもと国字。

綱宗　大綱、ぎりぎり。禅では、一代仏教はすべて衆生を救うための綱と見なし、綱を動かす綱を以て自認した。宗については『傳心法要』の序（裴休）に、「説之者、不立義解、不立宗主、不開戸牖」（379c）。

作家戦将　作家は腕きき、やりて。作者ともいう。戦将は禅僧のはげしい行動を将軍に譬えたもの。事実、当時の河北社会では腕っぷしの強い武人たちが支配力をもっていた。「作家禅客」（『古宿録』七、南院録、Z120a）「作家君王」（『雪竇録』一、671a）。『祖堂集』十九、臨済章「作者如猛火燃」（363b）。『雲門広録』中に禾山の句を引く（T47-560b）。『智門録』にも（Z118, 662a）「作者」（『北山録』四、594c）『禅林類聚』一。

直下　すぐさま。

展陣開旗　作戦の様子をいう。『祖堂集』九、九峯章にも、禅の極意は節度使が旗さしものを伸べて軍を指揮するようなものだ、とある（180b）。『広灯録』十七、谷隠章、「問、學人開旗、請師展陣、師云、你試呈者醜拙者」（Z377d）。

証拠看　はっきり提示してみよ。ということ。証拠は証明の意。看は、従来、とくに「看ん」と訓み、自分が点検してやろう、という意にとっているが、本来は命令詞。弟子より師に対して「和尚試みに道って看よ」となす例もある。勝負、是非、因果を撥無して、事実を明確化する。挨拶なり。『祖堂集』十二（242b）。

〔八〕

僧問、如何是佛法大意。師便喝。僧禮拜。師云、這箇師僧、却堪持論。

僧問う、「如何なるか是れ仏法の大意。」師便ち喝《かつ》す。僧礼拝す。師云く、「這箇《しゃこ》の師僧、却って持論するに堪えたり。」

如何是仏法大意　仏法の極意。ぎりぎりの所、ということ。仏法的的大意ともいう（〔一六〕、〔一二〇〕等を参照）。

喝　もと叱る声。思慮分別を絶した心境を表す。〔一一五〕をみよ。

這箇　唐代の俗語で、「この」または「これ」の意。遮箇、者箇、此箇とも書く。『祖堂集』十八、趙州章、「師帰院向師僧云、敢破了也」（336b）。

持論　話相手とする。

〔九〕

問、師唱誰家曲、宗風嗣阿誰。師云、我在黄蘗處、三度發問、三度被打。僧擬議。師便喝、隨後打云、不可向虚空裏釘橛去也。

問う、「師、誰《た》が家《や》の曲をか唱え、宗風《しゅうふう》、阿誰《あたれ》にか嗣ぐ。」師云く、「我れ黄蘗《おうばく》の処に在って、三度問《もん》を発して三度打《た》せらる。」僧擬議す。師、便ち喝し、随後《ずいご》に打して云く、「虚空裏《こくうり》に向かって釘橛《ちょうけつ》し去るべからず。」

問　問者は一段毎に別人である。

師唱誰家曲宗風嗣阿誰　誰家、阿誰は共に誰に同じ。家及び阿は人称代名詞を示す語助（『詩詞曲語辞匯釈』三〈p.342〉を参照）。『楞伽師資記』、「第七唐朝荊州……則天大聖皇后問神秀禅師曰、所傳之法、誰家宗旨」。『歴代法宝記』、無住章に、「體無問和上、是誰弟子、是誰宗旨。和上答、是仏宗旨、是仏弟子」（T190b）。『伝灯録』十三、風穴章にこの問あり（T302c）。『寒山詩』に、「誰家長不死、死事旧来均」（50, 78p）。『能改齋漫録』二に、阿誰は俗語なりという（p.37）。従来、この問を五家の宗派の中のいずれかと問うたものと解しているが、当時いまだ五家の称は用いられていない。曲は、音楽によせて師の禅の立場を問うたもの。『伝灯録』十、趙州章に、「未審仏是誰家煩悩」（T277a）。

我在　二十年昔のこと。

黄蘗　希運禅師を指す。伝記は、『祖堂集』十六（309a）、『宋高僧伝』二十（842b）、『伝灯録』九（266a）等に詳しい。彼の語録『伝心法要』は裴休（七九七—八七〇）が編集したことで有名。寂年は大中（八四七—八五九）年間という。黄蘗の語義は〔七四〕を見よ。

三度発問三度被打　この話は〔一二〇〕に詳しい。ただし、『祖堂集』に伝えるものは極めて異なっている。解説の条を見よ。

擬議　擬は何かしようとすること。ここでは答えようとしたこと。「浮山法遠曰、臨済達磨骨體、豈汝後生小徳小智、所能擬議哉」（鏡島元隆『道元禅師とその門流』p.250）。

随後打　喝につづいてすぐさま打った、ということ。背後の意ではない。『広灯録』八、馬祖章、龐居士の縁、「居士随後云、適来弄巧成拙」（Z327a）。黄檗章、「師云、者裏是什麽所在、説麁説細、随後又掌沙門便走」（Z392a）。

不可向虚空裏……　大空のような我が心境に対して、くい一本打ち込むことはできまいぞ、ということ。師の家風は、などと大胆な問をしかけてきたのに答えたもの。この語は、当時の俗諺を用いたものか、『伝灯録』十、茱萸和尚章(278b)にも見える。茱萸の場合は「汝等諸人、不可向……」と言っており、今、主語を臨済にとると大転換する、次の荒草の句と一対になる。なお、向は前置詞で、動詞としての向かうの意はない。この句、『碧巌録』二五則の著語に用いられる(T165c)。ダンマパダ(254)、「虚空無轍迹、沙門無外意」。『伝灯録』二八、南泉廣語の末尾に、「更問什麼離不離、疑把楔釘他虚空」。『広灯録』十二、宝寿沼章、「還釘得虚空麼」(Z352d)。

〔一〇〕

有座主問、三乗十二分教、豈不是明佛性。師云、荒草不曾鋤。主云、佛豈賺人也。師云、佛在什麼處。主無語。師云、對常侍前、擬瞞老僧。速退速退。妨他別人請問。

座主《ざす》有り、問う、「三乗十二分教《さんじょうじゅうにぶんきょう》、豈に是れ、仏性《ぶっしょう》を明《あか》すにあらずや。」師云く、「荒草《こうそう》曽て鋤《す》かず。」主《す》云く、「仏豈に人を賺《すか》さんや。」師云く、「仏什麼《いずれ》の処にか在る。」主無語《むご》。師云く、「常侍の前に対《むか》って、老僧を瞞《まん》ぜんと擬す。速退《しったい》、速退《しったい》。他の別人の請問《しんもん》を妨ぐ。」

座主　禅宗より他宗の僧を呼んでいう。他の諸宗ではすべて講座に倚り、経論を研究するを主とするからである。『釈氏要覧』(261a)に、「学解優秀なものを座主という、一座の主の意なり」といっている。

三乗十二分教……　禅家も教家も結局同じであろう、という予断よりこの問を出したもの。すべての仏教者、すべての経典は結局、人々に成仏の可能性を教え、その方法を示すものではないかということ。三乗は、声聞、縁覚、菩薩の三ですべての仏道修行者をいう。十二分教は、古代インドの仏教ですべての経典を十二の様式に分類したことからいう。

荒草不曽鋤　教家の研究法によっていたのでは、無明の荒れ草を刈り除くことはできまいぞ、ということ。荒草は陶淵明、晩歌、『全集』文・下（123）。墓地のくさ。『千字文』に「宇宙洪荒」。長沙の句「法堂裏、須草深一丈」をふまえる。主語を臨済ととると、従来と全く逆なり。「私は仏性などと言わん」。承古の『薦福録』に、「山僧初行脚時、先参見大光敬玄和尚、這和尚坐在荒草裡」（437a）。堀敏一『均田制の研究』（p.430）、荒草を荒地とすると、有主か、無主か、俄に輝きあり。また、人々本具の仏性そのものには、作意的な鋤一つ入れることができぬ、ということ。もともと明かす明かさぬのさたを超えたもの、とも解せられる。不曽はとくにそうした意味がつよい。『祖堂集』五（101a）、「石頭曰、老僧面前一踏草。三十年来不曽鋤」。『伝灯録』十七、青林師虔の偈、「長長三尺余、鬱鬱覆荒草」（338b）。周茂叔、「窓前の草、曽って除かず」（『伝習録』、上〔101〕）柳宗之の六祖碑、「不假矣鋤、本其浄」。『頓悟要門』〔四四〕に、「寄言凡夫末代、除却心中蒿草」。『証道歌』は「比来鹿鏡未曽磨」。「遍界不曽蔵」「羅漢群像」（『禅文化』六四号、p.73）に論ず。未曽とちがう不曽は注意せよ。

賺　あざむく。

瞞　だますこと。前の賺に対して、だまそうとしているのは、お前の方だ、ということ。

速退　さっさと出て行け。

妨他別人請問　請問は請益問答の略。請益は、弟子が師の説法の後でさらに個別的な質問を発して指導を乞うことをいう。詳しくは、〔一一七〕をみよ。（『大正新修大蔵経』本に、諸問となすは誤植）。他はここでは英語の冠詞に近い助詞、它とも書く。他人の意ではない。

〔一二〕

復云、此日法筵、爲一大事故。更有問話者麼。速致問來。你纔開口、早勿交涉也。何以如此。不見釋尊云、法離文字、不屬因不在緣故。爲你信不及、所以今日葛藤。恐滯常侍與諸官員、昧他佛性。不如且退。喝一喝云、少信根人、終無了日。久立珍重。

復《ま》た云く、「此の日の法筵《ほうえん》、一大事《いちだいじ》の為めの故なり。更に問話《もんな》の者有りや。速かに問を致し来たれ。你《なんじ》纔《わず》かに、口を開かば、早く勿交渉《もつきょうしょう》。何を以てか此の如くなる。見ずや釈尊《しゃくそん》云く、「法は文字を離る、因にも属せず、縁にも在らざるが故なり」と。你が信不及《しんふぎゅう》なるが為めに、所以《ゆえ》に今日葛藤《かっとう》す。恐らくは常侍と諸官員とを滞《たい》して、他の仏性を昧《くらま》さんことを。如《し》かず、且《しば》らく退かんには。」喝一喝して云く、「少信根《しょうしんごん》の人、終《つい》に了日無《りょうじつな》けん。久立珍重《きゅうりゅうちんちょう》。」

法筵　説法の集まり。

你纔開口……　何かものを言ったらもうそのとたんにすっかり間違っている。勿交渉は、よってもつかぬ、何の関係もないという意。没交渉ともいう。『宛陵録』(387a) その他、禅書では随処に見られる語。

釈尊云……　ものはすべて因縁所生であるから、文字言句によって表すことはできぬ、ということ。この句は『楞伽経』(506c) と『維摩経』(540a) によるもの。後者の該当箇所は維摩の語であるが、広く経典よりの引文として釈尊云くとしたのであろう。『五教止観』、「経云、法離於相、無所縁故」(511a)。

為你信不及……　旧訓では、「你が信不及なるが為めにして所以に今日葛藤す」。となしているが、この訓み方は正しくない。信不及は、信念が弱いこと。自己の精神生活が不純で分裂していること。『宋高僧伝』習禅の論に「因信不及、無明所迷、溺喪忘帰」(789c)。葛藤は、文字通りには藤と葛の意で、ぐるぐるまきついて自由を得ぬこと。転じて文字言句に執すること、または文字言句そのものをも意味し、さらに、悟りの世界に入らせる方便としての言句、すなわち公案を指して呼ぶ場合もある。したがって、葛藤の語義のとり方によって、この一段は、お前が信不及であるために、お前自身このようによけいな文字にひっかかってどたばたするのだ、という意と、お前が信不及なために、俺は今よけいなことまでごたごた説いて聞かせているのだ、という意ともとられる。『趙州録』上〔十二〕「向十字街頭説葛藤博飯噇、覓礼拝」(307a)、『雲門広録』上「古人大有葛藤相為處」(T547a)。「相為」は宇井伯寿『釋道安研究』を見よ。又、「我此間、不曽与人葛藤」(569b)『睦州録』(『古宿録』六)「師云、這葛藤尚不會得」(Z113a)「共你葛藤」(同)。

滞　わずらわすこと、迷惑を及ぼすこと。帯累ともいう。

『祖堂集』九（186b）。

他仏性　この他も上述した軽い助詞。他の人の意ではない。

不如且退　この句も、従来の訓み方では、いつまで話してみても甲斐がないから、この辺できり上げよう、と解して、主語を臨済自身にかけているが、相手の僧に対して、もう引き退った方がよかろう、ときめつけた言葉とも読まれる。

少信根人……　自信の足りぬものはいつまでやっても駄目だ。少信根は前の信不及に同じ。『子湖語録』（『古宿録』十二）に、「大よそ行脚は、大信根を具する一箇の丈夫にして始めて可能である。而も、これは決して難しいことではない。古人は、ただ即心是仏、即心是法と聞いただけで合点し、もう茅茨石室に庵居して聖胎を長養したものだ」（302a）という。『四十二章経』、「一日行常念行道、遂得信根、其福無量」（723a）。『陰持入経註』上、「樹非根不圧、道非心不成、為道徳之根、信根立道及成、故心為首」（T33-12b）。『法華玄義釈籤』十九、「金剛藏復説六行偈止云、衆生少信故我黙然」（950b）。小善根（望月『仏教大辞典』三、2671c）。

久立珍重　長らく立たせて御苦労だった、という意。珍重は別れを告げる辞で、くれぐれ道のために自己を大事にせよ、ということ。『僧史略』巻上、礼儀沿革の条（239a）に詳しい。

〔一二〕

師、因一日到河府。府主王常侍、請師升座。時、麻谷出問、大悲千手眼、那箇是正眼。師云、大悲千手眼、那箇是正眼、速道速道。麻谷拽師下座、麻谷却坐。師近前云、不審。麻谷擬議。師亦拽麻谷下座、師却坐。麻谷便出去。師便下座。

師、因《ちな》みに一日河府《かふ》に到る。府主王常侍、師を請じて升座せしむ。時に麻谷《まよく》出でて問う、「大悲千手眼《だいひせんじゅげん》、那箇《なこ》か是れ正眼《しょうげん》。」師云く、「大悲千手眼、那箇か是れ正眼、速かに道《い》え、速かに道え。」麻谷師を拽《ひ》いて座を下らしめ、麻谷却って坐す。師近前して云く、「不審《ふしん》。」麻谷擬議《ぎぎ》す。師も亦た麻谷を拽いて座を下らしめ、師却って坐す。麻谷便ち出で去る。師便ち下座。

因一日到河府　因は、時麻谷出問以下の事件が起こる原因となった事実を提示する語で、一日到河府から請師升座までにかかる語。従来「ちなみに」と訓んでいる。〔九一〕、〔九八〕、〔一〇一〕等の例を参照。河府は、河北府、すなわち成徳府の府治をいう。従来、これを河南府と解し、〔一五四〕—〔一五五〕にいったん河北に住した後、再び南に移ったと言われていることと関係するものと見ているが、次に府主王常侍が師を請じていることから、この河府が河北府であることは明白であろう。また、『四家語録』と『古宿録』本ではこの本文自身を河北府となし、『広灯録』十では、河陽府としているが、河陽府は当時河北に属していたから、古くは皆河北府の治と見ていたのである。

麻谷　蒲州麻谷山の住僧、名は判らない。一般に、この人を馬祖の弟子宝徹（『伝灯録』七、253c）となし、後代の禅録では彼の伝中にこの話を収めているが、後に、〔七四〕では、臨済自身が麻谷を先輩格の人として語っており、『伝灯録』十二、臨済章（291a）ではこの相手を麻谷山第二世という。麻谷との出会いは、後の〔一一四〕では、十二面観音についての問答となしており、同じ話が『祖堂集』二十（382a）では、京兆米和尚との問答となっているなど疑問の点がある。又、宋版『伝灯録』では趙州の法嗣で無縁七人中に、潭州麻谷あり。時代の上からは趙州の世代を可とす。潭州に後に住したので、麻谷必ずしも蒲州ならず。

大悲千手眼　千の手と眼をもった観世音菩薩。大悲は観音の別名で、慈悲の徳の無限なるを表したもの。この観音のことは、不空訳の『千手千眼観世音菩薩大悲心陀羅尼』（『大正蔵』二十）及びその他の密教系の経典にとかれており、当時密教思想の流行と共に民間にその信仰が広まっていた。「師云、大悲千手眼」は自から一手眼を見せる勢い。

那箇　どれ、いずれ。

不審　今日は、ご機嫌よう、という語。『僧史略』巻上、礼儀沿革の条に詳しい。

〔一三〕

上堂。云、赤肉團上有一無位眞人。常從汝等諸人面門出入。未證據者、看看。時、有僧出問、如何是無位眞人。師下禪床、把住云、道道。其僧擬議。師托開云、無位眞人是什麼乾屎橛。便歸方丈。

上堂。云く、「赤肉団《しゃくにくだん》上に一無位《いちむい》の眞人《しんにん》有り。常に汝等諸人《しょにん》の面門《めんもん》より出入す。未だ証拠せざる者は、看よ看よ。」時に、僧有り出でて問う、「如何なるか是れ無位の眞人。」師、禅床《ぜんしょう》を下って把住《はじゅう》して云く、「道《い》え道《い》え。」其の僧擬議す。師托開《たっかい》して云く、「無位の眞人是れ什麼《なん》の乾屎橛《かんしけつ》ぞ。」（といって）便ち方丈に帰る。

○この上堂は古くより有名で、これを聞いた雪峰が、臨済という男はまるで、ひるとんびだ、と評したことが、『伝灯録』十二（290c）、その他に伝えられている。この則については〔一一三〕、及び『碧巌録』三二則、七三則、『従容録』三八則（252c）等を参照。

赤肉団上　われわれの肉体、生身の身体。この語を『祖堂集』十九（362b）では「五陰身田内」といい、宋版の『伝灯録』では、「肉団心上」となしているが、後者は心臓の意である。「身田」という語は、『大般涅槃経』（T12-372a）に見ゆ。五蘊身田は、当時福州の語か。（玄沙広録上、364b, 中 375b, 下 392a—b, 393b）『宗門統要集』、『拈頌集』のテキストは、赤肉団上を省く（玄沙以後か?）。『投子録』に「莫待臨脱衣裳時忙不及也」（621b）とあり。衣装を脱するは死也。赤肉は始めから生命そのもの。

無位眞人　裸一貫の素人間。無位は位階や家系のやかましい当時の中国社会では破天荒の考え。正位と無位。『万善同帰集』（973c）。無位は潙仰宗の人位と信位の分別をふまえよう。無位の眞人という人位信位の無分別の赤肉なり。眞人はもと荘子に見える道教の理想としての自由人の意である。この語は古くより仏教の仏、もしくは解脱者の訳語（たとえば『長阿含経』二、『遊行経』、「如此眞人」（T1-14c）、同十五、『種徳経』、「如此眞人、應往觀現、今我寧可往與相見」（94b）。『増一阿含経』四七（803c—804b）とされたが、臨済の当時の河北では道教が盛んであったから、俗耳に入りやすいこの語をとり上げたものであろう。『大無量寿経』下、五悪段の五に「欲殺眞人（阿羅漢のこと）、闘乱衆僧」（文196）。傅大士の「心王銘」をふまえる。眞人＝心王のパターン。『絶観論』に眞人の語あり。（93a）。『寶藏論』に

「是以遍観天下、莫非眞人」(145b, 149b)。『道教義樞』一、位業義に、五位を経て眞人となるを明す。吉岡氏『道教と仏教』(p.331)。

面門　本来は、口の意らしい(『円覚経大疏鈔』四上、286a、『一切経音義』二五、466a)。広くは眼耳鼻舌等の感覚器官、または眉間を指してもいう。面門出入の句はもと傳大士の『心王銘』(457a)に見えるもの。『四文律含註戒本疏行宗記』八に、「人之面門、名之為口」(583b)。天台智顗の『禅門口訣』に、「面門者口也」(T584a)。口門ともいう。『伝灯録』十、鄧州香厳下堂章、「老僧口門窄」(276c)。釈迦仏が説法のとき、口より光明を放ったことは、『網梵経』にもみえる(1004a—b)。『大無量寿経』下にもあり(273a)。また、『大般涅槃経』に、面門より出でし光明が、還って口に入ったという(T12-371)。

看看　よくよく看よ。みとどけること。

禅床　坐禅のための椅子。今日は一般に単という。〔一一三〕の縄床、〔一一四〕の縄牀の項を見よ。

把住　ひっつかむこと。俗に放行に対して、金銭収支の意となす。又、リストラの意。

托開　つきはなすこと。

乾屎橛　従来くそかきべら。一説には乾は清めることで、屎糞を拭う杖の意となす。『祖堂集』では、たんに不浄物といい、屎糞そのものの意としている。只ダッツ立テルバカリ、砂ニツキ立ツ。「乾屎橛、蓋此方諺所謂犬糞之類也」(『鹿苑日録』二九、天正十九年三月九日、Ⅲ. p.2b)

方丈　住持の居室。もと維摩の屋室が方一丈であったことから出た語。房丈とも書く。(といって)は、前の「云く」を二重に訓むこととなるが、しばらく旧訓を存しておく。

〔一四〕

上堂。有僧出禮拜。師便喝。僧云、老和尚、莫探頭好。師云、你道、落在什麼處。僧便喝。又有僧問、如何是佛法大意。師便喝。僧禮拜。師云、你道、好喝也無。僧云、草賊大敗。師云、過在什麼處。僧云、再犯不容。師便喝。

上堂。僧有り、出でて礼拝す。師便ち喝す。僧云く、「老和尚、探頭《たんとう》なること莫くんば好し。」師云く、「你道え、什麼《いずれ》の処にか落在《らくざい》す。」僧便ち喝す。又、僧有り、問う、「如何なるか是れ仏法の大意。」師便ち喝す。僧礼拝す。師云く、「你道え、好喝《こうかつ》なりや（也無）。」僧云く、「草賊大敗《そうぞくたいはい》。」師云く「過《とが》、什麼《いずれ》の処にか在る。」僧云く、「再犯、容《ゆる》さず。」師便ち喝す。

探頭　さぐりを入れること。相手の様子をうかがう。

落在　おちつくこと。決着すること。『祖堂集』十二、龍光章、「僧問、國界安寧、為什麼、明珠不現、師云、落在什麼處」（p.139）。また、清平章、「問、不歴古今事如何、師云、落在什麼處」（241b）。『伝灯録』二三、大寧隠微章（T51-392a）。また、『伝灯録』十五、「石霜、凡有其由、皆落在今時」（T320c）。『碧巌録』二則の評に、「且道、意落在什麼處」（T142c）、『十住毗婆沙論』、没在深黒闇（T26-20c）、生在（21b）、隋在（24a）、生在（35b）。『十地経論』二、「経曰菩薩生如是心、即時過凡夫地、入菩薩位、生在佛家……住在菩薩正處」（T26-135b）。また、墮在念欲渇愛網中（142a）、住在初地（142c）、修行大捨、是諸衆生閉在世間牢獄之處（151c）。墮在（154c, 195b, 199a）、住在（189c, 194c, 198b）、繫在（193a）、坐在（199b）、集在（201a）、『涅槃経』二に、「處在大衆中」（T12-615b）葬在（『宝林伝』p.545）『伝灯録』四、「破竈墮、得脱此處生在天中」。『長恨歌』、「養在深窓人未識」。

好喝也無　也無は、句末に用いる疑問詞。……かどうか、という意。従来「……や也た無や」と読んでいるが、その要はない。

草賊大敗　草野の賊の意。土一揆をいう。当時、唐朝の失政に反して、民衆が各地に蜂起した。『旧唐書』（140）にこの語あり。張建伝（p.1907a.a）。『伝灯録』八、斉峯章（260b）。『龐居士録』、『雲門録』勘弁（567b）にあり。

再犯不容　同じ手ぐちを二度と許すまい、という意。草賊にかけていう。

〔一五〕

是日、兩堂首座相見、同時下喝。僧問師、還有賓主也無。師云、賓主歴然。師云、大衆、要會臨濟賓主句、問取堂中二首座。便下座。

是の日、両堂の首座《しゅそ》相見《しょうけん》、同時に喝を下す。僧、師に問う、「還《かえ》って賓主《ひんじゅ》有りや（也無）。」師云く、「賓主歴然《ひんじゅれきねん》。」

師云く、「大衆《だいしゅ》、臨済が賓主の句を会せんと要せば、堂中の二首座に問取《もんしゅ》せよ。」（といって）、便ち下座。

両堂首座　禅堂内の二人の年長の僧。すなわち前堂首座及び後堂首座をいう。僧堂の中央の聖像を中心として二分し、前寄りの半分を前堂、後門の方を後堂と呼び、それぞれ両堂の首位にある僧を首座と称す。cf.『敕修百丈清規』四（1131a）、『祖庭事苑』を引く。

相見　お互いに出会うこと。今日では老師におめ通りすること、参禅することをいうが、この場合とは別。

下喝　カーツとどなった。下は出だすこと、吐くこと。この則、『大慧録』十に頌古あり（853a）。道元の三百則の中（64）に〔一五〕の異本あり。宋代の伝か。

還有賓主也無　還は、そもそも、一体などの意。疑問文の発語で、ほとんど意味はない。この僧の問い、自分のものになっているかどうか。第三者の立場。『伝灯録』六、『禅門規式』に「賓主問酬」（251a）。法眼の『宗門十規論』五に「曹洞の家風は偏あり正あり。臨済は主あり賓あり、体あり有あり」（879b）。

賓主歴然　主客の区別がはっきりとついて、まぎれぬ。お前と私と、賓主がはっきりしている。主は主位を守り、賓は賓位にあって互いに優劣なきこと。『円悟録』十七に、「臨済道、一喝分賓主、照用一時行」（T47-795c）。

大衆　参禅のために集っている人々に呼びかけていう語。インドで、保守的な上座部に対して進歩的な集まりを大衆部と称したことからいう語。織田『仏教大辞典』（1139）をみよ。

賓主句　前の賓主歴然の答話を指していう。一説に、後の〔六八〕〔六九〕に説く四賓主の話を指すともいうが、当時、すでにこの話が一般によく知られていたのであろうか。なお、この一段は、古来「臨済賓主の喝」と呼んでおり、『古宿録』本によると、別に「行録」の条に、

　師の会下に同学の二人有り、相い問う、「中下の二機を

離却して、請う兄、一句子を道え。」一人云く、「問わんと擬すれば即ち失す。」一人云く、「恁麼ならば即ち老兄を礼拝し去らん。」前人云く、「賊。」師、聞き得て陞堂して云く、「臨済が賓主の句を会せんと要せば、堂中の二禅客に問取せよ」といって、便ち下座。（217a）

とあり、また別に、

師、機に応じて多く喝を用う。会下の参徒も亦た師の喝を学ぶ。師曰く、「汝等、総に我が喝を学ぶ。我今汝に問わん、一人有って東堂より出で、一人有って西堂より出ず。両人斉しく喝一声せんに、這裏に賓主を分かち得てんや。汝、且らく作麼生か分かたん。若し分かち得ずんば、已後、老僧の喝を学ぶことを得ざれ。」（218a）

とあって、しばしば二僧相見の喝に寄せて賓主の関係を説いたことがあったようである。教師と学生、同じ主体性、学ぶものとしての同一性。賓主は問答についていう如し。『続高僧伝』九の羅雲伝に、「賓主綽然、衆咸嘉賞」（493a）とあり。風穴四賓主語（『古宿録』八、『首山録』252b）、……賓中賓、主中主、をさす。此の一段、『広灯録』、『四家語録』共に欠く。恐らくは後代の増加『首山録』よりとったもの（『古宿録』本、69b）である。最後の師云、以下のみあり。cf.〔六〇〕。後の機縁は、『碧巌録』十則の評にみゆ（T150c）。

問取　たずねること、問いただすこと。取は助辞。『古宿録』七、『南院語録』にみゆ（Z239a）。「若要一喝下辨賓主、問取二禅客」。また『古宿録』八、『首山録』に挙す。「看他臨済會下有僧出来」（Z251a）。この則の成立の問題は『臨済録』テキストの成立に示唆す。

〔一六〕

上堂。僧問、如何是佛法大意。師竪起拂子。僧便喝。師便打。又僧問、如何是佛法大意。師亦竪起拂子。僧便喝。師亦喝。僧擬議。師便打。

上堂。僧問う、「如何なるか是れ仏法の大意。」師、払子《ほっす》を竪起《じゅき》す。僧便ち喝す。師便ち打す。又、僧問う、「如何なるか是れ仏法の大意。」師亦た払子を竪起す。僧便ち喝す。師も亦た喝す。僧擬議す。師便ち打す。

如何……　二十年昔のことを！
払子　もと、インドで坐禅のときに蚊や蜂を払うために用いた道具。中国日本では禅僧の儀礼用の法具となった。ようこそ、賓に対していう。
○この則、勘弁〔九三〕を并せみよ。

〔一七〕

師乃云、大衆、夫爲法者、不避喪身失命。我二十年、在黄蘗先師處、三度問佛法的的大意、三度蒙他賜杖。如蒿枝拂著相似。如今更思得一頓棒喫。誰人爲我行得。時、有僧出衆云、某甲行得。師拈棒與他。其僧擬接。師便打。

師乃ち云く、「大衆、夫れ法の為めにする者は、喪身失命《そうしんしつみょう》を避けず。我れ二十年、黄蘗先師の処に在って、三度「仏法的的の大意」を問うて、三度他の杖《じょう》を賜うことを蒙《こうむ》る。蒿枝《こうし》の払著《ほつじゃく》するが如くに相似《あいに》たり。如今《いま》、更に一《いっ》頓《とん》の棒を得て喫せんことを思う。誰人《たれびと》か我が為めに行《ぎょう》じ得ん。」時に僧有り、衆を出でて云く、「某甲《それがし》行じ得ん。」師棒を拈じて他《かれ》に与う。其の僧、接せんと擬す。師便ち打す。

為法者　為法者は為人と異なる。
喪身失命　身命の危機をもいとわぬこと。求道のために苦行して身命を懸けた話は、釈尊前生の雪山童子の物語をはじめとして極めて多い。
二十年　二十年前の義。雲巌の偈をふまえる。『祖堂集』では、臨済は十年の間大愚の許に侍していたといっている（364a）。二十年の語。『伝灯録』にはない。『円悟心要』に、二十年間、黄檗にありとす。また巻下にも、師門に依ること歳月甚だ久しとある（773a）。ただし『応庵録』七の宗円鍾頭の法語に、二十年前とする（862a）。窮子二十年の間、除糞に従う（『法華経』信解品 T9-17a）。
仏法的的大意　仏法の大意に同じ。的的はぎりぎり。元来は明白の意。
蒙　蒙はていねいな言い方。

他　ここの他は三人称代名詞。

杖　一般には錫杖の意。ここでは棒をいう。しっぺい。徳山の棒。拄杖。

如蒿枝払著……　蒿枝は、よもぎの枝。『楚辞』の美人香草（小南『中国詩文撰』六、p.15）。古註によると、中国の道家では蒿枝で小児の頂を撫でてその成長を祝う習慣があったという。払著は、天人の袖で劫石を払うていねいな仕ぐさであり、ここでは、子猫をかわいがるような、或いは、子供が親に愛撫されたときのような感じを言ったものであろう。宋版『伝灯録』十二では、この語を「一似等閑」となしており、これは、まったく気にもとめぬ意である。払著の著は語助。

一頓　一回。一度。古来、一頓を二十棒と解しているが、頓は棒の数だけではなくして、飲食等の場合にもいう。

棒喫　痛棒をくらいたい。胡乱後三十年……喫。

師拈棒与他　拈はとり上げること。

擬接　受けとろうとした。

〔一八〕

上堂。僧問、如何是劍刄上事。師云、禍事禍事。僧擬議。師便打。

上堂。僧問う、「如何なるか是れ剣刃上《けんにんじよう》の事《じ》。」師云く、「禍事禍事《かじかじ》。」僧擬議す。師便ち打す。

剣刃上事　真剣を大上段にふりかぶったような、思慮分別を絶した境地。この言葉は、すでに潙山が仰山の行動を批評した場合にも見え（『祖堂集』十八、340a）、当時の慣用句であったようである。『神会録』に、「臨於三際白刄相向下、逢刀解身日、見無念堅金剛如堅、毫微不動」（27）。『伝灯録』二八、汾州無業上堂、「如冰凌上行、似劔刄上走」（444c）。『十住毘婆沙論』一に、「貫著鐵弗」（T26-21b）。

禍事禍事　大へんだ大へんだ、ということ。怖ろしい場面に行き当たって思わず発する言葉。全体作用、cf.〔八九〕。なりきった。また『普灯録』二、天衣義懐章、「忽然築著閻羅老子」（58b）。「拈槌竪拂即不問、當機一句事如何」（『広灯録』十七、761a）。

師便打　打破した。何も残らぬ。

〔一九〕

問、祇如石室行者、踏碓忘却移脚、向什麽處去。師云、沒溺深泉。

問う、「祇《た》だ石室行者《せきしつあんじゃ》の碓《たい》を踏《ふ》んで脚を移すことを忘却《ぼうきゃく》するが如きんば、什麽《いずれ》の処に向かってか去る。」師云く、「深泉《じんせん》に没溺《もつでき》す。」

〇この段、恐らく前と合して一段なるべし。

祇如　たとえば、の意。祇は秖、または只に同じ。

石室行者踏碓忘却移脚　石室善道の故事をいう。青原下四世、九世紀中頃、臨済よりやや先輩に当たる人。『祖堂集』五によると、この人は武宗の廃仏のとき、僧形を捨てて還俗したが、復仏の後、再び弟子たちが集ってきたときも、もはや僧衣をつけず、行者の形のままで毎日碓を踏んで衆僧に供養したといい（107a）、この話は『碧巌録』三四則の評唱にも引かれている（173b）。行者は有髪のままで寺に入り、主として雑役に従うものをいうが、禅では六祖慧能（六三八―七一三）をその最初とする。『祖堂集』五、長髭章には、彼の幼時受戒の機縁を挙げる（94b）。忘却移脚は、碓を踏むことの三昧に入って、自ら脚を動かしつつある意識を絶し、徹底した無心の境地にあるをいう。

向什麽処去　どこに行ったのか、ということ。上に、脚を移すというに寄せて問うたもの。

没溺深泉　深い泉の底に沈んだ、ということ。深泉は善義の場合あり。没溺は善義に取れない。無心の境地に譬えたもの。深泉を四禅の二禅の内容に譬える説、『沙門果経』に見える（武内義範「原始仏教に於ける禅定の問題」（中）、『宗教研究』一五五、p.21〈394〉）。また、『四分律』四二、「失尼楗外於女家中、晝夜受供養、如取泉水」（T22-872a）。『出曜経』十八、「猶如深泉、表裏清徹、聞法如是、智者歡喜」（T4-708a）。（ダブルミーニング）。『演義鈔』五に、「修多羅者凡有五義。一曰出生、出生諸義故、二曰涌泉、義味無盡故」（T36-121c）。古来、この語には賞罰の二意ありといい、あるいは深泉が無限の流水を涌出するように、無心にして万物に応ずる石室の深いおちつきを讃えたものといい、また、たんなる無心三昧に陥り、深坑に落ちて動きのとれぬのを批判したものともなし、ことに『碧巌録』三四則、『大光明蔵』巻上（806a）（この書は六祖慧能の故事とす）等では、深泉を深坑に改めている。

〔二〇〕

師乃云、但有來者、不虧欠伊。總識伊來處。若與麼來、恰似失却。不與麼來、無繩自縛。一切時中、莫亂斟酌。會與不會、都來是錯。分明與麼道、一任天下人貶剝。久立珍重。

師乃ち云く、「但だ来者《らいしゃ》有れば、伊《かれ》を虧欠《きかん》せず。総《そう》に伊が来処《らいしょ》を識る。若し与麼《よも》に来れば、恰《あたか》も失却《しっきゃく》するに似たり。不与麼《ふよも》に来れば、無縄自縛《むじょうじばく》。一切時中、乱りに斟酌《しんしゃく》すること莫れ。会《え》と不会《ふえ》と、都来《とらい》是れ錯《しゃく》。分明《ふんみょう》に与麼に道う、天下の人の貶剝《へんぱく》するに一任す。久立珍重。」

但有来者　もし来る人があるなら。来る人はみなすべて。但有は、すべての意にも用いる。〔七六〕をみよ。五位ノ来カ、ナニモノカヨモニ来タル。

不虧欠伊　やりすごさぬ。見捨てぬ。たいくつさせん。欠は一般に缺の略字となすが、本来は別字。

識伊来処　出て来たもとを見抜く。来処は、転じてその人の正体、在り方等の意。禅宗では、師家が初めて参ずる弟子に向かって、どこから来たか、と問いかけるのが常である。来かた、出方。目的、理由、動機などを含む。

与麼　そのように。指示の意を表す唐宋時代の俗語。恁麼ともいう。禅では、これらの語によって、肯定的な、ありのままな絶対的なあり方を、言い表し、反対に否定的な方面を、不与麼、または不恁麼と言っている「与摩、不与摩」（『祖堂集』十八、趙州章、332b）。また、『祖堂集』七、岩頭章（141a）。また『伝灯録』、南泉章。「恁摩、不恁摩」（『伝灯録』十、趙州章、T277b）。「塩山和泥合水」（帙）p.130。道元（一二〇〇―一二五三）の『正法眼蔵』恁麼の巻（1,402）を参考せよ。「　麼時節」（『雪峯録』上、952b）、

「　麼尊貴」（同、下、960b）

失却　失敗。自己を失うこと。臨済の立場からみると、正常にやっている（と自分に思っている）者も、すでに誤っているということ。「失却途路、無近傍処」（『碧巌録』九七、221a）。

無縄自縛　自殺行為。自分の考え出した観念によって自ら動きがとれないこと。自縄自縛ともいう。『百丈広録』（170a）。

斟酌　おしはかること。もとは、酒をくみはかる意。

都来　すべて、みな。『祖堂集』九（180b）。

貶剝　非難すること、そしりけなすこと。

〔二一〕

上堂。云、一人在孤峯頂上、無出身之路。一人在十字街頭、亦無向背。那箇在前、那箇在後。不作維摩詰、不作傅大士。珍重。

上堂《じょうどう》。云く、「一人は孤峯頂上《こほうちょうじょう》に在って、出身《しゅっしん》の路《みち》無く、一人は十字街頭《じゅうじがいとう》に在って、亦た向背《こうはい》無し。那箇《なこ》か前《まえ》に在り、那箇か後《しりえ》に在る。維摩詰《ゆいまきつ》と作《な》さざれ、傅大士《ふだいし》と作《な》さざれ。珍重《ちんちょう》。」

○次の〔二二〕と一セットなり。

一人　『洞山録』に「有一人、在千人万人中、不背一人、不向一人、你道、此人具何面目」（542a）。維摩と傅大士以外は、人はすべて奴隷也。

孤峯頂上　並ぶものもない高山の頂。修行の到達点。『碧巌録』四則、「潭上堂云、可中有箇漢、旡如剣樹……他時異日、向孤峯頂上、……」（143c）、「潙山云、此子、已後向孤峯頂上盤結草庵、呵佛罵祖去在」（144b）、「徳雲不下妙峯頂、善財七日無處参尋」（『佛鑑録』、862b、孤峯独宿は羅漢の境也（琅邪の示衆）、『正法眼蔵』中〔一九六〕（101b）。

無出身之路　出身は、もと中国で官吏の国家試験に合格すること。禅では日常性の世界を突破し、悟りの世界に入る意とする。ここでは、修行の極限を尽くして、修行することをも忘れた絶対的な無心の世界に入ったこと。一説では、修行の果てに至って、もはやそれ以上に動きのとれぬこと。いわゆる独覚の境界の意となす。『祖堂集』十、鏡清章に、「出身路険」(195b)。又、「師云、宗師老攔、兼自出身」(197b)。『祖堂集』十五、歸宗章、「弟子万巻出身」(290a)。

十字街頭　紅塵の巷、日常現実の真ただ中をいう。

無向背　向背は前後、進退の意。ここでは世俗的な差別の中に在って差別に執せぬこと。無碍自在の義。一説では、差別の中に頭をつっ込んで進むことも退くこともできぬ義とし、前の独覚の境地に対して大乗菩薩の執着を言ったものとも解するが、今は従わない。『続高僧伝』四、玄奘伝に「奘曰、聖人作論、終不相違、但学者有向背耳」(452c)。

那箇在前那箇在後　前後は優劣の義。臨済の意にてはこの二人に優劣なし、もしくは二人共に未だし、として否定したもの。七仏を前に引く(『伝灯録』巻首の論)。『祖堂集』八、曹山章、「何者在先、何物在後」(160b)。

維摩詰　維摩経の主人公、vimala-kirti の音訳で、浄名、または無垢称と漢訳される。釈尊在世の頃、王舎城に近いビヤリ城の市中に住し、十大弟子や諸菩薩たちもはるかに及ばぬ高い悟りに到達していたといわれる居士。維摩を抑揚経として、三時に配するの説は、劉宋慧観の主張なり。『三論玄義』の上巻にあり。五時説の始め(望月『仏教大辞典』1191c)。維摩、傅大士は天成の禅者にして、濤汰を超越したる人(『祖堂集』四、薬山章、90a)=自然の釈迦也。天台教学では否定。『五灯会元』十七、黄龍祖心の上堂に「不作維摩詰、又似傅大士」(654b)。臨済は百丈の直系で雲巌—洞山を拒否す。

傅大士　中国の梁代の居士。四九七—五六九年の人。姓は傅、名は翕、善慧大士という。婺州の双林に住し、自ら妻子を売って法会を行うなどの奇行があり、東土の維摩、弥勒の分身などと称せられた。後世この人の作といわれる偈頌や歌行を集めた『傅大士語録』四巻(『続蔵経』一二〇)があり、『伝灯録』二八にも立伝されている。なかんずく、「空手にして鋤頭を把り……」の句は有名。ここでは、上記のような孤峯頂上、及び十字街頭の修行を、共に維摩や傅大士等の特殊な行状と考えることを誡めたもの。この二人をそれぞれ両句に配当して解することは正しくないであろう。傅大士は牛頭禅の祖、泯絶無寄也。

〔二二〕

上堂。云、有一人、論劫在途中、不離家舍。有一人、離家舍、不在途中。那箇合受人天供養。便下座。

上堂。云く、「一人有り、劫《こう》を論じて途中《とちゅう》に在って家舎《かしゃ》を離れず。一人有り、家舎を離れて途中に在らず。那箇か人天《にんでん》の供養《くよう》を受く合《べ》き。」（といって）、便ち下座。

論劫　永遠に、いつまでも、ということ。元来は、劫の数をはかることで、いつまでたっても尽くし切れぬをいう。劫（kalpa）は、無限に長い時間の単位。『祖堂集』九、九峯章（181a）、『伝灯録』十一、国清奉章（287b）等に例がある。『歴代法宝記』に計劫とあり（190a）。『祖堂集』三、司空山章「窮劫不可得也」（67b）、『伝灯録』二十、善靜章「披衣望暁論劫不明」（369a）、『普灯録』二、浮山章に「觸目荒榛、論年放曠、簷前捧日、未是高明」（55a）、『雪峯録』上、「論劫作野孤精」（953a）、『雲門広録』上（369a）、『潙山警策』、「非論劫数」（1043a）。

途中　目的に達するまでの過程。したがって、種々の身心の努力を必要とする現実的な倫理の世界を意味するが、さらにいったん修行の目的を達したものが、再び他の人々をその世界に引き入れるために働く向下の立場を意味することもある。洞山五位の在途也。『祖堂集』八、曹山章のはじめに、途中と家舎の問答あり（158b）。途中は長慶稜の偈にも！（204a）、「洞山云、……猶渉途在」（285a）、『雲門広録』中、「古人道、會即途中受用、不會即世諦流布」（567a）、『虚堂録』（999b）、「路途雖好、不如在家」（985c）、『古宿録』二四（468b）。神鼎諲。『普灯録』一、「途路之樂、終未到家」（47a）。不在途中とは、わたしは早く来すぎた。この恐るべき出来ごとはまだ途中にある。

家舎　本来の家郷。意志的な努力や苦楽の対立のない落ちついた場所、すなわち悟りの世界の意。途中と家舎は常に対立的に解せられるから、途中の語に、二義があるように、家舎にも二義があり、たんなる家舎にとどまることは小乗の悟りとして強く排せられる。『法華経』譬喩品、「常処地獄、如遊園観、在余悪道、如己舎宅」（『修心要論』p.15 に引く）。

人天供養　現実界における最高の賞讃をいう。インド的人生観では、現実の世界を地獄・餓鬼・畜生・修羅・人間・天上の六道に分かつが、その最後の二道が人天である。供養は、衣食等の物品を施して修行者をねぎらうこと。

〔二三〕

上堂。僧問、如何是第一句。師云、三要印開朱點側、未容擬議主賓分。問、如何是第二句。師云、妙解豈容無著問、漚和争負截流機。問、如何是第三句。師云、看取棚頭弄傀儡、抽牽都來裏有人。

上堂。僧問う、「如何なるか是れ第一句。」師云く、「三要印開《さんよういんかい》して朱点側《そばだ》つ、未だ擬議《ぎぎ》を容《い》れざるに主賓分る。」問う、「如何なるか是れ第二句。」師云く、「妙解《みようげ》豈に無著《むじやく》の問を容《い》れんや、漚和《おうわいか》争でか截流《せつる》の機《き》に負《そむ》かん。」問う、「如何なるか是れ第三句。」師云く、「棚頭《ほうとう》に傀儡《かいらい》を弄《ろう》するを看取《かんしゆ》せよ、抽牽《ちゆうけん》都来《すべて》、裏《うち》に人有り。」

○この一段は『広灯録』十五、風穴章にみえる（Z740b）。古来、「臨済の三句」と呼ばれて種々の解釈が加えられ、あるいは仏の法報応の三身に配当し、あるいは華厳の理智用の概念によって解せられることがある（例として、『祖堂集』二十（375a）、「遮那是理、文殊是智、普賢是行」）が、ここではむしろ修行者の素質を三種に分かって説いたものとみておく。したがって、第一、第二、第三の分類は、もとよりたんなる類型的なものでなく、上中下の価値的段階的な意味を示しているもので、このことは、『伝灯録』十九、太原孚上座の章に、

雪峰嘗つて師（孚上座）に問う、「見説（きくならく）、臨済に三句有りと、是か否か。」師云く、「是なり。」曰く、「作麼生か是れ第一句。」師、目を挙げて之を視る。雪峰曰く、「此は猶お是れ第二句。如何なるか是れ第一句。」師叉手して退く。これより雪峰深く之を器とす（360a）、

とあるによっても窺われる。なお併せて〔七九〕を参照。『人天眼目』、『五灯会元』。ともに〔七九〕に続くものとす。

第一句　最初の言葉。ぎりぎりのところ。したがって、第二句以下に対して分類的に問うのではなくして、第一句だけで完結すべきもの。『祖堂集』十二に、清平和尚が僧から「如何なるか是れ第一句。」と問われて、「俺の首が欲しいなら、斫って行け。」と答えている（241a）。『伝灯録』十三、首山章に「問一句了然、朝百慮、如何是一句」（304b）。三

句の作は百丈に始まるという（『従容録』七六則、275a）。百丈の三句。恐らく内と外と中間か。『伝灯録』六、「透過三句外、自然与仏無差」（250c）。玄沙の三句綱宗（『僧宝伝』四にあり。458a）。汾陽の三句、「学人著力處、学人轉身處、学人親切處」（89a）「先聖云、一句語須具三玄門」（88b）。『玄沙』上、「如何是和尚第一句接人……」（366b）。玄沙三句の五頌。『広灯録』二十に、「如何是三乗教外別傳一句」（401a）。同十九、随州雙泉山郁禅師に三句問答あり（785b）。三句は唯識の三性三無性也。人が新しい。三種般若（境・智・文）（『大乗玄論』四、T52c）。

三要印開朱点側……　上句の側の字を、『伝灯録』その他の本では窄としている。側はきわだって、くっきりみえる、はっきりよくみえる。窄はぎっしりつまっていること。『敦煌変文字義通釈』に同義とす（p.131）。近音通用であろう。三要印は、臨済の禅の重要な教義的立場である三要の説を印章に譬えたもの。印は不変の義を表す。以下の三句はその表現みな極めて象徴的で、理解し難いところもあるが、大意はおよそ次のようであろうか。「私の禅の立場は、あたかも印章のごとくで、朱印を白紙の上に捺すとき、捺された紙上の朱文字は、くっきりと明瞭であるが、そこに少しでも何かの意味をみようとする分別が加わると、すでに価値関係がはっきりとついてしまって、とりかえしがつかなくなる」。したがって、この句は上根の弟子への接し方を示し、内面的な師資同一の境地に立ってはじめて、真の第一義的な教化がなされうることを言ったもの。印は、頓の義あり。『円覚大疏鈔』一之上（428b）に、「謂無前後、如印頓成」。もと、清涼の海印三昧の釈による。『四分律』の序偈に、「戒印全具」の語あり（568b）。『伝心法要』（419c, T48-382a）に、心印を印著すという。古印新開。『碧巌録』九八則の著語に用う（221a）。

妙解豈容無着問……　第二句の中、妙解、無著、負の三語の意について、従来数説があるために、句全体の意味も種々に解釈されている。無著は、阿羅漢の古い訳語として用いられることがある（宇井『道安研究』p.64, 76）五百の無著（『道地経』の序）。ここでは、まず、無著を唐の大暦二年（七六七）に五台山に登って文殊菩薩の示現に遇い、問答したと伝えられる華厳寺無著と見て、妙解をこれと関係して、玄妙なる見解、すなわち文殊の根本智の意とし、負は辜負、すなわち「そむく」の意と解することとする。文殊・無著の問答（『洞山録』T47-512b,『祖堂集』212a, 235b, 953a, 957a, 968a）。妙解＝純陀『涅槃経』（372b）。妙徳＝文殊『龐居士録』（69b）。すなわち、全句の大意は、「文殊の根本智の立場には、無著などの質問を許す余地はないので、それは端的な問答以前のところを直接に把握してはじめて理解すべきである。しかし、一たび根本智が得られると、そこに自ずから漚和（方便）の世界が開かれてきて、第二義的な方便の中に、第一義的な根本智の全体が表われ、方便がそのままただちに根本智の無碍自在な作用ならぬはない」ということになる。したがって、この第二句は第一句を根柢とし、根本智と方便、主と賓との全一未分の立場に立ちつつ、これを根本智の側から言えば、方便をも含む全体が根本智であり、方便の側から言えば、方便のすべてが根本智の作用ならぬはない、というようなあり方を示して、中根者に方便の道を開いたものであろう。なお、漚和は、upāya の音訳。『大乗玄論』四（T53c）、漚和、ウワともいう。截流の機を妙解と同義とみて、截流の機は漚和を受けつけぬ、と解せば、上句と全く一義となる。截流の機とは、流れの底に足をふみしめて渡る力強い働きを意味し、いわゆる大機大用のこと。また、機は機根を意味する場合もあり、すぐれた力を具えた修行者の意ともなる。『法句経』（ダンマパダ）三八三「截流……」（572b, 常盤 215）。また、同二一八「欲態……」（567c）、『涅槃経』（499b）。無著が五台山に入って文殊と問答した史実は、『宋高僧伝』二十（830c）に、唐代州五台山華厳寺無著伝があり、当時異常な五台山の文殊信仰の流行と共に、広く一般に知られていたようであり、臨済もまた五台山に近い鎮州にいた関係から、この話をとり上げたものと思われる。しかるに、宋代にできた『広清涼伝』（1111b）や、『碧巌録』三五則等になると、前記の『宋高僧伝』所伝の話とは多少異なった記事が増加され、さらに降って、『仏祖統紀』四一（381b）『仏祖通載』十五（616c）『五灯会元』九（331b）等になると、仰山慧寂の弟子に当たる杭州竜泉院文喜（八二一—九〇〇）を以て、五台山で文殊と問答した無著と同一視するに至ったが、文喜が無著禅師の号を勅賜されたのは、乾寧四年（八九七）のことであって、臨済の寂年よりも後のことである。したがって、後代になって創作された文喜の話によって、臨済の語を解しようとする従来の注釈は、歴史的にはまったく誤った解釈と言わざるを得ない。ところがこの誤った従来の解釈を批判して、無著その人の史実をも疑わしいとする近時の説（『臨済及び臨済録の研究』197）もまた行きすぎと言うべきであろう。なおまた、無著と文殊との問答は、『祖堂集』（たとえば 143b, 212a, 221c）や、『伝灯録』（302c）にもすでに、のちの『碧巌録』三五則（173c）の話の一部が現われており、この伝説の変化が、相当早くから行われていたことが知られる。

看取棚頭弄傀儡……　棚頭は人形芝居などの舞台。傀儡はあやつり人形。『大乗五方便』（p.504）に、窟磊子ともいう。抽牽は人形を上から糸でひっぱること。一句の大意は、「ステージの上の人形の動きをよく注意してごらん、彼らが動くのは、みな舞台裏でこれをあやつっている人があるからだ」ということ。方便の中に真実があり、また、方便が方便としての働きを全うしうるのは、真実の力によることを示したもの。

〔二四〕

師又云、一句語須具三玄門。一玄門須具三要。有權有用。汝等諸人、作麼生會。下座。

師、又云く、「一句語《いっくご》に須らく三玄門《さんげんもん》を具すべし。一玄門に須らく三要《さんよう》を具すべし。権《ごん》有り、用《ゆう》有り。汝等諸人《なんじらしょにん》、作麼生《そもさん》か会《え》せん。」（といって）、下座。

一句語　前段の三句それぞれの一句の中に、ということ。この一段の示衆は、古来、臨済の三玄三要と呼ばれる有名な公案であるが、本文の文面だけでは極めて難解であり、後代になって多くの哲学的解説や偈頌による説明が加えられた（それらはすべて『人天眼目』に集めている）にもかかわらず、三玄三要の内容そのものはそれほど明らかでない。（覚範の『智証伝』「臨済曰、大口演宗乗須具一句……」。「一喝分賓主照用一時行」（『広灯録』十七）。岩頭の三句（眼目の『宗門雑録』）。玄沙三句（『広録』中、368b—371b）、『雪峯録』（955b, 957a, 968a）。『拈八方珠玉集』上、本渓龐老の問答（236b）。

三玄門　玄は道家の語によせて名づけたもので、奥深く容易に窺い難い三重の道理ということ。『汾陽録』上に「先聖云」（88b）として引く。『伝灯録』十三、汾陽章（T305a）。「如何是第一玄……」、汾陽章（『続伝灯録』二、50a）。神秀の重玄門の発展。『三論玄義』に、震旦三玄、九術とあり、『顔氏家訓』に、老荘易という。玄門は『祖堂集』三、牛頭章に、「祖胤玄門」（52b）。同十八、趙州章、玄中又玄（335a）。『碧岩録』十五則、頌の評唱に、「体中玄、句中玄、意中玄」という。覚範の『臨済宗旨』に、汾陽の十智同眞をもって、三玄三要と同一関棙とす。『北山録』を参玄三教録という。

三要 三箇の要点、あらゆる働きを支配する中心、三は一切を包含する立場を表す。

権 方便。機関。対手の素質に応じて働く手がかりとなるもの。「教家ハ実ヲ深トナシ、禅家ハ權を深トス」(『蒺藜苑』「碧古鈔」、129a)。『続高僧伝』二五、「東陽……大士傅弘者、體權應道。躡嗣維摩」。『肇論』「答劉遺民書」に寂照、黙照、寂用を説く(115b、『肇論研究』p.45, 46, 52)。『小止観』序に、「入道之枢機、曰止觀、曰定慧、曰寂照、曰明静、皆同出而異名也」(T46-462a)。照は、『神会和尚遺集』(p.116、cf. p.102)。

用 はたらき。前の権を大機とせば用は大用。なお、『人天眼目』では、この一段を、「権有り実有り、照有り用有り。」(302a)となして、実と照とを略したものと見ている。

作麼生 どうだ、どのように、の意。生は語助。

〔二五〕

師、晩參、示衆云、有時奪人不奪境。有時奪境不奪人。有時人境倶奪。有時人境倶不奪。

師、晩参《ばんさん》、衆に示して云く、「有る時は奪人不奪境《だつにんふだつきょう》。有る時は奪境不奪人《だつきょうふだつにん》。有る時は人境倶奪《にんきょうぐだつ》。有る時は人境倶不《にんきょうぐふ》奪《だつ》。」

晩参 夜の説法。朝参に対していう。禅院では、すべて長老が衆を集めて説法問答するのを参という。『伝灯録』十二、陳尊宿章に晩参あり。修行者に対してのもので、上堂の道・俗・官人に対する公式説法と異なる。この示衆と次の問答とを併せて、古来、臨済の四料簡と呼ぶが、本録にはそうした呼称なく、『伝灯録』ではたんに四句と言っている。四料簡と呼ぶ場合の料簡は、分かちはかること、すなわち分類、または標準の意で、『風穴語録』に、風穴延沼(八九六—九七三)とその師南院慧顒との問答を挙げて、

問う、汝道え、四種料簡の語は、何の法をか料簡するや。対えて曰く、凡そ語は凡情に滞せざれば、即ち聖解に堕す。学者の大病なり。先聖、之を哀れんで為めに方法を

　施す。楔の楔を出すが如し（241b）。
といい、この問答の意義を説明しているが、これによって彼が初めて四種料簡語の称を用いたことが知られる。したがって、四料簡もまた前の三句と同様に、修行者に接する彼の四つの立場を示したものにほかならず、後に〔七二〕に三種の根器を説くものと内容的なつながりをもつものであろう。この則、『広灯録』十三、琢州尅符章に、「臨濟上堂垂示四種料揀（ステル）語云、有時奪人……」とあり（714a）。『宗門無盡灯論』実証第四に、「臨済四料簡、四賓主、皆是悟後様子」（T589c）。

奪人不奪境　人と境とは、一切の存在を主観と客観との二方面に分かち、前者を人、後者を境と呼んだもので、前記の風穴の説明に従えば、客観に執するのが凡情、主観に著するのが聖解であって、この凡情と聖解の両辺を離れて、真の修行に到達すべきことを教えたものと解せられる。このことは、すでに黄檗の『伝心法要』に、

　凡夫は境を取り、道人は心を取る。心境双び忘じて乃ち是れ真の法なり、境を忘ずるは猶お易く心を忘ずるは至って難し（381a）。

とあるによっても窺われるが、臨済の場合はこれをさらに体系化したものと言うことができる。したがって、まず、奪人不奪境は、境（条件）によって人（主体・主観）を統一した純粋客観の立場を示したもの。奪は情量分別、揀び捨てる。

〔二六〕

時、有僧問、如何是奪人不奪境。師云、煦日發生鋪地錦、孾孩垂髮白如絲。僧云、如何是奪境不奪人。師云、王令已行天下偏、將軍塞外絶烟塵。僧云、如何是人境兩俱奪。師云、并汾絶信、獨處一方。僧云、如何是人境俱不奪。師云、王登寶殿、野老謳歌。

時に僧有り、問う、「如何なるか是れ奪人不奪境。」師云く、「煦日発生《くにちほっしょう》して地に鋪《し》く錦、孾孩《ようがい》髪を垂れて白きこと糸の如し。」僧云く、「如何なるか是れ奪境不奪人。」師云く、「王令已に行われて天下に徧《あまね》し、将軍塞外《さいがい》に烟塵《えんじん》を

絶《ぜつ》す。」僧云く、「如何なるか是れ人境両倶奪。」師云く、「幷汾絶信《へいふんぜつしん》、独処一方《どくしょいっぽう》。」僧云く、「如何なるか是れ人境倶不奪。」師云く、「王、宝殿《ほうでん》に登れば、野老謳歌《やろうおうか》す。」

時有僧問　僧は臨済の弟子尅符で、『伝灯録』では彼の章にこの一段の問答が収められている（295c）。

煦日発生補地錦　春の日ざしがやわらかに地上をつつみ、一面に錦をくりひろげたようだ、ということ。煦日は春の日ざし。発生も春になることで、春の日ざしをいい、万物の萌え出るさま。『広灯録』七、恵能章に、「汝等佛性、譬諸種子、遇茲霑洽、悉得發生、承吾宗者、決獲菩提」（647b）。春光に気をとられ、落し穴にはまる。生けどりにされた。

孾孩垂髪白如糸　幼時の頭髪が白糸の垂れ下ったように白い、ということ。私奴婢所生の子を家生孩児とする。主観的分別を奪ったもの。『大正蔵』に孾を瓔となすのは誤植。『楞伽経』第二。「大慧、如春時炎火輪、垂髪乾闥婆城、幻夢鏡像、世間顚倒非明智也」（T493b）。儲光羲の「洛陽道」に大道直如髪、春日佳気多。

王令已行天下偏……　天下が王の命令一つに統一されて、すっかり戦火が息み、国境警備の将軍はもはや仕事がない、ということ。天下（境）が王令（人）一つに統一された姿を表したもの。王は鎮州王氏なり。

幷汾絶信獨処一方　幷汾二州（今日の太原府、および汾州府）を領した地方長官が、唐の中央政府に背き、独り辺境に孤立した故事に寄せて、人と境と共に奪われた様子を示したもの。もっとも、この故事は歴史的にいかなる事件を指すか明らかでないが、唐の中期以後、この地方が常に乱れてたびたび唐朝と信を絶したことは事実である。従来の解釈では、呉元済（七八三—八一七）が唐朝に背き、蔡州城（河南省汝寧府）にたてこもったとき、その城が高く守りが堅くて懸瓜城といわれたが、元和十二年（八一七）の冬の一日、官軍の将李愬が降雪に乗じて、城に討ち入り、呉元済を生どりにした故事となし、呉氏（人）と蔡州（境）と共に唐室に奪われ尽くしたのを言ったものと解している。しかし、蔡州と幷汾の地とははるかに距りがあり、呉氏がこの幷汾を領したことはいずれの史書にも伝えられていないから、もともと臨済の幷汾絶信の句と、呉元済の事件とは何の関係もなかったものと考えられる。ただ、『大慧禅師年譜』（10a）の紹興十年の条によると、大慧が侍郎張九成に対し、臨済の人境両倶奪の頌に代えて、「蔡州城を打破し、呉元済を殺却す」という二句を示したというから、おそらく後人がこれを誤って、あたかも幷汾絶信の句そのものが呉元済の事件を指しているかのように解するに至ったものでないかと思われる。『祖堂集』十一、佛日章、「径山問、伏承長老獨處一方、何得再遊峯頂」（225a）。『広灯録』八、南岳章、「馬祖於南岳傳法印後、獨処一庵、唯習坐禅」（605b）。『伝灯録』八、鄧隠峯章に、呉元済軍について記す（259b）。

王登宝殿野老謳歌　泰平無事な国の姿をいう。聖王が宮殿に登って天下をながめると、田夫野人に至るまで四民みな声を合わせて歌舞するということ。古来、堯の治世を称して野老が撃壊したという有名な故事があり、通俗的には『十八史略』の巻首に見える。

〔二七〕

師乃云、今時學佛法者、且要求眞正見解。若得眞正見解、生死不染、去住自由。不要求殊勝、殊勝自至。道流、祇如自古先德、皆有出人底路。如山僧指示人處、祇要你不受人惑。要用便用、更莫遲疑。如今學者不得、病在甚處。病在不自信處。你若自信不及、卽便忙忙地、徇一切境轉、被他萬境回換、不得自由。

師、乃ち云く、「今時、仏法を学《がく》する者は、且《しば》らく真正《しんしょう》の見解《けんげ》を求めんことを要す。若し真正の見解を得ば、生死に染まず、去住《こじゅう》自由なり。殊勝《しゅしょう》を求めんと要せず、殊勝自《おの》ずから至る。道流《どうる》、祇《た》だ古よりの先徳の如きんば、皆な人を出だす底《てい》の路《みち》有り。山僧《さんぞう》が人に指示する如きんば、祇だ你が人惑《にんわく》を受けざらんことを要す。用いんと要せば便ち用いよ、更に遅疑《ちぎ》すること莫れ。如今《いま》の学者得ざることは、病い甚《いず》れの処にか在る。病い不自信の処に在り。你若し自信不及ならば、即《すなわ》便ち忙忙地《ぼうぼうじ》にして、一切の境に徇《したが》って転《てん》じ、他の万境に回換《えかん》せられて、自由を得ず。」

師乃云　以下、臨済の禅の立場を簡潔に示したもの。古くより有名であったらしく、『伝灯録』二八（446c）、諸方広語の中に引いているが、文字の異同が多い。

今時学仏法者　ここに臨済が学仏法者と呼びかけていることは注意すべきで、彼の禅があくまで全仏法の根源、正伝の仏法として主張されたものであることが知られる。なお、この段以下、『大慧正法眼蔵』（一下、上一六一則、41a）に引く（『大拙全集』五、p.174 に日訳）。

且要　以下のことが正しく重要だ、ということ。

真正見解　正しい心法の認識、すなわち本当の自己の自覚をいう。これは、原始仏教で八聖道の第一に正見を説く立場に通じ、仏道修行者の最初にしてしかも最後の道にほかならない。無上正真正道＝サンミャクサンボダイ、「如是行者魔不能嬈」（『長阿含経』六、T1-39b）。見解は、『曹渓別傳』に「薛蕑問、如何是大乗見解」（970b）。

生死不染　生死の世界にわずらわされぬこと。生死は samsāra の訳語で、輪廻と訳され、前生の業によって死と生が永遠に継起されるという見方。『広灯録』八、馬祖章、「諸悪不染」（652b）。

去住自由　この世界にとどまるのも去るのも意のままだ、ということ。去住は一つの世界を去って他の世界に入る意で、先の生死に同じであるが、生死が常に宿命的な業に支配されているのに対して、今の場合は去住が自律的に決定される自由さを意味する。自由は、他の束縛から解脱するのみならず、自らの存在と価値を自ら決定する絶対的な自律性をいい、中国における初期禅宗独自の術語であり、『楞伽師資記』（143）、『六祖壇経』（340bc）、『百丈広録』（822a）等に随処に見られる。自由の古い使い方。気まま、気隋。康僧会の『安般経』の序に、「恍惚髣髴存亡自由」。『出曜経』九「忉利諸天、縦情放意、所念自由、猶尚歎譽」（T4-658a）。同十九、草品、「旃陀羅……六通精徹、涌没自由」（710a, 711a）。「自由自在」（『玄沙広録』上（359b）、『虚堂録』997a, 999c）。『伝心法要』に、「終日一切事を離れずして、諸の境惑を被らざる、方に自在人となづく」（384a）。

殊勝　好ましきこと、順境をいう。殊勝は仏法の目的でなくして、むしろ真正見解を得た人の自ずからなる結果である。『出曜経』九、「華香気微、不可謂真、持戒之香、到天殊勝」（658a）。「今此宝蔵自然而到」（『法華経』信解品、17b）。「梵天不求、梵天自至、果報不求、果報自至」（『歴代法宝記』、T51-189c）。『安楽集』に「不求解脱、解脱自至」。福永老子（p.22）、『山海慧菩薩経』（T85-1407a）。

道流　道を学ぶ人々のこと。［六三］に学道流の語が見える。ここでは聴衆に向かって、皆さん、と呼びかけていう言葉。この語はすでに『楞伽師資記』の序（1283b）にもみえ、当時の慣用であったらしい。宗密の『原人論』の末尾にもあり（710c）。また、『祖堂集』九、南岳泰章、「平生所有歌行

偈頌、遍于寰海道流耳目」（185a）。『枯崖漫録』上（152a）。

先徳　仏法を学ぶについての先輩。後に祖仏というに同じ。

出人底路　人々を生死の中より救い出す、助け出す方法。出人は、珍しい言い方だが、結局、人を悟らしめることであろう。人を出すは、『広灯録』八、黄檗章（658b）「馬大師八十四人の善知識を出す」の句によって知るべし。路は語録とつながり、罠、仕掛け、技術、職人などへ変化。日本で道々輩、路頭人。『普灯録』二、浮山法遠、「大善知識、言無所墮、有出人眼」（54b）。『拈頌集』十四、「出人之眼」為人の心に対す。底は、〔三〇〕をみよ。

祇要　これだけが大切。ほかのことはすべて後の問題。

人惑　間違った指導者や友人たちにまどわされること。もともと具っている真性を人為的にくらますこと。これは、臨済の基本主張であるばかりでなく、すでに二祖慧可の言葉に、「俺の目はもともと正しいのに、師のせいであやまられた」という（『続高僧伝』十六、552a。cf.『祖堂集』七、雪峯章、145a）。『維摩経』仏道品に「因以解人惑、而不堕邪見」（T14-550a）。『高僧伝』二、覚賢伝に、「因謂什曰、君所釈不出人意、而致高名何耶」（335a）。『円覚経』に「若諸衆生、雖求善友、遇邪見者、未得正悟、是則名為外道種性、邪師過謬、非衆生咎」（『大疏』中之四、Z335b）。境惑に対す〔六〇〕か？

要用便用　お前の本具の真人を活動させようとなら、すぐに始めたらよろしい、他人の指示など受けることは、人惑を増すばかりだ、ということ。「長沙岑和尚与仰山翫月次……只是用不得。沙云、恰是倩汝用去」（『普灯録』二、57a）。また、俺の考えを用いようと思うなら……と解しているものもあるが、おそらくは不可。〔八一〕を見よ。

更莫遅疑　決してためらうな。更は強意。

如今学者不得　今頃の修行者が駄目なのは。学者は現代の意味での学問研究者とは別。『長阿含経』二、『遊行経』に「眞我弟子、第一学者」（15b）。後に学人というのも同様である。得は俗語で、「よろしい」の意。したがって、不得はだめなこと。

忙忙地　あたふたと。ばたばたと。地は副詞の語助。

徇一切境転……　あらゆる順逆の環境に従って自ら転じ、その外境にひっくりかえされて自己を失うこと。前句は自分で外境を支配したつもりで逆を捨てて順につくが、順逆の分別を超えぬ限り、順逆の外境に左右されていることに変わりはない、という意。回換は宝誌の『大乗讃』（449b）に見える語。他の万境云々の他は冠詞。

〔二八〕

你若能歇得念念馳求心、便與祖佛不別。你欲得識祖佛麼。祇你面前聽法底是。學人信不及、便向外馳求。設求得者、皆是文字勝相、終不得他活祖意。莫錯、諸禪德。此時不遇、萬劫千生、輪回三界、徇好境掇去、驢牛肚裏生。道流、約山僧見處、與釋迦不別。今日多般用處、欠少什麼。六道神光、未曾間歇。若能如是見得、祇是一生無事人。

「你、若し能く念念馳求《ねんねんちぐ》の心を歇得《けっとく》せば、便ち祖仏《そぶつ》と別ならず。你、祖仏を識ることを得んと欲す麽《や》。祇だ你面前《めんぜん》聴法底《ちょうぼうてい》是れなり。学人信不及にして、便ち外に向かって馳求《ちぐ》す。設《たと》い求め得る者も、皆な是れ文字の勝相《しょうそう》にして、終《つい》に他の活祖意《かつそい》を得ず。錯ること莫れ、諸禅徳《しょぜんとく》、此の時遇わずんば、万劫千生《まんごうせんしょう》、三界《さんがい》に輪回《りんね》し、好境に徇《したが》って掇《てっ》し去って、驢牛《ろご》の肚裏《ずり》に生ぜん。道流、山僧が見処に約せば、釈迦と別ならず。今日多般《たはん》の用処《ゆうじょ》、什麽《なに》をか欠少す。六道の神光、未だ曾て間歇《かんけつ》せず。若し能く是の如く見得《けんとく》せば、祇だ是れ一生無事《ぶじ》の人なり。」

歇得　やめること。断ち切ること。得は動詞の語助。

念念　一瞬一瞬。念は smrti の訳で、心の働きをいう。

馳求心　何かを追求してやまぬ心。その対象が物心、もしくは善悪いずれの場合にも。

祖仏　われわれの先祖である仏。晩唐時代の祖師禅独自の語で、従来、シャカ仏と祖師を並列して仏祖といわれていたのに対して、祖に重点を転じたもの。『伝灯録』所収のテキストでは、この部分を祖師となしており、この意味はいっそう強い。『最上乗論』の始めに「此守心者……十二部経之宗三世諸佛之祖」(377c)。『祖堂集』三、牛頭章に「如是之法、汝今已得、更無闕少、与仏無殊」(52a)。『雲門録』上に「与祖佛無別」(546c)。

欲得　『思益経』二、「善男子、汝欲得凡夫法、決定相耶」(42b)。

你面前聴法底　俺の目の前で俺の説法を聴いているお前自身、ということ。面前聴法底は你を形容したもので、你と同格の語。従来解せられているように、伱の面前でという意ではない。この表現は以下にもしばしば用いられる。

向外馳求　『百丈広録』に「向外馳求」(169a)。

設求得者……　よしんば手に入れ得たとしても、せいぜい気のきいた説明にすぎぬ。

活祖意　活きた祖師のこころ。活祖は真の自己自身を指していう語。〔五四〕をみよ。この語は「活ける祖意」とも解せられるが、ここでは前意に従う。『祖堂集』八、華厳章に、祖意教意の問答あり(164b)。『雲門録』上、「祖意佛意」(548b)。

諸禅徳　聴衆に呼びかけていう語。道流、大衆、大徳、善知識などいうに同じ。

此時不遇　今すぐにその活祖を把まないなら、ということ。

万劫千生　永遠に。生まれかわり死にかわり無限に長い時間。

輪回　samsāra の訳語、生死の意。あたかも車輪が廻転して窮まりないように、われわれの魂が無限に生死を継続すること。

三界　われわれが無限に生死を続ける間に経過する三つの世界、もしくは状態をいう。欲界(感覚の世界)、色界(物の世界)、無色界(精神の世界)。

掇　選ぶこと、転じて執着すること。

驢牛肚裏生　生死輪廻の一例を挙げたもの。悪業のむくいによって異類の胎に宿り畜生の身に生まれる物語は、種々の経典に説かれる。たとえば、『法華経』譬喩品(15c)等がその一。驢胎(織田『仏教大辞典』1252a)、『止観輔行』四、陶家の牛の譬え(259c)。『玄沙広録』下に、「如今若不了、明朝後日、盡變入驢胎馬腹裏」(392b)。

釈迦　七仏以前、七仏一体。

用処　動きよう。行動。立ちいふるまい。

欠少　足らぬこと。欠は前の虧欠の注(〔二〇〕)を併せみよ。『伝灯録』七、五洩章に、「汝欠少箇什麼」(254b)。

六道神光　六根(眼耳鼻等の六個の感覚器官)の機敏なはたらきを光に譬えたもの。道は光線のすじの意。『證道歌』にいう、「六般神用空不空、一顆円光色非色」(460a)。

無事人　本来の自己に立ちかえった安らかさをいう。『伝心法要』(382c)、『聯灯会要』二十、徳山章(758b)、『広灯録』十七、三交承天章(758a)等を参照。

〔二九〕

大德、三界無安、猶如火宅。此不是你久停住處。無常殺鬼、一刹那間、不揀貴賤老少。你要與祖佛不別、但莫外求。你一念心上清淨光、是你屋裏法身佛。你一念心上無分別光、是你屋裏報身佛。你一念心上無差別光、是你屋裏化身佛。此三種身、是你即今目前聽法底人。祇爲不向外馳求、有此功用。據經論家、取三種身爲極則。約山僧見處、不然。此三種身是名言、亦是三種依。古人云、身依義立、土據體論。法性身法性土、明知是光影。

「大徳《だいとく》、三界無安《さんがいむあん》、猶如火宅《ゆうにょかたく》。此は是れ你が久しく停住《ちょうじゅう》する処にあらず。無常の殺鬼、一刹那《いっせつな》の間に、貴賤老少を揀《えら》ばず。你、祖仏と別ならざらんことを要せば、但だ外に求むること莫れ。你が一念心上の清浄光、是れ你が屋《おく》裏《り》の法身仏《ほっしんぶつ》なり。你が一念心上の無分別光、是れ你が屋裏の報身仏《ほうじんぶつ》なり。你が一念心上の無差別光、是れ你が屋裏の化身仏なり。此の三種の身は、是れ你が即今目前聴法底の人なり。祇だ外に向かって馳求せざるが為めに、此の功用《こうゆう》有り。経論《きょうろん》家《け》に拠らば、三種の身を取って極則《ごくそく》となすも、山僧が見処に約せば、然らず。此の三種の身は是れ名言《みょうごん》、亦た是れ三種の依《え》なり。古人云く、「身は義《ぎ》に依って立《りつ》し、土は体《たい》に拠って論ず」と。法性《ほっしょう》の身、法性の土、明らかに知んぬ、是れ光影《こうよう》なることを。」

大徳　きみ、皆さん、と相手に呼びかけていう語。単数にも複数にも用いる。律には「大德僧、聴きたまえ……」の白四羯磨、きわめて多し。

三界無安猶如火宅　われわれの世界はどこも、かしこも火のついた屋敷のように危い、ということ。『法華経』譬喩品の語（14c）を引いていったもの。

無常殺鬼　無常は永遠性のないこと、転じて死をいう。殺鬼は死を司る神のこと。この意は『摩訶止観』七上（93c）や、『潙山警策』（1043a）に克明に説かれている。また、『玄沙録』下、「忽然無常殺境到来」（392b）。『往生要集』

文・65引。

刹那　一瞬をいう。kṣaṇa の音訳で、極めて短い時間の単位。

不揀貴賤老少　『坐禅三昧経』、除不死覚の条に、「一切死時不観老少貴賤才技力勢」（274b）。

与祖仏不別　前に、釈迦と別ならず、と言ったのに応じたもの。「與佛無殊」（『祖堂集』三、牛頭章に、四祖云く 52a）。「與佛不差別」（『続高僧伝』十六、慧可伝、向居士への返書、552b）。

一念心上清浄光　以下、一瞬の心の動きを三面に分けて、仏の三身に配したもの。光は前の神光と同じく、知慧に譬えていう語。

伱屋裏法身仏　屋裏は、うち。内部。ここではわれわれの身体を指す。法身仏は、大乗仏教で説く法性の理としての仏。dharma-kāya の訳、仏の三身を一心の動きによせて説く例は、『伝心法要』（382a）にも見られるが、いまそれはいっそう直接的である。

無分別光　平等でありのままなる認識作用。分別は主観の側からいい、次の差別は対象についていう。

報身仏　sambhaga-kāya の訳で、因位の願と行によって完成された人間仏。

化身仏　nirmāna-kāya の訳で、生身の仏をいい、主としてシャカ仏を指す。人間の悩みに応じて、さまざまの相を表すから、応身とも呼ばれる。

伱即今目前聴法底人　前の伱面前聴法底（〔二八〕）に同じ。ここで人というのは、それをさらにじかづけに指し示したもの。鈴木大拙博士は、これを「臨済の人思想」として強調されている（『鈴木大拙　続禅選集』巻二）。

秖為不向外馳求有此功用　外に求めぬからこそ、ただその一つの理由で、このような働きができるのだ、ということ。従来、上句を仮定的に、「ただ外に求めさえしなければ……」と解するのは語法的に誤りである。

経論家　『教外別伝』の禅に対して他の教宗を指していう。経論をよりどころとして仏法を学ぶ人々の意。この語は『南泉語要』にも見られる（291b）。

極則　究極のもの。最後のよりどころ。一般の俗語的用法。絶対。『祖堂集』十六、南泉章（305b）。

名言　名字言句。説明。

三種依　三箇の立場。ここでは、仏の三身というも、結局は、われわれの真実の在り方を理解するための説明にほかならぬということ。内容はわれわれの人そのものにあるからである。なお、『広灯録』その他では、この「依」を「衣」と改めており、解釈によっては面白い点もあるが、今は従わない。

古人　次の引用句から考えると、おそらくは『法苑義林章』の著者、慈恩窺基（六三二―六八二）を指すのであろう。また、後の〔五〇〕に、「古人云……明知、是建立之法、依通国土」とある。依は建立の意か。

身依義立土拠体論　このままの句は見当たらないが、『法苑義林章』の七（370b）に、

　仏身と国土とはもともと一体で区別すべきでないが、仏と法とを分ける立場からいうと、仏身は現象的な差別に応じたものであり、国土は本体的な理法を指していうのである、

とあるのにもとづくのであろう。『頓悟無生般若頌』に、「涅槃般若、名異體同、隨義立名、法無定相」（『伝灯録』三十、459a）。体は存在、義は義理。『中観論疏』三本（T42-36b）をみよ。

法性身法性土　真如の理法にもとづいて定義づけられた仏身と仏土。仏教の学問で存在の真実さを決定する最後的な標準とされるもの。澄観の『華厳経疏』、「普賢三昧品云、普賢身相如虚空、依身而住非國土」（24c）。清涼疏（『宗鏡録』二一、531aに引く）。『圓覚経大疏鈔』四之下に「自性身依法性土」（596a）の説あり。

光影　影をいう。実質のないもの。一説に水中の月影ともなすが、今は従わない。

〔三〇〕

大徳、你且識取弄光影底人、是諸佛之本源、一切處是道流歸舍處。是你四大色身、不解説法聽法。脾胃肝膽、不解説法聽法。虚空不解説法聽法。是什麼解説法聽法。是你目前歴歴底、勿一箇形段孤明、是這箇解説法聽法。若如是見得、便與祖佛不別。但一切時中、更莫間斷、觸目皆是。祇爲情生智隔、想變體殊、所以輪回三界、受種種苦。若約山僧見處、無不甚深、無不解脱。

「大徳、你且らく光影《こうよう》を弄《ろう》する底《てい》の人、是れ諸仏の本源なることを識取せば、一切処是れ道流が帰舎の処なり。是れ你が四大色身《しだいしきしん》、説法聴法《せっぽうちょうぼう》を解《げ》せず。脾胃肝胆《ひいかんたん》、説法聴法を解せず。虚空《こくう》説法聴法を解せず。是れ什麼《なに》ものか説

法聴法を解す。是れ伱が目前歴歴底《れきれきてい》、一箇《いっこ》の形段《ぎょうだん》勿《な》うして孤明《こみょう》なる、是れ這箇《しゃこ》、説法聴法を解す。若し是の如く見得《けんとく》せば、便ち祖仏と別ならず。但だ一切時中《じちゅう》、更に、間断《けんだん》莫く触目《そくもく》皆な是れなり。祇だ「情《じょう》生ずれば、智隔《へだ》たり、想変ずれば体《たい》殊なる」が為めに、所以に三界に輪回して、種種の苦を受く。若し山僧が見処《けんじょ》に約せば、甚深《じんじん》ならずということ無く、解脱《げだつ》せずということ無し。」

伱且識取弄光影底人……　上にいう光影をあやつっている人こそが、実はあらゆる諸仏を動かす秘密を握っている人なることに気付きさえすれば、汝が今立ちいふるまいしているすべてが、どこでもただちに本来の家郷にほかならぬのだ。光影については、『華厳演義鈔』四四（478d）参照。この一段はまた別に、「伱且らく光影を弄する底の人を識取せよ」、そうすればその人こそ「是れ諸仏の本源にして」、また「一切処是れ道流が帰舎の処なり」とも読むことができ、従来すべてこのように解しているが、この場合は、「一切処」以下の一句の続き方が解し難い。『宗鏡録』九八（943c）及び『伝灯録』では、「是諸仏之本源、是一切道流帰舎処」となっていて、論旨極めて明快であって、おそらくは現在の本文の方に無理があるのでないかと思われる。『広灯録』八、黄檗章、「為謗諸佛本源自性故」（660a）。『宗鏡録』九八、「帰宗云、是諸仏之本源、菩薩之骨根」（T944b）。『十牛図頌』、「夫諸佛真源、衆生本有」（『聖山集』三、525b）。『梵網経』に、「是一切衆生戒本源自性清浄」（1003c）。なお、弄光影底人の底は、俗語の助詞で、「ところの」、または「の」の意。今日の的に同じ。識取の取は得と同じく、動詞の語助。また、「諸仏之本源」は、『伝灯録』六（245a）によれば、荷沢神会が六祖に参じたときの言葉。

是伱四大色身不解説法聴法　是は、次に是什麼解説法聴法、是伱目前……、是這箇……とある是と共に、その下に来る語を強く指し示す語で、「ほかならぬそのものこそ」という意。宗密が洪州の意として挙げる例によく一致す。四大色身は、地水火風の四要素よりできているわれわれの肉体。不解の解は可能の意で、理解の意ではない。したがってここでは、法を説いたり聴いたりできない、ということ。このような「解」の例は〔二〕をみよ。

脾胃肝胆　われわれの内臓の器官、五臓六腑中の主な四を挙げて肉体的な生命のすべてを意味したもの。

伱目前歴歴底　俺の目の前にはっきりとまぎれもなくつっ

立っている伱という者。目前以下は伱を指し示していう語。伱の目前という意ではない。歴歴は分明の意。

勿一箇形段孤明　一定のきまった形体なしに、それ自身で自発的に輝くもの、ということ。孤明はほかに見られぬ語であるが、他の力をからず、それ自身に価値あるものの意であろう。形段は、フィジカルなものの意。もと翻訳語で、たとえば『大集経』十四（93c）に、体段ともいい、禅録にもよく見られる（『伝灯録』二八、南陽章、439b）。

但一切時中更莫間断……　この一節は『祖堂集』十九（364a）に見える。いつでも例外なしに、目にふれるものみなよろしいということ。止観輔行二之三に、「念念法界是、故不為生滅所間」（200c）とある。但はおよそ、すべて。更は、決しての意。従来、上の句を条件として解する説があるが、従わない。触目は目につくものすべて。転じて、一挙一動の意。『伝灯録』四、無住語に、「此心体畢竟不可得、無可知覚、触目皆如、無非見性也」（235a）とある。

祇為　以上と反対な現実の迷いがどこからくるか、という理由を以下に述べる。

情生智隔想変体殊　一たび情念が起こると、それが善であれ悪であれ、いつも根本の知慧を隠してしまう、何か考えたり分別したりする立場に立てば、もともと渾一たる本体が分裂してしまう、ということ。情は知的の働き。感情ではない（宇井伯寿『釈道安研究』p.69）。従来、情を惑情、想を妄想と解するが、ここではもっと広く、善悪正邪を含めてのあらゆる心の動きと、それを絶した心体との関係と解すべきであろう。この句は、黄檗の『伝心法要』（382b）にも見えるが、もと李通玄（六三五—七三〇）の『新華厳経論』の序文（721a）より出たもので、清涼澄観（七三七—八三八）もこの句を用い、圭峰宗密（七八〇—八四一）はさらにこの句の意を譬えて、

　夢に我が身の醜悪なる姿を見て苦怖するときは、全く本来の健全な身体に気付かぬが、一たび夢から覚めると、夢中の我が身が直ちに本来の健全な身体と別のものでないことを知る

と、巧みに説明している。『華厳経行願品疏鈔』二（417c）。荘周胡蝶の喩、『円覚大疏鈔』一之上（423b）にみゆ。内想↕外相。

若約山僧見処……　ひとびとは情生じ想変じた立場に執して三界輪廻の苦を受けるが、自分の考えでは、われわれはみな実はその情生じ想変ずる当所に即して、ただちに解脱しているのである、ということ。見処は見よう。また、見解に同じ。解脱は vimoksa の訳で、煩悩の縛を脱して悟りの世界に入ること。甚深は理についていい、解脱は行についていう。

〔三一〕

道流、心法無形、通貫十方。在眼曰見、在耳曰聞、在鼻齅香、在口談論、在手執捉、在足運奔。本是一精明、分爲六和合。一心既無、隨處解脫。山僧與麼說、意在什麼處。祇爲道流一切馳求心不能歇、上他古人閑機境。道流、取山僧見處、坐斷報化佛頭、十地滿心、猶如客作兒、等妙二覺、擔枷鎖漢、羅漢辟支、猶如厠穢、菩提涅槃、如繫驢橛。何以如此、祇爲道流不達三祇劫空、所以有此障礙。若是眞正道人、終不如是。但能隨緣消舊業、任運著衣裳、要行卽行、要坐卽坐。無一念心希求佛果。緣何如此。古人云、若欲作業求佛、佛是生死大兆。

「道流、心法無形、十方に通貫《つうかん》す。眼に在っては見と曰《い》い、耳に在っては聞と曰い、鼻に在っては香を齅《か》ぎ、口に在っては談論し、手に在っては執捉《しゆじやく》し、足に在っては運奔《うんぽん》す。本《もと》是れ一精明《しようみよう》、分かれて六和合と為《な》る。一心既に無なれば、随処に解脱す。山僧が与麼に説く、意、什麼《いずれ》の処にか在る。祇だ道流が一切馳求の心歇《や》むこと能わずして、他の古人の閑機境《かんききよう》に上《のぼ》るが為めなり。道流、山僧が見処を取らば、報化仏頭《ほうけぶつとう》を坐断《ざだん》し、十地《じゆうじ》の満心《まんしん》は猶お客《かく》作児《さじ》の如く、等妙《とうみよう》の二覚は担枷鎖《たんかさ》の漢《かん》、羅漢辟支《らかんびやくし》は猶お厠穢《しえ》の如く、菩提涅槃は繫驢橛《けろけつ》の如し。何を以てか此の如くなる。祇だ道流が三祇劫空に達せざるが為めに、所以《ゆえ》に此の障礙《しようげ》有り。若し是れ真正の道人ならば、終《つい》に是の如くならず。但だ能く縁に随って旧業《きゆうごう》を消《しよう》し、任運《にんぬん》に衣裳を著《つ》けて、行かんと要すれば即ち行き、坐せんと要すれば即ち坐し、一念心の仏果を希求《きぐ》する無し。何に縁ってか是の如くなる。古人云く、「若し作業《さごう》して仏を求めんと欲せば、仏は是れ生死の大兆なり」、と。」

○以下、前段の終わりに「甚深ならずということ無く、解脱せずということ無し」という内容を説く。

心法無形……　『宛陵録』に、

ダルマがインドから来て伝えたものは唯だ一つの心法だ。この心法はすべての人がもれなく具有していて、ことさらに修行して甫めて得るようなものではない（386b）、

という。このほか、『修行道地経』三に、「護心不随攝意第一、観其内體察外他身、痛痒心法、亦復如是」（198a）、「衆來感心法」（198c）。「諸根得力、長於心法」（199a）。『続高僧伝』七、道寵伝に、「初勒那三藏教示三人、房定二士授其心法、慧光一人偏教法律」（482c）。『宗鏡録』九九に『法性論』を引き、「心法者神明之營魄、精識之丹嚳、其運轉也、弥淪於万行、其感物也、会通於群数、統極而言、則無不在矣」（949a）。澄観の「心要」に、心法本乎無住。（『伝灯録』三十、459b）。

在眼曰見……　心法の具体的な活動について言ったもの。前に「六道の神光未だ曽て間歇せず」とあるに応じて説く。この語は『伝灯録』三（218b）『広灯録』六（638a）に、「ダルマがインドに居た時の弟子ハラダイの偈」としており、おそらく当時すでに『宝林伝』等によって知られていたのであろう。なお、運奔は自分の身体を運ぶ意で、歩くこと。

本是一精明……　もと『首楞厳経』六の偈文（131b）。『伝心法要』にこれを説明して、

一精明とは一心であり、六和合とは六根を指す。六根は六境と相対して六識を形成するから、すべて十八界となるが、十八界は一心の展開にすぎぬ（382a）、

という。六和合は因縁和合して六根六境六識を生ずること。南嶽慧思の安樂行義に、「所謂六和者、意和、身和、口和、戒和、利和、及見和」（T46-702b）とある。精明は心の本体。この語はほかに例を見ないが、『老子道徳経』に、「窈たり冥たり、其の中に精有り」（『虚心』二一）というから、老荘的な精神の本体をいうのであろう。また『修行道地経』四に、「無風寒熱、其精明徹」（210c）。『碧巌録』九四則の注に、「世尊指出此妙精元明」（217b）。『太平経』に「精明」とあり（二之五）。『往日雑稿』（64）。澄心論に、「六根生賊、是其一心作……一心既寂、六則亦無」。「一心既寂、六族随滅」。梁の武帝の文、「心有也曠劫而滞凡夫」（『碧巌録』一則140c）。

山僧与麼説意在什麼処　俺がなんのつもりでこんなことを言うのか、とならば。

上他古人閑機境　上の語は解し難いが、おそらくは古人の言葉の意味を溯及的に調べることであろう。中国ではすべて古人の説を理想とするから、これに追随し、またその上に住まる意ともなる。閑機境は、つまらぬからくり。黄龍の『同安録』、「他の語句を咬み、他の綣績に上る」（630b）。上檔、上當は、だます、一ぱいくわす、ひっかける。

坐断報化仏頭　報身や化身の仏を踏み超えること。禅録ではよく「報化は真仏にあらず」（天親の『金剛般若論』の偈784b）という語を引き、方便的な有相の仏にとらわれることを誡めるが、ここではさらに進んで、いわゆる法身をも真の仏と認めぬ意であり、これは前に「経論家によると三身が究極だが、山僧の考えでは、三身は名言にすぎぬ」（〔二九〕）と言っていることと相応するものである。なお、坐断は理解し難いが、この句とまったく同一の説法が『趙州録』（312b）にも存し、おそらく挫断、もしくは剉断と同じく、截断の意とするのが妥当であろう。事実、古い文献では、坐断、坐却、截断、等が同義的に使用されており、『伝灯録』十三（290c）や、十六（331a）及び『祖堂集』九（171a）等にその例が見られる。従来の解釈では、膝の下にふみしめて動かせぬ意とし、『無門関』二四則の「坐前人舌頭不断」（296a）等も同様に解せられているようであり、また、最近の『詩詞曲語辞匯釈』は占住、または把住の意なりとみている（417）。坐り込むこと。動かせぬ。抵抗する。『祖堂集』七、巖頭章、「三界競起時如何、師云、坐却着」（137b）。ふみおさえる。『伝灯録』十一、仰山章、「玄沙云、大小潙山被仰山一坐、至今起不得」（282c）。『五家正宗賛』、洞山章に「坐断主人翁不落第二見」（953b）。『普灯録』二、大愚守芝章、「飯籮裏坐却、受餓、和泥合水恁麼過」（52a）。同瑯琊章、「坐在糞坑裏」（53a）、同浮山章「把断要津、不通凡聖」（55a）。『碧巌録』四則の評に「也被他折挫一上」（144a）、同二五則の評に「莫守寒岩異草青、坐却白雲宗不妙」（166c）。『拈頌集』十、「被仰山一坐」（四、p.26）。

十地満心　十地の修行を完成した人。十地は成仏の過程を十の段階に分けて説くもので小乗大乗に共通するが、その内容は学派によって異なる。ここでは、華厳で五十二を立てる中の第四十一位より五十位までの、一般に十聖と呼ばれる位を指す。『伝心法要』（383b）。十地満心は金剛心をいう（五教章、491上）。荒木『仏教と儒教』（p.64）に引く。

客作児　下賤の人をいう。古くは『法華経』信解品（17a）に見え、後代では通俗的に、人を罵る語となった。ここでは、十地の菩薩といえども、凡夫に対する聖者である限り、いまだ下賤の域を出でぬとするのである。この語勢は臨済と同時の徳山宣鑑の示衆や、『雪峰語録』（947a）にも見られる。

等妙二覚　仏位の人をいう。華厳五十二位中の最後の等覚と妙覚。『広灯録』八、黄檗章、「従上祖師唯傳一心……頓超等妙二覚之表」（660a）。「四向不見四果、三賢十聖不見等妙二覚」（663a）。

担枷鎖漢　牢屋につながれた罪人。極めて不自由なる意。首カセ手カセの。枷は首にはめ、鎖は身体をつなぐ道具で、天台智顗の『観音義疏』によると、中道の悟りをさまたげるものが枷で、法身をさまたげるものが鎖である。したがって、「無明が破れるときに枷が断たれ法身が現われるとき鎖が断たれる」（928a）、という。漢は男子の賤称。

羅漢辟支　小乗における最高の悟りに達したもの。

厠穢　便所のけがれ。糞尿の意。

菩提涅槃　仏道修行者の理想の境地。

繋驢橛　驢をつなぐ杭。転じて、汚れたものの意。般子徳誠の語に、「一句合頭語、万劫繋驢橛」（『伝灯録』十四、315b）という。『普灯録』二、浮山章（57a）。

三祇劫空　無限の時間を超越すること。三祇は阿僧祇（asankhya）で、菩薩が、発心から成仏に至るまでの時間をいう。

随縁消旧業　この語は、『宛陵録』に、「既に此の意を会せば、何ぞ区区たるを用いん。但だ縁に随って旧業を消し、更に新殃を造る莫れ」（386c）とあるにもとづく。消は俗語で、消滅の意のほかに、用いること、受けることの意がある（『仏蔵経』「破戒比丘尚不能消一分供養」788b）が、ここでは黄檗の原意による限り、消滅の意であろう。

任運　自然の意。転じて、意のままに、自由に、ということ。この語は初期禅宗の日常生活の極致を示すものとして注意すべきで、馬祖の語（811a）にも、「著衣喫飯、長養聖胎、任運過時」と、ある。

著衣裳　衣服を着けること。法身が種々なる境に応じて働くことを譬えたもの。後に〔四三〕に、「生死去住脱著自由」というように、解脱した人の自由な生活ぶりを衣類の脱着に譬える例は多い。

古人　梁の宝誌和尚（四二五—五一四）を指す。次の句は、彼の『大乗讃』（449b）に見えるものであるが、彼の言葉は禅の祖師たちによってしきりにとりあげられた。牧田諦亮氏の「中国に於ける民俗仏教成立の過程」（『中国近世仏教史研究』所収）に詳しい。

若欲作業求仏……　もし修行して成仏しようとするなら、そういう仏は生死輪廻の前兆だ、ということ。ただし、『伝灯録』中の『大乗讃』では、下の句を「業是生死大兆」となして、仏を否定していない。この点について、従来の解釈では、臨済が一家の見を以て、業を仏に改めたものと見ているが、『伝灯録』の誤とする説もある（独庵俗談）。

〔三二〕

大德、時光可惜。祇擬傍家波波地、學禪學道、認名認句、求佛求祖、求善知識意度。莫錯、道流、你祇有一箇父母、更求何物。你自返照看。古人云、演若達多失却頭、求心歇處即無事。大德、且要平常、莫作模樣。有一般不識好惡禿奴、便即見神見鬼、指東劃西、好晴好雨。如是之流、盡須抵債、向閻老前、呑熱鐵丸有日。好人家男女、被這一般野狐精魅所著、便即捏怪。瞎屢生、索飯錢有日在。

「大徳、時光惜むべし。祇だ傍家波波地《ぼうけはばじ》に、禅を学《がく》し道を学し、名を認め句を認め、仏を求め祖を求め、善知識を求めて意度《いたく》せんと擬す。錯まること莫れ、道流、你祇だ一箇の父母有り、更に何物をか求めん。你自ら返照して看よ。古人云く、「演若達多《えんにゃだった》、頭を失却す、求心《ぐしん》歇《や》む処、即ち無事」と。大徳、且らく平常ならんことを要せよ、模様《もよう》を作すこと莫れ。一般の好悪《こうお》を識らざる禿奴《とくぬ》有って、便即《すなわち》、神を見《み》鬼を見《み》、東を指し西を劃《かく》し、好晴好雨という。是《かく》の如きの流《たぐい》尽く須らく債《さい》を抵《いた》して、閻老《えんろう》の前に向かって、熱鉄丸《ねってつがん》を呑むこと、日有るべし。好人家《こうにんけ》の男女《なんにょ》、這《こ》の一般の野狐の精魅《せいみ》の所著《しょじゃく》を被《こうむ》って、便即《すなわち》、捏怪《ねつかい》す。瞎屢生《かつるせい》、飯銭を索《こわ》るること、日有る在らん。」

時光可惜　時間を大切にせよ。安閑としていてはなるまい、ということ。時光は諸橋『大漢和』(五、815d) に、時の光景、季節の意とす。

傍家波波地　あたふたと忙しく、わきかせぎするをいう。傍家は、わき道に。家は、語助。

学禅学道　『祖堂集』十、鼓山神晏章に、「若是佛之与法是建立化儀、禅之与道是止啼之説」(200a)。

認名認句求仏求祖　名句を学ぶのは経論の研究を、仏祖を求めるのは、坐禅修行を指す。共にこれを外に求めて執するならば誤りである。認はその名に相当する実体ありと考えること。憶測すること。認は接頭詞。認識、認知、認為。

求善知識意度　名師を求めて自分の考えを試みること。意度は、あて推量のこと。従来、この句を「善知識を求めんと擬して意度す」と訓んでいるのは正しくない。『伝灯録』十八、玄沙章に「盡來簇著覓言語意度、是我眞実為他、却総不知」(344a)。

父母　生みの親。自己の本源の意。

返照　本来のものにとってかえすこと、目ざめること。この語は禅の学び方を極めて適切に示すもので、初期禅録の随処に見られ、たとえば馬祖の語に、「若し一念に返照し得るなら、お前のすべてが仏だ」(811b) とある。また〔八〇〕に、回光返照とあるのをみよ。

古人　未詳。

演若達多失却頭……　『首楞厳経』四 (121b–c) に出ている話で、シツラ城のヤジュニャダッタ (yajñadatta) という美男の長者が、毎朝鏡の中に映る自分の容貌を楽しんでいたところ、ある日どうしても自分の顔そのものをじかに見たいものと思いつめて大さわぎし、街中探し歩いた末、やがて、自分の顔を求めているものが自分の顔そのものであることに気づいてよろこんだという故事。ヤジュニャダッタは祠授と漢訳されるが、インドでは子なき人が天を祭って与えられた子に名づけたという。なお、この話は非常に好まれたらしく、『南泉語要』(299a) や、『円覚経大疏鈔』一上 (432b) を始め、『宗鏡録』九八の太原和尚 (942b)、甘泉和尚 (943b)、『伝灯録』三十の「法灯禅師古鏡歌」(463a) 等にその例が見られる。臨済が演若を引くのは、恐らく直接には宗密を通してである。『祖堂集』九、九峯章、「演若迷頭心自狂」(181a)。克符の五位の頌、「偏中正、演若玉容迷古鏡、可笑騎牛更覓牛、寂然不動毘盧印」(『人天眼目』、314c)。

莫作模様　模様はもと鋳型の意で、転じて何かを手本として行動すること。外形だけをつくろうこと。もったいぶること。cf. 作模作様〔五八〕〔六八〕。

有一般不識好悪禿奴　もののよしあしも判らぬ雑兵坊主ども、ということ。一般は、一グループの意。禿奴は、頭のはげた男の意で、僧を罵っていう語。

見神見鬼……　以下はすべて極めて世俗的な表現で、見神見鬼は病気などのためにうわごとを言う様子。乗りうつりにつかれて正気を失うこと。指東劃西は、根本のことにふれないで、他のことを言いまぎらすこと。好晴好雨は、日常卑近な事物について、いいかげんのことを言いふらすこと。後に、〔六二〕ではさらにこの語に続いて、「好灯籠露柱」とあり、『雲門録』上 (547b) には、好山好水などという。なお、この一段の表現に極めてよく似た問答が潙山と仰山の語に見出されることから、この一段を臨済の潙仰宗に対する批判であろうとする説 (陸川堆雲『臨済及臨済録の研究』p.307) があるが、字義の相似による臆説にすぎない。

指東劃西　『碧巌録』四則の垂示「青天白日、不可更指東劃西」（143b）。玉井、307。好き放題、デタラメ。八面六臂の働きを指す（水滸伝）。

抵債　負債をつぐなうこと。借りを返すこと。

閻老　地獄の王様。閻は閻魔 yama の略。老は敬称。

呑熱鉄丸　うそをついて人をだました報いに、地獄で火の玉を呑ましめられるをいう。『中阿含経』十二（505c）、『大智度論』十六（176c）等に詳しい。『スッタニパータ』六六七（文庫 p.123）。

好人家男女　れっきとした家の子たち。学徒を励ましていう呼びかけ。男女は当時の俗語で子供のこと。『修行道地経』三に「火焼城時、諸蜂皆出放毒螫人、観者得痛、驚怪馳走、男女大小面色変悪、乱頭衣解、宝飾脱落」（T15-197c）。

野狐精魅　きつねつき。ばけもの。

捏怪　神がかり的な言動をすること。『碧巌録』十一則、「師（黄檗）咄云、這自了漢、吾早知捏怪、当斫汝脛」（151b）。

瞎屢生　馬鹿馬鹿しい奴ども。瞎は盲。屢は愚の意。

索飯銭　一生徒食の勘定を請求されること。閻魔大王の前で生前の行動を審判されること。

有日在　その日がきっとあるに違いない。在は強く断定する句末の助辞。

〔三三〕

師示衆云、道流、切要求取眞正見解、向天下横行、免被這一般精魅惑亂。無事是貴人、但莫造作、祇是平常。你擬向外、傍家求過、覓脚手、錯了也。祇擬求佛、佛是名句。你還識馳求底麼。三世十方佛祖出來、也祇爲求法。如今參學道流、也祇爲求法。得法始了、未得依前輪回五道。云何是法。法者是心法。心法無形、通貫十方、目前現用。人信不及、便乃認名認句、向文字中求意度佛法。天地懸殊。

師、衆に示して云く、「道流、切に真正の見解を求取《ぐしゅ》して、天下に向かって横行《おうこう》して、這《こ》の一般の精魅《せいみ》に惑乱せらるることを免れんことを要す。無事《ぶじ》是れ貴人《きにん》、但だ造作《ぞうさ》すること莫れ、祇《た》だ是れ平常《びょうじょう》なり。你、外に向かって、傍家に求過《ぐか》して、脚手を覓《もと》めんと擬す、錯り了れり。祇だ仏を求めんと擬するも、仏は是れ名句《みょうく》なり。你、還って馳求《ちぐ》する底《てい》を識るや。三世十方の仏祖出で来たるも、也《ま》た祇だ法を求めんが為めなり。如今参学《にょこんさんがく》の道流も、也《ま》た祇だ法を求めんが為めなり。法を得て始めて了す、未だ得ざれば依前として五道に輪回《りんね》す。云何《いか》なるか是れ法。法というは是れ心法なり。心法形無うして十方に通貫し、目前に現用《げんゆう》す。人、信不及にして、便乃《すなわち》名を認め句を認め、文字の中に向かって仏法を意度《いたく》せんと求む。天地懸《はる》かに殊《こと》なり。」

求取　把握すること、手に入れること。

天下　盗蹠のことをいう処（『史記夷伯伝』（p.12）。

横行　自由にふるまう、大手をふって歩く。杜甫、房兵曹胡馬（春秋、70—4、pp.6—7）。

無事是貴人　心のゆとりをもつ人こそ尊い。『高僧伝』四、支孝龍伝、「抱一以逍遥、唯寂以至誠、剪髪毀容、改服変形、彼謂我辱、我棄彼栄、故無心於貴而愈貴、無心於足而愈足矣」（346c）。『宝蔵論』に、「唯だ道に於て無事であってこそ、何時の世にも貴く、唯だ道に於て無心であってこそ、あらゆるものごとがまどかにはこぶ」（144c）とある。無罪以当貴をふまえるか、『戦国、斉策』斉の宣王が顔　を愚せんとした時、　が之を辞していう（諸橋『大漢和』七、437a）。貴人は、インド以来の四姓階級の貴賤の思考に基づく言葉。バラモンは尤も高貴の人とする。宇都宮清吉「唐代貴人についての一考察」（『史林』19—3）。『中阿含経』三九、『婆羅婆堂経』に「於是彼異衆生、以守為病、以守為箭刹、便棄捨守、依於無事、作草歯屋、而学禅色」（T1-676a）。『広灯録』十七、三交承天嵩章、「問、如何報得四恩三有去、師云、幸是無事人、剛為客作漢」（758a）。

造作　手数をかけること。何かをめざして行動すること。『頓悟要門』に、「われわれはみな生まれながら無事であるのに、やたらにわきかせぎして、地獄ゆきのたねを作り出す」（855b）、とある。

求過　求めてゆく。探しまわること。

脚手　てがかり。手段。

名句　名言（〔一一九〕）、名字（〔三四〕）に同じ。実質そのものでないこと。

三世十方　回向文の結び（モコホジャの異義）。旧文化よりの過渡、混乱の時代に生まれた祖師。

求法　馬祖の語(811a)に、「法を求めるとき、何かについて求めてはならぬ。心の他に仏なく、仏の他に心はないのだ」という。

得法始了……　法を得さえすればそれでよいのだ。言いかえると、法を得ぬなら、なんぼ一生懸命に修行してみても駄目だということ。

五道　地獄、餓鬼、畜生、人間、天上の五つの世界。一般には、修羅を加えて六道と呼ぶ。〔一二〕の人天をみよ。

天地懸殊　まったくの見当違いだ、という意。「信心銘」(376b)に、「われわれの心に毛ほどでも分別が起こると、やがて天地のように隔る」という。

〔三四〕

道流、山僧説法、説什麼法。説心地法。便能入凡入聖、入淨入穢、入眞入俗。要且不是你眞俗凡聖、能與一切眞俗凡聖、安著名字。眞俗凡聖、與此人安著名字不得。道流、把得便用、更不著名字、號之爲玄旨。

「道流、山僧が説法、什麼《なん》の法をか説く。心地《しんじ》の法を説く。便ち、能く凡に入り聖に入り、浄《じょう》に入り穢《え》に入り、真に入り俗に入る。要且《ようか》つ、是れ你が真俗凡聖、能く一切の真俗凡聖の与《た》めに、名字《みょうじ》を安著《あんじゃく》せず。真俗凡聖、此の人の与めに名字を安著することを得ず。道流、把得《はとく》して便ち用い、更に名字を著《じゃく》せざる、之を号して玄旨《げんし》と為す。」

心地法　大地が万物を生み出すに寄せて言う。『六祖壇経』551b—552a)、心地法門(『伝心法要』381b)、『天台四念処』四(T46-577b)、『楞厳経』五(T19-126b)、『禅源諸詮集』(344b)に、「心は大地のように、さまざまの心情の種を含み、法雨が潤おすと、盛に発芽して花や実を生ずる」という。『禅源諸詮集』(399a)、又、『伝灯録』四、無住章に、「師今従理解『馬祖録』(812a)。「心地禅門」(『円覚大疏鈔』三之下、説、合心地法、実是眞理不可思議」(234c)。

名字　『楞伽経』（三、504a）「婆羅門、有非汝有」。

入凡入聖入浄入穢……　真俗凡聖浄穢というさまざまの差別の世界に出て行くこと。心地の立場からいえば、実はそれらの差別は根源的な一心の働く姿にすぎぬ。入は「微に入り細に入る」の入。副詞的用法か。

要且不是伱真俗凡聖……　この一段を、従来、「要且つ是れ伱が真俗凡聖なるにあらず」と切っているのは正しくない。通解すると、「伱の一心が生み出す真俗凡聖が、一切の真俗凡聖の世界に対して差別的な名をつけてやれるようなものではない。もともと、真俗凡聖の立場からこの人を何とか名をつけて呼び得るようなものでもないのだ」ということ。「要且」は、もとより、つまり、の意（且は弱い）。

把得便用……　しっかりにぎって自在に動かせることが大切だ、表面的な名前などつけぬがよろしい。俗語、cf.〔六七〕。

玄旨　奥義。言葉で説明のできない極意。

〔三五〕

山僧説法、與天下人別。祇如有箇文殊普賢、出來目前、各現一身問法、纔道咨和尚、我早辨了也。老僧穩坐、更有道流、來相見時、我盡辨了也。何以如此。祇爲我見處別、外不取凡聖、內不住根本、見徹更不疑謬。

「山僧が説法、天下の人と別なり。祇だ箇《こ》の文殊普賢有って、目前に出で来たって、各《おのおの》一身を現じて法を問うが如きんば、纔《わずか》に「和尚に咨《し》す」と道《い》えば、我早く弁じ了れり。老僧穏坐《おんざ》、更に道流有って、来たって相見《しょうけん》する時、我尽く弁じ了れり。何を以てか此の如くなる。祇だ我が見処の別にして、外、凡聖を取らず、内、根本に住せず、見徹して更に疑謬《ぎびゅう》せざるが為めなり。」

文殊普賢　大乗仏教で説く理想的人格。文殊は mañjuśrī で、妙徳と訳し、普賢は samantabhadra の訳。中国では文殊は山西の五台山、普賢は四川の峨眉山に居ると考えられ、当時、ここに巡礼してその化身を霊感せんとする俗信が流行した。ここではそれらの文殊普賢が向こうから目前に現われてくるとしても、ということ。

咨　たずねること。

更有道流来相見時……　従来、「時」を下の句につけて訓んでいるのは正しくない。

祇為我見処別……　この句も、従来、「祇為」を我見処別の四字だけにかけて訓んでいるのは正しくない。一句の意は「俺の考えは他の人と根本的に違って、外面的な凡聖の別を認めぬのはもとより、内面的な平等の立場にとどまることもせず、内外凡聖をはっきりと見通して、一点のうたがわしさも残さぬのだ」ということ。疑謬は、疑誤（〔五四〕）に同じ。

〔三六〕

師示衆云、道流、佛法無用功處。祇是平常無事、屙屎送尿、著衣喫飯、困來卽臥。愚人笑我、智乃知焉。古人云、向外作功夫、總是癡頑漢。你且隨處作主、立處皆眞。境來回換不得。縱有從來習氣、五無間業、自爲解脫大海。今時學者、總不識法、猶如觸鼻羊、逢著物安在口裏。奴郎不辨、賓主不分。如是之流、邪心入道、閙處卽入。不得名爲眞出家人、正是眞俗家人。

師、衆に示して云く、「道流、仏法は用功《ゆうこう》の処無し。祇だ是れ平常無事、屙屎送尿《あしそうにょう》、著衣喫飯《じゃくえきっぱん》、困《こん》じ来れば即ち臥す。愚人は我を笑う、智は乃ち焉《これ》を知る。古人云く、「外に向かって功夫を作《な》す、総に是れ癡頑の漢」と。你、且らく随処に主と作《な》れば、立処《りっしょ》皆な真なり。境来れども回換《えかん》することを得ず。縦《たと》い従来の習気《じっけ》、五無間《ごむげん》の業《ごう》有るも、自《おの》ずから解脱の大海と為《な》る。今時の学者、総に法を識らず、猶お触鼻羊《そくびよう》の物に逢著《ぶじゃく》して、口裏《くり》に安在《あんざい》するが如し。奴郎《ぬろう》弁ぜず、賓主分かたず。是《かく》の如きの流《たぐい》、邪心にして道に入り、閙処《にょうしょ》には即ち入る。名づけて真の出家の人と為すことを得ず、正に是れ真の俗家の人なり。」

道流……　以下『大慧正法眼蔵』三（62b）に引く。

仏法無用功処　仏法は理想主義的な努力や、倫理的な実践の立場ではない。牛頭法融の「心銘」に、「心を浄めようとするなら、有相の努力を止めて、無心になることだ」（457c）とある。

祇是平常無事　日々の何の気どりもない生活の心。明版『伝灯録』三十に、魏府華厳長老の言葉として、

仏法は日々の生活そのものだ。全く君たちの行住坐臥、ふだんの茶飯事や、友だちと交わす挨拶がそれだが、又それを仏法だと思ってしまってはいけない（466b）。

とある。また、『円覚大疏』にいう。「今時現有一類人、云、妄従佗妄、眞任佗眞、各称其心、何必改作、作亦任作、好閑任閑、逢餅即食、遇衣即著、好事悪事、一切不知、任運而行、信縁而活、睡來即臥、興來即行、東西南北、何定法住」（348a）。

屙屎送尿著衣喫飯　大小便するのも衣物をつけ飯を喰うのも。何の意識的努力も要せずに、誰もが毎日やっている動作。「馬祖示衆」にあり（伝法偈の前のところ）（811a）。『伝灯録』六、大珠慧海章、「師曰、饑來喫飯困來即眠」（247c）。『頓悟要門』（855a）、用功の論とつながる。

困来即臥　つかれたら横になって休む、ということ。これは次に見える明瓚の『楽道歌』の一節で、臨済が常に好んだ句らしい。次の愚人笑我智乃知焉の句と共に、後段に再び引かれる（〔八八〕）。

古人　明瓚和尚を指す。北宗普寂（六五一—七三九）の弟子で、終生南岳に庵居し、常に身に襤褸をまとっていたために、懶瓚、または懶残と呼ばれた。『太平広記』九十六（640）、『祖堂集』三（54b）、『伝灯録』三十（461b）、『宋高僧伝』十九（834a）等に詳しい。

向外作工夫……　『楽道歌』の一節。外面的なてまひまかけて努力することの無意味さをいう。工夫は、もと大工などの技能の意で、転じて心の修行に思慮をめぐらすこと。『林間録』下（617a）、『碧巌録』三四則（173b）等によると、唐の徳宗帝が明瓚の徳を慕って、朝に召そうとしたとき、彼は天子の使者の前で、牛糞の灰の中から芋をとり出して喰べていたが、涕があごの下まで垂れるのを拭おうともせず、「俺は天子のために工夫して涕を拭おうとは思わぬ」と言ったという。癡頑は、罵語。おろかものの意。幼児を指すこともある。「當興方便、動作功夫、乃有聾耳」（『修行道地経』四、T15-210b）。

随処作主……　どんな場合にも自分を失わぬことだ、そうすればどこでも真実だということ。この語はおそらく僧肇（三八四—四一四）の『不真空論』（153a）の句にもとづくもの。『馬祖語録』（812b）にも引かれている。

回換　位置を換えさせる。轉換。

習気　vāsanā の訳。もと花の匂いなどが衣類に薫じて残るうつり香の意で、われわれの思考や行動の中に習慣づけられる力のうち、主としてその悪影響の面をいう。

五無間業　無間地獄に陥るべき五つの大罪。父母、阿羅漢を殺害し、仏身を害し、僧団の結合を破ること。しかし、臨済はここでそうした大罪の分別をも超えた仏法の真実を説くのであり、後に〔八四〕—〔八五〕に、「五無間を造ってまさに解脱を得」と示して、その積極的な意義を強調している。

今時学者……　今の連中はからきし法というものが判っておらぬ、ということ。法はこの場合、いうまでもなく心法である。韓愈・師説のはじめに（『八家文』上、256）「古之学者、必有師」。

触鼻羊　一般に羊をいう。羊は視力が弱くて、ものを見わける力がないために、鼻にふれたものは、なんでも口中に呑み込む習性があるという。安在は、しまいこむこと。

奴郎不弁……　奴隷と主人の区別がつかぬ。

如是之流邪心入道……　この一段については二種の訓み方が可能である。一説は、不得の二字を上句につけて、「閙処には即ち入ること得ず」と読み、下句を反語に解して、「名づけて真の出家人と為さんや」と読むもので、通解すると、このような間違った心がけで修行生活に入ったものは、いたずらに静かな処だけを好んで、一寸でもさわがしい逆境に遇うと、もう怖れをなして手も足も出ぬ。その中に積極的に入ってゆくことなどできはしない。こういう連中を本当の出家者と呼べるだろうか。しかるに第二説では、「不得」の二字を下句につけて、こういう間違った考えをもった人々は、外面的ににぎやかで立派そうに見える所に出遇うと、そのとたんに真偽も見きわめずにすぐに頭を突込んでゆく、と解するものであるが、今かりに後説に従って本文を読み下すこととした。この二説の相違は、結局は「閙処」の意味のとり方にかかるもので、これを積極的に肯定するか、消極的に修行の障碍として否定するかによるのであるが、入鄽垂手の向下行を禅の極致と考える立場から、従来の解釈はほとんど前説に傾いているが、語法の上からみると、下句を反語に訓むことははなはだしく不自然である。なお、出家は沙門（sramana）の訳語で、家の倫理を根本とする世俗を出でて、仏道の修行に専念する人々の意であり、唐代に作られた『宝林伝』の巻首に収める「四十二章経」（二章、文 p.9）に、このことが強調されている。

閙處　『大慧語録』一、円悟大祥の拈香に「閙處便入頭」（T47-812b）。

〔三七〕

夫出家者、須辨得平常眞正見解、辨佛辨魔、辨眞辨僞、辨凡辨聖。若如是辨得、名眞出家。若魔佛不辨、正是出一家入一家、喚作造業衆生、未得名爲眞出家。祇如今有一箇佛魔、同體不分、如水乳合。鵝王喫乳。如明眼道流、魔佛俱打。你若愛聖憎凡、生死海裏浮沉。

「夫れ出家というは、須らく平常《びょうじょう》真正の見解を弁得《べんとく》して、仏を弁じ、魔を弁じ、真を弁じ偽を弁じ、凡を弁じ聖を弁ずべし。若し是の如く弁得せば、真の出家と名づけん。若し魔仏弁ぜずんば、正に是れ一家を出でて一家に入る、喚んで造業《ぞうごう》の衆生と作《な》す、未だ名づけて真の出家と為すことを得ず。祇だ今《いま》一箇の仏魔有るが如きんば、同体にして分かたざること、水乳の合するが如し。鵝王《がおう》は乳を喫す。明眼《みょうげん》の道流の如きんば、魔仏俱に打す。「你若し聖を愛し凡を憎まば、生死海裏《しょうじかいり》に浮沈《ふちん》せん。」」

夫出家者　以下、真の出家について説く。前記の『四十二章経』（『宗鏡録』九四、T925b、に引く）にも、次のごとく言っている。「出家とは、愛欲を断じて本当の自己を知り、悟りの奥義に達することだ。悟りとは己我を忘れること、外に何ものも求めぬこと、そして、心に道というものさえ残さぬことだ。無為無作にして修証を絶し、本来それ自体に最も高い価値あるもの、これが心の道なのだ」と（102）。

須辨得平常真正見解　道元の『正法眼蔵』、「出家功徳」に引く。「平常真正見解というは深信因果」（四、94）。辨を辨（静嘉本）とする。

弁仏弁魔　仏と魔とをはっきり見きわめること。真正の見解を失うと、魔を仏と間違えることになる。仏と魔とはもともと同体で、染浄の二境（次の〔三八〕をみよ）にすぎぬからだ。「仏界を出でずして魔界に入る」。僧肇『涅槃無名論』（159b）。『祖堂集』十七、岑和尚伝、「富貴則易、貧窮則難」（325a）。

若如是辨得……　『維摩経』羅睺羅章の句による（T541c）。

出一家入一家　世俗の家を出たつもりでも、出家という別の俗家に腰をおろす。

造業衆生　永遠に業道を免れぬただの凡夫。

祇如今……　如今を「いま」と訓むのは誤り。「祇如」は、たとえば、の意。

鵝王喫乳　触鼻羊の反対の例。『正法念処経』六四（379c）に見える話で、器の中に水と乳とをまぜあわせておいても、鵝は乳だけ飲んで水を残す、という。『摂大乗論釈』巻三（175a, 281c, 334b）や『黄檗語録』（839b）にこの語が引かれている。

如明眼道流……　鵝王よりも一歩進んで、真正見解の人は仏魔の区別をも認めないから、魔も仏もとらぬ。宝誌の『大乗讃』に、「内にも外にも臆見があってはいけない、仏も魔もどちらも錯りだ」（449c）とある。

你若愛聖……　『大乗讃』の句（449b）。この句は後に〔五九〕に再び引かれる。

〔三八〕

問、如何是佛魔。師云、你一念心疑處、是佛魔。你若達得萬法無生、心如幻化、更無一塵一法、處處清淨是佛。然佛與魔、是染淨二境。約山僧見處、無佛無衆生、無古無今、得者便得、不歷時節。無修無證無得無失、一切時中、更無別法。設有一法過此者、我説如夢如化。山僧所説皆是。

問う、「如何なるか是れ仏魔。」師云く、「你が一念心の疑処《ぎしょ》、是れ仏魔。你、若し万法無生《まんぼうむしょう》、心、幻化の如くなるに達得《たつとく》せば、更に一塵一法無うして、処処清浄なる、是れ仏なり。然るに仏と魔とは、是れ染浄《ぜんじょう》の二境なり。山僧が見処に約せば、無仏無衆生、無古無今、得る者は便ち得て、時節を歴《へ》ず。無修無証、無得無失、一切時中、更に別法無し。設《たと》い一法の此に過ぎたる者有るも、我は説かん、如夢如化《にょむにょけ》と。山僧が説く所、皆な是れなり。」

你一念心疑處、是佛魔　cf.〔四九〕「你一念疑、即魔入心」。

仏魔　流布本では、你一念心疑処是箇魔となっている。

達得万法無生　一切のものは、それ自身として生じているものではない、ということ。縁起なるをいう。達得は、通達に同じ。知ること。

心如幻化　さとる心も空であり、すべて仮なるものにすぎぬ。

更無一塵一法……　更は、次の否定を強める語。心が幻化であるが故に、そのままに清浄だということ。中道をいう。

染浄二境　空仮の別に執するから染浄の心を生ずるが、空仮の道理を正しく観ずればそれがただちに中道である。

無仏無衆生……　仏と衆生の対立なきをいう。古今は、『涅槃経』師吼品（531a, 776a）に、「本有今無、本無今有、三世有法、無有是処」とあるのを指す。本体論的な執着を退けたもの。

得者便得……　得たと言っても新しく何かを得るのでないから、そこに時間を必要としない。

無修無證　『四十二章経』なり。『祖堂集』仏伝（12a）に引く。

無得無失　『般若心経』。

一切時中……　得たと言っても、得ないと言っても、本来のものに変わりはない、常に不生不滅であるということ。

設有一法過此者……　この句は、古く『摩訶般若波羅蜜経』八（276b）に出で、『小品』にもあり（540c）。『大乗玄論』一（22a）に引く、「舒之即無法不是、巻之即二諦尓已……」。『百丈広録』（173b）、『広灯録』九、百丈章（676b）。や、宗密の『禅源諸詮集都序』（402c）、『伝灯録』四、牛頭山智巌章（228b）等にも見られるから、一種の慣用句となっていたものらしい。『禅門師資承襲図』に牛頭宗の意として此の句を引く。宇井伯寿『釈道安研究』（一、p.134）をみよ。『宗鏡録』八五に『涅槃経』の句とす（884b）。

山僧所説皆是　私の考えも以上を出でぬ、ということ。この一段は、宗密のいわゆる泯絶無寄宗の説によって示したもののようである。

〔三九〕

道流、即今目前孤明歴歴地聴者、此人處處不滯、通貫十方、三界自在。入一切境差別、不能回換。一刹那間、透入法界、逢佛說佛、逢祖說祖、逢羅漢說羅漢、逢餓鬼說餓鬼。向一切處、游履國土、教化衆生、未曾離一念。隨處清淨、光透十方、萬法一如。

「道流、即今目前孤明歴歴地に聴く者、此の人、処処に滞らず、十方に通貫し、三界に自在なり。一切境の差別に入れども、回換《えかん》すること能わず。一刹那の間に、法界に透入して、仏に逢うては仏を説き、祖に逢うては祖を説き、羅漢に逢うては羅漢を説き、餓鬼に逢うては餓鬼を説く。一切処に向かって、国土に游履し、衆生を教化すれども、未だ曽つて一念を離れず。随処に清浄にして、光、十方に透り、万法一如なり。」

此人処処不滞……　此人は、いま俺の目の前で、俺の説法を聞いているお前その人。処処不滞は後に〔五〇〕に、我れ你と共に浄妙国土の中に入って云々というように相手が、もともと、われ臨済と寸分も違わず自在なることを示したもの。〔三一〕に「心法無形通貫十方……」。

法界　『楞伽師資記』に、「四者常観身空寂、内外通同、入身於法界之中、未曽有礙」(1288a)。宗密の『注華厳法界観門』に、法界、四種法界の説あり(T45-683b―684b)。

餓鬼　Preta の訳。三途、または六道の一。前生に貪欲をむさぼった悪業によって、常に飢渇に苦しめられる世界。〔三三〕及び〔五八〕をみよ。

游履国土　さまざまの国を歴訪すること。『華厳経』入法界品に説く、善財童子の物語を前提していう。

未曽離一念　一念の中に十方に遍歴する思想は、もと法身の自在無碍なることを示したもので、曇鸞(四七六―五四二)の『往生論註』(840a)の還相菩薩の条下にも見られるが、ここではそれが「此人」の現前のはたらきなることを強調していう。

光透十方……　光が瞬間的にすみずみにまで行きわたるように、この人の働きが早く徹底的なること。透＝過(『変文字彙』129)。『祖堂集』十四、石鞏の『弄珠吟』に、「光三千に透って大千を越え、四生六類一霊源」(269b)とある。

〔四〇〕

道流、大丈夫兒、今日方知、本來無事。祇爲伱信不及、念念馳求、捨頭覓頭、自不能歇。如圓頓菩薩、入法界現身、向淨土中、厭凡忻聖。如此之流、取捨未忘、染淨心在。如禪宗見解、又且不然。直是現今、更無時節。山僧說處皆是、一期藥病相治、總無實法。若如是見得、是眞出家。日消萬兩黃金。

「道流、大丈夫児は、今日方《まさ》に知る、本来無事なることを。祇だ伱が信不及なるが為めに、念念馳求《ちぐ》し、頭を捨てて頭を覓《もと》めて、自から歇《や》むこと能わず。円頓《えんどん》の菩薩の如きも、法界に入って身を現じ、浄土の中に向かって、凡を厭い聖を忻《ねが》う。此くの如きの流《たぐ》い、取捨未だ忘ぜず、染浄の心在り。禅宗の見解の如きんば、又且つ然らず。直に是れ現今なり、更に時節無し。山僧が説処《せっしょ》も、皆な是れなり。一期の薬病相治、総に実法無し。若し是くの如く見得せば、是れ真の出家なり。日に万両の黄金を消せん。」

大丈夫児……　一人前の男はもうちゃんと判っている。この話は、『伝灯録』二八（445a）汾州無業の上堂にも見える。本来無事は無仏無衆生無修無証（〔三八〕）のところをいう。『唐国史補』（p.21）「径山云、出家是大丈夫事、非将相所為也」。遊仙窟にマスラオと読む。万葉訓読の標準通りとす。

本来無事　佛と祖師とは無事の人なり。

捨頭覓頭　演若達多（〔二二〕）の故事を指す。

円頓菩薩　大乗修行の最高位の人。宗密の『禅源詮』（上二）に「当高宗大帝乃至玄宗朝時、圓頓本宗未行北地、唯神秀禅師大揚漸教……」（403c）。cf.〔九〇〕「如圓頓之教」。

厭凡忻聖　『華厳合論』三（352d）に「根本智を得ても未だ差別智に達することのできぬ菩薩の過」という。「本無煩悩元是菩提」の悟りは、菩提を愛するもの。『真禅融心義』（下）に、教外の教内とす。

取捨未忘……　『証道歌』に、「妄を捨てて真理を求めようとするなら、その取捨分別がまたさまたげとなる。これを知らずに修行をするのは、しのび込んだ賊を我が子と誤るに等しい」（396a）という。染浄心在は、分別心がまだ始末されずに残っている、ということ。この在は動詞。

禅宗見解　宗密の最上乗禅、または如来清浄禅の立場をいう。祖宗門下（〔七〕）に同じ。

山僧説処　わしが説き分けて聞かせる話。

薬病相治　薬は病気を治療するためのもので、健康が恢復すれば薬は不要である。健康であれば本来無事であり、それが大丈夫児にほかならない。『伝灯録』二八、汾州大業無業広語に、「諸仏不曽出世、亦無一法与人、但隋病施方」（444b）。又『伝灯録』七、伏牛自在章、「非心非佛、是藥病對治句」（253b）。

総無実法　決してきまった道理があるわけでない。

日消万両黄金　毎日万金の供養を受けることができる。消は、ここでは受けること。なお、これとまったく同一の句を、『百丈広録』（172b）や『証道歌』（396c）にも見出しうるが、この言葉を正しく理解するには、インドの原始教団で、出家者が毎日の乞食に、一日の生活に必要以上の金銭を受けることを厳しく禁じていることを考え合わすべきであろう。『根本説一切有部尼陀那』二（423a）によると、このことについて仏陀が、

　汝等もし信心を以て出家し、真実に涅槃を求めて浄行を修するなら、此の人の著ている衣服は一億円に相当するものだ。我はそれを受けることを許すであろう。食も住居もみな同様である。然し、もし真実の信心を失うなら、一口の食を受けても破戒である。

と教えたという。なお「消」の例は、『思益経』（一）にも、「大師世尊尚不能消諸供養、……誰能消供養……」（37b）とある。

〔四一〕

道流、莫取次被諸方老師、印破面門、道我解禪解道。辯似懸河、皆是造地獄業。若是眞正學道人、不求世間過、切急要求眞正見解。若達眞正見解圓明、方始了畢。

「道流、取次《しゅじ》に諸方の老師に、面門を印破《いんぱ》せられて、「我れ禅を解《げ》し道を解す」と道《い》うこと莫れ。弁、懸河《けんが》に似たるも、皆な是れ造地獄《ぞうじごく》の業のみ。若し是れ真正の学道人ならば、世間の過《とが》を求めず、切急《せっきゅう》に真正の見解を求めんことを要す、若し真正の見解の円明《えんみょう》なるに達せば、方《まさ》に始めて了畢《りょうひつ》せん。」

取次　おいそれと。みだりに。

印破面門　許すこと。面門は、すでに〔一三〕にも見えるが、ここでは顔面の意で、眉間に印可の印をおすをいう。「譬如猛火聚、近之則燎劫面門」(『円悟録』十、758b)。

弁似懸河　とうとうたる弁舌。懸河は滝のことで、言説のよどみないのに譬える。

若是真正学道人……　真の修行者は他人の過失など問題にせぬ。『六祖壇経』(342a)に見える句。『歴代法宝記』、『最妙勝定経』、『法句経』等にもみえる。『少室逸書』(上p.54、下p.115)。『広灯録』汾陽章に「問、若眞修道人、不見世間過……」(750b)。

不求世間過　『文殊問経』上、上出世間戒品第十二に、不求他過を、上出世間聖戒とす(T14-497b)。什訳『諸法無行経』、「常見他人過」(T15-751b)。『思益経』一に、「於他闕失、不見共過」(34b、また、36a)。『楞伽師資記』求那伝に、「云何嫉妬、見他人脩道、達理達行、多有歸依供養、即生嫉妬心、即生憎悪心、自恃聰明、不要勝己」(1284a)。羯諾迦牟尼仏の偈に云う、「不違逆他人、不觀作不作、但自觀身行、若正若不正」(『根本薩多部律摂』609b)。『法華経』安楽行品、「亦勿軽罵学仏道者、求其長短」(38b)、『護国論』、「世人決疑、立宗希代」(一の下)。

切急　ひたすら、ねんごろに。

円明　完全円満の意。この句を従来、下句につけて訓むのは誤り。『祖堂集』百丈の語にいう、「心性無染本自円明」(312b)。『楞伽経』に「妙性円明、離諸名相、本来無有、世界衆生」(138b)。

了畢　完成すること。残るものは何もないこと。

〔四二〕

問、如何是眞正見解。師云、你但一切入凡入聖、入染入淨、入諸佛國土、入彌勒樓閣、入毘盧遮那法界、處處皆現國土、成住壞空。佛出于世、轉大法輪、卻入涅槃、不見有去來相貌。求其生死、了不可得。便入無生法界、處處游履國土、入華藏世界、盡見諸法空相、皆無實法。唯有聽法無依道人、是諸佛之母。所以佛從無依生。若悟無依、佛亦無得。若如是見得者、是眞正見解。

問う、「如何なるか是れ真正の見解。」師云く、「你、但だ一切、凡に入り聖に入り、染に入り浄に入り、諸仏国土に入り、弥勒楼閣《みろくろうかく》に入り、毘盧遮那《びるしゃな》法界《ほっかい》に入り、処処に皆な国土を現じて成住壊空《じょうじゅうえくう》す。仏、世に出でて大法輪を転じ、卻って涅槃《ねはん》に入って、去来《こらい》の相貌《そうみょう》有ることを見ず。其の生死を求むるに了《つい》に不可得《ふかとく》なり。便ち、無生法界《むしょうほっかい》に入って処処に国土に游履《ゆうり》し、華蔵《けぞう》世界に入って尽く諸法の空相にして、皆な実法無きことを見る。唯だ聴法無依の道人のみ有って、是れ諸仏の母なり。所以《ゆえ》に、仏は無依《むえ》より生ず。若し無依を悟れば、仏も亦た無得《むとく》なり。若し是《かく》の如く見得《けんとく》せば、是れ真正の見解なり。」

見解　『宛陵録』に「如此見解、全無交渉、或作一機一境……達磨面壁、都不令人有見處」(386c)。

入凡入聖……　以下、おそらくは『華厳経』離世間品の所説にもとづくものであろう。真正見解の人にとっては、凡聖も染浄も自己の一心の影にすぎぬ。『華厳経』五十三、「菩薩摩訶薩有十種入世界、何等為十、所謂入染世界、入浄世界、入小世界、入大世界……、入有仏世界、入無仏世界」(281b)。入の意味、向と同じか。cf.〔三四〕。また後段〔七三〕をみよ。

弥勒楼閣　弥勒は maitreya の音訳で、慈氏と訳す。元来は、将来この世に出現して釈迦の遺法を完成すると考えられた理想の仏。入法界品では、善財童子は種々の善知識を歴訪したのち、第五十二番目にこの菩薩を訪ねる。楼閣は浄土の建物の一で、ここでは弥勒の智と慈悲を象徴したもの。『旧華厳経』では楼観といい、『新華厳経』で楼閣という。

毘盧遮那法界　毘盧遮那は vairocana の音訳。光明遍照の意。弥勒の国を指していう。『華厳経』七七（420a）、七九（435c—6a）等に詳しい。

成住壊空　われわれの現実の世界が無限の時間を通じて成立し、存続し、壊滅し、空無となるうつりゆきを言う。この順序は永遠にくりかえされ、またわれわれ個人の生命の変化にも当てはまるが、この場合は生住異滅、または生老病死と呼ぶ。『禅源諸詮集都序』（403b）に説明がある。

仏出于世……　シャカ仏の生涯の主な事件を一般に八相成道と呼ぶが、ここではその中の出生、転法輪、入涅槃の三を挙げたもの。その去来の姿を見ぬのは八相が仮有のものであり、生死すなわち無生死であるからである。

不見……　『法律三昧経』に「仏言天下愚人、但見人悪、不自知悪、但自見善、不見人善」（459b）。また『達磨禅師論』の冒頭に、「但自観見善不善行、……即維摩経云、自守戒行、不譏彼闕、是菩薩浄土、忍辱是菩薩浄土……」（関口眞大『達磨大師の研究』p.445）。永嘉真覚大師発願文にいう、「不求人過、不称己善」（395a）。

無生法界　不生不滅の世界。理の世界。

華蔵世界　蓮花蔵世界の略。蔵は蓮花がその中にすでに果実を含んでいるのに譬えて、因果同時的、無生死の世界を言ったもの。『華厳経』八、華蔵世界品（39a）に詳しい。

諸仏之母　この語は、入法界品（763c—4c）に、仏陀の母摩耶夫人を理想化して、諸仏の母としているのを前提したのであろう。

無依　何ものにもたよらぬこと。絶対的な無条件、自律的主体性の意。『宗鏡録』九八（942b）に、太原和尚の語を挙げて、「経に云く、無依は是れ仏母、仏は無処より生ず」といい、『百丈広録』（172b）にも、「仏は無著の人であり、無求の人であり、無依の人である」という。「無復性相故曰無依」。浄名の意（『止観輔行伝弘決』六之四、353b）。

仏亦無得　本来のものであるから、あらためて得るを要しない。

〔四三〕

學人不了、爲執名句、被他凡聖名礙、所以障其道眼、不得分明。祇如十二分教、皆是表顯之說。學人不會、便向表顯名句上生解。皆是依倚、落在因果、未免三界生死。伱若欲得、生死去住、脱著自由、即今識取聽法底人。無形無相、無根無本、無住處、活撥撥地。應是萬種施設、用處祇是無處。所以、覓著轉遠、求之轉乖。號之爲祕密。

「学人了《りょう》せずして、名句に執し、他の凡聖の名に礙《さ》えらるるが為めに、所以《ゆえ》に其の道眼《どうげん》を障《さ》えて、分明なることを得ず。祇だ十二分教の如きも、皆な是れ表顕《ひょうけん》の説なり。学人会《え》せずして、便ち表顕名句の上に向かって解《げ》を生ず。皆な是れ依倚《えい》にして、因果に落在す、未だ三界の生死を免れず。你、若し生死去住《しょうじこじゅう》、脱著《だつじゃく》自由なることを得んと欲せば、即今聴法する底の人を識取《しきしゅ》せよ。無形無相《むぎょうむそう》、無根無本《むこんむほん》、無住処《むじゅうしょ》にして、活撥撥地《かっぱつぱつじ》なり。応是《あらゆる》万種の施設《せせつ》は、用処《ゆうじょ》祇だ是れ無処なり。所以に、覓著《みゃくじゃく》すれば転《うた》た遠く、之を求むれば転た乖《そむ》く。之を号して秘密と為す。」

道眼　本来具っている真正の見解。

表顕之説　見せかけの説明。表向きの言葉。

生解　分別心を起こすこと。解は臆見の意。

皆是依倚……　依倚は、よりかかること。落在因果は、生滅因果の世界におちこんで、そこから出られぬこと。『宛陵録』末尾に「但学無心、亦無分別、亦無依倚、亦無住著……」(386c)。

生死去住……　自由に生死の世界に往来し、生命の衣裳を着たり脱いだりする。〔三二〕を参照。

活撥撥地　ぴちぴち躍るさま。生きのよい様子。聴法底の人の自在さをいう。活鱍鱍地とも書き、『歴代法宝記』の無住(七一四—七七四)の説法に見え(194c—5a)、また、『聯灯会要』二十、徳山章(759b)に、この一段とほとんど同一の句がある。『伝灯録』四、無住章にも(235a)。『寒山詩』、「買肉血　、買魚跳鱍鱍」(184, p.256)。

応是万種施設　すべての方便てだて。現実的な仮有なるもの。応是は、唐代の俗語で、「あらゆる」の意。従来、この二字を分けて、「是の万種の施設に応じて」と訓んでいるのは正しくない。前引の『聯灯会要』二十、徳山章にも、「応是従前行履処、一時放却」(759b)といい、また唐代の偽経たる『普賢菩薩行願王品』(T85-1455a)に「応是十方無量刹」とあるところを、他の異本に、「所有十方無量刹」とある。また『普灯録』二、浮山章に、「應是従前會解、平昔見知」(55a)、白樂天(遇自遠禅師、有感而贈)「應是世間縁未盡、欲抛官去尚遲疑」とある。施設はprajñaptiの訳で、因施設の意。事物が勝義としては空なるも、世俗としては因縁によって仮有と見られるのをいう。智儼の『孔目章』に、「壁觀・盲觀……竝於修道初門、隋病施設・據病而言、不得

一定」（T45-559a—b)。『神會録』に「住心即假施設、是以不住」（遺集、152)。又、『雲門録』に「從上古德以心伝心、今日請師、將何施設……與麼則不虛施設也」（545b)。

用処祇是無処　どんなに活動しても跡をとどめぬ。

覓著転遠……　この二句、おそらくは古語であろう。つかまえようとすればするほど離れる、つかまえようとするもの自体がそれであるから。

号之為秘密　もし秘密というものがあるなら、かくのごときをこそいうのだ。秘密の語は、『六祖壇経』に、六祖が大庾嶺上で道明に、「お前が自分自身をふりかえってみるなら、密はお前の方にある」（349b）といった話によったもの。秘密神通の意は、『誌禅師心経疏』（ペリオ2178）の末尾。

〔四四〕

道流、伱莫認著箇夢幻伴子。遲晩中間、便歸無常。伱向此世界中、覓箇什麼物作解脫。覓取一口飯喫、補毳過時、且要訪尋知識、莫因循逐樂。光陰可惜、念念無常。麤則被地水火風、細則被生住異滅四相所逼。道流、今時、且要識取四種無相境、免被境擺撲。

「道流、伱、箇《こ》の夢幻の伴子《ばんす》を認著《にんじゃく》すること莫れ。遲晩中間《ちばんちゅうげん》、便ち無常に帰せん。伱、此の世界の中に向かって、箇《こ》の什麼物《なにもの》をか覓《もと》めて解脫と作さん。一口《いっく》の飯を覓取《みゃくしゅ》して喫し、毳《ぜい》を補って時を過ごさんよりは、且らく知識を訪尋せんことを要す、因循《いんじゅん》として楽を逐うこと莫れ。光陰惜しむべし、念念無常なり。麁《そ》なるときは即ち地水火風を被《こうむ》り、細《さい》なるときは即ち生住異滅《しょうじゅういめつ》の四相の所逼《しょひつ》を被る。道流、今時、且らく四種無相の境を識取《しきしゅ》して、境に擺撲《はいぼく》せらるることを免がれんことを要す。」

伱莫認著……　入矢、『伝心法要』（p.149）一等 cf.。

夢幻伴子　たよりにならぬ肉体。夢の中だけのお伴。

遅晩中間　おそかれ早かれ。

無常　ここでは死をいう。原文の「歸無常」の「歸」は、本来のところにかえること。英語では、return to death, impermanence, nothingness とは云わぬし、to pass away は原文と離れる。return to dust は聖書にあり。

覓取一口飯喫……　飢をしのぐだけのわずかの食と、ぼろを綴った衣服に甘んじて日々を送ること。『法華経』五百弟子授記品第八には、「到於他國、為衣食故、勤力求索、甚大艱難。若少有所得、便以為足」（T9-29c）とある。毳は糞掃衣の意で、僧服のこと。ただし、この句は下の句と連ねて、次のようにも解されよう。「お前たちは日々のわずかの衣食が得られるだけに満足して、知識を訪ねようとしたりする」。すなわち、ここで知識を訪ねることは、自家屋裏の真仏を忘れて馳求することで、次の句の且要は、その上にまだ、の意。

且要訪尋知識……　名師を訪ねることこそ肝要だ、とやかくと安逸をむさぼっていてはならぬ、ということ。この場合の「且要」は、下のことを強く指示する語で、次句の「莫因循逐楽」にまで掛かる。ただし、知識を訪ねることをほかに馳求するわきかせぎと見れば、師を訪ねることそのことが因循して楽を逐うことにほかならぬ。

光陰可惜　〔三二〕に、「大徳、時光可惜、祇疑傍家波波地、學禪學道、認名認句、求仏求祖、求善知識意度」。

麁則被地水火風……　麁は粗で、あらいこと、大きいこと。細は小さいこと。われわれはみな大にしては地水火風の四大の不調和を来たし、小にしては刻々に生老病死の変化におびやかされている、ということ。句末の「所逼」は、地水火風にも掛かる語、四相は、もとあらゆる存在が刻々に未来より過去に変化してゆく無常な姿を、一つの存在として生じ、その状態を保持し、変異し、滅し去るという四つの立場から説明したものであるが、これを人間の一生に当てはめて、生老病死の順序と解し、麁の四相と呼ぶ。〔四二〕の成住壊空の註を参照。望月信了『起信論の研究』（p.424）。

生住異滅　石井本『神会録』に楞伽の説とす（p.47）。

四相　起信論の説（576b-c）。念と無念に関係する。

四種無相境　一念の中に四相を超えた世界に入るをいう。

擺撲　ゆさぶる。おしつぶす。唐代の俗語。

〔四五〕

問、如何是四種無相境。師云、你一念心疑、被地來礙。你一念心愛、被水來溺。你一念心瞋、被火來燒。你一念心喜、被風來飄。若能如是辨得、不被境轉、處處用境。東涌西沒、南涌北沒、中涌邊沒、邊涌中沒、履水如地、履地如水。緣何如此、爲達四大如夢如幻故。

問う、「如何なるか是れ四種無相の境。」師云く、「伱が一念心の疑、地に来たり礙《さ》えらる。伱が一念心の愛、水に来たり溺らさる。伱が一念心の瞋《しん》、火に来たり焼かる。伱が一念心の喜《き》、風に来たり飄《ひるが》えさる。若し能く是くの如く弁得《べんとく》せば、境に転ぜられず、処処に境を用いん。東涌西没《とうゆせいもつ》、南涌北没、中涌辺没、辺涌中没、水を履むこと地の如く、地を履むこと水の如し。何に縁ってか此《かく》の如くなる、四大の如夢如幻《にょむにょげん》に達するが為めの故なり。」

四種無相　喜怒哀楽の情のこと。『伝灯録』十三、宗密章にくわしい（308a）。

伱一念心疑……　お前の心にわずか一念の疑が起こると、それが固まって地殻となり、あらゆるものを動かぬようにしてしまうのだ、ということ。「来」は、出来上がってくること。心の側からいうとひきよせること。なお、四大はそれぞれ、堅、湿、熱、動の性質があるとされるから、ここではそれを、疑、愛、瞋、喜という情念の動きに当てて説いたもの。

伱一念心喜、被風来飄　喜風はダルマ二入四行論にみえる（p.32）。

不被境転……　相手に引きずりまわされぬこと。境はここでは対象の意で、あらゆる形あるもの。万物。

東涌西没……　以下、境を使いこなす自在さを、六種震動や十八神変等の表現を借りて説く。これらの句は、『増一阿含経』五十（822a）、『大般若経』三二二（642c）、及び四百四（22c）、『摩訶般若波羅蜜経』一（228b）、『五分律』三（22a）等に見られる。『禅秘要法経』中にもあり（T15-256a）。「道説東西」四の五のいう（玉井是博『支那社会経済史研究』p.307）。

〔四六〕

道流、你祇今聴法者、不是你四大、能用你四大。若能如是見得、便乃去住自由。約山僧見處、勿嫌底法。你若愛聖、聖者聖之名。有一般學人、向五臺山裏求文殊、早錯了也。五臺山無文殊。你欲識文殊麼。祇你目前用處、始終不異、處處不疑、此箇是活文殊。你一念心、無差別光、處處總是眞普賢。你一念心、自能解縛、隨處解脱、此是觀音三昧法。互爲主伴、出則一時出、一即三三即一。如是解得、始好看教。

「道流、你、祇だ今聴法する者、是れ你が四大ならずして、能く你が四大を用う。若し能く是の如く見得《けんとく》せば、便乃《すなわち》、去住自由ならん。山僧が見処に約せば、嫌う底の法勿《な》し。你若し聖を愛すも、聖というは聖の名なり。一般の学人有って、五台山裏に向かって文殊を求む。早く錯まり了れり。五台山に文殊無し。你、文殊を識らんと欲すや。祇だ你が目前の用処《ゆうじょ》、始終不異《ふい》、処処不疑《ふぎ》なる、此箇《しこ》是れ活文殊なり。你が一念心の無差別光、処処総に是れ真の普賢《ふげん》。你が一念心、自《みずか》ら能く縛を解いて、随処に解脱する、此は是れ観音三昧の法。互いに主伴と為《な》って、出ずるときは即ち一時に出で、一即三三即一なり。是の如く解得《げとく》して、始めて好し看教《かんきょう》するに。」

不是你四大……　お前の生身の体を働かせているものは、たんなる肉体ではないぞ、ということ。

勿嫌底法　一切の偏向がない。何のはばかるものもない。

你若愛聖……　お前が慕い求める聖者は、凡夫の夢みる名前にすぎぬ。愛は前段の你一念心愛云々の句を承けていう。『聯灯会要』二十、徳山章（758a）にも同様の句がある。聖者聖之名は、「心者是心之名」なり（『心賦注』2b）。

五台山　山西省にあり。唐代に華厳思想が流行すると共に、経中にとかれる文殊菩薩の霊場として、東北方清涼山がこの山であると信ぜられた。〔三五〕を参照。

始終不異……　種々の働きを示しながら決して分裂せぬ智慧をいう。始終は、時間的な前後の意と共に、本来的なもの

（性）と現実的なもの（相）との関係の意を併せ意味していう。

此箇是活文殊　これが名のみの聖者ならぬ生きた文殊だ、ということ。此箇は「これ」の意。

観音三昧　慈悲を代表する観世音菩薩と一枚になりきったところ。敦煌に『観音三昧経』あり。牧田（『東方学報』三六号）。円測の『心経賛』にみゆる観音三昧？（T33-543b）。

互為主伴……　文殊普賢観音の三者が互いに主となり伴となって同時に出現すること。この考えは、『華厳合論』五（352b）に詳しい。また『祖堂集』二十、五冠山章に、舎那・文殊・普賢が互為主伴となるを云う（375b）。三聖についての禅的解釈は、『祖堂集』十七、岑和尚章にもみえる（329a）。

始好看教　経や論を学ぶ資格ができた、ということ。臨済は後に〔五一〕で、「看経看教も亦た是れ造業」といい、看経の眼なくして経を読むことの無意味さを強く主張しており、このことは百丈も言う。『伝灯録』六（250c）。以上、〔三六〕より〔四六〕、『大慧正法眼蔵』中、四二（62b—64a）。

〔四七〕

師、示衆云、如今學道人、且要自信、莫向外覓。總上他閑塵境、都不辨邪正。祇如有祖有佛、皆是教迹中事。有人拈起一句子語、或隱顯中出、便即疑生、照天照地、傍家尋問、也太忙然。大丈夫兒、莫祇麼論主論賊、論是論非、論色論財、論説閑話過日。山僧此間、不論僧俗、但有來者、盡識得伊。任伊向甚處出來、但有聲名文句、皆是夢幻。

師、衆に示して云く、「如今《いま》学道の人、且らく自《みずか》ら信ぜんことを要す、外に向かって覓むること莫れ。総に他の閑塵境に上って、都《す》べて邪正を弁ぜず。祇だ祖有り仏有るが如きも、皆な是れ教迹《きょうしゃく》中の事なり。人有って、一句子の語を拈起《ねんき》して、或いは隠顕《おんけん》の中より出ずれば、便即《すなわち》、疑生じて天を照らし地を照らし、傍家に尋問して也《ま》た太《はなは》だ忙然たり。大丈夫児、祇麼《しも》に主を論じ賊を論じ、是を論じ非を論じ、色を論じ財を論じ、論説閑話《ろんせつかんな》して日を過ごすこと莫れ。山僧が此間《すかん》には、僧俗を論ぜず、但だ来たる者有れば、尽く伊《かれ》を識得す。任《たと》い伊が甚《いず》れの処に向かって出で来たるも、但《すべて》有声名文句は、皆な是れ夢幻なり。」

自信　『馬祖録』に、「君たちはみな自分の心が仏にほかならぬことを信ずべきだ」（810b）とある。禅の信については〔一一〕をみよ。

総上他閑塵境……　この句は上文の意を反対側から述べたもの。「総」も「皆」も、文意を強める語。閑塵境は閒名句（〔八六〕）、閑機境（〔三二〕）に同じく、古人が設けた方便手だて。愚にもつかぬ古道具をやたらに有難いもののように思いこむこと。閑事の心頭に上る無くんば。

教迹　教義、教条。『肇論』（156c）に、「衆生の心がさまざまの故に、教迹に種種の相違がある」という。

拈起　とり挙げること。

一句子語　公案。

隠顕中出　表裏両義を含んで分明ならぬ段になること。隠顕は、『宝林伝』三（159, 167）十一祖富那夜奢や、十二祖馬鳴の伝法偈に見られる、禅宗の特殊な用語。同、龍樹章には、「覚即不見、不覚即見、如是隠顕、経于七年、……時隠時顕、経于七載」（190）。智儼の『華厳一乗十玄門』に「第三秘密隠顕倶成門」（T45-516c）。真珠のそれ。鏡にものの照ると不照との如し。

照天照地　びっくり仰天すること。

忙然　あわてふためくこと。また、茫然に同じく、とほうにくれること。

祇麼　ひたすらに。他のことはせず、そのことばかりやる意。只麼とも書く。

論主論賊……　いろいろの世間話に没頭すること。戯論をいう。「主」の字を、『広灯録』十一に「王」となす。次の出拠からみても、おそらくは可であろう。比丘に対して王事、賊事、軍事、セックス、医術などの談論を誡めた説法は、『大般若経』三三七（675a）、『仏臨涅槃記法住経』（1113b）、『大宝積経』一一（11c）、『大毘盧遮那成仏経疏』十八（761）等に見られる。「空の大経」に見ゆ（『日本仏教学会年報』十七、宮本正尊（p.117））。

山僧此間……　俺のところでは、僧俗の別は問わない。どちらでもよろしい。此間は、ここ。彼中に対していう。『釈禅波羅蜜次第法門』一上に、「禅は是れ外国の言、此間に翻ずるときは即ち定まらず」（477c）という例が見える。また、

『法華経』信解品に「忽於此間、遇会得之、此実我子、我実其父」（17b）、『中論』に「灯在於此間、則破一切闇」（T10a）とある。

但有来者…… 但有は「もし有りさえすれば」ということ。

また、俗語として、およそ、あらゆる、の意にもなる。

任伊向甚処出来 どこから来ても。したがって、仏でも祖でも僧でも俗でもということ。

〔四八〕

却見乘境底人、是諸佛之玄旨。佛境不能自稱我是佛境。還是這箇無依道人、乘境出來。若有人出來、問我求佛、我卽應清淨境出。有人問我菩薩、我卽應慈悲境出。有人問我菩提、我卽應淨妙境出。有人問我涅槃、我卽應寂靜境出。境卽萬般差別、人卽不別。所以、應物現形、如水中月。

「却って境に乗ずる底の人を見るに、是れ諸仏の玄旨なり。仏境自《みずか》ら「我れは是れ仏境なり」と称すること能わず。還って是れ這箇《しゃこ》無依の道人、境に乗じて出で来たる。若し、人有って出で来たって、我に求仏《ぐぶつ》を問えば、我れ即ち清浄の境に応じて出ず。人有って我に菩薩を問えば、我れ即ち慈悲の境に応じて出ず。人有って我に菩提を問えば、我れ即ち浄妙《じょうみょう》の境に応じて出ず。人有って我に涅槃を問えば、我れ即ち寂静の境に応じて出ず。境は即ち万般差別なれども、人は即ち別ならず。所以《ゆえ》にいう、「物に応じて形を現ず、水中の月の如し」と。」

却見乗境底人…… 却見は下の句まで掛かる。乗境底人は、境にふりまわされず、積極的に境や名句を使いこなし得る人。俺が問題にするのは、境に乗ずる主体としての人であり、それが諸仏の極意でもある。

是諸仏之玄旨 『百丈広録』に「亦名第一義空、亦名玄旨」（176a）。

仏境不能……　仏の境地と言っても、それ自体は凡夫に示すための名にすぎぬ。決まった仏境というものがあるわけではない。

我即応清浄境出　清浄なあり方を現ずること。「応」は相応で、相手の問にぴったりする意。

浄妙境　言いようなくおちついた様子。なお、上の句の慈悲を『大正蔵』は茲悲に誤っている。

応物現形……　『金光明経』二（344b）の句で、仏の法身の妙応無方なるを言ったもの。『馬祖録』（812b）にも見られる。

〔四九〕

道流、你若欲得如法、直須是大丈夫兒始得。若萎萎隨隨地、則不得也。夫如㽄嗄上音西下所嫁切之器、不堪貯醍醐。如大器者、直要不受人惑。隨處作主、立處皆眞。但有來者、皆不得受。你一念疑、卽魔入心。如菩薩疑時、生死魔得便。但能息念、更莫外求。物來卽照。你但信現今用底、一箇事也無。你一念心生三界、隨緣被境、分爲六塵。你如今應用處、欠少什麼。一刹那間、便入淨入穢、入彌勒樓閣、入三眼國土、處處遊履、唯見空名。

「道流、你若し如法《にょほう》なることを得んと欲せば、直に須らく是れ大丈夫児にして始めて得べし。若し萎萎随随地《いいずいずいじ》ならば、即ち得ざるなり。夫れ㽄嗄《せいさ》（上の音はセイ、下はサ）の器の如きは、醍醐《だいご》を貯うるに堪えず。大器の者の如きは、直《じき》に人惑《にんなく》を受けざらんことを要す。随処に主と作《な》れば立処《りっしょ》皆な真なり。但し来《も》たる者有るも、皆な受くることを得ざれ。你が一念の疑、即ち魔心に入る。菩薩の疑う時の如きんば、生死の魔、便《たより》を得《う》。但だ能く念を息めよ、更に外に求むること莫れ。物来らば即ち照らせ。你但だ現今用うる底を信ぜよ、一箇の事も也《ま》た無し。你が一念心、三界を生じて、縁に随い境を被《こうむ》って、分かれて六塵と為る。你如今《いま》応用《おうゆう》の処、什麼《なに》をか欠少《かんしょう》す。一刹那の間に、便ち浄に入り穢に入り、弥勒楼閣《みろくろうかく》に入り、三眼国土《さんげんこくど》に入り、処処に遊履《ゆうり》して、唯だ空名のみを見る。」

如法　あるべきようにあること。『涅槃経』三九に、「今受我語、如法而住、如法住故、獲得正果」(T12-594a)。

直須　直は「須らく」を強めていう語。

萎萎随随地　気が小さくてふにゃふにゃしている様子。積極性なきこと。原意は、草木の枯れしおれてよわよわしく、風などになびくさま。『伝灯録』十四、薬山章に、「われ痿痿羸羸且つ恁麼に時を過す」(311c)の語がある。『祖堂集』に「萎萎羸羸、且与摩過時」(368a)。『論語』の精神。

㽄嗄之器　われもの。ひびの入った器。㽄嗄は、割れものの音のことで、『大般涅槃経』(392c, 560c)にこの語があり、『宝雨経』六(308c)に菩薩の十種清浄弁舌の一として無㽄嗄弁を挙げている。夾注の反切は、経音義の註を引いたものであろう。上下二字とも二音があり、㽄をシとよまずにセイ、嗄をワイでなくサとよめという意。

醍醐　最上のバター。乳製品五種の中、もっとも洗練せられたもの。

如大器者……　大成すべきものは、外からのつまらぬせっかいを受けぬことが大切だ。直は要を強めていう。

但有来者……　誰がやってきても相手の話にのせられるな。また、皆不得受については、『頓悟要門』上〔四一〕に、「只是事来不受、一切処無心」(850a)とある。〔四二〕(850a)、また〔四三〕の偈(850b)も参照のこと。

你一念心疑……　一寸でも疑念を起こすと魔が入り込む。

生死魔得便　お前の生死は魔ににぎられてしまう。得便は、手がかりを得る。機会に乗ずる意。

物来即照　相手の正体をすぐに見抜く。

你一念心生三界……　三界も、外境も、六塵も、すべてお前の一心の影ならぬはないぞ、ということ。

三眼国土　次節を見よ。

〔五〇〕

問、如何是三眼國土。師云、我共你入淨妙國土中、著清淨衣、説法身佛。又入無差別國土中、著無差別衣、説報身佛。又入解脱國土中、著光明衣、説化身佛。此三眼國土、皆是依變。約經論家、取法身爲根本、報化二身爲用。山僧見處、法身卽不解説法。所以古人云、身依義立、土據體論。法性身、法性土、明知、是建立之法、依通國土。空拳黄葉、用誑小兒。蒺藜菱刺、枯骨上覓什麼汁。心外無法、内亦不可得、求什麼物。

問う、「如何なるか是れ三眼国土。」師云く、「我れ你と共に浄妙国土の中に入って、清浄衣を著けて法身仏を説き、又無差別国土の中に入って、無差別衣を著けて報身仏を説く。又解脱国土の中に入って、光明衣を著けて化身仏を説く。此の三眼国土は、皆な是れ依変《えへん》なり。経論家に約せば、法身を取って根本と為し、報化二身を用と為す。山僧が見処は、法身は即ち説法を解《げ》せず。所以に古人云く、「身は義に依って立し、土は体に拠って論ず」と。法性の身、法性の土、明らかに知んぬ、是れ建立《こんりゅう》の法、依通《えつう》の国土なることを。空拳黄葉《くうけんこうよう》、用《も》って小児を誑《たぶら》かす。蒺《しつ》藜菱刺《りりょうし》、枯骨上《ここつじょう》に什麼《なん》の汁をか覓《もと》めん。心外無法《しんげむほう》、内も亦た不可得《ふかとく》なり、什麼物《なにもの》をか求めん。」

三眼国土　本来は、『華厳経』入法界品に説く善現比丘の浄土の義で、『華厳合論』九六（4b）、『華厳経決疑論』（1030c）によると、法眼、智眼、慧眼の三と解しているが、ほかにも数説があって一定しない。臨済は、ここで三眼を三身と解する。cf.〔二九〕—〔三〇〕。

我共你入浄妙国土……　三眼国土と言っても、別に遠くに求める要はない、今ここでお前たちに話しているままがそれだ、ということ。清浄衣は、法身の清浄性を衣服に譬えたもので、かかる発想は、趙州の「菩提も涅槃も、真如も仏性も、すべて肌着にほかならぬ」（『伝灯録』一八、446b）という言葉にも見られる。『観音三昧経』（一四三）。『大品般若』（389c）、『観無量寿経』第十一観のところ（344b）。『百丈広語』（165a）。

依変　立場の相違。相手に応じてうつり変わってゆくこと。また、衣変（〔七六〕）と同じく、表面性の意とも見られる。

法身即不解説法　法身は法を説かない。法身そのものは思慮言説を絶したものだ、ということ。真如凝然不作諸法という唯識の立場。法身説法のこと、『智度論』十七（T188c）。『楞伽経』に「法仏説法せず、依仏説法」（T16-486a）。

古人云　〔二九〕をみよ。

依通国土　何かについての相対的な理解の域を出ぬこと。本物でないこと。だましもの、業通依通の意。『古宿録』十二『南泉語要』に、「俺の言葉尻についてまわる奴は、依通の人だ、弥勒の出世に出会っても、頭の切り易えができまい」(292c) とある。

空拳黄葉…… 子供をあやす仕ぐさ。『涅槃経』嬰児行品 (485c, 729c)、『大般若経』第五九九 (1104c) 等に見える話で、実義なきをいう。禅録でも、『百丈広録』(178a)、『伝心法要』(383c)、『祖堂集』十六、南泉章 (297b)、その他に引かれている。『宗鏡録』六に、「經云、佛言、我説三乗十二分教、如空拳誑小兒、是事不知號日無明」(T48-445a)。『中陰経』上に、「譬如工幻法、以拳誑小兒」(T12-1063c)。『大智度論』二十 (T211a)。『修行道地経』三 (198c) に、「如誘小兒、呼之至前、來取手物而食噉之、小兒來至、一一擘指、而無所得……譬如以捉捲、用以誘小兒」。

蒺藜菱刺 はまびしと菱と。共にその実が固く、水気がないのをいう。次の枯骨も同じ。

心外無法 『宗鏡録』一〇〇、「杜順和尚攝境歸心眞空觀云、……心外更無一法可得」(T952a)。

求什麼物 「仏是無求人」(『百丈広録』177b)。

〔五二〕

你、諸方言道、有修有證。莫錯、設有修得者、皆是生死業。你言、六度萬行齊修。我見皆是造業。求佛求法、即是造地獄業。求菩薩、亦是造業、看經看教、亦是造業。佛與祖師、是無事人。所以、有漏有爲、無漏無爲、爲清淨業。有一般瞎禿子、飽喫飯了、便坐禪觀行、把捉念漏、不令放起、厭喧求靜、是外道法。祖師云、你若住心看靜、擧心外照、攝心內澄、凝心入定、如是之流、皆是造作。是你如今與麼聽法底人、作麼生擬修他證他莊嚴他。渠且不是修底物、不是莊嚴得底物。若教他莊嚴、一切物即莊嚴得。你且莫錯。

「你、諸方に言道《いわ》く、「修有り証有り」と。錯ること莫れ、設《たと》い修し得る者有るも、皆な是れ生死の業《ごう》なり。你言う、「六度万行《ろくどまんぎょう》斉しく修す」と。我れ見るに皆な是れ造業。仏を求め法を求むるも、即ち是れ造地獄《ぞうじごく》の業なり。菩薩を求むるも亦た是れ造業、看経看教《かんきんかんきょう》も亦た是れ造業。仏と祖師とは是れ無事の人なり。所以《ゆえ》に、有漏有為《うろうい》、無漏無為《むろむい》、清浄の業と為る。一般の瞎禿子《かっとくす》有って、飽くまで飯を喫し了って、便ち坐禅観行《ざぜんかんぎょう》し、念漏《ねんろ》を把捉《はしゃく》して放起《ほうき》せしめず、喧《けん》を厭い静《じょう》を求む、是れ外道《げどう》の法なり。祖師云く、「你、若し心を住《とど》めて静を看、心を挙《こ》して外に照らし、心を摂《せっ》して内に澄まし、心を凝《こら》して定《じょう》に入らば、是《かく》の如きの流《たぐい》、皆な是れ造作なり」と。是れ你、如今与麼《いまよも》に聴法する底の人、作麼生《そもさん》か他を修し、他を証し、他を荘厳《しょうごん》せんと擬《ぎ》す。渠《か》れ且らく是れ修する底の物にあらず、是れ荘厳し得る底の物にあらず。若し他をして荘厳せしめば、一切の物、即ち荘厳し得ん。你且らく錯ること莫れ。」

諸方言道　従来、次の句に連続して「諸方に言う、道に修有り証有りと」と読んでいるのは正しくない。言道はただ言うの意。『神会和尚遺集』（125）に、「所以に言道同じからず」とある。また、〔五三〕、〔八九〕を参照。cf.〔八二〕。

六度万行　仏道修行の条件となる六波羅蜜、及びその他のたくさんの行。

皆是造業　なにかためにする修行は本物でない、むしろ障げとなる。

看経看教　看経眼（『拈頌集』十四、石霜⑤105）、擇法眼（同十六、経山⑥67）。

佛興祖師、是無事人　『円悟心要』上に、「徳山云く、仏は只だ是れ箇の無事の人」（701b）。

有漏有為……　無事の人にとっては、本来無心の故に、一切が障げとならぬどころか、清浄の業となる。「有為無漏、無為無漏」（『大涅槃経』二十七、T12-523a）。『法雨経』七（T16-278b）。有漏が清浄となるか。清浄業處とする意。有漏・無漏の対立的分別を破す。

飽喫飯了　『仏説因縁僧護経』（T17-565c）「比丘之法、食後入房、接心坐禅」。『睦州録』（229a）、趙州にもあり（327a）。『伝灯録』十（台、p.179）の注をみよ。一僧契即飯了。『論語』（陽貨十七）に、一日中腹いっぱい飯をくって何も心を使わぬ。もったいないというのがある。「難矣哉」といっている（下、p.283）。

坐禅観行……　煩悩対治の坐禅をいう。念漏は煩悩の意。

『祖堂集』三崛多章（65b）に、北宗派の弟子が独坐看心していたのを訶した話をのせ、また、『聯灯会要』二十、徳山章（759a）にも、これを尼乾外道の法だと退けている。

厭喧求静　宝誌の『十四科頌』「静乱不二」（451a）の句。麦粉を捨ててパンを探すに同じという。

祖師　荷沢神会（六七〇―七六二）を指す。臨済がここで神会を祖師と呼んでいることは注目すべきで、おそらく、澄観、宗密を通じて、荷沢禅を学んだためであろう。

儞若住心看静……　『神会和尚遺集』（125, 133, 175）、『南陽和尚壇語』（『少室逸書』p.62）等に見える。住心看静以下は神会が北宗神秀系統の禅をこの四句に、要約し口を極めて排撃したもの。『心賦注』一に、「禅源集云、此言知者、不是證知、意説眞性不同木石、故云知也、非如縁境分別之識……故祖師云、空寂體上自有本知能知」（11b）。

是儞如今与麼聴法底人……　「他」、「渠」は、共に「如今与麼聴法底人」、すなわち「儞」を指す。お前自身を修したり飾ったりする必要が、どこにあるのか。お前はそんなしろものではない筈だ、ということ。

若教他荘厳……　お前の方が他の一切の物を荘厳することなら、それは可能だ。

〔五二〕

道流、儞取這一般老師口裏語、爲是眞道、是善知識不思議、我是凡夫心、不敢測度他老宿。瞎屢生、儞一生秖作這箇見解、辜負這一雙眼。冷噤噤地、如凍凌上驢駒相似。我不敢毀善知識、怕生口業。道流、夫大善知識、始敢毀佛毀祖、是非天下、排斥三藏教、罵辱諸小兒、向逆順中覓人。所以、我於十二年中、求一箇業性、如芥子許不可得。若似新婦子禪師、便卽怕趂出院、不與飯喫、不安不樂。自古先輩、到處人不信、被遞出、始知是貴。若到處人盡肯、堪作什麼。所以、師子一吼、野干腦裂。

「道流、儞、這の一般の老師の口裏《くり》の語を取って、是れ真道《しんどう》なり、是れ善知識不思議なりと為《おも》い、「我は是れ凡夫心、敢えて他の老宿を測度せず」という。瞎屢生《かつるせい》、伱一生祇だ這箇《しゃこ》の見解を作して、這《こ》の一双《いっそう》の眼に辜負《こふ》す。冷噤噤地《れいきんきんじ》なること、凍凌《とうりょう》上の驢駒《ろく》の如くに相似《あいに》て、「我れ敢えて善知識を毀《そし》らず、口業《くごう》を生ぜんことを怕る」という。道流、夫れ大善知識にして、始めて敢えて仏を毀り祖を毀り、天下を是非し、三蔵経を排斥し、諸小児を罵辱《めじょく》して、逆順の中に向かって人を覓《もと》む。所以に、我れ十二年中に、一箇の業性を求むるに、芥子許りの如きも不可得なり。若し新婦子《しんぷす》の禅師に似たらば、便即《すなわち》、院を趁《お》い出だして、飯を与えて喫せしめられず、不安不楽なることを怕れん。古よりの先輩、到る処に人信ぜず、逓《お》い出だされて、始めて是れ貴きことを知る。若し到る処に人尽く肯《うけが》わば、什《な》麼《に》を作すにか堪えん。所以に、師子一吼《いっく》すれば、野干脳裂《やかんのうれつ》す。」

為是真道……　句首の為は、意味の上からは我是凡夫心不敢測度他老宿まで掛かる語。旧訓に、「是れ真なりと為して道う」と読んでいるのは正しくない。真道は、〔七八〕。『仏蔵経』上、念僧品第四（T15-787b）、「是諸沙門随順為説、謂是真道、但充衆数、如放牛人、但楽読経不入真際、但悦人意貴於名利」。我是凡夫心云々は、しりごみする言葉。卑下すること。測度は、おしはかること。

辜負這一双眼　本来そろった二つの目玉を粗末にして。辜負はそむくこと。

冷噤噤地　ぶるぶるふるえて口もきけぬ。

凍凌上驢駒　いてつく氷上のろば。おずおずした様子。『伝灯録』二八、大達無業上堂、「如氷凌上行、似剣刃上走」（444c）。『普灯録』六、「如騎馬向冰凌上行」（117a）。

我不敢毀善知識……　私は口のたたりが怖いから、決して人様をそしりませぬ。つまらぬ老師の口裏の語を信じて、あたら自分を台なしにしてしまった人の言い草。従来、この「我」を臨済自身に解して、諸方の老師を思うざま非難して口かさを怖れぬ、という意と見ているが、語法上まったく誤りである。

是非天下　天下の老和尚を批判する。

排斥三蔵教　三蔵教は、本来は天台宗の教判でもっとも低い教えとされている小乗教を指すが、ここでは経律論の三蔵に拠る教宗すべてを含めていう。

罵辱諸小児　小児のような諸宗の学者をがなりとばす。

向逆順中覓人　表裏両面から人を鍛練する。あらゆる方法を以て相手を試みる。

十二年中　長年月にわたって、ということ。十二年は年期の単位を指し、『文殊師利根本儀軌経』十四（886c）に、「十二年を大年となす」といい、古く『維摩経』観衆生品（548b）、『羅什法師大乗義章』下（143b）等にこの例がある。

新婦子禅師　花嫁和尚。姑に気がねして常にびくびくしている様子。則るべき法や仏が外にあっては、いつも内心にこころもとない。なお、上文の如芥子許を、『大正蔵』は知芥子許に誤る。

自古先輩……　先駆者は常にどこでも迫害をうける。先達の気慨をいう。

師子一吼……　ライオンが一声ほえると、あらゆる動物たちは気絶してしまう。野干はインドの野犬、狼の一種。この語は、『五分律』三（18b）に見える故事にもとづく。

〔五三〕

道流、諸方説、有道可修、有法可證。你説、證何法修何法。你今用處、欠少什麼物、修補何處。後生小阿師不會、便即信這般野狐精魅、許他説事、繫縛他人、言道、理行相應、護惜三業、始得成佛。如此説者、如春細雨。古人云、路逢達道人、第一莫向道。所以言、若人修道道不行、萬般邪境競頭生。智劍出來無一物、明頭未顯暗頭明。所以、古人云、平常心是道。

「道流、諸方に説く、「道の修すべき有り、法の証すべき有り」と。你説け、何の法をか証し、何の法をか修せん。你が今の用処《ゆうじよ》、什麽物《なにもの》をか欠少《かんしよう》し、何の処をか修補《しゆうほ》せん。後生《こうせい》の小阿《しようあ》師《し》会《え》せずして、便即《すなわち》這般《しやはん》の野狐の精魅《せいみ》を信じて、他の事を説いて他の人を繫縛し、「理行相応し、三業を護惜《ごしやく》して、始めて成仏することを得」、と言道《い》うことを許す。此《かく》の如く説く者、春の細雨の如し。古人云く、「路に達道の人に逢わば、第一《だいいち》、道に向かうこと莫れ」と。

所以に言う、「若し人、道を修せば、道行ぜず。万般の邪境、頭を競って生ず。智剣出で来たって一物無し、明頭《みょうとう》未だ顕われざるに暗頭《あんとう》明らかなり」と。所以に古人云く、「平常心《びょうじょうしん》是れ道」と。」

伱説証何法……　「伱説」は、以下の二句に掛けていう。心法は本具であるのに、さらに改めてどんな法を証し、何の道を行ぜんとするのか。

修補　つくろい。修繕すること。白居易の興善惟寛碑にいう。四問の第二也（『伝灯録』七、惟寛章、255b）。

後生小阿師　新米の小僧。若ぞう。

許他説事……　他は上文の野狐の精魅、すなわち邪師を指し、説事は、もっともらしく説き立てること。「言道」は、言うこと。理行相応護惜三業は、理想に契うように身口意の行動をつつしむこと、したがって、拘束すること。先に挙げた煩悩対治の坐禅をいう。『宗鏡録』三三、「古徳釈云、禅宗失意之徒、執理迷事、云性本具足、何仮修求、但要亡情、即眞佛自現。法學之輩、執事迷理、何須孜孜修習理法。合之雙美、離之兩傷、理行雙修、以彰円妙、休心絶念名理行、興功渉有名事行、依本智者本覚智、此是因智……」（605b）。『楞伽師資記』の道信伝にいう、「学用心者、要須心路明浄……内外相称、理行不相違……」（T1287c）。神会の『顕宗記』に「行解相應、方能建立」（459b）。『萬善同歸集』中（973b）に同文。直接にダルマを批判せず、潙仰を非難するうちに。『大梅法常録』「須是行解相応始得」。『祖堂集』十八、潙山の句か（348a）。

如春細雨　極めて多いこと。この表現は、『増一阿含経』十八（640c）、五十（822a）等に見られる。

古人　司空山本浄禅師（六六七―七六一）を指す。

路逢達道人……　すでに道に達した人に向かって、道の話をする要はない。本当の道はも早や決して道とも呼ばれぬものだ、ということ。第一は、次の禁止の語「莫」を強める副詞。『伝心法要』（312c）。この句は、『祖堂集』三（68b）に、本浄と法空禅師との話として記されているもの。

所以言　この句もまた古人の偈の引用らしいが出処は不明。

若人修道道不行……　道を修行しようとする心を起こすことが、実は道をさまたげる様々の邪魔を引き起こす。むしろ、各人本具の智慧の剣で、あらゆる分別をなぎ伏せてしまえば、修行の悟りのという理想よりも先に、もともと自分の中に隠されていた分別以前のたくましい力が自由に動きはじめる。『祖堂集』八、華厳章に、「國乱思明主、道泰則尋常」（164b）。

尋常は平常の意なり。明頭は分別的な倫理の立場。理想の世界。暗頭は、無分別的な本来性の立場。野生のたくましさ。維摩入不二法門、「無明実性即是明、明亦不可取、離一切數」(551a)。『百丈広録』(179b)に、「是暗為藏明頭迹、明暗都遣莫取。無取亦無無取、他不明不暗」。

所以古人云……　何の衒いも気がねも要らぬ日々の生活が本当の道だ。この句は一般に南泉普願の語とされているが、南泉自身の説明によると、もと、江西馬祖の語であったらしい。『伝灯録』二八(445b)。

〔五四〕

大徳、覓什麼物。現今目前、聽法無依道人、歴歴地分明、未曾欠少。儞若欲得與祖佛不別、但如是見、不用疑誤。儞心心不異、名之活祖。心若有異、則性相別。心不異故、即性與相不別。

「大徳、什麼物をか覓《もと》めん。現今目前、聴法無依の道人、歴歴地に分明にして、未だ曽て欠少《かんしょう》せず。儞若し祖仏と別ならざらんことを得んと欲せば、但だ是《かく》の如くに見て、疑誤《ぎご》することを用いざれ。儞が心心《しんじん》不異《ふい》なる、之を活祖《かっそ》と名づく。心若し異有らば、即ち性相《しょうそう》別なり。心異ならざるが故に、即ち性と相と別ならず。」

祖仏不別……　『祖堂集』三、牛頭章に、「如是之法、汝今己得、更無闕少、与仏無殊、更無別法可得成仏……不作諸善、不作諸悪、行住坐臥、触目遇縁、惣是仏之妙用、快樂無憂、故名為仏」(52a)。

疑誤　とまどうこと。自信のないこと。疑謬(〔二三五〕)に同じ。

心心不異……　われわれのありのままの心が真理と寸分違わぬのが活きた祖師というものだ。この句は『宛陵録』に、「祖師西来して唯だ心仏を伝う、直に汝等が心の本来是仏なるを指す、心心不異なるが故に名づけて祖となす」(385b)とあるによったもの。活祖は活祖意(〔一一八〕)を参照。

性相　性は心性、相は心識を指す。『伝心法要』に、「深く含生同一真性なることを信じて、心と理とが分かれず、理が心であり心が理であるなら、それが祖と呼ばれる」（384b）とあり、性相不別なるところが、達摩禅の本領であることを言う。宗密が『禅源諸詮集都序』で、全仏教を三種に分かち、その第三を顕示真心即性教と呼び、禅門の直顕心性宗と対せしめているのと同意趣。上記の書の宇井博士の解説（p.271）参照。なお『大正蔵』は、本文の与字を脱す。cf.『伝心法要』（380a）。文殊は理、普賢は行、観音は大慈、浄名は性相。cf. 石田氏、『維摩経』(p.260)。

〔五五〕

問、如何是心心不異處。師云、伱擬問、早異了也、性相各分。道流、莫錯、世出世諸法、皆無自性、亦無生性。但有空名、名字亦空。伱祇麼認他閑名爲實。大錯了也。設有、皆是依變之境。有箇菩提依、涅槃依、解脱依、三身依、境智依、菩薩依、佛依。伱向依變國土中、覓什麼物。乃至、三乘十二分敎、皆是拭不淨故紙。佛是幻化身、祖是老比丘。伱還是娘生已否。伱若求佛、卽被佛魔攝。伱若求祖、卽被祖魔縛。伱若有求皆苦。不如無事。

問う、「如何なるか是れ心心不異の処。」師云く、「伱問わんと擬するとき、早く異にし了れり、性相各《おのおの》分かる。道流、錯ること莫れ、世出世の諸法は、皆な自性《じしょう》無く、亦た生性《しょうしょう》無し。但だ空名のみ有り、名字も亦た空なり。伱、祇麼《しも》に他の閑名《かんみょう》を認めて実と為す。大いに錯り了れり。設《たと》い有るも、皆な是れ依変《えへん》の境なり。箇《こ》の菩提依、涅槃依、解脱依、三身依、境智依、菩薩依、仏依有り。伱、依変国土の中に向かって、什麼物をか覓めん。乃至、三乗十二分教も、皆な是れ不浄を拭うの故紙《こし》なり。仏は是れ幻化身《げんけしん》、祖は是れ老比丘《ろうびく》。伱還って是れ娘生《にょうしょう》なりや（已否）。伱若し仏を求めば、即ち仏魔に摂《せつ》せられん。伱若し祖を求めば、即ち祖魔に縛せられん。伱若し求むること有れば皆な苦なり。如《し》かず、無事ならんには。」

世出世諸法　世間のことも出世間のことも。一切諸法。後の〔八四〕に、「世与出世、無仏無法、亦不現前、亦不曽失」。

皆無自性……　そのもの自身の本質（性）も、そのようなものとして生じてある姿（相）も、共に絶対的なものではない。『唐訳楞伽』六に、「諸法本不生、空無有自性」（T626b）、「心性実無相、無智取種々、分別迷惑相、是名依他起」（T627a）。

生性　『涅槃経』二一、「善男子、有漏之法、未生之時、已有生性、故生能生、無漏之法、本無生性、是故生不能生」（T12-490c）。望月辞典（三―2674c）。『宗鏡録』十七に、「法性者、所謂空性、無生性、此即諸佛第一義身」（T48-508b）。

但有空名……　空なる名のみであり、その空という名も本当は空である。『思益経』（T37a）。『維摩経』問疾品の、「唯空病のみあり。空病もまた空なり」（T14-545a）。『文殊般若経』に、「我者但有名字、名字相空」（T8-728a）。

祇麽認他閑名……　一向にそれらの仮名に執着して、絶対的なものと思い込む。『洞山録』に、入滅のとき閑名を除け、とあり（526b）。

設有皆是依変之境　よしんば名を立てるとしても、みな相対的な立場の相違にすぎぬ。

有箇菩提依……　一般に出世間の真実とされている菩提も涅槃も解脱も仏もみな本当はそれらを知らない人のためのかりの道しるべである。至ってしまえば道しるべは無用である。なお、ここで境智というのは、一般に所観の境、能観の智といわれる止観の立場をいう。『永嘉集』毘婆舎那頌第五（390c）に詳しい。『三論玄義』（12a, 14a）にもみゆ。なお、『大正蔵』は涅槃を涅繋に誤る。佛依は、『楞伽経』一（T16-486a）に、依仏、法仏をいう。化佛のこと。

拭不浄故紙　便所のちり紙。

祖是老比丘　『法華玄義』七、「八十二歳老比丘身」（768c）。

伱還是娘生已否　お前はいったいお母さんから生まれたとでも思っているのか、「そうではない筈だ」ということ。母から生まれたのか、そうではない筈だ。女から生まれたら苦しいぞ、父を殺し母を害して初めて解脱をえん。生れのままでバラモンではない、生まれたままに満足してはいけない。「還……已否」は、反問の意を表す。已否は以否・以不・已不・也不などと同じく、疑問文の終に用いる助詞（『安楽集』T14b）。従来、「母より生まれたままの本来の面目を保ってきているかどうか」と解しているのは曲解である。なお、この句は上文に続けて、仏も祖も結局われわれと少しも違わぬ人間だ、お前も母から生まれた以上、必ず死なねばならぬのに、ぐずぐずしていてはいかん、というごとく理解されるが、またさらに下の句に続けて、母から生まれて何もかも具備しているのに、若しそれを忘れて他に求めるなら、自ら苦を招くばかりだ、とも解せられる。おそらく両義を含むのであろう。

佛魔　佛という魔（祖魔）。

〔五六〕

有一般禿比丘、向學人道、佛是究竟、於三大阿僧祇劫、修行果滿、方始成道。道流、你若道佛是究竟、緣什麼、八十年後、向拘尸羅城、雙林樹間、側臥而死去。佛今何在。明知、與我生死不別。你言、三十二相、八十種好是佛。轉輪聖王、應是如來。明知是幻化。古人云、如來擧身相、爲順世間情。恐人生斷見、權且立虛言。假言三十二、八十也空聲。有身非覺體、無相乃眞形。

「一般の禿比丘《とくびく》有って、学人に向かって道《い》う、「仏は是れ究竟《くぎょう》なり、三大阿僧祇劫《さんだいあそうぎこう》に於て修行果満《しゅぎょうかまん》して、方に始めて成道す」と。道流、你若し「仏は是れ究竟なり」と道《い》わば、什麼に縁ってか、八十年後、拘尸羅城双林樹《くしらじょうそうりんじゅ》の間に向かって、側臥《そくが》して死し去る。仏今何《いずこ》にか在る。明らかに知んぬ、我が生死と別ならざることを。你言う、「三十二相、八十種好《しゅごう》是れ仏」と。転輪聖王《てんりんじょうおう》も応《まさ》に是れ如来なるべしや。明らかに知んぬ、是れ幻化なることを。古人云く、「如来挙身《こしん》の相は、世間の情に順ぜんが為めなり。人の断見《だんけん》を生ぜんことを恐れて、権《か》りに且《しば》らく虚言《こごん》を立つ。仮りに三十二と言う、八十も也《ま》た空声《くうしょう》なり。有身《うしん》は覚体《かくたい》に非ず、無相乃ち真形《しんぎょう》」と。」

三大阿僧祇劫　三祇劫（〔一二二〕、〔三二一〕）をみよ。

八十年後　仏陀の年齢については異説があるが、一般に、八十歳が通説である。

拘尸羅城　クシナガラ（kuśinagara）。中インドの一城市。仏陀入寂の地。角城、または茅城などと訳す。

双林樹　仏陀は二対の沙羅 śāla 樹の下で入寂し、樹葉白変して鶴のごとくであったと伝え、これを双樹林、または鶴林などという。

明知　はっきり判った。次のことを断言していう語。

三十二相八十種好　すぐれた人の相。顔や身体のめでたい特徴。古代インドでは、この相あるものは、国に在りては聖王となり、出家すれば無上覚者となると信じた。

転輪聖王応是如来　転輪聖王もまた如来でなくてはならないのか、ということ。応是は、強く反問していう語。『金剛経』の句による（752a）。転輪聖王は、cakravartī-rāja の訳で、インド古代の理想の聖天子。この王が即位するとき、天より宝輪が下り、この輪を転じて全世界を治めることができると考えられた。

是幻化　『宗鏡録』十六、「経云、如来之身是幻化身」（T502c）。

古人　傅大士を指す。次の句は燉煌本『梁朝傅大士頌金剛経』（2b）の「如来所説身相即非身相……」の条下に見えるもの。

如来挙身相……　挙身は全身。ここでは法報化三身のすべてを指す。断見はわれわれの生命が身体の死と共に絶滅するとする考え。またこれに反して身心共に不滅とする考えを常見といい、仏教はそのいずれをも悪見としてとらない。虚名は方便上のかりの名。臨済が先に法性身法性土明知是建立之法依通国土（〔五〇〕）といっているもの。覚体は自己をさとれる人、すなわち仏陀の意。無相真形は、無相の相の意。一切の相を絶するが故に、あらゆる相を自由にとることができる主体をいう。

〔五七〕

你道、佛有六通、是不可思議。一切諸天、神仙、阿修羅、大力鬼、亦有神通。應是佛否。道流、莫錯、秪如阿修羅、與天帝釋戰、戰敗領八萬四千眷屬、入藕絲孔中藏。莫是聖否。如山僧所擧、皆是業通依通。夫如佛六通者、不然。入色界不被色惑、入聲界不被聲惑、入香界不被香惑、入味界不被味惑、入觸界不被觸惑、入法界不被法惑。所以、達六種色聲香味觸法皆是空相、不能繫縛此無依道人、雖是五蘊漏質、便是地行神通。

「你道《い》う、「仏に六通《ろくつう》有り、是れ不可思議なり」と。一切の諸天、神仙《しんせん》、阿修羅《あしゅら》、大力鬼《だいりきき》も亦た神通《じんずう》有り。応《まさ》に是れ仏なるべしや。道流、錯ること莫れ、祇だ阿修羅と天帝釈《てんたいしゃく》と戦いしが如き、戦敗れて八万四千の眷属《けんぞく》を領して、藕糸孔中《ぐうしくちゅう》に入って蔵《かく》る。是れ聖なること莫しや。山僧が挙《こ》する所の如きんば、皆な是れ業通依通《ごつうえつう》なり。夫れ仏の六通の如きは然らず。色界《しきかい》に入って色惑を被《こうむ》らず、声界《しょうかい》に入って声惑を被らず、香界《こうかい》に入って香惑を被らず、味界に入って味惑を被らず、触界《そくかい》に入って触惑を被らず、法界に入って法惑を被らず。所以《ゆえ》に、六種の色声香味触法、皆な是れ空相なるに達して、此の無依の道人を繋縛すること能わず。是れ五蘊《ごうん》の漏質《ろぜつ》なりと雖ども、便ち是れ地行《じぎょう》の神通なり。」

六通　六種の神秘的能力。神境通、天眼通、天耳通、宿命通、他心通、漏尽通、をいう。前の五は、諸天神仙にもあるが、第六の漏尽通（煩悩を完全に滅しつくすこと）は、仏にのみ具わる能力とする。

諸天神仙……　天界の神で、二十八種ありという。神仙は仙道で、出世間の道を修行する仙人。仏教で外道と称している人々。阿修羅 Asura は、戦闘の神。大力鬼は餓鬼道の神。『円覚経』の結尾に、この鬼王が十万の仲間と共に経の守護を誓ったという（922a）。

如阿修羅与天帝釈戦……　この戦争のことは『菩薩処胎経』七（1052a）、『華厳経』十五（79a）、同七（439b）、『法苑珠林』五（310b）等に詳しい。禅録では『百丈広録』（168b）に見え、近くは白隠の藕糸弁でやかましいもの。藕糸孔中は蓮の糸の穴の中。

莫是聖否　聖者ではあるまい。

業通依通　業通は前世の業によって生まれながら具った本能の力。依通は物力や呪術薬品等によって現す能力。前の〔五〇〕の依通とは別。僧肇の作といわれる『宝蔵論』離微体浄品（147b）に右を含めて五通を説いている。

入色界不被色惑……　以下、臨済が自己の見地からみた六通を挙げて説く。先に六道の神光（〔一八〕）と言ったものと同じく、彼は独自の立場からこれを六根の自在性において見るのであるが、その意はおそらく『維摩経』によったものであろう。問疾品に、「六通を行ずと雖ども、而も漏を尽くさざる、是れ菩薩の行なり」(545c) といい、また、「五根を行ずと雖ども、而も衆生の諸根の利鈍を分別する、是れ菩薩の行なり」(545c) とある。

五蘊漏質　肉体をいう。五蘊和合、有漏の物体の意。

地行神通　日々の行動ことごとく仏の妙用なること。地行は地行仙で、空中を飛行するものに対して地上にいる意。『伝灯録』九龐居士の章に、「神通並びに妙用、水を運び又柴を搬ぶ」(263b) とある。『祖堂集』三、法融章に、『神通妙用並在汝心』(51b)。「抱朴子第二、上士擧形昇虚、謂之天仙、中士遊於名山、謂之地仙。下士先死後脱、謂之尸解仙」(塚本善隆『魏書釈老志』p.316)。

〔五八〕

道流、眞佛無形、眞法無相。伱祇麼幻化上頭、作模作樣。設求得者、皆是野狐精魅。並不是眞佛、是外道見解。夫如眞學道人、並不取佛、不取菩薩羅漢、不取三界殊勝、迥然獨脱、不與物拘。乾坤倒覆、我更不疑。十方諸佛現前、無一念心喜、三塗地獄頓現、無一念心怖。緣何如此。我見諸法空相、變卽有、不變卽無。三界唯心、萬法唯識。所以、夢幻空花、何勞把捉。

「道流、真仏無形《しんぶつむぎょう》、真法無相《しんぽうむそう》。伱祇麼《しも》に幻化上頭《げんけじょうとう》に、模《も》を作《な》し様《よう》を作す。設《たと》い求め得る者も、皆な是れ野狐の精魅《せいみ》。並びに是れ真仏にあらず、是れ外道の見解なり。夫れ真の学道人の如きは、並びに仏を取らず、菩薩羅漢を取らず、三界の殊勝を取らず、迥然独脱《けいねんどくだつ》して物と拘《かかわ》らず。乾坤倒覆《けんこんとうふく》すとも我れ更に疑わず、十方の諸仏現前するも一念心の喜び無く、三塗地獄《さんずじごく》頓に現ずるも、一念心の怖れ無し。何に縁ってか此《かく》の如くなる。我れ、諸法の空相にして、変ずれば即ち有《う》、変ぜざれば即ち無《む》、三界唯心《さんがいゆいしん》、万法唯識《まんぼうゆいしき》なるを見ればなり。所以にいう、「夢幻空花《むげんくうげ》、何ぞ把捉《はしゃく》を労《ろう》せん」と。」

真仏無形……　真の仏法は一切の限定を絶するということ。しかも、それが学人自身でなければならないことは、すでに即今聴法底の人が無形無相無根無本である（〔四三〕）、といっている点に窺われる。

幻化上頭……　幻化について臆見を加える。

並不取仏　決して仏など問題とせぬ。気にかけぬ。「並」は否定を強める語。

逈然独脱……　あらゆるものからはるかに高く抜き出ること。『百丈広録』に、「其の心は自在で、すっぱりと虚化塵労の世界とのかかわりを絶し逈然として何ものにも寄らぬ」（821b）という。『大正蔵』に逈然を逈無となし、後の無一念心を為一念心となすのは誤り。

乾坤倒覆……　天地がひっくりかえっても驚かぬ。『肇論』に、「乾坤倒覆すとも本来の静けさを失わず、大海が空まで波だっても動ぜぬ」（151c）という。ここで我更不疑とあるのは、おそらくこの語が当時すでに一般に慣用句となっていたのであろう。

十方諸仏現前……　われわれの一念が天堂、地獄の因であり、本来の無念にかえったところこそ真仏にほかならぬ。三途は正しくは三途の意で、地獄、畜生、餓鬼の三悪道を指し、三悪道にそれぞれ火途、血途、刀途の三途ありとなすよりいう語。『神会録』（石井 p.27）。『中陰経』二巻あり。中陰にして、次の生をマスターする、自在にする。

我見諸法空相……　縁来るも有ならず、縁去るも無ならず、常に空相ということ。「変」は展変、すなわち縁起。不変は性の立場をいう。

三界唯心……　『成唯識論』七（39a）に、「契経に説けるが如く、三界は唯心なり、また所縁（対象）は唯だ識の所現なり」とあるにもとづく語。『宋高僧伝』四、新羅義湘伝に、唯識を求めて入唐を志した元暁が海上でこの句の意を悟って入唐しなかったという（729a）。この句は、『祖堂集』三、慧忠章（61b）にも経の語としているが、このままの句が経にあるのではない。おそらくは、『華厳経』の所説にもとづいて唐代に慣用されたもの。禅録では『伝灯録』十二、睦州章（292a）や、『黄檗語録』（840a）、『法眼録』（588b）、『碧巌録』八十則（206b）等に見える。また『心地観経』八（327b）、『起信論』（577b）。

夢幻空花……　『信心銘』の句（376c）。すべてが、仮有空相なるを説いたもの。後に〔七三〕に再び引かれる。

〔五九〕

唯有道流、目前現今聽法底人、入火不燒、入水不溺、入三塗地獄、如遊園觀、入餓鬼畜生、而不受報。緣何如此、無嫌底法。你若愛聖憎凡、生死海裏沈浮。煩惱由心故有、無心煩惱何拘。不勞分別取相、自然得道須臾。你擬傍家波波地學得、於三祇劫中、終歸生死。不如、無事向叢林中、牀角頭交脚坐。

「唯だ道流、目前現今聴法する底の人のみ有って、火に入って焼けず、水に入って溺れず、三塗地獄に入るも、園《おん》観《かん》に遊ぶが如く、餓鬼畜生に入るも、而も報を受けず。何に縁ってか此《かく》の如くなる。嫌う底の法無ければなり。「你若し聖を愛し凡を憎まば、生死海裏に沈浮《ちんぷ》せん。煩悩は心に由るが故に有《う》なり、無心ならば煩悩何ぞ拘わらん。分別取相を労せず、自然に得道須臾《とくどうしゆゆ》なり」と。你傍家《ぼうけ》に波波地《ははじ》に学得せんと擬せば、三祇劫中に、終に生死に帰せん。如かず、無事にして、叢林の中に向かって、牀角頭《しょうかくとう》に脚を交えて坐せんには。」

唯有道流……　一転して夢幻法中に活動する你が真人の自在さを叙べる。

入火不焼……　この句は、超自然的不可思議や咒術的神秘をいうのでなく、火にも水にもとらわれぬ自在さを示したもの。『百丈広録』(173a, 174a)に、「火に入って焼かれまいとするなら、それは執着にすぎぬ。仏の自在さは、火に入って焼けぬばかりでなく、焼けようと思えばいつでも焼け得ることだ」という。三塗地獄は『法華経』の句。

園観　公園。また、歓楽の場所。『古宿録』十二、『南泉録』(299a)。『大恵書』、「答劉宝学」(926a)。『維摩経』菩薩行品第十一、「在諸禅定、如地獄想、於生死中、如園観想」(554b)。

入餓鬼畜生……　『維摩経』仏道品。

你若愛聖憎凡……　以下の六句は宝誌の『大乗讃』(『伝灯録』二九、449b)による。旧訓に不労分別取相を条件句に読んでいるのは正しくない。無心ならば煩悩も問題にならず、分別してわざわざ聖を求めるまでもなく、自ずから直に道に至るのだ、ということ。

無心　牛頭の無心論と同系。

叢林　僧堂をいう。インドで樹蔭に僧たちが集って修道したことからいう。また林のように集まる意ともなす。

牀角頭　椅子の上。角頭は本来は隅の意で、その辺ということ。

〔六〇〕

道流、如諸方有學人來、主客相見了、便有一句子語、辨前頭善知識。被學人拈出箇機權語路、向善知識口角頭攛過、看你識不識。你若識得是境、把得、便拋向坑子裏。學人便卽尋常、然後便索善知識語。依前奪之。學人云、上智哉、是大善知識。卽云、你大不識好惡。如善知識、把出箇境塊子、向學人面前弄、前人辨得、下下作主、不受境惑。善知識便卽現半身、學人便喝。善知識又入一切差別、語路中擺撲。學人云、不識好惡老禿奴。善知識歎曰、眞正道流。

「道流、如《も》し諸方の学人有って来るとき、主客相見《しょうけん》し了って、便ち一句子《いっくす》の語有って、前頭《ぜんとう》の善知識を弁ず。学人に箇《こ》の機権《きけん》の語路《ごろ》を拈出《ねんしゅつ》して、善知識の口角頭《こうかくとう》に向かって攛過《ざんか》して、「看よ你識るや識らずや」とい被《わ》れん。你若し是れ境なることを識得《しきとく》せば、把得《はとく》して、便ち坑子裏《きょうすり》に拋向《ほうこう》す。学人便即《すなわち》尋常にして、然る後に善知識の語を索む。依前として之を奪う。学人云く、「上智なる哉、是れ大善知識」と。即ち云く、「你大いに好悪を識らず」と。如《も》し善知識箇の境塊子《きょうかいす》を把出して、学人の面前に向かって弄すれば、前人弁得して、下下《げげ》に主と作《な》って境惑を受けず。善知識便即《すなわち》半身を現ず、学人便ち喝す。善知識、又一切差別の語路《ごろ》の中に入って擺撲《はいぼく》す。学人云く、「好悪を識らざる老禿奴」と。善知識歎じて曰く、「真正の道流」と。」

主客相見　以下、師家と弟子のやりとりを、四つの場合に分かって説く。この問題は後に〔六八〕にも見え、一般に臨済の四賓主の公案と呼ばれる。

一句子語　一語で先方の能力を試みるような問。

前頭　目前の人。相手。

機権語路　相手をひっかけるような言葉のわな。澄観の『華厳経疏』三に「語言、語路、語業、語表、是為法教」(T35-518b)。出人底の路・すじ。

口角頭　口のあたり。口先。

擉過　突き出すこと。

看伱識不識　どうだ、貴公わかっているか。学人のいう言葉。

伱若識得是境　伱は師家。学人の出方がそぶりにすぎぬのを看破ること。

把得便抛向……　ひったくって穴の中に放り込む。坑子はおそらく不浄の坑子で、二度ととり出し得ぬ処の意。

学人便即尋常　学人はすぐさま普通にかえる。今まで高飛車に出ていた態度をにわかに攻めること。従来の解釈では、学生は依然として平気の平左で、となす。

然後便索善知識語　今度は正面から、一言お教え願いたい、と切り込む。

上智哉……　ほめて愚弄する語。『維摩経』優婆離章(541b)。

如善知識……　今度は師家の方から学人を試みる場合。境塊子は解し難いが、とりつくしまもないそぶり。手出しのできぬ様子をいうのであろう。

前人弁得……　前人は学人。下下作主もはなはだ解し難いが、『敦煌変文』「孔子項託相問書」(p.233)に見える下下の語を別本で一一と改めているから、今の場合も、師家の言下に一つ一つ、随処に主と作る意であろう。この場合、『趙州録』に見える次の用例が参考となる。

　鎮府大王、師に問う、尊年、幾箇の歯在る有りや。師云く、只だ一箇の牙有るのみ。大王云く、争でか物を喫し得ん。師云く、然も一箇なりと雖ども下下に咬著す(323a)。

　なお、『古宿録』本及び『大正蔵』が校合に用いた宮内省本では、下下の二字が了不となっていて、「了いに主と作らず」と読むことができ、はなはだ理解しやすいが、今しばらく底本に従っておく。また『四分律資持記』下に、「下下引證」(T40-374a)、『祖堂集』十六(304b)に、「師(南泉)云、只解作客、不解作主」とある。

境惑　『祖堂集』四、薬山章による(87b)。

善知識便即現半身　おびき出されて思わず本性を表す。半身を現すとは、『五分律』三(22a)によれば、神変を現ずる意。

〔六一〕

如諸方善知識、不辨邪正、學人來問、菩提涅槃、三身境智、瞎老師便與他解說、被他學人罵著、便把棒打他言無禮度。自是你善知識眼、不得嗔他。有一般不識好惡禿奴、即指東劃西、好晴好雨、好燈籠露柱。你看、眉毛有幾莖。這箇具機緣。學人不會、便即心狂。如是之流、總是野狐精魅魍魎。被他好學人嗌嗌微笑、言瞎老禿奴惑亂他天下人。

「如《も》し諸方の善知識邪正を弁ぜず、学人来たって、菩提・涅槃・三身・境智を問うとき、瞎老師便ち他《かれ》の与《た》めに解《げ》説《せつ》せんに、他《そ》の学人に罵著《めじゃく》せられて、便ち棒を把って他《かれ》の言に礼度《れいど》無きを打せん。自《おの》ずから是れ你善知識眼無し、他を嗔《いか》ることを得ず。一般の好悪《こうお》を識らざる禿奴《とくぬ》有って、即ち東を指し、西を劃し、晴を好み雨を好み、灯籠露柱《とうろうろちゅう》を好む。你看よ。眉毛幾茎《びもういくけい》か有る。「這箇機縁《しゃこきえん》を具《ぐ》す」と、学人会《え》せずして便ち心狂す。是の如きの流《たぐい》、総《そう》に是れ野狐の精魅魍魎《せいみもうりょう》。他《か》の好学人に嗌嗌《あくあく》として微笑して、「瞎老禿奴《かつろうとくぬ》、他《か》の天下の人を惑乱す」と言われん。」

境智　境惑なり。

罵著　痛罵すること。罵辱（〔五二〕）に同じ。

打他言無礼度　相手の言葉の無礼なことを叱る。また、「無礼なことを言う奴じゃ」と師家が学生に対していう語とみてもよい。従来、礼度無しと言う、と読んでいるのは誤り。『潙山警策』に、「或被軽言、便責後生無礼」（933a）。

自是　もともと。いうまでもなく。

指東劃西……　〔三二〕を参照。

好晴好雨　潙山を予想す。

好燈籠露柱　『伝灯録』九、潙山章、「大好灯籠」（T265a）。『大慧録』十八に、「仏眼下有一種覷燈籠露柱、指東畫西、如眼見鬼一般」（T47-887a）。

伱看眉毛有幾茎　臨済が悪老師を批判していう語。中国では、邪法を説くと眉毛が抜け落ちるという俗信があるよりいう。『碧巌録』八則の評唱（148b）を参照。『釋門自鏡録』下に、「齊梁州薛寺僧道遠宴眉毛堕落事」（T51-815b）、序に、「或舌銷眉落」（T802c）。『洞玄靈宝』三、洞奉道科戒營始巻之一に、眉毛堕落者は三宝を誹謗するものという（『大正大学報』四八、p.87）。また『スッタニーパータ』一〇二六、その注（文・p.257）をみよ。

這箇具機縁　この句は極めて難解で、古来、種々の解釈がなされているが、いずれも承服し得ない。今かりに、「これはすばらしい機会だ」と、悪老師に惚込んでしまった学生の語と解して本文を訓み下す。道忠の説では、あくまで臨済の語として、この事（悟り）は師弟の機縁契合が重要だ、という意としているが、少し無理のようである。また悪知識が眉毛堕落に至るのは理由のあることだ、と解してもよい。具機縁は、菩薩戒を受授する際の具縁の意か。また『歴代法宝記』無相の章には、毎年十二月と正月の受縁を伝える（185a）。

学人不会……　何もわからぬ学人は、だまされながら有頂天になる。

魍魎　妖怪変化。すだま。

嗑嗑微笑　くっくっとあざ笑う。のどから出る笑い。

〔六二〕

道流、出家兒且要學道。祇如山僧、往日曾向毘尼中留心、亦曾於經論尋討。後方知是濟世藥、表顯之説。遂乃一時拋却、即訪道參禪。後遇大善知識、方乃道眼分明。始識得天下老和尚、知其邪正。不是娘生下便會、還是體究練磨、一朝自省。

「道流、出家児は且らく学道を要す。祇だ山僧が如きも、往日曽て毘尼《びに》の中に向かって心を留め、亦た曽て経論に於て尋討《じんとう》す。後、方《まさ》に是れ済世《さいせい》の薬、表顕《ひょうけん》の説なることを知って、遂に乃ち一時に拋却《ほうきゃく》して、即ち道を訪ね禅に参ず。後に大善知識に遇うて、方《まさ》に乃ち道眼分明にして、始めて天下の老和尚を識得して其の邪正を知る。是れ娘生下《にょうしょうげ》にして便ち会《え》するにあらず、還って是れ体究練磨《たいきゅうれんま》して一朝に自から省《せい》す。」

毘尼　毘奈耶 vinaya の略で、律と訳され、仏が制した教団の生活規則をいう。当時の修行者は、はじめ小乗律によって出家するのが常であった。

亦曾於経論尋討　『証道歌』に、「吾れ早年よりこのかた学問を積み、亦た曾て疏を討ね経論を尋ぬ」（396c）という。

済世薬　世わたりの法。世俗の立場からする一時的な方便ということ。病が治れば薬は無用である。

訪道参禅　『修行道地経』三（T15-200b）に、「其修行者、已成道眼、悉見諸方三悪之処、譬如霖雨一旦晴除。有明眼人、住於山頂、観視城郭郡国縣邑聚落人民。樹木花実流水源泉、獅子虎狼象馬羊鹿、及諸野獣、行来進止、皆悉見之」とある。

道眼分明　人生の本すじを見通す眼。真正の見解をいう。

識得天下老和尚……　一流の老師といえども怖れぬ。

不是娘生下便会……　母の胎内から生まれたとたんにすぐ判るというものではない、はげしい精進修行の結果、初めて本当の道にめざめたのだ、ということ。娘生は、〔五五〕をみよ。体究錬磨については、『象山語録』に「窮究磨煉、一朝自省」（p.25b）とある。一朝自省とは、修行の長短によってではなく、省悟の真実による意。清涼澄観の言葉に、「即心即仏なりと雖ども、唯だ証する者のみ方に知る」（『伝灯録』二十、459b）とある。

〔六三〕

道流、你欲得如法見解、但莫受人惑。向裏向外、逢著便殺。逢佛殺佛、逢祖殺祖、逢羅漢殺羅漢、逢父母殺父母、逢親眷殺親眷、始得解脱。不與物拘、透脱自在。如諸方學道流、未有不依物出來底。山僧向此間、從頭打。手上出來手上打。口裏出來口裏打。眼裏出來眼裏打。未有一箇獨脱出來底。皆是上他古人閑機境。

「道流、你如法の見解を得んと欲せば、但だ人惑を受くること莫れ。裏《うち》に向かい外に向かって、逢著《ぶじゃく》せば便ち殺せ。

仏に逢うては仏を殺し、祖に逢うては祖を殺し、羅漢に逢うては羅漢を殺し、父母に逢うては父母を殺し、親眷に逢うては親眷を殺して、始めて解脱を得ん。物に拘せられず、透脱自在《とうだつじざい》なり。諸方の学道流の如きは、未だ物に依らずして出で来たる底有らず。山僧、此間《すかん》に向かって従頭《じゅうとう》に打す。手上に出で来たれば手上に打し、口裏に出で来たれば口裏に打し、眼裏に出で来たれば眼裏に打す。未だ一箇の独脱《どくだつ》して出で来たる底有らず。皆な是れ他《か》の古人の閑機境《かんききょう》に上る。」

道流……　この段、〔四九〕を併せみよ。

如法見解　あるべきあり方。真正の見解に同じ。

向裏向外……　内にも外にも何らかの権威を認めてはならぬ。殺は捨の意で、『伝心法要』に、「内外身心一切倶に捨てて、猶お虚空の取著する所無きが如く、然る後に方に随い物に応じて、能所皆な忘る、是を大捨となす」(382a)とある。

逢仏殺仏……　仏と祖と羅漢は出世間の理想であり、父母と親眷は社会倫理の根本であるが、それらの名にとらわれて絶対視することを戒めたもの。これらの五逆罪の真意について、臨済は後に〔八五〕で独自の解釈を下している。五無間業の段〔三六〕〔八四〕〔八五〕参照。また『祖堂集』十六、南泉章には、「曹山云く、殺佛殺祖」(299a)とあり、『大乗稲芉経疏』には「若人能殺於父母、王及二種浄行人、能壊国土并眷属、此人名為清浄者等」(T85-547c)とある。

不與物拘　『徹翁行状』に引く(T81-242)。

透脱自在　何ものもよせつけぬ高さ。きびしさ。

従頭　始めから。

手上出来手上打……　手ぶり、口先、目の動きなど見せようとしても、俺は立ちどころに相手の出方に即応してさばいてゆく。みな古人の追随者流ばかりだ。

閑機境　つまらぬ手くだ。閑塵境、閑名句に同じ。

〔六四〕

山僧、無一法與人、祇是治病解縛。你諸方道流、試不依物出來、我要共你商量。十年五歳、並無一人。皆是依艸附葉、竹木精靈、野狐精魅、向一切糞塊上亂咬。瞎漢、枉消他十方信施、道我是出家兒、作如是見解。向伱道、無佛無法、無修無證。祇與麼傍家、擬求什麼物。瞎漢、頭上安頭。是伱欠少什麼。

「山僧、一法の人に与うる無し。祇だ是れ病を治し縛《ばく》を解く。伱、諸方の道流、試みに物に依らずして出で来たれ、我、伱と共に商量《しょうりょう》せんことを要す。十年五歳、並びに一人も無し。皆な是れ依艸附葉《えそうふよう》、竹木の精霊《しょうりょう》、野狐の精《せい》魅《み》、一切の糞塊《ふんかい》上に向かって乱咬《らんこう》す。瞎漢《かつかん》、枉《みだり》に他の十方の信施《しんせ》を消《しょう》し、「我は是れ出家児」と道《い》って、是《かく》の如きの見解を作す。伱に向かって道う、「無仏無法、無修無証」と。祇だ与麼に傍家に、什麼物をか求めんと擬す。瞎漢、頭上《ずじょう》に頭《ず》を安ず。是れ伱、什麼をか欠少《かんしょう》す。」

山僧無一法与人　俺が、お前にこと新しく教えるものは何もない。『伝灯録』十五、徳山章（318a）に同一の語がある。

治病解縛　本来の健康は伱自身のものだ。俺の方から与えるわけにいかぬ。

十年五歳　いつになっても。

皆是依艸附葉……　出て来る奴はみな妖怪変化が糞の上に乱舞するに等しい。古人の手くだのうけ売りばかりなるをいう。

瞎漢枉消他十方信施……　檀信徒の心血をくい散らして出家だとぬかす。枉は、いたずらにということ。従来、まげてと読んでいるのは妥当で古い。『聯灯会要』二十、徳山章（758c）に同一の語がある。

向伱道　断言していおう。先に「山僧が見処に約せば無仏無衆生……」（〔三八〕）といったのをくりかえして挙げたもの。

頭上安頭　演若達多の故事を指す。『広灯録』八、黄檗章、「伱云何頭上更著頭」（663a）。

〔六五〕

道流、是你目前用底、與祖佛不別。祇麼不信、便向外求。莫錯、向外無法、内亦不可得。你取山僧口裏語、不如休歇無事去。已起者莫續、未起者不要放起、便勝你十年行脚。約山僧見處、無如許多般、祇是平常。著衣喫飯、無事過時。你諸方來者、皆是有心、求佛求法、求解脱、求出離三界。癡人、你要出三界、什麼處去。佛祖是賞繫底名句。你欲識三界麼。不離你今聽法底心地。你一念心貪、是欲界。你一念心嗔、是色界。你一念心癡、是無色界、是你屋裏家具子。三界不自道、我是三界。還是道流、目前靈靈地照燭萬般、酌度世界底人、與三界安名。

「道流、是れ你が目前に用うる底、祖仏と別ならず、祇麼《しも》に信ぜずして、便ち外に向かって求む。錯ること莫れ、外に向かって法無く、内も亦た不可得《ふかとく》なり。你、山僧が口裏《くり》の語を取る、如《し》かず休歇《きゅうけつ》して無事にし去らんには。已起《いき》の者は続《つ》ぐこと莫れ、未起《みき》の者は放起することを要せずんば、便ち你が十年の行脚《あんぎゃ》に勝らん。山僧が見処に約せば、如許多《そこばく》般《はん》無し、祇だ是れ平常なり。著衣喫飯、無事にして時を過ごす。你、諸方より来たる者、皆な是れ有《う》心《しん》にして、仏を求め法を求め解脱を求め、三界を出離せんことを求む。痴人《ちじん》、你、三界を出でて什麼《いずれ》の処に去らんと要すや。仏祖は是れ賞繫底《しょうけいてい》の名句なり。你、三界を識らんと欲すや。你が今、聴法する底の心地《しんち》を離れず。你が一念心の貪是れ欲界、你が一念心の嗔是れ色界《しきかい》、你が一念心の痴是れ無色界《むしきかい》、是れ你が屋裏《おくり》の家具子《かぐす》なり。三界自から、我は是れ三界なりと道《い》わず。還って是れ道流、目前霊霊地《れいれいじ》に万般を照燭《しょうそく》し、世界を酌度《しゃくたく》する底の人、三界の与《た》めに名を安《あん》ず。」

向外無法…… 前に、「外凡聖を取らず内根本に住せず」（〔二五〕）または、「心外無法内も亦た不可得」（〔五〇〕）というのと同じ。

你取山僧口裏語……　お前たちは俺の言葉じりを追っかけるが、むしろ休息して何もせぬ方がよい。この意味のことは、〔四〇〕や、後の〔八六〕にも見え、『馬祖録』に、「お前たちは夫夫自分の心を見極めるがよい。わしの言葉を覚え込んでも駄目だ」（811b）という。

已起者莫続……　已起は妄念、未起は無心の意で、すんだことに気をとられるな、今の大事をおろそかにしてはならぬ、ということ。『祖堂集』六に、「何が道の病いか、ひょっと起こる妄念だ。何が薬か、妄念に気をとられぬのが薬だ」（120b）とある。『安般守意経』、「以未起為守意、若已起意便為不守」（T15-163、湯用彤 p.142）。また『止観輔行』二之三（T197b）をみよ。さらに『宗鏡録』三八には、「禅門中……又云、瞥起是病、不續是薬」（638a）とある。『天台戒体論』に「初戒体者、不起而已、起即性無作仮色」。

行脚　師友を訪ねること。向上にも向下にもいう。

無如許多般　しち面倒なものは何もない。

要出三界……　三界は自分の影にすぎぬのに、どこに行こうとするのか。

賞繫底名句　この句は解し難いが、おそらくは、呼び名。標札のことか。従来、その人を賞美して繫縛する意となす。『達磨の語録』（五六）、「鬼魅」の末尾に「世間凡人被名字繫者、天下無数」、「法縛繫縛（ケバク）」。『続高僧伝』十二、慧學伝に、「宗匠加賞相擊（繫）、稱為法器」（516a）。武士社会の恩賞の論理。曹洞系、功勲底の事である。手柄と勲賞の関係である。小沢富夫『末法と末世の思想』（p.162）。

屋裏家具子　おのれのうちの小道具。

三界不自道……　三界はそれ自体善でも悪でもない。よしあしは使い手次第。

還是道流……　俺の目の前に、どんなものでもはっきりわきまえ、世界をとり裁いているお前という人。〔八四〕を参照。

名　『宗鏡録』二八に、止観を引いて云く、「観心摂一切教者、毘婆沙論云、心能為一切法作名若無心則無一切名字」（T581b）。

〔六六〕

大徳、四大色身是無常。乃至脾胃肝膽、髮毛爪歯、唯見諸法空相。你一念心歇得處、喚作菩提樹。你一念心不能歇得處、喚作無明樹。無明無住處、無明無始終。你若念念心歇不得、便上他無明樹、便入六道四生、披毛戴角。你若歇得、便是清淨身界。你一念不生、便上菩提樹、三界神通變化、意生化身、法喜禪悅、身光自照、思衣羅綺千重、思食百味具足、更無横病。菩提無住處、是故無得者。

「大徳、四大色身《しだいしきしん》は是れ無常なり。乃至、脾胃肝胆《ひいかんたん》、髪毛爪歯《はつもうそうし》も、唯だ諸法の空相なるを見《あら》わす。你が一念心の歇《けつ》得《とく》する処、喚んで菩提樹と作《な》す。你が一念心の歇得すること能わざる処、喚んで無明樹《むみょうじゅ》と作《な》す。無明に住処無く、無明に始終無し。你若し念念心歇得せずんば、便ち他の無明樹に上り、便ち六道四生《ろくどうししょう》に入って披毛戴角《ひもうたいかく》せん。你若し歇得せば、便ち是れ清浄の身界《しんかい》なり。你一念不生にして、便ち菩提樹に上り、三界に神通変化《じんずうへんげ》し、意生化身《いしょうけしん》して法喜禅悦《ほうきぜんえつ》し、身光自《みずか》ら照らして、衣を思えば羅綺千重《らきせんじゅう》、食を思えば百味具足して、更に横病《おうびょう》無し。菩提に住処無し、是の故に得る者無し。」

脾胃肝胆……　『円覚経』の説。地水火風に配す。

菩提樹　釈尊が悟りを開いたゆかりの木。ここでは、神秀の偈「身は是れ菩提樹、心は明鏡の台の如し」（『壇経』337c、『祖堂集』42b）を承けていったもの。汝の身を菩提樹と作す。『維摩経』菩薩行品に「有以菩提樹而作佛事」（T14-553c）。『大乗無生方便門』に「心色倶離、即無一物、是大菩提樹」（1273c）。

無明樹　菩提樹に対していう。

無明無住処……　迷いはどこかにあるものでも、ある期間だけあるものでもない。闇は光の欠除態であり、波は水の姿にすぎぬ。

六道四生　迷いの世界。六道は、〔一二〕及び〔三三〕をみよ。四生はあらゆる生きものの生まれ方を、卵生（鳥類）、胎生（人と獣類）、湿生（虫類）、化生（天上と地獄の生物）の四種に分かったもの。

披毛戴角　動物をいう。全身毛でおおわれ頭上に角のあるものの意。『伝灯録』二八、薬山の示衆（440c）に、この一段と同じ意味のことを説く。

清浄身界　清浄身に同じ。身界は十八界の中の身界。すなわち六根の意。

一念不生……　一瞬の間に。たちまち。

意生化身　思いのままに速かに身を六道に変化して他を救うこと。『楞伽経』二（489c）の所説。同三（497c）に、三種意生身あり。

法喜禅悦……　出世間五食の中の二つ。法喜食と禅悦食をいう。物質的な食物（摶食）によらず、法を聞き、禅定に入って法身を保つこと。身光自照は日月等の自然の光によらず法身自ら他を照らすこと。

思衣羅綺千重……　どんなすばらしい衣服も食物も思いのまま。羅綺はうすもので仙人の服。『弥勒成仏経』（429c）や、『無量寿経』上（271c）に、浄土の形容として説く言葉を借りたもの。

更無横病　不慮の死というものがない。横病は天寿を完うし得ないで死ぬこと。『薬師経』（404a, 408a）、『仏医経』（737b）等に九種の横死を説いている。

菩提無住処……　『維摩経』観衆生品の句を借りたもの（548c）。『宛陵録』にも見える（385c）。迷いに実体がないように悟りにも実体はない。

〔六七〕

道流、大丈夫漢、更疑箇什麼。目前用處、更是阿誰。把得便用、莫著名字、號爲玄旨。與麼見得、勿嫌底法。古人云、心隨萬境轉、轉處實能幽。隨流認得性、無喜亦無憂。

「道流、大丈夫の漢、更に箇の什麼《なに》をか疑わん。目前の用処《ゆうじよ》、更に是れ阿誰《あたれ》ぞ。把得《はとく》して便ち用いて、名字《みようじ》を著すること莫《な》きを、号して玄旨《げんし》と為す。与麼《よも》に見得《けんとく》せば、嫌う底の法勿《な》し。古人云く、「心は万境に随って転ず、転処実に能く幽なり。流れに随って性を認得《にんとく》すれば、喜も無く亦た憂も無し」と。」

更疑箇什麼　「更」は詰問の語気を強めていう。
把得便用……　この句はすでに〔三四〕に見える。
古人　西天第二十二祖マヌラ尊者。
心随万境転……　一心の自在無碍な動きを述べたもの。何ものにもはばまれない悟りの生活。この偈は『宝林伝』五（368）に出で、当時周知のものであったらしく、スタイン蒐集敦煌写本中にも「祖師の偈」として見える（S. 2165）。眞性は随縁せずとする立場あり。「眞如凝然、不作諸法」『注楞伽』（499c）。「夫言修道者、……随流の性と名づく」『僧宝伝』龍牙章（477b）。『広灯録』風穴章に、「如何是随流不変底性……」（736a）。『法句経』の偈に、「若学諸三昧、是動非坐禅、心随境界流、云何名為定」（1435a）。

〔六八〕

道流、如禪宗見解、死活循然。參學之人、大須子細。如主客相見、便有言論往來。或應物現形、或全體作用、或把機權喜怒、或現半身、或乘獅子、或乘象王。如有眞正學人、便喝先拈出一箇膠盆子。善知識不辨是境、便上他境上、作模作樣。學人便喝。前人不肯放。此是膏肓之病、不堪醫。喚作客看主。或是善知識不拈出物、隨學人問處卽奪。學人被奪、抵死不放。此是主看客。

「道流、禅宗の見解の如きは、死活循然《じゅんねん》たり。参学の人、大いに須らく子細《しさい》にすべし。如《も》し主客相見するときは、便ち言論往来有り。或は物に応じて形を現じ、或は全体作用《ぜんたいさゆう》し、或は機権《きけん》を把って喜怒し、或は半身を現じ、或は獅子に乗り、或は象王に乗る。如《も》し真正の学人有らば、便ち喝して、先ず一箇の膠盆子《こうぼんす》を拈出す。善知識是れ境なることを弁ぜず、便ち他の境上に上って模を作《な》し様を作す。学人便ち喝す。前人肯えて放たず。此は是れ膏肓《こうこう》の病い、医するに堪えず。喚んで、「客、主を看る」となす。或いは是れ善知識、物を拈出せず、学人の問処に随って即ち奪う。学人奪われて死に抵《いた》るまで放たず。此は是れ「主、客を看る」なり。」

死活循然　循然の意は明らかでないが、従来、次序ある貌と註しているから、次から次へと、作略が展開されて容易に死活を伺い得ぬ意であろうか。『論語』子罕篇九に、「顔淵喟然歎曰、仰之弥高……夫子循循然善誘人、博我以文、約我以禮」。

子細　よく気をつけること。

如主客相見……　主客が出会って挨拶を交わす際。

全体作用　身ぐるみ丸だしにすること。方便を用いずに行動すること。大機大用の意。『円覚大疏鈔』三下、馬祖条に、「禅指聲咳揚眉、因所作所為、皆是佛性全体之用」（557a）。『円覚経略疏註』（T39-546b）に、「猶如空華、縁無自性全体即眞」（546b）。

或把機権喜怒……　さそいをかけるために喜怒の情を表す。

或乗獅子……　文殊普賢の境界を現ずること。以上はみな師弟の両方について一般的にいったもの。

如有真正学人……　以下、師弟の出会いを四つの場合に分けて説く。古来、臨済の四賓主の則と称し、『碧巌録』三八則（177a）に引く。

膠盆子　にかわをとく器。一寸でも触れたらもう手足をとられて自由を得ぬこと。ここでは教理上の言句などの意。『虚堂録』九、「刺脳入膠盆」（T47-1055c）。頭を突っ込む、サン頭（キリもみ）。

便上他境上……　相手のさそいに乗ってあれこれ躍りまわる。

前人不肯放　手を放すことを承知せぬ。前人は師家。

膏肓之病……　不治の大病。膏は心臓の下部、肓は膈膜の上部をいい、この間に入った病気は絶対に治らぬという。

客看主　客（弟子）が主人（師家）を看破る場合。悪主好賓ともいう。

随学人問処即奪　問いかけてくるはしから取り上げてしまう。

抵死　必死になって。

〔六九〕

或有學人、應一箇清淨境、出善知識前。善知識辨得是境、把得抛向坑裏。學人言、大好善知識。即云、咄哉、不識好惡。學人便禮拜。此喚作主看主。或有學人、披枷帶鎖、出善知識前。善知識更與安一重枷鎖。學人歡喜、彼此不辨。呼爲客看客。大德、山僧如是所擧、皆是辨魔揀異、知其邪正。

「或いは学人有って、一箇清浄の境に応じて善知識の前に出ず。善知識、是れ境なることを弁得し、把得して坑裏《きょうり》に抛向《ほうこう》す。学人云く、「大好の善知識」と。即ち云く「咄哉、好悪を識らず」と。学人便ち礼拝す。此を喚んで、「主、主を看る」と作す。或いは学人有って、枷《か》を披《ひ》し鎖《さ》を帯《お》びて善知識の前に出ず。善知識、更に与《た》めに一重の枷鎖《かさ》を安《あん》ず。学人歓喜して彼此《ひし》弁ぜず。呼んで、「客、客を看る」と為す。大徳、山僧が是の如く挙する所、皆な是れ魔を弁じ異を揀んで、其の邪正を知らしむ。」

応一箇清浄境……　清浄らしいそぶりをして師の前に現われる。

坑裏　『宝性論研究』に、「世間極大深坑糞屎井中……」(p.294)。

大好善知識　偉い先生だ。相手をもち上げていう言葉。

咄哉不識好悪　馬鹿奴が、よしあしもわからずに。どなりつけて許す語。

主看主　主客同格で優劣なし、主客の別がないこと。

披枷帯鎖……　邪魔ものをひきかついで。枷鎖はすでに〔三二〕に見える。

学人歓喜……　嬉しさでわけがわからぬほど夢中になること。

弁魔揀異……　本ものと似せものをよりわけること。異類。

〔七〇〕

道流、寔情大難、佛法幽玄、解得可可地。山僧竟日與他説破、學者總不在意。千徧萬徧、脚底踏過、黒沒焌地、無一箇形段、歴歴孤明。學人信不及、便向名句上生解。年登半百、祇管傍家負死屍行、擔却擔子天下走。索草鞋錢有日在。

「道流、寔情大難《しょくじょうだいなん》、仏法幽玄。解得《げとく》するは可可地《かかじ》なり。山僧竟日《ひねもす》、他《かれ》の与《た》めに説破するも、学者総に意に在《お》かず。千偏万偏、脚底に踏過《とうか》して、黒没焌地《こくもつしゅんじ》、一箇の形段無くして歴歴孤明なり。学人信不及にして、便ち名句上に向かって解を生ず。年半百に登《なんなん》として、祇管《しかん》に傍家に死屍《しし》を負《お》うて行き、担子《たんす》を担却して天下に走る。草鞋銭を索《こ》わるること、日有ること在らん。」

寔情大難……　真実の道心を起こすことはむつかしく、仏法の道理は深くして伺い難い。『高僧伝』七（T50-368b）。

仏法幽玄　『頓悟真宗論』（1278b）。

解得可可地　この句は解し難い。従来の注釈では「判ってしまえば何でもないことだ」としているが、可可はもともと「かなり」「相当に」等の意を表す俗語で、この場合も、誰でもある程度までは判っているが、本当のところは寔情大難ということか。解会はある程度までであり、『円悟心要』上に解会と透得を区別す。全分の解得は容易でない（700a）。この語は、寒山詩に、「昔日可可貧、今朝最貧凍」（32）といい、『伝灯録』二八、南泉の上堂の語に、「既に知らずんば、即今認得すること可可に是ならんや」（445c）とあって、共に、やや、という程の意味。虎関の『元亨釈書』八、順空の賛に、「設使翺翔霄漢、鼓蕩風雷、聞者震驚、見者眩惑、也只間間地、可可地……」。また靈山道隠の墨蹟（田山・二七図）、事々可可の意か。『王梵志』（二三二、p.552）に「些些微取利、可可苦他家」。

与他説破　彼に言いきかす。「他」は下句の学者を指す。

学者総不在意　学人たちはてんで問題にしない。つまり、次の千偏万偏以下、歴歴孤明なるものを省みようとはせぬこと。在意は、よく気をつけること。『祖堂集』十六、黄檗章（310b）に、「諸人亦須在意」。

千偏万偏……　誰も、いつも脚の下にふみつけていて、それとは知らずにいるが、決まったすがたなしにはっきりと輝いているもの。すなわち、われわれの真性。『宗鏡録』二三（T543c）、大梅和尚云く「若是下根、千遍萬遍與説、元来不會、雖然記得少許、如破布裏明珠、出門還漏却。汝知麼、佛道不遠、廻心卽是、若悟則刹那、不悟恒沙劫」。黒没焌地は、火が消えてまっくらなことで、それと判別できぬ様子。この場合、黒は本来の面目を形容していう。後の〔八五〕に見える処処黒暗の条をみよ。

向名句上生解　言葉にとらわれて臆見を生ずる。『伝心法要』に、「名を守って解を生じてはならぬ」（382c）という。

年登半百　五十歳に近づく。人生の半分を終わろうとしながら。

負死屍行……　うろたえまわること。やがて死ぬ肉体を背負って、よろめき歩く。担子は、妄想の意のみでなく、仏とか祖とか善とか美とかいう理想を指していう。

〔七一〕

大德、山僧説向外無法、學人不會、便即向裏作解、便即倚壁坐、舌拄上齶、湛然不動、取此爲是祖門佛法也。大錯。是伱若取不動清淨境爲是、伱即認他無明爲郎主。古人云、湛湛黒暗深坑、實可怖畏。此之是也。伱若認他動者是、一切艸木皆解動、應可是道也。所以動者是風大、不動者是地大。動與不動、倶無自性。伱若向動處捉他、他向不動處立。伱若向不動處捉他、他向動處立。譬如潛泉魚、鼓波而自躍。大德、動與不動、是二種境。還是無依道人、用動用不動。

「大徳、山僧が「外に向かって法無し」と説けば、学人会《え》せずして、便即《すなわち》、裏《うち》に向かって解《げ》を作《な》し、便即《すなわち》、壁に倚《よ》って坐し、舌、上齶を拄《ささ》えて、湛然《たんねん》として動《どう》ぜす、此を取って、祖門《そもん》の仏法なりと為昰す。大いに錯まれり。是れ伱若し不動清浄の境を取って是《ぜ》と為さば、伱即ち他《か》の無明を認めて郎主《ろうしゅ》と為す。古人云く、「湛湛《たんたん》たる黒暗の深坑《じんきょう》、実に怖畏《ふい》すべし」と。此れ是れなり。伱若し他《か》の動ずる者を是《ぜ》と認めば、一切の艸木《そうもく》、皆な動を解《げ》す、応《まさ》に是れ道なるべしや。所以《ゆえ》に、動ずる者は是れ風大《ふうだい》、不動なる者は是れ地大《ちだい》。動と不動と、倶に自性《じしょう》無し。伱若し動ずる処に向かって他《かれ》を捉えば、他は不動の処に向かって立ち、伱若し不動の処に向かって他を捉えば、他は動ずる処に向かって立つ。「譬えば泉に潜める魚の、波を鼓《こ》して自ら躍るが如し」と。大徳、動と不動は是れ二種の境なり。還って是れ無依の道人、動を用い不動を用う。」

山僧説向外無法……　「向外無法」は〔六五〕に見える句。「向裏作解」は、内に求めてあれこれ臆惻すること。

依壁坐……　静かな禅堂で面壁黙坐する様子。坐禅の仕方は、古く天台智顗（五三八—五九七）の『小止観』（465b）や、宗密の『円覚道場修証儀』十七（970a）、『禅秘要法経』上（『禅観発達史』p.3）等に詳しく、のちには、『坐禅儀』に、「正身端坐して耳と肩と対し、鼻と臍と対し、舌は上顎を拄え脣歯相著け、目はすこしく開き……」（1143a）とある。

祖門　祖師禅の立場。祖宗門下（〔七〕）に同じ。

認他無明為郎主　根本無明を本心と誤ること。郎主は主人。親分。石井本『神会録』、末尾大乗頓教頌（p.64.5-6）。『洞山録』「認奴作郎」（524c）。『資治通鑑』二〇七、胡三省注（谷川道雄論文『東洋史研究』一四-四、p.56）。

古人　不明。『百丈広録』（397, 404）では、「教云」として引く。

湛湛黒暗深坑……　二度と抜け出すことのできぬ怖しい穴の底。湛湛は深いさま。深坑は、おとし穴、地獄をいう。黒山下の鬼窟（『大慧書』二六、921c）ともいう。別訳雑阿含経「投棄於深坑」（T2-378c）。『十地経論』四（T26-150c—151a）。慧遠の『大乗大義章』十七に、「譬如身大者墮在深坑、一切縄用不能令出」（141c）。『歴代法宝記』に、「此是黒暗之大坑、無可了了、実知難出」（192b）。『スッタニパータ』六六五。深い坑は地獄を指す。

伱若認他動者是……　反対に、動くものがよろしいというなら、草木のような動くものでもみな道でなくてはならないのか。解動は、動くことができるということ。

所以動者是風大……　「所以」は、次の句がおそらく古語なることを示すのであろう。仏教の法相では、一般に動の本質を四大の中の風の性質とし、不動を地のそれと考えており、次に引かれる成業論などにも見える。

動与不動……　動くものや動かぬものそれ自体を、動くものとも動かぬものとも決定してしまうことはできぬ。それらは四大の仮和合の姿にすぎぬ、ということ。動と不動の問題は、『伝灯録』長沙景岑章（274c）にみえる。如来藏思想の立場。また、『祖堂集』二、忠国師章に、「抛却殻陋子一辺著、靈台覚性迥然去」の説を批判（學道の人の批判）。『遺教経』に、「一切世間動不動法、皆是敗壊、不安之相」（1112b）。

譬如潜泉魚……　『大乗成業論』の句（781b）。原句は、内なる思業が、外なる口業及び身業の表となるので、思業そのものは無表であるとする唯識の立場を示したもの。山口益『世親の成業論』（p.58）を参照。ここでは、内外は相対的なもので、いずれも絶対的なものでない意として引く。鼓波は、魚が波をたたいて水上に飛び上がるさま。また、後の〔七六〕をみよ。

還是無依道人……　動も不動も、われわれのはたらき（業）であって、いずれをも決定的根本的なものとしてはならぬ、ということ。還是は、「ほかならぬその……」ということ。無依道人を強く指していう語。

〔七二〕

如諸方學人來、山僧此間、作三種根器斷。如中下根器來、我便奪其境、而不除其法。或中上根器來、我便境法俱奪。如上上根器來、我便境法人俱不奪。如有出格見解人來、山僧此間、便全體作用、不歷根器。大德、到這裏、學人著力處不通風、石火電光卽過了也。學人若眼定動、卽沒交涉。擬心卽差、動念卽乖。有人解者、不離目前。大德、你擔鉢囊屎擔子、傍家走求佛求法。卽今與麼馳求底、你還識渠麼。活撥撥地、祇是勿根株。擁不聚、撥不散。求著卽轉遠。不求還在目前、靈音屬耳。若人不信、徒勞百年。

「如《も》し諸方の学人来たるとき、山僧が此間《すかん》には、三種の根器《こんき》と作《な》して断《だん》ず。如し中下根器の来たるときは、我れ便ち境を奪って其の法を除かず。或いは中上根器の来たるときは、我れ便ち境と法と倶に奪う。如し上上根器の来たるときは、我れ便ち境と法と人と倶に奪わず。如し出格見解《しゅっかくけんげ》の人有って来たるときは、山僧が此間には、便ち全体作用して根器を歴《へ》ず。大徳、這裏《しゃり》に到って学人が著力《ちゃくりき》の処、風を通ぜず、石火電光も即ち過ぎ了れり。学人若し眼定動《じょうどう》せば、即ち没交渉《もっこうしょう》。心を擬すれば即ち差《たが》い、念を動ずれば即ち乖《そむ》く。人有って解せば、目前を離れず。大徳、伱、鉢嚢屎担子《はつのうしたんす》を担って、傍家に走って仏を求め法を求む。即今与麼《いまよも》に馳求する底、伱還って渠《かれ》を識るや。活撥撥地にして祇だ是れ根株《こんしゅ》勿《な》し。擁《よう》すれども聚らず、撥《はつ》すれども散ぜず。求著《ぐじゃく》すれば即ち転《うた》た遠く、求めざれば還って目前に在って、霊音耳に属す。若し人信ぜずんば、徒らに百年を労せん。」

作三種根器断　相手の素質に応じて三つの行き方をする。断は、判別の意で、従来「ことわる」と読む。

中下根器……　人品の段階は一般に九品に分かつが、ここでは、まず上と中（普通・凡庸の意）の二根に分かち、中をさらに上下に分かったもので、最後の出格見解の人を加えて四種となり、一種の四料簡をなす。ただ、境と人は前の四料簡（〔二五〕—〔二六〕）の場合と同様であるが、法は境をさらに事理に二分して理の方面を強く見たもの。『人天眼目』に挙げる四照用の、「先照後用のときは人の在る有り、先用後照のときは法の在る有り」（304a）、という人と法に相当するのであろう（〔三〕をみよ）。また『大乗玄論』五（71c）では、上中下のうち、中下を一括す。

我便境法倶奪　『維摩経』文殊問疾品、「除其病而不除法」（545a）。稠禅師の『大乗心行論』に、「除心不除境」（ペリオ 3559）。

上上根器　利根の人。禅が頓悟の機をのみ接することはダルマがインドを発って中国に向かったとき、彼の師は「ただ上根を接せよ」と教えた（『伝灯録』三、217a）。『六祖壇経』には、「頓悟の法は竜王が大雨を降す如くで、上根の人は直ちに雨に潤うが、小根の人は皆おし流されてしまう」（340b）という。

出格見解人　並はずれのすぐれた能力をもった人。四照用に「過量の人」（〔三〕をみよ）といい、『宝林伝』八に見える達摩の語に「達大道兮過量、通仏心兮出度」という（505）。

不歴機根　不歴根器は、すでに出格見解で説明ずみ。この句は作用の仕方をいうか。→驀直の意。

這裏　馬祖四句百非の則に、「海云、我這裏却不會」（814a）。

学人著力処　すぐれた学人が全力を出し切ったところ。著力は、しっかり力を入れてやること。

不通風　非常にめんみつな様子。堅固なこと。

石火電光……　石火電光のように、瞬間的なること。『人天眼目』（300c）では「過了也」を「蹉過了也」となすが、この場合はすれ違って行ってしまう意である。しかしまた、石火電光も割り込むことができぬ意、とも解され、後段にも

「石火も及ぶ莫く、電光も通ずる罔し」（〔一五〇〕）とある。また白樂天の詩に「蝸牛角上争何事、石火光中寄此身」（荘子の故事）とある。

眼定動　定動は難解であるが、たんに動くことであろう。『雲門録』中（554c-5a）にも見え、『碧巌録』一則の評唱に、「梁の武帝が眼目定動して落処を知らず」（140b）という。また『天聖録』首山章にも、「若也眼目定動、即千里万里」（743b）とある。

擬心即差……　一瞬でも心を構えると、ありのままの知の純一さを失う、ということ。上の句を『禅源諸詮集都序』（405a）と、『円覚経大疏鈔』三之下（549b）に、荷沢神会の語となし、『伝心法要』にも二カ所（379c, 381b）使われており、『伝灯録』二八（448a）の羅漢桂琛（八六七—九二八）の示衆には下の句を含めて、引用句としている。おそらく共に神会のものであろう。『肇論』に「至理虚玄、擬心已差」（157a）。『萬善同歸』上（T48-959a-c）。また、『祖堂集』十二、禾山章には、古人云くとして引く（236b）。

有人解者……　解る人は目の前に今つっ立っているお前がそれだ。

鉢嚢屎担子　飯くう道具と屎袋。肉体を罵っていう語。

即今与麼馳求底……　馳求は求めるもの。能所何れも可能なれど、無位の眞人ととるべからず。俗説不可なり。渠は即今与麼馳求底、すなわち你を指す。

活撥撥地　〔四三〕をみよ。

祇是勿根株　何か決まったよりかかりがない、まったくの自由。この語は、『聯灯会要』二十、徳山章（759b）にそのまま見える。祇是は、ひたすら。勿根株は、ぜんぜん、どこにもつながっていないの意か。

擁不聚……　かき集めることもできなければ、はらいのけることもできぬ。擁聚、撥散の二語を分けて用いたもの。『伝灯録』三十、関南長老の獲珠吟に、「之を擁して聚らしめんとすれども聚らず、之を撥して散ぜしめんとすれども散ぜず」（463c）とある。

求著即転遠……　前に覓著転遠求之転乖（〔四三〕）というのと同じ。霊音属耳は、その不思議な音声はいつでも耳に聞こえている、ということ。古註に、『瑜伽論』三八に見える菩薩が正法を聞く五相のうちの聆音属耳聴聞正法（502c）を挙げるが、今は取らない。

不求還在目前　還は、もともと、ちゃんと。却は論理的、還は時間的な意味での、逆に、の意。

若人不信……　前の「有人解者不離目前」に対していう。百年は一生の意。以上のことを、対手、人を信ずると言わず。信人は、人にまかせる、人の言を信ずるの意。

〔七三〕

道流、一刹那間、便入華藏世界、入毘盧遮那國土、入解脱國土、入神通國土、入清淨國土、入法界、入穢入淨、入凡入聖、入餓鬼畜生、處處討覓尋、皆不見有生有死、唯有空名。幻化空花、不勞把捉、得失是非、一時放卻。

「道流、一刹那の間に、便ち華蔵世界に入り、毘盧遮那国土に入り解脱国土に入り、神通国土に入り、清浄国土に入り、法界に入り、穢に入り浄に入り、凡に入り聖に入り、餓鬼畜生に入って、処処に討覓尋するに、皆な生有り死有ることを見ず、唯だ空名のみ有り。「幻化空花、把捉を労せず、得失是非、一時に放却す」と。」

○以下、すでに〔四二〕に見える句と同じ。

討覓尋　三字共にたずね求める意。

皆不見有生有死　皆は上の句の処処を承けていう。生死がないから以上の国土も六道もみな空名となる。

幻化空花……　『信心銘』の句。すでに〔五八〕に引用されており、『伝灯録』二八、趙州の示衆にも見える（446b）。

〔七四〕

道流、山僧佛法、的的相承、從麻谷和尚、丹霞和尚、道一和尚、廬山與石鞏和尚、一路行偏天下。無人信得、盡皆起謗。如道一和尚用處、純一無雜、學人三百五百、盡皆不見他意。如廬山和尚、自在眞正、順逆用處、學人不測涯際、悉皆忙然。如丹霞和尚、翫珠隱顯、學人來者、皆悉被罵。如麻谷用處、苦如黃蘗、近皆不得。如石鞏用處、向箭頭上覓人、來者皆懼。

「道流、山僧が仏法は、的的相承《てきてきそうじょう》して、麻谷《まよく》和尚、丹霞《たんか》和尚、道一《どういち》和尚、廬山《ろざん》と石鞏《せききょう》和尚と従《よ》り、一路に行じて天下に偏ねし。人の信得《しんとく》する無く、尽く皆な謗を起こす。道一和尚の用処《ゆうじょ》の如きは、純一無雑《じゅんいつむぞう》にして、学人三百五百、尽く皆な彼《かれ》の意を見ず。盧山和尚の如きは、自在真正《じざいしんしょう》、順逆の用処、学人涯際《がいさい》を測らず、悉く皆な忙然たり。丹霞和尚の如きは、翫珠隠顕《がんしゅおんけん》、学人来たる者、皆な悉く罵らる。麻谷の用処の如きは、苦きこと黄蘗《おうばく》の如く、近づくこと皆な得ず。石鞏の用処の如きは、箭頭《せんとう》上に向かって人を覓む、来たる者皆な懼る。」

的的相承　的的ははっきりと、正統に。『南宗定是非論』に、「能禅師は的的相伝付嘱の人」（845）とある。

従麻谷和尚……　「従」の意は解し難いが、以下に挙げる人をこの順序に一系列と見るのではなく、これらの人をひっくるめて、みなダルマの禅の正系といおうとする意であろう。麻谷は、すでに〔一二〕の註に見える。丹霞は、鄧州丹霞山に住した天然禅師（七三八―八二三）で、もと儒家の出身、龐居士と共に馬祖及び石頭の両師に参じた人。『祖堂集』四（79a）、『伝灯録』十四（310b）、『宋高僧伝』十一（773b）。道一は、江西馬祖（七〇九―七八八）で、宗密のいう洪州宗の祖師。『中華禅門師資承襲図』（867b）、『祖堂集』十四（260a）、『伝灯録』六（245c）、『宋高僧伝』十（766a）、『唐文粋』六四、権徳輿撰の塔碑等に伝がある。盧山は、盧山の帰宗寺に住した至真智常禅師で、馬祖の弟子。赤眼の帰宗といわれる。この人の下に高安大愚あり、臨済が青年時代に参じて開悟したことで知られる。『祖堂集』十五（289b）、『伝灯録』七（254c）。本書〔一二一〕をみよ。石鞏は名は慧蔵、撫州の人。始め猟師であったが、鹿を追うて馬祖の庵に至り、問答に屈服して出家した。生涯弓箭を張って弟子を試み、のちに三平義忠が師の前に進み出て胸を開き、これ殺人の矢か、活人の矢か、と叫んで印可を得たという。『祖堂集』十四（268b）、『伝灯録』六（248b）。なお、『四家語録』のテキストでは、道一和尚の上に東土の二字があり、『続古尊宿』本その他に、盧山和尚以下を、盧山拽石頭和尚となすものがあって、そこに石鞏の名が見えぬが、今は流布本に従う。帰宗智常が常に石を拽いて作務にはげんだことは有名で（『雲門録』中（559a）、『五祖録』中（662a）、『碧巌録』四四則の頌（181b））、あるいは拽石頭和尚と呼ばれたのかもしれぬが、この名は青源下の石頭希遷と混同される嫌いがあるし、後文で石鞏のことをいっているから、明らかに混同が認められる。

無人信得……　前に、「自古先輩到処人不信……」（〔五二〕というのを承けたもの。

純一無雑　簡明直截なること。『馬祖語録』に平常心を強調して、「経に自心の根源に立ち還るのが沙門だと云っている通り、あらゆるものがみな平等で、名も実も純一無雑だ」(812a)とある。『菩薩処胎経』七(T12-1057a)。『法華経』序品にみゆ。『祖堂集』十五、西堂章、「他径山和尚真素道人、純一無雑」(280a)。また敦煌(P.3559号)、先徳集於雙峯山塔に、「能禅師曰、心行平等……」。『説妙法決定業障経』にもみゆ(T17-912c)。

尽皆不見他意　あまりに平明であるためにその真意がつかめぬ。『祖堂集』十六、黄檗章に、「馬祖の道場には八十八人の弟子があったが、師の真意を得たものは一二にすぎず、廬山和尚はその一人だ」(310b)とある。『趙州録』上「問、如何是和尚大意」(315b)。

自在真正……　思うままにふるまって真正を失わず、正常に来るかと思うとたちまち反対から出で、まったく見当がつかぬ。『伝灯録』二九、帰宗至真禅師智常頌に、「俺の心は表裏がなく、丁度正午の太陽のようだ、獅子のように自在で、何ものも怖れぬ」(451c)とある。

翫珠隠顕……　手中の珠のように自在に自己を使いこなす。『伝灯録』三十に、丹霞和尚の「翫珠吟」二首を載せる(463b)。また、『祖堂集』十四では石鞏にも「弄珠吟」があり、当時、珠に寄せた作品は非常に多い。『大梅録』をみよ。

黄檗　きわだ。樹皮を染剤や用紙の材料とし(『歴代法宝記』195b)、または医薬に用いる。『宇治拾遺物語』三、『広辞苑』一六八六のc①。

近皆不得　この句はこのままにては読み難く、皆近不得の誤かとも考えられる。『古宿録』本では近傍不得としているが、今は底本に従って原形を存した。

〔七五〕

如山僧今日用處、眞正成壞、翫弄神變、入一切境、隨處無事、境不能換。但有來求者、我即便出看渠、渠不識我。我便著數般衣、學人生解、一向入我言句。苦哉、瞎禿子無眼人、把我著底衣、認青黃赤白。我脱却入清淨境中、學人一見、便生忻欲。我又脱卻、學人失心、忙然狂走、言我無衣。我即向渠道、伱識我著衣底人否。忽爾回頭、認我了也。

「山僧が今日の用処《ゆうじょ》の如きも、真正成壊《しんしょうじょうえ》して、神変《じんぺん》を翫弄《がんろう》し、一切の境に入れども、随所に無事にして、境も換うること能わず。但《も》し来たって求むる者有れば、我れ即便《すなわち》出でて渠《かれ》を看るに、渠、我を識らず。我れ便ち数般《すはん》の衣を著くれば、学人、解《げ》を生じて、一向に我が言句に入る。苦なる哉、瞎禿子《かっとくす》無眼《むげん》の人、我が著くる底の衣を把って、青黄赤白《しょうおうしゃくびゃく》を認む。我れ脱却《だっきゃく》して清浄境中に入れば、学人一見して、便ち忻欲《ごんよく》を生ず。我れ又た脱却すれば、学人失心《しっしん》して、忙然《ぼうねん》として狂走《きょうそう》して、我に衣無しと言う。我れ即ち渠に向かって、「伱、我が衣を著くる底の人を識るや」と道《い》えば、忽爾《こつじ》として頭を回《かえ》して、我を認め了れり。」

真正成壊……　直无成壊の意。成壊は成住壊空（〔四二〕）の意で、真向から建立したり滅し去ったりして、思いのままに神通変化をくりひろげること。道安の『道地経』序に、「行自五陰、尽于成壊」（69b）。『六祖壇経』（p.196）。『伝灯録』五、懐譲章に、「一日、有成壊否、師曰、若以成壊聚散而見道者、非見道也」（241a）。『伝法偈』に「……何壊復何成」。『広灯録』八、南岳章に、「祖（馬祖）云、有成壊否、師云、若以成壊聚散、而見道者非也」（651a）。『伝灯録』二八、南陽忠語に、「華厳六相義云同中有異異中有同、成壊總別、類例皆然」（438b）。また『馬祖録（略伝）』（159b）に、「僧問、如何是修道、曰、道不属修、若言習得、修成還壊、即道聲聞」とあり、成壊が修証の意味に用いられていることは重要である。

但有来求者……　もし俺の手のうちを窺う者があれば、自分はすぐさま相手が何ものかを見とどけてしまうが、相手にはそれとも判らぬ。

我便著数般衣……　何か一寸手ぎわを示すと、今度は向こうからくいついてきて離れぬ。数般衣は言句を指し、次節に挙げるような菩提衣、涅槃衣、祖衣、仏衣等をいう。

我言句　衣は言句の象徴か。cf.〔七六〕言句は衣変。他が或はなきがよし、彼自身の分別の意。

苦哉瞎禿子……　馬鹿馬鹿しい盲坊主ども。苦哉は、かあいそうに、気のどくに、ごくろうに。

便生忻欲　すぐに慕いつく。

学人失心……　見当がつかぬために我を忘れてしまい、やたらに走り出す。従来、失心忙然として、と続けて読んでいるのはよくない。「我無衣」は、お前は衣無しだと叫ぶ言葉。我は臨済自身からいう。宝誌の『大乗讃』に、

　ただ黄葉に執して金だと思い込み、本当の宝を求めようとせぬ、だから念を失して狂走しつつ、一生懸命に身なりのことばかり気にやむ（449c）。

とある。

你識我著衣底人否　俺という、衣を着けている人間が判るか。我と著衣底人は同格。

忽爾回頭……　たちまち首を挙げて、今度は反対に「我」というものに執着してしまう。

〔七六〕

大德、你莫認衣。衣不能動、人能著衣。有箇淸淨衣、有箇無生衣、菩提衣、涅槃衣、有祖衣、有佛衣。大德、但有聲名文句、皆悉是衣變。從臍輪氣海中鼓激、牙齒敲磕、成其句義。明知是幻化。大德、外發聲語業、內表心所法。以思有念、皆悉是衣。你祇麼認他著底衣爲實解。縱經塵劫、祇是衣通。三界循還、輪廻生死。不如無事。相逢不相識、共語不知名。

「大徳、你、衣《え》を認むること莫れ。衣は動くこと能わず、人能く衣を著く。箇《こ》の清浄衣有り、箇の無生衣《むしょうえ》、菩提衣《ぼだいえ》、涅槃衣《ねはんえ》有り。祖衣《そえ》有り、仏衣《ぶつえ》有り。大徳、但有《あらゆ》る声名文句は、皆な悉く是れ衣変《えへん》なり。臍輪気海《さいりんきかい》の中より鼓激《くげき》し、牙歯敲磕《げしこうかつ》して其の句義を成《な》す、明らかに知んぬ、是れ幻化なることを。大徳「外に声語《しょうご》の業を発し、内に心所《しんじょ》の法を表《ひょう》す」と。思を以て念を有《ゆう》す、皆な悉く是れ衣なり。你、祇麼《しも》に他の著くる底の衣を認めて、実解《じつげ》を為す。縦《たと》い塵劫《じんごう》を経《ふ》るとも、祇だ是れ衣通《えつう》なり。三界に循還し、生死に輪廻せん。如《し》かず無事ならんには。「相逢うて相識

らず、共に語って名を知らず」。」

認衣　兵隊に衣を着せる。江戸期の服部天遊（一七二四—六九）に『赤裸々』あり。「一隻手を出して、仏衣祖衣、あらゆる衣変、これを褫し、これを奪ひ、赤々躶々、寸絲を掛けず」。

但有声名文句……　但有は、すべて、みなの意。従来、但だ声名文句のみ有り、と読んでいるのは誤り。衣変は実体のないこと、衣服のような表面的変化の意。依変（〔五〇〕）に通ずる。

従臍輪気海中鼓激……　腹の下の方から空気を振動させ、歯をかち合わせて言葉を発する。声名文句の成り立ちを説明して、その実体なき空しさを示したもの。臍輪気海はいわゆる丹田で、人体の中心、臍の下一寸の処。健康体では、体気常にここに集まるという。『智度論』六（T25-103a）。

牙歯敲　『雲門広録』上（548a）。

外発声語業……　外なる語業は内なる思業の表なること。先に引いた『大乗成業論』の句（781b）を承けていったもの。〔七一〕をみよ。

以思有念……　内なる思業（意思のはたらき）が外なる行動を呼び起こし、行動が実体化されることによって念の動きをとどめてしまう。成業論の根本思想で、唯識家の業思想の代表的なもの。望月『仏教大辞典』律儀の条（4968b）、および拙稿「臨済録に見る仏教学的諸問題」（『印度学仏教学研究』一七）を見られたい。

伱祇麼認他著底衣……　お前はひたすら誰かが着ている衣服に気をとられて、間違った臆惻を起こしてばかりいる。他著底衣の他は誰かその人。実解は、現に目に見えているようなものが実際に存在すると考える臆見。執らわれた認識。上記の念を有すること。

塵劫　一塵を一劫とするような無限大の時間。『法華経』化城喩品（22a）に見える語。

衣通　外面的な理解。依通（〔五〇〕）に同じ。

三界循還……　三界を経めぐり、生死をくりかえすのみで、解脱することはできぬ。循還は循環とも書く。

不如無事　従来、次の句に続けて、如かず無事にして相い逢うて……、と読んでいるが、次句は古語の引用であるから、続けることは正しくない。

相逢不相識……　相手と出会って知らず、話をしつつ誰なのか気がつかぬ。平隠無事な様子。この句は『古宿録』十二

『南泉語要』（298a）にも「故云」として引かれているから、当時の詩人のものであろうが、出所は明らかでない。李商隠の『房中曲』に、「愁到天地翻、相看不相識」。また『祖堂集』四、石頭の偈に云う、「從來共住不知名、任運相將作麼行、自古上賢猶不識、造次常流豈可明」（77a）。

〔七七〕

今時學人不得、蓋爲認名字爲解。大策子上、抄死老漢語、三重五重複子裹、不敎人見、道是玄旨、以爲保重。大錯。瞎屢生、伱向枯骨上、覓什麼汁。有一般不識好惡、向敎中取意度商量、成於句義。如把屎塊子向口裏含了、吐過與別人。猶如俗人打傳口令相似、一生虛過。也道我出家、被他問著佛法、便卽杜口無詞、眼似漆突、口如楄擔。如此之類、逢彌勒出世、移置他方世界、寄地獄受苦。

「今時の学人得ざることは、蓋し名字を認めて解《げ》を為すが為めなり。大策子《だいさくす》上に、死老漢《しろうかん》の語を抄して、三重五重の複子《ふくす》に裹《つつ》んで、人をして見せしめず、「是れ玄旨なり」と道《い》って、以て保重《ほじゅう》を為す。大いに錯まれり。瞎屢生《かつるせい》、伱、枯骨上に向かって、什麼《なん》の汁をか覓めん。一般の好悪《こうお》を識らざる有って、教中に向かって意度商量《いたくしょうりょう》を取って、句義を成ず。屎塊子《しかいす》を把って、口裏に向かって含み了って、吐いて別人《ひと》に過与《かよ》するが如し。猶お、俗人の伝口令《でんくれい》を打《た》するが如くに相似《あいに》て、一生虚しく過ぎぬ。也《ま》た「我は出家」と道うも、他に仏法を問著《もんじゃく》せられて、便即《すなわち》、口を杜《と》じて詞無く、眼漆突《しっとつ》に似《に》、口扁担《へんたん》の如し。此の如きの類《たぐ》い、弥勒《みろく》の出世に逢うとも、他方世界に移置《いち》し、地獄に寄せられて、苦を受けん。」

今時學人不得……　『雲門広録』上、「你合作麼生、各自覓箇託生処好、莫空遊州獵縣、祇欲得揑搦閑言語、待老和尚口動、便問禅問答、向上向下、如何若何、大巻抄将去、向皮袋裏、卜度到処火鑪辺、三箇五箇、聚頭挙口……」（T47-552a）。

大策子上……　大阪のノートブックにつまらぬ老師の説法を書きとめ、大事そうに三重五重の風呂敷につつんで人にも見せぬ。『伝灯録』一八、薬山の示衆に、「やたらに策子の中に他人の言葉を記録して、自分の考えのように思ってはいかん」（440c）という。策子は、冊子と同じ。死老漢の死は罵語。複子は袱子とも書く。修行僧の荷物。『碧巌録』四則に、「徳山が潙山に参じたとき、複子を小わきにかかえて法堂に上り」云々（143b）と見える。

以為保重　大切にする。大事と思う。

有一般不識好悪……　『大慧普説』十四、「黄徳用請普説」のうち、瞎禿兵とする例（T47-868b）。「示銛遠二禅人」にも。和刻本（四、94a）。

向教中取意度商量……　経論の中から自分に都合のよい所を抜き出して、当て推量で問題にする。従来、向教中取で句を切っているのは正しくない。

屎塊子　糞のかたまり。

吐過与別人　母親が口の中でかみくだいて、児の口に移し与えるごときをいう。また、単に吐きかけること。

猶如俗人……　丁度世人が伝口令の遊びをやるようだ、ということ。伝口令は次々と発音しにくい句を歌わせる遊戯。『諸録俗語解』に、酒席の興趣となす。『雲門録』上（553a）にも見える。打は行うこと。打令について『碧巌方語解』（p.21）にとく。口令（諸橋『大漢和』二、p.722b、『才鬼記』を引く）。『小品』三、泥犁品に、般若を謗する口業により、一大地獄より他の地獄に至って、無量の苦をうくる況を述べる（T8-550c）。

也道我出家……　従来、也の字を上句につけて読んでいるのは正しくない。也は俗語で、雖の意。

眼似漆突……　二つの眼は真暗な煙出しのまどのように動かず、口はへの字にむすんでものも言えぬ。窮した様子をいう。漆突はよく判らないが、旧解に従って煙突の義とする。まっ黒な突出物ともいう。まっ黒な木　かとも考えられる。扁担は、てんびん棒。楄は扁に同じ。

弥勒出世　『菩薩処胎経』一一（1025c）に、「五十六億七千万年の後に弥勒がこの世に下生して釈迦仏の法を完成する」という。転じて、永遠の将来、最後の機会の意。『伝灯録』二八、南泉の示衆に、「たとい弥勒の出世に会うも、還って丸こげにされるだけだ」（445b）という。

移置他方世界……　一つの世界の終末に至っても、それだけでは罪が消えぬために、別の世界に流罪になって、転々として最後に無間地獄に落ちて無限の苦を受けること。誤って法を説いた報い。『法華経』見宝塔品十一、「又移諸天人置於他土」（33a）。

〔七八〕

大徳、你波波地往諸方、覓什麼物、踏你脚板濶。無佛可求、無道可成、無法可得。外求有相佛、與汝不相似。欲識汝本心、非合亦非離。道流、眞佛無形、眞道無體、眞法無相。三法混融、和合一處。既辨不得、喚作忙忙業識衆生。

「大徳、你波波地《ははじ》に諸方に往いて、什麼物《なにもの》を覓《もと》めてか、你が脚板《きやくはん》を踏んで濶《ひろ》からしむるや。仏の求むべき無く、道の成ずべき無く、法の得べき無し。「外に有相の仏を求めば、汝と相似《あいに》ず。汝が本心を識らんと欲せば、合《ごう》に非ず亦た離《り》に非ず」と。道流、真仏無形《むぎよう》、真道無体《むたい》、真法無相《むそう》。三法混融《こんゆう》して一処に和合す。既に弁ずること得ざるを、喚んで忙忙《ぼうぼう》たる業識《ごつしき》の衆生と作《な》す。」

踏你脚板濶　やたらに歩きまわった結果、脚の裏が扁平になること。一説に踏み歩く範囲を拡げる意ともなすが、とらない。『聯灯会要』二十、徳山章に同様の語がある（758b）。なお『宗鏡録』十一（477b）には、杜順が五台山に文殊を求める人を叱った歌がある。

無仏可求……　仏道は世間的なものでない、ということ。次の真仏無相以下の文意を引き出すための前置き。『伝灯録』十四、丹霞章に、

禅は理窟ではない、修行をしとげて始めて仏があるわけでもない……俺のところには修行すべき道もなければ、悟るべき法もない（311a）。

という。『伝灯録』十五、夾山善會章にもあり（324a）。

外求有相仏……　有相の仏を外に求めるなら、それは汝と似つかわしくない、汝の心がもともと仏だから、あらためて仏に合することも、また離れることもないのだ、という意。もと、第八祖ブッダナンダイの偈で、『宝林伝』二（130）

に見え、『宛陵録』（386a）にも引かれている。また『近思録』二には、「四者有一焉、則与天地為不相似矣」（文、p.84）とある。なお、第二句を従来汝と相似かず、と読んでいるのは正しくない。

欲識汝本心　『心経注』の末尾に「欲知成佛處、會是淨心中」。『聖山集』第六巻（610）。また司空山云く、「若欲会道、無心是道」（『祖堂集』三、66b）。

既弁不得　この句を底本は弁既不得となし、古来多くそれに従っているが、このままでは読めないから、『聯灯会要』九のテキストによって改めた。既は既定の事実を挙げて理由を示す語。もともとこの三者は分かち得ぬから、ということ。

忙忙業識衆生　『起信論』（577b）に説く衆生心、すなわち如来蔵の意で、真如と無明とが不一不異に和合しているわれわれのプリミチーブな心。忙忙は、茫茫と同じ。はっきり把み得ぬさま。この語は『祖堂集』三、南陽慧忠章（64b）や、同十八、仰山章（346a）に見え、後者は潙山業識忙忙の公案として知られている。

〔七九〕

問、如何是眞佛眞法眞道、乞垂開示。師云、佛者心清淨是。法者心光明是。道者處處無礙淨光是。三即一、皆是空名、而無寔有。如眞正作道人、念念心不間斷。自達磨大師從西土來、祇是覓箇不受人惑底人。後遇二祖、一言便了、始知從前虛用功夫。山僧今日見處、與祖佛不別。若第一句中得、與祖佛爲師。若第二句中得、與人天爲師。若第三句中得、自救不了。

問う、「如何なるか是れ真仏、真法、真道、乞う開示《かいじ》を垂れたまえ。」師云く、「仏というは心清浄是れなり。法というは心光明是れなり。道というは処処《しょしょ》無碍《むげ》浄光《じょうこう》是れなり。三即一、皆な是れ空名にして寔有《じつう》無し。如し、真正《しんしょう》の作道人《さどうにん》ならば、念念に心間断《けんだん》せず。達磨《だるま》大師《だいし》、西土《せいど》より来たってより、祇だ是れ箇《こ》の人惑《にんなく》を受けざる底《てい》の人を覓む。後、二祖の一言に便ち了《りょう》じて、始めて従前虚《むな》しく功夫《くふう》を用いしことを知る、に遇う。山僧、今日の見処、祖仏と別ならず。若し第一句の中に得れば、祖仏の与《た》めに師と為《な》る。若し第二句の中に得れば、人天の与めに師と為る。若し第三句の中に得れば、自救不了《じくふりょう》。」

真仏真法真道　前の段に続いて、三者混融和合した自性の三法を説く。『従容録』七六則、首山三句をみよ（T48-275a）。

法者心光明是　『起信論』は、「自體有大智惠光明義」（579a）。

如真正作道人……　作道人は道の修行を作す人、たんに道人というに同じ。古尊宿本は「学道人」とし、『聯灯会要』九のテキストはたんに「道人」とし、『五灯会元』は「作道人」としている。『広灯録』十一に「志公作道人」となすのは、意味が明らかでない。『五家語録』の潙山章に、「喚他作道人、亦名無事人」（851a）とある。「念念心不間断」は、前に「但一切時中更莫間断触目皆是」（〔三〇〕）とあるに同じ。

自達磨大師……　人惑を受けぬことがダルマの禅の根本主旨である。これはすでにたびたび言われた通りで（〔二七〕、〔六三〕）、『伝心法要』にも、

　ダルマが中国に来て、梁と魏の両国に至ったとき、ただ慧可だけがはっきりと自心を覚り、言下にダルマの法を会得した（384b）。

という。

一言便了……　この句の主語はいうまでもなく二祖であるから、上の句に続けて、「二祖の……するに遇う」と読み、文脈を統一した。便了は、すぐさま悟ること。始知従前云々は、今までの無駄な努力に気づくこと。

若第一句中……　一言に悟る頓悟の人は、祖仏を師とせず、祖仏の師となる。『玄沙広録』に、「第一句接人……第二句……第三句……」（366b）。

與人天為師　仏の十号の一。天人師佛世尊。『百丈広録』（167a）に「寧作心師、不師於心、不了義教、有人天師、有尊師、了義教中、不為人天師、不師於法……」とある。

自救不了　自分の始末すらできぬ。自分の迷いを救うことすら、おぼつかなし、師となって人を教えるどころでない。『大品』二六に、「自不能救、何能救人」（T8-410c）。『大乗讃』に、

世の馬鹿どもたちは、道の中にいて道を求めようとし、あれこれ理窟をこねるだけで、己が身を救うことすらできぬ（449c）。

とある。なお、この三句の説は、修行者の素質を段階づけたもので、すでに『雲門録』下（573a）に、臨済の三句として問答されているから、臨済の他の四料簡や四賓主等の説と同一趣旨のものとみてよいであろう。さらにまた、これとほとんど同一の語が『趙州語録』（313b）に見え、また後代になると、石霜楚円（九八七—一〇四〇）などがこれを南院慧顒の語としていることも注意すべきである。『宏智頌古』七六則に、首山示衆とす（T48-25b）。『首山語録』（246b）にもみゆ。慈明示衆（T48-301c）。

〔八〇〕

問、如何是西來意。師云、若有意、自救不了。云、既無意、云何二祖得法。師云、得者是不得。云、既若不得、云何是不得底意。師云、爲伱向一切處馳求心不能歇、所以祖師言、咄哉、丈夫、將頭覓頭。伱言下便自回光返照、更不別求、知身心與祖佛不別、當下無事、方名得法。

問う、「如何なるか是れ西来意《せいらいい》。」師云く、「若し意《い》有らば自救不了《じくふりょう》。」云く、「既に意無くんば云何《いかん》が二祖法を得たる。」師云く、「得というは是れ不得なり。」云く「既に若し不得ならば、云何《いかん》が是れ不得底《ふとくてい》の意《い》。」師云く、「伱が一切処に向かって馳求《ちぐ》の心歇《や》むこと能わざるが為めに、所以《ゆえ》に祖師云く、「咄哉《とっさい》、丈夫《じょうぶ》、頭を将って頭を覓む」と。伱、言下《ごんか》に便ち自《みずか》ら回光返照《えこうへんしょう》して、更に別に求めず、身心の祖仏と別ならざることを知って、当下《とうげ》に無事なるを、方に得法と名づく。」

如何是西来意　如何是祖師西来意の略。ダルマはどんなつもりで中国にやってきたのか、ということ。この問は、のちになると「仏法の大意」と共に禅問答の定型となった。〔二八〕、活祖意を参照。

得者是不得　自心を悟るのであるから、別だん何かを得たとは言えない。

咄哉丈夫……　祖師はダルマを指していったもの。現存のダルマの語録の中にこの語は見当たらないが、彼が慧可に「心を将ち来たれ、汝がために安んぜん」（『伝灯録』三、219b）と言った話を指すのであろう。咄哉丈夫は、経典にも見られる語で（たとえば『法華経』五百弟子授記品、29a）、相手を叱咤するときの言葉。将頭覓頭は演若達多の故事をふんでいったもの。〔三二〕をみよ。

言下　言葉をきくや否や。すぐ。

回光返照　ふりかえって自分自身を知ること。光も照も自覚の際の知のはたらきを象徴的にいう語。『祖堂集』十八、仰山章に、「君たちはめいめい自分をふりかえってみるべきだ、私の言葉を覚えたりせぬがよい」（339a）とある。

知身心与祖仏不別……　真の自己の尊厳なることをいう。『宛陵録』にも、「密かに自心を信じ、便ち即心是仏なることを会して、身心倶に無なるを、是を大道と名づく」（384b）とある。当下無事は、一挙に無条件の完全な悟りに達して何も残さぬこと。

〔八一〕

大德、山僧今時、事不獲已、話度說出許多不才淨。你且莫錯。據我見處、實無許多般道理。要用便用、不用便休。祇如諸方說六度萬行、以爲佛法。我道、是莊嚴門佛事門、非是佛法。乃至持齋持戒、擎油不潤、道眼不明、盡須抵債、索飯錢有日在。何故如此。入道不通理、復身還信施。長者八十一、其樹不生耳。

「大徳、山僧今時《こんじ》、事《じ》已《や》むことを獲《え》ず、話度《わたく》して許多《そこばく》の不才浄《ふさいじょう》を説出《せつしゅつ》す。你、且らく錯ること莫れ。我が見処に拠らば、実に許多般《そこばくはん》の道理無し。用いんと要せば便ち用いよ、用いずんば便ち休む。祇だ諸方に、六度万行を説いて以て仏法と為すが如きも、我は道《い》う「是れ荘厳門《しょうごんもん》、仏事門《ぶつじもん》なり、是れ仏法に非ず」と。乃至《ないし》、持斎持戒《じさいじかい》、油を擎《ささ》げて潤《こぼ》さざるも、道眼《どうげん》明らかならずして、尽く須らく債《さい》を抵《いた》して、飯銭を索《こ》わるること、日有ること在るべし。何が故にか此の如くなる。「道《どう》に入って理に通ぜずんば、身を復《かえ》して信施《しんせ》を還す。長者《ちょうじゃ》八十一、其の樹耳《くさびら》を生ぜず」と。」

話度説出　おしゃべりすること。共に当時の俗語。圖度（『南泉録』〔『古宿録』十二〕293b）。

許多不才浄　ぎょうさんの愚にもつかぬごたごた。不才浄は明らかでないが、道忠は、「大慧普説に不材不浄（863b）とある意に同じ」（『疏瀹』1346a）となすが、この場合は消化されぬもの、ぎごちないもの、生のままのものの意。あるいは不済事（役に立たぬこと）の意かもしれぬが、この語は古来フシイズと読まれている。『修行道地経』三（199b）に、「令長者子、不斉其命」。『枯崖漫録』下に、「釈迦老師……即に明星を観るの後、許多の不才浄を説き出し、心肝五藏搃べて別人に覰破せらる」（186a）。

実無許多般道理　しちめんどうな理屈なんかないのだ。道理は真理にあらず、問題、事実、具体的なしろもの。ブロブレム・マター。

要用便用……　俺の言うことに合点なら、さっさとやってみるがよろしい。やらぬならそれまでだ。この句の語気は〔一一七〕を参照せよ。なお便休は本来はそれでよろしい、ということ。

六度萬行　「(宗密) 曰、……開而為六度、散而為万行」（『隆興編年通論』672a）。神秀の『観心論』（T85-1271a）に云く、「問曰、菩薩摩訶薩由持三衆浄戒六波羅蜜、方成佛道、今行者唯観心、不修戒行、云何成仏」（cf.〔五一〕）。

是荘厳門仏事門……　もったいぶってみせただけのことで、本当の仏法ではないのだ。『百丈広録』に、

> 世尊が三十二相を現じて、それぞれの相手に応じて説法し、我執を去らせようとされるのは、猶お第二義的なもので、仏事門中のことと云うべきだ（180a）。

とあり、また、『宛陵録』（384b）にも同様の説がある。仏事は、仏教行事、法要か。

持斎持戒……　戒律を守って細行をつつしみ、いささかの余念もないこと。持斎は次節の一食卯斎の項をみよ。擎油は、『涅槃経』高貴徳王品（496b, 740a）に、人が王勅によって鉢の中に油を満たし、二十五里にわたる人ごみの中を、一滴もこぼすことなく通りすぎるように、修行に専心すべきこと

を説いている故事。ここでは、そうした綿密な戒行すら、それに執することを戒めたもの。『止観輔行伝』二之三に引く（T46-201b）。『雑阿含経』二四（T2-174b）。『大智度論』十五（173c）。『義楚』十九、『栄花物語』は持戒の喩えとす。

道眼不明　『伝灯録』二、カナダイバ章（211b）。『大慧武庫』（T954b）。cf.〔四三〕。

入道不通理……　『宝林伝』三（206）に見える第十五祖カナダイバ尊者の偈。尊者が中インドのある所を訪ねたとき、七十九歳の長者とその第二子とがあって、彼らの庭の老木に極めて美味の木耳（きくらげ）が生じ、彼らのみそれを取ることができることを語ったところ、尊者はこの偈を誦して、彼らがかつて一比丘を供養したにもかかわらず、その比丘が本当の仏法を理解していなかった報いによって、身を木耳と変じ、長者と第二子とに供養を還し続けているのであり、それは長者が八十一歳に至って終わるだろうと教えた話。長者の第二子はのちに尊者の弟子となった第十六祖ラゴラタ尊者。『萬善同帰集』上に、『繞塔功徳経』『南山行道儀』を引く（T48-964b）。

長者八十一……　この句、『伝灯録』二三、洞山守初挙す（389c）。

〔八二〕

乃至孤峯獨宿、一食卯齋、長坐不臥、六時行道、皆是造業底人。乃至頭目髓腦、國城妻子、象馬七珍、盡皆捨施、如是等見、皆是苦身心故、還招苦果。不如無事、純一無雜。乃至十地滿心菩薩、皆求此道流蹤跡、了不可得。所以諸天歡喜、地神捧足、十方諸佛無不稱歎。緣何如此。爲今聽法道人、用處無蹤跡。

「乃至《ないし》、孤峯独宿《こほうどくしゅく》、一食卯斎《いちじきぼうさい》、長坐不臥《ちょうざふが》、六時行道《ろくじぎょうどう》するも、皆な是れ造業底《ぞうごうてい》の人なり。乃至、頭目髄脳《ずもくずいのう》、国城妻子、象馬七珍《ぞうめしっちん》、尽く皆な捨施《しゃせ》するも、是の如《かく》き等の見《けん》、皆な是れ身心を苦しむるが故に、還って苦果《くか》を招く。如《し》かず、無事にして純一無雑《じゅんいつむぞう》ならんには。乃至、十地満心《じゅうじまんしん》の菩薩も、皆な此の道流の蹤跡《しょうせき》を求むるに、了《つい》に不可得《ふかとく》なり。

所以《ゆえ》に、諸天歓喜《かんぎ》し、地神足を捧《ささ》げ、十方の諸仏も称歎せざるは無し。何に縁ってか此の如くなる。今の聴法の道人、用処《ゆうじょ》蹤跡無きが為めなり。」

〇この一段も、前段につづいて、『宝林伝』によれるもの。第二十祖闍夜多章に、婆須盤頭の遍行頭陀を批判することろあり（『伝灯録』二、213aにもみゆ）。

孤峯独宿　小乗の修行の一つ。『天台四教儀』（777a）に、「独覚は無仏の世に出て孤峯に独宿し、物の変易を観じて自ら無生を覚る人だ」という。『血脈論』にあり。また『永嘉集』の大師荅朗禅師書に「独宿狐峯、端居樹下……」（394a）、三乗漸次第七に「身惟善寂、意翫清虚、独宿狐峯、観縁散滅」（392a）とある。cf.『同歸集』中（T48-974b）。

一食卯斎　仏教僧団の規律では、ビクはすべて午前中に一度だけ乞食して午後の食を禁じ、これを斎食、または時食と称した。斎はUpōsathaの訳で清浄の意。卯はここでは早朝をいう。

長坐不臥　『伝灯録』五、吉州志誠章、「対曰、常指論大衆令住心観靜、長坐不臥。祖曰、住心観靜、是病非禅、長坐拘身、於理何益」（237b）。『広灯録』四、第二十祖闍夜多章（625b）に、「常一食不臥、六時礼仏、清浄無欲……今比頭陀與道遠矣。不久当墮」。

六時行道　一昼夜を六分して、晨時、日中、日没、初夜、中夜、後夜の六時に、常に仏を礼拝する修行。『首楞厳経』（133a）にあり。『出三蔵』十三、康僧会伝に、「営立茅茨、設像行道」（96b）。『聯灯会要』九、臨済章に、「師因徑山有五百衆、少人参請、毎日繞佛殿前大樹行道、念観音接人」（577）。

造業底人　『興禅護国論』に引く（3a）。

頭目髄脳……　『法華経』ダイバ品（34b）その他に見える釈迦前生の物語で、自分の肉体を始め、すべての所有物を布施し、布施太子と呼ばれた故事。七珍は七宝に同じ。金、銀、ルリ、ハリ、真珠、メノウ、シャコをいう。

如是等見……　仏教では苦行をしりぞけ、自分の身心を苦しめることは我見であるとする。見は、ここでは行動の意。前段に、身心と祖仏と別ならざることを知って云々とあるに反するからである。苦身は、道教の修行なり。神仙になること。『荘子』漁父篇に、孔子を批判する。『補陀迦山伝』一、「昔秦皇漢武、労神苦体」（T51-1136a）。

乃至十地満心菩薩……　次の句首の皆は、乃至を承けて、十地に至るすべての菩薩を指す。いかなる菩薩もよってもつかぬ、ということ。修行の力によって至ったものでないからである。蹤跡は、あしあと。徳山・南泉ともにあり。『古宿録』(299a, b)。

諸天歓喜……　天地の神々が守護する意。『聯灯会要』二十、徳山章(759b)にもまったく同一の句があって、何かの引用らしい。

〔八三〕

問、大通智勝佛、十劫坐道場、佛法不現前、不得成佛道。未審此意如何。乞師指示。師云、大通者是自己、於處處達其萬法、無性無相、名爲大通。智勝者、於一切處不疑、不得一法、名爲智勝。佛者心清淨、光明透徹法界、得名爲佛。十劫坐道場者、十波羅蜜是。佛法不現前者、佛本不生、法本不滅、云何更有現前。不得成佛道者、佛不應更作佛。古人云、佛常在世間、而不染世間法。

問う、「「大通智勝仏《だいつうちしょうぶつ》、十劫《じゅうごう》に道場に坐すれども、仏法現前《げんぜん》せず、仏道を成ずることを得ざりき」、と。未審《いぶかし》、此の意《い》如何。師の指示を乞う。」師云く、「「大通」とは、是れ自己、処処に其《か》の万法の無性無相《むしょうむそう》なるに達するを、名づけて大通と為す。「智勝」とは、一切処に不疑《ふぎ》にして、一法を得ざるを名づけて智勝と為す。「仏」とは心清浄にして、光明法界に透徹するを名づけて仏と為すことを得たり。「十劫に道場に坐す」とは、十波羅蜜《じっぱらみつ》是れなり。「仏法現前せず」とは、仏本より不生、法本より不滅、云何《いかん》が更に現前すること有らん。「仏道を成ずることを得ず」とは、仏応《まさ》に更に作仏《さぶつ》すべからず。古人云く、「仏常に世間に在《いま》して、而も世間の法に染まず」と。」

大通智勝仏……　『法華経』化城喩品(26a)の偈で、下根の弟子のために、釈尊が自己の本地を明して、無限の過去に出現した大通智勝如来のとき以来の因縁を説いたもの。偈の本来の意味は、大通智勝仏が限りない長時にわたって凡夫のめざめを待つ意。この偈は禅でも早くより注目され、『百丈広録』（171b）や、『伝灯録』四（229c）天柱山崇慧（—七七九）の章に問答があり、また、『祖堂集』十七、岑和尚章（329b）、『智証伝』（203b）のほか、のちには、『無門関』九則（294a）で有名である。また、拙稿「禅門経について」を参照。

万法無性無相　すべての存在を現実的にも本質的にも実体化し絶対化せぬこと。

十波羅蜜　十度ともいう。六度（〔五一〕）のほかに、善巧方便、願、力、智の四波羅蜜を合わせて呼ぶ。ここでは、これらの十種の徳目が永遠で、しかも清浄であること。

更　否定強める意。cf.〔九〇〕。

佛不應更作佛　ソウイフ筈ガナイ。「更」はもう一度。

古人……　文殊菩薩を指す。『如来荘厳智慧光明入一切仏境界経』（248a）に見える句。もっとも、この語は当時一般化されていたようで、『歴代法宝記』（194a）や、『百丈広録』（165b）にも何人の語ともいわずに引いているから、あるいはそれをいうのかもしれない。

〔八四〕

道流、你欲得作佛、莫隨萬物。心生種種法生、心滅種種法滅。一心不生、萬法無咎。世與出世、無佛無法、亦不現前、亦不曾失。設有者、皆是名言章句、接引小兒、施設藥病、表顯名句。且名句不自名句、還是你目前昭昭靈靈、鑑覺聞知照燭底、安一切名句。大德、造五無間業、方得解脱。

「道流、你、作仏《さぶつ》を得んと欲せば、万物に随うこと莫れ。「心生ずれば種種の法生じ、心滅すれば種種の法滅す」。「一心生ぜざれば、万法咎《とが》無し」、と。世と出世と無仏無法、亦た現前せず、亦た曽て失わず。設《たと》い有《あ》る者も、皆な是れ名言章句《みようごんしようく》、小児《しように》を接引《しよういん》する施設《せせつ》の薬病《やくびよう》、表顕《ひようけん》の名句なり。且つ名句は自《みずか》ら名句ならず、還って是れ你が目《もく》前昭昭霊霊《ぜんしようしようれいれい》として、鑑覚聞知《かんかくもんち》し照燭《しようそく》する底《てい》、一切の名句を安《あん》ず。大徳、五無間《ごむげん》の業を造《つく》って、方に解脱を得ん。」

欲得作仏……　仏となろうとするなら本来の仏でいることだ。

心生種種法生……　『起信論』の句（577b）。もともと不生不滅である一心が変じて生滅の相を現ずること。三界唯心の意。この句は『宛陵録』（385c, 386b）にも、『趙州録』（312c）その他にも、盛んに引かれている。

一心不生……　『信心銘』（376c）の句。万法は一心の相なるをいったもの。無咎は、もと易経の語にもとづく。『宝林伝』八、昭明祭文二（p.518）。

世与出世……　第一義的にも第二義的にも、仏や法を有と考えることはできぬ。心法は悟って初めて出現するものでもなく、迷って失われるものでもない。迷悟は一時的な名にすぎぬ、ということ。cf.〔五五〕。

無仏無法　cf. 無仏無法、無修無証〔六四〕。

設有者……　以下の句は解し難いが、有としての仏法はみな子供だましのあやし言葉であり、一時的な病気のための医薬であり、表むきの話にすぎぬ、ということであろう。四つの中、「接引小児」は揃わず（同格）。手引きする子供（オトリ）、子供に引っかかる。施設薬病は、病そのものが本来のものでなく、その病を治すための薬が方便的なものにすぎぬことをいうのであろう。cf.〔五五〕。

還是你目前……　私の目の前で、てきぱきあらゆるものを見たり聞いたりして誤らぬお前自身が、便宜的に名をつけているまでだ。昭昭霊霊は、非常に明確なこと。巧みなこと。鑑覚聞知は、見聞覚知に同じ。照燭は見通すこと。すでに同一の句が〔六五〕に見える。『朱子語類』62（中庸の第一章）。

造五無間業……　何ものも絶対視せぬ意。自心以外の一切の権威を認めぬ本来の立場に、この一段を結論づけ、併せて次節の主題を引き起こす語。〔三六〕を参照。『維摩経』に、「以五逆相而得解脱」（T540b）。

〔八五〕

問、如何是五無間業。師云、殺父害母、出佛身血、破和合僧、焚燒經像等、此是五無間業。云、如何是父。師云、無明是父。你一念心、求起滅處不得。如響應空、隨處無事、名爲殺父。云、如何是母。師云、貪愛爲母。你一念心、入欲界中、求其貪愛、唯見諸法空相、處處無著、名爲害母。云、如何是出佛身血。師云、你向清淨法界中、無一念心生解、便處處黑暗、是出佛身血。云、如何是破和合僧。師云、你一念心、正達煩惱結使、如空無所依、是破和合僧。云、如何是焚燒經像。師云、見因縁空、心空法空、一念決定斷、迥然無事、便是焚燒經像。

問う、「如何なるか是れ五無間《ごむげん》の業《ごう》。」師云く「父を殺し、母を害し、仏身血《ぶつしんけつ》を出だし、和合僧《わごうそう》を破し、経像《きょうぞう》を焚《ぼん》焼《しょう》する等、此れは是れ五無間の業なり。」云く、「如何なるか是れ父。」師云く、「無明《むみょう》是れ父。你が一念心、起滅《きめつ》の処を求むるに得ず。響《ひびき》の空に応ずるが如く、随処《ずいしょ》に無事なるを名づけて父を殺すと為す。」云く、「如何なるか是れ母。」師云く、「貪愛《とんあい》を母と為す。你が一念心欲界の中に入って、其の貪愛を求むるに、唯だ諸法の空相なるを見て、処処無著なるを名づけて母を害すと為す。」云く、「如何なるか是れ仏身血を出だす。」師云く、「你、清浄法界の中に向かって、一念心の解《げ》を生ずること無く、便ち処処黒暗《しょしょこくあん》なる、是れ仏身血を出だす。」云く。「如何なるか是れ和合僧を破す。」師云く、「你が一念心、正に煩悩結使《ぼんのうけっし》の、空の所依《しょえ》無きが如くなるに達する、是れ和合僧を破す。」云く、「如何なるか是れ経像を焚焼す。」師云く、「因縁空《いんねんくう》、心空法空《しんくうほっくう》を見て、一念決定断《けつじょうだん》じて迥然無事《けいねんぶじ》なる、便ち是れ経像を焚焼す。」

五無間業　ここに説く五無間業の解釈は、『楞伽経』三(498a)にもとづき、その精神的意義を強調したもの。このような考え方は、すでに『百丈広録』(175a)にも見られる。また『妙勝定経』に、殺父害母、殺眞人羅漢、破塔、壊寺、焚焼僧房の重罪も禅定によって滅除すという。関口真大『達磨の研究』(p.239)。経典に自ら無間におちる菩薩あり。

無明是父　無明は十二縁起の第一支に位し、生死輪廻の根源とされ、これを父と呼ぶが、本来は何らの実体あるものではないから、本来的な在り方を殺父と名づける。『証道歌』に、「無明の正体は仏性であり、われわれの身が、幻化の故に空だと知るものが法身にほかならぬ」(395c) という。『大般涅槃経』十に、「若以貪愛母、無明以父、随順尊重是、則墮無間獄」(T668c)。『宗鏡録』八九、「台教云、無明為父、貪受為母」(904c)。観音別行疏（織田、1196a)。『悟性論』(372b) にみゆ。

求起滅處不得　この句、主語なし。何人も、その起滅の処をつきとめ得ぬ。『古宿録』十二、南泉章(299a)「所以天魔波旬将諸眷屬、久遠劫來覓菩薩一念起處不可得。天魔讃歎云、佛法至妙、我実難測」。不起の性起。

貪愛為母　貪愛は煩悩の根本的なもの。『十誦律』五六(明本)に、比丘が母を殺して祝福されることがあるかとの問に対して、「母とは愛であり、若し殺すなら大福を得るであろう」(381b) という。

你一念心……　你の一念が欲の中に入っても、何人かがその貪を求めて。

諸法空相　『般若心経』。汝は、……を見て。

清淨法界　清淨を清淨とせぬのが、出佛身血である。佛を清淨とせぬこと。『大乗稲芊経随聴疏』に「若人能殺於父母、王及二種淨行人能壊国土并眷属此人名為清淨者」(T85-547c) とあり。

処処黒暗　いまだ明暗の判断がなされぬ以前の本然的な在り方。『大宝積経』八三に、「譬如不除黒闇得現光明、亦非無能除黒闇者」(482b)。

煩悩結使　一般に煩悩は八万四千あり、四種の根本煩悩にもとづいて起こるとする。結使は煩悩の作用に名づけた異名。人々を迷の世界に結びつけるものの意。

因縁空心空法空　人空、法空、倶空の三空をいう。

一念決定断　一念にぴたりと決まる。断は却、または了に同じく、動作の終止決定を表す語助。〔三一〕の坐断をみよ。

〔八六〕

大德。若如是達得、免被他凡聖名礙。你一念心、祇向空拳指上生實解、根境法中虚捏怪。自輕而退屈、言我是凡夫、他是聖人。禿屢生、有甚死急、披他師子皮、卻作野干鳴。大丈夫漢、不作丈夫氣息、自家屋裏物不肯信、祇麼向外覓、上他古人閒名句、倚陰博陽、不能特達。逢境便緣、逢塵便執、觸處惑起、自無准定。道流、莫取山僧說處。何故、説無憑據、一期間圖畫虚空、如彩畫像等喩。

「大徳、若し是の如く達得《たっとく》せば、他の凡聖の名に礙《さ》えらるることを免れん。你が一念心、祇だ空拳指上《くうけんしじょう》に向かって実解《じつげ》を生じ、根境法中《こんきょうほうちゅう》、虚《むな》しく捏怪《ねつかい》す。自ら軽んじ退屈《たいくつ》して、「我は是れ凡夫、他は是れ聖人」と言う。禿屢生《かつるせい》、甚《なん》の死急《しきゅう》有ってか、他《か》の師子皮《ししひ》を披《き》て却って野干鳴《やかんみょう》を作《な》す。大丈夫の漢、丈夫の気息《きそく》を作《な》さず、自家屋裏《じかおくり》の物を肯えて信ぜず、祇麼《しも》に外に向かって、他《か》の古人の閒名句《かんみょうく》に上《のぼ》り、陰《いん》に倚《よ》り陽《よう》に博《はく》して、特達《とくだつ》すること能わず。境《きょう》に逢うては便ち縁《えん》じ、塵に逢うては便ち執し、触処《そくしょ》に惑《まどい》起こって自ら准定《じゅんじょう》無し。道流、山僧が説処《せっしょ》を取ること莫れ。何が故ぞ、説に憑拠《ひょうこ》無く、一期《いちご》の間、虚空に図画《とが》すること、彩画像《さいがぞう》等の喩《たとえ》の如し。」

你一念心　さもないと你が凡聖の名に碍えられるのは……。

空拳指上生実解……　『証道歌』の句（396c）。指にみとれて月を忘れ、てだてに夢中になること。根境法は六根六境六識等の現象界の諸法。

退屈　しりごみすること。現代語の倦怠の意ではない。『華厳経』十八、明法品（98c）、『円覚経』（922a）等の唐代の訳経に見える語。

禿屢生　僧を罵っていう。瞎屢生（〔三二〕）、瞎禿子（〔七五〕）、などいうに同じ。

有甚死急……　いったい何をうろたえて外面的なことに熱中するのだ。死急は、せっぱつまって、おしつめられて、じっとしてはおれぬ緊急の事。『伝灯録』十九、雲門章にも、「甚の死急有ってか行脚し去る」（357c）という。披他師子皮却作野干鳴は、獅子の威をまねて大吼してみても、自分相応の孤の鳴き声しかできぬ、ということ。『長阿含経』十一、『阿㝹夷経』に故事あり（T1-69a）。『思益経』四（T15-56b）にも。屈退に同じ（『牟子』6c）。

倚陰博陽　陰陽を伺うこと。占いをいう。ここでは古人の言葉じりを追って、自分を忘れること。博は、流布本には慱とするが、慱は博の俗字で、本来はばくちをやることであろう。諸本みなこれに従っているが、道忠は、慱量（タンリョウ）の意としてはかると訓み、慱に改めている『疏瀹』

（1354a）。搏依は、詩の作法の一。ひろく物に托して己の志をいう。禮〔学記〕不学搏依、不能安詩。〔注〕搏依、廣譬喩也。〔疏〕「謂依附譬喩」。依（たとえる）は、譬喩なり（諸橋『大漢和』一二）。

特達　ぬけでること。ひとりだちする意。

触処惑起……　あれこれと迷って落ちつかぬ。触処はいたるところ、どこでも。准定は、はっきりしたきまり。

莫取山僧説処……　俺の話を丸呑みしてはいかん。「わたしの言ったことを、そのままうのみに認めてはならない」（長尾、p.21b）。説処はすでに〔四〇〕に見える。cf.〔六四〕〔六五〕。

説無憑拠　とりあえずしゃべるにすぎぬ。別に深い子細はない。

一期間図画虚空……　かりに空中に手で絵を画くようなものだ。当面の相手に通じさえすればよいのだ。彩画像等喩は、『楞伽経』巻一に、「画家が色々の絵を画いて見せるのに喩えて、仏の説法ももともと一定の形のない法を、かりに人々に判り易いように様々の姿によって示すにすぎぬ」（484c）とある話を指す。同一の話は、『涅槃経』高貴徳王品（496b, 739c）にも見える。また『正法念處経』にあり。『宗鏡録』十九に引く（T516b）。

〔八七〕

道流、莫將佛爲究竟。我見猶如厠孔、菩薩羅漢、盡是枷鎖、縛人底物。所以文殊仗劍、殺於瞿曇、鴦掘持刀、害於釋氏。道流、無佛可得、乃至三乘五性、圓頓敎迹、皆是一期藥病相治、幷無實法。設有、皆是相似、表顯路布、文字差排、且如是說。道流、有一般禿子、便向裏許著功、擬求出世之法。錯了也。若人求佛、是人失佛。若人求道、是人失道。若人求祖、是人失祖。

「道流、仏を将《も》って究竟《くきよう》と為《な》すこと莫れ。我れ見るに、猶お厠孔《しく》の如し。菩薩羅漢は尽く是れ枷鎖《かさ》、人を縛する底《てい》の物なり。所以《ゆえ》に、文殊《もんじゆ》は剣に仗《よ》って瞿曇《くどん》を殺さんとし、鴦掘《おうくつ》は刀を持って釈氏《しやくし》を害せんとす。道流、仏の得べき無し。乃至、三乗五性《さんじょうごしょう》、円頓《えんどん》の教迹《きょうしゃく》も、皆な是れ一期《いちご》の薬病相治《やくびょうそうじ》、並《なら》びに実法《じっぽう》無し。設《たと》い有《あ》るも、皆な是れ相《そう》似《じ》、表顕《ひょうけん》の路布《ろふ》、文字の差排《さはい》にして、且《しば》らく是《かく》の如くに説くのみ。道流、一般の秃子《とくす》有って、便ち裏許《うち》に向かって功《こう》を著《つ》けて、出世の法を求めんと擬《ぎ》す。錯《あやま》り了れり。若し人仏を求めば、是の人仏を失す。若し人道を求めば、是の人道を失す。若し人祖を求めば、是の人祖を失す。」

我見猶如厠孔……　我見は次の句にまでかかる。厠孔はくそつぼで、厠穢に同じ。不浄物。

文殊仗剣……　文殊の話は、もと『宝積経』第百五（589a, 590b）に見え、仏弟子たちが戒律の言葉にとらわれて自分の罪に悩んでいるのを誡めるために、文殊が剣を抜いて仏を殺さんとした故事。瞿曇は、gautama の音訳で、釈尊の姓。ここでは仏を指していう。鴦掘は、aṅguli-māla の音訳。指鬘外道と訳す。オークツマラ経、その他に見える話で、彼が百人（千人ともいう）の指を奪って首かざりを作ろうとし、百人目に釈尊に遇うて帰依した物語。山本有三氏の『指鬘縁起』で有名（全集第二巻）。ここでは、文殊の故事と共に、仏に対する執着を退け、性空の道理を示すためにとり上げたもの。禅では、『絶観論』（91a）や、『百丈広録』（175a）、『黄檗語録』（194b）、『祖堂集』八、曹山章（162c）等に同様の見方がある。『理趣経』（p.143）にあり。『宗鏡録』十四、忠国師の問答（T488a）、同七八（T848b）。『大慧普説』十三（T866c）に文殊執劒話を引く。また同十五（875b）に殃崛の話を引く。『宗門統要』一に文殊を引く（卍.25c）。『五灯会元』二、殃崛千指を奪う機縁。聖賢の章に収む（77a）。

三乗五性……　天台宗や華厳宗で説く裁判を挙げたもので、三乗は小乗の低い教えを意味し、五性は法相宗などで衆生成仏の先天的な可能性を五種に分かっていう考え方、円頓は円頓一乗、すなわち最高普遍の教えで、順序次第を経ずに、すべての人が本来成仏の理を具するとする教え。

設有皆是相似……　よしんば第二義的にそれらの法の存在を認めるとしても、それはみなイミテーションであり、せいぜい薬の功能書きにすぎぬ。表顕路布は、封をせぬ公文書。告知文。本来は戦勝を報ずるプラカードで、露布と書くのが正しく、『封氏聞見記』四（27）に詳しい。文字差排は文字のあしらい。とりあえずえらび列べて見せること。

向裏許著功　一生懸命に文字の中に、求めること。外許ともいう。〔七一〕の向裏作解の註を参照。裏許はうち、内面。

許は語助で、そとの場合は外許。許に意味なし。著功は著力（〔七二〕）に同じ。

若人求仏……　もともと仏であるのに仏を求めるのは、みな仏を失っている証拠だ。『百丈広録』（169b）に、「いつでも仏が人であり人が仏であるに変わりはない、仏が仏を求める必要はない」という。

〔八八〕

大德、莫錯、我且不取你解經論、我亦不取你國王大臣、我亦不取你辯似懸河、我亦不取你聰明智慧、唯要你眞正見解。道流、設解得百本經論、不如一箇無事底阿師。你解得、即輕懱他人、勝負修羅、人我無明、長地獄業。如善星比丘、解十二分教、生身陷地獄、大地不容。不如無事休歇去。飢來喫飯、睡來合眼。愚人笑我、智乃知焉。道流、莫向文字中求。心動疲勞、吸冷氣無益。不如一念緣起無生、超出三乘權學菩薩。

「大徳、錯《あやま》ること莫れ、我れ且《しば》らく你が経論を解《げ》することを取らず、我れ亦た你が国王大臣たることを取らず、我れ亦た你が弁懸河《べんけんが》に似たることを取らず、我れ亦た你が聡明智慧《そうめいちえ》を取らず、唯だ你が真正の見解を要す。道流、設《たと》い百本の経論を解《げ》し得《う》るも、一箇無事底《いっこぶじてい》の阿師《あし》には如《し》かじ。你解し得れば、即ち他人を軽懱《けいべつ》し、勝負の修羅《しゅら》、人我《にんが》の無明《むみょう》、地獄の業《ごう》を長《ちょう》ず。善星比丘《ぜんしょうびく》の如きも、十二分教《じゅうにぶんきょう》を解《げ》すれども、生身《しょうじん》に地獄に陥り、大地も容《い》れず。如《し》かず、無事にして休歇《きゅうけつ》し去らんには。「飢来れば飯を喫し、睡来れば眼を合す、愚人は我れを笑う、智は乃ち焉《これ》を知る」と。道流、文字の中に向かって求むること莫れ。心動ずれば疲労し、冷気を吸うも益《やく》無し。如かじ、一念縁《えん》起無生《ぎむしょう》にして、三乗権学《ごんがく》の菩薩を超出《ちょうしゅつ》せんには。」

我且不取伱解経論…… 私は君たちの学問も、社会的地位も、知識も教養も問題にはしない。大切なのはただ真正の見解のみだ。『祖堂集』三、騰騰和尚の楽道歌に、「真理はただ胸三寸、広い学問や知識はいらぬ、弁才聡明の秀才もならぬ」(55b)という。

百本経論 百部の書物。なお、次句の軽懱を、『大正蔵』は軽蔑に作る。

勝負修羅…… 他人にすぐれようとして我見をはること。阿修羅は戦闘の神、人我は自他の対立。

如善星比丘…… 『涅槃経』迦葉品(561c, 808a)に見える話で、『血脈論』(810a)や『証道歌』(396c)等にも引かれている。『首楞嚴』によるもの。臨済は『血脈論』をみている。善星は、Sunakṣatra の訳。善宿とも書く。仏の太子であったときの子で、のちに仏の侍者となった人という。『印度仏教固有名詞辞典』(p.660)には、十三の事例を挙げているから、種々に伝説されたものらしい。大地不容は居どころを失うこと。

飢来喫飯…… 明瓚和尚の『楽道歌』の句。すでに〔三六〕に出ている。

心動疲労…… 経論を読誦しても、ただ身心が疲れるだけだ。千字文の句による。経典は千字文の順に配列される。「心動神疲、守真志満」(心は389)。『補陀洛迦山伝』の洞宇封域品二にいう、「昔秦皇漢武、窮年遠討、労神苦体」(1136a)。『小止観』に、風、喘、気、息を調えるべきをとく(466a)。「由心覚観、鼓動気息、衝於咽喉、脣舌齒齶故、出音声言語」(同、468b)。『宗鏡録』四十に、「故知言語従覚観生、息覺觀則名言絶。言思絶則侍絶亡。」(T652a)。同六六に『涅槃経』を引く(788c)。冷気を吸うは、難解であるが、従来の解釈では、声を出して経を読むことだという。

一念縁起無生…… 『華厳合論』一(336a)の文。段階的な修行の力によらずに、一念に眼前の事物そのままを絶対的真実相とする立場に立つこと。縁起無生は法性無生に対していう語。三乗を、流布本では三界となす。

〔八九〕

大徳、莫因循過日。山僧往日、未有見處時、黒漫漫地。光陰不可空過、腹熱心忙、奔波訪道。後還得力、始到今日、共道流如是話度。勸諸道流、莫爲衣食。看世界易過、善知識難遇、如優曇華時一現耳。伱諸方聞道有箇臨濟老漢、出來便擬問難、教語不得。被山僧全體作用、學人空開得眼、口總動不得。懵然不知以何答我。我向伊道、龍象蹴踏、非驢所堪。你諸處祇指胸點肋、道我解禪解道、三箇兩箇、到這裏不奈何。咄哉、你將這箇身心、到處簸兩片皮、誑謼閭閻。喫鐵棒有日在。非出家兒、盡向阿修羅界攝。

「大徳、因循《いんじゅん》として日を過《す》ごすこと莫れ。山僧往日《そのかみ》、未だ見処有らざりし時、黒漫漫地《こくまんまんじ》なりき。光陰空しく過ごすべからず、腹熱し心忙わしく、奔波《ほんぱ》して道を訪いぬ。後に還って力を得て、始めて今日に到って、道流と共に是《かく》の如く話度《わたく》す。諸の道流に勧む、衣食《えじき》の為《た》めにすること莫れ。看よ、世界は過ぎ易く、善知識には遇い難し、優曇華《うどんげ》の時に一たび現ずるが如くなるのみ。你諸方に、箇《こ》の臨済老漢《ろうかん》有りと聞《き》いて、出で来たって便ち問難して、語り得ざらしめんと擬《ぎ》す。山僧に全体作用《ぜんたいさゆう》せられて、学人空しく眼を開き得れども、口総に動かし得ず。懵然《ぼうぜん》として、何を以て我に答えんということを知らず。我れ伊《かれ》に向かって道う、「竜象《りゅうぞう》の蹴踏《しゅうとう》は驢《ろ》の堪《た》うる所に非ず」と。你諸処に祇《た》だ胸を指《ゆびさ》し肋《ろく》を点《てん》じて、「我れ禅を解《げ》し道を解す」と道《い》うも、三箇両箇、這裏《しゃり》に到って奈何《いかん》ともせず。咄《とつ》哉《さい》、你這箇《しゃこ》の身心《しんじん》を将《も》って、到る処に両片皮《りょうへんぴ》を簸《ひ》して、閭閻《りょえん》を誑謼《おうが》す。鉄棒を喫すること日有ること在り。出家児に非ず、尽く阿修羅界《あしゅらかい》に向かって摂《せつ》せられん。」

黒漫漫地　はてしなく暗い。明るいところが、まったくないこと。漫漫はあたり一面に一様なさま。

腹熱心忙……　じっとしていられないで、あたふたと名師を訪ねた。奔波は小走りに急ぐこと。

後還得力　得力は俗語で、お蔭を蒙ること。黄檗や大愚の指導を受けたことをいう。従来、自分が力を得たと解するのは誤り。『碧巌録』四三則に「全く他の力を得たり」(171c)とあるのを参照。『中阿含経』二一、「若為諸年少比丘説教此四禅者、彼便得安穏、得力得樂、身心不煩熱、終身行梵行」(松本文三郎『達磨の研究』p.170 引用)。『修行道地経』三に、「諸根得力、長於心法」（T15-199a）。『法華経』五に「既知衆生、得其力已」（T39b）。『雲門録』遊方遺録（574a）に、「師至疎山、疎山問、得力處道將一句来」。『拈頌集』二七（9.179）に、「師拈拄杖云、全得這箇力」。島田虔次『中国における近代思惟の挫折』（p.64）「陽明得力處在此、而其未盡處亦在此」。また（同、p.157）「亦便是得力処」（長処である）。『太平広記』九、李少君に、「初不信事後得力」。

勧諸道流……　衣食のことは気にするな。肩あって着ずということなく、口有って食わずということなし。

優曇華　正しくは優曇鉢羅華 udumbara で、無花果の一種。三千年に一度花を開くと伝え、希有なることに譬える。

伱諸方聞道……　聞道はたんに聞くこと。言道（言う）、知道（知る）、信道（信ずる）などと類語。老漢はおやじ。

教語不得は、ものを言わせぬこと。

懵然不知……　ぽかんとしたまま返事ができぬ。

竜象蹴踏……　勝負にならぬこと。『維摩経』不思議品の句（547a）。『歴代法宝記』（195a）にも引かれている、竜象は象の最高なるものをいう。

指胸点肋　胸をつき出して威張るさま。自信ある様子。

伱将這箇身心……　お前のその有相の身や心で、大口たたいて田舎ものをだまして、ということ。また、祖仏とちっとも変わらぬ身心をもちながら、という意。簸両片皮は、両唇を開いたり閉じたりしてしゃべること。誑諕は、たぶらかすこと。流布本は誑謼となす。閭閻は、村里。

尽向阿修羅界摂　口先で人に勝ち自ら高ぶれば、みな阿修羅界行きと決まった。摂は、裁判の判決などにもいう。〔五五〕の仏魔に摂せらるというも同じ。

〔九〇〕

夫如至理之道、非諍論而求激揚、鏗鏘以摧外道。至於佛祖相承、更無別意。設有言教、落在化儀三乘五性、人天因果。如圓頓之教、又且不然。童子善財、皆不求過。大徳、莫錯用心。如大海不停死屍。祇麼擔却、擬天下走。自起見障、以礙於心。日上無雲、麗天普照、眼中無翳、空裏無花。道流、伱欲得如法、但莫生疑。展則彌綸法界、收則絲髮不立。歴歴孤明未曾欠少。眼不見、耳不聞、喚作什麼物。古人云、説似一物則不中。伱但自家看。更有什麼。

説亦無盡、各自著力。珍重。

「夫れ至理《しいり》の道の如きんば、諍論《そうろん》して激揚《げきよう》を求め、鏗鏘《こうそう》として以て外道《げどう》を摧《くだ》くに非ず。仏祖の相承《そうじょう》に至っては、更に別意無し。設《たと》い言教《ごんきょう》有るも、化儀《けぎ》の三乗五性人天の因果に落在《らくざい》す。円頓《えんどん》の教の如きは、又た且つ然らず。童子《どうじ》善財《ぜんざい》も皆な求過《ぐか》せず。大徳、錯って心を用うること莫れ。大海の如きは死屍《しし》を停《とど》めず。祇麼《しも》に担却《たんきやく》して、天下に走らんと擬せば、自ら見障《けんしょう》を起こして、以て心を礙《さ》う。日上に雲無ければ麗天《れいてん》普ねく照らし、眼中に翳《えい》無ければ空裏《くうり》に花無し。道流、你如法《にょほう》なることを得んと欲せば、但だ疑いを生ずること莫れ。「展《の》ぶれば則ち法界に弥綸《みりん》し、収むれば則ち糸髪《しはつ》も立せず」と。歴歴孤明《れきれきこみよう》にして、未だ曽て欠少《かんしよう》せず。眼に見ず、耳に聞かず、喚んで什麼物《なにもの》とか作《な》さん。古人云く、「説似一物則不中《せつじいちもつそくふちゆう》」と。你但だ自家《じか》に看よ。更に什麼《なに》か有らん。説くも亦た尽くる無し、各《かく》自《ず》に力を著《つ》けよ。珍重。」

○この段、筆録者異なるか。

夫如至理之道……　心法の道理は、論議を闘わしたり、声を高めて異端を説き伏したりするものではない。言句の及ばぬところにあるのだ、ということ。鏗鏘は、金玉などのなりものがいかめしく鳴りはためくこと。『百丈広録』に、「諍論して勝負を覓め、自分の能力を誇示するものは、諍論僧と呼ぶべきだ」（175a）とある。これらの言葉は、おそらくインドにおける中観瑜伽の諍論や、近くはラサの宗論、神会の滑台のそれなどを意識してのものであろう。天台の『摩訶止觀』四下にも、問答負勝を退ける（T43a）。

言教　教義。『増一阿含経』四七に、「如来世尊に何の言教か有る」（805b）、また『法華経』方便品に、「吾成仏已來……広演言教」（T5b）と見える。

落在化儀……　さまざまの法門は、結局教導の上の様式の相違にすぎぬ。化儀は天台宗で立てる仏教分類上の四つの立場。頓、漸、秘密、不定の四をいう。

如円頓之教……　大乗最高の教えである円頓の立場は、決して化儀の言教ではない。善財童子も一つ一つ別の法門を学んでまわったわけではない。本具の心法を探り下げただけだ、ということ。cf.〔四〇〕。「如（キモ）圓頓菩薩。……如禅宗見解、又且不然。直是現今、更無時節」。禅の意に用いた例は『伝法宝記』「深至円頓者、亦何世無之」(1291b)。『傳法正宗論』下に、円頓の説あり（T51-782a)。『伝灯録』十三、圭峯宗密章、「道円撫之曰、汝当大弘円頓之教、此諸佛授汝耳」(305c)。

童子善財　善財は何の位にあるか。荒本見悟『仏教と儒教』(p.63）に『探玄記』を引く。

莫錯用心　錯ってはいけない。心を構えたりしてはならぬ。

如大海不停死屍　この語は解し難いが大海が、あらゆるものを消し去って一物もとどめぬ様であれ、死屍（言教）をとどめてはならぬ、という意か。もと『華厳経』七七（422a)や、『涅槃経』師子吼菩薩品（558c, 805a）等に見える語で、『百丈広録』(174b）や、『祖堂集』八、曹山章（162a）にも引かれている。なお、古註のあるものに、錯る莫れ、用心して……如くせよと、断句しているものもあるが、従わない。『十地経論』末尾に、大海は種の徳を挙げ、第二に不受死屍(202a)、『四分律』巻頭に、大海が死屍を容受せず、疾風の為に岸上に捨てられるをいう（T22-567c)。『思益経』四、「如大海不宿死屍」(T15-58a)。『注維摩』二、「肇云、海有五德……」(T339b)。

祇麼担却……　しかるに、君らはひたすら死屍をかつぎ廻って人に誇ろうとし、自分で何も判らなくなってしまう。見障は法見で、法に対する執着。

日上無雲……　さえぎる雲さえなければ空全体が明るく照らされ、眼の病気さえなければあらゆるものが正しく見える。雲と翳とは上記の法執に譬えていう。この句はおそらく古語の引用であろうが、出所は判らない。日月麗天は、『出三蔵記集』五にもみゆ（T39b)。明天に麗くの解を用いず。(『慧遠研究』p.351を参考せよ)。『伝灯録』十三、宗密章に、「日月麗天、六合倶照」(307c)。

展則弥綸法界……　『宗鏡録』九八（941b）に見える牛頭法融（五九四―六五七）の絶観論の句。『大乗五方便』(506, 470）にも見える。拡げれば世界のすみずみにまで及び、本体に還れば糸髪一すじほどの場所もとらぬ。至理の道、すなわち一心の体用をいったもの。心法無形通貫十方（〔三二〕）の意に同じ。康僧会の『安般守意経』序に「恍惚仿佛、存亡自由、大弥八極、細貫毛厘」(T15-163)。宗密の『行願品疏鈔』一に、「詳玄録云、此経諸會、所証不問、聞則万差、合則一性、舒則弥綸法界、巻則攝在一心」(Z8-399b)。『安心法門』の末尾に「心心心、難可尋、寛時遍法界、窄也不容鋮」（370c）。また『祖堂集』九、來山の神鍬歌に、「展則周遍法界中、収乃還歸一塵裏」（173a）。

眼不見耳不聞……　『伝灯録』三十（462a）、杯渡禅師一鉢歌の句。先に、本是れ一精明分かれて六和合となる（〔三一〕）、とあるように、一精明そのものは耳目の対象とならず、したがって、何とも名づけようがない、ということ。『荘子』外篇・在宥第十一に、「目無所見、耳無所聞、心無所知……」。また『中庸』十六章。『宗鏡録』一〇〇に、「如有学人問忠国師……答、解脱心者、本來自有、視之不見、聴之不聞、搏之不聞、衆生日用而不知、此之是也」（T955a）。『宝藏論』に「視之不可見、聴之不可聞、然有恒沙万徳」（146a）。

古人云　南岳懐譲（六七七—七四四）を指す。『祖堂集』三（72a）、『伝灯録』五（240c）等に見える句。

説似一物則不中　何かについて名をつけたら当たらぬ。説似は説向に同じく、何かについて説くこと。似は助詞。挙似、呈似、何似などという場合の似と同じ。不中は、気が向かぬ、気に入らぬ。

你但自家看　とにかく自分自身で看とどけることだ。『血脈論』に、「自家に運手動足し乍ら、なぜ気づかぬか」（374b）とある。

更有什麼　『馬祖録』に「若了此意、乃何随時著衣喫飯、長養聖胎、任運随時、更有何事」（811a）。強意。cf.〔八三〕。反語か疑問か。

説亦無尽　なんぼう説いてみせても、この道理は説き尽くせぬ。

各自著力　めいめいに努力せよ。

〔九一〕

勘　辨

黄檗、因入厨次、問飯頭、作什麼。飯頭云、揀衆僧米。黄檗云、一日喫多少。飯頭云、二石五。黄檗云、莫太多麼。飯頭云、猶恐少在。黄檗便打。飯頭却擧似師。師云、我爲汝勘這老漢。纔到侍立次、黄檗擧前話。師云、飯頭不會、請和尚代一轉語。師便問、莫太多麼。黄檗云、何不道、來日更喫一頓。師云、説什麼來日、即今便喫。道了便掌。黄檗云、這風顛漢、又來這裏捋虎鬚。師便喝出去。

勘弁《かんべん》

黄檗、因《ちな》みに厨《くりや》に入る次《つい》で、飯頭《はんじゅう》に問う、「什麼《なに》をか作《な》す。」飯頭云く、「衆僧の米を揀《えら》ぶ。」黄檗云く、「一日に多少をか喫す。」飯頭云く、「二石五。」黄檗云く、「太《はなは》だ多きこと莫し麼《や》。」飯頭云く、「猶お少きことを恐るる在り。」黄檗便ち打《だ》す。飯頭却《かえ》って師に挙似《こじ》す。師云く、「我れ汝が為めに這《こ》の老漢を勘《かん》せん。」纔《わずか》に到って侍立《じりゅう》する次で、黄檗前話《ぜんな》を挙《こ》す。師云く、「飯頭不会《ふえ》、請う和尚代わって一転語《いってんご》せよ。」師便ち問う、「太だ多きこと莫き麼《や》。」黄檗云く、「何ぞ道《い》わざる、「来日更に一頓《いっとん》を喫せん」と。」師云く、「什麼《なん》の来日とか説かん、即今《そっこん》便ち喫せよ」、と道い了って便ち掌《しょう》す。黄檗云く、「這の風顛漢《ふうてんかん》、又た這裏《しゃり》に来たって虎鬚《こしゅ》を捋《ひ》く。」師便と喝して出で去る。

勘弁　問答をいう。相互に見解を試み、悟りの浅深をしらべただすこと。語録に勘弁の章があるのは、おそらく本書が初めてで、『南院語要』（『古宿録』七）や『首山語録』（同八）等の勘弁は、この書の体裁を承けたものであろう。『趙州録』下に「対機、勘弁……」とあり、『碧巌録』七五評唱に、「一期勘弁、賓主問答、始終作家」（202c）。『雪竇録』一に勘弁の目あり。『雪峰録』下、「勘過」（962a）。『伝灯録』九、潙山章、「三禅客被慧寂勘破」（265c）。現代の和語で、勘弁ならぬという場合は、この語の脱化。

黄檗　黄檗の晩年。

因入厨次　因は、〔一一〕をみよ。次は、おり。とき。

飯頭　禅院で典座の下にあって食事の準備をうけもつ僧。百丈の『禅門規式』（『伝灯録』六）に見え、のちには『幻住清規』（995a）に詳しい。『洞山語録』（514b）にこの一段と同様の話がある。『伝灯録』十四、藥山章に、「師問飯頭、汝在此多少時也、曰三年、師云、我總不識汝、飯頭罔測、發憤而去」（312a）。

揀衆僧米　修行僧のために飯米を用意し、砂などを除くこと。『碧巌録』五則の評唱、「雪峯示衆云……三上投子、九到洞山、置漆桶木杓、到処作飯頭……峯云、淘米、山云、淘沙去米、淘米去沙」（145a）。淘は洗う、よなぐこと。

猶恐少在　ほんとうに、足りぬことを心配しているのですよ。在は、強い断定の語気をもつ句末助詞。〔三二〕を見よ。

黄檗便打　飯は修行者の生命の糧。本具の真性に何の不足かあらん。

挙似　告げる。似は助詞で、説似(〔九〇〕)の似に同じ。

纔到侍立次　あたかも黄檗のそばに伺うと。纔は、丁度そのとき。侍立は側にひかえること。

請和尚代一転語　どうか代わって答えてみせて下さい。一転語は、人を一挙に悟らせるような深い言葉。『無門関』二則(293a)を参照。『宗門十規論』に、「看他古徳、梯航山海、不避死生、為一両転之因縁、有繊瑕之疑、事須憑決擇、貴要分明」(880a)。

来日更喫一頓　あすもまた一度くらいます(多いどころの話じゃない)。一頓は、一回の意。食事のほかに、休息や、鞭で打つ場合にもいう。この一段、恐らく行録の機縁による虚構なり。『伝灯録』三の騰々和尚歌、「寅朝用粥充飢、斎時更餐一頓」(461b)。

道了便掌　いうや否や平手で打ちすえた。

這風顛漢……　フーテンめが、いのち知らずに虎の鬚をひっぱりおったぞ。許して親しみを表す言葉。呉の孫権と朱桓の故事による語。『歴代名画記』に「王默師項客風顛酒狂……亦好酔後以頭髻取墨抵於絹素……」。〔一二〕、及び〔一二二〕をみよ。

〔九二〕

後、潙山問仰山、此二尊宿意作麼生。仰山云、和尚作麼生。潙山云、養子方知父慈。仰山云、不然。潙山云、子又作麼生。仰山云、大似勾賊破家。

後に、潙山《いさん》、仰山《きょうざん》に問う、「此の二尊宿の意《い》、作麼生《そもさん》。」仰山云く、「和尚作麼生。」潙山云く、「子を養って方《まさ》に父の慈を知る。」仰山云く、「然らず。」潙山云く、「子、又た作麼生。」仰山云く、「大いに勾賊破家《こうぞくはけ》に似たり。」

潙山　潭州潙山の同慶寺に住した霊祐(七七一―八五三)で、百丈懐海に嗣ぎ、臨済の師黄檗と同門たりし人。大円禅師と称す。伝記は、鄭愚の大円禅師碑銘(『全唐文』820)に詳しく、『祖堂集』十六(305b)、『宋高僧伝』十一

（777b）、『伝灯録』九（264b）、『潙山語録』（『五家録』の内）等に資料がある。宋初黄龍の盛となりし頃、この系統の人が潙山を復興したことあり。『文字禅』二六、睦州を臨済の首座とせしも同じ頃。『四家本宛陵録』に黄檗の大唐國、裏無禅師の話（噇酒糟漢）にも潙山仰山の拈あり（Z119-839b）。

仰山　潙山霊祐の弟子で、袁州仰山に住した恵寂禅師（八〇七—八八三）。通智禅師と称す。予言に長じ、小釈迦と言われた人。潙山と共に潙仰宗の開祖と仰がれ、常に潙仰父子と呼ばれる。伝記は、陸希声の仰山通智大師塔銘（『全唐文』813）、『祖堂集』十八（338b）、『宋高僧伝』十二（783a）、『伝灯録』十一（282a）、『仰山語録』等に存する。なお、本録の勘弁と行録に、潙仰二人の評判が付せられているのは、この部分が早くより潙仰系の人によってまとめられたからであろう。

此二尊宿……　二人はどういうつもりでこんな問答をしたのだろうか。

養子方知父慈　子をもって知る親の恩。養子は子を生み育てること。

大似勾賊破家　泥棒を家に引きこんでごっそりやられたようなものだ。黄檗が臨済に、自分から飯頭とのいきさつを告げたことをいったもの。おそらく、『円覚経』に、「譬えばあるひとの賊を以て子とおもい、其の財宝終に成就せざるがごとし」（919c）、とあるに寄せていう。「　当」、玉井是博(p.306)。

〔九三〕

師問僧、什麼處來。僧便喝。師便揖坐。僧擬議。師便打。師見僧來、便竪起拂子。僧禮拜。師便打。又見僧來、亦竪起拂子。僧不顧。師亦打。

師、僧に問う、「什麼《いずれ》の処よりか来たる。」僧便ち喝す。師便ち揖《いっ》して坐せしむ。僧擬議《ぎぎ》す。師便ち打す。師、僧の来たるを見て、便ち払子を竪起《じゅき》す。僧礼拝す。師便ち打す。又、僧の来たるを見て、亦た払子を竪起す。僧顧みず。師亦た打す。

○この話と同様のものが、『伝灯録』二七（436b）にあり、雲門と大覚の拈がついている。また、『祖堂集』十九（363a）にも見える。

師便揖坐　この句は二通りに読まれる。一は、師が会釈してその僧を坐につかせようとした。他は、僧におじぎして師自ら坐った。今は旧訓に従って前説をとる。

師見僧来……　僧が来ると払子を立てた。前の僧とは別の僧。払子を立てるのは禅僧の挨拶。『伝灯録』二七、「臨済見僧来、挙起払子僧礼拝師便打、別僧来、師挙払子、僧並不顧、師亦打。亦一僧来参、師挙払子。僧曰、謝和尚見示。師亦打」（436b）。

又見僧来……　第三の僧。

〔九四〕

師、一日同普化、赴施主家齋次、師問、毛呑巨海、芥納須彌。爲是神通妙用、本體如然。普化踏倒飯牀。師云、太麤生。普化云、這裏是什麼所在、説麤説細。

師一日、普化《ふけ》と同《とも》に施主家《せしゆけ》の斎《さい》に赴く次で、師問う、「毛《もう》、巨海《こかい》を呑み、芥《け》、須弥《しゆみ》を納るとは、為是《はた》神通妙用《じんずうみようゆう》なるか、（はた）本体如然《ほんたいによねん》なるか。」普化、飯牀を踏倒《とうとう》す。師云く、「太麁生《たいそせい》。」普化云く、「這裏《しやり》是れ什麼《なん》の所在にしてか麁と説き細と説く。」

普化　馬祖下三世。盤山宝積の弟子。異常な行動で知られ、普化宗（虚無僧）の祖とされる。詳しい伝記は不明。『祖堂集』十七（321a）、『宋高僧伝』二十（837b）、『伝灯録』十（280b）等に見える話は、ほとんど本録に存するものに限られている。『普曜経』七、観樹品の仏陀成道の処に、普化天子の話あり（524c）。

施主家斎　信者が僧を家に招いて食事を供養すること。

毛呑巨海……　大小広狭の差別を超えた世界をいう。『維摩経』不思議品の説（175）にもとづくもの。在家の供養を受けるに因んで、在家の居士が文殊以下の仏弟子を一室に請じた維摩経の故事を思い起こしての言葉であろう。『伝灯録』十五、徳山宣鑑、「……海性無虧……」（317b）。同二五、天台徳韶章、「初開堂日示衆云、一毛呑海」（408b）。北宗の『大乗無生方便』に維摩引く（T85-1277c）。

為是神通妙用……　不可思議な神通力の作用であるのか、それとももともとから自明の道理なのか。為是は、為当、為復と同じく、二つの中のいずれか、と問うときの用語。荘子云く、天の蒼々たる、それ正色か（『詩と永遠』p.135）。天の色なのか、それともそれぞれの知り得ざる理由によるのか。「本体如然」『伝灯録』三十に、「南嶽懶瓚和尚歌」（461b）、牧護歌（462c）。西国沙門は屠兒旃陀羅より行乞せず、仏一人行乞する（『金剛仙論』一、T25-802b）。

踏倒飯牀　食卓を蹴とばすこと。

太麁生　ひどい手荒さだ。生は語助。

這裏是什麽所在……　ここを何だと思って、荒いなどいうのか。這裏は、仏法の真理の真ただ中。直接には、施主家の食事の席、すなわち維摩の方丈であり、ものの大小麁細を超えた所。『広灯録』八、黄檗章、「師云、者裏是什麽所在、説麤説細、随後又掌、沙弥便走」（658b）。食事五観の偈の第三、防心なり。

〔九五〕

師來日、又同普化赴齋。問、今日供養、何似昨日。普化依前踏倒飯牀。師云、得即得。太麤生。普化云、瞎漢、佛法說什麽麤細。師乃吐舌。

師、来日、又た普化と同《とも》に斎に赴く。問う、「今日の供養、昨日に何似《いかん》。」普化依前として飯牀を踏倒す。師云く、「得たることは即ち得たり。太麁生。」普化云く、「瞎漢、仏法に什麽の麁細をか説かん。」師乃ち舌を吐く。

今日供養何似昨日　今日のごちそうは昨日のにくらべてどうだね。何似の似については〔九〇〕を参照。

得即得　よいことはよいが。『伝灯録』十四、翠微章、「得即得、孤他諸仏」（313c）。

仏法説什麼麁細　善悪を超えた仏法に、荒いとか上品とかがあるのか。

師乃吐舌　驚いた様子。『伝灯録』六に、黄檗が百丈再参馬祖の話を聞いて、「不覚吐舌」(249a) とある。

〔九六〕

師一日、與河陽木塔長老、同在僧堂地爐內坐。因說、普化每日在街市、掣風掣顛。知他是凡是聖。言猶未了、普化入來。師便問、汝是凡是聖。普化云、汝且道、我是凡是聖。師便喝。普化以手指云、河陽新婦子、木塔老婆禪。臨濟小厮兒、却具一隻眼。師云、這賊。普化云、賊賊。便出去。

師一日、河陽《かよう》、木塔《もくとう》の長老《ちょうろう》と同《とも》に僧堂に在って、地炉《じろ》の内に坐す。因みに説く、「普化毎日街市に在って、風《ふう》を掣《せつ》し顛《てん》を掣《せつ》す。是れ凡か是れ聖かを知他《し》らんや」と。言猶お未だ了《おわ》らざるに、普化入り来たる。師便ち問う、「汝は是れ凡か是れ聖か。」普化云く、「汝且らく道え、我れは是れ凡か是れ聖か。」師便ち喝す。普化、手を以て指して云く、「河陽の新婦子《しんぷす》、木塔の老婆禅《ろうばぜん》。臨済の小厮児《しょうしじ》、却って一隻眼《いっせきげん》を具《ぐ》す。」師云く、「這《こ》の賊《ぞく》。」普化云く、「賊賊。」(といって) 便ち出で去る。

河陽木塔長老　普化とこの人の伝記は明らかでない。『伝灯録』及び『宗門統要続集』六、普化章 (62a) に、この話を載せているのみである。また、宗密の『禅門資師承襲図』に、神会の下に河陽空あり。摩訶衍と双ぶ。木塔については、『酉陽雑俎』続五、寺塔記に、「東禅院亦曰木塔」とある。cf. 常盤、『史蹟評解』四、p.189。正定城内に木塔天寧寺あり。

僧堂　『大慧武庫』(T948b)。

地炉　僧堂の中に地を掘って設けた暖炉。

掣風掣顛　気狂いざたをやる。常規を逸した行動をすること。佯狂（『歴代法宝記』181b）。

知他是凡是聖　凡だろうか聖だろうか。馬鹿か偉人か。知他は反語で、知らずの意。他は語助。『碧巌録』七六則の下語に、「知他是黄是緑」（203b）の例がある。

普化入来　流布本は入衆来となす。入衆は、僧堂の中に入ること。厳密には得度の後、始めて大衆の仲間に入る意。業通もまた奴隷に関係す（『東方学報』三八―四四、p.230）。『禅林類聚』十五、「玄沙入衆」（54b）と別也。

新婦子　〔五二〕に見える。

老婆禅　老婆親切。くどいこと。禅は、新婦子にもかけていう。老婆は母をいい、また妻をいうこともある。『祖堂集』十九、陳和尚章、「三家村裏老婆禅、造主不得」（366b）。

小厮児　小わっぱ。厮は、卑賤の意。奴隷の子供。

具一隻眼　見どころの高いこと。両眼以外の特別の目の意。なかなか一見識あるわい。『百丈広録』、「説道欲界無禅、亦是帯一隻眼人語」（171a）。『続伝灯録』十三、杭州霊隠延珊恵門章、「……雲門祗具一隻眼」（T553a）。

便出去　すぐさま出ていった。去は、ゆくこと。

〔九七〕

一日、普化在僧堂前、喫生菜。師見云、大似一頭驢。普化便作驢鳴。師云、這賊。普化云、賊賊。便出去。

一日普化、僧堂の前に在って、生菜《さんさい》を喫す。師見て云く、「大いに一頭の驢に似たり。」普化便ち驢鳴《ろみょう》を作す。師云く、「這の賊。」普化云く、「賊賊。」（といって）便ち出で去る。

○この話は、『汾陽録』巻中（609b）に、

普化生菜を喫す。臨済云く、普化大いに一頭の驢に似たり、化便ち地を拓して驢鳴を作す。済云く、直歳、他の与めに草料を細秣せよ。普化云く、少室に人識らず、金陵に又再来す。臨済の一隻眼、到る処に人の為めに開く

とあり、また、『趙州録』（329a）には、

（上略）普化便ち驢鳴を作す。臨済便ち休し去る。普化云く、臨済の小厮児、只だ一隻眼を具す、と。師（趙

州）代わって云く、但だ本分の草料を与えよ
とあって、『祖堂集』十七、『伝灯録』十のものもほぼ同様で、前のものは『宗門統要続集』六（62b）にも見えるから、古くより種々に伝えられたようである。

生菜　なまの野菜。熟菜（煮た野菜）に対する。後世ではチサの一種を生菜というが、唐代ではそうでない。『南海寄帰伝』一（T54-210c）。

驢　『臥雲日件録』附録年譜、「文明三年正月、驢馬ヲ示サル」（p.241）。水墨ナラン。堀口大学「驢馬の涙」に、「さすが夕は、かなしかるらん。驢馬も泣くなり。涙ながして」。

驢鳴　「河南犬吠、河北驢鳴」（『五灯会元』十二、452a）。同十三、守澄浄果章（503a）。「周茂叔、窓前草不除去、問之云、与自家意思一般。子厚観驢鳴、亦謂如此」（『二程全書』四、p.246）。

〔九八〕

因普化、常於街市揺鈴云、明頭來明頭打、暗頭來暗頭打、四方八面來旋風打、虚空來連架打。師令侍者去、纔見如是道、便把住云、總不與麼來時如何。普化托開云、來日、大悲院裏有齋。侍者回擧似師。師云、我從來疑著這漢。

因みに、普化常に街市に於て、鈴を揺《ゆりうごか》して云く、「明頭《みょうとう》に来れば明頭に打し、暗頭《あんとう》に来れば暗頭に打し、四方八面に来れば旋風《せんぷう》打し、虚空に来れば連架打す」と。師、侍者をして去らしめ、纔《わずか》に是くの如く道《い》うを見て、便ち把住《はじゅう》して云う、「総《そう》に与麼《よも》に来らざる時、如何」と。普化托開《たっかい》して云く、「来日大悲院裏《だいひいんり》に斎有り。」侍者回《かえ》って師に挙似《こじ》す。師云く、「我れ従来《じゅうらい》這《こ》の漢を疑著《ぎじゃく》す。」

揺鈴　『金剛仙論』一（T25-802b）に、「城外に屠児魁膾あり。入城の時は鈴を揺って拭と為し、各自別行して、相い雑行せず」。旃陀羅は四姓の外にあり。屠殺を業とす。『玄賛』九に、旃陀羅は揺鈴持竹という（織田『仏教辞典』1044c）。『事苑』六（風穴集）、振鈴あり（170b）。

明頭来明頭打……　この句は難解である。従来は、明頭来

や明頭打云々と読んで、明頭を差別、暗頭を平等（〔五三〕参照）とみ、洞山五位の正偏に配して解するが、臨済が、あとで、総に与麼に来らざるときと問うている点から言えば、明頭暗頭は相手の出方を言ったもののようであり、すでに示衆に、山僧此間に向かって従頭に打す、手上に出で来たれば手上に打し、口裏に出で来たれば口裏に打す……（〔六二〕）と見えるものと同義に解すべきであろう。また、明暗は字義からいうと朝と晩との意ともみられ、『祖堂集』十七、普化章には、「師尋常、暮には塚間に宿し、朝には城市に遊び、鈴を把って云く、明頭……」（321a）とあるから、朝になれば、鈴をふり、夜が来ればまたふるという意にも解せられるようである。名詞となる頭は、抽象名詞、及び二字の名詞には付かず。また唐代には用いられず。玉井是博「利頭」（支那社会経済史研究 p.306）。略虚頭、実頭、当頭の頭は何か「雲頭を按下す」と、滑頭、劈頭。『菩薩瓔珞経』十（T16-125c—126a）。『神会録』（石井本）三九に、「虚空本来無動静、不以明来即明、暗来即暗……」。『伝灯録』十一、仰山章に、「一日随潙山開田、師問曰、者頭得恁麼低、那頭得恁麼高」（282b）。『古宿録』十三、趙州録の始めに、「南泉上堂、師問、明頭合、暗頭合。泉便歸方丈」（306b）。『円悟心要』上に、「一切語言、機要、事理、明暗、語黙、擒縦、殺治」（710b）。

旋風打　つむじ風のようにやる。

連架打　つづけざまの反覆連打。連架は麦や豆を打って脱穀するときに使うからさお。

総不与麼来時　以上のどの来かたでもない時。従来は、総に不与麼に来る時、と読んでいるが、不与麼という熟語はない。

来日大悲院裏有斎　明日は大悲院で斎会（食事の供養）があるよ。大悲院は鎮州にあった小院でのちに三聖の弟子が住したところ。『伝灯録』十（299a）。

我従来疑著這漢　前々からただものではないと思っていたが、果たしてそうだった、ということ。

〔九九〕

有一老宿參師、未曾人事、便問、禮拜即是、不禮拜即是。師便喝。老宿便禮拜。師云、好箇草賊。老宿云、賊賊。便出去。師云、莫道無事好。

有《あ》る一老宿、師に参ず。未だ曽て人事《じんじ》せずして、便ち問う、「礼拝せんが即ち是か、礼拝せざるが即ち是か。」師便ち喝す。老宿便ち礼拝す。師云く、「好箇《こうこ》の草賊《そうぞく》。」老宿云く、「賊賊。」（といって）便ち出で去る。師云く、「無事と道《おも》うことなくんば好し。」

有一老宿　ある年配の僧。『拈八方珠玉集』下（308b）に挙す（テキストやや異なる）。

人事　対面すること。本来は贈り物をさし出す意。『摩訶止観』四下に、生活、人事、技能、学問を障道の法として退けている。『徒然草』にも引く。中村元「世俗性と超俗性」（『心』昭和三十八年七月号）。

好箇草賊　丁度田舎盗人だな。好箇は、適当な。箇は助辞。草賊は〔一四〕を参照。

莫道無事好　事なく済んだとは思うなよ。過（とが）がなかったなどと思うなよ。この句は別に、無事にして好しと道うこと莫れ、とも読むことができるが、意味は同じ。『伝灯録』九、潙山章に、

石霜下の二禅客が潙山に来て、此間には一人の禅を会するもの無し、と言ったので、仰山が丁度普請に柴を運んで休息している二人に向かって、一たばの柴をもち上げて、還って道い得るや、とつめよったところ、二人は答えることができず、仰山に、一人の禅を会するもの無しと道うこと莫くんば好し（265b）。

と言われた話が見える。また、『碧巌録』十七則の評の終わり（157c）に「無事好」とある。

〔一〇〇〕

首座侍立次、師云、還有過也無。首座云、有。師云、賓家有過、主家有過。首座云、二俱有過。師云、過在什麼處。首座便出去。師云、莫道無事好。後有僧舉似南泉。南泉云、官馬相踏。

首座《しゅそ》侍立《じりゅう》する次で、師云く、「還って過《とが》有りや。」首座云く、「有り。」師云く、「賓家《ひんけ》に過有るか、主家に過有る

か。」首座云く、「二《ふた》り倶に過有り。」師云く、「過、什麼《いずれ》の処にか在る。」首座便ち出で去る。師云く、「無事と道《おも》うことなくんば好し。」後に有る僧、南泉に挙似《こじ》す。南泉云く、「官馬《かんば》相《あい》い踏《ふ》む。」

還有過也無　過があったかな。也無は〔一四〕をみよ。

賓家有過……　客が間違ったのか、主人が間違ったのか。

首座便出去　一老宿のポーズ。

南泉　池州南泉山に住した普願（七四八―八三四）で、馬祖に嗣いだ人。百丈等と同門。『祖堂集』十六（297a）、『宋高僧伝』十一（774c）、『伝灯録』八（257b）、『南泉語要』（『古宿録』十二）等に伝記がある。臨済よりも早い時代の人であるために、この語を疑う説もある。

官馬相踏　役人がのっている俊馬、良馬。すぐれた馬の蹴り合い。役人ゆえに、ゆずらず、法をまげん。臨済と首座との問答をほめたものという。前段の一老宿を加えて見ることもできる。『続刊古尊宿語要』（日集）の、『保寧勇禅師録』に、この話を挙げて、「後に有る僧、南泉に挙似す。泉云く、禍事禍事。僧云く、這の賊。泉這の賊と云って便ち打す」（962a）とあり、後半が異なって伝えられている。

〔一〇二〕

師、因入軍營赴齋、門首見員僚。師指露柱問、是凡是聖。員僚無語。師打露柱云、直饒道得、也祇是箇木橛。便入去。

師、因《ちな》みに軍営に入って斎《さい》に赴き、門首に員僚《いんりよう》を見る。師、露柱《ろちゆう》を指《ゆびさ》して問う、「是れ凡か是れ聖か。」員僚無語《むご》。師、露柱を打して云く、「直饒《たと》道《い》い得るも、也《ま》た祇《た》だ是れ箇《こ》の木橛《もくけつ》。」（といって）便ち入り去る。

入軍営赴斎　臨済をとりまく社会は、河北の新興武人社会で、当時は戦乱が断えなかったから、軍営の斎に招かれることもあったらしい。『碧巌録不二抄』五（四四則の注）に、『雪竇洞庭録』の注を引く。漢の文帝が軍営に行き、軍士に追い返される話。

員撩　幕僚の将校。軍の属官。

露柱　『祖堂集』四、石頭章に、「僧問、如何此祖師西来意。師曰、問取露柱去。師曰、不会。師曰、我更不会」（76b）。『祖堂集』十七、岑和尚章、「無情説法、師指東辺露柱云、這个師僧得」（324b）。『伝灯録』十四（311b）、「露柱」（『敦煌変文集』p.789, 800）。

直饒道得……　何と答えても、木の切れはしに違いはない。露柱に寄せて員僚を批評したもの。

〔一〇二〕

師問院主、什麽處來。主云、州中糶黄米去來。師云、糶得盡麽。主云、糶得盡。師以杖面前畫一畫云、還糶得這箇麽。主便喝。師便打。

師、院主《いんじゅ》に問う、「什麽《いずれ》の処よりか来たる。」主云く、「州中に黄米《おうまい》を糶《う》り去り来たる。」師云く、「糶り得尽くすや。」主云く、「糶り得尽くす。」師、杖を以て面前に画一画《かくいっかく》して云く、「還って這箇《しゃこ》を糶り得てん麽《や》。」主便ち喝す。師便ち打す。

院主　寺の事務長。監寺ともいう。財務をうけもつ。

州中糶黄米去来　官に黄米を売り払いに出向いておりました。官に米を売り払う。州は、ここでは州の首府をいう。糶は米を売ること。音はチョウ。『東洋史辞典』（p.922）。「和糴」（わてき）市糴法。糴は穀物を買い入れる。豊年で米穀の豊かなときに、政府で買収して貯え、凶年で米価の高いときに安く売出す。『舜不変』に舜が米を売る話あり。「糶」字を用う。黄米は、もち米の一種。自然粳米の連想あるべし。

また、『護国論』に五百比丘が飢餓する話（寛文上、17a)。

画一画　何かの字。または形をかく。

還糴得這箇麼　這箇は、ここでは杖で面前に一画された字を指す。価のつけられぬ真性、売買する必要のないもの、の意。『伝灯録』五に、「一僧が青原行思に、如何なるか是れ仏法の大意と向うたとき、廬陵の米作麼価ぞ」と答えた話がある（249c)、米価を仏性に譬える例は古い。

〔一〇三〕

典座至。師擧前話。典座云、院主不會和尚意。師云、伱作麼生。典座便禮拜。師亦打。

典座《てんぞ》至る。師、前話《ぜんな》を挙す。典座云く、「院主、和尚の意を会《え》せず。」師云く、「伱作麼生。」典座便ち礼拝す。師亦た打す。

典座　給食がかりの僧の長。禅院で重要な役目をうけもつ六人の主事の一人。

挙前話　前の事件を話す。前話を、『大正蔵』は前語に誤る。

院主不会和尚意　彼はあなたが何のつもりなのか判らなかったでしょう。

〔一〇四〕

有座主來相看次、師問、座主講何經論。主云、某甲荒虚、粗習百法論。師云、有一人、於三乘十二分教明得。有一人、於三乘十二分教明不得。是同是別。主云、明得即同、明不得即別。

有る座主《ざす》来たって相看《しょうかん》する次で、師問う、「座主、何の経論をか講ず。」主云く、「某甲荒虚《こうきょ》なれども、粗《ほ》ぼ百法《ひゃっぽう》論《ろん》を習う。」師云く、「有る一人は三乗十二分教を明得《めいとく》し、有一人は三乗十二分教を明不得《めいふとく》なり。是れ同か是れ別か。」主云く、「明得することは即ち同じきも、明不得なることは即ち別なり。」

座主　この座主は、明眼の士なり。楽普のおせっかいによって臨済を済う。

相看　お目通り。面接すること。次の師問座主講何経論の経論を、『大正蔵』は経説に誤る。

講何経論　結城令聞、「大乗百法明門論の撰述者、及び撰述に関する決擇」（『宗教研究』一―二、昭和十四年、九月）。

某甲荒虚……　ふつつかながら、唯識の研究をしておりまする。荒虚は卑下の語。『百法論』は、世親の『大乗百法明門論』で、法相宗の重要な聖典。『大正蔵』三一にあり。

明得即同……　判った人にとっては同じだが、判らぬ人には別と見られる。また、明得は学問、明不得は絶学の意とも解せられ、この場合の同別は優劣の意となる。『頓悟眞宗論』に、「汝若分別即是凡夫、若也不分別、即是聖」（1279a）。『祖堂集』三（61b）、『伝灯録』二八、忠國師章に、「師曰、迷即別、悟即不別」（438a）。

〔一〇五〕

樂普爲侍者、在師後立云、座主、這裏是什麼所在、説同説別。師回首問侍者、汝又作麼生。侍者便喝。師送座主回來、遂問侍者、適來是汝喝老僧。侍者云、是。師便打。

楽普《らくほ》侍者為《た》り、師の後《しりえ》に在って立つ、云く、「座主、這裏是れ什麼《なん》の所在《しょざい》にしてか同と説き別と説く。」師、頭を回《かえ》して侍者に問う、「汝、又た作麼生。」侍者便ち喝す。師、座主を送って回《かえ》り来たり、遂に侍者に問う、「適来は是れ汝、老僧を喝するか。」侍者云く、「是《しか》なり。」師便ち打す。

楽普　洛浦、または落浦とも書き、澧州楽普山、及び蘇渓山に住した元安（八三四―八九八）で、青原下六世。のちに夾山善会に嗣いだ人。『祖堂集』九（171a）、『宋高僧伝』十二（782c）、『伝灯録』十六（331a）等に伝記がある。

侍者　師家の身辺に侍して、日常の雑務を助ける僧。一般にそれぞれの役目によって、侍香、侍状、侍客、侍薬、侍衣等の五侍者がある。

遂問侍者　そこで侍者にたずねた。遂は、そのときの意。日本語の遂にではない。

適来是汝喝老僧　先程、お前は俺を喝したのか。

〔一〇六〕

師聞、第二代徳山垂示云、道得也三十棒、道不得也三十棒。師令樂普去問、道得爲什麼也三十棒、待伊打汝、接住棒送一送、看他作麼生。普到彼、如教而問。徳山便打。普接住送一送。徳山便歸方丈。普回擧似師。師云、我從來疑著這漢。雖然如是、汝還見徳山麼。普擬議。師便打。

師聞く、第二代徳山《とくざん》、垂示《すいじ》して云う、「道《い》い得るも也《ま》た三十棒、道い得ざるも也た三十棒」と。師、楽普《らくほ》をして去って、「道い得るに、什麼《なん》と為《し》てか也た三十棒なる」と問い、伊《かれ》が汝を打せんを待って、棒を接住《せつじゅう》して送一送《そういっそう》して、他の作麼生《そもさん》するかを看《み》せしむ。普《ほ》、彼《かしこ》に到って、教の如くに問えば、徳山便ち打す。普接住して送一送す。徳山便ち方丈に帰る。普回って師に挙似す。師云く、「我れ従来這の漢を疑著す。然も是の如くなりと雖ども、汝還って徳山を見し麼《や》。」普擬議す。師便ち打す。

○この話は、『祖堂集』十九、臨済章（363a）、『景徳伝灯録』十五、徳山章（318a）に見える。

師聞　洞山と雲門の三十棒を放す。この則をふまえてのこと。

第二代徳山　朗州徳山古徳禅院に住した宣鑑（七八〇、一説に七八二―八六五）を指す。第一代はのちに潭州三角山に住した総印（馬祖の弟子）で、第二代徳山宣鑑は青原下第五世。竜潭崇信に嗣いだ人。『祖堂集』五（108a）、『宋高僧伝』十二（778b）、『伝灯録』十五（317b）等に伝記があり、『正法眼蔵』上（37a）、『聯灯会要』二十（755b）等に伝える彼の説法には、臨済と極めてよく似た点がある。本書では示衆のそれぞれの語句の下に注意しておいた。

垂示　説法のこと。示衆ともいう。

道得也三十棒……　何か答えても、答えなくても三十棒くらわす。三十は必ずしも実数ではない。我が語を取る勿れ。おしかえす外はない。馬祖―臨済の系統。

待伊打汝……　彼が打って来るや否や、棒をとっておしかえす。接住はうけとめること。

看他作麼生　彼がどうでてくるか、みとどける。

雖然如是　それはそれとして。しかし。

汝還見徳山麼　徳山の意図が判ったか。徳山を見あやまってはならぬぞ、ということ。

〔一〇七〕

王常侍、一日訪師。同師於僧堂前看、乃問、這一堂僧、還看經麼。師云、不看經。侍云、還學禪麼。師云、不學禪。侍云、經又不看、禪又不學、畢竟作箇什麼。師云、總敎伊成佛作祖去。侍云、金屑雖貴、落眼成翳、又作麼生。師云、將爲伱是箇俗漢。

王常侍《おうじょうじ》、一日師を訪う。師と同《とも》に、僧堂の前に看《まみ》えて、乃ち問う、「這《こ》の一堂の僧、還って看経《かんきん》す麼《や》。」師云く、「看経せず。」侍云く、「還って禅を学ぶ麼《や》。」師云く、「禅を学ばず。」侍云く、「経も又た看ず、禅も又た学ばず、畢竟、箇の什麼《なに》をか作す。」師云く、「総に伊をして成仏作祖《じょうぶつさそ》し去らしむ。」侍云く、「『金屑《きんせつ》貴しと雖ども、眼に落ちて翳《えい》と成る』と。又た作麼生。」師云く、「将に為《おも》えり、伱は是れ箇の俗漢と。」

意。

同師於僧堂前看　僧堂の前で師と出合った。同は「と」の意。

還学禅麼　いったい坐禅するのか。

総教伊成仏作祖去　みな生きた仏祖たらしめるのだ。

金屑雖貴……　真金のこなでも目に入れば有害だ。成仏作祖の道も誤ればとんでもないこととなる。この語はおそらく当時の俗諺らしいが出所は不明。『祖堂集』十六、南泉章に、「師云、金屑雖貴、眼裏着不得」(302b)。『碧巌録』二五、評唱(166a)。『伝灯録』七、興善惟寛章(255b)。『類聚』一、宰臣門に白侍郎と興善寛の問答あり(32b)。また『白氏文集』、善法堂碑銘。『伝灯録』十六、雪峯章に、古来老宿の縁とし、「老宿無対」が問われる。鏡清と法眼のコメント(代語)あり(328d)。『祖堂集』七、雪峯章、同じ(143b)。ウェーリー『白楽天』第七章(訳本、p.218)に引く。

将為汝是箇俗漢　今までつまらぬ奴とのみ思ったに、案に相違してほんものだった、ということ。将為は、従来考えていたのと相違したときに言う語。将謂とも書く(後の〔一三六〕を参照)。この場合は、王常侍をほめていったもの。なお、『祖堂集』七雪峰の章に、

師挙す、古来老宿、俗官を引いて巡堂して云く、這裏二三百の師僧有り、尽く是れ学仏法僧。官云く、古人、金屑貴しと雖どもと道える、又た作麼生。無対。師(雪峰)拈じて鏡清に問う。鏡清代わって云く、比来、塼を抛って玉を引く(143a)。

とある話は、臨済のものとしていないけれども注目すべきであり、同一のものが『法眼語録』(593b)にも存する。

〔一〇八〕

師問杏山、如何是露地白牛。山云、吽吽。師云、啞那。山云、長老作麼生。師云、這畜生。

師、杏山《あんざん》に問う、「如何なるか是れ露地《ろじ》の白牛《びゃくご》。」山云く、「吽吽《うんうん》。」師云く、「啞《あ》する那《な》。」山云く、「長老作麼生。」

師云く、「這《こ》の畜生《しゅくさん》。」

杏山　涿州杏山の鑒洪を指す。青原下五世。雲岩曇晟（七八〇—八四一）に嗣いだ人。洞山良价と同門。『伝灯録』では、十五、杏山章（323b）にこの話を掲げ、十二（290c）、臨済章には、木口和尚との問答となす。おそらくは同一人であろう。『祖堂集』五（107a）、石室善道章に、木口が彼を訪ねて問答した話を伝える。

露地白牛　『法華経』譬喩品（12c）に見える物語で、長者が遊びたわむれている子供たちを、火のついた屋敷の中から安全な露地に避難させる方便として、屋外に立派な白牛の車があると教えたという故事。この故事は、禅録でしばしば用いるが、『伝灯録』九（267c）福州大安の上堂や、『趙州録』（310b）の問答などは、経典の原意を超えて、ただちに心牛を活捉せしめるもの。

吽吽　牛の鳴く声。コウコウとも読む。

啞那　貴様はおしか。啞は物言えぬさま。または小児のかたこと。

這畜生　人を罵る声。吽吽の鳴き声に応じていう。上記『趙州録』の答も同じ。罵語としての畜生は、『陔餘叢考』「畜生」にくわしい。

〔一〇九〕

師問樂普云、従上來、一人行棒、一人行喝。阿那箇親。普云、總不親。師云、親處作麼生。普便喝。師乃打。

師、楽普に問うて云く、「従上来《じゅうじょうらい》、一人は棒を行じ、一人は喝を行ず。阿那箇《あなこ》か親しき。」普云く、「総《そう》に親しからず。」師云く、「親処は作麼生。」普便ち喝す。師乃ち打す。

○この問答は、『祖堂集』十九（363a）『伝灯録』十二（290c）、臨済章に見える。

従上来　これまで。昔から。『広灯録』十二、幽州談空章、「僧問、徳山棒、臨済喝、未審那箇最親」（711a）。打たれる人にとって、どちらが親切か。

阿那箇親　どちらがぴったりか打つべきを打つ。親切、適切、その人自身にふさわしい。親は真実に近い意。牛頭の「心銘」に、「徳性如愚、不立親疎」（457c）。『祖堂集』十五、大梅章に、「夾山定山二人……夾山自問、此二人道阿那个最親、師云、一親一疎」（287a）。『伝灯録』七（254c）。

〔一一〇〕

師見僧來、展開兩手。僧無語。師云、會麼。云、不會。師云、渾崙擘不開、與汝兩文錢。

師、僧の来たるを見て、両手を展開す。僧無語《むご》。師云く、「会す麼《や》。」云く、「不会《ふえ》。」師云く、「渾崙《こんろん》擘《つんざ》き開けず、汝に両文銭を与えん。」

渾崙擘不開……　純な奴は導きようがないわ、二文銭でもやろう、草鞋買って出直して来い。渾崙は、道忠の『葛藤語箋』によるとおよそ四義がある。一は山の名。二は黒ん坊、三は無分暁、渾沌たるさま、四は頭の意、という。今の場合は、一般に第三義に解しているが、これはいうまでもなく絶対無分暁な平等の義をいうのである。また『碧巌録』三二則等に見える巨霊神が華山を分破した故事と同じく、渾崙山（絶対の世界）をひきさく意とも見られる。擘不開は、擘開不得の意。きりひらけぬこと。従来、擘けども開けず、と読んでいるのは誤り。〔七二〕の「擁不聚撥不散」と同じ。八風吹不動—吹けども動かず。の場合は？　訓読法の意味理解。『寒山詩』は「八風も吹き動かさず」（p.401）。『祖堂集』十九、香嚴章、渾崙語頌（357b）。cf. 吉川幸次郎『仁斎・徂徠、宣長』（p.19）。

〔一一一〕

大覺到參。師擧起拂子。大覺敷坐具。師擲下拂子。大覺收坐具、入僧堂。衆僧云、這僧莫是和尙親故。不禮拜、又不喫棒。師聞、令喚覺。覺出。師云、大衆道、汝未參長老。覺云、不審。便自歸衆。

大覚《だいかく》到り参ず。師払子を挙起《こき》す。大覚坐具《ざぐ》を敷く。師払子を擲下《てきげ》す。大覚坐具を収めて僧堂に入る。衆僧云く、「這の僧は是れ和尚の親故《しんこ》なること莫きや。礼拝もせず、又た棒をも喫せず。」師聞いて、覚を喚ばしむ。覚出ず。師云く、「大衆道《い》わく、汝未だ長老に参ぜず、と。」覚云く、「不審《ふしん》。」（といって）便ち自ら衆《しゅ》に帰《き》す。

大覚　宋版の『伝灯録』によると、黄檗希運の法を嗣いだ十三人中の一人で、臨済や陳尊宿と同門であり、文字通り「和尚の親故」であった人。『広灯録』十二、及び元版以後の『伝灯録』では、臨済の弟子としている。魏府（大名府）の大覚寺に住したこと以外詳しい伝記は判らない。幽州節度の劉總が、涿州壇場で私度して、大覚と自称している。同異如何。

到参　お目通り。

坐具　礼拝用の敷物。尼師壇 nisidana の訳。修行僧の六種の携行物の一。本来は坐臥用のしきもので、新故の布片を三重もしくは四重にかさねて作った。

僧堂　禅僧たちが坐臥し、飲食する建物。禅堂。

便自帰衆　すぐさま衆僧の列の中に入った。

〔一一二〕

趙州行脚時參師。遇師洗脚次、州便問、如何是祖師西來意。師云、恰値老僧洗脚。州近前、作聽勢。師云、更要第二杓惡水潑在。州便下去。

趙州《じょうしゅう》行脚《あんぎゃ》の時、師に参ず。師の洗脚《せんきゃく》するに遇う次《つい》で、州便ち問う、「如何なるか是れ祖師西来意。」師云く、「恰かも老僧が洗脚するに値う。」州近前《きんぜん》して、聴く勢《いきお》いを作《な》す。師云く、「更に第二杓《だいにしゃく》の悪水《あくすい》を潑《はつ》せんことを要する在り。」州便ち下り去る。

趙州　河北の趙州観音院に住した従諗（七七八―八九七）で、馬祖下三世。南泉普願の法を嗣いだ人。真際禅師と称せられる。『祖堂集』十八（332a）、『宋高僧伝』十一（775c）、『伝灯録』十（276c）、真際禅師行状（『古宿録』十三、趙州録巻首）、『雪峰年譜』（雪峰録付録、974a）等に資料がある。

恰値老僧洗脚　わしは丁度脚を洗っておるところだ。『金剛経』による也。「収衣鉢洗足已敷座而坐」（748c）。『続高僧伝』十七、慧命伝に、「濯足従道、洗耳辞栄」（T562a）。また、神秀の碑文中にもあり。五祖が神秀に自らの足を洗わしむ。『禅源諸詮集』に、洗足の喩えという（402b）。この話、『虚堂録』十では、浄慈陞座の挙とし、天使の問いあり。「老僧八十年行脚、今日却被者驢子撲」（1058c）。『続伝灯』二十九、竹菴士珪章に、「和衣泥裏輥、洗脚上床眠」（T51-667c）。『賓退録』五（19b）、「俗諺洗脚上船語」。『拈頌集』二八（X, 22）、また、洗塵の俗あり（通俗篇）、諸橋『大漢和』六、p.1090b。洗塵を輭脚という。軟脚も同じ。軟脚酒、軟脚局の語あり。『敦煌資料第一集』前言（p.3）。日本では神祭りの儀式。口をすすぎ、手を洗って、その地神を拝して入国する（『日本歴史研究』一九九五、六月号）。『図書』（二〇〇一年七月号、三六頁）。

州近前作聴勢　進み出て耳をよせる姿勢をした。

更要第二杓悪水潑在　わしは二はいめの足すすぎの汚水をまき捨てようてんだよ。そこのきなされ、という気持。句末の在は、強い断定の語気を示す助詞であり、従来の解釈で、お前は二はいめの汚水をかけられたいのかね、となすのは在の語勢から承服し得ない。なお、『伝灯録』十四、翠微章（313c）に、これと似た語がある。この話は『趙州録』にも見える（330b）が、主客の関係が逆であり、この句がまったく異なっている。『碧巌録』一則、「與老僧洗脚」（141b）。同四二則、「好雪片片……第二杓悪水溌了」（179b）、同四四則の下語、「遭他第四杓悪水來也」（180c）。

〔一一三〕

有定上座、到參問、如何是佛法大意。師下繩床、擒住與一掌、便托開。定佇立。傍僧云、定上座、何不禮拜。定方禮拜、忽然大悟。

定上座《じょうじょうざ》というもの有り、到り参じて問う、「如何なるか是れ仏法の大意。」師、縄床《じょうしょう》を下り、擒住《きんじゅう》して一掌を与えて、便ち托開《たつかい》す。定佇立《ちょりゅう》す。傍の僧云く、「定上座、何ぞ礼拝せざる。」定、礼拝するに方《あた》って、忽然として大悟す。

定上座　不明。『広灯録』以後の書では、本書の機縁によって臨済の嗣法とし、『雪峰年譜』(976b)、『碧巌録』三二則の評唱(171c)等には、臨済の寂後この人が欽山、雪峰、岩頭の三人と問答した話を伝える。『林間録』巻下(648b)よりとる。

縄床　英文の「胡床の研究」あり。

擒住　とりおさえる。つかむ。把住に同じ。

佇立　棒だちにつっ立つをいう。

方礼拝　丁度礼拝したときに。

〔一一四〕

麻谷到參。敷坐具問、十二面觀音、阿那面正。師下繩牀、一手收坐具、一手搊麻谷云、十二面觀音、向什麼處去也。麻谷轉身、擬坐繩牀。師拈拄杖打。麻谷接却、相捉入方丈。

麻谷《まよく》到り参ず。坐具を敷いて問う、「十二面観音、阿那面《あなめん》か正《しょう》。」師、縄牀《じょうしょう》を下って、一手に坐具を収《おさ》め、一手に麻谷を搊《とら》えて云く、「十二面観音什麼《いずれ》の処に向かってか去りしぞ。」麻谷、身を転じて縄牀に坐せんと擬す。師、拄杖を拈じて打す。麻谷接却《せっきゃく》して、相い捉えて方丈に入る。

麻谷　〔一二〕をみよ。なお、この話は、『祖堂集』二十、米和尚章（382a）に存し、問答の主客が反対になっている。『伝灯録』七、麻谷宝徹章（T254a）や、同十三、耽源眞應章（T305b）に。

十二面観音　頭上に十一ないし十二個の種々なる面相の顔をもった観音像。観音の無限な慈眼のはたらきを象徴したもの。北周の耶舎崛多訳『十二仏名神呪経』（T21）により、六朝以後、盛んに神異の俗信を集め、唐代に入って密教系統の千手千眼観音の信仰と共に大いに流行し、宝誌や僧伽和尚等もその応現とされた。

阿那面正　どの顔が正面か。

縄牀　縄で作った坐具。西域風の椅子。ここでは禅床に同じ。『高僧伝』九、佛図澄伝に、「澄坐縄床、焼安息香」（T384a）。

一手収坐具……　片手で坐具をとり上げると同時に、他方の手で麻谷を引きよせて。搊は、引張る、とらえること。

拄杖　僧の日常道具の一。旅行のとき歩行を助け、身を護り、水深をはかるもの。

麻谷接却……　麻谷は臨済の拄杖をうけとめ、一緒にとりくみ合って方丈に入った。

〔一一五〕

師問僧、有時一喝、如金剛王寶劍、有時一喝、如踞地金毛獅子。有時一喝、如探竿影草。有時一喝、不作一喝用。汝作麼生會。僧擬議。師便喝。

師、僧に問う、「有《あ》る時の一喝は、金剛王《こんごうおう》宝剣の如く、有る時の一喝は、踞地金毛《こじきんもう》の獅子の如く、有る時の一喝は、探竿影草《たんかんようぞう》の如く、有る時の一喝は、一喝の用を作《な》さず。汝作麼生《そもさん》か会す。」僧擬議す。師便ち喝す。

○この一段は、古来、臨済の四喝と呼ばれる。

有時　道元のいう有時。

金剛王宝剣　金剛神王の宝剣。『義楚六帖』二十三（8）に「剣を金剛と号す」とあり、王は剣の堅さをいうものとする説があるが、おそらくは非。ここでは、絶対否定的な大機の端的を譬えたもので、『碧巌録』七三則の評唱に、「教外別伝単伝心印の法を金剛王宝剣と呼び、又正位という」（201b）と見える。陸倕、誌法師墓誌銘、「……先是忽移寺之金剛像」。『禅林類聚』一（38a）、「開寶寺前金剛近日為甚麼汗出」。

踞地金毛獅子　地にうずくまって獲物をねらう獅子。金毛はもっとも老成したるもの。『碧巌録』七二則の評に、「獅子が物を捉えるときは、牙をかくし爪を伏せ、地に踞し後ずさりしておどりかかる」（200c）という。

探竿影草　漁夫の道具。先端に鵜の羽を編んでつけた竿で、魚を一処に誘い集めるもの。ここでは、探りを入れて相手を試みる意。

不作一喝用　不作用の喝。喝の形をとらぬもの。『僧宝伝』補、南岳石頭志庵主、真淨に問う、「古人一喝、不作一喝用……」（567b）。四喝は、同三、首山章（454b）、『林間録』上（596b）による増広なり。

〔一一六〕

師問一尼、善來悪來。尼便喝。師拈棒云、更道更道。尼又喝。師便打。

師、一尼に問う、「善来、悪来。」尼便ち喝す。師、棒を拈じて云く、「更に道え、更に道え。」尼又た喝す。師便ち打す。

○『四家語録』で一番さいごにあるもの。

善来悪来　ようこそおいで、ということ。インドの原始教団で、入門希望の者があると、釈尊は「善来、比丘よ」と呼びかけて、弟子とされたという（『増一阿含経』十五、621c）。悪来は善来の語呂に合わせて言ったまでのもの。特別の意味はない。

更道更道　さあさあ。もう一つ進んで相手を試みていう。

〔一一七〕

龍牙問、如何是祖師西來意。師云、與我過禪版來。牙便過禪版與師。師接得便打。牙云、打卽任打、要且無祖師意。牙後到翠微問、如何是祖師西來意。微云、與我過蒲團來。牙便過蒲團與翠微。翠微接得便打。牙云、打卽任打、要且無祖師意。牙住院後、有僧入室請益云、和尚行脚時、參二尊宿因緣、還肯他也無。牙云、肯卽深肯、要且無祖師意。

竜牙《りゅうげ》問う、「如何なるか是れ祖師西来意。」師云く、「我が与《た》めに禅版《ぜんぱん》を過《か》し来たれ。」牙便ち禅版を過して師に与う。師接得《せっとく》して便ち打す。牙云く、「打することは即ち打するに任《まか》すも、要且つ祖師意無し。」牙、後に翠微《すいび》に到って問う、「如何なるか是れ祖師西来意。」微云く、「我が与めに蒲団《ふとん》を過し来たれ。」牙便ち蒲団を過して翠微に与う。翠微接得して便ち打す。牙云く、「打することは即ち打するに任すも、要且つ祖師意無し。」牙、住院《じゅういん》の後、有る僧入室《にっしつ》し請益《しんえき》して云く、「和尚行脚の時、二尊宿に参ぜし因縁《いんねん》、還って他《かれ》を肯《うけ》がうや。」牙云く、「肯がうことは即ち深く肯うも、要且つ祖師意無し。」

竜牙　湖南の竜牙山妙済禅院に住した居遁（八三五—九二三）で、洞山良价に嗣いだ人。証空禅師と称す。『祖堂集』八（168a）、『宋高僧伝』十三（785c）、『伝灯録』十七（337b）等に伝がある。なお、ここに挙げられている話は、『伝灯録』の彼の章にも見えるが、彼と臨済とがそれぞれ曹洞臨済の立場を代表するものと見られて、のちに恵洪の『禅林僧宝伝』九（477b）や、『碧巌録』二十則（160a）、『虚堂録』四（1014c）、さらに近くは白隠の『息耕録開筵普説』（39—40）や、洪川の『蒼竜広録』一（8a）等でさまざまの評判をうけたものである。

与我過禅版来　わしに禅版をとってくれたまえ。来は命令の意。禅版は、坐禅に疲れたときに身を寄せる道具。禅板とも書く。『宏智頌古』八十則（T25c）。

接得　うけとる。

打即任打……　お打ちになることは御自由だが、つまりは祖師意無しということです。要且は、結局、つまり、ということ。祖師意無しは、この話の中心となるもので、相手の出方が、祖師意と関係なしとして許さぬものと、祖師意そのものに意無しとするものと（［八〇］を参照）、の両義があるところに問題がある。

翠微　長安の終南山翠微に住した無学で、丹霞天然に嗣いだ人。広照大師と称す。『祖堂集』五（96b）、『伝灯録』十四（313c）等に章があるが、詳しい伝記は不明。

蒲団　坐禅のための単ぶとん。

住院　王公や信者たちに招かれて特定の寺院の住持となること。

入室請益　参禅して個人指導を受けること。『伝灯録』六の『禅門規式』にこれを禅門の本務とする（251a）。請益はすでに道に達した人が、さらに深くその奥義を極める意。もと儒教の語を仏教徒が借りたもので、すでに『高僧伝』八（382c）に見え、禅では『宝林伝』八（548）の法琳の撰した慧可の碑銘に見えるのが初めであろう。

因縁　はなし。禅徒の話題は、すべて先人の開悟の事実に関するもので、それらが弟子の内因と、師の接得の外縁との契合によるものであることを強調していう。

〔一一八〕

徑山有五百衆、少人參請。黄檗令師到徑山。乃謂師曰、汝到彼作麼生。師云、某甲到彼、自有方便。師到徑山。裝腰上法堂、見徑山。徑山方擧頭、師便喝。徑山擬開口、師拂袖便行。尋有僧問徑山、這僧適來有什麼言句、便喝和尚。徑山云、這僧從黄檗會裡來。你要知麼、自問取他。徑山五百衆、太半分散。

径山《きんざん》に五百の衆有り、人の参請する少《な》し。黄檗、師をして径山に到らしめんとす。乃ち師に謂いて曰く、「汝、彼《かしこ》に到らば作麼生。」師云く、「某甲《それがし》彼に到らば、自《みずか》ら方便有り。」師、径山に到る。装腰《そうよう》にして法堂《はっとう》に上って、径山を見る。径山頭を挙ぐるに方《あた》って、師便ち喝す。径山、口を開かんと擬す、師払袖《ほっしゅう》して便ち行く。尋で、有る僧、径山に問う、「這《こ》の僧、適来《せきらい》、什麼《なん》の言句有ってか、便ち和尚を喝すや。」径山云く、「這の僧は黄檗の会裡《えり》より来たる。伱《なんじ》知らんと要す麼、自《みずか》ら他《かれ》に問取《もんしゅ》せよ」と。径山の五百衆、太半分散す。

径山　浙江省杭州府にあり。牛頭禅の発祥地。中唐に牛頭系統の大覚禅師道欽（七一五—七九三）が開創し、宋代には能仁興聖万寿禅寺と称して五山の一に数えられ、大慧や虚堂、仏鑑等が住持となり、臨済禅発展の中心となったところ。ただし、黄檗・臨済のときの住持が何人であったかは明らかでない。洪州系の牛頭批判を示す一則、『聯灯会要』には遶樹念仏の縁あり（577a）。『伝灯録』十二、睦州章に、「師問新到僧、今夏在什麼処。僧云、径山、師云、多少人。云、四百人。師云、遮喫夜飯漢」（291c）。『祖堂集』十一、仏日章を参考（225a）。第二世塩官の法嗣、径山鑒宗は、咸通三年（862）に径山に住す。三世洪諲は、潙山に嗣いだ人。ここに見える径山は、恐らく一世と二世の中間であろう。東山法門に塩官あり、『心王経』の作者。

参請　参禅すること。朝参暮請の略。請は、請益をいう。夜飯僧のみ。〔一一七〕を見よ。

黄檗令師……　『聯灯会要』九（577a）によると、径山……毎日、仏殿の前の大樹を遶って行道し、観音を念じて人を接す。山と黄檗とは是れ同参なり、書を寄せ来たって具に其の事を言う。檗師をして往かしむ。乃ち問う、伱、彼に到って……

とある。

某甲到彼……　向こうに着けばどうするか、もうちゃんと考えがある。

装腰上法堂　旅装のままで法堂に登ること。いきなり相手を試みる身がまえ。法堂は、住持が禅法を説くところで、禅院の中心的建物。『禅門規式』に、「仏殿を要せず法堂を中心とするのは、仏祖の伝灯を尊重する意である」（251a）という。装腰は、えらぶって、気どる、みえをはる、大みえ切る。装模作様、粧模作様。

払袖便行　すばやく立ち退く。衣を翻して去る。

有什麼言句……　和尚が何と言ったために喝したのか。

会裡　門下。会下ともいう。〔一一〇〕を見よ。

伱要知麼……　彼の正体を知りたいなら、自分で彼に尋ねよ。問取は、問うこと。取は助辞。なお、自問取他を、流布本では、且問取他とする。この場合は、まあ彼に尋ねるがよかろう、という弱い語気になる。

〔一一九〕

普化一日、於街市中、就人乞直裰。人皆與之。普化俱不要。師令院主買棺一具。普化歸來。師云、我與汝做得箇直裰了也。普化便自擔去、繞街市叫云、臨濟與我做直裰了也。我往東門遷化去。市人競隨看之。普化云、我今日未。來日往南門遷化去。如是三日、人皆不信。至第四日、無人隨看。獨出城外、自入棺內、倩路行人釘之。即時傳布。市人競往開棺、乃見全身脫去。祇聞空中鈴響、隱隱而去。

普化《ふけ》一日、街市の中に於て、人に就いて直裰《じきとつ》を乞う。人皆な之を与う。普化倶に要せず。師、院主をして棺一具《かんいちぐ》を買わしむ。普化帰り来たる。師云く、「我れ汝の与《た》めに箇の直裰を做《つく》り得了れり。」普化便ち自ら担《にな》い去って、街市を繞って叫んで云く、「臨済、我が与めに直裰を做《つく》り了れり。我れ東門に往いて遷化《せんげ》し去らん。」市人競って随って之を看る。普化云く、「我れ今日は未だし。来日、南門に往いて遷化し去らん。」是《かく》の如くすること三日、人皆な信ぜず。第四日に至って、人の随い看るもの無し。独り城外に出でて、自ら棺内に入り、路行く人を倩《やと》って之に釘《くぎ》うたしむ。即時に伝布《でんぷ》す。市人競って往いて棺を開くに、乃ち全身脱去《ぜんしんだつこ》せるを見る。祇だ空中の鈴の響きの、隠隠として去るを聞くのみ。

○この話は『祖堂集』十七（321a）、『伝灯録』十（280b）にも見えるが文字の出入が多い。

普化一日……　普化の詩、死は詩である。死に於て人は詩を生み、詩を要求する。『禅月集』に、経普化禅師影院あり

（作品号 45446）。

直裰　僧衣をいう。上衣と袴とを直接につなぎ合わせたワンピースの意。経かたびら（死装束）。後漢書の訳本（p.242下）。日本では三昧聖の衣服、阿弥号をもつ重源系（『宗教学大辞典』p.760）。諸橋『大漢和』十一（135b）、道袍（家でのくつろぎ衣）、一名を直裰。

普化倶不要　どれも貰わぬ。

買棺一具　『梵網経』下に、「良人、棺材を買うな。犯軽垢罪なり」（1005b）。

做得箇直裰了也　法服をこしらえておいてやったよ。做は作の俗字。

與我做直裰了也　一人前の良民にしてくれた。

南門　北門は志を得ぬ役人がいる処。

遷化　死ぬこと。他の世界に遷り化する意。

我今日未　今日はまだやらぬ。『伝灯録』では、今日の葬式は方角が悪い「今日葬不合青鳥」（280c）、という。

倩路行人釘之　倩を流布本に債となすのは誤り。音はセン。たのむこと。

全身脱去　身ぐるみもぬけのから。蟬が脱け出るように身体ぐるみなくなること。白日昇天の例。晝の日中の事件。〔一三五〕の仰山の予言に、此人有頭無尾、有始無終というに当たるもの。

祇聞空中鈴響　『宗鏡録』三八（T48-645a）、「如寺珠鈴之者、其ノ珠ハ空中ニ住セズ。地上ニ落チズ。手裏ニアラズ」。緒田『仏教辞典』（1044c）、『玄應意義』三、「屠殺者種類之名也。……搖鈴自標、或柱破頭之竹」。

隱隱　目にはそれと見えずにありありとはっきり感ぜられること。遠のいていくこと。本来は詩語で、たとえば洞山の五位の頌に、「隱隱猶懐旧日嫌」（『曹山録』533a）といい、玄中銘に、「碧潭水月隱隱難沈」（『洞山語録』515c）という。

〔一二〇〕

行　録

師初在黃檗會下、行業純一。首座乃歎曰、雖是後生、與衆有異。遂問、上座在此、多少時。師云、三年。首座云、曾參問也無。師云、不曾參問。不知問箇什麼。首座云、汝何不去問堂頭和尚、如何是佛法的的大意。師便去問。聲未絶、黄檗便打。師下來。首座云、問話作麼生。師云、某甲問聲未絶、和尚便打。某甲不會。首座云、但更去問。師又去問。黄檗又打。如是三度發問、三度被打。師來白首座云、幸蒙慈悲、令某甲問訊和尚。三度發問、三度被打。自恨障緣、不領深旨。今且辭去。首座云、汝若去時、須辭和尚去。師禮拜退。

行録《あんろく》

師、初め黄檗の会下《えか》に在って、行業純一《ぎょうごうじゅんいつ》なり。首座《しゅそ》乃ち歎じて曰く、「是れ後生《こうせい》なりと雖ども、衆と異なること有り。」遂に問う、「上座、此に在ること多少の時ぞ。」師云く、「三年。」首座云く、「曽て参問すや。」師云く、「曽て参問せず。知らず、箇《こ》の什麼《なに》をか問わん。」首座云く、「汝何ぞ去って堂頭和尚《どうちょうおしょう》に問わざる、「如何なるか是れ仏法的的の大意」と。」師便ち去って問う。声未だ絶えざるに、黄檗便ち打す。師下り来たる。首座云く、「問話《もんな》は作《そ》麼生《もさん》。」師云く、「某甲、問声未だ絶たざるに、和尚便ち打す。某甲会せず。」首座云く、「但だ更に去って問え。」師又た去って問う。黄檗又た打す。是の如くにして、三度問を発して三度打せらる。師来たって首座に白して云く、「幸いに慈悲を蒙って、某甲をして和尚に問訊《もんじん》せしむるに、三度問を発して三度打せらる。自ら恨む、障縁《しょうえん》の深旨を領せざることを。今且らく辞し去らん。」首座云く、「汝若し去らん時は、須らく和尚に辞し去るべし。」師礼拝して退く。

行録　一代の言行録の意。行状、または実録ともいう。当時すぐれた禅僧の歿後、しきりに行録が作られたことは、『祖堂集』十六、黄檗章（309a）、同十八、「仰山行録」（353b）、その他に見え、臨済の行録も、その最初のものは彼の死後早々にまとめられたものであろう。「行録」、及び『臨済録』の全体の史的成立についての小見は、拙稿「臨済栽松話と風穴延沼の出生」（本書四章）を見られたい。

師初在黄檗　この一段の話は「臨済大悟の縁」といわれて、

『碧巌録』十一則の評唱等で非常にやかましいものであるが、『祖堂集』に所載のものと極めて異なったところがあり、歴史的には問題がある。解説の条を見よ。

会下　門下。会裡（〔一一八〕）に同じ。

行業純一　修行の態度がひたむきなること。専心であること。初善、中善、後善、非但騎虎頭、亦解把虎尾。（頭正尾正。）金獅子。

後生　わかもの。若輩。

遂問　遂にというのはそのとき、そこで、の意。現代語の遂にの意ではない。以下すべて同じ。

参問　おめどおりすること。ここでは参禅問答。

不曽　将来も否定。

不知問箇什麼　何を問うのか判らぬ。この答は、むしろ非常に鋭い気概を含んでいる。

堂頭和尚　老師。すなわち住持をいう。

声未絶　質問がまだ終わらぬうちに。

問話作麼生　どんな具合に問うたか。

但更去問　とにかくもう一ぺん行って問え。

白首座　ウチアケタ。

幸蒙慈悲　幸は、正しくの意。現代語の意とは別。

問訊　伺うこと。ここでは参禅をいう。『僧史略』上（239a）に見える。

自恨障縁……　因縁が無くて、残念ながらのみこめぬ。

汝若去時……　行くなら必ず老師にいとまを告げて行け。

〔一二一〕

首座、先到和尚處云、問話底後生、甚是如法。若來辭時、方便接他。向後穿鑿、成一株大樹、與天下人作陰凉去在。師去辭。黃檗云、不得往別處去。汝向高安灘頭大愚處去、必爲汝說。師到大愚。大愚問、什麼處來。師云、黃檗處來。大愚云、黃檗有何言句。師云、某甲三度問佛法的的大意、三度被打。不知某甲有過無過。大愚云、黃檗與麼老婆、爲汝得徹困。更來這裏、問有過無過。師於言下大悟云、元來黃檗佛法無多子。大愚搊住云、這尿牀鬼子、適來道有過無過、如今却道、黃檗佛法無多子。伱見箇什麼道理、速道速道。師於大愚脅下、築三拳。大愚托開云、汝師黃檗、非干我事。

首座、先に和尚の処に到って云く、「問話底の後生、甚だ是れ如法《にょほう》なり。若し来たって辞せん時は、方便して他を接せよ。向後、穿鑿《せんさく》して一株の大樹と成って、天下の人の与《た》めに陰涼《いんりょう》と作《な》り去ること在らん。」師去って辞す。黄檗云く、「別処に往き去ることを得ざれ。汝、高安灘頭《こうあんだんとう》の大愚《だいぐ》の処に向かって去らば、必ず汝が為めに説かん。」師、大愚に到る。大愚問う、「什麽《いずれ》の処よりか来たる。」師云く、「黄檗の処より来たる。」大愚云く、「黄檗は何の言句か有りし。」師云く、「某甲、三度、「仏法的的の大意」を問いしに、三度打せらる。知らず、某甲有過《うか》か無過《むか》か。」大愚云く、「黄檗、与麽《よも》に老婆《ろうば》にして、汝が為めにし得て徹困《てつこん》なるに、更に這裏《しゃり》に来たって、「有過か無過か」と問うや。」師、言下《ごんか》に大悟《だいご》して云く、「元来《がんらい》、黄檗の仏法多子《たす》無《な》し。」大愚搊住《すうじゅう》して云く、「這《こ》の尿牀《にょうしょう》の鬼子《きす》、適来《せきらい》は『有過か無過か』と道いしに、如今は却って道う、『黄檗の仏法多子無し』と。你、箇の什麽の道理をか見たる。速かに道え速かに道え。」師、大愚の脅下《きょうか》に築《つ》くこと三拳す。大愚托開《たっかい》して云く、「汝が師は黄檗なり、我が事に干《かか》わるに非ず。」

甚是如法　ちゃんとしたものだ。

接　あう。

向後　コノサキ。

穿鑿　穴をうがつ意。ここでは自ら鍛錬し円熟すること。成長すること。彫琢。『洞山録』では、南泉がいう「此子雖後生、甚堪雕琢」(519b)。

陰涼　木かげをいう。『涅槃経』聖行品（449c, 691c）に、「仏樹陰涼の下に住する者は、煩悩の諸毒悉く消滅するを得」とある。

高安灘頭大愚　高安は洪州の瑞州府にあり。灘頭は、激流の瀬をいうから、おそらくは錦江の北岸あたりであろう。大愚は『伝灯録』十の目録（273c）によると帰宗智常（〔七四〕をみよ）の法を嗣いだ人。本来は山名で、詳しい伝記は判らない。『伝灯録』九、百丈の法嗣三十人の中、無機縁の列名の第一に、高安無畏禅師あり（264d）。

必為汝説　三度打たれた理由を。

什麼處来　cf.〔一四一〕、〔一四五〕。

黄檗有何言句　黄檗はどういうことを教えたか。言句は言教。

黄檗与麼老婆……　彼はそんなに親切に君のことを案じ込んでくれたのに。徹困は、難解であるが、とことんまでやること、へとへとになるの意で、おそらくは、思いやりが徹底していること。『祖堂集』七、雪峰の章（145a）や、『伝灯録』九、潙山章（265a）、『玄沙広録』（390b）等に同じ句が見える。

為汝得　為得の例。『祖堂集』七、雪峯章（45a）。『伝灯録』九、「潙山上堂、我為汝得、徹困也」。同十八、玄沙章「自救尚不得、爭解為得他人」（344b）。

元来黄檗仏法無多子　なんだ、彼の仏法は造作ないんだな。従来の解釈では、黄檗の仏法も大したものでない、という臨済の師に超える気概をいったものと見ているが、無多子という語は、余分のものなし、ムダがないという意で、これは価値的な意ではなく、むしろ仏教そのものの端的さ、もしくは自明的であることを言ったもの。『碧巌録』三二則の頌に、「巨霊手を擡ぐるに多子無し」（172a）、とあるのも同様。『通俗編』三十二に、現代語の没多児の意と見ている（705）。元来とは、将謂……元来……の形が略されたもので、今まで思っていたことに相違した驚きを表す。『古宿録』八、首山録に、「師復云、諸上座、佛法無多子、只是你諸人自信不及……」（243a）、同、「妙語無多子、親言學似誰」（245b）。王彧『禅頌詩』に、「桑楡晩景無多子、鍼芥人身豈易投」（諸橋『大漢和』一一、598c(3)）。『宏智録』四、「仏法也無如許多般、只要諸人一切時中、放教身心空索々地」（35a）。〔一三六〕をみよ。

尿牀鬼子　寝小便小僧。鬼子は小児を罵る語。餓鬼。こせがれ。鬼子敢爾（『世説』方正、『睽車志』、諸橋 12.679a）。

道理　cf.〔八一〕。問題の意。

於大愚脅下……　げんこつでわき腹をこづく。『伝灯録』（宋版と元版）では、大愚が上の臨済の「無多子」の語を受けて、お前の無多子という多くはいったいどの位多かったのだ、ときめつけ、これに対して臨済が大愚の脇下を築三拳したという。

汝師黄檗……　お前は黄檗の下にかえれ、俺は知らんぞ。俺に関係はないことだ。この句は「汝は黄檗を師とせよ」と読むのが正しいが、今は慣用に従う。また、『大正蔵』に、干を于とするのは誤り。大庾嶺上の六祖の句による。『伝灯録』四、蒙山道明章に「汝若如是、則是我與汝同師黄梅」（232d）。『祖堂集』十八、「与汝同師黄梅不異」（345a）。

非干我事　俺の知ったことじゃなか（俗語）。『碧巌録』第二則、頌の下語に、「不干山僧事」（142a）。

〔一三二〕

師辭大愚、却回黄檗。黄檗見來便問、這漢來來去去、有什麼了期。師云、祇爲老婆心切。便人事了侍立。黄檗問、什麼處去來。師云、昨奉慈旨、令參大愚去來。黄檗云、大愚有何言句。師遂擧前話。黄檗云、作麼生得這漢來、待痛與一頓。師云、說什麼待來、即今便喫。隨後便掌。黄檗云、這風顚漢、却來這裏捋虎鬚。師便喝。黄檗云、侍者、引這風顚漢、參堂去。

師、大愚を辞して黄檗に却回《きやうい》す。黄檗、来たるを見て、便ち問う、「這の漢、来来去去《らいらいきよきよ》して什麼《なん》の了期《りようご》か有らん。」師云く、「祇だ老婆心切なるが為めなり。」便ち人事《じんじ》し了って侍立《じりゆう》す。黄檗問う、「什麼《いずれ》の処にか去り来たる。」師云く、「昨、慈旨《じし》を奉じて、大愚に参じ去り来たらしめぬ。」黄檗云く、「大愚は何の言句か有りし。」師遂に前話《ぜんな》を挙《こ》す。黄檗云く、「作麼生《そもさん》か這《こ》の漢を得《え》来たって、待《まさ》に痛く一頓を与えん。」師云く、「什麼の待《まさ》にとか説き来たらん、即今便ち喫せよ。」（といって）後に随って便ち掌す。黄檗云く、「這の風顚漢《ふうてんかん》、却って這裏《しやり》に来たって虎鬚《こしゆ》を捋《な》ず。」師便ち喝す。黄檗云く、「侍者、這の風顚漢を引いて参堂し去らしめよ。」

却回　もどること。ひきかえすこと。

這漢来来去去……　お前はいつまでふらついているのか。

昨奉慈旨　先日は御好意によって、大愚のところに行かせていただきました。

作麼生得這漢来……　何とかしてあの男をひっ捕えた上で、ひとつ、こっぴどくぶんなぐってやりたい。得は、つかまえること。来は、得に伴う一種の助動詞。来るという意味はない。待は、未来への願望を表す助動詞で、さあ……してやろう、という意。いでや……とよんでもよい。従来、「作麼生か這の漢の来たるを得て、待って痛く一頓を与えん、」と読んでいるのは語法的に誤っており、有名な趙州勘婆の公案（『伝灯録』十、277b）、あるいは『無門関』三一則（279a）

に見える「待我去与伱勘過這婆子」の待も同じ用法である。『伝灯録』九、潙山章、司馬頭陀云く、「待歴観之」(264c)。同十二、大覚章、「待痛決一頓」(295a)。『碧巌録』九八則、本則の評唱に、「西院云。且在這裏過夏。待共上座商量這兩錯。」(221b)。『拈頌集』(29.X94)。『李太白集』十一、「贈僧行融……待我適東超、相攜上白樓」(p.344、中)。

説什麼待来…… 何の、さあひとつなどとぬかしおる。たった今くらえ。この場合の来も、上句の来と同義。動詞の「来る」ことではない。待は上文の待痛与一頓を、すぐ引きとって言ったもの。

随後便掌 言いおわるや否やなぐりつけた。随後は、すぐさま。相手の背中などと解するのは誤り。すでに〔九〕にみえる。

虎鬚 『続高僧伝』二十の総論に、「至如慧超之捋虎鬚。道舜之観牛影」(T50-597a)。

参堂 禅堂に入って単位につくこと。上句の引は、案内すること。

〔一二三〕

後、潙山擧此話、問仰山、臨濟當時、得大愚力、得黄檗力。仰山云、非但騎虎頭、亦解把虎尾。

後に、潙山《いさん》此の話《わ》を挙《こ》して仰山《きようざん》に問う、「臨済当時《そのかみ》、大愚の力を得たるか、黄檗の力を得たるか。」仰山云く、「但だに虎頭《ことう》に騎《の》るのみに非ず、亦た虎尾《こび》を把ることを解《げ》す。」

後 『古宿録』四八、『仏照奏対録』にみえる(823b)。何れが先か。

当時 そのとき。

得大愚力…… 得力は、世話になること。お蔭を蒙ること。『華厳経』六三、入法界品、「云何得正念力、云何得浄趣力」(337c)。〔八九〕をみよ。

非但騎虎頭…… 怖ろしい虎をすっかり手なずけた。頭も尾も完全に我がものにした。ここでは、大愚と黄檗のいずれのはらもすっかりわきまえた、ということ。『碧巌録』八五則の評唱に、百丈と黄檗との話について、仰山がこれと同じ語で評したことをいう（211b）。「十牛図、牧牛図」―功勲

としての図解。『管子』、「牧民第一」。功勲ナリ。「権修第三」、注（権者、所以知軽重也、君人者必知事之軽重、然後国可為、故須修権）。

〔一二四〕

師栽松次、黄檗問、深山裏栽許多、作什麽。師云、一與山門作境致、二與後人作標榜。道了、将钁頭打地三下。黄檗云、雖然如是、子已喫吾三十棒了也。師又以钁頭打地三下、作噓噓聲。黄檗云、吾宗到汝、大興於世。

師、松を栽うる次で、黄檗問う、「深山裏《しんざんり》に許多《そこばく》を栽えて、什麼《なに》か作《せ》ん。」師云く、「一つには、山門の与《た》めに境致《きょうち》と作《な》し、二つには、後人の与めに標榜《ひょうぼう》と作さん。」道《い》い了って、钁頭《かくとう》を将って地を打すること三下《さんげ》す。黄檗云く、「然も是《かく》の如くなりと雖ども、子已《なんじすで》に吾が三十棒を喫し了れり。」師、又た钁頭を以て地を打すること三下し、噓《きょ》噓《きょ》の声を作す。黄檗云く、「吾が宗、汝に至って大いに世に興らん。」

師栽松次　この一段は、古来「臨済栽松の話」と称し、『碧巌録』三八則の評唱（175c）等に臨済系の禅の源流と見ているもの。蔭涼となる。「松柏成而塗之人已蔭矣」（『呂覧』、先己）。『宋高僧伝』十二、天台紫凝山慧恭伝、「門人上足師遂植松負土、力崇塔廟」（783c）。『大淵代抄』（上、374）、「青々一寸松、中有棟梁姿」。洞下の青林にも！

許多　こんなに沢山。

一与山門作境致……　一つには境内の風致とし、二つには後人のたよりにもと思ってです。境致は詩語で、ながめ、風景、ふぜい。標榜は、標牓（『伝心法要』384a）とも言い、元来は道しるべの意。『伝灯録』十二（290b）臨済の章では、この一句をただ「後人の与めに古記を作さん」という。『中阿含経』三九、『婆羅婆堂経』に、「我等寧可造作田種、立標牓耶」（T1-675c）。『祖堂集』四、薬山章（89b）。道標はみ

ちしるべとしての肉体「道標骨格清し」。『遺芳拙心』（742、永明山延寿寺拙心詩偈集）。

将钁頭打地三下　くわで地面を掘る様子。三下は三度。

作嘘嘘声　よいしょ、よいしょとゆっくり息を吐き出す様子。

吾宗到汝大興於世　わしの禅はお前の時代になって大いに世界のすみずみにまで広がろう。「円悟評して云く、大いに子を憐んで醜を覚えざるに似たり」（『碧巌録』三八則、176a）。

〔一二五〕

後、潙山擧此語、問仰山、黄檗當時、祇囑臨濟一人、更有人在。仰山云、有。祇是年代深遠、不欲擧似和尙。潙山云、雖然如是、吾亦要知。汝但擧看。仰山云、一人指南、吳越令行、遇大風卽止。讖風穴和尚也。

後に、潙山此の語を挙《こ》して仰山に問う、「黄檗当時《そのかみ》、祇《た》だ臨済一人を嘱《しょく》するや、更に人の在る有りや。」仰山云く、「有り。祇だ是れ年代深遠《ねんだいじんおん》にして、和尚に挙似《こじ》することを欲せず。」潙山云く、「然も是の如くなりと雖ども、吾れ亦た知らんと要す。汝但だ挙して看よ。」仰山云く、「一人南を指《ゆびざ》して呉越に令行わる、大風に遇うて即ち止まん」、と。風穴和尚を讖《しん》するなり。

潙山挙此語　黄檗が臨済に向かって、「吾が宗汝に到って大いに世に興らん」と告げた語をさす。一本に此話となすのは誤り。『伝灯録』では明白に、「黄檗の後語」とある。

嘱　たのむ、ゆだねる。

臨済一人　正成一人、親鸞一人。

祇是年代深遠……　ずい分将来のこと故、申し難いのです。祇是はしかしという意。

一人指南……　ある男が南を指して行き、呉越の地方に王令がゆきわたるが、大風に出合ってゆきづまるだろう、ということ。呉越は、江南の浙江地方を指す。過大風以下の一句は、『伝灯録』によると、元来は仰山の弟子に当たる南塔光涌（八五〇―九三六）の注であったらしい。この句の含んでいる史的課題については、本書四章を見られたい。指南は、道安の合放光光讃経序（T55-48b）にあり。この他、『四行論』（『禅門撮要』p.70）に、「作鬼語即作鬼解、用為指南不可論」、「僧問、師歸丈室將何指南」（『伝灯録』八、南泉章、258a）、「不到如今強指南」（『拈頌集』I. 26）。「指南之旨不在言詮」（『碧巌録』九評、149b）。また呉越は、『梁伝』五、道安伝に、「堅出東苑命安升輦……朕將与公南遊呉越、整六師而巡狩渉会稽以観滄海。不亦樂乎」（T353a）とあり、令行は、『荘子』在宥十一に、「黄帝立為天子十九年、令行天下」とある。

讖風穴和尚也　臨済下第四世風穴延沼（八九六―九七三）の活躍を予言したもの、となす意。讖は、讖記で、将来のことを前以て予言すること。仏典では、仏の懸記、または讖莂などの例があり、中国民族の讖緯信仰と合して、この傾向は極めて強くなり、近くは則天武后の革命に、その讖記を説いた『大雲経』の偽疏が献上された例（『三階教の研究』p.736）もあった。禅では『宝林伝』に、唐の中期までの禅の隆替を讖記した般若多羅や宝誌の偈頌が記されている。なお、この仰山の未来記は、後代になると宋代の大慧の活躍を予想したものとなす説（『聯灯会要』九 592b）さえ表われて、種々の議論を生むに至ったが、実はこの讖記が当初より風穴その人を指したものであることは、『伝灯録』十三、風穴章（302b）に彼がこの讖記に応じて出生し、南院の法を盛ならしめたとされていることによって明らかである。したがって、一人南を指すは、南院を指す意なることも明らかである。『碧巌録』三八則（176a）。『伝灯録』十二（300a）。『広灯録』十（684b）。

〔一二六〕

師侍立徳山次、山云、今日困。師云、這老漢寐語作什麼。山便打。師掀倒縄牀。山便休。

師、徳山に侍立《じりゅう》する次《つい》で、山云く、「今日困《こん》す。」師云く、「這の老漢、寐語《みご》して什麼《なに》か作《せ》ん。」山便ち打す。師、縄牀を掀倒《きんとう》す。山便ち休す。

今日困　今日は疲れた。何もやる気がない。気力なし。蔵頭白、海頭黒の困。

寝語作什麼　ねごとなど言うて何になるか。

掀倒縄牀　倚子を引きたおす。ひっくりかえす。

山便休　今日はこれまで、と引き上げること。休は、ゆきづまることではない。〔八一〕の註を参照。

〔一二七〕

師普請鋤地次、見黄檗來、拄钁而立。黄檗云、這漢困耶。師云、钁也未擧、困箇什麼。黄檗便打。師接住棒、一送送倒。黄檗喚維那、維那扶起我。維那近前扶云、和尚争容得這風顚漢無禮。黄檗纔起、便打維那。師钁地云、諸方火葬、我這裏一時活埋。

師、普請《ふしん》して地を鋤《す》く次で、黄檗の来たるを見て、钁《かく》を拄《ささ》えて立つ。黄檗云く、「這の漢困《こん》する耶《や》。」師云く、「钁も也《ま》た未だ挙せず、箇の什麼《なに》をか困せん。」黄檗便ち打す。師、棒を接住《せつじゅう》して、一送に送倒す。黄檗維那《いのう》を喚《よ》ぶ、「維那《いのう》、我れを扶起《ふき》せよ。」維那近前《きんぜん》して扶《たす》けて云く、「和尚、争《いか》でか這の風顚漢の無礼なるを容《ゆ》るし得ん。」黄檗纔《わず》かに起って、便ち維那を打す。師、地を钁《かく》して云く、「諸方は火葬、我が這裏《しゃり》は一時に活埋《かつまい》せん。」

普請　一院の僧みなで生産労働に従うこと。この語の原意は、師と弟子と共に働く意で、『禅門規式』に、「普請の法を行じて、上下力を均しうす」（『伝灯録』六、251a）とある。また『虚堂録』二には、「結夏小参、……普請四聖六凡、入此大光明藏」（T994a）ともある。

鋤地　『黄龍四家録』、『禾山録』に次のようにある。「上堂

挙、黄蘗運禅師在百丈開田。百丈云、運闍梨、開田不易。蘗云、隨衆僧作務。百丈云、有煩道用。蘗云、争敢辞労。百丈云、開得多少田。蘗以鋤築地三下。百丈便喝。蘗掩耳而去。」(263b)。

維那　僧院の庶務を統轄する役。karmadāna の訳で、悦衆とも意訳される。流布本及び『古宿録』本は、維那の一字のみ。

諸方火葬……　一般なら火葬だがここでは一緒に生き埋めだ。維那と黄檗とを一ぺんに葬る意。師を葬る。独り立ち。

〔一二八〕

後、潙山問仰山、黄檗打維那意作麼生。仰山云、正賊走却、邏蹤人喫棒。

後に、潙山、仰山に問う、「黄檗、維那を打するの意、作麼生。」仰山云く、「正賊走却《しょうぞくそうきゃく》して、邏蹤《らしょう》の人、棒を喫す。」

黄檗打維那意作麼生　どういうつもりで維那を打ったのか。

正賊走却……　本ものの泥棒は逃げてしまって、お巡りさんの方がつかまった。邏蹤人は追跡の役人。

〔一二九〕

師一日、在僧堂前坐。見黄檗來。便閉却目。黄檗乃作怖勢、便帰方丈。師隨至方丈禮謝。首座在黄檗處侍立。黄檗云、此僧雖是後生、却知有此事。首座云、老和尚脚跟不點地、却證據箇後生。黄檗自於口上打一摑。首座云、知即得。

師、一日、僧堂の前に在って坐す。黄檗の来たるを見て、便ち目を閉却《へいきゃく》す。黄檗乃ち怖るる勢を作《な》して、便ち方丈に帰る。師随って方丈に至って礼謝《らいしゃ》す。首座《しゅそ》黄檗の処に在って侍立《じりゅう》す。黄檗云く、「此の僧は是れ後生《こうせい》なりと雖ども、却って此《こ》の事《じ》有ることを知る。」首座云く、「老和尚、脚跟《きゃっこん》、地《ち》に点《てん》ぜず、却って箇《こ》の後生を証拠《しょうこ》す。」黄檗自ら口上に於て一摑《いっかく》を打す。首座云く、「知らば即ち得ん。」

作怖勢　怖そうな様子をする。後生畏る可しの意。

却知有此事　此事は仏法の根本事実。〔七〕の大事に同じ。

脚跟不点地　着実でない。いい加減なこと。脚が大地についていない意。

証拠　〔七〕をみよ。

打一摑　平手で打つ。

知即得　まちがいが判っているならよろしい。同様の語は、『趙州録』に「自ら罪過を知らば即ち得ん」(313a) という句がある。

〔一三〇〕

師在堂中睡。黄檗下來見、以拄杖打版頭一下。師擧頭、見是黄檗、却睡。黄檗又打版頭一下。却往上間、見首座坐禪、乃云、下間後生、却坐禪、汝這裏妄想作什麼。首座云、這老漢作什麼。黄檗打版頭一下、便出去。

師、堂中に在って睡る。黄檗下り来たって見て、拄杖《しゅじょう》を以て版頭《はんとう》を打つこと一下《いちげ》す。師頭を挙《あ》げて、是れ黄檗なることを見て、却って睡る。黄檗又た版頭を打つこと一下す。却って上間《じょうかん》に往いて、首座《しゅそ》の坐禅するを見て、乃ち云く、「下間《げかん》の後生、却って坐禅す。汝這裏《しゃり》に妄想して什麼《なに》か作《せ》ん。」首座云く、「這の老漢、什麼をか作す。」黄檗、版頭を打つこと一下し、便ち出で去る。

睡　いねむり。神会の北宗批判に、睡眠住あり。（『神会の語録』、禅文化研、p.70）。横になってねむる「眠」とはちがう。『荘子』「列禦寇」、驪龍頷下の珠をふまえるが、龍が睡っているうちに珠を得たる子と父はいう。「千字文」、「晝眠夕寐」。

黄檗下来　方丈から僧堂に入ってきたこと。

版頭　禅堂の中で、坐禅のために定められた各自の席のことをいう。今日は単と呼ぶ。『伝灯録』のテキストには、「於床辺敲（中略）打席」（290b）とある。

上間　禅堂の中の北側にある上位の僧の席をいう。下間はその反対。

這老漢作什麼　此の老人は何をやってござる。版を打ってばかりいらっしゃる。

〔一三一〕

後、潙山問仰山、黄檗入僧堂、意作麼生。仰山云、兩彩一賽。

後に、潙山、仰山に問う、「黄檗、僧堂に入る、意作麼生。」仰山云く、「両彩一賽《りょうさいいっさい》。」

意作麼生　どう思いますか。

両彩一賽　一勝負に二つの勝ち目。また、両方とも勝ち、の意もある。彩は、賭博やすごろくでの勝ち目。賽は、勝負を競うこと。ゲームをいう。宋版と元版の『伝灯録』では、仰山のこの語を、「一彩両賽」としており、この場合は、二勝負に一つの勝ち目となり、おそらくは首座の坐禅を落して、臨済の坐睡を賞揚する意であろう。なお、一彩両賽の例は、ほかにも『祖堂集』十八（338b）、『雲門録』下（570a）、等にあり、両彩一賽の例は、同じく下（571c）、『五祖録』上（651b）、明版『伝灯録』十二、臨済章（300a）、『無門関』二則（293b）等に見え、また『碧巌録』（二則、頌の評唱、142b—c）には「好彩教尓自看」とあり、さらに両賽一彩の語が、『円悟録』一（717b）に存することを注意しておく。

〔一三二〕

一日普請次、師在後行。黄檗回頭、見師空手、乃問、钁頭在什麼處。師云、有一人、將去了也。黄檗云、近前來、共汝商量箇事。師便近前。黄檗竪起钁頭云、祇這箇、天下人拈掇不起。師就手掣得、竪起云、爲什麼却在某甲手裏。黄檗云、今日大有人普請。便歸院。

一日、普請《ふしん》の次《つい》で、師、後《しりえ》に在りて行ず。黄檗頭を回《かえ》し、師の空手なるを見て、乃ち問う、「钁頭《かくとう》は什麼《いずれ》の処にか在る。」師云く、「一人有って将《も》ち去り了れり。」黄檗云く、「近前《きんぜん》し来たれ、汝と共に箇《こ》の事《じ》を商量《しょうりょう》せん。」師便ち近前す。黄檗、钁頭を竪起《じゅき》して云く、「祇《た》だ這箇《しゃこ》、天下の人も拈掇不起《ねんてつふき》。」師、手に就《つ》いて掣得《せっとく》して、竪起して云く、「什麼《なん》と為《し》てか、却て某甲の手裏に在る。」黄檗云く、「今日大いに人の普請する有り。」（といって）便ち院に帰る。

師在後行　大衆の近くで働いていたこと。

空手　手ぶら。

有一人将去了也　ある男（奈一人?・眞人?）がとり上げてしまった。

近前来……　そばによれ、相談がある。共は与（俗用）。箇事は、このこと（ある事や一箇の事の意ではない）。

祇這箇……　ほかならぬこのものだけは、何人もとり上げられんな。拈掇は、もち上げること。這箇は本具の一物。

就手掣得　相手の手からひったくる。

今日大有人普請　まったく今日という今日は、ある男が大仕事をしてくれたぞ。大は、語法的には有を強めていい、人は特定の臨済を指していういい方。彼のはたらきをほめて言ったもの。『大慧普説』一、政信寺如山主請に、当時は、普請のときに大悟するものがあると、ただちにその日の仕事をやめて祝福する習わしであったという。『卍蔵経』三一の五（801a）。

〔一三三〕

後、潙山問仰山、钁頭在黄檗手裏、爲什麼却被臨濟奪却。仰山云、賊是小人、智過君子。

後に、潙山仰山に問う、「钁頭、黄檗の手裏に在り。什麼《なん》と為《し》てか却って臨済に奪却《だっきゃく》せらる。」仰山云く、「賊は是れ小人、智は君子に過ぎたり。」

賊是小人……　悪党ほど才は君子以上に働く。すばやいはたらきをほめていう。『梁谿漫志』巻十（11b）、俚語盗智の条に考証あり。

〔一三四〕

師爲黄檗馳書去潙山。時仰山作知客。接得書、便問、這箇是黄檗底、那箇是專使底。師便掌。仰山約住云、老兄知是般事、便休。同去見潙山。潙山便問、黄檗師兄多少衆。師云、七百衆。潙山云、什麼人爲導首。師云、適來已達書了也。師却問潙山、和尚此間多少衆。潙山云、一千五百衆。師云、太多生。潙山云、黄檗師兄亦不少。

師、黄檗の為めに書を馳《は》せて、潙山に去《ゆ》く。時に仰山知客《しか》と作《な》る。書を接得《せっとく》して便ち問う、「這箇《しゃこ》は是れ黄檗底《おうばくてい》。那箇《なこ》か是れ専使底《せんしてい》。」師便ち掌《しょう》す。仰山約住《やくじゅう》して云く、「老兄《ろうひん》、是般《これつら》の事《じ》を知らば便ち休す」。同《とも》に去って潙山に見《まみ》ゆ。潙山便ち問う、「黄檗師兄《すひん》は多少の衆ぞ。」師云く、「七百衆。」潙山云く、「什麼人《なんぴと》か導首為《た》る。」師云く、「適来已《せきらいすで》に書を達し了れり。」師却って潙山に問う、「和尚が此間《すかん》は多少の衆ぞ。」潙山云く、「一千五百衆。」師云く、

「太多生《たいたせい》。」潙山云く、「黄檗師兄も亦た少からず。」

為黄檗馳書　黄檗の手紙を持ってゆく。

知客　禅院で接客の役をする僧。亀鏡文に、「衆僧を代表して在家の信者などに応待するのが知客の役だ。」（『勅修百丈清規』六、1147a）とある。

接得　うけとる。

這箇是黄檗底……　これは黄檗のだ、君自身のはどれだ。専使は、特命の使者。底は「の」の意。下に書を略した形。〔三〇〕の弄光影底人の註をみよ。

約住　とどめる。なぐりつけてきた手をとりおさえること。

知是般事……　それだけ判れば、もう文句はない。

導首　指導者をいう。『祖堂集』七、夾山章に、

師、僧に問う、什麼の処よりか来たる、対えて曰く、新豊より来る。師曰く、彼中は是れ什麼人か道首たる。対えて云く、上字は是れ良、下字は是れ价。師云く、吾れ識り竟んぬ（134b）。

とあり、当時の導首の語が、長老和尚を意味していたことを知る。導首を首座と解する従来の説は誤り。

師却問潙山　却は、後で、俗語。

一千五百衆　寒山・拾得が予言した数字也。『祖堂集』十六、潙山章（306a）。

太多生　多すぎますな。

〔一三五〕

師辭潙山。仰山送出云、汝向後北去、有箇住處。師云、豈有與麼事。仰山云、但去、已後有一人佐輔老兄在。此人祇是有頭無尾、有始無終。師後到鎭州、普化已在彼中。師出世、普化佐贊於師。師住未久、普化全身脱去。

師、潙山を辞す。仰山、送り出して云く、「汝、向後《こうご》北に去れ、箇《こ》の住処《じゅうしょ》有らん。」師云く、「豈に与麼《よも》の事有らんや。」仰山云く、「但だ去れ。已後《いご》、有る一人の老兄《ろうひん》を佐輔《さほ》する在らん。此の人は祇《た》だ是れ頭有って尾無く、始有っ

て終無からん。」師、後に鎮州《ちんじゅう》に到るに、普化《ふけ》已に彼《か》の中に在り。師出世するに、普化、師を佐贊す。師住することと未だ久しからずして、普化全身脱去す。

送出　臨済を送って出て。

向後……　これから。今後。去は行け。

豈有与麼事　そんなことがあるものですか。謙辞。

但去　ゆくだけでよろしい。

佐輔　手つだい。『潙山語録』では、懶安が百丈の命で、開法を助く（577b）。

有頭無尾……　普化の活動を予言したもの。仰山の未来記で、のちに「仰山小釈迦の懸記」（〔一五四〕）といわれるもの。

普化　普化の後継は、興化なり。盤山の出身。四方八面を古廟裡に避く。昇天通路、王の大路。後唐荘宗の縁。

彼中　かしこ。此間に対していう。上句の到鎮州を、『大正蔵』に倒となすのは誤り。

出世　住院に同じ（〔一一七〕参照）。『法華経』方便品（7a）の『諸仏世尊唯以一大事因縁出現於世』の句にもとづき、仏の教化活動に比していう語。

佐賛　賛助。協力すること。

〔一三六〕

師因半夏、上黄檗、見和尚看經。師云、我將謂是箇人、元來是揞黑豆老和尚。住數日、乃辭去。黄檗云、汝破夏來、不終夏去。師云、某甲暫來禮拜和尚。黄檗遂打、趁令去。師行數里、疑此事、却回終夏。

師、因《ちな》みに半夏《はんげ》、黄檗に上り、和尚の看経《かんきん》するを見る。師云く「我れ将《まさ》に謂《おも》えり、是れ箇《こ》の人と。元来《がんらい》、是れ揞黒《あんこく》豆《ず》の老和尚なるのみ。」住すること数日にして、乃ち辞し去る。黄檗云く、「汝、夏《げ》を破って来たり、夏を終えずして去るや。」師云く、「某甲、暫く来たって和尚を礼拝せしのみ。」黄檗遂に打し、趁《お》い去らしむ。師行くこと数里にして、此の事を疑い、却回《きやうい》して夏を終う。

師因半夏　この一段の話は古来「臨済破夏の因縁」と呼ばれる。「因」は和尚看経するを見るの句までかかる語。半夏は夏の中半の日、六月一日をいう。修行僧が一定の場所に集まって専ら坐禅する期間を夏、または安居といい、通例、一年を通じて雨期の四月十六日より七月十五日まで（一説に五月十六日より八月十五日）の三カ月九十日と定め、この間は一切の出入を禁じ、この禁制を犯すことを破夏という。『勅修百丈清規』七（1150a）、節臘章の序に詳しい。

将謂是箇人……　師とするに足る人とばかり思っていたのに、なんだ、お経読み坊主だったのか。将謂は将為に同じ（［一〇七］をみよ）。揞黒豆は解し難いが、『伝灯録』にこの話を挙げて、唵黒豆（『虚堂録』二、997a には、淹黒豆老僧）となしており、唵は食物を手でつまんで食べることであるから、豆のような経典の文字を一つ一つ拾うことであろう。『祖堂集』十六、黄檗章で、百丈が黄檗に言う句「我本將謂汝是一箇人」（309b）。いずれが借りたのか。

汝破夏来……　禁制を犯して遅れて来た上に、最後まで安居を完うせずに去るのか。『寄帰伝』一の一に、破夏非小の章あり（T54-206c）。また「不修夏去」を「何不終夏去」とするテキストもある。せめて夏を終えてゆけ。

某甲暫来……　一つ老師を試みてみたまでです。おそらく彼の大悟の事件以来の、満々たる自信の程を示す語であろう。

黄檗遂打……　すかさず打って追い出した。遂は、そのときの意。

疑此事　あることに気づくこと。疑は、問題の深みを知ること。次に来ることを肯定していう。此事は、仏法の根本問題。「道忠いわく、疑って却回すと雖ども、一事の黄檗に問うべき無し、臨済の一宗末世に光大なるはこの一疑に係る」（『疏瀹』1382）。また、「無明住地煩悩を以て便ち一切諸仏の不動智と為す」（『林間録』上、589a）。

〔一三七〕

師一日、辭黄檗。檗問、什麼處去。師云、不是河南、便歸河北。黄檗便打。師約住與一掌。黄檗大笑、乃喚侍者、將百丈先師禪版机案來。師云、侍者、將火來。黄檗云、雖然如是、汝但將去。已後、坐却天下人舌頭去在。

師一日、黄檗を辞す。檗問う、「什麼《いずれ》の処にか去る。」師云く、「是れ河南《かなん》ならずんば、便ち河北《かほく》に帰せん。」黄檗便ち打す。師約住《やくじゆう》して一掌を与う。黄檗大笑して乃ち侍者《じしや》を喚ぶ、「百丈《ひやくじよう》先師の禅版《ぜんばん》机案《きあん》を将《も》ち来たれ。」師云く、「侍者、火を将ち来たれ。」黄檗云く、「然も是《かく》の如くなりと雖ども、汝但だ将ち去れ。已後《いご》、天下の人の舌頭《ぜつとう》を坐却《ざきやく》し去ること在らん。」

不是河南……　従来上句を仮定に読んでいるが、「河南でなくて河北に帰りまする」とも解される。ここに河南をもち出したのは、おそらく帝都洛陽に近い河南の地の意であろう。河北はいうまでもなく彼の故郷の片田舎。

将百丈先師禅版机案来　先師より伝えた禅版と机案を印可証明として汝に授けよう、ということ。『碧巌録』六八則の評唱によると、百丈の禅版蒲団は黄檗に伝わり、拄杖と払子は潙山に伝わった（198a）、という。百丈はいうまでもなく、洪州百丈山に住した懐海（七二〇—八一四）で、馬祖の法を承けた人。大智禅師と称す。一日不作一日不食の句で知られ、禅院の日常規則を成文化した清規は、彼の創見といわれる。伝記は陳詡の塔銘（『百丈清規』の付載1156b、『全唐文』466）に詳しく、『祖堂集』十四（271a）、『宋高僧伝』十（770c）、『伝灯録』六（249b）等に章があるほか、その説法を記録した『百丈広録』が現存する。

将火来　印可証明は要らぬ、やき捨ててくれよう、という気勢。来は命令詞。黄檗の長い前後の言葉に比して、わずか三字の中に、無限の情感が圧縮されている。『広灯録』十七、谷隠章、「問、古人索火意旨如何。師云。任他滅。進云。滅後如何。師云。初三十一……」（754a）。

已後坐却天下人舌頭去在　今後、必ずや世人のうるさい口を塞ぐ役には立とう。坐却は、たちもどらせる、動かなくさせる、ちぢみあがらせる。『伝灯録』五、法達章、「殊不知坐却白牛車、更於門外覓三車」（238b）。同九、黄檗章、「師接置於坐、略不抜閲」（266b）。同十八、長慶章、「香嚴道底、一字坐却」（348a）。『広灯録』八、黄檗章に、「相公一日上詩一章、師接得便坐却、乃問會麼」(659b)。坐却を、『伝灯録』では坐断としている。この語については〔三二〕をみよ。

〔一三八〕

後、潙山問仰山、臨濟莫辜負他黄檗也無。仰山云、不然。潙山云、子又作麼生。仰山云、知恩方解報恩。潙山云、從上古人、還有相似底也無。仰山云、有。祇是年代深遠、不欲擧似和尚。潙山云、雖然如是、吾亦要知。子但擧看。仰山云、祇如楞嚴會上、阿難讚佛云、將此深心奉塵刹、是則名爲報佛恩。豈不是報恩之事。潙山云、如是如是。見與師齊、減師半德。見過於師、方堪傳授。

後に、潙山、仰山に問う、「臨済、他《か》の黄檗に辜負《こふ》すること莫きや。」仰山云く、「然らず。」潙山云く、「子《なんじ》又た作《そ》麼生《もさん》。」仰山云く、「恩を知って方に恩に報ゆることを解《げ》す。」潙山云く、「従上《じゅうじょう》の古人、還って相い似たる底有りや。」仰山云く、「有り。祇だ是れ年代深遠《ねんだいじんおん》なり、和尚に挙似《こじ》せんことを欲せず。」潙山云く、「然も是《かく》の如くなりと雖ども、吾れ亦た知らんと要す、子《なんじ》但だ挙《こ》して看よ。」仰山云く、「祇だ楞厳会上《りょうごんえじょう》に、阿難《あなん》仏を讃して、「此の深心を将って塵刹《じんせつ》に奉ず、是れを即ち名づけて仏恩に報ゆと為す」、と云えるが如きんば、豈に是れ報恩の事にあらずや。」潙山云く、「如是如是《にょぜにょぜ》。見《けん》、師と斉《ひと》しきときは、師の半徳を減ず。見、師より過ぎて、方に伝授するに堪えたり。」

潙山問仰山…… 『従容録』二九則評に、この話あり(T246a, b)。

辜負 そむく。

知恩方解報恩 深く心に恩を感ずればこそ、それに報いることができるのだ。「知恩而報恩」は『華厳経』九の偈(T9-453b)。『維摩経』では、返覆心である。

従上古人……　今までの古人の中に比較すべきものがあるか。

祇是　しかしの意。

祇如楞厳会上……　『楞厳経』三に見える阿難の讃仏の偈(119b)。知恩は深心に究まり、深心は法性を知るにあることをいったもの。奉塵刹は、無数国土の諸仏に報ゆること。祇如は、たとえば。

将此深心奉塵刹……　のたれ死に。清に溢れ嶽に満つるという、あるいは粉骨細身。文字通り「割節身体」。『王梵志詩』(p.638)、『太公家教』「知恩報恩風流儒雅」、『伍子胥変文』(p.22)にも。

如是如是……　許して言う語。百丈の言葉をかりて言ったもの。『碧巌録』十一則(151c)の評や、明版『伝灯録』六(249c)に見える、真実の見処は師より得るものでなく、報恩の究極の根処はここにあるということ。

〔一三九〕

師到達磨塔頭。塔主云、長老、先禮佛、先禮祖。師云、佛祖倶不禮。塔主云、佛祖與長老、是什麼寃家。師便拂袖而出。

師、達磨《だるま》の塔頭《たっちゅう》に到る。塔主《たっす》云く、「長老、先ず仏を礼せんか、先ず祖を礼せんか。」師云く、「仏祖倶に礼せず。」塔主云く、「仏祖は長老と、是れ什麼《なん》の寃家《おんけ》ぞ。」師便ち払袖《ほっしゅう》して出ず。

達磨塔頭　初祖菩提達磨の墓所。空観の塔と称す。河南省熊耳山の呉坂にあり(『宝林伝』八、500, 513, 527, 531)。『伝灯録』には、明確に熊耳の塔頭となす(290c)。塔頭は、後代になると祖師の塔所の域内に建てられた子院の意となり、塔中とも書かれる。

塔主　墓所の主事。墓守りの僧。

寃家　うらみに思う人。従来、仏祖と長老と……とよんでいる。なお、『伝灯録』では塔主の問に対して師無対、とし、さらにこれと問答の主客を逆にした他の一説を挙げている。『修行道地経』三（199b）、「今此身中、但盛不浄、無有堅固、譬如怨家。」また、p.209a―c に、怨家の仇を報する物語あり。この語、『起信論』にみゆ（578c）。また『四分律』四二（T872a）。

〔一四〇〕

師行脚時、到龍光。光上堂。師出問、不展鋒鋩、如何得勝。光據坐。師云、大善知識、豈無方便。光瞪目云、嗄。師以手指云、這老漢、今日敗闕也。

師行脚《あんぎゃ》の時、竜光《りょうこう》に到る。光《こう》上堂。師出でて問う、「鋒鋩《ほうぼう》を展《の》べずして、如何が勝つことを得ん。」光拠坐《こざ》す。師云く、「大善知識、豈に方便無からんや。」光瞪目《どうもく》して云く、「嗄《さ》。」師、手を以て指《ゆびざ》して云く、「這《こ》の老漢、今日敗《はい》闕《けつ》せり。」

行脚　この語、注意すべし。『広灯録』十一にては、この一段が示衆の末尾に再び問答を附録する始めにあり（702b）。行脚時の意味重要なり。

竜光　不明。次句の師出問の下に、『大正蔵』が云を入れているのは誤り。

不展鋒鋩……　剣を交えずに勝を制するには、どうするか。鋒鋩は、剣さき、ほさき。

拠坐　いずまいを正す。坐を起たずに勝を制する意。

瞪目　目をみはる。直視すること。

嗄　おお。感嘆の声。『雲門録』に、「如何なるか是れ黙時の説。師云く、嗄」（546a）とある。

這老漢……　今日はお前の負けだぞ。敗闕は、しくじること。

〔一四一〕

到三峯。平和尚問、什麼處來。師云、黄檗來。平云、黄檗有何言句。師云、金牛昨夜遭塗炭、直至如今不見蹤。平云、金風吹玉管、那箇是知音。師云、直透萬重關、不住清霄内。平云、子這一問、太高生。師云、龍生金鳳子、衝破碧瑠璃。平云、且坐喫茶。

三峯《さんぽう》に到る。平《びょう》和尚問う、「什麼《いずれ》の処よりか来たる。」師云く、「黄檗より来たる。」平云く、「黄檗は何の言句か有りし。」師云く、「金牛昨夜塗炭《とたん》に遭うて、直《じき》に如今《いま》に至るまで蹤を見ず。」平云く、「金風に玉管を吹く、那箇《なこ》か是れ知音。」師云く、「直に万重の関を透って、清霄《せいしょう》の内に住まらず。」平云く、「子《なんじ》が這《こ》の一問、太高生《たいこうせい》。」師云く、「竜、金鳳子《きんぽうす》を生んで、碧瑠璃《へきるり》を衝破《しょうは》す。」平云く、「且坐喫茶《しゃざきっさ》せよ。」

三峯平和尚　伝記不明。『大正蔵』に、次句の問の下に曰の字を加えているのは誤り。

金牛昨夜遭塗炭……　黄檗の仏法を、偈によって答えたもの。金の牛の像が炉の火に熔かされて跡かたもない。仏法の跡をとどめぬという意。塗炭は、ここでは熔礦炉のこと。これと似た句は、『祖堂集』六、洞山章（121b）及び十六、南泉章（300b）、『伝灯録』八、竜山章（263a）等に、「両ケの泥牛が闘って海に入り、直に如今に至るまで消息無し」とある。

金風吹玉管……　秋風にのせて玉（ぎょく）の笛を吹き鳴らせば、さて、その音（ね）を聞きわけてくれるのは誰だろう。金風は、秋の風。知音は、伯牙がよく鍾子期の琴の音を聞きわけた故事。

直透万重関……　厳重な関門を突き抜けて、蒼空の上につき出ている人こそは、本当の知音だ。

太高生　なんと高いね。高すぎるわい。太を流布本に大としているのは誤り。

竜生金鳳子……　竜がすばらしい鳳凰の子を産んで、大空をつきやぶってとび立ったということ。碧瑠璃は空や海の青青した様子。一説に、まるい卵の形容ともいい、衝破をいわゆる啐啄の意として、黄檗と自己とを比していったものともいう。おそらく両義を含んでいるのであろう。『拈頌集』五(II. 116)に、東林惣が馬祖の日面月面の公案を拈じた、「金鶏啄破瑠璃殻、玉兎挨開碧海門」の句がある。

且座喫茶　まあお茶をお上がり。

〔一四二〕

又問、近離甚處。師云、龍光。平云、龍光近日如何。師便出去。

又た問う、「近ごろ甚《いず》れの処をか離る。」師云く、「竜光。」平云く、「竜光、近日如何《きんじついかん》。」師便ち出で去る。

近離甚処　近ごろどこに寄ったか。始めの、什麼処来に対していう。

〔一四三〕

到大慈。慈在方丈內坐。師問、端居丈室時如何。慈云、寒松一色千年別、野老拈花萬國春。師云、今古永超圓智體、三山鏁斷萬重關。慈便喝。師亦喝。慈云、作麼。師拂袖便出。

大慈《だいじ》に到る。慈、方丈《ほうじょう》の内に在って坐す。師問う、「丈室《じょうしつ》に端居《たんご》する時、如何。」慈云く、「寒松は一色にして千年別なり、野老《やろう》は花を拈ず万国の春。」師云く、「今古永く超ゆ円智《えんち》の体《たい》、三山《さんざん》鏁断《さだん》す万重の関。」慈便ち喝す。師も亦た喝す。慈云く、「作麼《そも》。」師、払袖《ほっしゅう》して便ち出ず。

大慈　杭州の大慈山に住した寰中（七八〇—八六二）で、百丈の法を嗣いだ人。性空大師と称す。『武林金石記』九（6b）に、「唐杭州大慈山中禅師事跡」があり、『祖堂集』十七（314c）、『宋高僧伝』十二（778a）、『伝灯録』九（266c）等に伝記がある。

端居丈室時……　方丈の中の生活はどうか。端居は端坐（正坐）に同じ、丈室は、維摩の居室に因んだもので、何ものをもよせつけぬ本分の立場を指す。

寒松一色千年別……　老松は寒中にも青く、千年もその色を変えないが、暖かい春ともなれば百姓が花をつみつつ遊ぶ、のびやかな景色がそこに展開する。本分より作用を展開することをいったもの。

今古永超円智体……　大円鏡智（最も深い悟り）そのものは、深く鎖ざされた三山の関門のように、永遠に何人をも窺わしめぬ。三山は道忠によると、金陵の西南に当たり、揚子江に臨む要害の地で、「三山半ば落つ青天の外」という李白の詩で有名な所という。ただし、従来は、蓬萊、方丈、瀛洲の三山、すなわち三壷三丘の意とみている。いずれでも可であろう。

〔一四四〕

到襄州華嚴。嚴倚拄杖、作睡勢。師云、老和尚瞌睡作麼。嚴云、作家禪客、宛爾不同。師云、侍者、點茶來、與和尚喫。嚴乃喚、維那、第三位安排這上座。

襄州《じょうしゅう》の華厳《けごん》に到る。厳《ごん》、拄杖《しゅじょう》に倚《よ》って睡る勢を作す。師云く、「老和尚、瞌睡《かっすい》して作麼《そも》。」厳云く、「作家《さっけ》の禅客《ぜんかく》、宛爾《えんに》として同じからず。」師云く、「侍者、茶を点じ来たって、和尚の与《た》めに喫せしめよ。」厳乃ち喚ぶ、「維那《いのう》、第三位に這《こ》の上座を安排《あんばい》せよ。」

襄州華厳　襄州は湖北省襄陽県。華厳は、おそらくのちに曹山の弟子処真が住した鹿門山華厳院（『伝灯録』二十

364b）であろうが、この当時の住持が何人かは判らない。

瞌睡作麼　いねむりしたりしてなんだ。

作家禅客……　すぐれた御僧は本当に違ったものだ。宛尓は、はっきりしたさま。作家は、〔七〕をみよ。

点茶来……　茶をもってこい。和尚のねぼけをさましてやろう。点は、茶をたてること。

第三位安排這上座　禅堂の第三位に案内せよ。第三位は、後堂の首座で、長老を助けて修行者を指導する高役。安排は、位置づけること。転じて、応待する意。

〔一四五〕

到翠峯。峯問、甚處來。師云、黄檗來。峯云、黄檗有何言句、指示於人。師云、黄檗無言句。峯云、爲什麼無。師云、設有、亦無擧處。峯云、但擧看。師云、一箭過西天。

翠峯《すいほう》に到る。峯問う、「甚《いずれ》の処よりか来たる。」師云く、「黄檗より来たる。」峯云く、「黄檗は何の言句の人に指示する有りしや。」師云く、「黄檗に言句無し。」峯云く、「什麼《なん》と為《し》てか無きや。」師云く、「設《たと》い有らんも、亦た挙《こ》する処無し。」峯云く、「但だ挙して看よ。」師云く、「一箭西天《いっせんさいてん》を過ぐ。」

翠峯　のちに雪竇のいたところ（語録一）。

設有亦無挙処　よしんば文句があるとしても、それを言いあらわしようもない（俗語）。

一箭過西天　高くはるかで没蹤跡な様子。言句を絶したる消息。『古宿録』六、『睦州録』に、「問、学人近入双林……。師云、一箭過西天、一不成兩不是」（229a）とある。また、これと似た句は、『雲門録』上に、「一箭新羅に至り、大漢国裏に葛藤を説く」（547c）とある。

〔一四六〕

到象田、師問、不凡不聖、請師速道。田云、老僧祇與麼。師便喝云、許多禿子、在這裏覓什麼椀。

象田《ぞうでん》に到る。師問う、「凡ならず聖ならず、請う、師速かに道え。」田云く、「老僧は祇《た》だ与麼《よも》。」師便ち喝して云く、「許多《そこばく》の禿子《とくす》、這裏《しゃり》に在って什麼《なん》の椀《わん》をか覓《もと》むる。」

象田　不明。『松源録』下、「開山顕親報覚録」に、明招が行脚のとき象田に到る縁を挙げる（608b）。

不凡不聖……　凡聖や僧俗以外の絶対のところを教えてください。

老僧祇与麼　俺はただこういう俺なのだ。

許多禿子……　大ぜいの馬鹿坊主どもが、こんな処で食を求めて何たることか。覓椀は、覓飯、覓食と同義で、食物を求めること。教えを受けるをいう。什麼椀は、椀脱丘、椀躂丘、椀鳴声。一説に椀は閑家具で、凡の凡なるもの、の意というが、おそらくは非。『雲門録』上に、「毎日飽食した上うろつき回って、甚麼の椀をか覓む」（550c）とある。

〔一四七〕

到明化。化問、來來去去作什麼。師云、祇徒踏破草鞋。化云、畢竟作麼生。師云、老漢話頭也不識。

明化《みょうけ》に到る。化問う、「来来去去《らいらいきょきょ》して、什麼《なに》か作《せ》ん。」師云く、「祇《た》だ徒らに草鞋を踏破《とうは》す。」化云く、「畢竟作麼《ひっきょうそも》生《さん》。」師云く、「老漢、話頭《わとう》も也《ま》た識らず。」

明化　不明。

祇徒踏破草鞋　一向に無駄に草鞋をすりへらすばかり。徹底無心な行脚ぶりをいう。この場合「徒に」という言い方は少し不自然で、入矢義高教授は敦煌変文の用例によって、徒は待の誤り、あるいは図と同音通用の場合があるから、「しようと思う」「はかる」の意ではないかといわれる。また、古注の一説ではこの句は、お前のようなつまらぬ和尚を訪ねて損したよという意で、相手を抑下したものともいう。『伝灯録』九、黄檗章に、「不可只図熱鬧也」（266b）。徒什麽、徒＝図、ナニヲカ図ル（『事苑』15b）。徒はまた、「老子云、損之亦損之、以至於無為、徒當日損耳」（牟子、p.6b。また、p.5a）、ただの意か。

話頭也不識　物の言いかたさえ心得ぬ、なんという尋ねかたをするのだ、ということ。『碧巌録』四九則に、三聖の有名な「一千五百人の善知識話頭もまた識らず」の句がある（184c）。話頭は話のすじ。後代には、公案を指していう。

〔一四八〕

往鳳林。路逢一婆。婆問、甚處去。師云、鳳林去。婆云、恰値鳳林不在。師云、甚處去。婆便打。師乃喚婆。婆回頭。師便打。

鳳林《ほうりん》に往く。路に一婆に逢う。婆問う、「甚《いずれ》の処にか去る。」師云く、「鳳林に去る。」婆云く、「恰も鳳林の不在なるに値う。」師云く、「甚《いずれ》の処にか去る。」婆便ち打す。師乃ち婆を喚ぶ。婆頭を回《かえ》す。師便ち打す。

○『祖堂集』十一、仏日章に、仏日と径山との問答あり。参考（225a）。

往鳳林　往は鳳林を訪ねる途中の意。鳳林は不明。

恰値鳳林不在　ちょうど鳳林和尚は不在ですぞ。

甚処去　どちらへ。（鳳林は）どこに行ったか。（お前は）どこに行くのか。この三字は、語録の妙味を示す一例。文字に書かれた文章では見分け難いが、一語の中にそれらの主語とテンスの異なった両意を含むところに禅問答の秘訣がありそうである。

婆便打　『続古宿』本以外は、すべて婆便行となすが、上の甚処去が両意を含むとすると、打の方がよい。

師便打　この打を、『広灯録』十一（703b）に行として、上の婆便行と対せしめており、道忠はこれをよしとして『東山和尚語録』（298a）の所説を引いているが、上句が打ならば、ここも当然「打」でなければならぬ（流布本はもとより打である）。なお、『宗門統要続集』九（79d）その他に、別に師云、誰道不在とあるものがあるが、語勢極めて弱くまったく取るに及ばない。

〔一四九〕

到鳳林。林問、有事相借問、得麼。師云、何得剜肉作瘡。林云、海月澄無影、游魚獨自迷。師云、海月既無影。游魚何得迷。鳳林云、觀風知浪起、翫水野帆飄。師云、孤輪獨照江山靜、自笑一聲天地驚。林云、任將三寸輝天地、一句臨機試道看。師云、路逢劍客須呈劍、不是詩人莫獻詩。鳳林便休。師乃有頌、大道絶同、任向西東、石火莫及、電光罔通。

鳳林に到る。林問う」。「事《じ》有り、相い借問《しやもん》す、得ん麼《や》。」師云く、「何ぞ肉を剜《えつ》て瘡《きず》を作《な》すことを得ん。」林云く、「海月澄んで影無く、游魚独り自《みずか》ら迷う。」師云く、「海月既に影無し、游魚何ぞ迷うことを得ん。」鳳林云く、「風を観て浪の起こることを知り、水を翫んで野帆飄える。」師云く、「孤輪《こりん》独り照らして江山静かに、自ら笑う一声に天地驚く。」林云く、「任《たと》い三寸を将って天地を輝かすも、一句機に臨んで試みに道い看よ。」師云く、「路に剣客に逢わば須らく剣を呈すべし、是れ詩人ならずんば詩を献ずること莫れ。」鳳林便ち休す。師乃ち頌有り、「大道は同を絶し、西東に向かうに任《まか》す。石火も及ぶこと莫く、電光も通ずる罔《な》し。」

有事相借問得麼　ひとつ、お伺いしたいが、よろしいか。相借問は、相手に向かって尋ねること。従来、相い借問し得てんや、と読んでいるのはよくない。

何得剜肉作瘡　体にきずをつけるなんて馬鹿なことをしてどうする。『維摩経』弟子品に、「彼すでに瘡なし、これを傷つくる勿れ」（541a）とあり、本具の真性を分別化することの愚をいう。自縄自縛の意。cf.『崇寧清規序』（敕規、T48-1158b）。

海月澄無影……　海を照らす月光はいとも静かなのに、魚は何に驚いて逃げまどうのか。無影は、照りわたる月光そのものを形容していう。夾山の詩、薬山の故事などを用いて作られた詩か。『祖堂集』七、夾山章（132b）、「清潭之水、遊魚自迷」（『伝灯録』も同じ）。

観風知浪起……　風の動くぐあいで、大浪が起こるかと思ったが、ただ水あそびの帆が動いているだけの極めてのんびりした風景。相手が静より動を歌ったのに対して、動より静の句を以て応じたもの。看風便帆。臨機応変の動き。觀風問俗（諸橋『大漢和』十、351a）。

野帆飄　野渡無人舟自横。古帆か。

孤輪独照……　一輪の明月に照らし出される太古の静けさを破って、思いのままに大笑する独歩自在の境致。おそらくは、月明の夜に山に登って月を見て大笑した薬山惟儼（七四五？—八二八）の故事をふんでいるのであろう（『祖堂集』四、『宋伝』十七、『伝灯録』十四）。

任将三寸……　舌先で天地を云々するより、眼前の事実に即して言ってみよ。

路逢劒客……　剣の達人になら宝剣を進呈しようが、詩の判らぬものに詩を見せても始まらぬ。相手を抑下していったもの。この句は、酒は知己に逢って飲み、詩は会する人に向かって吟ずというのと同義で、おそらく当時の一般慣用の詩句を用いたものであろう。『伝灯録』十二、睦州章（291b）や、『雲門録』上（551c）にも見える。

鳳林便休　話はこれまで。さっさと切り上げた。

師乃有頌　以上の話に因んで、師が次の詩を作ったということ。頌は、経典中の偈、すなわち gatha より変化し、中国の詩の様式に合わせて作られた韻文をいう。唐初以来、禅ではとくに絶句体の短偈を好み、師より弟子への印可として、いわゆる伝法偈を与えることが通例となった。

大道絶同……　絶対の道は決まった方向がなくて、まったく自在であり、石火電光を及ばぬ。石火電光は〔七二〕をみよ。『礼記』の大同の説を更に超える立場。「大道の行や、天下を公とし……」。

〔一五〇〕

潙山問仰山、石火莫及、電光罔通。從上諸聖、將什麼爲人。仰山云、和尚意作麼生。潙山云、但有言說、都無實義。仰山云、不然。潙山云、子又作麼生。仰山云、官不容針、私通車馬。

潙山、仰山に問う、「石火も及ぶ莫く、電光も通ずる罔《な》し。從上《じゅうじょう》の諸聖《しょしょう》、什麼《なに》を将《も》ってか為人《いにん》せし。」仰山云く、「和尚の意《い》、作麼生《そもさん》。」潙山云く、「但有《あらゆ》る言説は、都べて実義無し。」仰山云く、「然らず。」潙山云く、「子《なんじ》、又た作麼生。」仰山云く、「官《かん》には針をも容《い》れず、私《わたくし》には車馬《しゃば》を通ず。」

為人　人を導くこと。法のためにする向上の行に対して向下方便の行をいう。四悉壇の第四、為人よりでたもの。『智度論』一、『摩訶止観』一上、「随其堪能名為人」(4c)、「為人者、觀人以逗法」(5a)。

但有言説……　言葉はみな仮りのもの。『楞厳経』三の句(117c—9a)。この句は、『歴代法宝記』の無住の説法にも見えるから(194a)、禅家では慣用のものであったらしい。『思益経』一、「涅槃者、但有名字、猶如虚空、但有名字不可得取、涅槃亦復如是、但有名字不可得」(37a)。

官不容針……　表むきは容易に法をまげないが、裏面からはどんなものも通す。ここでは時と所に応じて、方便のために自在に言葉を用いること。権実兼備をいう。体と用、官私、凡聖、一体、差別のままで。この語はおそらく唐代の俗諺であろう。すでに『続高僧伝』二九、明律下之余道興伝(623b)に見えており、禅録にもその例は多い。

〔一五一〕

到金牛。牛見師來、橫按拄杖、當門踞坐。師以手敲拄杖三下、却歸堂中第一位坐。牛下來見、乃問、夫賓主相見、各具威儀。上座従何而來、太無禮生。師云、老和尚道什麼。牛擬開口。師便打。牛作倒勢。師又打。牛云、今日不著便。

金牛《きんぎゅう》に到る。牛、師の来たるを見て、横に拄杖《しゅじょう》を按《あん》じ、門に当たって踞坐《こざ》す。師、手を以て拄杖を敲《たた》くこと三下《さんげ》し、却って堂中に帰って第一位に坐す。牛下り来たって見て、乃ち問う、「夫れ賓主の相見《しょうけん》は、各各《おのおの》威儀《いぎ》を具《ぐ》す。上座、何《いずれ》より来たってか太《はなは》だ無礼生《ぶれいせい》なる。」師云く、「老和尚、什麼《なん》と道《い》うぞ。」牛、口を開かんと擬す。師便ち打す。牛、倒るる勢を作す。師又た打す。牛云く、「今日、便《たより》を著《え》ず。」

金牛　鎮州の金牛院に住した僧。『伝灯録』八（261b）に、馬祖の法を嗣いだ人となし、後代に『碧巌録』七四則の金牛飯桶の公案で知られる人があるが、同一人かどうか判らない。なお、『常山貞石志』十三に収める「真定府定林通法大師塔銘」によると、開元時代に寂した金牛禅師の塔のことを記している。

当門踞坐　門の正面にどっかと坐り込んだ。

却帰堂中第一位坐　引きさがって、僧堂の中の第一座の席に坐った。第一位は、前堂首座のことで、老師に代わって修行者を指導する僧。

夫賓主相見……　新参者が老師にお目にかかるときは、所定の礼儀をつくすべきだ。この場合は、袈裟をつけ坐具を持ち、鞋襪を整えること。『禅林象器箋』十、礼則門（402b）。『続高僧伝』三、慧淨傳、「……何者賓主之禮、自有常倫……」（T50-442a）。

今日不著便　今日はまったくついてないわい（俗語）。今日は調子が悪い、ということ。

〔一五二〕

潙山問仰山、此二尊宿、還有勝負也無。仰山云、勝即總勝、負即總負。

潙山、仰山に問う、「此の二尊宿、還って勝負有りや。」仰山云く、「勝つものは即ち総《そう》に勝ち、負《やぶ》るるものは即ち総に負る。」

勝即総勝……　勝つという段になると徹底的に勝ち、負けるとなると完全に負ける。勝ったと言えば、どちらもごつい勝ちようだし、負けたと言うなら、どちらもぼろ負けだ。

〔一五三〕

師臨遷化時、據坐云、吾滅後、不得滅却吾正法眼藏。三聖出云、争敢滅却和尚正法眼藏。師云、已後有人問你、向他道什麼。三聖便喝。師云、誰知吾正法眼藏、向這瞎驢邊滅却。言訖、端然示寂。

師、遷化《せんげ》に臨む時、拠坐《こざ》して云く、「吾が滅後、吾が正法眼蔵《しょうぼうげんぞう》を滅却《めっきゃく》することを得ざれ。」三聖《さんしょう》出でて云く、「争《いか》でか敢えて和尚の正法眼蔵を滅却せん。」師云く、「已後《いご》、人有って你に問わば、他《かれ》に向かって什麼《なん》と道《い》わん。」三聖便ち喝す。師云く、「誰か知らん、吾が正法眼蔵、這《こ》の瞎驢辺《かつろへん》に向かって滅却せんとは。」言い訖って、端然《たんねん》として示寂《じじゃく》す。

○この一段は、臨済瞎驢の公案として非常に有名なもので、『碧巌録』四九則の評唱（185a）や、『従容録』十三則（235b）等に詳しいが、景徳元年（一〇〇四）成立の『伝灯録』の初版に見えず、景祐三年（一〇三六）にできた『広灯録』十（690a）に初めてとり上げられたものである。臨済下の伝承としては、風穴延沼が南院慧顒に参じたときに、南院がこの公案を挙げて、大いに臨済の宗風を再興すべきことを嘱している（『僧宝伝』三、『古宿録』七）が、これを先の行録中の臨済栽松の縁に付いている潙仰の讖と併せ考えると、宗派としての臨済禅の伝統的成立が、大よそ南院から風穴の時代にあったことを思わしめる。なお、宋版と元版の『伝灯録』では、この一段に代わって臨済の示寂を次のように記している。

　師、唐の咸通七年丙戌四月十日、将に滅を示さんとし、伝法の偈を説いて曰く、「流れに沿うて止まず如何と問わば、真照無辺と他に説似せん、相を離れ名を離れて稟けざるが如し、吹毛用い了って急に須らく磨すべし」と。偈し畢って坐逝す（291a）。

「流れに沿うて止まず」は、大梅と塩官の問答をうける。隠者の体あり。『宋高僧伝』八、惠能伝に、上元中、忍和尚の示唆に際して、「遷流不息、正滅無常、吾師今歸寂矣」と云ったという（T755a）。『阿含経』の『遊行経』に、「咄此有為法、流遷不常住」（T1-20c）。『起信論義記』に、不増不滅の心体（法）が、義として返流逆流するところあり（T44-250b、251a）。「沿流無所止」、『祖堂集』二十、興平和尚章（384b）。真如の随縁なり。孔子の逝く川か、隠山の出山の路か、末期の示衆ゆえ、禅の流れに沿うならん。「真照無辺」は、『究竟大悲経』二に「衆生根本、善悪玄元。群識零宅、法界混沌。降注歸下、名之爲父。無遍感應、由感影現、稱之爲母。……千差用寂卽是照眞。眞明内朗、名爲眞照。眞照照眞、混融大寂。」（369c）とある。「相を離れて名を離れて」は、『二入四行論』（撮要75）に「行非道者、不捨名、不捨相。通達者、卽名無名、卽相無相」。「吹毛用い……」は、『円悟心要』上に「……此豈陰界中事ならん」（700a. また711c）。大灯の遺偈、「仏祖を截断し、吹毛常に磨く。機輪転する処、虚空、牙を咬む」。一休の自賛につづくもの。

吾正法眼蔵　仏祖の。仏法の極意。法の当体。眼蔵は、心ずい。この語は、仏教の真理が経論や言葉によらずに、釈尊以来代々の祖師の心から心にあやまりなく伝えられたとする禅宗としてもっとも重要で、そうした禅宗の伝統が、唐の六祖慧能に現存することを主張しようとした『宝林伝』に初めて現われ、後代の史伝書の源流となったもの。

争敢　争は何として。反語。

瞎驢辺　盲驢馬の所。相手をこき下ろしていう。ロバの耄碌。『円悟心要』上、「臨済以瞎驢命恵然」（711a）。

端然示寂　端然は、きちんと姿勢を正すこと。親鸞は弟子一人ももたず（すべて如来の子）。死せば加茂川の魚に身を投ぜよ。

〔一五四〕

師諱義玄、曹州南華人也。俗姓邢氏。幼而頴異、長以孝聞。及落髪受具、居於講肆、精究毗尼、博賾經論。俄而歎曰、此濟世之醫方也、非教外別傳之旨。即更衣遊方、首參黃檗、次謁大愚。其機縁語句、載于行錄。既受黃檗印可、尋抵河北。鎭州城東南隅、臨滹沱河側、小院住持。其臨濟、因地得名。時普化先在彼、佯狂混衆、聖凡莫測。師至即佐之。師正旺化、普化全身脫去。乃符仰山小釋迦之懸記也。

師、諱《いみな》は義玄《ぎげん》。曹州南華《そうしゅうなんか》の人なり。俗姓は邢《けい》氏。幼にして頴異《えいい》、長じて孝を以て聞《きこ》ゆ。落髪受具するに及んで、講肆《こうし》に居し、毗尼《びに》を精究し、博く経論を賾《さ》ぐる。俄かに歎じて曰く、「此れは済世《さいせい》の医方なり、教外別伝の旨に非ず」と。即ち衣《え》を更《か》えて游方《ゆうほう》す。首め黄檗に参じ、次で大愚に謁す。其の機縁《きえん》の語句は行録《あんろく》に載せたり。既にして黄檗の印可を受け、尋《つ》いで河北《かほく》に抵《いた》る。鎮州城の東南の隅に、滹沱《こだ》河の側に臨んで、小院も住持す。其の臨済は、地に因って名を得たるなり。時に普化《ふけ》先に彼《かしこ》に在って、佯狂《ようきょう》として衆に混《こん》じ、聖凡測る莫《な》し。師至りしとき即ち之を佐け、師正に化を旺《さかん》にするや、普化全身脱去す。乃ち仰山小釈迦《きょうざんしょうしゃか》の懸記《けんき》に符《かな》えり。

○円覚老演の作也。『雲門録』をうける。

師諱義玄　以下、臨済の略伝。『古宿録』では、その第六巻『興化禅師語録』の末に、「臨済慧照禅師塔記」と題して付載しているが、この一文はいわゆる墓塔の記として作られたものではない。むしろ、もともと行録の結末をなす一章で文中に「その機縁語句は行録に載せたり」、と言っているのは、行録と切りはなし得ぬことを証するものであろう。

曹州　山東省兗州府。『読史方輿紀要』三三（1458）に詳しい。この地が初めて曹州と呼ばれたのは、南北朝の後周時代で、隋代に済陰郡といい、唐代に数回改称したのち、乾元（七五八）以後曹州と定め、五代に威信軍節度が置かれた。

南華　兗州府単県離狐城の付近をいう。右記の書三二に、この地が隋代に曹州に属したことをいう（1429）。
穎異　すぐれ抜きでる。秀でること。
落髪受具　出家して具足戒を受けること。律の規定では二十歳。
居於講肆　教家の講席に数夏を過ごしたこと。
博賾経論　賾は奥深く見究め難いこと。音サク。古来、さぐると読んでいる。雲門の行録に同一の句がある（575c）。
教外別伝之旨　禅の道理。経文によらずに直接に仏心を究める宗旨。『四家語録』本の『宛陵録』に、「你如今の学者、未だ三乗教外に出で得ること能わずんば、争でか喚んで禅師の分と作さんや」（845a）、とある。『伝灯録』十九、雲門章の上堂（開堂）に「更道、教外別伝」とあるのをうける。『祖堂集』六、石霜章に、雲峯の句とす（130b）。また、『拈頌集』十四、石霜章に、「須知有教外別傳一句……」（p.105）。『玄沙広録』上、「如何是三乗教外別傳事」（356b）、（799b）。『伝灯録』二三、「晋州興教師普禅師。僧問、盈竜宮、溢海蔵眞詮即不問、如何是教外別伝底法。」（349b）。『真浄克文録』（『古宿録』44）「祖師西来、教外別伝。」（740b）。また『法華全挙録』（同26）の始めにこの句あり（489b）。『狂雲集』（六二）に引く。
更衣遊方　教学の研究をやめて禅の師を尋ねること。当時の禅の修行僧は他の教宗と僧服を異にした。
印可　許し。師の正法を得たる印。
其臨済因地得名　臨済という名は地勢によってつけたということ。巻首の馬防の序や、王博文の「臨済道行碑」には、滹沱河の渡しに近き意としている。『仏祖統記』四一（379c）に、四瀆の済水にもとづくものとしているのはおそらく誤伝であろう。
佯狂混衆　徳をくらまして世俗の中に隠れること。佯狂は、『論語』微子篇、楚狂接輿の事（『義疏六帖』）。
普化全身脱去　『広灯録』十に、「師至鎮州、普化在彼、師住後賛佐於師。師正化旺、普化全身脱去」（686a）とあり。
符仰山小釈迦之懸記　仰山の未来記に適中した。〔一三五〕に見える話を指す。符は、符節を合すること。仰山が小釈迦と呼ばれたことは、『仰山語録』（586a）や、『聯灯会要』八（563b）に見える一梵僧との問答の故事にもとづく。経典中に見える釈迦の懸記になぞらえていったもの。

〔一五五〕

適丁兵革、師即棄去。太尉默君和、於城中捨宅爲寺、亦以臨濟爲額、迎師居焉。後拂衣南邁、至河府。府主王常侍、延以師禮。住未幾、即來大名府興化寺、居于東堂。師無疾、忽一日攝衣據坐、與三聖問答畢、寂然而逝。時唐咸通八年丁亥、孟陬月十日也。門人以師全身、建塔于大名府西北隅。勅謚慧照禪師、塔號澄靈。合掌稽首、記師大略。

住鎭州保壽嗣法小師　延沼　謹書

適《たまたま》、兵革に丁《あた》って、師即ち棄て去る。太尉默君和《もくくんわ》、城中に於て宅を捨てて寺と為し、亦た臨済を以て額と為して、師を迎えて居らしむ。後、衣を払《かか》げて南邁して、河府《かふ》に至る。府主王常侍《ふしゅおうじょうじ》、延くに師礼《しれい》を以てす。住すること未だ幾ばくならずして、即ち大名府《だいめいふ》の興化寺《こうけじ》に来たって東堂《とうどう》に居す。師、疾《しつ》無うして忽ち一日、衣を摂《おさ》めて拠坐《こざ》し、三聖《さんしょう》と問答し畢って、寂然《じゃくねん》として逝《ゆ》く。時に唐の咸通《かんつう》八年丁亥《ていがい》、孟陬《もうすう》の月の十日なり。門人、師の全身を以て、塔を大名府の西北隅に建つ。勅して慧照禅師と諡《おくりな》し、塔を澄霊《ちょうれい》と号す。合掌稽首《がっしょうけいしゅ》して、師の大略を記す。

鎮州の保寿に住する嗣法の小師　延沼《えんしょう》　謹んで書す。

適丁兵革　丁度戦火に遇うて。兵革はおそらく并州軍の趙州侵攻をいうのであろう。次項を参照。

太尉默君和　古来不明とされてきたが、道忠は『太平広記』一九二（1442）に見える墨君和を指すものとする。この人は、趙王鎔（八七三―九二一）が燕王李匡威の攻撃を受けて危険に陥ったときに王を救い、終生官位と富を与えられたという（1442）。ただし、『太平広記』は王鎔が即位した中和二年（八八二）に、墨君和は十五、六歳であったとするから、臨済の時代と合わない点に疑問がある。なお、太尉は武官の最高位にある役。五代の軍閥諸国では、みな私に任命した。大尉の二字、漢の高祖を助けた周勃の故事による（『史記』八）。劉氏を安ずる者は必ず勃。墨を默に代えたのは、敬意を示すものであり、この記の作が、この人の活躍の記憶の、なお未だ人々の胸裏にあった頃であることを示す。『寛斎三筆』七（6a）の、節度使称大尉の条をみよ。

亦以臨済為額　陵游（一一二五―一二〇九）の『老学庵筆記』十によると、呂元直（―一一三九）の『燕魏録』に真定安業坊の臨済院は、もと昭憲杜太后の故宅であったというから、種々の説があったのであろう。

払衣南邁至河府　河府は河北府の府治で、成徳府をいう。詳しくは〔四〕及び〔一二〕をみよ。

大名府興化寺　大名府は魏州で、当時は魏博節度使の管下にあった。『読史方輿紀要』十六（695）に詳しい。ただし、この地が大名府と呼ばれたのは、正式には『五代会要』一九（241）に、五代の後漢の乾祐元年（九四八）以後としているが、『旧唐書』百四十一、『新唐書』二一〇には、田悦（七五二―七八五）がこの地に拠って大名府と自称したと記しているから、その由来は古い。興化寺は、臨済の弟子存奨が住したところ。巻首の序〔四〕をみよ。

摂衣　衣を整えること。威儀を正すこと。

時唐咸通八年丁亥……　西紀八六七年。孟陬月は正月。示寂年月について異説があり、『祖堂集』十九（364b）、『宋高僧伝』十二（779a）、『伝灯録』十二（291a）、『広灯録』十（690b）、『雪峰年譜』（976b）等は、咸通七年丙戌歳四月十日示滅という。王博文の「臨済道行碑」に咸通八年四月十日と言っているのは「塔記」と上記の史伝書とを会通したものにすぎぬ。

門人以師全身……　土葬したこと。百丈の「塔銘」（『全唐文』446）によると、「婆沙の論文に拠り、浄行婆羅門の葬法を用って全身を奉じて窆す」、といっているから、臨済の場合もこの例に従ったものであろう。「西国葬法有四、一水漂、二火焚、三土埋、四施陀林」（『北山録』六、614b）。

諡　『鶴林玉露』（p.30）。

塔号澄霊　『祖堂集』と『宋高僧伝』には澄虚という。澄虚は仰山の賜号（『祖堂集』十八、339a）に同じい。

住鎮州保寿……　この人に関しては疑問がある。『祖堂集』と『伝灯録』には、臨済の法嗣として鎮州宝寿沼和尚を挙げ、第一世住と註しているが、同一人かどうか明らかでない。また一説に、第四世風穴延沼ともいうが、自ら鎮州保寿に住する嗣法の小師と名乗っている点が不可解であり、この略伝の内容そのものについても種々の問題があって簡単には結論を出し得ない。詳しくは、小稿「興化存奨の史伝とその語録」（本書一章）、及び「臨済栽松話と風穴延沼の出生」（本書四章）を参照されたい。なお、保は宝に通ず。寶寿と趙州の縁、『伝灯』十、趙州章（276c）に、趙州が北地に留りし機縁とす。寶寿と洞山の縁、『祖堂』六（124b）、『伝灯録』十、趙州章に、宝寿と別に保寿あり（277b）。保寿寺は各地にあり。『酉陽雑俎続集』六、寺塔記（2b）。『叢林盛事』に「玄沙嶺を出でず、保寿河を渡らず」（56a）、また『類従』一、宰臣門に、「楊問、玄沙……」（36a）。

謹書　『祖庭事苑』の序に「謹書以為序」、また「四明苾芻法英書」とあり。『仏国録』の序に、禾城本覚の靈石如芝書す、という。清拙のも拝書。

〔一五六〕

鎮州臨濟慧照禪師語録　終

『続開古尊宿語要』本と『大正蔵』が校合に使った宮内省本は、この尾題をたんに「臨済慧照禅師語」と記し、流布本では、この次に、「住大名府興化嗣法小師存奨校勘」（興化は遼代、非覚の住寺でも。野上「遼金」p.110『遼文存』三）という一行と、「住福州鼓山円覚苾蒭宗演重開」という刊記があって、第二世に当たる存奨が校勘した本を、宗演が重開（重開は権威付けの意を含む。『釈氏六帖』、重開後序をみよ）したとするのであるが、『続開古尊宿語要』本にはこの二行が見えない。『古尊宿語録』では、第五巻『興化禅師語録』の巻尾に、この略伝を別出し、「住大名府云々」と記しているからこの一行は略伝のみにつくもののようである。岩波文庫本では、この一行を尾題の前に移しているが、文献批判的には、この略伝が行録の成立を前提としており、風穴の活躍を予想しているものである以上、簡単に後代の『古尊宿語録』のみに従うことは危険であろう。

存奘と臨済の機縁は録中にない。臨済の嗣法として存奘が認められたのは、後世のことである。恐らく、宋代に臨済宗が発展し、それらの法孫がみな存奘下より出でたることが認められたとき、始めて存奘を臨済の法嗣としたのであろう。校勘の二字は、臨済録と存奘を結びつけんとする意図で附せられたもの。古い存奘の塔碑は、早くより知られなかったらしい。

九　『臨済録』と『歎異抄』

臨済義玄《りんざいぎげん》（―八六六）の説法を、唐末五代の河北という、特定の歴史地理にかさねて、あらためて解釈し直そうという、私のひそかな決意と方法は、いうまでもなく第二次世界大戦中、何でも彼でも戦意昂揚に向かったことへの、私なりの反省によるのだが、確かな学問的端緒をつかむことは、必ずしも容易でなかった。新中国の誕生という、禅の土壌の一大変革と、いわゆる戦後民主主義や、左翼的な学問の横行に、私はとても臆病であった。

幸いに入矢義高先生の、新しい俗語研究の末席に加わって、中世以後の話し言葉の理解が変わり、禅のテキストの読みが深まるが、臨済の説法には、唐末五代の河北という、特定の俗語があるのでないか、俗語研究一般になじまぬ、禅の俗語の研究が必要でないか。臨済が特定の俗語で語るのは、臨済の目の前に俗語の聴き手がいるためである。彼らはいったい、どんな顔つきをしていたのか。臨済が語りかける「瞎禿奴《かっとくぬ》」は、いったい何ものであったか。

私はすでに円仁《えんにん》（七九四―八六四）の日記によって、河北三鎮の大ボスが、ひとしく仏教に好意をよせ、中央の弾圧に抗したことを知るが、いわゆる禅門宗への円仁の共感は、必ずしも全面的なものではない。円仁は五台山や天台宗の、旧仏教から禅をみている。出国をせまる、武宗《ぶそう》の廃仏令とかさなって、円仁の記録は末期《まつご》的である。円仁の記録する河北仏教と、当の河北仏教を伝える『臨済録』の語法は、時として正反対となる。

たとえば河朔《かさく》の兵隊が、「人物を劫奪《ごうだつ》して、触処《そくしょ》甚だ多く、州県の捉獲する者、皆な是れ還俗僧《げんぞくそう》」（小野勝年『入唐求法巡礼行記の研究』四、一三四ページ）という、「還俗僧」の正体は何ものか。「人物」は、現代日本語のそれでなしに、おそらくは人と物である。人は兵隊で、物は生きもの、すなわち衆生《しゅじょう》でなかろうか。近代東洋史の成果を仮《か》ると、唐の良民と賤人を含む、半人半物である。くわしくはのちにくりかえすが、兵隊は戦って敵を生け捕りにし、仲間を増やすのが目的で、人を殺してはいかん。「還俗僧」もまた、正規の僧が俗にかえるより、俗が僧形《そうぎょう》をとる、俄《にわ》か道心のことならん。要するに、臨済の説法を聴いているのは、そんな俄《にわ》か坊主（道流《どうる》）である。個々の修行者が集まって、禅の僧伽《そうぎゃ》をつくるというよりも、すべてが数字ではかられる無名の僧の集まりから、新しい禅仏教が生まれる。円仁が「触処甚だ多く」と記す「触処」は、「どこを向いても、どこをみても」で、悪僧がいっぱいいたというのである。

当時、潙山《いさん》門下は一千五百衆、黄檗《おうばく》七百衆という。雪峰《せっぽう》もまた一千五百、あるいは一千七百衆といわれる。唐末五代の全土、各地に、新しい門風をはる善知識は、おそらくそんな、人さらいの達人である。臨済の説法に耳を傾けている、道流の正体が判ると、例の武宗の廃仏ののち、全土に広がる禅仏教の側の、新しい戦いの手が判る。先に引く円仁の記録は、『臨済録』に伝える禅仏教と、おそらくは同一事実の両面である。

私は「唐末五代の河北地方に於ける禅宗興起の歴史的社会的事情について」という題で、昭和三十五年の三月、

『日本仏教学協会年報』二十五（本書二章）に私見を出して、先にいう歴史地理の一端を述べた。円仁の日記を手がかりに、同時代の『資治通鑑《しちつがん》』をよみかえして、河朔三鎮の大ボスが、中央の廃仏令に抗して、ほとんど国内国家の勢いにあり、臨済義玄の檀越《だんおつ》となる王常侍《おうじょうじ》も、鎮州王氏の一族にもとめると、大中九年（八五五）に王元逵《おうげんき》が死し、その子王紹鼎《おうしょうてい》が成徳留後《せいとくりゅうご》となり、翌年に紹鼎が死ぬと、咸通《かんつう》七年（八六六）まで、その後をつぐ王紹懿《おうしょうい》が、おそらくは臨済の禅を支える、当の大ボスであろうと考えたのである。『臨済録』の流布本で、もっとも知名の王常侍は、潙山の居士《こじ》であるが、のちに流布本の方がすりかえるので、歴史地理に逆行する証拠の一つ。河朔三鎮の大ボスは大なり小なり、すべて北胡《ほくこ》の血をうけていて、形は唐朝中央の藩鎮《はんちん》だが、反唐の力を蓄えてやまぬ、面従内背の一旗《ひとはた》ものである。『資治通鑑』のいう通りだと、成徳留後の王氏のみ、父の志を改めて唐に伏し、唐朝より公主の降嫁を得るのも、素人の俄か勉強を支える。

流布本の『臨済録』は、北宋末期に福州鼓山《くさん》で出版されるが、このときかなり改編の手が加わることを、誰もみな推定するものの、唐末から宋代初期に至る、『臨済録』の動きをつきとめることは、なかなか言い易くして難しい。明代に再編される『四家録』が、宋代の『天聖広灯録』に似ることも、すでに旧《ふる》くより知られていたが、『四家録』第三の「臨済」を、ただちに祖本とするには、すこぶる慎重でなければならぬ。

かつて天下の孤本とみられた、南京図書館所蔵の宋本『四家録』も、実際は元版であって、明本の祖本とはなっても、ただちに福州版『臨済録』の祖本とはならぬ。『臨済録』の祖本は、『天聖広灯録』のテキストをふまえて、あらためて校訂するほかはない。

『天聖広灯録』の「臨済」その他の章もまた、すでに宋代の改修を含む。王常侍のすりかえがその一つ。もっとも確かなのは、有名な臨済栽松の話についている潙仰《いぎょう》のコメントが、風穴《ふけつ》の出世を讖《しん》する句で、それが『景徳伝灯録』とちがうのに、私はあまりにも不注意であった。

結論を先にいうと、臨済栽松話と潙仰のコメントは、『景徳伝灯録』の編集に際して、刊削者の楊億《ようおく》が新加するので、このときすでに河朔三鎮の大ボス、王氏一族の名が消える。臨済を黄檗山から鎮州臨済に迎える、郷党の大ボスを趙人とするのは、すでに『祖堂集』や『宋高僧伝』以来のことだが、いずれも共に臨済滅後百年、江南での再編であることを、考えあわすべきである。時代はすでに、五代より宋初に移る。河朔三鎮の評価が変わると、彼らを対告衆とする、臨済の説法もまた変わる。臨済を祖とする臨済宗は、四世風穴によって大きく改まる。風穴は福州の人、北上して汝陽《じょよう》に至り、ここで臨済をつぐのだが、河朔三鎮はすでに消えて、臨済の第一道場は、五代北宋の版図にない。風穴の再興は、残された臨済の説法によるので、潙仰の讖が唯一の根拠。

もともと風穴を臨済の四世とする臨済栽松話と潙仰のコメントは、『景徳伝灯録』の刊削者楊億の手をくぐるとき、臨済の説法を宋朝士大夫《したいふ》のものとする、新しい要請による改編である。コメントの権威は、仰山その人よりも、仰山につぐ南塔光涌《なんとうこうゆう》に移る。南塔光涌のコメントによると、黄檗の記をうける風穴は、初め、ある一人の指南によって、呉越にその令を行じ、のちに大風にあうのであり、必ずしも風穴を四世とする、臨済一宗のことでない。「一人」とはいうまでもなく、宋の太宗その人で、楊億が『景徳伝灯録』を刊削する、すべての権威のよるところ。当の太宗もまた、禅のテキストの作者で、『御製蓮華心廻文偈頌《げじゅ》』二十五巻以下、四種の御製を入蔵せしめる。楊億の『景徳伝灯録』序に、太祖、太宗、今上《きんじょう》の徳をほめ、「太宗は欽明を以て御弁し、秘詮を述べて真諦を暢にす」とある所以《ゆえん》。いずれも法眼《ほうげん》宗にかさなるが、臨済中興の新しい祖として、風穴を権威づけるためには、あらためて南塔光涌のコメントが必要となる。潙仰のコメントに代わる、「一人」の登場である。風穴が初め呉越にその令を行ずるのも、宋朝の現在を視《み》すえるので、呉越の禅仏教を併呑する、臨済禅への期待とかさなる。

こうして河朔三鎮の大ボスによって、わずかに紡ぎ出された臨済の説法は、唐末五代の歴史地理にそって、当初の俗語のトーンを失う。俗語研究一般で覆《おお》えぬ、俗語の禅の変質である。『宋高僧伝』の編者が、「今恒陽に臨済禅宗と号す」と書く総括は、極めて重い。しかしまた一方で、言教頗《すこぶ》る世に伝わるという、編者賛寧の臨済評価は、容易に消すことのできぬ、臨済の俗語仏教の本質を示す。『臨済録』の「上堂」や「勘弁」、「行録《あんろく》」の一部には、後代の改編があるにしても、晩参、示衆の長い説法は、すでにほぼ一定されて、当初の古い語気をとどめる。解釈は変わっても、語法そのものを変えることは、すこぶる容易ではない。たとえば臨済が面前の「聴法底《ちょうぼうてい》」によびかける、「瞎禿奴《かつとくぬ》」や「瞎屢生《かつるせい》」の罵語は、ほぼ原初のままでないか。

私が古い「瞎禿奴」の語気に気付くのは、先にいう『天聖広灯録』のテキストを、『臨済録』の祖本と考えて、その口語訳を試みた時のこと。昭和四十六年十月、『禅文化研究所紀要』三に収める、「臨済のことば――〈臨済録〉口語訳の試み――」（本書七章）がそれだが、『天聖広灯録』のテキストには、「瞎禿兵」というのが残って、流布本ではすべて「瞎禿奴」に統一されるためで、禿兵は禿奴にちがいないが、果たして語気のちがいに終わるのか、どうか。禿比丘《びく》のことともいえるが、すべてが比丘の誤記ならず。むしろ本来禿兵であったのを、禿奴と改めるのが、不徹底に終わったのでないか。兵を奴とすることは、宋代の兵制をふまえて、むしろ必ずしも適当でないが、禿兵のままで残すのは、さらに適当とはいえまい。奴もまた賤称にちがいないが、奴隷制は貴族制と共に、唐代前半をもって終焉する。罵語はいつも現代のことで、人権の問題にかかわる。唐末五代の河北で、むしろ当然であった罵語が、時代を下るに従って、必ずしも当然とは言えず、本来は面前の聴衆に対して親しみをさえもっていた俗語が、歴史地理の変化によって、むしろ逆効果を生むのである。

「瞎禿兵」の語は、大慧《だいえ》が引く『正法眼蔵』のテキストにも、『虚堂録《きどうろく》』にも残るから、流布本『臨済録』の「瞎禿奴」は、やはり大きい改訂となる。

「瞎禿兵」は唐末河北に特定される、臨済禅の俗語の一つだが、臨済の語気の理解問題は、さらに無限に困難が多い。むしろ従来当然と考えられた語句の、理解や解釈の問題にひろがる。テキストの問題よりも、重点は解釈にある。臨済宗の聖典ともなると、解釈を改めるのは容易ならず、事情はその核心にせまることとなる。幾度も挫折、絶望のはてに、私がようやく辿りつく中間報告は、先にいう口語訳の試みだが、鈴木大拙が主張する臨済の人思想を、当面の目標とするのみ、その先にある問題など、とても考える余裕はなかった。

鈴木大拙の『臨済の基本思想』は、第二次大戦末期の執筆で、初め『哲学季刊』に分載され、のちに昭和二十四年に至って、中央公論社の出版となる。今にして思うと、鈴木大拙の臨済解釈は、戦後民主主義の第一歩で、臨済の思想などというものでないが、従来の伝統的な訓《よ》みにくらべると、断然新しいものであり、私の臨済研究は、この本に長く左右される。さらにまた、従来の伝統的な訓みを、大きく改めたのは、陸川堆雲《りくがわたいうん》の『臨済及び臨済録の研究』である。昭和二十四年、長野県岡谷の喜久屋書店の出版で、喜久屋は著者陸川堆雲居士の生業、信州味噌の工場の一角である。私たちは、この本をくりかえし読んで、戦争中の呪縛を脱するのである。臨済とその『臨済録』は、人間解放の手形であった。

臨済の人思想は、戦後日本をゆりうごかす民主制でも、現代的な新解釈でもない、唐末五代の「瞎禿奴」という、このくにに固有の人間観に根ざす、解放宣言の一つだが、そこに辿りつくまで、私たちは何と無駄な努力をくりかえしたことか。

『臨済録』口語訳の試みで、私はとにかく祖本の模索を終わるが、問題は無限に残る。当時、天下の孤本とされた南京図書館の本も、成果は大同小異であって、『天聖広灯録』のテキストを出ない。問題は、再びテキストの解釈にかえる。

臨済が「瞎禿奴」とよびかける、「目前聴法底《ちょうぼうてい》」は、いったい誰であったのか。臨済は「即今聴法底」を、否定もしなければ、肯定もしていないが、有名な「四料簡《りょうけん》」にいうように、否定するとなると徹底否定、肯定すると徹底肯定である。

「四料簡」の一段もまた、『景徳伝灯録』十二では、涿州紙衣《たくしゅうしえ》との問答とし、『天聖広灯録』の涿州剋符章では、剋符との対話となる。紙衣と剋符は同一人にちがいないが、いわゆる臨済の「四料簡」は、本来剋符の総括でなかったか。すくなくとも、「四料簡」は鎮州臨済の説法を、四句分別の型にはめて総括するので、臨済の説法の序文とみてよい。現存するテキストでは、『祖堂集』と『宗鏡録《すぎょうろく》』、『景徳伝灯録』十二、二八を含む、臨済の晩参、もしくは示衆の説法は、『伝灯録』以前にほぼ定着していて、序文の形で楊億が、「四料簡」を巻首においた。

臨済の上堂や説法を筆録したのは、おそらくは三聖慧然《さんしょうえねん》であり、説法の方が先に総集されて、涿州の剋符が序を加えたとみてよい。臨済の滅後、河朔三鎮のうちに内乱あり、鎮州臨済院の弟子たちは、早く四散するのでないか。臨済義玄その人も、晩年すでに鎮州を出て、魏府の大覚（存奨《ぞんしょう》）に迎えられるので、その入寂地もまた魏府であろう。三聖慧然が、臨済の示衆に侍したか、どうか。すこぶる問題を残すにしても、晩参示衆の筆録者としては、師の入寂に侍して然るべし。やがて臨済の語録そのものを、この人の編集とする所以である。

問題を「四料簡」にもどす。「四料簡」を臨済の示衆総録の序、もしくは総括とみると、臨済が趙人に迎えられて、鎮州に赴く事情もまた、その中に反映される。これまでの臨済研究は、「四料簡」を独立の示衆とし、臨済の家風を訓もうとして、あえて趙人の請に赴く、臨済の選択を見逃がす。

「四料簡」の第一を、「奪人不奪境」とする。剋符の質問に答えて、臨済は七言二句、次のような詩偈を示す。

　煦日発生《くにちほっしょう》して地に鋪《し》く錦、瓔孩《ようがい》垂髪して白きこと糸の如し。

『天聖広灯録』と『人天眼目』に、剋符のコメントがあって、一応の理解はできるが、いま一つよく判らぬ詩偈だが、さいきん諸橋『大漢和辞典』に、「鋪地錦」を武器の名とする、古い訓詁《くんこ》のあるのに気付く。すでに本文に引用するので、今は要点のみをいうと、要するに地下に落し穴を掘って、敵を生け捕りする武具である。

　春の光に照らされて、大地が人の目をくらますのに乗じて、地下に作られた落し穴が、黙って通行者を陥れる。「奪人不奪境」の絵解きに、もっとも大切なポイントの一つ。「瓔孩垂髪」もまた、人の眼を奪うのに役立つ。白髪の瓔孩は、奴婢の子である。

「奪人」は、先に引く円仁の日記にかさねると、人物を劫奪する方法で、河北社会に特有の戦略である。もともと「四料簡」のテキストに、奪不奪をいうのは、河北の武人社会にかさねて、自家の戦術をのべるので、これにつづく晩参示衆のうちに、「古《いにしえ》よりの先徳は、皆な人を出だす底《てい》の路有り」という、出人の法にぴたりでないか。共に人物を劫奪するので、劫奪は出身の意である。

　人も境も、共に臨済独自の語句で、河北社会に密着している。人はいうまでもなく、「目前聴法底」の「瞎禿奴」、境は人についてまわる、評価の基準である。境は翻訳仏典では、六根六境六識という、認識の対象を意味するが、臨済の用法は独自である。くりかえし言うように、「瞎禿奴」は十把一からげで数え、数量がものをいうが、境によって評価を変える。臨済は長い示衆の第一段で、古人の句を引いて、「身《しん》は義に依って立つ、土《ど》は体に拠って論ず」とする。身は人であり、土は境である。詳しくは、本文に注するが、身を奪えば土、土を奪えば身で、仏身も仏土も、要するに「目前聴法底」の光影、光影は煦日発生の鋪地錦にすぎぬ。北地の人は、春光に弱い。

「四料簡」の絵解きによって、晩参示衆が読める。臨済は趙人の請に応じ、あえて河北に赴くので、河北は自己の出生地に近いゆえだが、ここにもまた、臨済独自の作戦があった。結論を先に出すと、南泉と潙山にはじまる、「異類中行」の実践である。異類は、異形の人、異民族のことである。『祖堂集』によると、南泉は平生の上堂で、次のように説く。

近日、禅師は太《はなは》だ多生、一个《いっこ》の痴鈍底を覓《もと》むるに不可得《ふかとく》なり……。所以《ゆえ》に道《い》う、祖仏は有ることを知らず、狸奴白牯《りぬびやくこ》却《かえ》って有ることを知ると。何を以て此《かく》の如くなる、他は却《かえ》って如許多般《そこばくつら》の情無し。所以に喚《よ》んで如々《にょにょ》と作《な》す、早《すで》に是《こ》れ変ぜり、直に須《すべか》らく異類中に（向かって）行く人なるべし。

古来難解をもって鳴るのは、異類の句を理解できないためである。南泉自ら「狸奴白牯」というから、異類は要するに家畜であり、家の中にいる猫や水牛のこと。家畜の心が判らぬと、一人前の禅師といえない。祖仏と言われる人々は、むしろそこが判らんという、南泉の告発であるが、何故にそういうことになるのか、いま一つよく理解できない。南泉は末期に示衆し、山下の檀越家の牛に生まれて、今生の債を返すと遺言するので、いわゆる出家僧としての、無為徒食の反省ともとられ、潙山に全く同じ示衆があって、潙仰宗の成立を導く一方、薬山と雲巌によって、曹洞宗がはじまるのとも関係するが、いま一つよく判らぬことは同じである。

異類は、もちろん人間とちがう、動物のことをいうのだが、「狸奴白牯」とするまえに、異民族のことでないか。中華意識の強い、このくにの身分史をよむと、外国民族を差別し、異類とすることが多い。とりわけ唐中期以後、漢民族の文化は、再編を余儀なくされる。一方に国粋主義が強まると、一方に政治的な修正が加わる。南泉にはじまる「異類中行」の説法は、もともと嶺南《れいなん》の獦獠《かつろう》と言われた、曹渓慧能の人間像とかかわり、一方で新羅より高麗に移る時期の、海東の禅仏教ともかさなって、「異類中行」の中味は、一転三転するのである。

宋初に新たに士大夫の禅として、臨済禅を再編するに当たって、臨済その人の河北行化《ぎょうけ》は、すこぶる厄介な課題となる。河北は臨済の出生地で、かれがそこに帰ることに、何の問題もないわけだが、臨済の河北行化は、あまりにも河北の歴史につきすぎる。宋人の修正はまず趙人の実名を消し、潙山下の居士として知名の、王常侍にすりかえること。半独立国の勢いをもつ、河朔三鎮の自義軍を相手どる、臨済の晩参示衆を、超国家的に潤色し、新しいコメントを加えること。語録の構成そのものを、宋初以来の形式に改めて、南泉の「異類中行」と切りはなすこと。何よりも臨済以後の臨済の宗統を確認し、その正傍を楷定《かいじょう》することで、臨済につぐ迦葉《かしょう》弟子として、興化《こうけ》存奨の評価が変わる。興化が後唐の荘宗に対し、「皇帝は万代の宝珠、誰か敢えて着価せん」というのは、公乗億《こうじょうおく》が興化のために書く碑文（『全唐文』八一三）をふまえると、時代錯誤も甚だしいが、魏府で臨済の遷化に侍し、その正法眼蔵を伝えるには、皇帝の権威が必要である。興化と荘宗（同光帝）の機縁は、すでに『祖堂集』にとるので、臨済の示寂から百年、すでに臨済禅の宗統が求められて、臨済その人は神隠しとなる。先に引く『宋高僧伝』の短い記録も、すでにそのこととかさなる。いずれにしても、臨済は『臨済録』によって、その宗統を新たにするが、はじめは馬祖以後の『四家録』が問われ、のちに宋代に降ると、興化以後の宗統が重視される。福州鼓山で刊行される、流布本『臨済録』がその成果である。

　この本の特色は、何といっても巻首の序と、巻末に附録される存奨の「塔記」で、このとき初めて世に出るのである。

　序者馬防は、延康殿学士金紫光禄大夫《こうろくたいふ》真定府路の安撫使で、兼ねて馬歩軍の都総管、兼ねて成徳軍の府事を知《ち》すという、長い肩書がついているのに、当の馬防の伝記は、全く不明であった。むしろ肩書がすべてを語るので、士大夫の書としての『臨済録』の価値は、馬防の序によって決定したともいえる。右の長々しい肩書は、すべて北宋代の顕官として、馬防序を押し出すための作為である。臨済が神隠しにあうように、馬防もまた神隠しにあう。

さいきん中嶋敏氏が、『臨済録』の序文撰者馬防の伝を書いて、千古の欠典を補われた。入矢義高訳注『臨済録』(岩波文庫)に、伝記未詳とするのをふまえ、『続資治通鑑長編』や、『宋会要』に記事があるのを、あらためて指摘するのである(『東洋史学論集』続編、二〇〇二年、汲古書院)。

手がかりは、元豊六年(一〇八三)の九月壬子、虔州贛県尉《けんしゅうかん》であった馬防が賊を捕えた功によって、宣徳郎を与えられたという、『続資治通鑑長編』三九三の記事である。ただそれだけのことだが、のちに『臨済録』に序を書く馬防の、波瀾《はらん》に満ちた役人生活の一端を伝えてくれる。

『宋会要』によると馬防は崇寧五年(一一〇六)、遼に使して命を辱《はずか》しめたというので、刑部侍郎を罷《や》め、中奉大夫に降されて、知蘄州《きしゅう》となる。同年すでに大理寺少卿《しょうけい》として、一官を転ずるが、大観二年(一一〇八)正月には、獄空をもって推恩し、秋には刑部侍郎に復し、十二月には、大行皇后の大葬に役がつく。大観四年(一一一〇)、再び遼に使して指を失し、一官を降して知蘄州となり、翌政和元年(一一一一)には、修賢殿修撰知蘇州に復し、以後累進して延康殿学士光禄大夫、政和六年(一一一六)には一官を転じて、経略使となる。さらに宣和六年四月、延康殿学士光禄大夫馬防に贈特進とあって、すでに死去している。

この前後、真定府は遼の版図にあるが、やがて金軍の手に陥ち、金はさらに開封解放《かいほう》に向かう。靖康元年(一一二六)、開封は金軍の手に陥ち、徽宗《きそう》以下宗戚三千余人は、つながれて満州奥地に送られる。

宣和庚子(一一二〇)の『臨済録』重刊は、福州鼓山の円覚宗演《えんがくそうえん》によるが、馬防の序もまたこの人の執筆であるまいか。

いずれにしても、臨済の河北行化を、宋人はすこぶる曖昧化《あいまいか》し、黄龍慧南《おうりようえなん》の黄檗山再興をもって、臨済宗旨を再編する。流布本『臨済録』は、その成果の一つで、馬防の序文もまたその権威だが、さらに重要なのが巻末に附せられる、興化存奨校勘の臨済伝である。臨済義玄の伝記は、このテキストで総括され、その定本を得るに至る。馬防の序が、すでに出版者の執筆なら、伝記もまた出版者円覚宗演の作品。黄龍以後の『四家録』以外に、テキストのなかった『臨済録』は、『景徳伝灯録』と『天聖広灯録』その他、今や新しい伝記を得る。とりわけ鎮州における臨済の動きは、すでに広漠たる雲煙の彼方にあり、新しい資料は何もなかった。

鎮州に兵革があって、臨済は太尉黙君和に迎えられ、城中に新臨済を構えたというが、黙君和は『太平広記』一九二にある、墨君和の換骨奪胎で、この人は王紹鼎の孫に当たる王鎔《おうよう》が、燕王李匡威《りきょうい》に攻められて、身命の危機に陥るのを救ったというので、終生官位と俸禄を与えられた人。太尉は武官の最高位だが、五代の藩鎮諸国では、すべて府主・国王にひとしい。ただし、王鎔が即位するのは中和二年（八八二）で、墨君和はこの時十五、六歳とされるから、臨済の時代に当たるまい。王鎔はむしろ、趙州従諗《じょうしゅうじゅうしん》の帰依者である。

円覚宗演は、趙州との機縁で知られる墨君和を、臨済につなぐのである。さらにまた、臨済は衣を払って南邁し、河府に至って王常侍の礼をうける。王常侍は、潙山下の居士とされる、これまた著名の人物だが、鎮州の大ボス王氏とすりかえて、臨済の河北行化を曖昧化する伏線の一つ。さいごに興化に迎えられて、大名府にくるのは確かで、くりかえしいうように、公乗億の「奨公碑銘」に合するが、ここで三聖と問答したかどうか、なお問題を残すこととなる。まして大名府の奏によって、ここで慧照《えしょう》禅師の号をうけ、大名府の西北隅に建塔したか、どうか。

むしろ問題は、同時代の現地資料を欠くので、漢民族の危機的な圧迫感が、臨済の宗旨や法統の確認にかさなる。北方胡族の治下に入っても、仏教はむしろ盛大であり、次の元朝治下で、臨済宗は俄かに復活をみることに、宋人はいまだ気付いていない。五家とよばれた唐代の禅宗が、宋朝で新たに再編されて、臨済宗旨を生むのであり、わが中世の日本にくる禅宗が、ほとんど臨済宗に傾くのも、すこぶる問題を含むのではないか。言ってみれば、これまで日本の禅宗とみられ、現在世界にひろがる禅仏教は、宋代に再編された臨済宗旨のみである。日本の禅宗は、すべて一流相続である。もういちど、宗祖の歴史地理にもどして、生《なま》の説法を復元し、「你目前聴法底」に加わってはどうか。今回の訳註は、そうしたテキストの選択工夫の試みで、おそらくは禅宗史上最初の仕事となる。

さいごに、第二次大戦ののち、あらためて『臨済録』を読みはじめて、過去を清算しようとした私の、個人事情を記しておく。

大戦末期から戦後の数年、私は大谷大学に在籍していた。鈴木大拙の学問にあこがれてのことだが、先生はたいてい鎌倉におられて、めったに顔を出されぬ。むしろ毎日のように、曾我量深の真宗学を聴くうちに、いつしか私は真宗学の学徒となる。真宗学とは何か。今もよく判らんのだが、とにかく先生の真宗学は生きていた。親鸞は私だとおっしゃる（私は親鸞でないとも）。不在の大拙よりも、目の前にみる親鸞の方が、はるかに大きいのである。大拙の禅を読んで感激するのと、一冊の真宗学も読まず、いきなり親鸞に出会うのと、どちらがよいのか、考える暇がなかった。当時なお二十歳である。

曾我先生は教壇に立つと、しばらく瞑目される。静かに帰仰偈を合掌し、ポツリポツリと始まるのだが、俄かに一天一時に輝くように、光顔巍々《ぎぎ》たる説法に変わる。

「私の講義は、時間をかけて作ったノートを、ただくりかえし読むのではない、たった今私が聞く、如来廻向《にょらいえこう》の大行である、大行が大信を開く。大行は所行、大信は能信である。念仏法門は、所行能信である。本願成就から、一切の聖教《しょうぎょう》を読む、これが真宗学である」。

二十歳を出たばかりで、何の下準備もない当時の私に、判るはずはないのだが、いまだに昨日のように新鮮なのは、眼々相照して伝わってくる、右の数句である。

以後五十年、意図して真宗学を極めたわけでない。先生の講義録は、すでに幾種も出ていたが、読んで判るものでないし、努力して読んでみる気はなかった。先生もまたその後幾度か、戦後の危機をくぐり、大学の外にあることの方が多いが、やがて逝去されるから、再参の機はなかった。私は自分なりに禅のテキストを読み、中国唐代の禅仏教にのめりこむので、真宗学とは途切れるが、最近になって思い返すと、かつて曾我先生に学んだ通りに、禅を読んでいるではないか。要するに二種廻向《えこう》であり、今までは思いも寄らぬ、還相《げんそう》の深義である。往相の中に還相あり、還相の中に往相がある。一方だけでは、いかんのである。

親鸞の著作は多いが、大切なのは『教行信証』と『歎異抄』。万人の認めるところ、曾我先生もまたくりかえし、はっきりと注意されたように思う。どちらか一方に、偏ってはいかんが、すでにテキストとなっている二つの本を読もうとすると、どうしてもいずれかに偏る。真宗学は、要するに『教行信証』を読むことで、『歎異抄』に偏ってはいかんが、『歎異抄』を読まないと、『教行信証』は読んでも判らん。『歎異抄』は語録であり、唯円《ゆいえん》の聴き書きである。とりわけ、関東の異端をふまえ、その批判が重要。『教行信証』は、親鸞の真撰である。語録は何となしに判るが、著作の方は素人ではダメ、それなりの勉強がいるわけだ。先達の指南が必要で、無手勝流ではいかん。親鸞は先師法然を相手に、『教行信証』を書く。

今度、『臨済録』を読みかえし、その祖本を探ろうとして、頻りに『歎異抄』のことを考えた。一見ただちに判るように、二つとも語録であり、俗語である。俗弟子を相手に、正法を説くので、俗弟子といっても、声聞《しょうもん》の弟子以上に、本気の弟子たちである。

親鸞は罪せられて越後に赴き、許されても京に帰らず、関東に来て唯円に出会う。関東ラッパとよばれる、俗人である。もしただちに京に帰れば、出会うことのない弟子である。『歎異抄』が生まれ、『教行信証』が生まれる。

『歎異抄』は、のちに再編されるのだが、『歎異抄』なくして『教行信証』は生まれぬ。『歎異抄』はその名のように、関東の異義をふまえて、浄土真宗を明らかにするが、『教行信証』は、本師源空を相手に、直下《じきげ》に真宗の要文を明かす。異義なくとも書けるのだが、歴史的地理的にいうと、『教行信証』は関東で初めて生まれる。『歎異抄』は関東に終始するが、唯円はのちに京に上ってくる。

『教行信証』は京で完成するが、当初は関東で起草される。今は、細かい腑分《ふわ》けに入らぬ。私は臨済の河北行化と、末後の神隠しのことを考えている。

『臨済録』は、河北三鎮の瞎禿兵を相手に、臨済義玄が説き明かそうとする、祖宗門下の奥義である。河北の瞎禿兵なしに、『臨済録』は生まれ出なかったが、『臨済録』は瞎禿兵のためだけでない、祖宗門下の正法《しょうぼう》を明かす。仏を殺し祖を殺し、五無間《ごむけん》を行《ぎょう》じて、初めて解脱《げだつ》を得んという、きわどい臨済の示衆は、たんなる楞伽《りょうが》教学のむしかえしではない。楞伽と唯識は、大愚山で捨てられた。悪人正機《しょうき》の教えは、関東の異端を前に、初めて輝きを発する。『教行信証』のどこを探しても、悪人救済の要文はあるまい。他力廻向《えこう》の信心のみ。

臨済は河北の瞎禿兵を前に、人境の与奪を説く。瞎禿兵は、あくまでも瞎禿兵である。そのまま救済されることはないが、瞎禿兵でなくなることを、臨済は求めていない。日々五無間業を行ずる瞎禿兵に、正法を説くのである。絶対無条件の、祖宗門下の大事を説く。人を奪い、境を奪わずという、人境の分別は、やはり河北のものである。

流布本の開巻第一におかれる「上堂」で、臨済は「山僧《さんぞう》今日、事已《じゃ》むことを獲《え》ず、曲げて人情に順《したが》って、方《はじめ》て此《こ》の座に登る」という。「曲げて人情に順」うのは、たんなる譲歩、方便のことであるまい。「此の座」も、また然り。次の一句で「若《も》し」というので、たんなる人情の座とみられやすいが、「方て此の座に登る」だけで、すでに開口しているわけだ。作家の戦将が直下に陣を展《の》べているので、勝負のことは、大衆が一番よく識っていたはず。

私はこの一段をよむたびに、お聖教《しょうぎょう》というものは、本願成就のところから訓む、それ以外に真宗学はないと言った、曾我量深先生のお顔を想い起こす。流布本『臨済録』の編者が、この一段を開巻劈頭《へきとう》におく、配慮のほどが判るのである。

戦争末期、日本の将来を案ずる弟子に、西田幾多郎《きたろう》は、『臨済録』と『歎異抄』がある、と答えたという。すでに伝説となっているが、二本共に短編で、読むのに時間はいらない。何度読んでも読み切れぬ、読みの深みを求めるのである。『歎異抄』は日本語ゆえ、日本の読者に親しいが、『臨済録』は漢文ゆえに、今頃はすでに古語である。むしろ古い漢文ゆえに、読み切れぬところが大事。

日本人の古典としての『臨済録』をめざして、私の五十年がかさなる。誰がやっても、これで完全ということはないが、私にとってはもう、もち時間をすぎた。今さらでもないが、これでよいと思う。先に逝った師友にも、手みやげができたように思う。解説よりは、本文と訳註を先に読んでほしい。

近代ヨーロッパの言葉に訳された、次の三種も参照によい。いずれも私たちの仕事をふまえて、それぞれに渾身《こんしん》の努力を尽くされたもので、今は深謝感動にたえぬ。

Paul Demiéville, *Les Entretiens de Lin-tsi*, 1972.

Ruth Fuller Sasaki, Yoshitaka Iriya, *The Recorded Sayings of Ch'an Master Lin-chi*, 1974.

Burton Watson, *The Zen Teachings of Master Lin-chi*, 1993.

あとがき

本巻の校正中、唐代五家が気になって、曹洞と五位のテキストを読み直すうちに、『唐代の禅宗』（大東出版社、二〇〇四年）がまとまり、その方が先に出てしまった。

唐代の禅宗は、すべて曹渓宗旨をうける。曹洞宗は、その直系である。先に潙仰《いぎょう》宗の成立を考えて、『仰山録』を洗い直すうちに、師資二人の宗祖をもつ、潙仰と曹洞二宗の歴史が判って、他はこれをふまえての重層成立ならんと気付く。『臨済録』のテキストに、潙仰の評論があることは、かねて私の強調するところだが、曹洞二師録は少々複雑である。洞山の上にくる曹字を、曹渓恵能とする説があることは、以前から承知している。曹山は曹渓宗旨をうけるため、特に曹渓の祖塔を礼している。洞山は曹渓に行かないが、曹渓を名乗る何か別の動機があった。当時、曹渓の祖塔はどうなっていたのか。

新羅の入唐僧が、曹渓の祖塔を礼せんとしたこと、六祖恵能の生前に、その首級を盗まんとして未遂に終わる事件など、曹渓宗旨の裾野は広い。人々はなぜ、祖塔にこだわるのか。曹渓の直系を名乗る洞山は、いったい何を曹渓としたのか。「洞上五位」とよばれるテキストをあらためて読んでみると、難解であるが、一縷の光明がある。

とにかく今、考え得る限り、私の解釈を書いてみようと思いたち、こうして出来上がったのが『唐代の禅宗』である。この本を書くことで、私は潙仰と臨済、そして法眼を洗い直すことができた。残るところは、雲門であるが、宋末の『祖庭事苑』をたよると、何とか見通しがつきそう。『唐代の禅宗』は、法藏館の『柳田聖山集』第三巻のために、著者解題を書くうちに、それだけで独立できる一冊の本となった。そんな唐代をあれやこれや自己流に掘り直すうち、かつて中央公論社の「世界の名著」『禅語録』に収めた、唐代のテキストを再編する『臨済録』を、「中公クラシックス」に入れたいというので、テキストと訳注のすべてを一変し、新しい解説を書いているうちに、さらに思いついた仮説である。

臨済はどうして河北に帰ったのか。唐末五代の河北は、どういうところであったのか。これまたかつて参じた旧公案だが、臨済が聴き手の大衆によびかける「瞎禿奴」という罵語を、今の日本の口語で判りやすく、かつ歯切れのよいものに代えると、いったいどうなるのか。これまた、やっさもっさの果て、ふと気づく新しい事実がある。「瞎禿奴」という言葉は、文字を知らぬ「賤民」のことではないか。臨済の胸中、「賤民」を俄か道心にそだてる特別の動機があった。古よりの先達は、みな人を出だす方ありと、この人はいう。「人惑を受けるな」というのも、社会的、歴史的に仕組まれた、賤民制に迷うなという激励の句でなかったか。「奴」は奴隷のこと、「瞎」字は生理的な障碍ではない。唐末五代の河北に、そんな賤民がゴマンといる。臨済にはあえて河北を相手どる、新しい事情があっての事。賤民の代表風狂僧普化《ふけ》がこれを助けた。

事情は、河北に限らぬ。皮下に熱い血のある禅匠なら、黙止できぬ現成公案である。潙山門下は千五百人、黄檗は千人、雪峰山に千五百衆。すでに五祖山に五百僧、時に七百の高僧とも。曹渓恵能の大梵寺には、一万三千の道俗が集まる。かれらはいったい何ものであったのか。唐代の民衆が、いかに道心があつくても、各地の禅院に何千人も集まるのは、やはり異常事態である。それなりに社会的、歴史的事情があってのことだろう。唐代賤民制の問題に、学問研究の先鞭をつけた先達は、奴婢を半人半物とする。持ち主の財産であって、人格をもたぬが、一種の家畜として、その数がものをいう。私はここまできて、唐代の禅の語録に、「異類中行」の四字があるのにつきあたる。異類は狸奴白牯《りぬびゃっこ》だが、単なる猫や牛のことではない。

かつて塚本善隆先生が、『魏書釈老志』をふまえて太原の寺々に属する僧祇戸とか、平斉戸の素性をつきとめられたことがある。唐代各地の禅院にも、かなりの奴婢がいたのでないか。寺々は寺産をもち、製粉や製油専属の工場をもっている。すべての奴婢が菩薩になるわけではないが、菩薩予備軍があってもよい。老人特有の勝手な思いつきで、つぎからつぎへと妄想をひろげるうち、敦煌本の『六祖壇経』は、ひょっとすると、敦煌の奴婢のための、一大解放の書でなかったか。この本は、敦煌で書かれたかもしれぬ、と。

奴婢は直ちに出家できないが、むしろ恵能の菩薩戒をうけると、菩薩になることができた。恵能大師は、それを言うために、大梵寺に来て獅子吼する。

敦煌本にだけついている、巻本の二十四菩薩の法号を、その証拠とすると、そこについている数字も又、香水銭（得度銭）の多寡を語る、大まかな目安となる。敦煌の奴婢は、金持ちであった。三階教の無尽財は、くりかえし弾圧にあっている。三階教の弾圧は、教義のゆえであるまい。さらに広く三武一宗の難とよばれる国家権力による仏教弾圧にも、奴隷問題が隠れている。もともと出家比丘の外に、無数の菩薩がいるのもおかしい。四十年前、『初期禅宗史書の研究』（一九六七年）を書いて、考えあぐねた未解決のところが、一挙に解けてくる。とりわけ、かつて天下の悪本代表と考えた、ロンドン本『六祖壇経』の書き手が、奴婢の一人であったとすると、誤字脱字、あて字の多いのは当然である。敦煌文書の一つ、「解良放」とよばれる奴隷解放の公文書は、「書儀」とよばれる手紙のそろえて同誦する唱え文句のこと。本になる前に、すでにその事実があった。

モデルとともに、同じ文書に入っていることがある。敦煌本「授菩薩戒儀」は、恵能大師の像の前で、大衆が声をそろえて同誦する唱え文句のこと。本になる前に、すでにその事実があった。

手紙のモデルは眼で読み、耳で聞いて判るきまり文句であるが、「授菩薩戒儀」もまたすでに暗記していて、リーダーの最初の一声にあわせ、皆で同唱できるほどの、簡単な文句ばかり。三帰依文とか四弘誓願とか、菩薩戒の箇条書きは、眼でテキストを読むまでもない。今日に残った敦煌本は、たまたま文書に書かれたものの一つ。巻子本でなくして、冊子本であるのも都合がよい。スタイン五七〇〇号は、奴隷解放その他、家庭問題の公文書を集める、手帖中型小冊子である。一種の代書屋の書式集である。大きい文字が行儀良くならんでいる。下手クソのスタイン本『六祖壇経』や、同五七〇〇号の書儀と似た敦煌の冊子本として私がすぐ思い起こしたのが、「達摩大師無心論」である、冊子本は懐に入れておいて、忘れた時に読むので、図書館に蔵っておく本ではない。むしろ、敦煌の『六祖壇経』を敦煌の奴婢の書とすると、敦煌でできた禅籍は、他にもっとあってよい。『達摩大師絶観論』や『達磨大師観門』、『北宗五方便』など、初期禅宗文献の多くが、この部類に入っている。

しかし、そんな敦煌本が、いつ誰の手で中国に運ばれたのか。馬祖下大義禅師のために、韋処厚が書いた碑文に、壇経と神会のことがあり、おそらくはこれが最古の証拠である。曹渓出身の仰山が曹渓原本をひっさげて、河西の仰山に道場をかまえるのは、すでに九世紀の半ばを過ぎるが、曹渓原本というのは、他所ものの敦煌本に対する、本家本元の誇りをあらわす。とりわけ北京図書館の崗字四八号は、「仏説無量寿宗要経」の裏書きで、ロンドン本にくらべると、その前半しかないけれども、素性のもっとも確かな善本の一つ。すでに陣垣の『劫余録』に登記されているのを、これまで誰も注意することがなかった。首尾断欠ながら、はっきりと尾題があって、先にいう巻本の菩薩の法号がある。

折もおり、仙台の中嶋隆蔵氏が、明刊の『六祖壇経』二種について、新しい見方を与えてくれた（「曹溪禅研究3」『禅学研究』八二）。一は房山石経本、一は曹溪憨山の刊本である。他にも台湾に現存する、明代の新刊がある。かつて私が山口県下関市菊川町快友寺の明版南蔵から見つけて、『六祖壇経諸本集成』に入れておいた、尻切れトンボのテキストが房山石経本と一致することから、決して普通の壇経の前半のみの、未完結の本でないこと、それなりに完全な一本であることを、中島氏は指示している。

ひょっとすると、快友寺の南蔵本は右にいう北京系の善本で、元代に南海の宗宝が刊する、異本とみてよいのではないか。現在明版北蔵本についている跋文は、後に加えたものである。蒙山徳異が、大元至元二十七年に序をつけ、呉中の休々禅庵で刻する、あたかも翌年に当たる至元二十八年、南海の宗宝が跋をつけて、風幡光孝寺で別本を出すのは、よくよくの事情あってのこと。興味ぶかいのは、例の南蔵『古尊宿語録』を改変する浄戒が、これを明版南蔵の『古尊宿語録』の最初の一巻とみたことで、宗宝本『六祖壇経』と『古尊宿語録』の第一巻が、同じ密字号に入っている。浄戒はこれを六祖恵能の語録とみなし、南岳以後の『古尊宿語録』の序文のような新しい体裁をとるのである。

敦煌本『六祖壇経』は、かねていうように、「授菩薩戒儀」の部分が大切で、本来その目的で書かれている。恵能の自伝は、『暦代法宝記』をうけ、達摩と武帝の問答は、神会の『南宗定是非論』による。

北京本の『敦煌壇経』（崗四八）と、明版南蔵の浄戒本を対比すると、その配列にややちがったところがあり、浄戒のテキストは、いかにもこれにつづく曹溪宗旨として、『古尊宿語録』の総序となる。

敦煌本『壇経』は、奴隷解放のための、敦煌ならではの「授菩薩戒儀」であったのを、恵能の語録とするために、中国でいろいろの改変が加わる。

かつて『盆山書景』によって、南京図書館蔵の『四家録』を、宋本と考えたとき、はじめに南岳の語があるのに驚いたが、さらにその前に六祖語録があった。

「四家録」のはじめにある「南岳語録」は、『天聖広灯録』巻八によるが、同じ『天聖広灯録』の六祖章は、『伝灯録』をそのままとるので、南岳章との間に重複が起こり、ずれがある。

敦煌本『六祖壇経』（特に北京崗字四八号）は、宋代のはじめに、すでに後の明版南蔵の祖本となって、「授菩薩戒儀」の意味を失っていたかも。

『伝灯録』にしても、『祖堂集』にしても、さらにまた、天聖以後の契嵩にしても、しきりに『宝林伝』（及び『聖冑集』）の名をあげて、『六祖壇経』のことを言わぬ。契嵩は壇経賛を書いて、恵能の親孝行をほめるが、奴隷解放の書であることに全く気付かんようだ。

いずれにしても、最古の『壇経』が明らかになると、唐代の禅をもういちど、根っこから洗い直さねばならぬ。この文章のはじめに提起した、曹洞の宗名の如きも、敦煌本『壇経』をふまえる新しい発想を含む。新しい発想とは、狸奴白牯のことである。問題は唐代に限らず、宋代以後、現代にまでのびてくる。胡適や大拙はいうにおよばず、敦煌本が知られる前に、「金剛経と六祖壇経」の研究に、先手を打った松本文三郎さえ、すこぶる隔靴搔痒である。『金剛経』もまた、奴隷解放の書である。

とりいそぎ以上の次第を書きつけて、博雅の士にお任せする。中国の禅仏教を追って五十年、よくもまあ続いたとおもう。ありがたいことである。これで『柳田聖山集』全六巻も、すでに五巻揃ったことになる。

（平成十八年　脱稿）

編集後記

平成十八年（二〇〇六）の『禅文献の研究　下』から十年近くを経て、漸く第四巻が出版の運びとなった。本書の冒頭に総論として「五家七宗という宋元臨済録の総括」を執筆される予定だったが、それは叶わなかった。第九章の「『臨済録』と『歎異抄』」は「あとがき」に「テキストと訳注のすべてを一変し、新しい解説を書いて……」とあるように臨済録についての一番新しい文章ということで収録したものである。

第八章「訓註臨済録の補訂」は、訂正原本への書き込みを可能な限り既存の項目に挿入することに努めた。初版の出版より四十年に及ぶ歳月の補訂につぐ補訂の蓄積で、判読し難い個所も少なからずあったが、どうにか首尾よく纏めることができたとおもう。本文中の書き込みのみを活字化し、その他の白紙頁への書き込みは活字化できなかった。語句の検索は今ではパソコンで容易にできるが、師が述べておられるように、無著道忠の『臨済慧照禅師語録疏瀹』、他に『葛藤語箋』、『禅林象器箋』『禅籍事類』等自ら書写されたものをはじめ、その他の索引類、また自分で作成された多量の語句カードを駆使された弛むことのない師の研鑽の跡を示す結果なので煩をいとわずにすべて活字化した。その結果どの項目に加えるかなど必ずしも十分に適切でない箇所もあるとおもわれるが読者諸兄姉のお許しを願いたい。

校正では、衣川賢次氏にお世話になった。

今あらためて、臨済が語る「人」——いま現に臨済の目前にいる君たち一人一人が、すべて仏であり祖なのであって、絶対的な理想の人格——をじっくりとみつめたいとおもう。

平成二十八年（二〇一六）四月十日臨済禅師忌日

川島常明

柳田聖山（やなぎだ・せいざん）

1922年，滋賀県生まれ。京都大学名誉教授。花園大学国際禅学研究所員，1980年読売文学賞，1991年紫綬褒賞，1993年仏教伝道協会賞。2006年没。

著書――『初期禅宗史書の研究』（法藏館），『祖堂集索引』（京都大学人文科学研究所），『達摩の語録』（筑摩書房），『大乗仏典・中国篇13，日本篇25』（中央公論社），『禅の日本文化』（講談社），『沙門良寛』（人文書院），『唐代の禅宗』（大東出版社）ほか

柳田聖山集 第四巻
臨済録《りんざいろく》の研究《けんきゅう》

二〇一七年三月二〇日 初版第一刷発行

著 者 柳田聖山
発行者 西村明高
発行所 株式会社 法藏館
京都市下京区正面通烏丸東入
郵便番号 六〇〇-八一五三
電話 〇七五-三四三-〇〇三〇（編集）
〇七五-三四三-五六五六（営業）

印刷・製本 中村印刷株式会社

ISBN 4-8318-3864-3 C3315

索　　引

お

か

き

く

け

さ

そ

ほ

ま

み

む

め

も

や

ゆ

よ

ら

り

る

れ